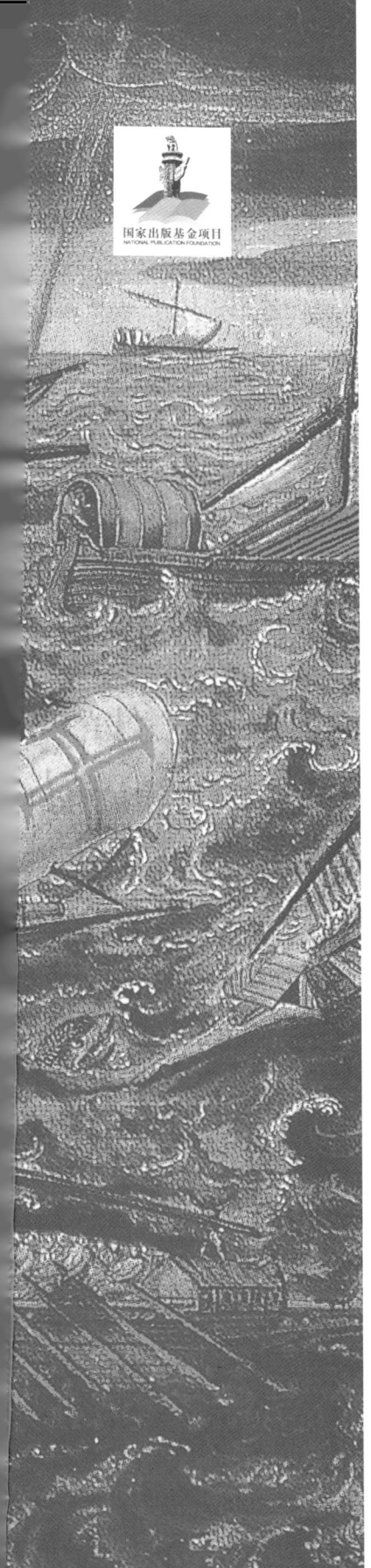

万国通史
THE HISTORY OF WORLD

THE
PORTUGUESE
SEABORNE
EMPIRE

葡萄牙海洋帝国史
1415—1825
【增订本】

顾卫民／著

上海社会科学院出版社
SHANGHAI ACADEMY OF SOCIAL SCIENCES PRESS

卢济塔尼亚在西部的海岸,那是陆地结束海洋开始的地方。

——贾梅士(又译作卡蒙斯,1524—1580)

消除谬误,播撒理解的种子。

——加西亚·德·奥尔塔(1501—1568)

葡萄牙人的武器和制度已经被放置到非洲、亚洲,以及三大洲以外无数的岛屿,这些都是物质的东西,时间也许会摧毁它们;但是时间不能够摧毁葡萄牙人移植到这些土地上的宗教、习俗以及语言。

——巴洛斯(1496—1570)

不管我们认为葡萄牙人的海外扩张是一种反对野蛮的异教徒文明的十字军远征,还是由天主和财神相结合的"寻找基督徒和香料"的行动,甚或是最初的帝国主义侵略和殖民剥削的样板,这都是最具有吸引力的故事之一。无论是善或是恶,葡萄牙人是殖民者的先驱,并且树立了一种模式,后继的荷兰人、英国人以及法国人不同程度地采用和适应了这种模式。

——博克塞(1904—2000)

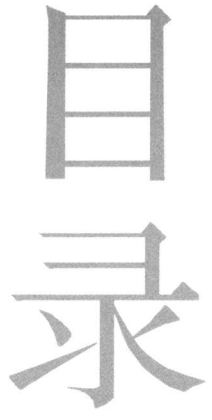

第一章 光复与统一 / 1
    一、中世纪以前的葡萄牙 / 1
    二、基督教王国的建立与光复 / 16
    三、中世纪的葡萄牙社会 / 38
    作者点评 / 48

第二章 迈向海洋扩张 / 50
    一、若奥一世与阿维兹王朝的建立 / 50
    二、亨利（恩里克）王子及其航海事业 / 58
    三、阿方索五世的统治 / 75
    四、若奥二世与国家迈向兴盛 / 79
    五、历代教宗通谕与保教权 / 95
    作者点评 / 102

第三章 曼奴埃尔的黄金时代 / 104
    一、"幸运儿"曼奴埃尔 / 104
    二、葡萄牙人在亚洲 / 111
    三、巴西的"发现" / 125
    四、地理大发现盛期的里斯本 / 131
    作者点评 / 142

第四章 若奥三世时代的守成与开拓 / 144
    一、若奥三世在北非、巴西和印度的战略 / 144
    二、耶稣会士去往葡萄牙及其海外殖民地 / 156
    三、葡萄牙宗教裁判所的建立 / 175
    作者点评 / 180

第五章 葡萄牙文艺复兴时期的文化 / 182
    一、历史学和历史学家 / 182
    二、文学和人文主义者 / 192

三、制图学家、科学家和探险家 / 200
四、建筑与绘画 / 213
作者点评 / 223

第六章　贾梅士及其《卢济塔尼亚人之歌》/ 225

一、颠沛流离的生涯 / 225
二、《卢济塔尼亚人之歌》/ 232
三、地理大发现时代的镜子 / 237
作者点评 / 242

第七章　"巴比伦之囚式的奴役"与"光荣复国" / 244

一、塞巴斯蒂安远征的覆灭 / 244
二、"巴比伦之囚式的奴役" / 251
三、"光荣的复国" / 263
作者点评 / 273

第八章　荷兰与葡萄牙的世界性战争 / 275

一、荷兰的崛起以及扩张 / 275
二、荷兰人进攻非洲、巴西以及葡属"印度国" / 285
三、葡萄牙与荷兰此消彼长的原因 / 308
作者点评 / 316

第九章　迈向绝对的君主专制时代 / 317

一、复国以后的王室和西班牙王位继承战争 / 317
二、巴西黄金的流入 / 324
三、若奥五世的绝对君主专制 / 332
四、两种不同的和对立的文化 / 344
作者点评 / 360

第十章　蓬巴尔侯爵的改革及其余波 / 362

一、早年经历与出任首相 / 362

二、取缔耶稣会以及镇压旧贵族 / 366
三、经济和教育以及社会的改革 / 371
四、蓬巴尔改革的历史地位 / 382
作者点评 / 386

第十一章 王室迁往美洲以及巴西的独立 / 388

一、"复旧运动" / 388
二、欧洲的危机与法国的入侵 / 391
三、在大西洋两岸的王室与政府 / 403
四、巴西的独立 / 410
作者点评 / 414

第十二章 葡萄牙海洋帝国的历史和文化遗产 / 416

一、全球化的贸易通商网络 / 416
二、都市的制度 / 422
三、作物、动物以及货物的流通 / 435
四、葡萄牙语与"克里奥尔"语言 / 448
五、知识的流通与文化交流 / 452
六、塞巴斯蒂安主义、弥赛亚主义和民族主义 / 469
作者点评 / 482

附录一 宗教、王权与航海的三位一体：地理大发现时代葡萄牙的曼奴埃尔式建筑（1490—1530年）/ 484

附录二 博克塞及其葡萄牙海洋帝国史的研究 / 518

主要参考书目 / 547

后记 / 563

第一章
光复与统一

一、中世纪以前的葡萄牙

今天的葡萄牙与其邻国西班牙都位于伊比利亚半岛（Iberian Peninsula）之上。伊比利亚半岛亦被称作伊比利阿（Iberia），位于欧洲的西南部，可能因古希腊人称此地的居民为伊比利亚人（Iberiuan）而得名。而伊比利阿这个词则可能源于其境内流过的埃布罗河（Ebro River）。半岛东面的比利牛斯山脉是这个地区与欧洲其他部分的自然的分界线，其南端的直布罗陀海峡将半岛与北非分开。葡萄牙古称卢济塔尼亚（Lusitânia or Lusitania），这是罗马人于公元前27年在今天的葡萄牙中部建立的行省的名称，该行省的范围大致包括今天杜罗河（Douro River）以南地区以及西班牙的埃斯特雷马杜拉（Extremadura）和萨拉曼卡（Salamanca）省的一部分，它是以当时居住在这里的属于印欧语系的卢济塔尼亚人（Lusitani or Lusitanian people）的名称命名的，卢济塔尼亚人则有可能是公元前9世纪来到伊比利亚半岛东北部的克尔特人的一支。

葡萄牙的大陆领土位于伊比利亚半岛西南端北纬42—37度之间，属于北温带地区，距离赤道比距离北极更近。其两端的经度分别为格林威治以西6度和9度。它与西班牙的陆地边界长达1 209公里，海岸线长达845公里。葡萄牙的领土面积为约9.2万平方公里，从北至南最长约有582公里，其东西向最宽约为225公里。其面积约占整个半岛的1/5。葡萄牙的领土还包括"邻近的"马德拉群岛以及亚速尔群岛。马德拉群岛位于大西洋上，距里斯本1 050公里，由两个有居民居住的岛屿以及几个无人居住的荒芜的小岛组成；亚速尔群岛也在大西洋上，距葡萄牙本土1 420公里，该群岛面积为2 344平方公里，由9个岛屿和几个小岛组成。它们从15世纪开始就有人定居，其中11个有居民居住的岛屿面积总和为3 088平方公里。

　　虽然葡萄牙是一个小国，但其不同地区的差异却是很大。北方的米纽（Minho）与山后地区（Trás-os-Montes）是最传统的农业地区，直至20世纪初那里仍然非常落后，许多当地的居民不得不离乡背井，去海外谋生。但是南部地区则完全不同。南方的阿尔加维（Algarve）以终年温暖的地中海气候以及美丽的海边沙滩著称，是许多来自北欧的居民的度假胜地。

　　有两条发源于西班牙的大河——杜罗河和特茹河（Tejo River）从东部的高地缓缓向西流过葡萄牙进入大西洋。葡萄牙人从荒野的山区高处台地上，以刀砍斧凿开辟出杜罗河谷的葡萄园，那里盛产葡萄牙最著名的葡萄酒——波特酒（port wine）。特茹河则河面开阔，水流缓慢，河水常常溢出堤岸。岸边的平原上放牧着牛羊。这条河流将葡萄牙分为北方和南方，北方为山地，平均高度为海拔370米，埃什特雷拉山脉（Estrela）横亘其间，最高峰有海拔2 000余米。南方地区则是低地，其平均高度不过海拔200米，形成大片的平原。大部分的河流集中在北方，南方缺水。北方的农业分散在许多小庄园，主要种植水果、蔬菜、葡萄、玉米和燕麦，南方则种植适合地中海地区的作物如角豆树和小麦等。由于北非撒哈拉沙漠的热风影响，南方的温度较高，尤其在海滩附近，这里海水的温度很容易达到22度左右。

葡萄牙南部海岸
葡萄牙南部濒临大西洋的沿岸，没有近海的岛屿可以隔绝大西洋上的疾风，南部的沿海地区常常布满令人生畏的岩石以及陡峭峻拔的崖壁。

葡萄牙本国发源的最大的河流则是蒙德古河（Mondego River），它在费格拉河口（Figueira da Foz）流入大海。

从北方一直到里斯本的沿海的海滩都是低平的，但是从阿连特茹（Alentejo）到圣维森特海角（Cobe de São Vicente）的萨格雷斯（Sagres）的海岸则高耸挺拔，无法停靠船只。

由于这些地理和气候的原因，葡萄牙北方的人口密度远远超过南方。在地理位置上，葡萄牙位于从地中海经由大西洋抵达英吉利海峡、北海以及波罗的海的航线上，里斯本是距美洲的巴西、阿根廷、乌拉圭以及西部非洲最近的欧洲大港口。

从古典时代到葡萄牙建立统一的基督教王国时期，该国的历史大概可以分为三个阶段。

克尔特人、迦太基人以及罗马时代（公元前9世纪至公元4世纪） 葡萄牙境内发现有远古的约40万年前人类生活的遗迹——一些加工过的石块。它们被磨得尖尖的，是远古的人与自然界斗争以及劳动生产的工具。在佛尔尼亚洞穴、卡尔达斯达莱尼亚、里斯本的郊区、锡尼西和阿伯维莱城，都发现过这种形状的石器。欧洲其他地方的石器在葡萄牙都可以找到，他们在各地的生活和生产发展水平并不平衡，说明这片土地上生活着各种各样的人群，他们不是土著居民，而是从其他地方迁徙而来的。这些遗迹相对集中在沿海地区，沿着河谷向内陆扩散。根据史前遗存的差异，葡萄牙可以分为沿海和内陆，南部和北部的不同区域。

约1万年以前，人类进化的步伐加快了。巨大的冰川已经融化，人类开始了对于自然的改造，在这片土地上留下了许多生活的痕迹。在特茹河谷，曾经发现过成堆的食物残迹，特别是数量很多的贝壳，这是葡萄牙境内有人类定居的最早证明。当时的人类对亡者已经实行土葬。对发掘出来的骨骸进行检查的结果表明，多数人的体格与现代葡萄牙人的基本相似：长形的头颅和中等的身材。大约在6 000年以前，新石器文化从小亚细亚传入葡萄牙。众所周知，"新石器"一词表示的是经过磨制的石块。葡萄牙史前历史的独特文化——"巨石文化"，就是在这个时期形成的。在埃武拉附近，有着从公元前4000年至公元前2000年的巨石遗迹。人们在那里竟然发现了150个巨石的遗存。其中有130余座新石器时代人类的石墓。在一个果树林里人们还发现了如男性生殖器一般的高达2.5米的竖石，使人联想起古代的生殖崇拜。还有一些巨石、石墓或者是雕刻过的石头，被有规则地排列成形，很可能具有宗教上的寓意。在埃武拉附近的阿尔曼德雷斯（Almendres），有95块椭圆形的石头被排列成椭圆形的石阵，形成一座神庙的样子，似乎与太阳崇拜有关。在赞布杰罗（Zambujeiro）的一个农庄的后面，有一座葡萄牙境内最大的石墓，它有一个长达14米的石头做成的通道，连接着由巨石搭建而成的石室。为什么巨石文化在葡萄牙境内表现得如此蔚为壮观，至今人们还不能得出一致的结论。

在稍后的时代，近东一带的人们来到伊比利亚半岛寻找矿藏。在特茹河以北地区，有着丰富的锡矿，吸引了最初来到这里的移民。在卡尔塔绍附近的圣佩德罗镇的城堡周围，有墙壁很厚的半圆形塔楼，与今日人们在小亚细亚看见的十分相似。挖掘过程中人们发现了大量的磨制石器、骨器和铜器，而且还发现了炼铜用的陶瓷坩埚。这些城堡是为外国人修建的，当时他们已经懂得冶炼技术。他们建造城堡的目的是储藏用他们的劣等货换到的当地居民的金银财宝。同时，在通往铜矿和锡矿的水路的河口，如帕尔麦拉、伊什图里尔等地都发现了一些窑洞的遗址，在一些人的骨骸的周围发现了大量的陶罐，这是当地文化最富有代表性的物品。这些陶罐罐口朝上，就像一座钟，被称为钟形陶罐。它们刻有花边，涂有赭色、黑色和大红色，显示了当时人们对于美的追求。他们的墓穴里还有铜刀和黄金首饰。至于远古的居民到底从何处迁来，直到今天考古学家还不能作出确切的回答。但是葡萄牙无疑是四面八方的迁徙者的汇聚之处。迁徙者终于在这片土地上融合通婚、生儿育女。他们在这里定居，而不是像以前一样从某地路过而已。这是因为他们在此地遇到了海洋。大海是他们不可逾越的障碍。葡萄牙人是几千年来血缘混合与文化融合的产物。史前的历史塑造了葡萄牙人的体形，但是没有决定他们的人种。

公元前9世纪，克尔特人从欧洲的中部成群结队地经陆路来到这里居住，主要从事农业的耕作。当时他们已经会制作铁器，用铁来制作装饰品、武器以及耕耘土地的农具。采用这种新式的农具，可以深耕土地、增加产量，从而减少饥饿，使人口增加。因此，克尔特人比最早的定居者占有明显的技术优势。同时，克尔特人还是制作金银首饰的能工巧匠，那时的妇女已经戴上了金耳环。公元1世纪罗马的作家和行政官吏小普林尼（Pliny the Younger，62—约113）在伊比利亚半岛服务时，已经注意到克尔特人在当地的活动。根据他的记载，克尔特人精于铁器、青铜器和金器的制作。他们还给当地人带来非常复杂的对于太阳神和月神的崇拜仪式，据说他们经常在罗卡角一带举行这样的原始宗教仪式。这一地区的许多山头上都散布着他们的定居点。他们在今天葡萄牙境内许多地方建的房屋都是史前时代结构。克尔特人最初不断与当地人发生冲突,但是最后终于与当地人融合在一起。在葡萄牙北方早期的村落遗址中,可以看到一座座圆形的房屋中夹杂着一些小型的长方形的房屋,茅草屋顶上有两条流水槽。一个村落里有两种不同类型的房屋同时存在,这是克尔特人与当地人,即入侵者与被侵略者和平共处的见证。近代葡萄牙北部的家族结构和村落组织都与克尔特人有关。他们使用风笛的音乐传统一直保存了下来。

在公元前546年以前,来自地中海东岸的腓尼基人也来到今天的西班牙南部安达鲁西亚一带与当地人进行贸易。腓尼基人在小亚细亚以及地中海沿岸地区主要从事航海以及经商,早在公元前9至前8世纪就在地中海上非常活跃。在商业利益的驱动之下,他们在北非的地中海沿岸建立了多个殖民地以及商站。也是为谋求商业利益,他们来到了伊比利亚半岛的南部,以腓尼基人特有的城市形式建立了一些港口。在今天里斯本主教座堂的下面,考古学家发现了公元前8世纪的腓尼基人遗物。腓尼基人通过航海来到这片区域,从事黄金、白银和锡的贸易。他们还带来了一种来自海洋的文化和世界主义的精神。他们的商业活动,使得这片今天属于葡萄牙的地区与地中海地区紧密地联系在一起了。腓尼基人还很可能利用伊比利亚半岛最大的河流深入到内陆,与当地部落交易贵金属和著名的卢济塔尼马匹。腓尼基人还在当地从事渔业,他们制作的金枪鱼酱称得上美味佳肴,金枪鱼酱被灌装在双耳细颈瓶中运往欧洲其他各地。它们深受雅典人的喜爱。

公元前535年,迦太基人占领了今天西班牙南部沿海的城市加的斯(Cádiz),关闭了直布罗陀海峡,从此腓尼基人和希腊人就不太来到伊比利亚半岛的南部了。迦太基人开始时只是在沿海地区建立了一些商站和村镇,其目的是为了贸易。但是随着时间的推移,他们逐渐地深入到半岛的内陆,试图占领土地,建立长期的统治。公元前3世纪,迦太基的哈米卡尔(Hamilcar Barca,公元前275—前228)以及他的儿子汉尼拔(Hannibal,公元前248—前183)就统治过这个地区。迦太基军队在今天的阿尔加维建立了一些冬营。迦太基人也在大西洋沿岸建立了一些港口,他们引进了造船技术以及制造啤酒的技术。

公元前219年,罗马人入侵伊比利亚半岛地区。罗马人的入侵有双重目的,在最初的阶段,首先是驱逐迦太基人,兼并这片土地并从当地榨取尽可能多的财富。在第二阶段,罗马人企图使当地的居民接受其文明,包括罗马的政治制度、行政组织以及法律,同时也没有放弃战略以及经济上的考虑。到公元前179年。罗马人基本上控制了半岛地区。但是,罗马人进入以后还是与当地的克尔特居民——卢济塔尼亚人发生了激烈的冲突和战争。公元前147

年至前139年，卢济塔尼亚人在其首领维里亚多（Viriathus，死于公元前139年）的领导之下，在半岛中部的广大地区，屡次重挫罗马的军队。有关维里亚多的生平，人们所知不多。罗马的历史学家称他是牧人出身，后来成为猎人和武士，率领部族劫掠牲畜、打猎和从事反抗罗马人的战争。事实上，反抗罗马人入侵的战斗远在维里亚多诞生以前就已经开始，而且在他去世以后多年这场战争才宣告结束。伊比利亚半岛各地的土著居民曾经极力反抗罗马人的统治，所以，在恺撒统治时期，他曾经率领大军清剿当地的动乱，罗马的军队越过崇山峻岭，抵达大西洋沿岸，并到了杜罗河流域。到了罗马皇帝奥古斯都（Augustus, Caesar，公元前63—公元14年）时期，当地人的反抗才基本上被平息。

罗马人发现卢济塔尼亚人的居住地相当繁荣，能够为罗马本土提供丰富的战利品。同时，当地居民不屈服的性格以及随时可能发生的叛乱使得罗马军团必须驻扎在这里。军队是真正的殖民者，他们的许多营地成为后来的村落以及市镇的基础，甚至演变为大的城市。随着时间的推移，来自意大利亚平宁半岛的罗马商人以及殖民者也随着罗马的军团来到这片土地，兴建城市、凿通山丘，修筑典型的罗马式的水渠和道路。他们还将较为精致的农业耕作方法教给乡村居民。小麦、葡萄以及酿制葡萄酒的方法并不是由罗马人引进的，但是推广它们的却是罗马人。他们扩大种植这些作物的目的是为了增加出口，不完全是为了就地食用，但是随着食物供应的增加，半岛就能够供养更多的人口。这些农业结构上的变化带有永久性，因为小麦、葡萄和橄榄非常适应当地的气候和土壤条件，罗马人在与当地人交往的过程中建立了耕作与商业的频繁的联系，许多当地人被招来为罗马人耕地，从事手工业的劳动，这种初期的接触就是文化的融合过程，其后果同样也是永久性的。许多居民走出起伏不平、古城堡垒星罗棋布的山区，移居到说拉丁语和实行罗马法的城市以及毗邻的平原，结束了与外界隔绝的部落自治生活。下山以后，这些人改变了居住的方式，开始用石头和砖砌墙，用瓦片铺盖房顶，不再居住在圆形的茅草小屋。当时人们使用的瓦和后来人们所说的"葡萄牙瓦"十分相似。这样，当地人也就逐渐学会了征服者的语言以及生活习惯。在今天的里斯本曾有罗马人建立的神庙、浴场和剧院。在里斯本的南部的萨尔堡是出产盐的地区，阿尔茹什特雷则是出产铜的地方，当地有一块铭文记录了罗马人是如何管理矿业的条文。在今天南方的阿尔加维，在罗马人的统治之下，人们逐渐地采用罗马的生活方式和风俗习惯。在建筑方面，现存的许多遗迹都表明，罗马人传入葡萄牙的建筑形式和他们在意大利的是一样的。罗马人修建了一条从里斯本通往北方布拉加的铺着石块的道路,这条道路直到今天仍然在使用。罗马人还在河流上架设桥梁,修建了规模巨大的拱形水道,将清水运往干涸的南部平原,还在当地开设采石场,开采建筑用的石块、铺路用的石板。罗马本土的一些优秀的建筑也使用来自卢济塔尼亚的石料。在埃武拉还保留了建于2—3世纪的著名的供奉罗马"月亮和狩猎女神狄安娜"的神庙遗址,后来神庙荒芜了,一度变成军械库、剧院和屠宰场,1870年才恢复原貌,它是罗马时代的宗教建筑在葡萄牙的典型作品。在罗马皇帝奥古斯都统治时期,在今天科英布拉附近的科尼姆布拉加(Conímbraga)已经发展出一座富足的市镇。后人在当地发掘出罗马的浴场、广场以及引水道。有一座最精致的公元2—3世纪的罗马建筑遗迹,提供了这座繁荣的罗马城市的图景。该建筑物位于从东面通向该城市的道路上,它是一座华丽的别墅,拥有装饰精美的水池以及一座带有回廊的花园,还有专属浴池以及复杂的供暖系统。宅内地板上铺设了精美的罗马式样的马赛克,这是一座巨大而精致的建筑物。这座城市还有本城的哈德良时代的公共浴室,有浴池和桑拿蒸汽室,人们从3.5公里外修筑了一条引水道供应浴池的用水。在1912年的考古工作中,人们发掘了城市北边的竞技场。公元3—4世纪,人们还修建了城墙以抵抗蛮族的入侵。罗马人还输入了罗马

埃武拉的狄安娜神庙
它被认为建于公元2世纪的罗马帝国时代,5世纪日耳曼人入侵时被破坏。此照片由赵林教授拍摄。

的法律，这种法律迭经修改和演变，直到现在仍然是葡萄牙和巴西的法律的基础。城镇的行政管理也采用了罗马的方式。一些当时重要的城市，如梅尔图拉（Mértola），可以铸造自己的钱币。但是那时在葡萄牙流通的钱币大多还是在意大利铸造的，人们使用罗马的钱币，可以换取向意大利出口的货物，也便于粮食的运输以及人员的往来。罗马人还在北方开采露天的金矿和石墨矿，在南部开采铜矿和铁矿，由政府垄断，使用奴隶劳动。当地人积极地参与到罗马人的各种事业中，直接接触和学习罗马人的技术。

那时葡萄牙的城市都是罗马式的城市。在这些城市里，多数人讲拉丁语，并且按照罗马人的方式生活。唯一的一座罗马公民市是里斯本，当时，它已经是一座大港口，当地的产品通过它运往意大利。圣塔伦、贝雅、阿尔卡塞尔杜萨尔市的发展，则主要归功于粮食的生产与出口。那时的城市分为两类，自由城市和缴纳贡税的城市，自由市是指保持自己法律，并对罗马的统治保持一定独立性的当地人居住区。它们的特权与罗马人在占领该地区时本地人的态度有关：凡是顺从者，一律得到自由；凡是反抗者，一律缴纳贡赋，而且受到压制。卢济塔尼亚没有一座自由市。那时已经有了市政厅最初的统治形式，1 000多年以后，葡萄牙在向世界扩张的时候，将此种统治形式推向了它在海外的殖民地。在城镇以外，罗马人建立了他们的别墅和庄园，推行了一种较当地更为精致的农业，他们雇佣奴隶种植橄榄、葡萄、小麦、黑麦、无花果和樱桃。除了出产这些农作物以外，特茹河流域的一些庄园还培育品种珍贵的马匹。

罗马人还带来了拉丁语，其简化的形式与当地的语言混合，逐渐发展成为日后的葡萄牙语，它同原来的拉丁语的差别，在某些方面比其他罗曼语要小。许多葡萄牙城镇的名称来自拉丁语。如奥里斯波即里斯本（Olissipo，即Lisbon）、波尔图斯即波尔图（Portus，即Porto）、科尼姆布拉加即科英布拉（Conimbraiga，即Coímbra）、埃博拉即埃武拉（Ebora，即Evora）、布拉卡拉奥古斯塔即布拉加（Bracara Augusta，即Braga），等等。

罗马的军团和移民带来的除了语言、风俗和城市建筑的拉丁化以外，基督教也在公元1世纪传入伊比利亚半岛，早期的基督教会在这里有着悠久的历史，相传使徒保罗曾经到过西班牙。很可能基督教先是从北非进入罗马帝国在伊比利亚南方的行省贝提卡，然后慢慢地传播开来。里斯本、埃武拉以及布拉加都出现过早期的基督教殉道者。公元300—314年间，伊比利亚半岛的基督教会在伊里亚福拉比亚（Iria Flavia）举行了第一次主教会议。埃武拉以及法鲁都有主教参加。4世纪的时候，罗马帝国已经从信奉异教逐渐改为信奉基督教了，于是卢济塔尼亚行省的人民也跟着改变他们的宗教信仰。不过，当时在这一带流行的是阿里乌斯派的基督教信仰。360年，里斯本的第一任主教博塔米乌斯（Potamius）去世以前就接受了基督教阿里乌斯派的信仰。在伊比利亚半岛流行的另外一种基督教异端派别就是普里西利安苦行主义（Priscillianism）。普里西利安（Priscillian，死于385年）是出生于罗马统治下的伊比利亚半岛西部的一位富有的贵族，早年就研读《圣经》以及其他的次经，主张严格的苦行主义思想和实践。他的追随者不去教堂举行礼拜，而是在乡间的房屋里聚会。380年，他成为阿维拉的主教。也就是在这一年，他的神学思想因为偏离了正统而受到萨拉格萨主教会议的谴责。不过，普里西利安苦行主义一直在半岛地区流行到公元6世纪。

斯维汇人与西哥特人统治时期（公元5世纪至711年） 在罗马人统治半岛的后期，蛮族的入侵浪潮也扩大到这一地区。最初入侵伊比利亚半岛的是阿兰人、汪达尔人以及斯维汇人。在409年的秋天，这些来自高卢的蛮族一起越过了比利牛斯山脉。在开始的两年，他们没有固定的根据地，随意地在半岛的土地上流窜和劫掠，汪达尔人犯下了许多暴行。不久以后，出现了一个相对和平的时期。在411年，各部族达成协议，斯维汇人以及汪达尔人中的阿斯丁高部族居住在北方的加利西亚，阿兰人则居住在卢济塔尼亚，汪达尔人中的斯令格部族则居住在南方。罗马人的居住地则在原先的塔拉科西班牙行省。后来，阿兰人和汪达尔人又出走北非。于是，原先定居在加利西亚的斯维汇人逐渐地占据卢济塔尼亚以及南方的贝提卡。斯维汇人最初来自日耳曼境内的斯普雷河（Spree）流域，罗马将军恺撒知道他们是优秀的骑马打仗的民族，同时也能够步行作战，他们没有布衣，主要穿野兽皮毛。两个世纪以后，他们已经有了军事组织，带着妇女和儿童在大车上流动作战。斯维汇人在入侵半岛的时候还没有接受基督教。他们的第一个著名的国王是赫尔米立克（Hermeric，？—440），就是在他的统治时期，斯维汇王国初步形成，它的范围囊括了今天葡萄牙的国境，当时的首都设在布拉加。以后，他的继任者又将斯维汇王国的领土扩张到半岛南部沿海地区，杜罗河第一次失去了边界的作用。一些葡萄牙的历史学家认为，当时杜罗河两岸人民的往来可能是葡萄牙民族形成的最早的根源。

507年，在高卢的西哥特人被法兰克人打败，西哥特王国先将他们的朝廷移到巴塞罗那，后来又移到托雷多。后来，他们入侵伊比利亚半岛的内陆，造成社会的动荡和生产的破坏。西哥特人来到以后，驱逐当地的汪达尔人、阿兰人和斯维汇人。他们很快就战胜了汪达尔人与阿兰人，但是他们与斯维汇人的对峙持续了很长的时间，有的时候两者之间维持和平甚至通婚，有的时候又进行战争。大约在150年以后，斯维汇人的君主政体才彻底瓦解。那个时代西哥特人的酋长就是贵族，他们用选举的办法选出国王。

西哥特人的统治虽然维持了三个世纪，但是在法律和文化方面对于今天葡萄牙地区的影响则非常弱小，因为当时西哥特人的统治中心远在今天西班牙境内的托雷多。而且，西哥特人的数量不多，文化水平比当地人更低。他们没有给当地带来新的社会组织形式和新的劳动技术，他们只是沿用罗马人建立的社会以及经济结构。但是，此时罗马帝国后期业已开始的衰败已经非常严重，贸易活动（尤其是出口）已经基本停滞了。在罗马时代，农业村镇的主人是生活在城市里的富人，他们把乡村里的事情交给工头去办。工头虽然比农业劳动者富裕，但与他们有许多共同之处，他们属于一个种族，讲同一种语言，有着共同的爱好与习惯。可是蛮族的入侵打破了这种局面，土地分给了原先在土地上干农活的人，但是最肥沃的土地则归蛮族所有。这些日耳曼地主既非农民，又非能工巧匠，只是一介武夫。他们高人一等，就是因为种族不同。另外，也只有他们能够使用武器。

由于西哥特人信奉基督教，所以基督教会的历史影响保留了下来且继续发展，并且有上升的势头。然而，西哥特人主要信奉的也是基督教的异端派别阿里乌斯派，所以西哥特人与罗马化的当地人之间在很长的时间里一直难以建立和睦的关系。两者各有自己的法律，不同的种族之间禁止通婚。罗马教会一直希望将他们皈化到正统的信仰。517年，罗马主教在给塞维利亚的地方教会写信的时候提到了卢济塔尼亚的教会的情况。罗马主教维吉利乌斯（Vigilius，538—555年在任）则于538年致信布拉加的主教布罗夫特鲁斯（Profuturus），专门谈及当地的教务。550年，西哥特人国王查拉里克（Chararic，550—558年在任）的独生子在生病时终于皈依了罗马教会的正统信仰。继任者西奥多米（Theodomir，死于570年）则于559年带领全体人民皈依了罗马教会。654年，西哥特人制定了统一的法律——"西哥特大法"，让伊比利亚半岛上的居民不分民族共同遵守。今天的历史学家不知道这套法律在人民日常生活中实施的程度，因为当时建立在财产以及血缘基础上的社会结构根深蒂固，而且土地的主人都是伊比利亚半岛居民的后代。

教会权力上升的一个标志就是主教会议的召开。原先在阿里乌斯派信仰的支配下，主教会议一直没有召开。536年，有8名主教聚集在布拉加召开了葡萄牙历史上的第一次主教会议，由卢克提乌斯主教（Bishop Lucretius）主持了这次会议。但是在历史上真正从事皈化葡萄牙人宗教信仰并在教会生活中起重要作用的人则是圣马丁（St.Martin，约520—580），他是罗马潘诺尼亚行省（Pannonia）地方的一位僧侣，曾经去耶路撒冷圣地朝圣，也去加利西亚朝圣，并从事皈化斯维汇人的工作。550年他来到葡萄牙以后，建立了一座罗马式样的巴西利卡的长方形教堂，奉献给他自己的主保圣人图尔的马丁（Martin of Tour，死于400年），在以后的数年，他又在米纽以及蒙德古一带建立了50多座教堂，其中的一座教堂就在布拉加附近，所有这些教堂都奉图尔的马丁为主保圣徒。在569年，斯维汇王国的基督教会已经建立了教区制度，布拉加是全国最大的都主教区，下辖拉梅戈、维塞乌、科英布拉和伊达尼亚等教区。圣马丁后来成为布拉加的总主教，并在572年在布拉加主持召开第二次主教会议。除了上述这些城市以外，波尔图以及今天西班牙一些地方也派主教参加了会议。主教会议以及全国各省的教士会议不仅制定教会内部的法规，而且制定全国范围内都必须遵守的法律。主教会议和教士会议认为它们的权威是高于国王的，因为国王是俗人，他应该执行代表天主的教会发出的最高旨意。倘若国王有负他的崇高使命，就应该被废黜。由于当时的教会使用拉丁文，所以当地的书籍都以拉丁文书写。日耳曼人在当地也采用罗马人的建筑形式，并与罗马化了的伊比利亚人通婚。教会出于热爱文化的本能有时也会收藏和拯救古典的文化典籍，所以，罗马文化以一种简陋的形式继续承袭下去。不过，教会的基本精神是反异教的，也是反古典的。

作为居民点的单位，教区代替了农业村镇的职能，居民区的村镇领袖由领主变成了教区长。教区长不像罗马时代的地方领袖由人民选举产生，而是由专门受过文化教育的教士来担任。几个教区组成了主教区，教区长由主教领导，各教区将收入的1/3上交给主教，这笔收入相当可观，因为善男信女为了灵魂上升天堂，慷慨解囊，尽力捐赠。教廷很早就开始严格管理这笔与日俱增的财富，规定所有属于教会的财产不得出卖。教会文化影响之深，在地名上也看得出来，罗马的地名几乎都消失了，这些地名几乎都被日耳曼人的以及基督教的地名所取代。在诸多的基督教城市中，布拉加是葡萄牙境内最重要的主教区。

在8世纪初的时候，伊比利亚半岛的社会组织的基本成分是：经济上富裕和政治上强大的基督教会，拥有财产和军队的外来的蛮族贵族，以及受教会控制的一般平民。这三种成分是中世纪葡萄牙社会的根基。后来摩尔人的入侵一度破坏了这种社会结构，但是，在摩尔人的统治结束以后，这种结构又再度恢复，并有了一些变化。

摩尔人统治时期（公元711年至1249年） 8世纪初，北非的信奉伊斯兰教的摩尔人的扩张事业到达了顶峰,他们横扫北非,征服了今天的摩洛哥地区。711年,乘着西哥特王国的衰微,一支主要由柏柏人和阿拉伯人组成的穆斯林军队渡过直布罗陀海峡进入伊比利亚半岛,他们登陆的地点在今天西班牙南部沿海城市阿尔赫西拉斯(Algeciras)。7月,西哥特人的国王罗德里克(Rodric)南下仓促应战,他统帅的主要由当地农奴组成的军队不战而逃,他本人也在军事冲突中阵亡。摩尔人长驱直入,占领托雷多以及各个省的首府,人们纷纷投降,摩尔人的势力一直到达伊比利亚半岛东部的比利牛斯山和西部的杜罗河流域。半岛的大部分地区被摩尔人占领。那时,距穆罕默德612年开始在阿拉伯讲道不过100周年。在这100年中,阿拉伯人在从印度洋到大西洋这片辽阔的土地上宣扬他们的宗教以及建立政治统治。他们在宗教、政治和文化上扩张的速度如此惊人,其原因在于邻近他们的波斯帝国以及拜占庭帝国过于衰落,在近东,基督徒和犹太人之间也有深刻的矛盾和斗争。当穆斯林的军队到达他们占领的地区时,许多受到压迫的民众把他们当作解放者加以欢迎。那时的伊比利亚半岛已经成为由大马士革的哈里发统治的一个省份。

摩尔人其实是指入侵并定居伊比利亚半岛以后的穆斯林居民或阿拉伯人、柏柏人与当地居民的混血后代。在他们进入伊比利亚半岛以后,这个地区还是以大马士革为中心的阿拉伯倭马亚王朝(Umayyad dynasty,661—750)的一部分。但是,到了756年,阿布德·阿尔·拉赫曼(Abd al Rahman)建立了独立的阿尔·安达鲁斯(Al Andalus)王国,他将首都建在科尔多瓦(Córdoba),这个都城成为当时世界上最伟大的文化中心。托雷多、格拉纳达和塞维利亚等城市也出现了辉煌灿烂的阿拉伯安达鲁西亚文明。在以后的300年里,摩尔人在伊比利亚半岛的统治相当稳定,他们的文化成就在文学、数学、医学等许多方面使得当时中世纪西欧的基督教文化相形见绌。当时的葡萄牙处于这盛极一时的伊斯兰文化地区的边缘,但是她分享到了许多的益处。

摩尔人对于葡萄牙土地上的人民的物质以及文化的影响要比西哥特人大得多,当然不同地区的影响程度有所不同。他们从来没有到达伊比利亚半岛最北方的地区。所以,在杜罗河以北地区,摩尔人的影响微不足道;在中部的某些地方,则比较明显。摩尔人接受了西哥特人的投降,建立了一些要塞以及行政管理中心。这些占领者大部分是柏柏人以及新皈依伊斯兰教的人,他们本身也是游牧民族,并不讲阿拉伯语,所以不可能将东方的文化输入到这些地方。在南方各省,尤其是现代的阿尔加维,摩尔人在文化上的影响最大。这里的人口密度很大,足以与北方媲美。与斯维汇人和罗马人不同,摩尔人要在当地建立行政管理机构,并将自己的风俗与习惯融合到当地居民中去。他们以一种名叫库拉(Kura)的机构取代罗马人的行省。尽管如此,摩尔人并没有改变这里居民的基本生活形态,在语言方面的影响也是有限的,有人对摩尔人的词汇对于葡萄牙语的影响做过统计,在葡萄牙语中也只有300—600个单词可以看到摩尔人语言上的影响。

  一般来说,新的词汇表达新的事物,所以摩尔人单词的输入可以使得后人大致想象出阿拉伯人给予当地带来了哪些新的事物。许多摩尔人的词汇用在农业生产用具、技术以及度量衡的定名上面。摩尔人引进了许多新的农作物,扩大耕作了许多他们在伊比利亚半岛上能够找到的作物,如角豆树、柠檬、酸橙和稻米。他们还大大改善了橄榄树的种植。尽管橄榄树这个词来源于拉丁文Oliveira,但是橄榄果实和橄榄油却是从阿拉伯词语中提取出来的(azeitona, azeite)。葡萄牙语中的阿拉伯词汇多为植物尤其是蔬菜的名称,如稻子、豆、生菜、薰衣草、郁金草、红萝卜、茼蒿、玉米穗、苗圃、茵陈蒿等。摩尔人在农业上特别注重灌溉技术的使用,他们建起了巨大的水车,将水从河里提灌到田里,用水车碾磨替代了传统的用牲畜拉磨和人力的舂。在葡萄牙语中,有一些与利用水利有关的词汇来自阿拉伯语,如泥水匠、沼泽、塘、牧草、蓄水池、水槽、喷泉与水轮等,与商业有关的词汇则有拍卖、货栈、阿尔姆德(相当于25公斤)、阿洛巴(重量单位,相当于15公斤)、斗、开(表示黄金纯度的单位)、口径、担(相当于60公斤)、包和堆等,科学相关的词汇则有酒精、数、历法书、旧书、代数、零、顶点、方位、配剂和糖浆等。

  这些单词的输入意味着从罗马统治时代末期开始的经济以及技术的衰退在这一时期有着一定程度的恢复。使用水车和水磨具有相当重要的意义:水力在许多地方可以替代奴隶的劳动,水车提水可以浇灌小片的分散的土地。这两个因素结合在一起,就为建立独立于村镇的小型农场创造了条件,方便了小土地的经营。除了粮食以外,蔬菜和水果也有市场,种植小片土地就可以维持生活。由于具备了灌溉的条件,城市又需要蔬菜和水果,城市生活也有了一定程度的发展。在摩尔人统治下的里斯本,有公共的热水浴室和较中世纪更为良好的卫生条件。许多实体性的名词以及一些经济的、军事的、行政管理的术语也是源于阿拉伯语的,更不用说南方的一些地名了。因为摩尔人在南方居住的时间比北方更长久,南北方之间的区别在地区性的民居建筑上还可以看见。另外,一般人民在风俗习惯和传统、服饰、民间音乐等方面都受到摩尔人的影响。

  在葡萄牙中世纪正统的穆斯林中间,他们与其他地方的穆斯林一样,认为所有的"与神相通"的人都是可敬畏的,这与基督徒对待三位一体、圣母马利亚以及圣徒在某种程度上是一致的。在13—15世纪葡萄牙的穆斯林中,崇拜圣人、相信预兆和神迹是十分流行的,特别在苏菲派信徒中更是如此。一些神秘主义团体对圣徒和神迹的崇拜具有强大的吸引力。但是,在中世纪葡萄牙的穆斯林中间,对于圣徒以及圣墓的礼敬从来也没有超过后来基督教世界中对于圣徒以及圣像崇拜的程度。除了少数几个特定的时期以外,穆斯林并不凶狠地强迫当地人改信他们的宗教。不同宗教信仰的人之间的相互合作是一种常态。13世纪有一幅袖珍画上描绘了一名穆斯林骑士和基督徒骑士在友好相会。如果当地的人民能够接受新来的伊斯兰教,那么他们就能够自然地成为穆斯林大家庭中的一员,和穆斯林享有同样的权利和义务,有些人还可以发财致富。如果当地人民继续信奉原来的基督教,那么虽然可以保持住自己的土地并进行宗教活动,但是必须缴纳赋税,如果基督徒为了宗教信仰拿起武器反抗,必定遭到镇压,即便侥幸活着,也会被当作奴隶卖掉,还有一些持械反抗的基督徒则逃到北方摩尔人势力不能达到的地区。由于信奉统治阶级的宗教可以享受明显的好处,所以不论在葡萄牙或者西班牙,都有不少基督徒改信了伊斯兰教。在整个上古和中古时代,信奉罗马基督教的伊比利亚王公贵族和一般平民也与摩尔人展开了激烈的民族和宗教的斗争,这种斗争贯穿了整个古代的伊比利亚半岛。

摩尔人的学者以阿拉伯语翻译了古典时代希腊的哲学家和数学家的著作,丰富了那个时代葡萄牙的文化。摩尔人在印度洋而非地中海的航海经验开阔了葡萄牙人的视野,摩尔人的造船经验、观象仪和罗盘都在后来被葡萄牙人所采纳。摩尔人对于葡萄牙在文化上最可见的影响之一就是在建筑方面。阿拉伯式样的用砖铺的道路、带顶的烟囱和有着瓦片的墙是今天葡萄牙人民居的典型,被称为摩尔人式样的建筑风格(Morrish Style Architecture)。在今天葡萄牙各地,尤其是南方的阿尔加维,红色的陶制瓦片在阳光的照射之下发出耀眼和明媚的光彩,主宰了许多乡镇和村庄的天际线,这种最传统的普遍使用的瓦片被称为筒瓦(telha de canudo or tubular tile),最初就是由摩尔人发明的。它在屋顶上一般铺设两层,第一层朝下铺设,第二层则朝上铺设,两层合在一起形成圆筒形的瓦片。在阿尔加维,摩尔人在建筑上留下的最具有装饰特征的影响就是屋顶上的各种式样的烟囱,上面有打穿的圆筒形、菱形的或是几何形的图案。这些烟囱是刷白的,并绘以颜色勾勒出细节以强调它们的装饰作用。葡萄牙著名的装饰艺术蓝色瓷砖(Azulejos)最初的起源也与摩尔人的瓷砖艺术有关。来到伊比利亚半岛的摩尔人喜爱将瓷砖平铺在建筑物的墙上以及地上的突出或者凹下部分。此种瓷砖是分工制作的,并涂上锡釉。瓷砖制作在12世纪葡萄牙基督教王国建立以后加入了基督教艺术的元素,发展成为一种独特的葡萄牙艺术形式。

在漫长的历史进程中,葡萄牙在地理和文化上一直有着北方与南方、沿海与内地的区别。北方米纽地区人口众多、土地肥沃,布满小块农田以及小农场。一个非常典型的笑话说:当一个农夫在自己的农田里放牧的时候,他的牛的大粪会落到邻居的田里。在人烟稀少的平原以及南方的阿连特茹的荒野上,大庄园就十分普遍。北方和南方的差别还反映在房屋建筑材料的使用上面。在多山和多岩石的北方,人们主要使用石头建造房子,而在南方,人们普遍使用黏土以及很沉重的土盖房子。当然,穷人只能生活在棚屋和茅舍之中。在遥远的高地后山地区,穷人只能随意地建造一些石屋,屋顶上铺些木板或者茅草。他们的一些后代至今仍然这样盖房。这些屋舍是如此粗鄙简陋,以至于1415年葡萄牙的军队入侵北非休达的时候,当他们看到当地阿拉伯人的宅邸以及广厦时说:"与这些宅邸相比,我们的房子看上去就像是猪圈。"

葡萄牙除了有北方与南方、罗马文化与阿拉伯-摩尔文化以及大西洋和地中海之间的差别以外,还有一个明显的差别就是沿海与内陆之间的差别。人们经常说葡萄牙是一个卓越的航海国家,从某种意义上说这完全是正确的。这是因为葡萄牙人在"以前无人行进过的大海上航行"(por mares nunca dantes navegados, to take the oceans none had sailed before,这是葡萄牙诗人贾梅士的著名诗句)。但是,从另一个方面来说,这种看法又是很值得商榷的。葡萄牙人在从事航海活动的时候总是缺乏远洋航行的水手,在很长的一段时间里一直如此。在沿海地区,只有里斯本和塞图巴尔(Setubal)是两个宽阔的自然港口,在这两个港口以南,就没有近海的岛屿能够隔断大西洋海风的劲吹,也没有可以供避风的深水海湾,没有河流、小溪等易于到达适合造船的地方,葡萄牙里斯本以南的沿海地区大多低洼、多沙、迎风或者布满令人生畏的岩石以及陡峭险峻的崖壁;渔村则大部分坐落在开放的锚地。因此,除非风向、潮水和天气正好合适,否则不能将小船放到海里去。葡萄牙沿海地区的海域多渔业资源,中世纪晚期葡萄牙的渔民就到南方地中海对岸的摩洛哥沿海捕鱼。但是与今天从事捕鱼的人相比,四个世纪以前捕鱼的人远远没有那么多。

近代葡萄牙著名的地理学家和历史学家奥兰多·里贝罗(Orlando Ribeiro,1911—1997)指出,航海的职业尽管在葡萄牙国民经济的框架中占有重要的地位,但是与一成不变的永久性的劳动力相比,只能算是一种有限的、零碎的以及间接性的活动,甚至只要在离开几公里的内地,近在咫尺的大海对于陆地就没有什么影响了。这位地理历史学家指出,葡萄牙是一个具有双重性格的国家,"它在地理上是一个大西洋的国家,但是在文化上则完全是属于地中海的"。以阿连特茹这个葡萄牙最大的省份中的居民为例,他们无论在食物或者工作上,都完全不依赖于海洋。在里斯本周围的田野里劳作的农民,只有当海上的强风影响到他们种植的葡萄树或者所晒的盐粒时,才会去关心大西洋。在有些方面,海洋比任何一种单一因素对葡萄牙历史的影响都要大,但是这并不意味着葡萄牙人只是富于冒险精神的航海民族而不是与土地有密切联系的农民。在3—4世纪以前,在葡萄牙为了生计下船出海的人数几乎可以肯定地说大大少于比斯开湾、布列塔尼、尼德兰北部、英格兰南部以及波罗的海沿岸地区的人。因此,对于葡萄牙如何在15世纪一跃而成航海强国还有待进一步研究。

二、基督教王国的建立与光复

到中世纪晚期,伊比利亚半岛北部和西北部,摩尔人所占的人口比例已经很低。当初他们接受了西哥特人的投降协议,在一些中心市镇留下了少数的部队。而大量拥入此地的则是新近皈依伊斯兰教的柏柏人。他们随着自己的宗族和亲戚来到这片土地,并在加利西亚高地安下了家。他们是游牧民族,而且不讲阿拉伯语,对于当地的农业文化殊少贡献。

在伊比利亚半岛的这片土地上的摩尔人国家的基础并不稳固,虽然入侵的阿拉伯人和非洲人的数量很大,但是他们毕竟是征服者,在居民中仍然占

波尔图的港口
杜罗河从这里缓缓流入大西洋。

少数。他们的霸权本来应该以内部团结来维持，但是事实上他们更加热衷于家族之间的残杀，而不太积极地抵抗邻国的进攻。他们的大酋长于1002年去世，从此，摩尔人的群体分散成为彼此征战的小国，再也没有重新联合起来。由于摩尔人之间的不和与混战，使得他们无力也无心去追赶和粉碎西哥特逃亡者。在此之前，西哥特人中有一位头目佩拉吉奥（Pelagio）领导西哥特人在阿斯杜利亚山里集结军队自立为王。718年，佩拉吉奥击败了摩尔人的进攻，取得了胜利，给了西哥特人很大的鼓舞。摩尔人在失败以后没有反攻，把这个西哥特人聚集的核心消灭。佩拉吉奥及其继承者赢得了时间建立了阿斯杜里亚王国（Kingdom of Asturias，718—925），而且越来越强大，他们的军队深入摩尔人地区作战。

9世纪时，阿斯杜里亚王国的国王阿方索二世（Alfonso II of Asturias，760—842）在伊比利亚半岛的南部向南扩张，征服了加利西亚和巴斯克地区，并到达了杜罗河流域，夺取了位于今天葡萄牙境内的好几个城市。他的征服事业得到查理曼大帝（Charlemagne，800—814年在位）和罗马教廷的承认。查理曼帝国是崇奉罗马教会的正统教义的。在阿方索二世统治时期的814年，该王国的伊里亚福拉比亚地方的主教迪奥多米尔（Bishop Theodomir）宣称，在一颗明亮的星辰的带领下，他找到了耶稣十二门徒之一圣地亚哥即圣詹姆斯（Santiago or Apostle St. James）的遗骨，其地点就在伊比利亚北方今西班牙境内的康坡斯戴拉（Santiago de Compostela）。从那时起，这个位于加利西亚的城市成为除耶路撒冷以及罗马以外的最大的基督教朝圣地。欧洲各地尤其是来自加洛林王朝的法兰克王国的大批朝圣者来到这里朝圣，使得这个国家充满了浓厚的宗教色彩。当时阿斯杜里亚王国的首府位于奥维亚多（Oviedo），它后来成为莱昂王国（Kingdom of Leon，910—1301）的附属国。在它的东边，还有卡斯蒂尔王国（Kingdom of Castile，810—1492）。他们这些国家不失时机地攻打四分五裂的摩尔人。到了11世纪后期，终于促成了近代的葡萄牙国家的形成。

此前，位于杜罗河两岸较远的北方已经被称为波图卡莱地区（Terra Portucalense），这个名称是从波图卡莱镇（Portucale）得来，后来葡萄牙这个名字的起源与此有关。此地在当时是一个州，按封建的关系属于莱昂王国，在它南部的科英布拉州也是属于莱昂王国。868年，波图卡莱州已经被信奉基督教的维玛拉·皮列斯伯爵（Vimara Peres，约820—873）光复，阿斯杜里亚王国的国王阿方索三世（Afanso III of Asturias，866—910年在位）册封他为葡

皮列斯伯爵骑马铜像
该铜像立于波尔图主教座堂一侧,由葡萄牙雕塑家 Salvador Carvão da Silva d'Eça Barato Feyo(1899—1990)于1968年制作。

萄牙伯爵。尽管当时葡萄牙国家并没有独立,但是后世有历史学家认为这是葡萄牙基督教国家起源的最初的一个里程碑。在驱逐了摩尔人之后,皮列斯伯爵建立了一个筑有要塞的城镇维玛拉尼斯(Vimaranis),也就是后来的吉马良斯(Guimarães)。皮列斯的后代姆玛多娜女伯爵(Mumadona Dias,死于968年)在吉马良斯建造了一座著名的军事要塞以保护基督教修道院以及防范摩尔人和来自北方的日耳曼诺斯人的入侵。这位女伯爵的儿子、孙子和玄孙都统治过这片土地,他们享有半独立的权利,政治上的力量日益强大。从那时起,波图卡莱地区成为一个由半自治的基督徒贵族统治的地区。它的边界虽然并不十分明确,但是大致包括米纽和杜罗河以南的大片土地。其中心就是位于杜罗河的入海口的城镇波图卡莱。该地区在葡萄牙国家形成的初期起过重要的政治上的作用。

在再往南的地区,以科英布拉为首府也形成了另一个伯爵领地。在1063年或1064年,这里被出身于摩尔人统治下的基督徒家族的塞斯南多(Sesnando Davides,约1021—约1091)所统治。他出生在科英布拉附近的腾土加尔(Tentúgal),可能是犹太人的后代。他早年被摩尔人俘虏,带往塞维利亚,背叛了基督教,在塞维利亚当官。这种现象在当时是非常普遍的。然而后来他又摇身一变,再次成为基督徒,投靠了莱昂的国王费尔南多(Fernando I)。根据当时的传说,就是他向莱昂国王出谋划策,使其围攻并收复了科英布拉。在塞斯南多统治科英布拉期间,他命令修筑了城墙,恢复了主教区,并且不顾罗马教廷的抗议为主教区挑选了主教,还向内地许多地方移民。在大约30年的时间内,他统治着从杜罗河南部到科英布拉以南直至滨海的广大区域,就像是一个小小的国王,以至于莱昂的国王不得不考虑将他的权力收回,极力阻挠伯爵世袭制度的实施。在那段时期,莱昂王国按领地或州划分的办法,是基督教大国抵御南方摩尔人进攻的一种封建式的防御体制,当敌人入侵时,有一个位于前线的地方统治者可以先直接应对。这种办法虽然有效,但是也造成地方统治者易于独立的倾向。事实上,这些由半独立的家族控制的世袭政权对于葡萄牙近代基督教君主国家的产生具有重要的影响。

在11世纪中叶至12世纪初，莱昂的国王阿方索六世（Alfonso Ⅵ，1047—1109）是伊比利亚半岛基督教王国的霸主，也是自摩尔人征服伊比利亚以来基督教王国中最强有力的统治者。他于1085年攻占北方城市托雷多，成为后来基督教国家光复事业的转折点。他以托雷多为据点，发起了对于摩尔人的全面进攻。伊比利亚的摩尔人只得请求北非的阿拉伯同胞支持才得以暂时阻止阿方索六世的进军。不久，他改变战略，沿着大西洋沿岸向南推进，终于夺得特茹河畔的许多地方。他的胜利不仅震慑了在西班牙北方的摩尔人，而且使得伊比利亚半岛南方的摩尔人感到威胁，他们为了求得自身的安全，向阿方索六世纳贡。

阿方索六世长期的征战使得摩尔人深感威胁，1086年，北非摩尔人的军队渡过海峡进入伊比利亚半岛支援南方的摩尔人，他们的军队在今天邻近葡萄牙边界的西班牙城市巴达霍斯打败了阿方索六世的部队。于是，原来摩尔人向他进贡的体制垮了。阿方索感到摩尔人有重新夺回莱昂的威胁，于是请求法国骑士军队的援助。1087年5月，大量的法国骑士军队进入伊比利亚半岛，前来效力。勃艮第公爵的亲戚恩里克（Henrique of Burgundy，1066—1112）就是其中的一位重要人物。他本人是勃艮第公爵雷蒙德（Raymond of Burgundy）以及教宗卡利斯图斯二世（Pope Callistus Ⅱ，1119—1124年在位）的远房侄子。他在阿方索军队中表现优秀，深得器重，被任命为葡萄牙州即波图卡莱地区的伯爵。1093年，阿方索将自己的私生女特雷莎（Theresa，Countess of Portugal）嫁给恩里克。不久，恩里克吞并了南方的科英布拉。他于1112年去世。同年，他的儿子阿方索·恩里克（Afonso Henrique，1109—1185，1139—1185年成为葡萄牙阿维兹王朝的第一代国王），被委任为第二代波图卡莱伯爵，1128年，他

恩里克一世青铜雕像
该雕像立于里斯本圣若热要塞的大门口，它是模仿葡萄雕塑家安东尼奥·曼奴埃尔（António Manuel dos Reis，1847—1889）在吉马良斯制作的同样的雕像制成的。

取得其实际权力。根据后来的民间口传历史,父亲留给他这样的遗言:"你要成为贵族的朋友,把你的权力交给他们;你要尊重各乡镇的荣誉,要使平民和贵族享有同等的权利。不要受他人的唆使为满足自己的私欲而放弃正义。如果今天你没有主持公道,哪怕是一丝一毫的不公道,明天你的心灵就会被打开缺口。所以,我的孩子,你要把正义两字牢牢地记在心头,天主和百姓就会与你在一起。"

年轻的恩里克是在动荡不安的环境中成长的。在莱昂王国,他的外祖父阿方索六世的子嗣争权夺利,将国家变得四分五裂。在南方,摩尔人觉得机会来临,于是采取攻势,夺回了里斯本和特茹河流域的许多土地。这个孩子的母亲特雷莎还年轻,在寡居中寻欢作乐,将一名加利西亚的贵族费尔南多·佩雷斯(Fernado Peres)当情人。当阿方索·恩里克逐渐长大时,佩雷斯对于特雷莎的影响似乎超过了特雷莎应有的母爱,母亲想剥夺阿方索的继承权。这个坚强的年轻人将拥护他的人团结在他的周围。1128年,他领导人们反抗他的母亲特雷莎和佩雷斯,并获得成功。母亲和她的情人只得离开葡萄牙。

恩里克在取得实际权力以后,进一步力争摆脱莱昂王国的约束。1135年6月,阿方索六世的外孙在莱昂的主教座堂加冕为莱昂的国王,凡隶属于莱昂王国的国王和封臣都参加了隆重的加冕典礼,唯独恩里克拒绝参加。这一对抗的举动被视为后来葡萄牙国家独立的开始。在以后的两年中,双方一直有冲突。同时,恩里克积极向南方的摩尔人统治地区进兵。1139年7月25日,他在著名的奥里克战役(Battle of the Ourique)中击败了摩尔人,取得决定性胜利。据说恩里克的军队不仅彻底击败摩尔人,还杀死他们的5个国王。根据葡萄牙的历史传说,这一天

1139年7月25日的奥里克战役

是圣地亚哥即圣詹姆斯的主保节日，这位圣徒向葡萄牙军队显现，确保了葡萄牙军队的胜利。后来又有人说，是基督本人亲自显现助佑葡萄牙军队取得了胜利，无论如何，这些传说为葡萄牙的独立和建国提供了神圣的依据。

这次战斗可能发生在现在的下阿连特茹，中世纪此地被称为奥里克（Qurique）。它引起了历史学家的大争论。因为那里离恩里克的统治中心非常远，他竟然会率领军队冒着风险来到如此遥远的地方作战，人们感到迷惑不解。但是，12世纪末叶有一份手抄本说恩里克的军队甚至到达了塞维利亚附近，还说他杀了许多人，阵亡者的鲜血染红了瓜达尔基维尔的河水等。关于奥里克战役的许多描绘都是夸大其词，强调的是摩尔人军队的数量之多，以此反衬基督徒军队的勇敢。有人说摩尔人的军队有1万人，有人说是4万人，后来又有人说是40万人。但是，毫无疑问，这场战斗的战果在当时是惊天动地的。围绕着这个中心，人们尽情发挥，结果成了一个神话，并且在葡萄牙历史上具有重要的意义。这个神话起源于何时，人们说不清楚。说来正巧，战斗打响的那一天人们正在教堂集会纪念康坡斯戴拉当地的圣地亚哥节。在伊比利亚半岛的民间传说中，圣地亚哥被认为是基督徒在与摩尔人的作战中的保护神，他是"摩尔人的克星"。根据福音书的记载，圣地亚哥是西比泰的儿子，圣约翰的兄弟。他是见证耶稣变容的三个人之一，也是耶稣在客西马尼亚园祈祷的见证者。他作为使徒中的第一位殉道者，被犹太王希律亚基伯一世（Herod Agrippa I，公元前10—公元44）所杀。根据教会的传统，他的遗体被运到伊比利亚半岛。如前所述，814年，阿斯杜里亚王国伊里亚福拉比亚地方主教迪奥多米尔宣称，在一颗明亮的星辰的引导下，他找到了圣地亚哥的遗骨，地点就在康坡斯戴拉。该地的拉丁语为campus stellae，意为"星星之地"。从那时起，康坡斯戴拉成为除罗马和耶路撒冷之外第三个最大的基督教会的朝圣地。从加利西亚到葡萄牙，人们普遍相信，在这位圣徒的主保节日，他一定会骑着一匹雪白的大马自天而降前来协助基督徒。12世纪的编年史以及13世纪的教士的布道手稿上都是这样写的。

最初的时候，奥里克的战斗事迹不过是圣地亚哥无数的神迹之一，葡萄牙有许多石碑记载他的神迹，碑石上刻着圣徒砍下摩尔人头颅的图像，其中还有一块被定为埃武拉的市徽。这些石碑与加利西亚出土的其他碑刻是相似的。但是，其中有一块石碑十分特别，那就是在圣徒的宝剑的上方，有一块绘有5个盾牌的国徽。这说明很早以前，人们就将奥里克的传说与葡萄牙的徽记联系在一起。葡萄牙早期的历史文献也是这样说的。然而，不久以后，这种传说就消失了，因为在葡萄牙人争取从西班牙统治下谋求独立的战争中，圣地亚哥成了卡斯蒂尔人即葡萄牙的敌人的保护神，于是葡萄牙人就用英国人崇拜的圣乔治来替代他。在15世纪在葡萄牙流行的反卡斯蒂尔的思潮中，这个传说发生了第一次变化，人们将奥里克胜利的奇迹归功于耶稣基督而不是圣地亚哥的显灵；在17世纪西班牙统治葡萄牙的时期，这个传说又发生了第二次变化——奥里克的胜利是由于耶稣的干预。因此它成为一种政治的信条，成为葡萄牙人从西班牙统治下争取独立的政治依据——葡萄牙的独立是天主创造宇宙计划的一部分。奥里克战役的传说与神话之所以著名的另一个原因就是在近代引起争论的风波。早在18世纪，葡萄牙具有启蒙和理性精神的学者维尔内（Luís António Verney）否定了这个故事的真实性，不过在当时并没有引起很大的争论。但是，19世纪葡萄牙伟大的历史学家和文学家埃尔库拉诺（Alexandre Herculano de Carvalho e Araújo, 1810—1877）在《葡萄牙历史》（História de Portugal I. a época, desde a origem da monarquira até D. Afonso III）第一卷中说这段神话只是寓言，就引发了轩然大波。他被保守派人士和教会指责为基督教信仰的大敌、真理的大敌和国家荣誉的诋毁者。后来，埃尔库拉诺发表了两本著名的小册子《我和教士》（Eu e o Clero）作为回答。这场争论成为19世纪葡萄牙思想界进步的共和主义与保守的王权和教权主义对峙状况的最好说明。

这些都是后话。当时恩里克因此威名大震，就在此次战争胜利的第二天，即7月26日，他就自称为王，因为觉得自己已经强大到足以自称为国王了。当时，卡斯蒂尔已经是伊比利亚半岛最强大的基督教王国，即便如此，它对于恩里克的独立也无力阻止。恩里克为了赢得罗马教会对于它的合法性的承认，迎娶了萨伏伊的公主玛法达（Maud of Savoy, Mafalda de Saboia, 1125—1185），并向教廷派出了使节。在葡萄牙，恩里克建立了一大批男女修道院，并赋予各大宗教修会以各种特权。

1143年，恩里克致信罗马教宗英诺森二世（Innocent II, 1130—1143年在位），自称是教会的仆人，并发誓要将摩尔人赶出伊比利亚半岛，把葡萄牙作为罗马教会管辖之下的一个封建领地。教宗收下了他的礼物，承认他为教会的臣属，但迟迟没有给他国王的封号。在此期间，恩里克的军队继续南进，扩张领土，并击败卡斯蒂尔人。这年10月5日，莱昂和卡斯蒂尔国王阿方索七世（Alfonso VII of León and Castile）在扎莫拉（Zamora）与恩里克签订《扎莫拉条约》（Treaty of Zamora），承认恩里克为葡萄牙国王，仪式在扎莫拉主教座堂举行，当时教宗派了一位枢机主教作为代表在场参加了仪式。会议一结束，恩里克立即给罗马教宗寄去一封信,庄严地宣称,他和他的继承者将会是罗马教宗的"纳贡者",只要教宗维护他的权力不受教会以及其他政治权力的侵犯,他将永远是"教宗和使徒圣彼得的信徒和卫士"。这份声明中有一段话的原文如下:"阿方索·恩里克,经教宗英诺森二世的批准,为自己和他的国家争得了享有罗

恩里克一世出征

马自由法的特权。按照现行的法律规定,凡是享有罗马法特权的修道院、主教区或者王国,就不再受以前的地方政权和教会权力机构的管辖,从今以后,它只承认罗马教廷及其使节的领导,并向教廷缴纳少量的贡赋。"当时恩里克缴纳的年贡是4盎司黄金(约122克),后来增加到两个马克(约465克)黄金。

那时,摩尔人的势力日渐衰微,于是恩里克沿着阻力最小的路线向南方的特茹河流域推进,因为里斯本和其他的良港都在那里。里斯本以前曾经被基督教王国控制,现在恩里克决心将它永远地占领。他计划先攻打特茹河以北的地区,然后围攻里斯本。1147年春天,恩里克攻下了圣塔伦。3月10日,他的军队离开科英布拉,与从索雷出发的圣殿骑士团汇合,不久就攻下了潘纳斯。两个月以后,从英格兰来了一支从达特茅斯港启程的运载远征圣地耶路撒冷的第二次十字军的舰队,它由164艘船只以及1.3万名士兵组成,其中有英格兰人、法兰西人、日耳曼人以及佛兰德斯人。这支部队在葡萄卡莱的杜罗河河口集聚。恩里克就想联合从英格兰渡海而来本来要去圣城第二次东征的十字军,围困当时还在摩尔人手中的里斯本。波尔图的主教皮奥斯(Pedro Piões)充当了十字军和恩里克的中间人,他在波尔图主教座堂举行的宗教弥撒仪式中,提到了摩尔人对于葡萄牙的占领以及历史上摩尔人曾经对于波尔图等地的劫掠。他说如果十字军能够帮助葡萄牙的基督教军队收复这些地方,恩里克将提供给他们金钱,他们则可以掠夺俘虏到人质。他代表葡萄牙国王表达希望要这支大军多留一些时日,帮助国王把里斯本从摩尔人手中夺过来。他提出了一个貌似合理的理由——葡萄牙从事反对摩尔人的战争也是十字军征战的一部分。于是,恩里克与十字军联合起来。双方达成协议:一是

里斯本之围
由葡萄牙画家阿尔弗雷多·洛克·加梅洛（Alfredo Roque Gameiro, 1864—1935）绘制。

占领城池以后所有城中的战利品都归十字军所有。二是如果十字军帮助葡萄牙军队攻克了内城，那么战俘的赎金也归他们所有。三是恩里克答应为愿意留在葡萄牙的十字军战士提供居住的土地，他们可以在这片土地上按照自己国家和民族的风俗习惯生活。四是恩里克保证履行自己的诺言和义务，除非葡萄牙发生流行性的瘟疫或外来的军事入侵。国王还给十字军送去了20名人质作为担保。这年7月1日，在劝降未果以后，葡萄牙军队联合十字军围攻里斯本的战役正式开始。当时的十字军共13 000人，其中英格兰人6 000名，日耳曼人5 000人，佛兰德斯人2 000名。葡萄牙军队占领了城后的加拉西亚高地，十字军则攻占了城外部的西部地区。不久，葡萄牙军队和十字军找到了山区里摩尔人挖掘的一些山洞，里面贮藏了大量的小麦、大麦和豆类。尽管摩尔人损失惨重，但是他们仍然顽强抵抗。围城部队所用的攻城机以及高塔都被焚毁，日耳曼士兵挖掘的坑道也被堵死。双方进入胶着状态。但是当围城的部队听说别的地方没有援军来的消息以后，信心大增。随着时间的推移，城内的粮食日渐短缺，城内的市民也不得出城，围城的部队继续向城内投掷大量的石弹。一位来自意大利的比萨的工程师则指挥十字军战士建造一种能够移动的木制塔楼用来攻击城市的西门，日耳曼以及佛兰德斯的士兵则再挖掘一条通向城内的又长又深的隧道。在局势发生逆转以后,守城的摩尔人请求停战谈判。10月7日,摩尔人决定投降,放弃城市。25日,围城的联军举行了入城仪式,率先进入的是十字军部队,然后葡萄牙的军队从各城门的缺口蜂拥而入,大肆抢劫和烧杀。有一位目睹里斯本陷落的教士这样写道:"在这座城市里的敌人被剥夺殆尽以后,从星期天(25日)至下一个星期三,人们络绎不绝地从里斯本的三座城市离开了这座城市,他们的人数是如此众多,似乎整个伊比利亚半岛的人都在这里了。"一部分十字军后来留在了里斯本,另一部分十字军则离开葡萄牙;踏上了去往耶路撒冷圣地的征途。为报答十字军协助攻城的功绩,恩里克任命了英格兰人吉尔伯特(Gilbert of Hastings, d. 1166?)为里斯本的第一任主教,他在据称是摩尔人的清真寺上建立了里斯本的主教座堂(不过目前的考古发掘没有证据说明主教座堂的下面是清真寺)。里斯本从那时起成为一座永久性的基督教城市。

十字军离开以后,恩里克一面肃清特茹河以北的摩尔人军事据点,一面攻入特茹河以南的阿连特茹地区,那里由于穆斯林和基督徒世世代代的征战,已经变得荒芜不堪,几乎人烟灭绝。摩尔人在里斯本城市陷落以后,放弃了特茹河两岸的所有地区,辛特拉成了孤城,后来有条件地向葡萄牙军队投降,帕拉梅坚固的岩石要塞也被摩尔人放弃了,葡萄牙军队最后一直推进到阿尔卡塞尔(Alcácer)和埃武拉。恩里克在这片土地上移民垦殖,建立城镇和修道院,鼓励农业生产以及牲畜饲养,修筑道路和桥梁。同时,为了征服更广大的地区,他说服圣殿骑士团和医护骑士团,在葡萄牙建立分团。他还引进了卡拉特拉瓦以及圣地亚哥这两个西班牙地方的骑士团参加他的战争。这些骑士团分得的领地经常在摩尔人居住的地区附近。平时,他们是边防军;战时,他们就是突击队,可以随时出击敌人。尽管恩里克向摩尔人开战,但是他也注意到摩尔人在葡萄牙国内外贸易中的中介作用。1166年,恩里克在埃武拉颁布了一份特许状,

里斯本主教座堂
1150年,恩里克一世为里斯本的第一位主教吉尔伯特(Gilbert of Hastings)建立了第一座主教座堂。里斯本曾发生过数次地震,所以主教座堂也经历了几次重建。今天人们看到的这座教堂已经融合了几种不同的风格,其正面两边有两个钟楼,中央有着壮丽的花形窗户,一侧还有哥特式的回廊。

指出最近在里斯本、帕梅拉以及萨尔堡被俘的一些摩尔人,可以获得特许在葡萄牙王国里自由地旅行。当时基督徒与摩尔人之间的贸易一直大量地存在,从摩尔人占领的地区有胡椒输入葡萄牙。

恩里克在统一和建国的过程中,非常注意处理好与基督教会的关系。他极力保护教会并扩大教会的权利,因此得到强大的教会当局的支持。在他登基之前,签署了一项意义重大的文件,承认布拉加的总主教享有很大的特权,包括为建造主教座堂筹措经费而可以铸币的特权。恩里克还许诺一旦他成为国王,会保留这些特权,以此换取总主教对于他统一事业的帮助。以后历任布拉加的总主教都是国王有力的支持者。事实上,他后来从未与教会发生任何争执,相反还大量地向教会捐赠财产。可以说,在建国之初,葡萄牙已经建立了良好的政教关系。

1179年,教宗亚历山大三世(Alexander III,1159—1181年在位)时期,教廷终于颁布 Manifestis Probatum 通谕承认葡萄牙王国的地位,授予恩里克国王的称号。在正式承认之前,教廷的使节运用外交技巧巧妙地规避称恩里克为国王,恩里克则拿出1 000金币换得了罗马的让步。不过,正如葡萄牙历史学家萨拉伊瓦(José Hermano Saraiva)所说:"罗马称不称恩里克为国王,对于巩固葡萄牙的独立并没有多大的意义,因为独立已经是既成事实。那种按照封建意识,企图把伊比利亚半岛变成一个统一体的势力已经阻挡不住分离的趋向。恩里克是伊比利亚半岛的几个国王之一,1179年的时候通过长期的领导证明他是一个伟大的国王。"在恩里克的晚年,葡萄牙人与摩尔人的战斗还在继续。1180年7月15日,葡萄牙的舰队打败了从北非休达出发的从海上进攻里斯本的摩尔人的船队,葡萄牙人还乘胜追击向休达发动进攻。其军队还从圣塔伦出发进攻塞维利亚以及安达鲁西亚的西部。1184年,摩尔人再度进攻圣塔伦,该城市以及特茹河周围的大片农田被战争毁坏,但是葡萄牙的基督教军队还是守住了圣塔伦。在攻守战中,领导摩尔人军队的哈里发受了重伤,摩尔人的军队开始撤退,哈里发死在半路上。1185年12月6日,恩里克去世,他活了近80岁,统治国家57年。他与妻子玛法达埋葬在科英布拉圣十字修道院教堂。虽然在恩里克生前,葡萄牙人已经攻下了里斯本,但是首都仍然设在科英布拉。当时的人们没有留下有关他活着的时候的任何形象描绘,但是在传说中他身材高大,留着一缕长须,有着海格力斯般的过人的力气。后来的葡萄牙王室在他的墓上安置了一座卧着的石雕像。在恩里克去世的时候,他已经建立了一个坚强的小小的王国。由于恩里克有着勃艮第军人血统,所以他创建的第一个葡萄牙的王朝称为勃艮第王朝。这个王国在社会结构上是军事化的,由好战的贵族阶级以及农民组成，并得到基督教会的有力支持。尽管它因为连年不断的战争已经相当贫困，但是它拥有资源，一旦和平到来，它就能逐步繁荣起来。

1179年，恩里克立了一个遗嘱，对他存放在科英布拉圣十字修道院里的一笔22 000马拉维迪（葡萄牙古代钱币）的巨额钱财作了安排。他在遗嘱中表示，考虑到死期或者说最后审判的日期将要接近，他对于这笔钱财作如下安排。其中一笔较大的款项1万马拉维迪赠送给卡拉特拉瓦骑士团的统领修筑埃武拉的防御工事。该骑士团的总部开始设立在埃武拉，后来迁到阿维兹，也称阿维兹骑士团。那时摩尔人的进攻迫在眉睫。遗嘱写好的第二年，埃武拉受到摩尔人的包围，但是，全市人民胜利地抵抗了摩尔人的进攻，原因之一就是人民用了这笔钱修筑了一道城墙。该骑士团最后驻扎在圣塔伦，成为一支强大的基督教骑士团。另外一笔6 000马拉维迪是捐给里斯本、圣塔伦以及吉马良斯的慈善院用来救济的。慈善院是那个时代朝圣者的客栈，同时也救济穷人。这三个地方都是当时收复不久的新的地区。救济穷人的目的是让他们不要离开这些地方。恩里克的其余钱款大部分用于教会事业如建造里斯本的圣马利亚教堂、马拉维什教堂、阿尔科巴萨修道院教堂（Mosteiro de Santa Maria de Alcobaça）、波尔图教堂、拉梅戈教堂、马拉维迪教堂、塔洛乌卡的圣若奥修道院。这些教堂大部分为各教区的主教座堂。遗嘱中没有提到最主要的布拉加主教座堂，那是因为该教堂已经建成了。在这些宗教建筑中，阿尔科巴萨修道院是最大的和最重要的。当时这是一座雄伟而简洁的纯粹中世纪式样的修道院和教堂（现在人们看到它的正立面的高大的巴洛克式样的大门是18世纪建造的）。1147年3月，恩里克在征服圣塔伦摩尔人坚固的要塞之后，为还愿而建立这座修道院教堂。它从1153年开始兴建，后交给在不久以前的1138年来到葡萄牙的西多会的修道士居住和管理。以后的葡萄牙历代君主不断在该修道院中增建许多附属的建筑物。阿尔科巴萨修道院教堂与葡萄牙国家的诞生有着密切的联系。恩里克的遗嘱中还有一笔钱是用于修建杜罗河上的一座桥梁的。葡萄牙的诞生靠的是南北的联合，因此修建南北沟通的桥梁是国王最关心的一件事情。

恩里克生前还关注为里斯本寻找一位主保的圣徒。这位圣徒就是萨拉戈撒的圣维森特（São Vicente of Saragossa，死于304年）。他是伊比利亚半岛最早的一批殉道者之一，原来是萨拉戈撒教堂的一名执事，接受该城市主教瓦莱里乌斯的教育和培养。据说在罗马皇帝戴克里先和马克西米安时代受到迫害，被关押在监狱里，先是受饿，然后又被架在铁架上用火烤，逼迫他向皇帝献

圣维森特雕像
这是位于里斯本老城区的该城主保圣徒圣维森特的雕像,他手捧着船,船上有一对渡鸦。

祭。他坚贞不屈,最后殉道。据说圣维森特殉道以后,有渡鸦一直保护他的遗体,免于野兽吞噬,直到他的同伴将遗体掩埋为止。又据说他的遗骨在摩尔人统治时期被秘密运到了葡萄牙,被安置在葡萄牙南部一个隐秘的地方。后来人们在圣维森特的墓上建立了一座神龛,仍然有一群渡鸦一直保护着墓地。在里斯本的主教座堂祝圣启用以后,国王恩里克于1173年决定将圣维森特的遗骨用船运到里斯本圣维森特修道院安葬,据说一路仍然有一对渡鸦在船的两边保护着圣徒的遗骨。于是,对于圣维森特的崇拜就普及开来,人们还称他是里斯本的主保圣徒。后来里斯本的城徽以及城旗上都刻画着船和两只黑色的渡鸦,就是因为这个典故。

历史学家诺埃尔(Charles E. Nowell)指出:"现代的葡萄牙人觉得他们国家的历史是从阿方索·恩里克开始的,这是非常正确的。他的统治持续近60年,为这个国家奠定了牢固的基础。他生活在12世纪,与一些有名的君主如英国的亨利二世、法国的菲律甫·奥古斯都和神圣罗马帝国的弗雷德里希·巴巴罗萨皇帝,是同时代的人。如果说,他的名望由于这些人而逊色,那是因为他统治的地区处在欧洲的一个偏僻的角落。恩里克同时代的名人拥有比较丰富的资源,而他的情况与此

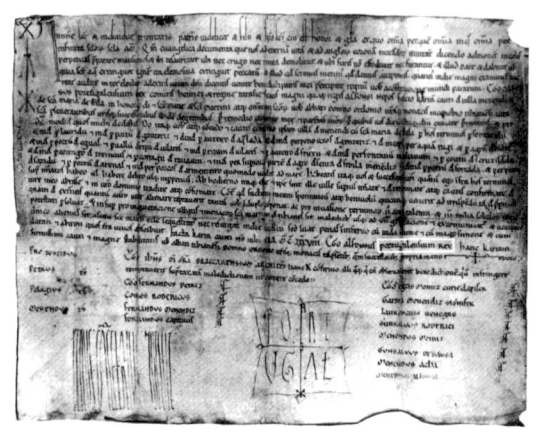

1140年的一份提及恩里克王权的文献

相反,他几乎是白手起家。可是,他却比他们中任何一个人把国家建设得更扎实和更持久。"

恩里克的儿子为桑舒一世(Sancho I,1185—1211年在位),他的武功虽然不能与父王相提并论,但是也可以说是一位有作为的君主。当时葡萄牙的

人口分布很不平衡,北方、沿海地区、平原与河谷以及盆地中坐落着许多村庄,人们建立了许多小的要塞以及塔楼。在米纽以及利马设有要塞保卫边界,主要的城市有吉马良斯、布拉加以及波尔图。主要的人口都是农民。南边的地区只有科英布拉是大城市,后山地区的人口相当稀少,更南边的地方人口更少。桑舒被称为"殖民者",他将许多葡萄牙人从老的居住区迁移到新的征服地区,还有许多移民是从佛兰德斯来的外国人,他们都居住在葡萄牙的南部。为了吸引移民去往那些地方,桑舒建立了"县"的制度,这是一种自治的单位,还给予前去这些地方的移民一定的特权。这些特权记载在租赁法上面,这是一种日耳曼习惯法与罗马法结合的产物。在已经征服的地区,市镇制度以及农村的组织已经建立起来。在重新征服的地区,则建立了新的社会组织,同时也保留了老的摩尔人的一些管理机构。这些地区分为6个部分,每一个区派驻一名负责的官员。每一个县都驻扎有军队。军队中的骑士在他们服务的年限中免除劳役。还有一种军人名叫"行人"(peões),他们没有马匹,只负责守卫本县。有些移民还被免去农奴以及奴隶的身份,获得解放。尽管许多关于移民的特许状都是由王室颁发的,但是贵族、高级的教士以及军事修会和大修道院都参与了重建新的居留地的事业。从科英布拉到里斯本的一大片新的征服地都由阿尔科巴萨大修道院管理的教会雇农进行耕种和贸易。阿连特茹地区则是由军事性修会防御的,它们主要防守城市和要塞,其收入来源主要是征收由摩尔人农奴耕种的农产品。在里斯本、圣塔伦以及埃武拉,大量的基督徒涌入这个城市,散居的摩尔人则退居城市一隅的清真寺周围。桑舒一世还为从佛兰德斯来的教士提供圣俸和教会的产业。

当时葡萄牙尚未完成国家的统一,但是里斯本已经渐渐地发展成为连接大西洋与北部欧洲和地中海区域的重要港口。1179年,王室颁布特许状,允许在里斯本以及圣塔伦建立商人团体以促进商业。1204—1212年,王室实施了对于船舶制造和管理的专利制度,商人和船主聚集在里斯本等港口城市中形成了自己的团体。同时,桑舒在其父王开拓的基础上继续向南方开拓土地。与其父王一样,他也致力于将葡萄牙北方和南方沟通,认为这是国家统一的基础。今天科英布拉蒙德古河上的大桥就是他修建的。那时卡斯蒂尔人击败了原先来到伊比利亚半岛的阿尔摩拉维德派的穆斯林,这样就为桑舒的扩张扫清了障碍。桑舒一世也建立了葡萄牙与外部世界的联系。1187年,耶路撒冷陷落,第三次东征的十字军被召集起来去往圣地,有两支舰队运载着佛兰德斯、英格兰、日耳曼、法兰西和丹麦的士兵协助桑舒征服葡萄牙南部的土地,他们于1189年占领了西尔维斯（Silves），但是从北非攻入葡萄牙的摩尔人又夺回了这座要塞，有许多十字军的战士留在了葡萄牙。

桑舒一世于1211年在当时葡萄牙的首都科英布拉去世。在以后阿方索二世（Afonso II，1211—1222年在位）的统治时代，这个国家陷入了混乱，王权受到贵族和教会两方面的挑战。起因是桑舒一世将一部分遗产留给了公主们。公主们认为国王没有权利在她们继承的土地上行使权力，一些逃亡卡斯蒂尔的贵族也支持公主们，卡斯蒂尔的统治者也支持分离国家的图谋。阿方索二世则认为这样下去国家就会解体，于是就与这些贵族打仗，但是未能取得成功。于是，罗马教宗英诺森三世（Pope Innocent III，1198—1216年在位）干预了这项冲突，其方案是阿方索二世给予公主们一笔巨款，参加叛乱的两个城市则交给服从于教宗的圣殿骑士团驻守，公主们则保证国王有权在她们继承的土地上行使权力。不久以后，国王与教会也发生了冲突，起因是1219年布拉加的大主教认为他的教区不应该向国王的官吏交税，后来矛盾进一步激化。国王命令科英布拉和吉马良斯的军队进犯主教的教区，砸毁粮仓，踏平葡萄园和良田。主教则开除国王以及全体王室成员的教籍，禁止神职人员在全国举行圣事。1220年，教宗剥夺阿方索二世对于教会的保教权，确认布拉加大主教对于国王的绝罚，命令科英布拉主教离开朝廷。1221年，国王退到了圣塔伦。1222年，莱昂的国王派军队入侵葡萄牙，支持阿方索的同父异母兄弟的叛乱。阿方索二世内外交困，死于麻风病。由于教宗还没有免除他的绝罚，他的遗体没有按照基督教仪式安葬。

阿方索二世以后即位的是桑舒二世（Sancho II，1223—1247年在位），他是阿方索二世的长子，即位时还不满12岁。当时的朝廷并没有组成摄政团，政府大权在一帮朝廷官员的手中。由于那个时期许多文献已经被毁，所以这一段历史的记载十分模糊。在桑舒二世统治的前期，朝廷里有一帮大臣支持他的弟弟阿方索，企图篡位，后来这个弟弟流亡国外。当时国家的管理混乱，没有成文的法律，王室的掌玺部缺乏登基制度，不再执行"确认法"和"调查法"，内战频繁。1228年，罗马教宗的代表阿伯维利（Jean d'Abbeville）在科英布拉举行议会，企图平息国家的内乱，恢复社会秩序。由于这位教廷使节的努力，科特会议批准了一部分地方的行政法规，并且再度向南方的摩尔人宣战。但是，桑舒二世的统治仍然软弱无力，很可能因为他是一名幼主，权力落入索萨家族（Mendes de Sousa）手中。当时葡萄牙国内的主教、贵族和各市镇的人们向罗马教宗英诺森四世（Innocent IV，1234—1253年在位）写信，指出当时在位的国王桑舒二世年幼无知，随便发号施令，国家的管理混乱不堪。

1248年，罗马教宗英诺森四世废除了桑舒二世，指定当时在法国的布洛涅（Boulogne）伯爵即后来的阿方索三世（Afonso III，1248—1279年在位）为新的国王。阿方索三世早年居于法国，并因联姻成为布洛涅伯爵。阿方索与当时在法国的几位葡萄牙的主教签署了一个条约，保证服从罗马教宗，尊重教会的权益，并许诺维持各地居民、市镇、骑士团以及人民的优良习俗，以及祖父和曾祖父答应的成文以及不成文的租约。1246年，当他回到里斯本的时候，受到了人民的热烈欢迎。1419年的《编年史》这样记载："听到布洛涅返回葡萄牙，期望这位伯爵能够把压在人们头上的沉重负担彻底解除，所以许多乡镇的人民都衷心拥护这位伯爵，国王桑舒遭到人民的唾弃。"阿方索一回国，就得到圣地亚哥骑士团以及各个县的支持，他也肯定了这些县的特权；同时，他声称自己是"王国的保护者"以及"至高无上的圣座在王国的护卫者以及巡视员"。那时，葡萄牙的南方都支持他，桑舒只控制着科英布拉。双方打了两年仗，贵族们支持桑舒，但是市镇的人民支持阿方索，后者的军队占领了许多市镇。最后，桑舒失败，逃亡托雷多，1248年年初死在托雷多。这年7月，阿方索的军队进入首都科英布拉。

1249年，阿方索三世指挥的卡拉特拉瓦以及圣地亚哥骑士团的军队收复了法鲁（Faro）地区，并占领了由摩尔人长期盘踞的阿尔加维，攻占了该地区最南端的也是摩尔人在葡萄牙境内最后的要塞西尔维斯，一直挺进到大西洋的海边。葡萄牙建国历史的第一幕，即建立一个永久的边界，就到此结束。这一历史事件具有重要的意义，英国著名历史学家博克塞（Charles Ralph Boxer，1904—2000）指出："葡萄牙人达到了他们的目的，获得了它的现代国家拥有的边界，这不仅是欧洲大陆第一个民族国家，而且它将摩尔人驱逐出自己国土的历史比阿拉贡的斐迪南以及卡斯蒂尔的伊莎贝拉于1492年最后征服摩尔人统治的格拉纳达早了近200年。虽然葡萄牙也有过政局不稳定的时候，但是这种统一对于葡萄牙人后来的扩张事业基本是有利的。在那个时代，西欧大部分的国家要么受到外敌的入侵，要么受到内乱的威胁，如英法百年战争以及红白玫瑰战争，或是土耳其人对于地中海东岸以及巴尔干的大举进攻。甚至葡萄牙的邻居卡斯蒂尔以及阿拉贡在斐迪南以及伊莎贝拉统一之前，也一直处于极不稳定的状态。葡萄牙在全国统一以后，其境内不存在所谓摩尔人问题。相反，西班牙人与摩尔人的纷争在统一以后还持续了一个世纪，这导致西班牙人在许多方面不能与葡萄牙人有效地竞争。"

1254年2—4月，阿方索三世在莱里亚召开葡萄牙历史上第一次具有广泛代表性的科特会议，其中有平民代表参加。由于葡萄牙国家经济长期的落后，当时国内流通的还是中世纪以来拜占庭的、摩尔人的甚至是更加古老的罗马人使用的钱币，有时就使用小麦进行物物交换。这种情况现在再也不能继续下去了。国王宣布废除老的币制，采用一种新的货币以替代旧的货币，在北方的米纽到杜罗河流域征税的时候都采用此种货币。此次科特会议讨论了旧的货币与新的货币之间的比价和关系，并同意国王的建议铸造新的货币。但是，直到4年以后，才正式开始铸币，当时规定全国铸币的熔炉只限于20个。在此次科特会议中，大家还讨论了波尔图的地位问题。以前波尔图一直是由主教管理的，王室在河岸的对面建立了一个加亚（Gáia）自治村，这两个地方在征收过路费以及货物税的时候一直发生争执。主教一直拒绝王室的管理者进入，而阿方索三世则要占领整个城市。在科特会议上大家做出决定，来到杜罗河的1/3的国内船只以及为数一半的外国船只在加亚卸货。主教对此表示不同意，他向罗马教廷提出申述。但是，阿方索三世还是在1255年在加亚设立了县制。1257年1月，阿方索三世又召集了贵族大臣举行会议，目的是要加强国家和王权的统治，处罚杀人越货、抢劫商旅的盗匪，保护正常的商业活动和旅行者。1258年，阿方索三世普遍地实施调查法，为大规模地改组政府提供了基础，刹住了贵族欺压平民的风气，各个城市的权利得到了进一步的保障，国家还整顿了荒废的农田。

此一时期，社会经济也有所发展，特别是集市的数量迅速增加。阿方索三世鼓励建立集市贸易。1269年的一份史料提到，科英布拉的人民自愿集会，赞成国王在该城市建立一个集市的建议。集市贸易起到了重要的社会经济作用。人们可以在市场上用农产品换取货币，用以购买土地上不出产的商品。集市条约和土地的契约上都规定了哪些产品应当交税。如当时贝雅的集市条约以及土地契约规定下列物品必须交税：各种牲畜，如马、骡、驴、牛、羊、猪，用于狩猎的禽兽，如雕、隼以及追踪兔子的白鼬，还有其他动物或物品，如鸡和鸭，白色的皮革以及染成红色的熟皮革、待鞣制的生皮革、兔皮和其他兽皮，干鱼、咸鱼、螃蟹和海扇，各种蔬菜，如青豆、

三桅帆船

大蒜、洋葱和青菜，干果和鲜果，如栗子、核桃、青果以及葫芦子等，还有橄榄油、葡萄酒、蜂蜜、蜡、盐、辣椒、茴香等，手工艺品以及建筑材料，如木材、瓦、黏土、沥青、生铁、圆铁、农具、马刺、搓绳用的红茎叶茅草、麻绳、成衣和鞋，等等。另外，与航海有关的造船技术在13世纪初有了迅速发展。1255年，也就是阿方索三世时代，在新加亚镇的地方法规中第一次出现了"三桅帆船"的词语。许多迹象表明，当时葡萄牙与外国的海上贸易往来十分频繁。"三桅帆船"是一种有两个桅或三个桅的拉丁帆船，它的帆是三角形的（这是此种帆船最大的特点），系在一条有水平缆绳的桁上。这种船最早是阿拉伯人在地中海上使用的，威尼斯的圣马可教堂有一幅镶嵌画，描绘了一艘有三角帆的帆船，很可能是摩尔人的船，因为在同一幅镶嵌画上可以看到亚历山大港口的灯塔。当时葡萄牙人使用的三桅船的船体比较精致，长和宽的比例是三比一，其形制属于圆形船，但是不像后来发展出的远洋航行的大船，没有舢楼或者尾堡。这些船只主要用于近海的探险活动。

阿方索三世晚年与教会发生了激烈的矛盾与冲突，他派出朝廷的大臣收集地方官员、神职人员以及每一个教区的头面人物的证据，想重新从这些人的手中拿回他们以前从王室"不适当地获得"的土地。于是，教会的高级神职人员愤愤不平。很快地，9个教区中有7个教区反叛了，西尔维斯的主教住在卡斯蒂尔，只有里斯本的主教支持国王。1267年，葡萄牙的总主教和其他4位主教宣布自己的教区停止神工，然后，他们去了意大利，向罗马教廷告状。他们向教宗控告阿方索三世染指教会的财产以及治国无方。国王马上反击，命令教区神职人员恢复神工和继续举行各种圣事，同时各个县也出具证明说国王治国有方。他还派人接管布拉加总主教区并征收荒废的教区的税收。国王与罗马教廷之间的争执拖了很长的时间。1279年3月，教会在里斯本公布了对于国王的惩罚令，阿方索三世于当年10月病逝。

接着便是国王迪尼斯（Dinís，1279—1325年在位）统治时期。迪尼斯时代葡萄牙国家的政治生活可以分为两个阶段。在他统治的前期，王室遇到了一部分贵族的反对和为难。他于1281年、1287年以及1299年先后镇压了贵族的3次叛乱。在他统治的后半期，情况发生了改变。他停止召开科特会议，颁给贵族大量的捐赠，贵族甚至篡夺了属于国王的一部分特权，如授封骑士称号以及终审判决。这时，由于国家在较长的一段时间里维持了和平，所以社会经济有了平稳的发展。但是政治上的安定也巩固了贵族阶级的地位，使得他们的势力不断增加，造成了对于平民阶级的压迫。

此时葡萄牙国家的经济发展变得日益重要。迪尼斯在历史上被称为"农夫"。他大力鼓励农业的发展，热衷于将封建领主以及教会的一些土地分配给更加会经营的小业主。所以在他统治期间葡萄牙的粮食产量有史以来第一次超过了国内的消费量，开始有剩余可以出口。迪尼斯还适当地鼓励手工业的发展，葡萄牙开始生产优质的亚麻布，其中有些是为外销用的。市场以及集市早已经有了，但是迪尼斯给予新的鼓励。王室积极地推动商人阶级前往海外发展贸易。1293年，迪尼斯同意和鼓励商人设立基金制度以便互助，这是欧洲最早的基金互助形式。葡萄牙商人终于有了自己的船队，他们乘着自己的船只去往卡泰罗尼亚、比斯开湾、布列塔尼、拉罗谢尔、英格兰以及佛兰德斯等地进行贸易活动，超过100吨的船要付20索多斯（Soldos）的葡萄牙币，少于100吨的要付10个索多斯。基金的设立，保证了所有的船都付得起费用。当时葡萄牙去西班牙境内塞维利亚港口的船也要付出同样的税金，也是因为有了这个基金，葡萄牙商人在外国的港口建立了后来非常普遍的商站制度。同年，在威尼斯档案中记载了葡萄牙商人在地中海的贸易活动已经非常活跃。在比利时的布鲁日，葡萄牙商人也建立了商站，向去往日耳曼、意大利本土、西西里、卡泰罗尼亚的贸易商放款。王室甚至给去法兰德斯的船主和船只以保险。迪尼斯的重商政策，也吸引了外国的商人，特别是热那亚人，他们逐渐来到里斯本定居。

这位"农夫"国王，还特别留意葡萄牙的海外事业。他极力招募能干的外国海员，要他们将最新的航海技术教给他的臣民。1322年，国王任命了一位热那亚人埃曼奴尔·佩萨格诺（Emmanuel Pessagno）为海军的上将，他的儿子后来又继承了这个职位。他们的子孙后来建立了有名的葡萄牙和巴西的佩桑尼亚（Peçanha）家族。葡萄牙人吸收了热那亚人的航海以及造船的知识和技术，再加上他们本身就在大西洋上有着丰富的航海经验，这样一来，葡萄牙人就在航海事业上处于领先的地位。佩萨格诺在大西洋曾经展开一系列的海上探险活动，有人认为是他第一次发现了亚速尔群岛，但是这些岛屿后来又被人忘记了。佩萨格诺和他的家族，以及许多其他有关的葡萄牙人，后来就在葡萄牙居住了下来，成为永久的居民。他们为葡萄牙人制作的战舰在和平时期也用于海上贸易活动。

迪尼斯统治时期发生的另一件对于后来葡萄牙海外扩张史产生影响的重要事件就是国王在阿维农教宗下令取缔圣殿骑士团的时候，不失时机地劝说教宗在此骑士团原有的基础上准许葡萄牙建立一个新的本国的骑士团。早在1218年，圣殿骑士团已经在伊比利亚半岛定居下来，在葡萄牙的光复战争中，该骑士团一直发挥积极的作用。在十字军战争进入低潮以后，圣殿骑士团在法国与王权发生激烈的矛盾，以至于教宗被迫在欧洲好几个国家取缔该骑士团。1308年，教宗克莱芒五世（Clement V，1304—1314年在位）命令里斯本的主教调查葡萄牙圣殿骑士团的情况，迪尼斯便为葡萄牙的圣殿骑士团辩护。伊比利亚半岛的高级神职人员在萨拉曼卡开会，并肯定在伊比利亚半岛的圣殿骑士团是无辜的。但是，葡萄牙、卡斯蒂尔以及阿拉贡的国王都表示愿意服从教廷的决定解散该骑士团，1312年，教宗下令解散该骑士团并且将其财产转给医护骑士团。但是，教廷准许在伊比利亚半岛国家可以采取特别处理的办法。1319年，教宗约翰二十二世（John XXII，1316—1334）授权葡萄牙组建新的基督骑士团。它接收了原来的圣殿骑士团在托马尔等地的财产，并将总部设在阿尔加维的卡斯特罗-玛里姆（Castro-Marim），很明显，当时它的主要任务就是防守南方的阿尔加维。当时在卡斯蒂尔，驱逐摩尔人的光复战争还没有结束，但是葡萄牙已经完成了光复战争。在14世纪，葡萄牙国内的防务以及国家的独立主要由阿维兹骑士团负责；在15世纪，基督骑士团的任务就主要从国内的防务逐渐地转向海外的扩张事业。

托马尔要塞

由中世纪圣殿骑士团约于1160年建成于托马尔的山上，这是葡萄牙基督教王国在北方边界抵御摩尔人的防御系统之一，后被基督骑士团接管。

托马尔圆形教堂内景

该圆形教堂是圣殿骑士团仿造耶路撒冷圣墓建成的。

迪尼斯的继承人是阿方索四世（Afonso IV，1325—1357年在位）。他在统治期间，对于贵族的篡权和放肆采取压制措施，取消前朝后20年里授予贵族的许多特权，收回了一部分授予教会以及贵族的土地。当时王室中有不少赞成推行《罗马法》以及主张中央集权的法学家,他们的主张体现在一部旨在改革司法体系的著作《法官守则》中,该守则集中了司法的权力,创建了外来法官的制度,即由国王指派法官逐步取代由各乡镇居民选举的法官。其目的是把建立社会秩序作为国家的职责,禁止权贵干涉国家的司法活动,违者严惩不贷。王室还严格禁止贵族为报私仇进行格斗,违者将处以极刑。阿方索四世非常关心贵族与平民之间的和睦相处,以求建立和谐的社会气氛。国王在1352年在里斯本召开科特会议,此次会议是为了解决1348年黑死病所造成的农村劳动力不足的问题,决定要遵守以前规定的学徒工义务劳动的条文,但是同时又在人民中提倡学徒工和师父之间的平等,以便促进穷人和富人之间的平等。

在阿方索四世时代,葡萄牙人又派另一位热那亚人指挥的船队到加纳利群岛探险。这些岛屿在上古时期就有人知道,可是到了中世纪又被人遗忘了。从那时起,葡萄牙人就领有了这些岛屿,可是不久卡斯蒂尔人又使用武力把它们夺走了。

阿方索四世的儿子和继承人佩德罗(Pedro,1320—1367)与他的已故妻子的侍女因内斯·德·卡斯特罗(Ines de Castro,1325—1355)的爱情故事是葡萄牙中世纪最著名的浪漫故事之一。卡斯特罗的父亲是加利西亚的贵族,母亲则是葡萄牙人。朝廷里的一些旧贵族担心她会利用佩德罗的影响扩张其家族的权势,于是阿方索在他们的蛊惑之下杀死了因内斯。1357年佩德罗继位以后称为佩德罗一世(Pedro I,1357—1367年在位),他立即采取行动报复,那些对于因内斯的死负有责任的贵族非死即逃。他硬说自己与因内斯是正式结婚的,还想使他们的孩子具有合法的地位,但是这不能说服葡萄牙的民众。有一个浪漫而夸张的传说,佩德罗将情人因内斯的骷髅挖了出来,加冕为葡萄牙的王后。

佩德罗的个人悲剧总使他郁郁寡欢,但是他统治国家却卓有成效。他的绰号叫作"正直的人",可见他是以严厉和正直的精神统治葡萄牙的。他亲自巡游全国,参与司法和行政事务,严格按照法律的条文办事。他能够迅速和公正地处理特别的案件,那些身居高位而又贪图个人享受和滥用权力的人害怕他。他曾经下令将两个仆人判处死刑,因为他们抢劫和杀害了一名犹太人。他说:"他们这样对付犹太人,也会同样地对付基督徒。"佩德罗还要鞭打一名通奸的主教,但是被人劝住了,他对于一名犯同样过错的职位较低的神职人员处以宫刑。当时由于经济的发展,无论是城市或者是农村,对于货币的需要越来越迫切,甚至农民没有货币也无法生活。1364年,在里斯本召开的科特会议上，大家要求有钱的人（有许多是犹太人）从事农业和畜牧业。国王对于犹太人从事有益于社会的经济活动总是持鼓励的态度。佩德罗严格地遵循父王阿方索四世提倡的贵族和平民和睦相处的政策，平衡各方的利益。当时有人说，佩德罗统治的10年是葡萄牙历史上从未有过的10年，这种感情表达了人民对于那个时代的怀念，因为国王和人民的力量能够联合起来的时代在后来已经很少出现了。

佩德罗的儿子是费尔南多一世（Fernando I，1367—1383年在位），他是葡萄牙勃艮第王朝的最后一代君主。他即位的时候年轻英俊、开明自由，也有一些鲁莽。据说他继承了以前历代王朝积累下来的巨大财富，有人说他是葡萄牙有史以来最富有的君主。据说他在里斯本的一座塔楼里就藏着8万片黄金以及4万马克的白银。王室每年的税收是20万多布拉，这还不包括里斯本与波尔图每年海关的税收。国王也施行了几项重要的法令，如1375年的《荒地分配法》。据此法令，一切未加开垦的私有土地国家都要征收，交给愿意耕作的农民。法令的附件说明：游手好闲的人，不管是无业游民、假装残废的乞丐还是冒充的修士都要拘捕，强迫他们参加劳动。法令还规定，所有耕作的土地都应该有适当的牲畜，用于耕作的牲畜应当以合理的价格买卖。当时，葡萄牙的商业进一步地兴盛起来，为了鼓励海上贸易，费尔南多一世批准了有利于船主的法律，免除他们各种各样的捐税，让他们在王家的森林里采伐木材，制造船只。里斯本和波尔图的船主们联合建立了行会，但凡船舶遇到海难失事或者遭到劫掠都能在行会的资金中得到补偿。这样，国家的商船队就不致缩减了。

从佩德罗至费尔南多一世时代，葡萄牙由海上贸易主导的进出口流通非常活跃。主要的出口产品有葡萄酒、橄榄油和食盐，还有软木、葡萄干、水果、皮革和蜡，进口的主要商品有优质的布匹（锦缎、刺绣、丝绸和毛料）、武器、金属、香料、粮食、北部欧洲的木材、熏鱼和咸鱼。王室的税收政策就是鼓励进口，每艘船只返航时所载的货物价值不得低于出航时所载的货物的价值，因为船只在入境时缴纳关税，出境时不缴税，这样就间接地征收了全部的出口税。

诺埃尔指出："在恩里克逝世以后的两个世纪中，葡萄牙的历史主要是它的统治者的历史。虽然王室系统中没有一个天才人物，但是至少一直到14世纪末年，后继的国王都是一些有才能和见识的人。他们每一个都非常突出地代表着他的人民和时代的精神。到底是国王造时事，还是时事造国王，这是很难说的，大概两种说法都有些道理。"

三、中世纪的葡萄牙社会

在15世纪初年，葡萄牙的人口至多不过100万人。因为在1348—1349年间爆发过黑死病，1383—1411年又与卡斯蒂尔爆发过长期的战争，制约了它的人口增长。但是，即便在这样的民族灾难当中，仍然可以见证人类的韧性。在15世纪50年代，葡萄牙的人口终于超过了100万人。在特茹河北方形成了一些大的城市，如波尔图、布拉加、吉马良斯和科英布拉，其中波尔图的人口超过8 000人。在特茹河以南，在罗马时代以及摩尔人统治时代，曾经有较为密集的人口居住，出现过许多城镇中心，但是规模都很小，这些城镇的人口都在800人左右，只有里斯本超过了4万人，是葡萄牙王国中人口最多的城市。还有一些城镇和乡村，人口不过在500—3 000人之间。各种迹象表明，地理大发现之前的葡萄牙，国土贫瘠，经济落后，大部分土地没有开垦，境内道路的路况亦很差，与卡斯蒂尔人、摩尔人的连年战争使其货币不断贬值。直到1527—1532年，葡萄牙的人口也还在100万—150万之间徘徊。尽管里斯本是首都，但是葡萄牙国王并不总是住在里斯本，像中世纪后期和文艺复兴时代的大部分君主一样，国王经常四处走动，除里斯本以外，有时也会住在埃武拉的郊外。

在乡间，经济大部分依靠的是物物交换，但是收税和地租是用铜质的钱币而不是用欧洲中世纪越来越通用的金币。在1385—1435年之间，葡萄牙不铸造金币，尽管外国的金币，包括英国的贵重金币，在1367年费尔南多登基的时候仍然自由流通，因为当时英国比较繁荣。后来因为葡萄牙与卡斯蒂尔的战争，以及1383—1385年的战乱，导致了葡萄牙钱币的连续贬值，银钱在葡萄牙也不通用。当时流行的钱币主要是一种叫作bilhão（西班牙文vellon）的钱，是一种银和铜的合金，而铜是主要成分。中世纪葡萄牙人口的绝大部分是农民，他们根据自然条件种植谷物（主要是小麦和黍即小米），沿海地区的人口则从事渔业和制盐业。当时的航海贸易规模不大，但却日益扩展，主要向佛兰德斯、英国、地中海地区和摩洛哥出口盐、鱼、葡萄酒、橄榄油、水果、软木和兽皮，同时从北欧进口小麦、布匹、木材、金银以及从摩洛哥进口金币。

"科特会议"就是指"三级会议"，与法国的"三级会议"相类似。"三级"是指贵族、神职人员和人民。"人民"，除了在一些城镇里有一些行会团体的代表以外，并不包括劳动阶级直接推选的代表。这3个阶层中的每一个都包含有许多的阶级和分支。科特会议是近代议会的雏形，但是并不能与近代的议会相提并论。在1211年阿方索二世登上王位以后,在科英布拉召开了由修道院院长、绅士以及其他贵族参加的会议,这是有文献保存的最早的科特会议记录,人们习惯上把它看作是葡萄牙的第一次科特会议。此次会议制定的法律旨在保护国王的财产、禁止王室官吏的跋扈以及保障个人的人身自由。如禁止富豪以低价收购粮食、允许自由民按照自己的意愿选择主人、禁止骑士劫掠平民等。在13世纪的中后期,科特会议在国家生活中的作用开始变得越来越重要了。在任何时候,只要国王想要召集科特会议,就要开会来讨论国家的事务。它规定教会的权利,并就各种各样的问题向国王提出建议。科特会议不是近代的议会,因为它不是选举产生的,它并不通过法令,也不按照任何规定的程序召集会议,那些受国王邀请出席的人之所以得蒙征召,是由于他们个人地位的重要性。如果说他们有所代表的话,那就是代表他们的阶级利益。但是,在另一方面,科特会议虽然不是一个近代议会性质的团体,当然也没有任何近代的民主观念,可是它坚决地主张保持"地方固有权",即葡萄牙各地区当地通行的法律和习惯。国王为了扩大王权或者提高行政效率,只要可能,总是很自然地倾向废弃这些地方的法律和习惯。"地方固有权"主要是维持地方的惯例和特权,这些东西是陈旧的和传统的,但是科特会议热衷于维持它。科特会议不能算是人民权利的保卫者,可是国王的行政命令侵蚀"地方固有权"的时候,科特会议的抵制确实起到了作用。

贵族和神职人员属于特权阶层。神职人员具有流动性,教会的大门向所有的社会阶层开放,所以是才智之士的归宿。贵族则不是这样,它是一个由出身决定的社会阶层。国王也封赐贵族,但是一般而论,只有贵族的儿子才能继承贵族的头衔。贵族大致上可以分为几个等级,统辖较多土地的大贵族,亦称富豪,出身名门望族的有继承权的贵族,骑士——他们出身贵族世家,但是往往除了一匹能够出征打仗的战马和自己的身躯以外,一无所有。贵族尤其是大贵族可以免除税收,不可以被随意逮捕或关押。有些大领主如布拉干萨公爵拥有对平民大众的司法权力,如对自己的臣属以及佃户有司法权力。不过,国王的权力也在增长,在1357—1367年佩德罗一世在位时期,国王成功地为王室建立最后申诉的法庭,并加强私人的和地方的司法机构对王室的服从。除了这些大贵族以外,较低一点的贵族则包括文人或骑士以及乡绅(Squires, cavaleiros or escudeiros)。在14—15世纪还有一个非常流行的,后来在葡属东方广泛使用的词"费达尔哥"(fidalgo,意谓"某大人物的儿子"),它指真正的或自称有名门血统的人,是贵族(nobre or noble)的同义词。而"乡绅"原来指的是"带盔甲的骑士"(a belted Knight)即"军功贵族",在当时则指受人尊敬的社会群类,他们的地位比贵族稍低一点。贵族骑士(fidalgo-cavaleiro)是指具有高贵的门第或贵族血统的骑士,而骑士贵族则是指血统平常但却被王室封为骑士并为王室效力的人。到1415年时,封建时代的骑士贵族已不多,他们很多是由于在战场上的英勇而获得其地位。贵族都是那些所谓"高贵地活着"的人,他们不必参加劳动,当然,要想过不劳而获的生活,必须有某项收入,要拥有自己的庄园和田地,里面有"仆人、武器和马匹"供他们处置。不过,随着时间的推移,当时贵族面临的经济困难日益严重,原因是多方面的,一是土地代代瓜分,越分越小,二是在贵族土地上干活的人不断地逃到比较自由的地方,三是生活的费用在不断提高。在中世纪早期即13世纪以前,葡萄牙是一个贵族、教士和农民的国家,因为当时的城市很小,任何较大的中产阶级都没有产生的机会。

中世纪葡萄牙教会的神职人员也不是来自同一个单一的阶层,其中有些人是来自带有贵族血统的穿戴主教冠袍的高级神职人员,有的人只不过是稍认几个字的乡村神父。教区神父和修会神父的身份也有明显的不同,在大多数情况下,教区神父来自较高的社会阶层。像这一时期欧洲的其他地方一样,葡萄牙教士的风纪在许多地方不尽如人意,神职人员纳妾的现象普遍存在。在1389—1438年,葡萄牙官方允许2名总教、5名主教、11名领班神父、9名首席司祭、4名唱诗班领唱、72名教士团成员以及600名神父的私生子合法化。这个数字还不包括托钵僧修会的神职人员以及那些不想麻烦去申请私生子合法化的人。从总体上看,神职人员是中世纪葡萄牙社会中掌握文化的人,由他们组成的教会组织健全,有各自的权利和等级之分。教会在尘世是代表天主的,而天主高于所有的国王。因此,教会在权力上总是想要超过国王。在社会上,教会就是文化的拥有者以及教化的执行者。

像欧洲许多别的地方一样,中世纪葡萄牙的教会也从事文化方面的工作。第一代国王恩里克率领军队向南方挺进的时候,便一路保护西多会的僧侣,并于1153年创建了阿尔科巴萨修道院,它很快就成为葡萄牙国家基督教文化的中心。中世纪的基督教文化,一般有上层和下层之分,上层就是使用拉丁语的僧侣文化,下层就是普通的民众(他们中大部分都是目不识丁的文盲)所能够接受的、属于地方的以平民的语言表达的文化。前者包括修道士在修道院里撰写的涉及神学、法学、修辞、辩论、教会法典、圣徒传记、布道词、宗教仪轨以及赞美诗等具有神学、神秘色彩和说教意味的著作,它们都是以修道院作为传播媒介的。在中世纪的葡萄牙,这种文化的中心就是阿尔科巴萨修道院和科英布拉的圣十字修道院。在战事频仍与生活动荡的中世纪,只有在修道院安静的环境中,才有可能从事这种孜孜不倦的文化活动。

与欧洲其他国家一样,葡萄牙的教堂和修道院也附设了一些学校。1072年,布拉加主教座堂的一份文献第一次提到了葡萄牙的学生。1088年,又有一份教会的文献提到了一名叫作佩德罗·格拉马提科的教师。他是葡萄牙历史文献中最早提到的基督教学校的教师。第一代国王恩里克有一位朋友,他在科英布拉教堂附设的学校里执教。1131年,科英布拉圣十字修道院建立时,他是创立者之一。1288年,阿尔科巴萨修道院、科英布拉圣十字修道院、里斯本圣维森特修道院和吉马良斯的圣马利亚修道院的院长联名上书罗马教宗尼古拉四世(Pope Nicholas IV,1288—1292年在位),请求教宗批准这几个修道院拿出一部分的收入资助在里斯本建立一所大学。他们的理由是建立大学有助于为教会培养人才,同时,还可以避免把人员送往国外学习而负担庞大的开支以及所冒的风险。教宗同意了他们的请求。1290年国王迪尼斯在里斯本正式创立了这所新的大学。但是教宗禁止在葡萄牙的大学中教授神学,因为他担心初建的大学在学术水平上不高,这个禁令后来并未严格执行。尽管葡萄牙有了自己的大学,但是文化教育方面的情况仍然十分暗淡,有钱的人不在葡萄牙上学,他们仰慕外国的教育,一心一意想去外国镀金,没有钱的人就根本不学习。至于著名的教授、受到欢迎的学术著作更没有。大学只是为教会培养了一些通晓拉丁文的教士,为国家培养了一些官吏或者从事律师工作的文人。当时在里斯本,教师在学校上课,学生们则居住在居民的家里。后来,由于居民们不喜欢这些吵吵嚷嚷的年轻人,所以在1308年和1354年市民们两次迫使国王关闭里斯本的大学,将它迁往科英布拉。1377年,国王又将大学迁回里斯本,其理由颇为有趣,国王说他要从外国聘请著名的教授来葡萄牙,但是这些教授除了里斯本,不愿意到别的地方去居住。1380年,有人向教宗再次请求在葡萄牙建立大学,说葡萄牙连大学都没有。这当然是不符合事实的。不过,这也说明迪尼斯国王撒下的种子没有开花结果,以至于没有人知道它的存在。也就在同一年,教宗乌尔班六世(Pope Urban VI,1378—1389年在位)否决了里斯本训练出来的神学家可拥有执照在其他地方讲课。虽然许多托钵僧修会的僧侣,如葡萄牙历史悠久的最著名的阿尔科巴萨修道院西多会的僧侣们在里斯本学习神学,但是修会中的外国僧侣从不承认葡萄牙籍的修士是合格的和训练良好的神学家,除非他先在葡萄牙以外的地方学习和毕业。造成这种情况的原因之一是许多葡萄牙的神父、僧侣和修士的拉丁文基础十分缺乏。其结果是托钵僧修会将其最有前途的修士送往外国的大学，包括牛津大学和巴黎大学接受训练，或至少在那里毕业。1440年，里斯本大学对这种做法提出批评，但这种现象一直持续到下一个世纪。由于王室将这所大学在里斯本和科英布拉之间移来移去，所以没有办法维持它较高的学术标准。这所葡萄牙唯一的大学直到1537年才在科英布拉长久地定居下来，它的学术水平明显地要低于当时的巴黎大学、牛津大学、萨拉曼卡大学和博洛尼亚诸大学。

在拥有特权的神职人员、贵族、骑士和乡绅之下，以及大量的毫无特权的农民和手工艺人之上的，是一些中间的阶层，包括商人、律师、医师和王室官吏。他们中的任何一组人的数量都不大。在15世纪末叶，除了流动法庭以及他们的随从以外，医生、律师、公证人、市议员以及各种王室官员加起来总共不超过1 000人。王室官吏享有每个月的或每年度的货币工资，在许多情形之下也用纺织品或者谷物来贴补。他们的工作时间自然也各不相同，但在通常情况下很少。以王家司库（Royal exchequer, Casa dos Contos）为例，他的办公时间是早上6—10点（夏季），冬天则为早上8—11点。与手艺人相比，他们的生活舒服多了。其他的一些人，就特征而论，应该分为农村的富有平民以及农村的贫穷平民。城市里的平民（后来称为市民）也有富裕和贫穷之分。市民有一个共性，就是他们不是贵族，而是自由民。他们的劳动是为了谋生（这是他们不同于贵族的地方）。当然，他们可以自由地选择劳动的地方和自由地要价钱（这是他们不同于农民的地方）。富裕的市民是第一批来到这片土地上，在此地安家落户、发迹并取得城市管辖权者的后代。后来，他们把持权力，并把这种权力行使到小百姓的身上。富裕的平民与贫穷的平民之间的冲突由来已久，后者对于前者深怀怨恨，常常向法庭甚至国王提出控诉。

像所有欧洲其他国家一样，葡萄牙的绝大部分人口是农民（lavradores）。农民就是光复战争期间已经居住并且继续居住在这片土地上的居民的后代。占领这块土地的贵族，或是接受国王馈赠而拥有土地的贵族，成为在这块土地上耕作的农民的主人。农民不是奴隶，不能够买卖，尽管在买卖土地时谁都明白这是包括他们在内的。由于农民的劳动，土地才能长出庄稼。因此，人们往往把农民看作是领主财产的一部分。如果一块土地没有农民进行耕种，就卖不出好的价钱，其原因就是收益不大。农民也分成许多种类，其中有相对富裕的耕作自己的田地并且雇工干活的人，也有无地的农村无产者，完全靠季节性的打工以及各种杂活养活自己。那些能够耕种自己土地的农民人数不是很多，大部分农民都耕种不属于自己的土地，向地主付租金，这些地主或是王室，或是教会，或是私人。许多农民都有租地担保，这样他们可以在一个较长的时间内耕种所租的土地，即便如此，租金也各不相同，有时为每年出产品的1/10，有时则是1/20。在13世纪中叶以前，农民有时为换取地主和贵族的保护也为他们劳动，主人则给农民饭吃、给衣穿和给鞋穿，后来还给几米布或者是两双鞋。这是货币经济流行之前的制度。以后的情况则发生了改变。1253年，内战以后，则实行另外一种制度，地主给农民的报酬一部分是实物、衣服和鞋，另一部分则是钱。雇佣劳动则以一年为期，工钱则为年薪。14世纪中叶，法律规定，如果被雇佣的农民没有到合同规定的期限就擅自离开，应该受到鞭挞以及游街示众的处分，但是地主不得强迫农民为他干活3年以上。地主还把临时工看成一种威胁，他们利用把持的乡镇政权，对临时工征收工钱税，进行注册登记，不许临时工离开家乡。但是地主的苛刻往往白费心计，并且造成农村的农民斗争以及社会动荡。农民还要缴纳封建的和半封建的税，其中最重要的是教会的什一税，这是必须优先其他税收交纳的。农民每星期至少要有1—3天为王室和教会从事体力劳动和服务，在国家遭到入侵时，他们还要到军队服役。农民的沉重负担还源于贵族对于他们的欺凌。《阿方索法典》里记载："贵族们结帮成群，有的骑马，有的步行，从这一村走到那一村，拿农民的口粮和留作种子的大麦喂马，宰杀农民的耕牛，不顾农民的反对，任意拿取农民的财物，而且分文不付。"还有，贵族任意到农民家里投宿，住宿期间，他们强取农民的粮食、衣服、柴草和牛羊。这种行为激发了农民的不满和反抗。有的农民就背井离乡，到荒地去开垦，在那里安家落户，逐渐地升迁为平民。早期葡萄牙的历届国王居然也支持这样的行为。

中世纪的葡萄牙还有奴隶。1211年的法律说"凡是自由的人……"这句话意味着并不是所有的人都享有自由。那些没有自由的人指的就是奴隶。当时的奴隶并不是一个阶级，而是一种可能陷入某种处境的人，类似今天被判终身强制性劳动的人。大部分奴隶是战争中抓获的摩尔人。每年春天，基督徒的军队就要对摩尔人居住的地方进行扫荡，目的就是要抓人到领主的土地上干活，因为这些土地上的农民人数日益减少，而自由人又不肯来干活。尽管基督教会的教义谴责对基督徒进行奴役，但是许多文献记载大部分的奴隶是被迫皈依的摩尔人基督徒。还有记载说，为了防止摩尔人逃跑，奴隶是带着锁链或是被绑在一起干活的。

在14世纪末叶的时候，手艺人和城市劳动者按职业区分形成了行会，建立了行会等级制度。按社会等级，金匠在顶端，铜匠则在底层，造船工人和织布工在社会身份上比兵器匠、裁缝和肉贩高一点。像中世纪晚期的城镇一样，手艺人、店主和摊贩经常按照他们各自的职业聚居在不同的街道和小区里，而街道也有"金匠街""桶匠街"和"面包师街"等不同的名称，这些街名至今在许多城镇里仍然存在。艺术家、手工艺人以及"密斯特瑞"（"msteries"，即贸易和手工艺劳动阶层的代表或是从业者）在行会中互相协调。工匠、手艺人和商人除了拥有团结和互相保护的意识来抗拒暴力和虐待以外，他们也可以关注彼此之间商品和产品的价格以及质量；买者也可以知道哪里有他们想买的东西，他们可以站在自己的立场上很方便地比较价格和质量；市政府以及管理当局也可很方便地找到他们征税，并且在此基础上作出交易量评估。1385年，王家的谕旨以赞同的态度指出，这种制度有助于里斯本城市"良好的管理以及维持这个城市的美观和高贵"。每一片工作的区域都是自我管理的，学徒和熟练工都要在资深的从业者以及工头的眼皮底下工作。他们工作的时间较长，在许多情形之下都是从日出到日落，中午只有半小时的时间吃饭休息。但这种长时间的工作某种程度上又被经常性的宗教圣日以及假日所抵消或补偿。就像在其他地方一样，在葡萄牙，农民和手工艺人组成了"人民"，他们负担着税收的最大部分。

在考察葡萄牙向海岸扩张的历史时，商人阶层是历史学家比较注意的对象。他们在中世纪晚期的葡萄牙，处于拥有特权的贵族、骑士、乡绅以及神职人员之下，以及那些毫无特权的手工艺人之上，是中间的阶层。这个阶层还包括律师、医师、王室官吏，他们中任何一组人的势力都不是很大。但是在里斯本和波尔图两个城市，商人阶级具有十分重要的影响。

一般历史学家都认为葡萄牙的商人阶层崛起在12世纪的晚期，那时葡萄牙本土商人的势力已有所增长，之后葡萄牙商人遍及海外各地。以英格兰为例，为了鼓励葡萄牙的商人来到当地贸易，英国政府于1203年、1205年、1208年和1220年专门颁布了安全通行证，安排他们来英国居住和贸易。1226年，英王亨利三世（Henry III，1216—1272年在位）为葡萄牙商人签发了超过100张的安全通行证。1240年，葡萄牙商人已经到了法国。葡萄牙国王阿方索三世对于贸易的发展以及外国事务极感兴趣，为了出租，他在里斯本和其他城市建造了许多房子、店铺、工厂以及客栈，由此促进了商业的活动。在以后的数世纪中，历代葡王就像商人以及贸易的促进者那样治理国家。商业的发展导致价格的上涨，以至葡王阿方索三世于1253年12月发布谕令，对400种国内的以及来自英格兰、佛兰德斯和法国的外国商品予以限价。1303年，英王爱德华一世（Edward I，1272—1307年在位）发布章程（Carta Mercatoria）以规范国外商人在英国的贸易，葡萄牙商人们从中获益良多。在14世纪晚期和15世纪早期，里斯本和波尔图的商人在整个葡萄牙的经济生活中发挥着很重要的影响，在与外国商人的竞争中，也能凭着公平的竞争手段取得成功。根据近代著名的葡萄牙经济历史学家戈迪尼奥（Vitorino Barbosa de Magalhaes Godinho，1918—2011）的研究，从1385—1465年，在葡萄牙、英国、佛兰德斯之间有46艘从事航海贸易的船只被海盗俘获或在各个港口被充公，其中约81%属于葡萄牙，约15%属于外国船只，还有剩下一部分属于葡萄牙人与外国人共同拥有。已知其中20船的货物中，约55%属于葡萄牙人，约20%属于外国人，还有剩下一部分属于葡萄牙人与外国人共同拥有，以至于有人稍嫌夸张地说，在1415年的时候，葡萄牙已经有了一个"摆脱封建束缚的商人阶级"存在。

根据葡萄牙历史学家科尔特桑（José Cortesão）的看法，商人阶级和商业扩张带来的结果是从14世纪前半叶起，葡萄牙社会就逐步形成一种颇具世界主义色彩的经济结构和思想。在创建国家的生活模式（以农业、鱼产品和提炼工业如制盐业为基础的远距离海路贸易）后，葡萄牙通过海路与西班牙、佛兰德斯、英格兰、意大利的地中海港口和东方的港口建立了贸易联系。葡萄牙本国也成为一个广阔的市场，吸引了许多国家的商人，其中有意大利人（主要是热那亚人）和西班牙人（大部分是加泰罗尼牙人和马略卡岛人），北方国家的佛兰德斯人不仅人数众多，而且在贸易上占有重要的地位。这些外国人中的许多人在葡萄牙定居下来，尽管他们与各自的祖国保持有益的接触，但最终还是与当地人融为一体。有历史学家甚至说："葡萄牙可以说是一个超民族精神形成的范例，这种精神很早以来就开始在葡萄牙生根、开花和结果，使葡萄牙形成独具特色的社会。由于与日益世界化的欧洲人的接触以及与葡萄牙人有共同利益的欧洲人的加盟，一个以世界主义为指导思想的中产阶级在葡萄牙成长壮大，这个新的有扩张欲望的阶级最终将自己的生活方式和思想强加给了其他阶级。"

中世纪葡萄牙的犹太人是一个特别的社会群体。从很早的罗马时代起，犹太人就居住在葡萄牙境内，摩尔人入侵以后，更多的犹太人拥入了伊比利亚半岛，他们在这里可以得到比其他地方更多的自由和庇护。犹太人几乎全部都居住在城市里，从事商业、银行业和高利贷业等犹太人传统的职业。犹太人比摩尔人居住的时间更长久，在摩尔人被赶走以后，他们仍然留在信奉基督教的伊比利亚半岛。在一些地方，犹太人和摩尔人一同组成了少数民族团体，与邻国卡斯蒂尔相比，葡萄牙的犹太人的人数要少得多，重要性也要低得多。在中世纪晚期，葡萄牙的犹太人像许多别的地方一样，他们的衣服上要戴有容易被人识别的标志，居住在城市里特别为犹太人划定的区域，比基督徒要缴纳更多的税，有时偶尔还会发生小规模的针对犹太人的集体屠杀。但是在葡萄牙的犹太人生活和工作的情形仍要比绝大多数其他欧洲国家的犹太人好一点。他们除了商人以外，手艺人以及工匠如裁缝、金匠、铁匠、铜匠和兵器匠等占据了主导地位；农民、海员以及军人中的犹太人则很少。葡萄牙基督教王国第一代国王恩里克在位时期就对犹太人持宽容的态度。他的军队在占领圣塔伦以后，允许犹太人居住在那里并且保留犹太教的会堂。恩里克还允许犹太人向国王的官员、要塞的长官以及地方官吏申诉他们的冤屈，他认为这样有助于王室革除社会上的弊端。恩里克还赠送给一位有名望的犹太人亚哈-阿本-亚申（Jahai-aben-Jaisch）三处田庄，允许他们使用贵族的纹章。这个犹太人的儿子还担任过恩里克的儿子桑舒一世的收税官。王室还允许这个犹太人家族在里斯本建立华丽的官邸。1190年，桑舒一世颁给里斯本附近特茹河南岸的城市阿尔马达的市民一份章程，让犹太人和摩尔人享有同样的权利。在桑舒二世统治时期，有皈依基督教的犹太人担任海军的军官以及王室的审计官，当时的里斯本主教曾表示反对。阿方索三世在位期间，王室对于犹太人的态度有所改变，不再允许他们担任法官，也不允许犹太人雇用基督徒做他们的仆人，据说是有人担心基督徒在他们的影响之下会改变自己的宗教信仰。同时，王室也给犹太人一些好处，诱使他们放弃犹太教的信仰，加入基督教，还规定社会上的人们不可以用言语以及行为侮辱已经皈依基督教的犹太人。在迪尼斯统治时期，王室任命一位犹太人拉比犹达斯（Dom Judas）管理国家财政，他的儿子还继承了父亲的职位。在佩德罗一世以及费尔南多统治时期，王室继续任命犹太人出任财政官员以及收税官员。直到14世纪，犹太人都有担任对素养要求较高的职业，在商业界和医务界任职的犹太人特别多。尽管基督教会谴责犹太人，普通民众孤立犹太人，但是从拥有知识以及金钱的角度来看，犹太人仍然属于上层社会，是特权阶级。

在中世纪的晚期，葡萄牙民族虽然在商业活动中表现出国际性和开放性的特点，但是，在文化上又表现出封闭的、排他的一面。中世纪的葡萄牙，存在着基督教文化、伊斯兰文化以及犹太文化这三种文化形态。它们之间有一个共同的特点，就是它们都是宗教的文化。从光复战争一开始，基督徒就开始对摩尔人的文化进行了大规模的破坏，凡是带有摩尔人宗教信仰的东西都被一律摧毁。因此，其清真寺、古兰经手稿、摩尔人建筑和艺术中带有宗教意味的装饰品几乎没有什么保存下来。中世纪阿拉伯雕刻家雕琢的作品，到现代都已经成为罕物。犹太人的遗迹以及遗物也是如此。凡是与基督教对立的其他文化，一律都毁掉。这种做法，从葡萄牙基督教国家诞生的时候已经出现了，以后又以各种借口存在下去。

早在光复时代，当阿拉伯人还占据伊比利亚大部分领土的时候，西北地区包括加利西亚和蒙德古河以及杜罗河之间的地方，也就是后来逐渐形成信奉基督教的葡萄牙王国的核心地区，与阿斯杜里亚以及卡斯蒂尔等地的语言就存在着明显的差别。前者演变成了葡萄牙语，后者发展成为西班牙语。在两者之间，有一系列介于过渡的方言。在阿拉伯人长期占据的蒙德古河或是特茹河以南的地方，基督徒使用的拉丁语受到阿拉伯语很大影响。伊比利亚半岛上各民族以自己的语言习惯学习拉丁语，使得拉丁语也在不同的地方发生变化，同时人们也用阿拉伯文来丰富词汇，再加上少量的西哥特文。各地区的语言自然地产生了差异。到了13世纪，葡萄牙有了它自己的特征明显的语言。这种语言与北方的加利西亚语相似，但是和卡斯蒂尔语相比，则后者的气音更多，并且较为清脆利落，而前者的流音和鼻音较多。国王迪尼斯曾经决定：以后一切官方文件必须用葡萄牙本国语书写，不再使用以前惯用的拉丁文。这个决定对于改进和完善葡萄牙本国的语言起到了巨大的推进作用。大约与此同时，民间出现了一个葡萄牙文学运动，主要是行吟诗人和民歌作家进行创作，他们的作品大多是爱情诗歌。一种叫作"友谊之歌"（Cantares de Amigo），说话和叙事的人总是假定为女子，故事从女性的立场来展开，尽管作者总是男子。它们一般都是描绘田野风光中的少女，如在泉水旁、竞赛会上、松树以及榛树下，或是河边姑娘在洗衣裳、洗头发或是脱去衣服准备洗澡，或是姑娘在大海边盼望着归帆。以天真无邪与自由活泼的少女为创作的灵感源泉，具有唤起人类最基本的令人激动的情感的力量。诗歌中对于昆虫、鲜花和海浪奇妙而亲切的描绘，使人们看到基督教尚未产生影响以前人们的万物有灵的淳朴的思想，这些诗歌可能有着十分原始的起源。另一种是"爱情之歌"（Cantares de Amor），主题直言不讳，就是男女之爱，假定是由男子来叙说。它们与原始的民歌不同，由宫廷诗人创作，更加风雅，带有模仿12世纪初开始流行的由普罗旺斯的抒情诗人带到意大利、阿拉贡的诗风的痕迹。这种诗歌有着敏锐的心理刻画、和谐的韵律、明朗的形象以及个人主义的灵感。有些卡斯蒂尔诗人也喜欢用葡萄牙语写诗歌，因为他们觉得在表现爱情方面葡萄牙语比他们自己的语言更加优越。其结果是，民间的文学运动推动了葡萄牙语的发展，使它成为一种更能表达抽象概念的工具。

作者点评：

伊比利亚半岛在整个欧洲的地理和文化上都处于极端的位置。在地理上，贾梅士的诗句"卢济塔尼亚在西部的海岸，那是陆地结束海洋开始的地方"，最好地概括了葡萄牙同时作为一个地中海国家和大西洋国家的基本特征。这样的地理环境对它后来在欧陆文明的基础上迈向海外扩张具有决定性的意义——这是地理环境对人类文明影响的范例之一。纵观葡萄牙古代的历史，它在文化上也有许多复合的层面。克尔特人、迦太基人、罗马人、西哥特人、摩尔人以及在此基础上形成的葡萄牙民族本身，都在这片土地上留下或浅或深的痕迹。一方面，这些文化相互融合；另一方面，它们之间又相互冲突。在宗教方面尤其表现得特别突出，基督教徒和伊斯兰教徒、犹太教徒相互冲突的历史贯穿于整个中世纪的葡萄牙。但事实上，作为葡萄牙历史发展主线的基督教文明在其形成和发展的过程中，从来没有彻底摆脱伊斯兰教和犹太教文化的深刻影响。在这里，我们比较强调摩尔人进入伊比利亚半岛以后对于近代早期葡萄牙国家形成的意义。在这以前，西方人一直是通过腓尼基人和罗马人与东方文明发生接触的。现在，面临摩尔人进入欧洲，西欧的重心慢慢地向西北方向的大海移动，历史上起次要作用的一些比较开放的国家就要自主地决定自己的命运了。对于伊比利亚国家内部来说，摩尔人带来的伊斯兰文明的影响，经过漫长的时间渗入到当地的社会之中。在欧洲国家中，只有伊比利亚的西班牙和葡萄牙从来没有失去过与东方的联系，它们不仅断断续续与亚洲的近东保持着联系，而且就在摩尔人统治期间与非洲建立了非常密切的贸易联系。那个时代的伊斯兰世界包括从卢济塔尼亚到印度的广大地区，其影响则扩展到苏丹的西部以及马达加斯加和马来半岛。阿拉伯人对于世界的认识反映在他们的地理学中，后来则对于葡萄牙人产生了影响。我们在下一章将会谈到。葡萄牙人在与摩尔人的战争中，熟悉了阿拉伯人的世界观，所以他们后来将北非和印度放在自己的考量范围内也就不足为奇了。摩尔人的影响在建筑、语言、饮食和风俗方面至今仍然可以见到——当外来的旅行者到葡萄牙观光或考察的时候，常常会感到一种有别于比利牛斯山脉以东的国家的异国情调。当葡萄牙人后来从事海外扩张的时候，与别的民族和文明之间也存在着这种相互纠缠与相互依存的关系。有人说葡萄牙人特别容易融入其他民族和文化,这与葡萄牙早期历史发展是有关系的,现代巴西的社会历史学家费雷雷(Giderto de Mello Freyre,1900—1987)曾经指出:葡萄牙人在长达数世纪的与摩尔人的战斗中形成了豪迈与开放的性格,摩尔人在半岛的长期统治也使得许多基督徒居民习惯于认可那些皮肤黝黑的摩尔人是社会的上层。中世纪当地的葡萄牙人也习惯于与摩尔人女子通婚,这些现象可能有助于后来葡萄牙人在海外扩张中与其他民族相处与沟通。

第二章
迈向海洋扩张

一、若奥一世与阿维兹王朝的建立

葡萄牙人的真正的海外扩张开始于阿维兹王朝（Aviz House, 1385—1580）统治时期。阿维兹王朝的开创者为若奥一世（João I, 1385—1433年在位），他是已故的葡萄牙国王佩德罗一世的私生子，继任的葡萄牙国王费尔南多一世同父异母的兄弟。若奥的母亲是一位加利西亚的贵族，名叫特雷莎·罗伦佐（Teresa Loureno）。

1383年，费尔南多一世去世，王位虚空。费尔南多的妻子莱昂诺尔（Leonor Teles, 1350—1386）没有王族血统，而且以前是离异而与国王结婚的。女儿贝阿特里斯（Beatriz）数月以前又嫁给了卡斯蒂尔的国王胡安（Juan I of Castile, 1379—1390年在位）。莱昂诺尔让年轻的女儿担任摄政王，准备以后继承王位；而她本人的野心是由自己永远统治葡萄牙。莱昂诺尔与没有政治野心的卡斯特罗不同，她有很强的权欲，并且在男女关系上兴趣广泛，她的情夫是奥雷姆伯爵若奥·费尔南德斯·安德罗（Count of Ourém, João Fernandes Andeiro），此人没有很多见识，妄自尊大，由此引起了葡萄牙公众的普遍不满。

这种局面引起了人民和贵族的不安。他们不喜欢贝阿特里斯当女王，他们认为应该由阿维兹骑士团的统领若奥（João, Grand Master of the Religious Militimate Order of Aviz, 1357—1433）担任国王。他是佩德罗的私生子，不是前文提到的因内斯·德·卡斯特罗，而是另一情妇所生。除了葡萄牙的许多贵族以外，布拉加的总主教也拥护若奥，他们认为在伊比利亚半岛上，布拉加主教区在宗教上的地位应当高于托雷多主教区。这些贵族和宗教界人士认为，若奥比卡斯蒂尔的国王胡安以及王后贝阿特里斯更具有继承葡萄牙王位的合法性。若奥最初对出任领袖怀有疑虑，但是在贵族的劝说之下，他鼓起了勇气，带领一批武装贵族，当着莱昂诺尔王后的面，将奥雷姆伯爵刺杀。里斯本的公众舆论高度赞扬了此事。王后的党羽也不敢为此事报复。莱昂诺尔意识到她必须尽快行事，否则就要失去对于葡萄牙的统治。她把希望寄托在女婿卡斯蒂尔国王胡安的身上，希望他入侵葡萄牙，来维护他的妻子和岳母的权益。当时，卡斯蒂尔与莱昂两个王国已经联合，西班牙的王室早就存心吞并葡萄牙，所以，胡安就准备进攻邻近的西部小国——葡萄牙。

当时葡萄牙国内的情况非常复杂。里斯本的市民开始时就支持若奥发动宫廷政变，但是以后，人民既反对莱昂诺尔，也反对贵族。手工艺匠人和一般平民拥护若奥为摄政王，并召开市政厅会议，比较富有的资产者因为害怕人民而不敢或不愿意参加，但是手工艺匠人还是强迫他们加入。若奥建立了一个由法学家和商人参加的会议，又建立了24人会议，就设立在里斯本的市政厅。有历史学家认为这是一个由12个行会代表组成的会议。凡是若奥的决定或规章制度都由这个组织批准。但是，里斯本以外仍然有一些地方的贵族拥护王后，但是人民则鄙视他们，骂他们是国家的叛徒。卡斯蒂尔的国王胡安看出王后不得人心，于是就逼王后下台，以便使他自己登上葡萄牙国王的宝座。1384年5月，卡斯蒂尔的国王胡安率领重兵包围里斯本，但是因为军队发生瘟疫而不得不退兵。

若奥在贵族和人民的支持下派使节去查理二世（Richard II，1377—1399年在位）统治下的英格兰求援。英格兰国王的叔父兰开斯特公爵即冈特的约翰（Duke of Lancaster, John of Gaunt, 1340—1399），对于葡萄牙的形势很感兴趣，向葡萄牙派出了一支曾经在英法百年战争时屡建战功的长弓射手部队。1385年4月6日，若奥在科英布拉召开会议，在各乡镇代表的支持下被拥立为国王，称为若奥一世。他的得力的文臣法学博士雷格拉斯（João das Regras）在科特会议发表了令人振奋和信服的演说，指出除了阿维兹家族的若奥王子以外，任何人想要继承葡萄牙

若奥一世肖像
它由15世纪早期的无名氏绘制。

1385年4月14日阿尔儒巴洛塔战役
此画原为绘制于1479—1480年间的书籍的插图。

的王位都是不合法的。科特会议对于立若奥一世为国王的诉求发出了一片欢呼声。另一位将军和统帅阿尔瓦雷斯（Nuno Alvares Pereira, 1360—1431）则协助若奥作军事上的准备。同年4月14日，在著名的阿尔儒巴洛塔战役中，若奥一世的军队取得了决定性的胜利。当时，身穿铠甲的卡斯蒂尔骑兵有3万，人数众多而且强大，阿尔瓦雷斯主要依靠的是7 000名步兵以及英格兰长弓手的支援，而且大部分的葡萄牙旧贵族按兵不动，他们认为阿尔瓦雷斯不会胜利。但是，战争的结果出人意料，葡萄牙步兵以密集的队形严阵以待，英格兰的长弓手则给予有力的支援，卡斯蒂尔的骑兵被打得人仰马翻，退出葡萄牙国境。有人估计说有大约4 000名卡斯蒂尔骑兵在战场上阵亡，还有几乎是同样人数的卡斯蒂尔骑兵在以后的几天中被当地人民杀死。有一个生动的传说，讲到阿尔儒巴洛塔当地的一位烘焙面包的妇女，当她发现有7个卡斯蒂尔逃兵躲在她的陶土做成的大面包炉里的时候，她用制作面包的短木棍迅速打死了这7个敌人。若奥大获全胜。此次战争奠定了阿维兹王朝的基业。葡萄牙历史学家舍奇奥（António Sergio）曾经指出："这不仅是两个国家之间的战争。而且是两种政治体制和两个社会阶层之间的战争。它是商人阶级的胜利，因为它由商人阶级激发并指明方向，最后商人阶级也从中得利。事实上，1383—1385年革命中产生的不仅是一个新的王朝，而且是社会阶层之间的以及经济活动中的新的重要的平衡。"然而,事实上商人阶级的作用并不像舍奇奥所说的那样重要,若奥一世与以前的国王一样,主要依靠的是贵族阶级的支持。在取得对卡斯蒂尔之战的胜利之后,他把那些支持卡斯蒂尔的贵族的土地充公,并将这些土地和财产奖赏给他的支持者,由此产生了新的贵族阶级。他依靠的主要不是商人阶级,而是他自己的家族。他的几个儿子长大以后都被封赐贵族的头衔、土地、官职和司法裁判权,他们成为葡萄牙国土上权势最大的领主爵爷。为了庆祝阿尔儒巴罗塔战役的胜利,若奥一世在离战场不远的地方建立了著名的巴塔利亚修道院(Abbey of Santa Maria da Vitória at Batalha)。这座哥特式的修道院是葡萄牙建国历史上里程碑式的杰作,它先由阿方索·多明格斯(Afonso Domingues)担任建筑师,在1402年又由胡谷特(David Huguet)继任。在以后的两个世纪里,历代葡萄牙国王不断地在该修道院以及教堂中增建一些建筑物。这座壮丽的晚期哥特纪念碑式的修道院赋予了这个新王朝以宗教上的合法性。若奥一世在位期间,竭力维持葡萄牙的统一和独立的地位。葡萄牙与卡斯蒂尔的战争在表面上延续了许多年,但是到了后期,并没有发生重大的战事,只有一些边境上的小规模的冲突。1411年,葡萄牙与卡斯蒂尔在今天西班牙境内的埃利翁订立10年休战协定(Treaty of Ayllón),保证了两国边界的持续的稳定,使葡萄牙贵族的精力逐渐地转向国内的事务,由此葡萄牙的国力也日渐恢复壮大。

若奥一世是葡萄牙历史上一位重要的君主,他的登基是葡萄牙民族意识萌发的结果。在那个时代,欧洲大多数国家的民族感情才刚刚模糊地觉醒,葡萄牙的民族主义已经强烈地表现出来了。莱昂诺尔王后想要依靠外来的卡斯蒂尔王国维护自己的权威的做法是遭到贵族和平民普遍地反对的,这种做法不得人心。1385年的时候,葡萄牙已经有了悠久的历史,整个民族和国家都不愿意被并入卡斯蒂尔。雷格拉斯在科特会议的演说和辩论固然打动人心,但这只不过表达葡萄牙民族维护国家独立的决心。同样,阿尔瓦雷斯也是一位杰出的军人,但是如果没有葡萄牙自由民的勇敢牺牲,他的才能只会付诸东流。至于国王,如果民族的希望没有集中到他的身上,国王也将无声无息地活着或者死去。

若奥一世在1386年5月17日与英格兰结成正式的和永久的同盟,盟约在温莎签订。该条约包括了政治的、军事的以及经济的各项条文,并规定了两国国王以及他们的继承人都不可以违反这个条约,不仅如此,还要更加巩固双方的联盟与联合。这个条约是后来英格兰与葡萄牙两国关系的基础,并且是世界上最古老的同盟协定。

1387年2月11日,若奥一世与兰开斯特公爵的女儿菲利帕(Philippa of Lancaster, 1360—1415)结婚。葡萄牙人普遍认为新的王后比旧的更贤淑,是王室极好的管家和治理宫廷的模范。虽然他们的婚姻是国与国之间约定的,国王对于王后也十分尊重,夫妇生活过得愉快和睦。

若奥一世在登基以后,任命雷格拉斯为首席大臣,阿尔瓦雷斯为国家军队的主帅。他对于亲卡斯蒂尔的旧贵族很不信任,喜欢任用中产阶级的人士担任行政工作,并认为他们的工作效率比旧贵族更高。同时,阿维兹王朝一步步迈向君主专制。这个王朝与以前的王朝不同,具有强烈的集权主义色彩,战争年代被迫执行的一些比较宽厚的政策被巧妙地加以修改。以阿尔瓦雷斯公爵为例,他因为战功卓著被赐予大量的土地,他将这些土地交给在战争中帮助过他的人,这些人成为他的农民。国王后来又把馈赠给他的土地收了回来。尔后,国王再将他的私生子与阿尔瓦雷斯的唯一的女儿成亲。这样,这位战功卓著的英雄人物的家产就落入了王家的手里,这就是布拉干萨家族的起源。国王的权力不断扩大,以致可以在全国征收房产交易税。葡萄牙的科特会议虽然重要,但是影响有所减弱。在若奥统治的初期,科特会议经常召开,但是,越到后来,间隔的时间就越长。在1418—1427年之间,有九年没有召开科特会议。若奥一世去世以后继位的几位国王,在登基之初还经常召开科特会议,后来就尽可能地将它撇在一边。科特会议的议员则要求一年一度开会,但是没有成功。历代国王逐渐地将科特会议讨论的事务限制在他的议程之内,最后,科特会议越来越变得有名无实,就像法国的三级会议在大革命前的若干年代一样。

若奥一世在位期间,积极地推进商业的发展。1389年,英国商人在葡萄牙的贸易权利再一次得到了肯定。葡萄牙商人与北欧地区的贸易活动也继续发展,这一时期葡萄牙商人带到北方欧洲港口的货物包括宝石、珍珠、香料(可能是从非洲获得的)、葡萄酒、橄榄油、椰枣、葡萄、橙子、杏仁以及羊毛。在与外国通商的过程中,葡萄牙人变得越来越富裕和强大。若奥一世还将葡萄牙西北方的卡米尼亚(Caminha)辟为自由港,允许所有的船只在这个专门开辟的地方停泊,对于实际出售的货物征收一定的税收。在此期间,葡萄牙原先出口的小麦以及其他的谷物,已经由出口变为进口。在卡斯蒂尔军队入侵期间遭到破坏的麦田已经改成葡萄园。1399年以后,若奥一世命令葡萄牙商人从英格兰、佛兰德斯以及布列塔尼回国的时候必须要优先携带谷物。国王将谷物的重要性看得比其他商品更为重要。国王自己也是商业活动的参与者。在

1405年的时候，国王自己拥有的船只已经驶往挪威、佛兰德斯和热那亚。1410年葡萄牙公布的一份物价表表明在里斯本和波尔图两个港口已经有大量的欧洲各地的商品进口。在15世纪早期的时候，葡萄牙的船队在西部地中海的巴利阿里群岛一带以及地中海的其他港口已经非常著名与活跃，它们还从北方国家带回大量的小麦。葡萄牙的船只与热那亚以及威尼斯的船只一起，将地中海与北方

1387年若奥一世与王后抵达波尔图
波尔图火车站墙壁上的蓝色瓷砖画，由葡萄牙艺术家若热·科拉索（Jorge Colaço, 1868—1942）在1905—1916年间绘制。

的海域联系起来。葡萄牙人设在佛兰德斯西部的商站在保护贸易活动方面发挥了重要的作用。葡萄牙人在佛兰德斯从事贸易的很多，以至于1410年的时候他们已经有了自己的墓地；1414年以前，佛兰德斯人也在里斯本有了自己的墓地。葡萄牙人在北方的欧洲、基督徒占领下的西班牙和格拉纳达和北非，都拥有了自己固定的市场。这些航海以及经商的经验，为其在15世纪展开的大规模的地理大发现运动积累了经验。

若奥一世的阿维兹王朝还加强了对于葡萄牙国内的骑士团的改组和控制。葡萄牙早在反抗摩尔人的光复战争中已经形成了庞大的骑士阶层，其中以基督骑士团的影响最大。这些骑士团的骑士们都遵守贞洁、神贫与服从三大信誓的规条。阿维兹王朝领导下的骑士团，发生了一些变化：其一，它们慢慢地变成了葡萄牙本国的民族化的军事性修会团体，不再与外国的同会团体以及分支机构联系。其二，当时除了基督骑士团以外，还有阿维兹骑士团以及卡拉特拉瓦骑士团，它们脱离了与原先的卡斯蒂尔的骑士团的联系。唯有医护骑士团维持着与其他国家同会骑士团的联系，但是医护骑士团在葡萄牙的地位并不重要。其三，越来越多的王室成员加入骑士团，他们或是国王的合法王储，或是私生子，有时则是国王的侄子。有些王室人士甚至成为骑士团的大统领。这些骑士团在后来葡萄牙海外扩张的事业中发挥了决定性的作用，以至于有些历史学家认为葡萄牙的海外扩张其实就是一场海上的十字军远征。

早在1412年，也就是葡萄牙与卡斯蒂尔签订和平协定以后的一年，若奥一世已经着手准备进攻摩尔人在北非摩洛哥的城市休达。葡萄牙国家向北非今天的摩洛哥一带进行军事扩张，开疆辟土。这是它长期的战略，从若奥一世时期开始，一直到1578年葡萄牙远征军在摩洛哥覆灭为止。有些历史学家将葡萄牙在北非的军事行动与它在大西洋和非洲西部海岸的航海探险活动列为并行不悖的战略行动。但是，事实上这两者之间是有互相竞争与矛盾的关系的，因为葡萄牙毕竟是一个小国，它的军事和经济资源是有限的。然而，大多数的历史学家仍然将若奥一世远征休达作为葡萄牙海洋扩张史的开端。

休达在阿拉伯语中称为Sebta，它是一个很重要的商业城市，在地理位置上处于直布罗陀的正对面，扼地中海通往直布罗陀海峡的要津。历史上，休达曾经被热那亚的基督教军队征服过，1235年，热那亚人在得到了赎金以后才离开这个城市。休达城市的周围则是肥沃的土地，可以养马，也盛产谷物和纺织品，先后为迦太基人、希腊人和罗马人占领，也是南部欧洲通往北非的桥头堡。据当时旅行者的记载，休达的城市里居住了许多摩尔人商人、官员以及海员，它的宫殿在城外，有筑有堡垒的城墙围住，还筑有许多塔楼。在宫殿和城市之间则有许多花园、果园和树林。当地的人来自埃塞俄比亚、亚历山大里亚、叙利亚、巴巴里、亚述，还有从更东方的两河流域以及印度来的人。北非与欧洲之间的贸易活动很久以前就一直存在，北非主要向欧洲供应谷物、纺织品、皮革、糖、黄金，换取欧洲的铜、武器、羊毛、漆和其他产品。意大利人、卡泰隆尼亚人、阿拉贡的商人在北非的一些港口城市休达、丹吉尔（Tangier）、塞拉（Salé）和萨菲（Safi）等北非和西非的沿海城市是非常活跃的。同时，葡萄牙人和西班牙人与摩尔人的贸易活动在法律上是受到严格限制的。基督教会不断地重申不赞同与异教徒贸易的立场，不过在现实生活中人们往往不遵守教会的规定。

葡萄牙人准备进攻休达的原因大致可以分为几个方面：一是阻止非洲的摩尔人向伊比利亚半岛的攻击以及防止南方阿尔加维的沿海地区受到摩尔人的劫掠。这种考量实际上是中世纪十字军战争以及光复战争的观念的延续。在决定远征休达以前的朝廷会议上，有的大臣曾经提出要进攻格拉纳达或者直布罗陀，但是人们担心重新激起卡斯蒂尔人的敌意而放弃了这个决定。二是葡萄牙的商人阶级希望通过远征获取商业的利益，特别是保障他们与北非地区的贸易活动。他们还要保证从意大利经地中海来到佛兰德斯、英格兰以及葡萄牙从事贸易活动的船只的安全。三是葡萄牙的贵族则希望通过远征获得土地的赐封、贵族头衔的升级以及获得赎金,士兵则希望抢劫战利品。四是葡萄牙人要在地中海上建立一个基地,葡萄牙的基督教军队可以使用该基地进攻摩尔人的船队,并为永久地征服摩洛哥做好准备。五是防止卡斯蒂尔人渗透到摩洛哥。六是建立一个在北非的统治中心以控制撒哈拉沙漠地带原有的骆驼商队的商路。葡萄牙人极端重视休达的地位,认为这是地中海地区道路交通的枢纽以及要冲。

若奥一世为远征休达的事业足足准备了3年的时间,直至1415年7月才率领诸子以及基督骑士团主力部队进攻北非。在此次远征之前,若奥秘密地请求罗马教廷予以同意,教宗则视此次远征为十字军的战争,并赐予葡萄牙军队以灵性上的祝福。若奥一世也得到了相濡以沫的王后的同意。在远征军的舰队即将起航的前夕,王后患了疫病倒下了,她知道自己生命垂危,所以召集3个儿子来到面前,授予他们3柄宝剑,要他们牢记自己的责任。王后于7月19日去世,25日,葡萄牙舰队在国王的亲自指挥下起航远征北非。这支庞大的部队有200艘船只,共有7万人,其中5万人是士兵,其余的则是划桨手和海员。由于风暴,航行非常困难,舰队于8月14日抵达休达城外。第二天黎明时分,葡萄牙军

1415年葡萄牙军队攻占北非休达(局部)
此蓝色瓷砖画在波尔图火车站,由葡萄牙艺术家若热·科拉索于1905—1916年间绘制。

队就发起了总攻。由于葡萄牙人事先对于此次大规模的军事远征的保密工作做得很好,所以守城的士兵猝不及防,虽然他们激烈抵抗,两次击退进攻,但是夜幕降临的时候,城市和要塞终于陷落。战事结束以后,葡萄牙军队洗劫了城市,夺得大量的不同类型的商品,包括金银和珍贵的珠宝。若奥留下了3 000名士兵驻守该城。葡萄牙军队对休达的占领,有力地控制了北非的奴隶、黄金和象牙贸易以及当地出产的稻米、牛群、糖、纺织品、鱼、兽皮和蜂蜡等物品;同时葡萄牙人也以这座城市为据点,从撒哈拉沙漠的商队中获得小麦,并从该城市的周围地区征收赋税。由于休达以前是摩尔人向伊比利亚进攻的

桥头堡，所以占领了这个地方，也就遏制了摩尔人向欧洲的攻势。但是在另一方面，葡萄牙人为了保卫休达也付出了很大的代价。休达的卫戍任务非常艰巨，为了获得周围乡村的食物供应以及其他物资，葡萄牙军队经常要四处出击。1418年，休达周围的几个不同的摩尔人派别联合起来，向城市发动进攻。若奥一世不得不派亨利王子回到休达统领军队解围，虽然摩尔人没有重新夺回城市，但是也阻止了葡萄牙人以休达为中心向北非其他地方扩张的态势。摩尔人的贸易中心从休达移到其他的城市，所以葡萄牙人最后也没有能够将撒哈拉沙漠的商队贸易控制在自己的手中。为了保住休达，葡萄牙王室不得不向前往那里戍卫的贵族提供大量的资金以及报偿，这加重了王室在财政上的负担。同时，休达也成为葡萄牙本国囚犯流放的地方，他们来到当地构筑防御工事，还担任卫戍任务。这种方式也构成了后来葡萄牙海外殖民地扩张的基本模式。葡萄牙人攻占休达，是一个重要的历史事件，它标志着葡萄牙海洋帝国向海外扩张的开始。

在若奥一世的时代，历次远征圣城耶路撒冷的欧洲十字军都失败了。基督教世界东部的边界比以往任何时代都更加虚弱，拜占庭帝国在奥斯曼土耳其的围攻之下摇摇欲坠，并在若奥的有生之年，走向全面崩溃。罗马教会也由于本身的大分裂，处于危机之中。在罗马的教宗和在阿维农的教宗互相敌视，使得一度非常强大和崇高的教宗在人民的心目中失去了威望。虽然在1417年，教宗马丁五世（Pope Martin V, 1417—1434年在位）当选，从而结束了教会的大分裂的局面，但是基督教世界已削弱的势力有待恢复。若奥一世聚集笃信基督教的全体葡萄牙人民的力量，与北非的摩尔人势力对抗，以替代软弱无能的罗马教会组织的钩心斗角的欧洲其他国家的十字军。

1433年8月14日，在阿尔儒巴罗塔战役的纪念日，若奥一世在统治了葡萄牙整整48年之后去世了。国王和王后（她已经在1415年去世）被安葬在巴塔利亚修道院小教堂。他们的墓由建筑师胡谷特在1426年开始设计建造，在墓上国王和王后的雕像手拉手平静安详地躺卧着。若奥一世要比同时代的人长寿得多。在他去世时，其杰出的文臣雷格拉斯以及武将阿尔瓦雷斯都不在人世了。

二、亨利（恩里克）王子及其航海事业

若奥一世与菲利帕育有数子，均才华出众，引人注目，在葡萄牙历史上被

称为"杰出的或卓越的一代人"(Inclito Geração, or Illustrious Generation)。

长子杜亚尔特(Duarte,1433—1438年在位),即爱德华(Edward,用这个名字,是为了纪念他母亲的祖先),他与莱昂诺尔(Leonor,1402—1445)结婚,她是阿拉贡国王费尔南多一世(Fernando I of Aragon,1412—1416年在位)的女儿。杜亚尔特是一个豪爽而有理想的青年。他曾经写过一本书,叫作《忠诚的御前顾问》(*Leal Consetheiro or Loyal Counsellor*),充分表现了他的这种性格。在这本书里,他虽然有点像一个说教者,但是他是忠于王权的最高理想的。他于1433年父王死后继承王位,此时他已经是40岁出头的人了,他在生命的最后5年当上了国王,显然迟了一些。他学问甚佳,但是思虑过多,不是意志坚强和当机立断的统治者。尽管如此,当科特会议要求国王在未经议会同意之前不要发动战争时,国王则回答,发动或是不发动战争完全是国王的事情。在圣塔伦举行的科特会议上,他获得大家的同意准备编撰一部葡萄牙的法典,但是这项工作一直拖到他的儿子继承王位以后才完成。在杜亚尔特的统治时期,葡萄牙国家正经历3项与国运攸关的事业:继续进行自休达战役以来的征服摩洛哥的事业,占领大西洋上的一些岛屿,以及从事非洲西海岸的航行探索。这3项事业在当时是相互交织重叠的。

次子佩得罗(Pedro, the Duke of Coimbra,1392—1449)为诸子当中佼佼者,他极富想象力,热爱学问,天赋极高,具有人文主义精神,可能是若奥一世最喜爱的一位王子。他从小就见多识广,年仅20岁就开始壮游欧洲大陆,先去拜访了卡斯蒂尔国王胡安二世(Juan II of Castile,1406—1454),后来又远游匈牙利觐见了神圣罗马帝国的皇帝西格斯蒙德(Sigismund,1433—1437年在位),参加了神圣罗马帝国军队在波西米亚与奥斯曼土耳其人的战争。1424年,他继续前往东方漫游,在巴特莫斯岛拜访了土耳其苏丹穆拉德二世,又访问了当时尚在拜占庭帝国控制下的摇摇欲坠的君士坦丁堡,最后他去了圣地耶路撒冷朝圣。回欧洲的途中,他访问了法国的巴黎大学以及英国的牛津大学。1426年,他又前往佛兰德斯访问。1428年,他访问了威尼斯共和国附近的特雷维索公国,得到了著名的《马可·波罗游记》,他还购买了意大利出版的世界地图,这些地图中的大部分属于海图,它们标明了当时基督教世界与东方进行贸易的实际路线和想象中的路线,后来这些地图都被带回到葡萄牙。

从威尼斯出发,他又前往罗马教廷,觐见了教宗马丁五世。佩德罗王子是那个时代葡萄牙见闻和学识最为广博的王室成员。1438年8月,国王杜亚尔特去世,10月,科特会议召开,杜亚尔特年仅6岁的儿子阿方索五世

（Afonso V，1438—1481年在位）登基，按照先王的遗嘱，王后是阿方索五世的摄政王以及导师。但是葡萄牙国内有反对的意见，人们认为妇女和外国人，不宜授予管理国家的全权。于是，王后同意让佩德罗参与国家的管理。里斯本的人民坚决拥护佩德罗，他们承认佩德罗是摄政王，其兄弟亨利以及若奥是其继承者。王后则得到大主教以及若奥一世的私生子即杜亚尔特的同父异母兄弟巴塞罗斯（Barcelos）等亲戚的支持。王后后来退到阿莱卡，与巴塞罗斯的同党一起，拒绝参加科特会议。科特会议就顺理成章地任命佩德罗为葡萄牙唯一的摄政王。从1438年到1446年的8年，是佩德罗摄政王统管葡萄牙国家事务时期。他与葡萄牙商人的关系十分密切，他积极支持葡萄牙人在大西洋上的航海探险以及商业扩张活动。1448年以及1454年在意大利制作的两幅世界地图上清楚地标出，在1449年佩德罗去世的时候，葡萄牙人的船只已经到达佛得角群岛（Cape Verd Islands），很可能已经更远地到达今天的塞拉利昂一带。在当时大多数的贵族还在热衷于向摩洛哥发动十字军战争的时候，佩德罗则在商人阶层的支持下，推进葡萄牙本国与北非地区的探险和贸易活动。佩德罗虽然也参加了远征北非的战争，但是他后来对于葡萄牙人在北非的军事征服一直不太热心，他曾经抱怨葡萄牙为了维持和保卫休达花费了太多的人力、金钱以及军械。这些贸易活动与佩德罗个人在政治上的考量也有一定的关系，因为正是这些葡萄牙沿海的港口城市如里斯本与波尔图的商人阶层支持他的摄政统治。

若奥一世的第三个儿子则是历史上著名的有"航海家"盛誉的恩里克即亨利王子（Henrique or Henry the Navigator，1394—1460），他是葡萄牙航海以及海外扩张事业的奠基者。在亨利王子的时代，骑士精神已经在欧洲成为过去。可是在葡萄牙，人们对于骑士的热忱却在若奥一世时代更为强烈。王子们从母亲那里听到从英国来的《亚瑟王的圆桌骑士》的故事。正是在他们这个世纪，骑士小说开放出灿烂的花朵。这种骑士文学，将以前中世纪的时代过分理想化了。若奥一世诸子早年成长的时代，葡萄牙国内承平，没有战争。于是，他们就谋求发动战争。亨利王子的事业得到葡萄牙国内军事性修会团体基督骑士团的后援支持。他本人也在进攻休达的战争中为王朝建立了杰出的功勋，他与最先进入城池的先头部队并肩作战，并亲自在城墙上升起了葡萄牙军旗。父王若奥一世对于亨利的勇敢异常欣赏，他表示亨利的业绩是超过其他人的，为了表彰他的功勋，理应立即封他为骑士。亨利则回答说，他的业绩并不太大，他高兴地看到父王的赐封会增添王室的荣光，不过天主将他与自己的兄弟们带到人世是有先有后的，所以他请求父王赐封他们也应该按照顺序进行。在葡萄牙人攻占休达的第二天，父王若奥一世按照长幼顺序先后赐封长子杜亚尔特、次子佩德罗以及亨利为基督骑士团的骑士。亨利在与父王一起远征休达回到葡萄牙以后又被任命为维塞乌公爵以及科维尼亚领主（Duke of Viseu and Lord of Covilhão），还被任命为休达和阿尔加维省的总督。1419年，他离开里斯本朝廷来到葡萄牙这个最南端的省份居住下来。对于父王若奥一世来说，远征休达的胜利是他的事业的顶峰，但是对于年轻的亨利王子来说，则是一个新的大航海时代的开始。似乎亨利自己也意识到这一点，他感受到自己所肩负的使命，抛弃了结婚成家的念头，用他全部的时间来从事规划葡萄牙的航海探险事业。

1420年5—11月，罗马教廷颁布一系列文件，任命亨利王子为总部设在托马尔的基督骑士团的大统领，让他管理骑士团的相关财产，并将骑士团的收入用于航海探险事业。其唯一的限制就是他不得转让部队中昂贵的不动产。据说亨利还在萨格里斯建立过一所服务于航海事业的学校，网罗了一批占星学家、天文学家、地图制作家、航海探险家在其周围——有关亨利王子是否在萨格里斯建立过一所学校（The "School" of Sagres）是有争议的。当时的历史学家祖拉拉没有提到过这所学校。在当时没有史料记载亨利王子热爱书籍或是天文学、数学以及地理学的知识。第一次提及这所"学校"的是17世纪的英国历史学家Samuel Purchas。从此以后就有了这种传说。1836年，葡萄牙政府在萨格里斯树立了一个石制纹章，指出"伟大的亨利王子在此地建立了一所宫殿、著名的宇宙学的学校、一座天文台和海军兵工厂"。1868年，英国历史学家梅约（Henry Major）指出，他相信这里有过一所学校，但是仍然有一些疑点。但是，

亨利王子像
此为葡萄牙艺术家努诺·贡萨尔维斯（Nuno Gonçalves, active, 1450—1471）所作的著名的《圣维森特的崇拜》组画的局部。

1894年，历史学家雷贝罗（Brito Rebello）再度提出疑问。于是，对于此学校是否存在的疑问就泛起了。尽管历史学家之间一直有不同的看法，但是这个传说太罗曼蒂克以至于很难彻底根除。在萨格里斯有一座巨大的直径达50多米的圆形石台，有42条石头的辐条，看上去像巨大的罗盘。但是也没有文献资料说这是天文台的一部分——在他召集的学者中有来自马略卡岛的出身犹太人的著名制图家雅依梅（Jamié of Majorca, 1360—1410）。雅依梅是当时西班牙境内隶属于阿拉贡王室的说加泰隆尼亚语的犹太裔制图学家亚伯拉罕·科雷斯克（Abraham Cresques, 1325—1387）的儿子。他是在该岛发生迫害犹太人的事件以后被迫改宗基督教的。葡萄牙现代伟大的制图历史学家阿尔曼多·科尔特桑指出，亨利王子在聘请雅依梅等马略卡岛制图学家来到葡萄牙以后，他们不仅制作地图，而且必要的时候也协助葡萄牙人修改地图。除了制图师以外，雅依梅还是一位地理学家和宇宙学家，也是当时的人所说的"航海艺术"的专家航海仪器制作家。作为一名地理学家，他可以带给葡萄牙人北非和西非沿海地区和内陆的讯息；作为一名宇宙学家和制图学家，他也许隐约地知道从海路到达东方的可能性；作为一名航海仪器的制作者，他也可能知道如何解决船只行驶在远洋中的一些航海的技术问题。这些问题也是亨利王子及其顾问在1419年至1420年在完成马德拉群岛的航行以后亟须了解和解决的。亨利使用犹太人为地理顾问，那是因为犹太人在非洲内陆摩尔人统治地区有比较丰富的旅行经验，他们比基督徒更加能够自由地旅行，因而也能够获得更多的地理知识。在托马尔基督骑士团总部修道院附近居然有一个小小的犹太人会堂。在恩里克王子的周围，还有一些外国人如卡泰罗尼亚人、阿拉伯人、热那亚人、威尼斯人、斯堪的那维亚人、日耳曼人、柏柏人和几内亚人。虽然亨利王子利用他们的知识是为了葡萄牙的事业，但是似乎他在接纳未知世界的知识方面并没有种族以及宗教上的偏见。所以，有人认为亨利王子是一位文艺复兴式的人物。从1431年起，他还资助当时设在里斯本的大学，增加数学、几何、占星术等与航海有关的课程的老师。

　　亨利王子本人是一名极端虔诚的基督教徒，据说他"逐个地为所有的教堂，不论是那些已经有的，还是那些正在或应该兴建的，指定做弥撒的日子，规定日课经的种类、主持日课的人以及监督教堂管理的办法"。他经常在萨格里斯的海岬上一座著名的小教堂里参加弥撒和祈祷。亨利王子特别重视当时葡萄牙天主教会中提倡的对于圣母玛利亚和圣灵的崇拜，他将自己在发现事业上的推进归功于圣灵的启示。他在自己的遗嘱中规定在休达、阿尔卡塞尔、雷斯特罗、圣卡特里纳、马德拉群岛、亚速尔群岛以及几内亚建立的教堂中由基督骑士团支付薪金的神父们在其"活着和死后，每逢周六做一次奉献给圣母马利亚的弥撒，同时也奉献给圣灵"。同时，他也是一名坚定的反对摩尔人的十字军骑士。据历史学家记载，"他时常高高地坐在马上，无动于衷地在拉什古主持分配奴隶的残忍场面就是一个

萨格里斯的小教堂
据称亨利王子经常在该小教堂参加弥撒和默想。

基本的、无可否认的证据。这位十字军战士，有比激发爱和基督的仁慈更大的能力去激发对伊斯兰教的仇恨"。同时，他还是一位极有商业头脑的统治者，他非常关心在城镇建立集市，先后在托马尔、蓬巴尔、塔罗卡和维塞乌建立自由市场。他还支持发展手工艺、捕鱼业、磨坊业、珊瑚业、制糖业、印染业，他所领导的基督骑士团出租土地给农民并收取地租，还专营肥皂业和渔业赚钱。他还通过王家的赏赐在阿尔加维获得了捕捞金枪鱼的特权，还开发特茹河的捕鱼业。从很早的时候开始，他的船就在特茹河里捕捞鲱鱼了，他的部下将鲱鱼腌制以后作为供应给休达驻军的给养品。他还非常热心地在新发现的海外土地上开展贸易。他认为，得到非洲的黄金、象牙、奴隶和马匹的最佳方法不仅仅是征服，更重要的是建立市场。因此，他在非洲西海岸上建立了商站，将摩洛哥和苏丹的商队吸引到那里去。当他在征服休达以后听到摩尔人俘虏说撒哈拉南端出产黄金的消息，就立即派船队前往那里，为的是与当地人进行贸易以维持骑士团以及贵族的生机。1443年，时任摄政王的佩德罗授予亨利王子以在博哈多尔角（Cape Bojador）以南的海域以及陆地的航海、战争以及贸易的专利权，并免除他向国王缴纳任何的赋税。这一年，亨利王子居住在拉戈斯（Lagos）与萨格里斯之间的拉波塞拉（Rapouseira）。他拥有垄断当地贸易的权力，并将其收入用于航海事业。他还被赋予权力在萨格里斯更前面的海岬上建立一座市镇，这就是后来著名的海风劲吹布满岩石的圣维森特角（Cabo de São Vincent）。在古代这里有一个古老的修道院以及一座用于航海的烽火台。亨利王子在这里设立了自己的居所，并且经常到一间设在空旷地

带的由13世纪圣殿骑士团奉献给瓜达卢佩圣母的小教堂里祈祷。亨利还将拉戈斯建成重要的航海事业中心，后来欧洲第一个奴隶市场就是在拉戈斯出现的。亨利王子有许多理由对于佩德罗的统治感到满意，摄政王支持亨利安心地待在萨格里斯，从事他自己心爱的地理发现事业。在佩德罗统治的不多的几年中，在亨利王子的努力之下，葡萄牙的航海家沿着非洲西海岸突进，把探险活动一直延伸到几内亚黑人居住的地区。

亨利王子从来没有和他的航海家和探险家一道航行，因此称他为"航海家"似乎不太确切。"航海家"的称号是当时的外国人加给他的，同时代的葡萄牙人并不这样称呼他。但是，亨利实际计划、指导、筹集经费和决定下一次航行的目的地，有时这比航行本身更加重要。当时的历史学家祖拉拉（Gomes Eanes de Zurara，约1410—1474）将亨利的航海事业归纳为六个方面的动机或者说动因：一是想要了解在加纳利群岛以及博哈多尔角以外的世界。当时，人们对于这个未知的世界有许多谣传，亨利想把船队派往那里，获得更多的关于这个地区的确切的知识。二是建立与已知的和未知的信奉基督教者的贸易关系，将那些地区的商品带回到葡萄牙本国，这样就可以为他的臣民带来丰厚的利润。三是去勘查摩尔人的广大地域，获得关于他们的更多的知识，并知道他的敌人到底有多强大。四是通过传教活动去赢得新的更多的基督徒。五是与任何能够寻找到的基督教的统治者如传说中的"长老约翰王"（Prester John）结成联盟反对摩尔人。六是去完成星象学家指明的属于他的星座赋予他的使命。根据当时的星象学家对亨利的解释，王子属于白羊星，它又属于火星宫，而火星又是在宝瓶星宫里，属于人马星座，这意味着王子属于那种高尚的贵族。星象学家们对隐藏在人类背后的秘密具有极大的好奇心以及探索欲望，他们认为王子所有的努力都会取得丰硕的成果。亨利王子的人生使命就是从事"伟大的和高贵的征服"以及寻找和"发现在其他民族背后隐藏着的未知的事物"。个人是时代的儿子，也是环境的产物。亨利王子的个人动机在很大程度上代表着那个时代葡萄牙整个民族海外扩张的动机，两者是复合的或是吻合的。博克塞认为，刺激葡萄牙人去往海外探险的原因是非常复杂的。它的推动力是一种混合物，其中有宗教的、经济的和政治的因素，而且这些因素绝不是以相同的比例混合而成的。至于最主要是出于金钱的激励，其动机也经常与宗教的信仰交织在一起。博克塞借用中世纪意大利普拉多（Prato）的一个商人在他的账本开头的一句话来表述它：即"以天主和利益（润）的名义"（In the Name of God and the Profit）。他进而指出："如果冒着过分简单化的危险,我们大致可以说有四个主要的动机对葡萄牙人的领导者(国王、亲王、贵族和商人)产生过激励和推动,这四个动机可以按时间顺序排列但又不同程度地交互重叠:它们就是(一)抗击穆斯林的十字军式的热忱;(二)对于几内亚黄金的渴望;(三)寻找'长老约翰王'等海外的基督徒;(四)寻找东方的香料。"必须指出的是15世纪葡萄牙人以及他们的历史文献中所指的"几内亚"与今天人们所理解的几内亚是不同的,在当时葡萄牙历史学家的笔下,称"几内亚"或者"佛得角的几内亚"是局限于塞内加尔以南的非洲西海岸的那块地方。在亨利王子时代,"几内亚"也包含着人们在博哈多尔角以南到过的地方。

寻找传说中的"长老约翰王"是推动葡萄牙人前往东方的原因之一。"长老约翰王"的传说起源很早。约在1122年,一位来自印度的信奉基督教的宗主教旅行来到罗马,拜访了教宗卡利斯图斯二世(Callistus II,1119—1124年在位),谈到在东方有一位信奉基督教的国王。12世纪的时候又有一份手稿说这位宗主教与东方的长老其实是一个人。在12世纪末叶,当时的一本作者不明也可能是伪造的祈祷书《埃利苏斯叙事》(*Narrative of Eliseus*)将这两件事情合二为一。1123年,这个传说就在罗马开始流行了。人们知道东方有一个强大的祭司兼国王,居住在摩尔人世界的边缘,他具有极大的热忱参与西方世界收复圣地耶路撒冷的事业。比较早的并且具有权威性地谈到"长老约翰王"的故事的是弗里森的主教奥托(Otto of Freising,1138—1158年在任)于1158年所写的《编年史》(*Chronicle*),该书叙述了在1145年发生在意大利教廷的事件。奥托主教引述的消息来源是叙利亚贾柏莱主教休(Bishop Hugh of Jablbeieh)所说的话。休主教在基督教亲王雷蒙德(Raymond of Poiters,1115—1149)的要求下,于1144年在埃迪萨(Edessa)被穆斯林攻占以后前往罗马,向教宗欧杰尼三世(Pope Eugene III,1145—1153年在任)报告十字军在东方岌岌可危的形势。奥托主教在意大利的维泰博(Viterbo)遇到了这位叙利亚的休主教,教宗本人也在场。休主教谈到东方有一位既是基督教长老又是国王的统治者,他及其臣民都是聂斯脱里派,居住在波斯和亚美尼亚更东面的地方。在这以前的几年,"长老约翰王"打败并征服了米底阿王国(Media,亚洲西南一古国,今伊朗西北)以及波斯的萨米阿提(Samiardi)。"长老约翰王"经过3天极为可怕的艰苦卓绝的奋战,终于攻克米底阿王国的首府埃克巴坦那(Ecobatana)。然后,他想率领大军前去拯救濒于陷落的圣城耶路撒冷,但是底格里斯河河水的猛涨迫使他班师回朝。据休主教说,"长老约翰王"属于古代朝拜耶稣的东方三王的后代,拥有极多的财富。

那时的西方世界对于这个故事的真实性将信将疑，《编年史》出版以后许多年，人们大多保持沉默。但是，20年以后，拜占庭帝国的皇帝曼奴埃尔·科穆宁（Manuel I Comnenus，1143—1180年在位）、神圣罗马帝国皇帝巴巴罗萨（Friedrich I Barbarossa，1152—1190年在位）以及欧洲其他国家的君主收到一封来自这位神秘的"长老约翰王"的信件，信中说这位"万王之王"心中怀着收复圣地的热望。此信后来有许多抄本，其间出入也很大，至今尚存，可供人们深入洞察这个复杂和神秘的故事的性质和背景。尽管后世的历史学家认为信件可能是聂斯脱里的教士伪造的，但是在当时，人们普遍相信这个在亚洲心脏地带或者远东的基督教王国是存在的。"长老约翰王"的信目前还有100多个不同的抄本，在15世纪下半叶至16世纪，又被重印了许多版本，被放在许多其他的文献和书籍里。后来的诗人、作家和探险家又添油加醋，使得这个传说日臻丰富。在中世纪的后期，随着地理学的发展，人们逐渐将这位传说中的"长老约翰王"与印度联系了起来，认为他是印度地方（the Indies）的强大的统治者。当时欧洲人所讲的印度，不是今天作为国家概念的，而是一个模糊的、可以伸缩的地理概念，它大致上包括今天非洲的埃塞俄比亚、东非以及那个时代人们了解的亚洲。有的人用"小印度"（Nearer and Lesser India）的概念，那是指南亚次大陆的北方，还有的人用"大印度"（Further or Greater India）的说法，那是指印度西海岸马拉巴和科罗曼德尔之间的地区，还有"中印度"（Middle India）的概念，那是指埃塞俄比亚即阿比尼西亚。在15世纪的时候，很少有人能够具体精确地区分"印度地方"或者"印度"的概念，而是将这两个词汇混用来形容地中海以东以及东南方向所有未知的土地。葡萄牙历史学家科尔特桑（J. Corteso）指出，在亨利王子的时代，葡萄牙人所认为的"大印度"就是指埃塞俄比亚，"小印度"则是指盛产香料的并且有聂斯脱里派基督徒活动的南亚次大陆的印度。

在亨利王子的推动下，那个时代葡萄牙航海家、探险家和商人都是从拉戈斯港口出发，前往大西洋的东部或者沿着非洲西海岸航行的。在15世纪20年代，他们主要探索加纳利群岛、马德拉群岛以及亚速尔群岛，并对这些岛屿进行殖民活动；在15世纪40年代以后，他们越过了博哈多尔角并沿着非洲西海岸前进，他们大致取得了如下成就：

1418年，亨利的两个船长扎尔科（João Gonçalves Zarco，约1390—1471）以及特谢拉（Tristão Vaz Teixeira，约1395—1480）发现了大西洋北部马德拉群岛中的一个岛屿，他们把消息带回国内的时候，亨利非常高兴。第二年也就是1419年,他们又发现了马德拉本岛,他们在岛上建立名为丰沙尔(Funchal)的殖民地,后来成为马德拉岛首府。这个岛在几代人以前已经被热那亚人发现过,但是随着时间的推移又被人忘记了。亨利按照封建制度把这个岛分封给两个发现者,他们就带着移民以及牲畜到那里安家落户。他们开垦荒地,搭建窝棚,不久,这些小小的草屋就形成了村落,马德拉岛于是就兴旺起来。那里土地肥沃,气候良好,葡萄牙人在马德拉岛大量地种植小麦、葡萄和甘蔗。种植以及扩大甘蔗生产是葡萄牙人在大西洋以及非洲西海岸从事探险活动的一个重要原因。当时的欧洲人关于甘蔗的知识源于十字军时代,在十字军战争过去以后,欧洲人在地中海沿岸地区种植甘蔗。当葡萄牙人和西班牙人在大西洋东部的一些岛屿从事探险的时候,他们发现在一些大洋上的岛屿可以推广甘蔗的种植。葡萄牙人主要在马德拉群岛,西班牙人则主要在加纳利群岛推广这种经济作物。1455年,马德拉岛的产品已经向葡萄牙本国和北非的几个要塞出口了。1480年的时候,有20艘外国的船只满载着蔗糖离开马德拉岛,葡萄牙国家的税收也由此增加。

在1419年以后的数年中,亨利王子的探险事业没有很大的进展。

1427年,王室的领航员席尔维斯(Diogo de Silves)发现了大西洋上的亚速尔群岛。席尔维斯的生平和生卒年均不详。后人是在马略卡岛的制图学家加布雷尔(Gabriel de Vallseca)的一张海图上发现他的名字的。亚速尔群岛位于葡萄牙以西1 450公里的大西洋上,由9个主要的岛屿组成,气候温润,雨水丰沛,在冬季的时候尤其如此。该群岛附近的海流自西向东流动,尽管它在地理位置上离葡萄牙本土相当遥远,但是方便于从非洲西海岸回到葡萄牙的船只航行;况且,该群岛有优良的港湾可以让船只停泊,其出产的丰富的食物可以作为船只的补给。

1431年,贡萨洛·维利乌·卡布拉尔(Gonçalo Velho Cabral,约1400—1460)发现了亚速尔群岛东面的多岩石的福米加岛(Formigas),可能由于恶劣的天气和当地人的抵抗,他们回到了里斯本。同年8月15日,那天是圣母马利亚升天节,他们在再度出海的途中发现了亚速尔群岛中的一个较大的岛屿,并命名它为圣马利亚岛。亨利立即在圣马利亚岛繁殖牲畜,为维利乌率领移民在该岛定居做好准备。不久以后葡萄牙人就向那里移民。葡萄牙的移民还在该群岛中的圣米迦勒岛以及圣马利亚岛上建立了第一批房屋。亨利王子后来还把羊群运送到这里放牧。到15世纪末的时候,当地的小麦产量已经相当可观,可以大量向葡萄牙本土输出了。在以后的几年中,葡萄牙人又发现了亚速尔群岛中的其他一些岛屿。维利乌是一个很特别的人,他是基督骑士团的一名长官,同时又是一名僧侣。他可能是唯一的出身僧侣的葡萄牙航海家。

从1433年至1438年杜亚尔特国王统治时期,亨利王子的地理大发现计划进展很快,这无疑是杜亚尔特有力赞助的结果。

1434年,葡萄牙航海家埃阿尼什(Gil Eannes,1395—?)抵达并绕过撒哈拉北岸的风急浪高的博哈多尔角,博哈多尔角在西非沿岸的大西洋海域,它从大陆向西突出几十公里,其北边风急浪高,靠近海角的地方海水很浅,而且经常有雾,由于风浪太大,很难向北方回航,经常发生悲剧性的海难。阿拉伯的地理学家在书中经常谈到这片可怕的"黑暗的绿色的大海"中的种种故事。在葡萄牙人的船队绕过这个海角之前,据说人们尝试过12—15次,但是都不成功。埃阿尼什绕过了这个海角,不仅在体力上,而且在心理上打破了人们所认为的不能再向西航行的极限,这也许是亨利王子最伟大的成就之一,因为这需要耐心和决心来完成,并且不能指望立即得到什么回报。

1435年,埃阿尼什和巴尔达亚(Afonso Gonçalves Baldaia,约1415—1481)的船队抵达加内特湾(Angra dos Ruivos,Coue of Reds),再后来又到达奥罗河(Rio de Oro)。葡萄牙人认为这个地方就是亨利一直在寻找的金河。但是,这里并不出产黄金,而且这个地方还不是一条河,仅仅是一个小小的海湾。葡萄牙人在这里碰到了摩洛哥以南的非洲土著人,他们并不是黑人,而是贫穷的撒哈拉沙漠西部皮肤黝黑的白种人。不过,埃阿尼什很快地推进到博哈多尔角以南几百公里的地区,他们的船只有时带回一些捕获的鱼类以及可以宰杀剥皮的海豹,使亨利得到一些微薄的收益。

1437年,葡萄牙军队在探索非洲沿海的同时,再度继续在北非摩洛哥的军事行动,于是,出现了葡萄牙征服事业在北非以及西非沿海同时进行的双重行动。当时,葡萄牙人在到底是向摩洛哥内陆进军还是沿着非洲西海岸航行探险之间举棋不定。财政大臣和官员们主张占领北非沿海的城市,他们要控制撒哈拉沙漠中的黄金转口贸易以及附近的谷物和蔗糖产区。贵族阶层则进一步提议征服整个北非,对摩尔人展开全面的战争。而商人阶级则更加愿意从事和平的探险和贸易。亨利王子则在几种选择之间作出平衡,不过在那段时间中,他比较倾向再向北非用兵。20年以前葡萄牙人攻占的休达固然是一个战略要地,但是葡萄牙人为了保卫这个城市却付出了巨大的代价,原先指望的扩大北非的贸易却一再没有实现。这可能是因为人们的期望过高,也可能是因为摩尔人商人有意避开葡萄牙人占领的休达。所以,如果葡萄牙人不再扩大他们在北非地中海沿岸的贸易据点，休达将成为国家的累赘。阿维兹王室召开了家族会议，会上亨利王子、他的弟弟费尔南多（Fernando o Infante Santo，1402—1443）以及杜亚尔特的王后莱昂诺尔大力支持远征北非。但是佩德罗则反对，他认为应当将精力和财力集中在非洲西海岸的航海探险活动。杜亚尔特国王则决定召开科特会议。科特会议只同意为此次远征拨出少量的款项。由于葡萄牙商船的数量不足，葡萄牙人只得租用阿斯杜里亚斯、比斯开和英格兰等地的船只。葡萄牙军队于8月出发，亨利和费尔南多在休达登陆，越野前进，到达丹吉尔。他们发现该城市的阿拉伯人已经做好战斗的准备，但是却错误地让军队在内陆安营扎寨，以致沿海的军队无法支援。战斗持续了37天，他们被一支强大的摩洛哥军队所包围，被迫议和。摩洛哥人允许亨利的军队撤退，但是必须留下亨利王子的弟弟费尔南多王子作为人质，条件是葡萄牙必须放弃休达。悲惨的消息传回国内，杜亚尔特再次召开科特会议商议对策。佩德罗主张履行条约，但是其他贵族则希望为了国家的利益继续占领休达。其间，费尔南多从北非寄来一封凄恻动人的信，述说他在监狱中的苦况。在科特会议中，商人阶级的代表主张保持休达，农民阶级的代表则主张营救王子，大部分的议员反对割让休达，布拉加的大主教认为没有罗马教宗的同意，不能够将休达交给摩尔人。国王自己则决定不了。亨利不主张放弃休达，但要想尽一切办法赎回他的兄弟，他主张出更加多的赎金以及敦促卡斯蒂尔、阿拉贡当局释放更多的摩尔人俘虏换回弟弟费尔南多。尽管费尔南多一再请求王室如约以休达换取他的自由，但是为了国家的利益，葡萄牙王室和政府没有这样做。于是，费尔南多王子后来被摩尔人移往北非内陆的非斯（Fez），最终死在了地牢里。费尔南多出生于1402年9月29日，那天是圣米迦勒的主保节日。他是若奥一世与王后菲利帕所生的最小的儿子。从孩提至青年时代，他一直体弱多病，得到母亲的疼爱。1415年葡萄牙大举进攻休达的时候，他因年幼没有参加战役。1435年，国王杜亚尔特在阿维兹骑士团长官塞凯拉（João Rodrigues de Sequeira）去世以后，任命他担任这个职务。他沦为人质以后，先是被软禁在阿尔济拉，当摩尔人得知葡萄牙人违反协议不愿意交出休达以后，便将王子转到内陆的非斯。他曾经被迫做体力劳动如清扫庭院和马厩。1443年6月5日他因病去世。据他的《颂传》，他在离世的那天夜间看见圣母马利亚、使徒约翰和天使长圣米迦勒的显现。葡萄牙王室没有成功地营救出费尔南多王子。在他死后，举国悲痛。虽然罗马教会从来没有将他封为圣徒，但是在葡萄牙人民的心目中，他就是一位圣徒，所以有"圣王子"（Infante Santo）之称。

1438年9月9日，杜亚尔特国王去世，埋葬在阿尔科巴萨修道院，科特会议根据他的遗愿，由他年仅5岁的儿子继位，为阿方索五世。本来国王还有一个遗愿就是让王后莱昂诺尔摄政，但是如上文所述，科特会议考虑到莱昂诺尔是外国人，决定由佩德罗王子摄政监国。

1441年，亨利重新开始了因为丹吉尔战争失败而中断了的航海事业，他派出航海家特里斯唐（Nuno Tristão，？—1446）前往非洲西海岸从事探险事业。特里斯唐既是一位商人，也是一位武士。他们使用了一种新的船只卡拉维拉帆船（Caravela），这种船只使用三角帆或称拉丁帆，其船帆在风吹之下更容易鼓起，吨位比旧式的帆船更加轻（约100吨左右），吃水更浅，转舵的性能更高，因而速度比以前大大加快。这一年，他的船队抵达了怀特角（Cape White）。亨利指示他尽量沿着非洲西海岸前行，并以任何可能的方式捕获非洲的土著人。

1442年，另一位武士兼航海家贡萨尔维斯（Anão Gonçalves）在亨利王子的指示下也展开了航行探险活动，他是一位年轻的基督骑士团的服装管理员。亨利让他指挥一艘满载着橄榄油以及海豹皮的船出发，沿着奥罗河下游前进，并用船上的物品交换异域的产品。他还经常突击那些居住在撒哈拉沿海地区的没有抵抗能力的土著人，他们大多是往来于商队路线上的信奉伊斯兰教的柏柏人。贡萨尔维斯回来的时候还带了一些以摩尔人俘虏交换得来的黑人以及在当地收集到的金砂。这些黑人是从非洲海岸带回的第一批俘虏。作为回报，贡萨尔维斯被授予托马尔城的总督以及一套基督骑士团的袍服。有时，他还与特里斯唐在一起航行。特里斯唐的探险活动比亨利王子命令他到达的地方更远。两位船长合作一起远征，他们又抓到了许多俘虏，其中有一位名叫阿胡达的人，他见多识广，懂得摩洛哥语言，能够与当地人沟通，并回答葡萄牙人提出的任何问题。贡萨尔维斯带着阿胡达回到了葡萄牙，特里斯唐则继续探险，他的船只抵达了布朗角（Cape Blanc），并从这里继续前进。这两次远征标志着发现事业进入了一个新的阶段，葡萄牙人不再隐瞒他们新的航海工具三桅船，还使用了译员作为中介以便获得地理以及商业信息。亨利王子获得了撒哈拉人和撒哈拉贸易的直接知识。

1443年，特里斯唐的舰队在阿尔金角（Arguim）登陆，这是一个在今天毛里塔尼亚阿尔金湾中的岛屿，6公里长，2公里宽，有很危险的暗礁环绕。该岛屿在当时叫阿德戈特岛（island of Adegete）。同年10月，摄政王佩德罗以国王阿方索五世的名义发布诏令，批准亨利王子对于博哈多尔角以外的非洲海岸拥有航海、贸易以及征服的垄断权，以及拥有对他的那些船只和经他批准的船只带回的货物抽 1/5 或 1/10 税收的权利。这份以阿方索五世名义发出的诏书指出："当然我确切地知道，他（亨利）所花费的巨大的开支和估计还要花费的开支。我坚持认为，在我叔叔的有生之年，没有他的命令和许可，任何人不能越过博哈多尔角，而越过这个海角的人，我认为，应该把去过那里的船和从那里运回的一切交给我的王子叔叔。"次年，特里斯唐的船队抵达塞内冈比亚（Senegambia）。

1445 年，特里斯唐的船只继续前进抵达了撒哈拉沙漠最南端的沿海地区，撒哈拉沙漠在这里终结，森林已经在望。葡萄牙人与塞内冈比亚的一些黑人王国初步接触。这些王国都比较强大，不易以武力征服，葡萄牙人转而与当地的黑人酋长和商人保持和平的交易，这样就比较容易与方便地获得了几内亚的奴隶。那里从不缺乏买卖自己同胞的黑人。这些被买卖的黑人要么被指为罪犯，要么是战争的俘虏或是巫术的牺牲者。葡萄牙人将他们所到的地方称为"黑人的土地"（Land of the Blacks, or Terra dos Guineus, or Guinea）。当时葡萄牙人俘获或者从当地统治者手中通过交易获得的奴隶主要用于国内的农业劳动，还有许多奴隶被押送到马德拉群岛从事甘蔗种植。甘蔗容易生长，但是在丰收以后必须尽快地加工成为蔗糖，这就需要大量的劳动力。从非洲的黑人中可以获得奴隶劳动力。这是当时奴隶贸易兴起的一个原因。从 1455 年起，每年约有 800 名奴隶被运往葡萄牙。

在几内亚可以进行奴隶贸易的消息一旦传开，许多葡萄牙的船主蜂拥前往。这侵犯了亨利王子的垄断权。仅在 1446 年这一年，就有 51 艘船前往几内亚。很可能早先亨利王子建立的土著人与葡萄牙人之间的谨慎关系被破坏了，出现了葡萄牙人与土著人之间的流血冲突。同年，特里斯唐抵达佛得角以南 60 里格①有一条大河的地方，遇到土著黑人的袭击，他与大部分的船员都被乘坐着速度极快的船只的土著人用毒箭射死了。当时葡萄牙人的船上只剩下 5 个人，他们砍断了锚链，经过两个多月的艰苦航行，最后还是利用了大西洋上有利的风向驾船回到了葡萄牙，带回了正确的航行信息。葡萄牙近代的历史学家认为在葡萄牙的发现事业中，特里斯唐是一个重要的人物，他被认为是葡属几内亚即现代的几内亚比绍的发现者。的确，特里斯唐的航行大大推进了葡萄牙人以前所达到的地理界限。

---

① 古老的陆地及海洋测量单位，1 里格约等于 4.83 公里。

1446年，科特会议宣布年轻的国王阿方索已经成年，摄政王佩德罗勉强地接受了这个决定，交出了权力。不久，佩德罗的政敌、新近被封为布拉干萨公爵的巴塞罗斯将前摄政王任命的官员逐一撤换。1448年年初，佩德罗本人也被罢免所有的官职，挂冠回乡，他心里十分不满。巴塞罗斯与他的儿子奥雷姆伯爵（Ourém）实际上夺取了政权，年轻的国王也支持他们。这一年的年末，国王召见布拉干萨公爵，允许他带领武装人马进宫，但是佩德罗不顾国王的命令，集结一支小部队不许他经过自己的领地。布拉干萨公爵只得绕道而行。国王则宣布佩德罗为叛逆者，调动军队前去镇压。1449年年初，佩德罗在阿尔法罗贝拉（Alfarobeira）战役中与国王阿方索五世的部队发生冲突并且被杀。在当时的葡萄牙政坛，前摄政王佩德罗是最具有世界眼光的，在许多方面也非常有才干。他的去世使得整个欧洲为之惋惜。不过，他可能没有意识到，他自己的一代正在逐渐地退出历史舞台，硬是要抓住政权不放，似乎是不可能的。他最后的行动已经达到了叛国的边缘。在这场冲突中，亨利王子只有选择保持中立，未曾介入。

在摄政王去世以后，亨利的航海探险事业一时缺乏有力的支持者，停顿了一段时间。

从1448年至1456年，亨利王子为了弥补休达的失败，在1443年特里斯唐发现的阿尔金角创建了一个有城堡护卫的重要的商站，这也是葡萄牙人在海外建立的第一个建有要塞的商站。该商站成为撒哈拉西部转口贸易的一个阀口，葡萄牙人可以通过它来控制苏丹和几内亚当地的贸易——即用小麦、布匹、黄铜制品和马换取从摩洛哥转运过来的奴隶、黄金和象牙。那时，葡萄牙人已经发现在非洲西海岸的奴隶贸易也可以带来财富，于是就开始从事奴隶贸易。他们劫掠撒哈拉沿海地区的黑人营地、手无寸铁的家庭以及不加防备的村庄获取奴隶。葡萄牙南方阿尔加维省的许多船主以及海盗都从事海洋探险以及贩卖奴隶的活动。此时，很可能在亨利王子的心目中，已经形成更加宏大的计划：阿尔金角商站只是一粒种子，逐渐发展壮大以后，就可以把垄断阿拉伯人在东方的香料产地的贸易中心从开罗和威尼斯转移到里斯本来。阿尔金角的供水非常充沛，它靠近葡萄牙人的海上航线，于是逐渐地成为后来葡萄牙人在世界各大洲的海岸线上一系列建有要塞的商站或居留地的样板，如巴西的伊塔玛拉卡和累西腓、非洲东西两岸的罗安达与莫桑比克、印度的果阿和远东的澳门。

1455年，亨利雇用了一名意大利威尼斯人航海家和奴隶贩子卡达莫斯托（Alvis Cadamosto, 1432—1483）和另一名葡萄牙航海家迪奥戈·戈麦斯（Diogo

Gomes，约1420—约1500）再度前往非洲西海岸，亨利王子希望他们勘探一些已经发现的大河如冈比亚河，从而寻找"长老约翰王"和出产黄金的地方。他们是各自前往非洲西海岸的。这年的6月，卡达莫斯托来到冈比亚河的河口，航行了相当长的一段路程，他们没有找到"长老约翰王"，却找到了一些繁荣的黑人王国，并听说远方还有更大的王国。戈麦斯则到了今天几内亚比绍的热巴河（Rio Geba），由于他的船员们担心他们已经到达了大海的极限处，在回航途中，他们也到了冈比亚河，进入冈比亚一段距离，并与当地人进行和平的接触。在一个叫作坎托（Canto）的集市，他听说了马里黄金贸易以及上塞内加尔以及上尼日尔地区去往摩洛哥沿海城市的撒哈拉转运贸易的路线和方式。

1456年，卡达莫斯托与另一名意大利人诺利（António de Noli，1415 or 1419—　）前往非洲西海岸，但是遇到风暴，他们的船只被吹往西面，他们航行了3天，抵达了当时无人居住的佛得角群岛（Cape Verde Islands），他们看到了这个群岛中的4个或5个岛屿，并将其中的一个岛屿命名为圣地亚哥岛，后来诺利获得了在这个岛屿进行殖民的权利。佛得角群岛位于加纳利群岛西南方向1 700公里，拥有优良的船舶停靠的港湾供船员休整并前往更遥远的未发现的新世界以及非洲的西海岸。该群岛靠近赤道季风带，其海域的水流经西南方向，岛上的气候非常干燥，有点像北非的沙漠气候。卡达莫斯托等人在发现了该群岛以后，又从海上往南行驶，到了非洲沿海地区的冈比亚河，并沿着河上溯了八九公里，与当地的土著人建立了贸易的联系，他们获得了一些奴隶，但是只得到了少量的黄金。他们逗留了一段时间，与黑人进行贸易，得到了质地上佳的棉线和布匹，并以很低的价格购买了贝壳、鹦鹉、山猫、皮革与水果。当地的土著人还杀了一头大象，将象肉送给卡达莫斯托。葡萄牙人还详细地描绘了非洲西海岸的鸟类、鱼类、蛇以及其他的各种动物。在返航途中，卡达莫斯托的舰队还发现了今天属于几内亚比绍的比热戈斯群岛（Bijagós Islands），当时岛上已经有黑人居住。

随着相当数量的奴隶以及象牙被运到葡萄牙，由亨利王子组织的非洲西海岸的远征开始获得利润，一些参与者更是获利甚丰。除了奴隶以外，还有黄金。人们不知道有多少金砂从西非沿海运到葡萄牙，只知道在亨利王子活着的时候，剩下的金砂还可以用18年。直到他最后的岁月，还拥有大量的金砂。1457年，里斯本造币厂重新发行金币，取名克鲁扎多（cruzado，即十字军的意思，具有充分的象征意义），此种金币成色上佳，直到1536年都没有发生贬值。在此以前，里斯本和波尔图的商人和船主对于西非沿海的航行没有兴趣，现在利之所趋，他们在获得王室的执照以后，都急于参加此类航行。亨利王子家族中的一些贵族和商人，在获得亨利或者王室的执照以及许可以后，也加入这种航行与贸易中来。

晚年的亨利，成为若奥一世与菲利帕所生育的那一代王子中的最后的一位。他对于长兄杜亚尔特的儿子，也就是他的侄子国王阿方索五世是尊重的，同时他也十分怀念他已死的二哥佩德罗。此时，他再次退居萨格里斯。他在最后的10年主要从事对于罗马教廷的外交事务，他希望教廷能够承认他的基督骑士团的权益，并企图使教廷赋予该骑士团以更大的权力。他还筹划对于摩洛哥的新的远征。他在去世以前两年，即1458年，奉阿方索五世之命，再度率领军队远征北非，意图夺取丹吉尔附近的小城阿尔卡塞尔-塞格尔（Alcácer-Seguer）。这年9月，国王自己率领舰队从塞图巴尔出发，亨利王子的舰队则在萨格里斯等待，两支舰队汇合以后，再前进到拉戈斯，等待从波尔图以及蒙德古来到的舰队。10月17日，全体葡萄牙的舰队共220艘舰船以及2.5万名战士开拔去远征北非。亨利王子对于摩洛哥战争有着丰富的经验，迅速取得了这场战争的胜利。10月21日，葡萄牙军队抵达当地，两天以后，阿尔卡塞尔-塞格尔的阿拉伯人很快地投降了。亨利拟定的投降条件是宽容的，他准许摩尔人带领家属和财物和平地撤出，基督徒俘虏则留下。

1460年的下半年，亨利患病了。11月13日，他在萨格里斯逝世。这时，王子已经度过了他66岁的生日。亨利去世时，在他身边的迪奥戈·戈梅斯这样写道："当时国王命令他的弟弟贝雅的公爵即堂·费尔南多和各地的主教、伯爵一同把亨利的遗体抬到巴塔利亚修道院，国王在那里亲自迎接。王子的遗体埋葬在他父王生前修建的最富丽堂皇的大教堂里，里面安放着老王自己和王子的母亲即老王之妻菲利帕王后以及王子兄弟5人，他们将永远流芳后世。他们在那里长眠安息，阿门。"

亨利王子在1415年夺取休达以后，一直以许多时间和精力来倡导航海事业。他在若

地理大发现纪念碑上的亨利王子雕像
此纪念碑落成于1960年。

奥一世诸王子中是最稳健、最努力奋斗并坚持不懈的人。他一生的工作对于葡萄牙以及欧洲都有重大的意义。从他的航海时代起,每一个由陆路和海路出发从事地理发现的人,或多或少是沿着他派出的先遣者的足迹前进的。他所倡导的航海事业使葡萄牙成为那个时代欧洲人海外征服事业中的一个强国以及航海与地理知识传播的中心。"是他第一次使得开发地球的想法变成了整个民族的计划,通过一种方法使得这种想法有了活力,有了系统性和科学性,并且能够持之以恒。总之,王子在葡萄牙点燃了发现的精神,把他自己的激情传达给了整个民族。"虽然当时对于他的历史记载有许多带有基督教信仰和浪漫主义色彩的描绘,人们所塑造的他的形象与历史的真实之间也有不小的距离,但是亨利王子的志业无疑代表着15世纪葡萄牙国家中由农民、移民、奴隶贩子、贵族、商人、亲王和外国人共同参与的海外扩张事业的本质。

三、阿方索五世的统治

阿方索五世(1438—1481年在位)的统治期间,国家政策符合上层贵族阶级的利益。本来葡萄牙的贵族阶级与以中产阶级为代表的市政厅之间的利益和想法并不一致。先前摄政的佩德罗王子代表了后者的想法,并且他非常能干和严厉,贵族阶级就不喜欢他。佩德罗死后,中产阶级没有军权,国王则滥封爵位给贵族,免予他们缴纳赋税并授予他们特权。贵族则利用他镇压属于佩德罗的反对派。从表面上看,阿方索五世很有骑士风度,具有雄心壮志,好战而勇敢,但是实际上他经常追求不切实际的政治上的空想。

1453年5月29日,奥斯曼帝国土耳其人攻占了君士坦丁堡,拜占庭帝国灭亡了。这一重要的历史事件被后来有些历史学家看作是中世纪与近代历史的分水岭。消息传来,欧洲,特别是东欧处于奥斯曼帝国直接威胁下的国家感到十分恐慌。奥斯曼帝国的军队继续向中欧进攻,1456年包围了贝尔格莱德。罗马教宗下令欧洲各国组成十字军抵抗土耳其的侵略。欧洲各国对教宗的呼吁不置可否,唯有阿方索五世热烈拥护,并立即禀告教宗,说葡萄牙将派遣1.2万名士兵参加抵抗土耳其人的战争,为期一年,军费自理。尽管这个决定遭到举国一致的反对,但是阿方索五世还是着手进行战争的准备,购买武器和船只,铸造其价值能够在整个欧洲基督教世界流通的金币。但是,正在此时,教宗突然去世,土耳其人也撤离了贝尔格莱德,派遣十字军的计划也就搁置了。

于是,国王就用购置的武器以及船只用于北非进攻摩尔人。早在1450年

7月，阿方索五世就任命亨利王子作为休达的舰长，实际上自1416年以来，亨利一直是休达的总督。但是，1451年，阿方索五世就收回成命，自己担任休达的总督。国王即位以后相当自以为是，经常不顾亨利王子的想法，自己派遣船队沿着非洲的海岸探险航行。上文所述1458年，他命令亨利率领军队夺取了阿尔卡塞尔-塞格尔。在北非的初步胜利激发了他与摩尔人决战的骑士式的浪漫精神，接着，他亲自统帅大军，于1463年渡海再次进攻丹吉尔。但是因为丹吉尔的城墙异常坚固，进攻没有成功。1464年复活节，他率领军队回到葡萄牙。后来几年中，他一直没有再作进攻非洲的打算。1471年，摩洛哥爆发内战，大部分的精锐部队都调到非斯附近去了。阿方索抓住这个机会再次率领压倒性的优势兵力渡过直布罗陀海峡，不顾摩尔人的拼命抵抗，猛攻阿尔济拉。在阿尔济拉陷落的前夕，有消息传来，说摩洛哥人正在撤出并纵火烧毁离阿尔济拉不远的丹吉尔，阿方索立即派出军队突击，使得该城市的大部分得以保存。这时，葡萄牙在北非地中海沿岸已经拥有包括休达在内的4座城市，连距离较远的阿泽穆尔以及萨菲也宣布归顺阿方索，阿维兹王朝似乎快要建立一个北非帝国了。国王用几个摩洛哥的贵族俘虏交换死在非斯的费尔南多王子的遗骸，隆重地运回葡萄牙本国，安葬于巴塔利亚修道院。由于阿方索五世在北非的胜利，他被人称为"非洲人"（Africano or African）。

阿方索五世在非洲的战争以及对于大贵族的赏赐使得他在葡萄牙及整个伊比利亚半岛赢得很大的声誉。因此一部分卡斯蒂尔的贵族请求葡萄牙国王干预卡斯蒂尔国内的事务，接受卡斯蒂尔的王位。阿方索为他在非洲的胜利所陶醉，以为他真的有能力堪当此重任，可以将伊比利亚半岛置于他的统治之下。阿方索的妹妹诺阿娜（Joana）早已和卡斯蒂尔的国王恩里克四世（Henrique IV，1454—1474年在位）结婚。1474年，恩里克四世去世。在此之前的12年，诺阿娜生了一个女儿，卡斯蒂尔语称为胡安娜（Juana la Beltraneja，1462—1530）。大多数人认为她不是国王所生，而是诺阿娜与另一位贵族非法恋爱的结果。恩里克四世去世以前明确宣布这女孩是他自己所生，是王位的继承人。可是国王的同父异母的姐妹伊莎贝拉，就是许多年以后哥伦布的庇护人伊莎贝拉，早就与阿拉贡王位的继承人费尔南多结了婚，她的周围有一部分人宣布她为女王。于是胡安娜周围的人就向她母亲的兄弟葡萄牙的阿方索求援了。这种情况正符合阿方索的心意，他认为此时出兵可以使他成为一个无依无靠的妇女的保护者，而且有机会成为卡斯蒂尔的主人。此时的阿方索是一名鳏夫，他竟然不顾与胡安娜的近亲关系以及30岁的年龄差距，向她表示爱慕。葡萄牙的贵族也纵容他这样做，他们多少认为这会导致国王疏于朝政，更加依赖他们。阿方索留下自己的儿子若奥（João，1455—1495）统治葡萄牙，自己率领军队于1475年越过边境，与外甥女胡安娜在普拉森夏举行了婚礼。不过这场联姻在没有得到教宗的批准之前不能圆房。伊莎贝拉的丈夫费尔南多统帅卡斯蒂尔的军队在以后的一年中一直与葡萄牙军队对垒，两军相持不下。

  在此期间，留守国内的若奥王子决定亲自率领军队支援父亲。1476年3月，葡萄牙军队在托罗附近与卡斯蒂尔军队决战。阿方索五世的部队全军覆没，若奥王子的部队则与敌人打成平局。若奥王子接着回到葡萄牙，治理国政。阿方索则拒不认输，他前往法国向路易十一求援，但是没有得到实际的响应。心灰意冷之余，阿方索五世表示要远离尘世，前往耶路撒冷隐居修道。他派人告诉若奥王子，要他继位为葡萄牙国王。若奥照办了。但是不久阿方索又改变了主意，于1477年回到了葡萄牙，说他以后只统治阿尔加维，让若奥统治王国的其余部分。王子不听父亲的这种毫无意义的话，把王位交还给了他。阿方索五世生命的最后4年还是名义上的国王，但是他几乎完全不理朝政，国事仍然由若奥王子处理。胡安娜则过着隐居的生活，认为罗马教宗不会批准她和阿方索的婚事。最后，她退居修女院，一直活到1530年。当初她昙花一现，盛名盖世，但是在1530年的时候，记得她的人已经寥寥无几了。阿方索五世多少有点像滑稽剧里的君主，好大喜功，爱慕虚荣，极易受骗上当。不过他真心地爱好文学艺术。他是葡萄牙第一个在王宫里收藏图书和创立图书馆的国王。他不是音乐家，不过他爱好音乐艺术，鼓励音乐创作。

  阿方索五世由于《阿方索法律汇编》（*Ordenações*）而出名。这是一部重要的葡萄牙法典，对于葡萄牙法律的发展是有贡献的。不过，历史学家认为，这部法令汇编于1446年7月，在阿茹达村（Villa da Arruda）制定，当时阿方索还是一个孩子，实际上它是由摄政王佩德罗所编著。它显然是出自一个有行政能力的人的手笔，而阿方索肯定不是这样的人。《阿方索法律汇编》共有5个部分，每一个部分都有若干标题，表明其内容，很多的标题又细分为不同的段落。第一部分的前言最长，它解释了法律汇编编撰的历史。第一部分有72个标题，涵盖了各个公共机构——从王室到市政机关的规章，包括政府、司法正义、税务以及军队，因此，就其内容来看具有近代的行政法的性质。第二部分有123个标题，主要内容为教会财产，国王特权，即国王的权力，其征收、受捐献人的管辖权，以及贵族的特权，犹太人以及摩尔人的地位，有一点像近代的宪法的性质。第三部分有128个标题,主要是关于民事诉讼的程序,包括执行的程序,对于上诉也做了大量的规定。第四部分有112个标题,涵盖了民事实体法,尤其是债法、物法、家庭法和继承法等。第五部分有121个标题,主要是关于刑事诉讼的规定。该法典对于犹太人的生活准则和生活方式作了特别的规定。他们必须居住在城市里特别的"犹太区",有专门的法庭和法官处理犹太人内部的问题;犹太人必须穿特殊的服装,必须把"六角星"佩戴在外衣的"胸口以上",就像中世纪欧洲其他城市的犹太人一样。每天晚上,犹太人在买卖或务工结束以后必须回到犹太人居住区居住,严格限制犹太人与基督徒交往,更严禁他们进入未婚基督徒女子的住所。这部法律汇编在葡萄牙法律史上具有突出的地位,它是当时阿维兹王朝中央集权不断增强的产物,是对于古代葡萄牙律令的综合与整理,也是后来的葡萄牙法律的基础。

从1460年亨利王子去世到1481年阿方索五世去世,葡萄牙的非洲西部沿海的航海探险活动并没有完全销声匿迹,可是明显地缺乏有力的推动力。阿方索五世对于摩洛哥以南的地区似乎没有兴趣。

1469年,里斯本有一位富有的葡萄牙航海家和商人费尔南·戈麦斯(Fernão Gomes),向国王要求在几内亚为期5年的独家贸易的垄断权。当时的几内亚包括博哈多尔角以南的非洲地区,但是不包括几年以前修建的阿尔金角城堡,佛得角群岛对面的海岸也不包括在内,该地区的贸易应该留给当地的居民去经营。因此,戈麦斯要求的地区只是从佛得角以南到塞拉利昂的长约800公里的地带。戈麦斯答应每年向国王缴纳20万雷亚尔的租金。这说明这个地区的贸易额不高,因为6年以后,阿尔科巴萨修道院的院长以每年15万雷亚尔的价钱把自己的职位卖给了阿尔佩的里尼亚大主教。这件事轰动一时,因为这笔费用与修道院院长的实际收入相比,实在是太微不足道了。同时,戈麦斯在缴纳了租金以后,还得答应每年发现100里格的海岸。

于是,戈麦斯就沿着几内亚海岸航行,他能够从沿海地区的贸易活动中做到收支相抵并有盈余。不久,葡萄牙人突然发现非洲出产的两种类似胡椒的香料即马拉格塔胡椒,(malagueta意即"天堂里的粉末"[grain of paradise])①

---

① 马拉格塔胡椒(malagueta),这是两种名叫"Afromomun""Afromomum granum-paradisi"的香料。最初的时候,穿越撒哈拉沙漠的骆驼商队将这两种香料从西非的曼丁加(Mandinga)带到了葡萄牙人居住的沿海地区,15世纪60年代首次以上述的名字命名。15世纪70年代,葡萄牙人正式开始与西非的土著有此种贸易活动。1485—1486年,葡萄牙人与贝宁王国的土著建立了联系,从此,他们大量地将这种非洲的香料运回葡萄牙。

于是这块租用地的价值就更大了,戈麦斯每年须再交10万雷亚尔。戈麦斯履行了契约规定的航海工作,他雇佣的航海人员沿着几内亚海岸从塞拉勒窝内向东绕过比夫拉湾南边的弯曲的部分,1471年若奥·德·圣塔伦(João de Santarem)和佩罗·埃斯科巴尔(Pero Escobar)陆续发现了赤道以南的几内亚湾、圣多美岛、安诺本岛。1472年,费尔南·多·波(Ferno do Pó)发现了一个岛,后来以他的略有改动的名字命名,叫作费南多波岛(Fernando Pó)。另外两名探险家洛波·贡萨尔维斯(Lopo Gonçalves)和鲁伊·塞克拉(Rui Sequeira)则发现了非洲大陆在比夫拉湾的地方又向南弯曲延伸,便南下从事探险,到达离刚果河不远的地方。葡萄牙人终于发现在今天的象牙海岸一带的村庄里,可以通过物物交换从当地人那里得到大量黄金,他们从中获利甚丰。到1474年为止,戈麦斯一直肩负着发现非洲西海岸的任务,他是以开发非洲西海岸的贸易为目的的。葡萄牙王室高度重视戈麦斯得到黄金的消息,国王授予他一个雕刻着3个黑人形象的黄金奖章。在契约期满以后,戈麦斯又被王室封为贵族,他的族徽是一块盾牌,上面刻着黑人的头像,黑人的耳朵、鼻子和脖颈上都系着金环。后来,戈麦斯还被任命为御前大臣。从那时起,葡萄牙人不仅成功地得到黄金,而且还将北非的黄金贸易与奴隶贸易结合了起来。

1474年,国王阿方索五世将几内亚的租用权转给王子若奥。在若奥正式继位以前,关于葡萄牙人在非洲西海岸的进一步探险,没有多少记载。可能是由葡萄牙长期以来与卡斯蒂尔的战争和王子肩负国内的重任无暇顾及所致。

四、若奥二世与国家迈向兴盛

1481年,阿方索五世去世,结束了他黯淡无光的晚年统治。他的儿子继位,历史上称他为若奥二世(João II,1481—1495年在位)。他是葡萄牙历史上最有才能的国王之一,也可能是他这一代的欧洲统治者中最有才能的国王之一。在他的任内,葡萄牙国内的政治以及海外的航海发现事业发生了根本的变化。

尽管若奥二世在做王储的时候已经开始管理朝政,但是这种管理与自己完全执政还是有很大的差别。他在亲政以后第一件事情就是将基督骑士团的权利收归王室所有。亨利王子在1460年去世后,基督骑士团的归属问题接踵而至。在亨利王子长期以来的经营之下,基督骑士团已经发展成为一股强大的势力。亨利王子身前根据历任罗马教宗的通谕,于1456年将从奴恩角以南几内亚的土地上的奴隶、黄金、渔业以及其他所有商品的税收定为1/20，该骑士团还从马德拉群岛的出产品中抽取1/10的税收——超过3万古金币。由此，骑士团首领拥有的财富可以与君主媲美，这对于王权造成了威胁。科特会议的议员们看到了这一点，在亨利王子去世以后，科特会议于1481年和1482年小心翼翼地向国王提出收回基督骑士团权限的请求。若奥二世接受了议员们的请求，而且不再赐予基督骑士团以特权，这样做在当时是符合大多数国民的意愿的。

1481年以后，他所做的最重要的事情就是限制贵族过度的权力。由于阿方索五世治国不严，所以贵族胡作非为，他们越过法律上应有的特权的范围，甚至发展到在国家的大片土地上私设法庭、为所欲为地处理司法案件，无视国王的管辖权。人民通过科特会议的议员提出诉求，阿方索就是置之不理。贵族们进而侵犯市政当局的司法权，插手他们无权过问的城市事务。贵族们还

若奥二世与王后莱昂诺尔崇拜圣体
1495年的木刻画。

若奥二世的纹章——鹈鹕

莱昂诺尔的纹章——捕捞网

向农民滥收苛捐杂税,将有权告状的农民关进监牢,拷打折磨,还大量搜刮农村的粮食,囤积居奇,造成不可避免的粮荒,然后再高价出售,牟取暴利。

当若奥二世在埃武拉召开第一次科特会议的时候,议员们愤怒地控诉贵族的这些罪行。国王决定从根本上解决贵族专横跋扈的问题。他首先要求贵族严格地宣誓效忠,誓词包括许多项目,贵族宣誓以后必须严格执行。葡萄牙最大的贵族布拉干萨公爵(Duke of Bragança)首先带头抵制,宣称宣誓有损贵族尊严,自己不想屈从。那时的布拉干萨公爵权倾朝野,他拥有50个城堡、市镇以及城市,还拥有一支1.3万人的部队。若奥二世并不惧怕,他掌握了公爵与卡斯蒂尔通敌的证据,出其不意地逮捕了公爵,法庭宣读了22条最严重的指控。1483年6月20日,布拉干萨公爵在埃武拉被押上了断头台。布拉干萨家族从此家破人亡,庞大的家产则被充公。其他同谋的贵族则出逃到卡斯蒂尔,他们留在葡萄牙的财产也被充公。若奥还宣布,由王室的法官接管贵族私设的法庭,并对领主的特权进行全面审查。国王还粉碎了王后的弟弟维塞乌公爵迪奥戈行刺的阴谋。国王对于贵族的战斗取得了完全的胜利,国内的贵族完全被慑服。国王还清理了一部分贵族的头衔并且没收了他们的土地和权力,当时全国的25所原来属于贵族的城市、集镇和要塞打开大门让王室的官员入内。同时,国王又设法维持那些低级贵族对于他的效忠,王室在财政上资助2 000多个中小贵族的封邑。国王还镇压了教会中的反对势力,在前朝起过重要作用的埃武拉大主教,被人毒死在监狱;权势极大的若热·达·科斯达(Jorgeda Costa, ? —1508)大主教出逃罗马,再也没有返回葡萄牙。科斯达大主教是当时葡萄牙国内权倾朝野的高级神职人员。他深受若奥二世的父王阿方索五世的宠信。阿方索五世在向丹吉尔发动进攻的时候,将国内朝政大事委托给科斯达主教(当时他是埃武拉的主教)。科斯达大主教还在1471年陪同阿方索国王一起出征北非,登上摩洛哥的海岸,向丹吉尔发动进攻,为曾经被囚禁在这座城市的"圣王子"费尔南多复仇。他回国以后,多次在全国各地巡视教堂,改革当时教会的风俗和礼仪,要求神职人员每个月都向天主忏悔,惩罚他们的无知以及失职行为,并兴建各项教会建筑工程。晚年客居罗马期间,他也为葡萄牙教会在罗马做了许多事情,为葡萄牙去罗马以及意大利其他地方的朝圣者兴建了招待所,特别资助罗马圣母大殿的建筑工程。他最后还被教宗升任为枢机主教。科斯达在离开葡萄牙的时候,是里斯本的总主教,即葡萄牙国内最高的宗教领袖。此事标志着若奥二世彻底清除了教会中反对他的势力。由此,若奥二世王权得到极大的巩固。

这样,若奥二世就可以腾出手来推进他最心爱的事业——葡萄牙在陆地和海洋上的探索与发现。同时,国王在国内的改革也迫切地需要财政上的支持。与亨利王子相比,若奥二世远远没有那种狂热的宗教热忱,他本人也没有那种强烈的十字军式的性格。他推行的海洋扩张主要是基于政治和经济的考虑。按博克塞的说法,他是一位"狂热的和富于远见的葡萄牙帝国主义者,对于非洲以及其他地区的矿产、人员、动物、植物都怀有一种名副其实的热情,他本人对于指挥贸易有着很深的兴趣"。总之,他是一个精力充沛、目标明确和有头脑的奉行实用主义原则的君主。另外,王室维持官吏以及军事活动的开支也十分巨大,这就使得海洋扩张成为葡萄牙王室迫不及待要开创的事业。

1481年12月,葡萄牙贵族军人阿扎布加(Diogo da Azambujia,1432—1518)在葡萄牙国王若奥二世的命令下,率领9艘帆船以及2艘小船共载500名士兵以及100名石匠和木匠,自带石料、瓦、木材、食品和其他建筑物资出发,前往今天加纳沿海的非洲西海岸。国王还为各船都挑选了船长,舰队于次年1月抵达"黄金海岸",建立了著名的米纳城堡(Elimina Castle,Sâo Jorge of the Mina,or fortress of Mina),以此威吓当地的黑人以及防止西班牙人染

米纳的要塞

指当地的黄金贸易。葡萄牙人建立的米纳要塞由1名军事长官和1名行政长官统治，有3名助手，一方面负责进项，一方面负责出项，还有1名王室财产管理员和1名司库，另外有1名要塞的司令，1名医生（必须是犹太人），1名司炉，1名枪炮架的制造者，数名填塞船只缝隙的工匠以及水手，还有1名贝壳清理员（贝壳是那时流通的货币之一）。直到1495年，要塞和城市的建筑工程还在继续之中。米纳城堡或要塞还拥有一些三桅帆船，它们是用于商品运输和保护海岸线的。当地的黑人酋长一开始就看出葡萄牙人来到这里的目的就是为了贸易，他说："那些海员穿的破衣烂衫，他们对交换到的任何商品都心满意足，这是他们来这里的唯一的理由。他们最大的愿望就是做好生意尽快回家，因为他们更愿意待在自己的国家而不是外国。"阿扎布加持有国王的命令，一定要在当地建立要塞，他最后通过敲诈勒索获得了酋长的同意。虽然酋长的力量不足以阻止葡萄牙人建立城堡，但是足以阻止葡萄牙人进入内陆去寻找他们梦寐以求的黄金。葡萄牙人只得留在自己的城堡里，用黄铜的碗、花边、珠子、纺织品和其他商品与流动的非洲商贩交换从内陆带来的黄金、象牙和奴隶。葡萄牙人还利用城堡周围的非洲本地黑人，他们是城堡中的女人以及劳动力的来源。葡萄牙人还向城堡周围的黑人传播基督教。1482年，有许多土著已经皈依了基督教。到1503年，附近的菲图（Fetu）土著国王也皈依了基督教。若奥二世建立米纳要塞的最主要的目的就是垄断贸易，米纳城和要塞不仅成为当地黄金和奴隶交易的中心，并且具有防止和监视敌人从海上进攻葡萄牙人的作用。葡萄牙人带到当地的商品主要是本国的绵羊、山羊、猪、葡萄酒以及蜡烛。

葡萄牙人杜亚尔特·帕切科·佩雷拉（Duarte Pacheco Pereira，约1460—约1533）曾经描绘说，米纳与贝宁城之间有贸易往来，外面的商人带着黄金而不是驴子来到要塞做生意，他们主要用黄金购买当地的奴隶，这里的奴隶价格要比别的地方便宜1/3或更多，这些奴隶都是葡萄牙国王派出的船只从距离米纳200里格的大城贝宁买下并运来的。他写道："在那里，我们至高无上的君主大幅度地扩大了贸易，每年都从那里带回葡萄牙价值17万多布拉（葡萄牙古金币）的纯黄金，甚至有的年份会更多，主要是通过与那里的黑人换取或购买的方式获取黄金。"他又说，这里的人原来都是异教徒，现在有些已经成为基督徒。杜亚尔特·帕切科·佩雷拉是葡萄牙探险家、航海家、征服者、宇宙学家，又被称为"伟大的帕切科""葡萄牙的阿基利斯"（Aquiles Lusítano）。他出生于里斯本，父亲是海员和士兵。有关他的早年人们知之不详。在葡萄牙国王若奥二世统治期间，他曾经数次去非洲的几内亚海岸航行探险，主要在塞内加尔河流域以及贝宁王国旅行,他曾经4次访问贝宁王国的都城。后来他得了重病,奄奄一息,1488年迪亚斯的船队从好望角回国途中将他从几内亚湾的普林西比岛带回里斯本。回国以后,他成为国王卫队的成员之一。由于他丰富的航海经验以及宇宙学知识,他居住在里斯本为王室提供咨询。1494年,他是参加《托尔德西里亚斯条约》谈判的葡萄牙方面的代表之一,并且是签署文件的证人。1503年,他作为阿尔伯奎克舰队成员之一远征印度,抵达印度以后,他还组织了科钦的保卫战斗,抵抗卡利卡特人的入侵。16世纪有关葡属印度的编年史对于他的功勋赞扬有加。1505年,他跟随苏亚雷斯(Lopo Soares)的舰队回到里斯本,受到国王曼奴埃尔一世的热忱欢迎。也就在这时,他开始撰写 *Esmeraldo de site orbis* 一书。此书直到1892年才出版。1511年,他指挥舰队前往丹吉尔作战;1519年,他被任命为米纳的总督并在米纳要塞驻扎3年之久。1522年,他被新国王若奥三世的政府逮捕,并带回里斯本,在被关押了一段时间以后又被释放。他可能在1532年或1534年去世。据他的记载,米纳要塞的居民都是从很远的地方来的,与作者交谈很少,而当地人反而与这些居民谈得更多。当时葡萄牙人在米纳与土著交易时也使用一部分贝壳作为货币。葡萄牙人很早就已经知道摩尔人和非洲其他民族贸易时使用贝壳,所以在米纳城堡中有一位葡萄牙职员是专门负责洗刷贝壳的。1486年3月15日,若奥二世赐予米纳城堡享有葡萄牙本国城市一样的特权。

1485年,圣多美岛也成为葡萄牙人的殖民地,葡萄牙人在岛上建立了要塞。若奥二世特许该岛的居民在米纳要塞以外的地方从事奴隶买卖和其他商品的买卖。另外,若奥二世还规定,只有王室才可以进行黄金、宝石、香料和灵猫的买卖。岛上的人只能替国王收购这些东西,然后将这些物品上交或者请人上交给里斯本,再由国王支付给他们费用。至于非洲胡椒,岛上的人可以依照上述办法收购,但是必须以流通的价格卖给米纳要塞的长官。除了这些贸易活动以外,岛上还有甘蔗种植以及食糖生产,产品都要上缴。就连孔雀羽毛和其他漂亮的羽毛也要向王室财产管理人上缴一半——葡萄牙王室还拥有对于漂亮的孔雀羽毛的贸易垄断权。除了里斯本以外,孔雀羽毛最早在欧洲其他地方出现的是布鲁日以及佛罗伦萨。它当时是贵族的生活奢侈品,又被视为具有异国情调,是贵妇人用来装点服饰的。15世纪时人们还用孔雀羽毛以及鸵鸟羽毛来装点头盔。到了葡萄牙人开创的地理大发现以后,葡萄牙的航海家在新发现的大陆找到了大量的漂亮的鸟的羽毛,人们才以苍鹭毛替代孔雀羽毛。

米纳和圣多美这两个地区在贸易上具有互补性。国王将这两个地方作为在几内亚直到刚果河的非洲大陆、赤道地区沿海范围内进行贸易和地理扩张的两个中心。在米纳要塞建立两年以后，葡萄牙国王开始在王室的行文上使用"几内亚至高无上的统治者"的称号。这个要塞的贸易基础就是奴隶贸易，以至于这一带的沿海地带也被称为"奴隶海岸"。葡萄牙本国与几内亚沿海地区的贸易都由王室设在米纳以及沿海其他地方的要塞所控制。

继阿扎布加以后，若奥二世再派另一位航海家迪奥戈·卡奥（Diogo Câo，1450—?）前往非洲西海岸探险。卡奥既不是贵族，也不是高级军官，早年生活的情况不详，但有一点是肯定的，他毕业于航海训练学校并在几内亚学习过，那里是当时最难驾驭帆船的地方。卡奥于1482年春天从里斯本出发，在米纳稍作停留以后，继续前进，经过以往葡萄牙航海家到过的最远的地点。他在向南航行的过程中，从水里泥沙的含量得知附近必有一条大河。其次，葡萄牙人虽然远在海上，却发现自己在淡水中航行，于是他们驶近海岸，到达一条大河的河口，那里居住着黑人。那些黑人说他们是一位强大的统治者的臣民，又说这位统治者居住在大河上游的地方。葡萄牙人叫这条河为扎伊尔河，也就是现在人们所知道的刚果河，只有葡萄牙人坚持用旧名。葡萄牙人抵达扎伊尔河河口的时间可能是在1483年4月。当地黑人所说的那位有权势的君主，号称马尼刚果（即刚果王）。卡奥决定先派使者与他联系。卡奥派了几位黑人作为使者前去觐见这位非洲的皇帝，向他表示敬意，并希望他改信基督教。同时，卡奥把第一个用石灰岩制成的标柱（Padrões）立在刚果河的左

卡奥的船队在马塔迪（Matadi）的石刻铭文
该石刻原先在刚果境内扎伊尔河口左岸，现保存在里斯本海事博物馆。

岸——早在亨利王子的时代，葡萄牙的海员有时用木头做成的十字架或者在树上刻字来标志他们的地理大发现，但是这些界碑容易损坏，不能持久。卡奥的标柱用从里斯本附近开采的一种大理石做成。石柱的顶上有一个十字架，但是最重要的部分是柱身，上面刻有葡萄牙国王的五盾王徽和地理发现者的姓名、发现的日期以及派遣探险队的国王的姓名。标柱上的许多项目可以在航海船队启程以前做好准备，但是有少数项目，如日期之类，则必须留待竖立标柱的时候加上。下文提及的卡奥在安哥拉的圣玛丽角竖立的标柱，后来被运回葡萄牙，归里斯本地理学会所有。石柱上所刻的文字如下："在天主创造世界后6681年，在我们的救世主耶稣基督诞生后的1482年，葡萄牙极其崇高的、极其杰出而强大的君主若奥二世，派王室侍臣迪奥哥·卡奥发现这块土地，并竖立这些标柱。"卡奥继续沿着海岸线南下，远达安哥拉的洛伯角（Cape Lobo）。在返航以前，他又竖立了第二个标柱，标记着他南进的界限。这是卡奥第一次沿着非洲西海岸抵达的最远的地方，他以为已经到了非洲的最南端，看到了印度洋的海域，于是就沿着原路回去。当卡奥回到刚果河的时候，他发现派去见刚果王的使者还没有回来。于是他引诱几个黑人并将他们绑架到船上，起航返回葡萄牙，他向黑人们在岸上的朋友们解释说，绑走他们是出于最友好的心意，不久就会把他们好好送回来的。当卡奥回到里斯本的时候，国王对于他的工作十分满意，赐给他终身的年金，封他为贵族，授他以纹章，纹章上刻有他在发现非洲新地时竖立的两个标柱。同时，国王要求卡奥进一步为他效力。从刚果带回来的黑人，很快就学会了葡萄牙文和基督教的基本教义。国王想把他们尽快地送回本地去，并利用他们向马尼刚果传播基督教。

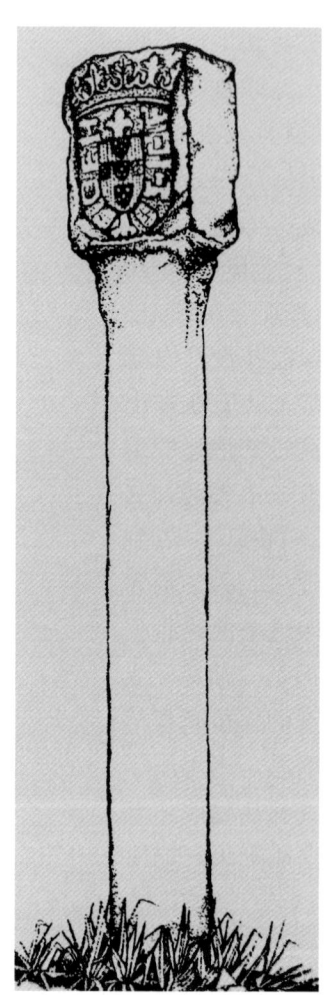

卡奥竖立的标柱

在卡奥进行第一次航行的同时，另一位葡萄牙探险家阿维罗（João Afonso de Aveiro）被派往非洲的内陆进行探险活动，他从今天的贝宁沿海出发抵达今天的尼日利亚。他于1485年回到葡萄牙。他带回了一个消息，那就是附近有一位信基督教的有权有势的非洲土著奥噶纳王（Ogane），他可能就是传说中的"长老约翰王"。

1484年4月，卡奥率领几条船从里斯本特茹河再次出发，进行第二次非洲沿海的探险航行。他还带着那几个改信基督教的黑人以及准备赠送给刚果王的贵重的礼物。他们又在米纳作了短暂的停留，不久就抵达了宽广的刚果河。卡奥让黑人在家乡上岸，他自己则再向南航行，此次他比以前走得更远。当他抵达一个名叫塞拉帕达（Serra Parda）的非洲沿海地域的时候，他发现自己以前的判断是错的，因为漫无边际的非洲海岸线在继续往南延伸，印度洋不在附近。最后，他在今天纳米比亚的克罗斯角（Cape Cross，当时葡萄牙人称为Cabo do Padrão）的地方竖立了一个标柱。卡奥很可能就在当地去世了。葡萄牙人的船队在返航途中，曾溯刚果河上驶，至少抵达姆波佐和耶拉拉瀑布与刚果河汇合的地方。此时船只已经不能再继续航行，他们舍舟登陆，在一块巨大的城墙上刻下了葡萄牙的盾徽和十字架。然后，葡萄牙人会见刚果王，受到他热情的接待，并看到他们先遣的使者仍然健在。刚果王为葡萄牙人举行了宴会，表示友好。刚果王答应，他和所有的臣民都将信奉基督教，并且要成为虔诚的基督徒。葡萄牙人回到里斯本的时候，从刚果王那里带回一个名叫卡苏塔（Caçuta）的特使以及几个年轻的黑人。他们请求葡萄牙国王立即派传教士以及托钵僧修道士把"受洗的圣水"带到他们的家乡。他们还请求葡萄牙人派遣瓦匠和木匠在他们自己的国家建立教堂，以便尽可能地把他们的国家建造得与葡萄牙一样。卡苏塔还带给葡萄牙国王许多礼物，包括象牙和象牙的雕刻品以及色彩斑斓的棕榈布，并表示，刚果的国王还请求葡萄牙国王派遣一些贵族和教士去那里，带上为他的臣民举行基督教洗礼的用品，还要他派遣葡萄牙妇女教黑人妇女烘制面包。若奥二世对此非常高兴，决定全力满足这些土著人的要求。卡奥的探险队虽然没有最终抵达非洲的最南端，但是它将葡萄牙人以往的探险航程再向南推进了1 400公里。其意义是非凡的，它使得若奥二世有决心最终找到绕过非洲最南端通往印度的道路。

　　在若奥二世时代，国王收集来自非洲的黄金已经成为他的"个人癖好"。从非洲西海岸输入的黄金在葡萄牙国家的财政上已经占据了突出的地位。在15世纪80年代中期，每年平均有13艘船只往来于里斯本和埃尔米那的圣约翰堡之间，仅在1487—1489年就约有8 000盎司的黄金运到里斯本。1494—1496年之间约有22 500盎司的黄金运回葡萄牙。另一种统计是从1481年至1521年的40年中，王室每年平均从米纳城堡进口1 500—1 800马克的黄金。

　　在15世纪80年代中期，若奥二世迈出了决定性的一步，他决定同时从海上和陆地派出探险队去寻找"长老约翰王"以及印度的香料。早在1402年以后，位于尼罗河以及红海之间的相对孤立的科普特基督教王国里的一些僧侣和使节就取道耶路撒冷来到欧洲。1452年，至少有一名使节远道而来，到达里斯本。然而欧洲人和其他国家的人一样，对于这个地区的概念仍然十分模糊。他们所听到的有关"长老约翰王"的传说十分夸张，说他用绿宝石制成的大圆桌可以招待3万人共享宴会，在他的右手边坐着12名总主教，左手边坐着12名主教。这个故事葡萄牙人了解不多，但是他们普遍地相信，这位神秘的基督教君主是肯定存在的，可以与他结成宝贵的同盟与穆斯林（土耳其人、埃及人、阿拉伯人以及摩尔人）相对抗。葡萄牙人希望在非洲某个地方找到他。由于葡萄牙人沿着非洲西海岸的航行已经持续了许多年，所以他们认为还可以沿着非洲西海岸的冈比亚河、尼日尔河以及扎伊尔河（刚果河）的入海口找到"长老约翰王"的国度以及印度。随着时间的推移，他们进而发现要进一步勘察非洲大陆必须环航绕过非洲大陆，他们对于这一点越来越深信不疑。终于，寻找"长老约翰王"以及寻找亚洲（而不是非洲）的香料这两件事情结合起来了。此时，葡萄牙王室第一次认真地考虑要掌握亚洲的香料贸易的源头，或者至少要到达靠近它们的地方，直到获得香料为止。

所谓的"香料"（spice）是指热带或者亚热带芬芳或者辛辣植物的干制品，有黑胡椒（black pepper）、豆蔻（cardamon）、肉桂（cinnamon）、丁香（clove）、姜（ginger）、茴芹（anise）、葛缕子（caraway）、茴香（fennel）、罂粟（poppy）以及芝麻等。早在远古的时候，东方人就用香料制作药物、圣油以及一般民用的油膏。由于香料还可以作为食物的调料以及具有抑制食物腐败的功效，所以在早期东西方的贸易上占有重要的地位。在14—15世纪的时候，欧洲人认为最重要的香料是胡椒，因为它是稀有的东西。和今天一样，人们用胡椒做佐料，不同的是在中世纪人们离开胡椒没有办法生活。初夏，农村里缺乏饲料，必须宰杀大批的猪、牛和羊，肉必须腌制、用烟熏或者靠太阳晒干以后才能保存。储藏鱼也得使用这类方法。这些简单的加工方法能够使肉食不坏，是因为采用了胡椒防腐的缘故。所以，胡椒在中世纪的肉食保鲜以及东西方贸易中扮演了重要的角色。加工肉类时使用的香料还有很多，如肉豆蔻、肉桂、石竹花、生姜等。日常生活以及手工艺中还使用一些其他的香料，如松脂、阿拉伯胶、火漆等。蓝靛、巴西木、郁金草是印染工人配制染料的重要原料。芳香扑鼻的香料也被用来配制化妆品。以阿拉伯人处方为基础的医学大量采用东方的药草和香料，如檀香、芦荟、鸦片和樟脑等，它们都是东方的医生开处方时常用的药材。在中世纪晚期至近代早期，随着欧洲各城市居民的增加和人们生活水平的提高，香料消费的数量日益上升。同时，由于出产香料的东方国家路途遥远，运输不易，所以香料的价格十分昂贵。威尼斯共和国以及热那亚城邦依靠与近东和印度的香料贸易发了大财。东方的香料通过波斯湾以及红海这条从古代以来就已经开辟的航道运到意大利，然后分散到欧洲的其他国家。

葡萄牙人的计划就是要打破意大利人对于传统的香料贸易的垄断，避免在印度和意大利之间靠贩运为生的中间商人的盘剥，直接建立与印度的香料贸易。若奥二世的计划就是从海路和陆路两条路线探索由葡萄牙人单独掌控的去往印度的道路。1485年11月，葡萄牙王室派驻罗马教廷的大使卢塞纳（Vasco Fernandes de Lucena）向教宗发表了一篇演说，显示了若奥二世已经确信在很近的将来有可能开通前往印度的海路。在这篇演说中，葡萄牙的使节代表他的主人告诉教宗：可以期望葡萄牙的船只很快地进入印度洋并与"长老约翰王"和其他未知地区的基督教王国和人民进行接触。这篇演说没有提到香料，这是最自然不过的了。即使若奥二世已经有了打击威尼斯与马木路克对于香料的垄断的想法，他也没有愚蠢到要在教廷的大庭广众之下做广告宣传。

1487年5月7日，国王若奥派遣了一位能够说阿拉伯语的葡萄牙绅士科维良（Pero da Covilhã，1460—1520年以后）以及另一位探险家派伊瓦（Afonso de Paiva，1460—1490）离开圣塔伦，从陆路执行国王的探索近东以及非洲和亚洲的使命。科维良出生于葡萄牙的贝拉的科维良镇，是一位伟大的旅行家。他早年就曾经前往卡斯蒂尔为塞维利亚公爵效力，经常参加冒险活动如夜间打斗与伏击，后来卡斯蒂尔与葡萄牙爆发战争，他又回到了葡萄牙。尽管他默默无闻，但是却见过许多大人物，他还作为葡萄牙的间谍被派到法国和西班牙的朝廷。他曾经两次去北非的柏柏里旅行，熟悉阿拉伯人的生活方式，能够穿热带地区阿拉伯人的宽松的袍子，说流利的阿拉伯语言。科维良的同伴派伊瓦则带着若奥二世给"长老约翰王"的信。派伊瓦出生于布兰科城堡，与科维良镇同属于一个省。历史学家雅依梅·科尔特桑则猜测他们两人以前不仅认识，还属于贝拉的犹太人社团，很可能他们都是皈依了基督教的犹太人，即所谓的"新基督徒"。当时葡萄牙的犹太人与其他地方的一样，四海为家，与北非以及近东地区的阿拉伯人有着密切的贸易联系。正是在这种社会环境之下，他们有着共同或近似的性格特征。国王在给科维良和派伊瓦的指令中明确地指示要他们打探近东至印度的香料的情况以及印度洋的航线和港口。科维良和派伊瓦先到巴伦西亚和巴塞罗那，在那里登船取道那不勒斯，再由罗德岛抵达亚历山大里亚和开罗，最后他们在亚丁分手。派伊瓦去了埃塞俄比亚，不久死于当地。

科维良则于1488年抵达印度的西海岸，他后来来到坎纳诺尔（Cannanore）、卡利卡特（Calicut）、果阿，再回到霍尔木兹，经红海回到开罗。他在印度西海岸的时候，对于由红海进入印度洋的航线以及当地的香料贸易已经有了深切的了解，对于主要的香料贸易中心和各个产品的产地如马拉巴、锡兰和摩鹿加群岛，以及这些产品运到亚历山大的航线也了如指掌，并了解到东方各港口之间的航线。1490—1491年，科维良回到开罗的时候得到派伊瓦的死讯。在开罗，科维良遇到两位犹太人，一位叫亚伯拉罕（Rabbi Abraham），另一位叫拉梅戈（José de Lamego），他们带来了国王的信，说如果科维良已经完成使命，就让他回国，如果科维良没有完成使命，就要他继续前进。科维良向国王若奥二世写了一份报告，谈到了印度西海岸卡利卡特盛产肉桂和胡椒，而丁香则来自更加遥远的东方。他还报告说卡利卡特是当时印度西海岸香料贸易的集散中心，可以找到所有种类的香料，具有重要的贸易地位。他托请犹太人拉梅戈将这份报告带回葡萄牙。现在人们不能确定这份报告是否到了国王的手中。同时，科维良还决心继续履行寻找"长老约翰王"的使命。他坚定地朝埃塞俄比亚前行，他与亚伯拉罕一起到了亚丁，并从那里出发去了霍尔木兹，在那里亚伯拉罕与他分手了。科维良则回到了吉达港（Jidda），穿越了穆斯林的圣地麦加和麦地那，又越过西奈山，再由红海进入埃塞俄比亚的内陆。信奉基督教的埃塞俄比亚皇帝埃斯肯达（Eskender）热情地欢迎他的到来，由于皇帝不愿意外界太多地了解他的国家，所以他极力挽留科维良定居当地，赐予科维良土地和财产。科维良一直被挽留或者说是扣留在当地。其间，科维良设法给葡萄牙国王写信，描绘当地"人口众多，到处是强大而富有的城市"。直到30年以后他才在当地去世。

埃塞俄比亚在行政管辖上从来没有成为葡萄牙属地，在商业贸易上也没有与葡萄牙发生密切的联系，但是在葡萄牙海洋帝国的扩张史上却占有重要的地位。在早期，葡萄牙人认为这里可能是属于"长老约翰王"的。在葡萄牙人于15世纪来到这里之前，埃塞俄比亚与西方的基督教世界是完全隔绝的。因为7—8世纪阿拉伯人在北非崛起以后，埃塞俄比亚与地中海周围地区的贸易便逐渐中断了。当时，从任何一个地方去那里都非常困难，直到16世纪的早期，在马萨瓦（Massawa）周围有一条很狭窄的通道通往红海地区。有关"长老约翰王"在埃塞俄比亚的记载并非事出无因，早在古典时代的末期，希腊以及罗马的商人已经将基督教带到了那个地方。4世纪的时候，圣佛罗门梯乌斯（St. Fromentius，约死于383年）已经将基督教传入当地。在中古的时候，阿姆哈拉高原（Amharic plateau）上信奉基督教的埃塞俄比亚部族酋长就一直在抵抗来自伊斯兰世界的军队以及伊斯兰教的传教士，他们尤其排拒来自东部索马里的穆斯林的渗入，并且将基督教成功地传播到南方地区。同时，埃塞俄比亚教会从来也没有中断与东方基督教会亚历山大宗主教区的联系，也与埃及的圣安东尼科普特教会保持着联系，埃塞俄比亚教会还在耶路撒冷建立了一个修道院。1441年，罗马教宗欧杰尼四世（Eugenius IV，1437—1447年在位）邀请该修道团体派代表前往罗马参加宗教会议。在科维良来到埃塞俄比亚以后，当地的情况才逐渐地为人所知。

在海路方面，巴托罗梅乌·迪亚斯（Bartolomeu Diaz，约1450—1500）于1487年8月奉国王若奥二世的命令从里斯本率领3条小船出发，由迪亚斯及其兄弟迪奥戈·迪亚斯（Diogo Diaz）担任指挥。此次航行是在卡奥的两次航行的基础上再往南前进。有关巴托罗梅乌·迪亚斯的生平人们知之甚少，只知道他是一名经验丰富的探险家，早年经常在大西洋航行，探测海流与风向。他的此次航行是按照卡奥的航线行驶的。按例他也在米纳停留了一下，继续前进，经过刚果河和卡奥在克罗斯角所竖立的最后的标柱。他在途中还停留过一两次，把已经改信基督教的和受过初步教育的几个非洲男女送到岸上。迪亚斯给他们的详细指示是：留心收集关于非洲基督教，特别是"长老约翰王"的帝国的消息，并把这些消息传给他们下一次碰到的白人。为了达到目的，若奥不但挑选男人，也挑选女人，因为把非洲人送回时不可能恰好送到他们家乡的岸上，若奥认为，在初次碰到成群的非洲人时，陌生的女人立即被刺死的可能性似乎要比陌生的男人更小些。

迪亚斯离开了他命名为沃尔塔斯湾的海港（即现在的卢德立次湾）之后，遇到了风暴，他的探险队在大西洋上一直被风向南吹去，达13天之久。风暴平息时，他们向东航行，想重新靠近海岸，可是他们找不到陆地了。迪亚斯等人在使用星盘推测以后终于想明白了，原来他们已经驶过非洲这片广大的黑色土地的最南端。迪亚斯认识到这点以后，就向北方航行，在莫塞尔湾找到了陆地。他看到黑人在放牧牲畜，因此给它命名为牧人湾。这些葡萄牙人转向东方，一直航行到能够清楚地看到非洲向北弯曲的部分，这就意味着他们已经驶进印度洋了。迪亚斯原想再往前航行，但是船员们觉得走得太远了，希望能够回家。迪亚斯在大菲希河附近竖立了一个标柱，然后勉强返航。

在回国途中，葡萄牙人绕过了上次因风暴而没有看到的好望角。据说他们在绕过好望角的时候，遇到了更加恶劣的天气，因此迪亚斯称它为风暴角（Cabo Tormentoso or Cape of Storms）。在这片辽阔的海域，本格拉寒流（Benguela Current）沿着南部非洲的西海岸向北移动，温暖的阿加勒斯海流（Agulhas Current）则绕过南部非洲海岸向西移动，它们的交织形成极为强烈的风暴，鼓起的海浪竟然可以高达三四米，在风暴形成的时候，沿海地区还弥漫着浓雾。然而，葡萄牙国王若奥二世则坚持把它改名为好望角，因为它给葡萄牙人以美好的希望：迟早有一天，他们会从海路到达他们的目的地印度。

好望角是在1488年某日发现的，当时若奥还有7年的寿命和统治时间。国王可能出于保密的原因，没有公开地承认迪亚斯的航行；但是国王的内心当然高兴，因为从海路通往印度香料之地的航线终于证明是可以建立的。此次航行对于欧洲近代的地理观念的形成产生了深远的影响。在这以前，欧洲的地理观念是由托勒密的体系主宰的，但是印度航道的开辟颠覆了这个传统的宇宙观。由杰玛奴斯（Henricus Martellus Germanus）于1489年或1490年绘制的一幅世界地图将迪亚斯发现的这个新的地理观念推广到欧洲的知识界。1490年，托勒密的《地理学》一书的出版也被推迟了，人们在等待新的地理数据的采集。在9年以后，1499年3月，哥伦布（Christopher Columbus, 1451—1506）完成了他史诗般的航行，声称他已经发现了东亚边缘的一些岛屿。若奥二世死于1495年，但是此事与迪亚斯推迟他著名的第二次航行无关。历史学家对于迪亚斯航行的推迟作出过种种推测，如摩洛哥发生的一些事情分散了王室的注意力，1491年7月若奥的王储意外身故以及国王本人健康欠佳，还有许多王室成员公开反对发现印度的计划。他们认为，葡萄牙是一个小国，经济和人口资源有限，很难去开拓如此遥远的广大地区，他们认为还是单独地发展与非洲西海岸的获利很高的黄金和奴隶贸易更切合实际。

若奥二世不是那种肯轻易放弃想法的人。博克塞认为一个比较合理的解释就是在这些年中，葡萄牙人在大西洋中作了一些秘密航行，为的是让后来的航海家们熟悉那里的情况，找到一条能比迪亚斯更好地绕过好望角的航线，因为迪亚斯的航线太远离非洲西南海面，而且与信风（贸易风）逆向行驶。这就可以解释为什么在后来的数世纪中，葡萄牙人去往印度的时候总是沿着达伽马的航线，它必须穿过赤道和威得岛的子午线，在多变的摩羯宫地区（Zone of the variable of Capricon）活动以后勉强地赶上强劲而稳定的西风，这条航线与迪亚斯从西非边上绕过去的航程完全不同。很可能后来的这条航线得益于一些没有留下记载的航行所积累的宝贵经验。

若奥二世晚年最后一件重要的事情就是在罗马教宗的仲裁之下于1494

年与卡斯蒂尔国王缔结《托尔德西里亚斯条约》(Treaty of Tordesillas)，由此划分了两国在大西洋上的势力范围。

在卡奥极力寻找通往印度洋航道的时候，长期旅居葡萄牙的热那亚航海家哥伦布向若奥二世建议向西航行，以实现发现印度的理想。这个计划是根据当时的天文学家认为地球是圆形的理论提出来的。从理论上讲，不管往西还是往东，都可以到达印度，问题是哪一条航路比较近。根据佛罗伦萨著名的地理学家和数学家托斯卡内里（Paolo dal Pozzo Toscanelli，1397—1482）的计算，哥伦布认为从西航行到印度的路线比较短，到达亚洲的距离只有180度（实际上是290度），每一度相当于84公里，实际上相当于111公里。但是若奥二世根据他掌握的资料，不愿意接受哥伦布的计划。

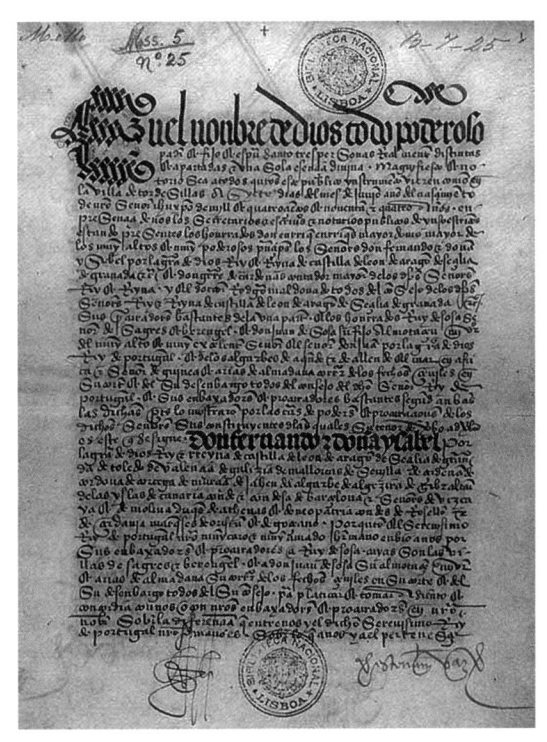

1494年《托尔德西里亚斯条约》文本

于是，航海家哥伦布便去为西班牙国王效劳。经过几年的努力，西班牙国王终于接受了他的建议。他于1492年8月起航，离开加纳利群岛一个月以后，便发现了陆地。哥伦布认为这些陆地应该是中国海中的一些大岛屿，而事实上则是安德烈斯群岛。在返航途中，哥伦布路过里斯本，并把这一惊人的发现告诉了若奥二世，同时埋怨"国王对他敷衍，对他不信任，不给他授权；关于这次发现，他最先是向葡萄牙国王提出要求的"。

若奥二世对哥伦布说，他所发现的这片土地，根据《阿尔索瓦斯条约》对于世界的划分，应该归属葡萄牙国王所有。葡萄牙国王甚至有想法要派舰队占领安德烈斯群岛。但是后来他则倾向于与西班牙国王进行谈判，以便和平地解决争端。

在地理大发现时代的初期，西班牙和葡萄牙都是海上的强国，为了争夺势力范围展开着激烈的竞争。两国的船队都在各自发现的岛屿和陆地上竖立起各自的国旗和国王的纹章。这些带有十字架的纹章通常以石刻柱的形式竖立在各岛之上。长期以来，葡萄牙和西班牙在发现的土地的归属方面都存在着争议，而哥伦布的发现更加剧了争议。由于葡萄牙国王争夺西班牙在1492年哥伦布发现的新大陆的归属权,西班牙王室请求罗马教宗充当调停人的角色。1493年5月3日,教宗亚历山大六世(Alexander Ⅵ,1492—1503年在位)发布谕旨肯定了西班牙对于这片新大陆拥有主权,但是使用的语言相当含糊;5月4日,教宗再度发布谕旨,他从北极到南极划了一条分界线,将亚速尔群岛以及佛得角以西和以南100里格的土地划给西班牙,指出这些地方不属于任何其他基督教统治者;9月26日,为了回应西班牙进一步的划分要求,教宗再度公布谕旨,将西班牙船只朝西或朝南发现的所有东方和印度的土地都划归西班牙王室。

若奥二世对于教宗的决定表示不满,他决定与西班牙王室谈判。1494年6月7日,葡萄牙与西班牙两国的代表达成了协议。因谈判的最后阶段在杜罗河边托尔德西拉斯,故该协议被称为《托尔德西里亚斯条约》。它规定:第一,在佛得角群岛(Islands of Cape Verd)以西370里格处,从南极到北极,划出一条直线,这条直线以东所有已经发现的和即将发现的一切地方都是属于葡萄牙人的,该线以西,则属于卡斯蒂尔,双方的委托人还相互保证,双方君主将不向条约规定的区域之外派人从事发现、贸易以及征服活动。如果卡斯蒂尔或者葡萄牙的船只偶然在对方的领域发现了陆地,那么这些陆地将属于条约规定的对该区域享有权力的君主。第二,条约对于最后一款规定了一个时间和空间的界限,因为据说卡斯蒂尔国王的船只可能在6月20日以前,在已经商定的界限内找到某些岛屿和陆地,于是条约规定,卡斯蒂尔的船只在佛得角以西370里格中的250里格范围内找到和发现的所有陆地属于葡萄牙王国,但是在那段期限之内,在其余120里格范围内发现的所有陆地属于卡斯蒂尔。第三,

罗马教宗子午线石刻(原澳门议事会花园)

在签署日算起的10个月内，双方各自的君主将派出两条或者四条大帆船到大加纳利岛汇合，船上配备相同数量的占星学家和领航员，汇合以后一起驶向佛得角群岛，从那里"船只将直接向西航行至上述370里格处"，在那里停下来，按照南北经纬度或者里格的航程确定一点并做记号，"一旦出现上述分界处和所说的南极至北极的线条穿过某个海域或者陆地，可以在该岛或陆地的边缘处，竖立某种标志和塔楼，从这种标志和塔楼起，笔直地穿过海岛或者陆地继续划分界限，划出属于各方的部分，双方各自的臣民不得擅自进入对方的区域"。第四，条约补充，卡斯蒂尔的船只在前往他们的属地时，可以穿过葡萄牙管辖的海域，不会遭到葡萄牙君主的任何阻挠。第五，双方的委托人以各自君主的名义，发出不向教宗也不向任何教宗的特使或者大主教请求免除和放宽条约的誓言，而且即便是他们主动放宽，也不利用它，先要求教宗给予批准。这一条款是由葡萄牙君主主动提出的，最后由委托人允诺，各自的君主在条约签署以后的一百天内予以批准。两国的代表于1494年6月7日在托尔德西拉斯达成协议。条约于7月2日在阿瓦雷洛由西班牙国王批准，同年9月5日，在塞图瓦尔由葡萄牙国王若奥二世批准。这个条约在当时没有得到罗马教宗的批准，直到1506年才得到教宗尤里乌斯二世（Pope Julius II，1503—1513年在位）的确认。

根据哥伦布的估计，整个印度洋和其他香料产地都坐落在西班牙的半球之内。但是根据葡萄牙天文学家的推算，西班牙人的半球从安德烈斯群岛开始，到印度洋为止，印度完全处于葡萄牙的扩张范围之内。

五、历代教宗通谕与保教权

1612年，在印度度过他的大半生岁月的葡萄牙军人、编年历史学家库托（Diogo do Couto，1542—1616）在他的书中写道："葡萄牙的国王们在征服东方的过程中总是想统一或整合精神的力量和世俗的力量，缺了一个，另一个也就发挥不了作用。"方济各会编年历史学家特琳达德神父（Fr. Paulo da Trindade）在1638年写于果阿的《对于东方的精神征服》（*Conquista Espiritual do Oriente*）一书中说："在征服东方的过程中，民事当局和宗教势力就像两把宝剑，它们的结合如此密切，缺一不可。武器只有在传播福音所赋予的正当性和权利之下才能用于征服，而传播福音的过程必须伴随着武器并由武器保护。"这种十字架和王冠的联盟的象征就是教会在海外的保教权（Padroado Real，Royal Patronage）。

在地理大发现的最初一个世纪里，罗马教廷认为伊比利亚半岛国家的扩张有助于天主教的远播，因此对葡萄牙和西班牙两国的殖民活动积极地加以支持。罗马教会与葡萄牙和西班牙两国在海外扩张中达成的这种政教关系称"保教权"，这是一种由教会授予国家的优惠特权。它起源于公元5世纪。当时罗马教会在欧洲召集有权势的天主教平信徒（如国王或者大贵族）修建教堂、修道院、城堡等宗教建筑设施。作为回报，教会经常授予他们中位高权重者以种种特权，其中一项特权就是他们有指定当地主教、修道院院长或教区神父名单的权利。15世纪以后，罗马教会为获得葡萄牙和西班牙两国执政者帮助扩张其在海外的传教事业，包括建立传教会和派遣传教士，由葡萄牙和西班牙两国政府提供船只、经费或由传教士搭乘两国的船舰去往海外，就授予两国国王以"保教权"。于是，这个在欧洲已渐次衰落的保教权，却在葡萄牙和西班牙两国海外扩张势力所到之处的非洲、印度和远东以及美洲兴盛起来。

在葡萄牙和西班牙两国的海外扩张活动中，教宗还扮演着仲裁者的角色。"罗马教会行动的效率、规模和连续性在很大程度上都超过世俗国家。从格里高利七世到英诺森三世等大教宗都曾设法到处建立精神权力的领导权，其方法是干预当时激烈的世俗冲突，从中渔利。"而西班牙和葡萄牙两国国王也乐意由教宗出面来承认其对新发现的领土拥有治权。这样，它们对新发现土地的治权被赋予了一层宗教的和道义的色彩。这种观念起源于欧洲中世纪，即罗马教宗作为基督在世的牧者，为了基督教会以及基督教国家君主的利益，具有完全的权威来处置这些国家和政府在"异教徒"民族居住的土地上的争端。

1415年，葡萄牙的军队攻占了北非的休达。1418年4月4日，教宗马丁五世（Martin V，1417—1431年在位）颁布通谕，要求所有的基督徒都要支持葡萄牙人对异教徒的战争，通谕指出葡萄牙军队对摩尔人的作战符合欧洲全体基督徒的利益，教宗要求所有的国王、贵族、王子以及普通的基督徒在葡萄牙人与摩尔人的战争中都要站在葡萄牙人的一边，要求葡萄牙所有的高级神职人员都要根据国王的要求来宣传圣战并为圣战的胜利祈祷。他还宣布为参加圣战的人特别是在圣战中不惜一切代价勇敢无畏地战斗的人赦免其罪过，宣布他们享有在圣地的十字军战士的益处，还宣布被征服的土地将由葡萄牙人来统治，"为了抵制萨拉逊人和其他的异教徒，葡萄牙国王的权利和行动不仅仅限制在非洲，而是要扩展到邻近的地区"。

1418年7月3日，教宗马丁五世宣布《主日的民众》通谕，宣布葡萄牙君主和臣民可以与异教徒进行贸易。这是一个打破常规的举动，因为当时的教规是禁止基督徒与摩尔人进行贸易的。在葡萄牙人征服休达以后,他们与摩尔人和非洲其他信仰不同宗教的民族进行贸易是不可避免的事情。有理由认为,可能是葡萄牙的王室要求罗马教廷颁布这道谕令的。

1419年3月6日,教宗马丁五世颁布《由此更加仁慈》的通谕。应葡萄牙国王的要求,教宗根据天主教教规关于死亡的条款对于前往休达居住和保卫这座城市的人赦免罪罚7年,后来经过葡萄牙君主的一再请求,这一特权又在同年被延长了两次,分别为10年和8年,因而免罪的年限总计为25年。教廷并授予葡萄牙基督骑士团对于这个城市完全的管理权。

在1420年9月6日发布的《罗马教宗》和1421年3月5日发布的《罗马教宗》两份同名的通谕里,教宗马丁五世决定成立休达主教区,其辖区包括非斯王国和格拉纳达王国的沿海地区,教宗还派遣曾经担任葡萄牙国王若奥一世的王后菲利帕的忏悔神师方济各会修士依马罗前往该教区从事传教活动。

1436年9月15日,教宗欧杰尼四世发布《罗马教宗》通谕,允许葡萄牙国王征服非基督徒居住的加纳利群岛的一些岛屿,同年11月6日颁布另一份通训,又说这样做并不是要损害西班牙国王及西班牙的利益,并允诺将对西班牙国王的要求予以重视。1437年4月30日,教宗颁布《统管一切的主》通谕,宣布为了和平,葡萄牙人在非洲所得的利益要服从于西班牙国王可能提出的权利要求。如果葡萄牙国王阿方索五世的海外扩张事业可能与卡斯蒂尔的扩张发生抵触的话,以前罗马教廷赋予葡萄牙人的特权将会失效。但一个月后的5月25日教宗又颁布《你们是卓绝的》通谕,宣布对葡萄牙的圣战不加限制,并重申以前授予葡萄牙国王若奥一世与异教徒进行贸易的权利的合法性。

1442—1443年,教宗欧杰尼四世发布了一系列通谕授予葡萄牙许多特权。如在1442年12月3日发布的《信仰的庇护者》中,教宗豁免了所有以各种方式前去保卫休达和前去与"异教徒"作战的人的罪过。12月19日,教宗又在《那些替代巫士的人》通谕中,对基督骑士团中所有参加对摩尔人远征的将士完全免除罪罚。1443年1月15日,教宗在《独裁的君主》通谕中指出,航海家亨利王子想去非洲大陆探险,敦请所有有关国家和地区的皇帝、国王、男爵、将领以及行政长官们帮助葡萄牙人消灭"异教徒",并为此免除他们的罪过。教宗还命令高级神职人员宣扬十字军的功绩,并将十字架徽号贴在他们身上。

在教宗尼古拉五世(Nicholas V,1447—1455年在位)时期,教廷对于亨利王子开创的航海事业继续给予支持。1450年以后,罗马教廷就葡萄牙海外扩张发布了3份重要的通谕。1452年6月18日的"Dum Diversa"通谕,授予葡萄牙国王阿方索五世"可以完全自由地进入、征服萨拉逊人、异教徒、不信基督教的人以及基督的敌人的王国、公国、郡国、封邑和其他的领地，寻找和抓获他们，并将他们贬为永远的奴隶"，还可以将他们的财产归到葡萄牙国王及其后继者的名下。有葡萄牙的学者认为这份通谕是针对葡萄牙人对于摩洛哥的战役而发布的，当时葡萄牙人征服摩洛哥的战事正在进行。它并没有将葡萄牙人的征服活动限于休达。而且，在1452年的时候，葡萄牙人完全清楚地了解摩洛哥当地的人口全部都是穆斯林，通谕中所指的"异教徒以及基督的敌人"可能还包括撒哈拉沙漠边缘地带的几内亚地区的黑人。

1455年1月，教宗尼古拉五世向葡萄牙国王阿方索五世发布了与1451年9月教宗通谕同名的《罗马宗座》(Romanus Pontifex)通谕，该通谕的内容十分特别，博克塞称之为"葡萄牙帝国主义的重要的篇章"。它首先郑重肯定了罗马教宗的权威，以及其在全世界范围内的使命是"如同慈父般地关心世界上各地区和各地区生活着的人民的品质，并寻求和希望拯救每一国的人民"；接着，它指出教宗有责任支持那些信奉基督教的国王以及王子们，"他们不仅在制止萨拉逊人和其他与基督敌对的异教徒的暴行，而且还在为捍卫和扩大这个信仰而不遗余力地、不惜代价地攻打他们以及他们的地域，尽管他们住在极其遥远的我们不认识的地方"。通谕总结了自1419年以来亨利王子完成的一系列发现、征服以及殖民工作，以一种富于修辞性的语调赞扬了亨利王子作为一个基督的士兵以及信仰的捍卫者所具有的使徒般的热忱，赞扬了他在最遥远的以及迄今未知的地方弘扬基督之名，并迫使萨拉逊人以及其他不信基督教的人民进入教会的羊圈的壮举。通谕还回顾了亨利王子在马德拉群岛、亚速尔群岛等无人居住的地方进行殖民和在加纳利群岛从事传教活动的努力，并特别赞扬了他为环绕非洲大陆的航行所作的准备。教宗还赦免了被亨利王子征服的居住在摩洛哥以及印度地区后来皈依葡萄牙人信仰的异教徒。通谕还提到，在最近的25年，亨利王子从未停止过派他的帆船前往西非海岸以南的地方进行探险，并发现了一条大河（其实是塞内加尔河），俘虏了大量的黑奴并将他们押到葡萄牙，使他们中的许多人接受了基督教的影响，这给了许多人以希望，或许他们能够在最近的将来接受基督教。

在此份通谕中，教宗还授权葡萄牙国王阿方索五世、亨利王子以及他们的后继者可以在新发现的地方建筑教堂和修道院，还要派神父前往那里主持圣事（通谕没有提到要向这些地方派遣传教士传教）。最后，也许是最重要的，通谕严格"禁止任何别的国家和民族侵犯和干预葡萄牙人在发现、征服以及贸易上的垄断权""禁止任何人,除非他们的海员以及船只向上述国王(阿方索五世)以及亲王(亨利王子)缴纳贡赋以后获得执照,否则不能在上述省份航行或在他们的港口贸易以及在他们的海域捕鱼",通谕指出:"所有的忠诚的基督徒,包括已经授予了大主教、主教、皇帝、国王、公爵以及其他任何教会的或者世俗等级的信徒们,没有阿方索国王及其继承人的允许不可以侵犯他们的权利。"不得把货物运到那些海洋,也不要到那些海洋去航行,不要以任何方式插手那些海外省、岛屿、港口和海洋,否则将被革除教籍。通谕明确指出要把"已经获得的或者将来终要获得的海外省、岛屿、港口、地方和海洋作为永久的产业赐给阿方索国王、他的继承人和王子,不论其数量、大小和性质如何"。同时,教宗还继续批准以前的教宗马丁五世以及欧杰尼四世对葡萄牙人与萨拉逊人进行贸易的许可,即允许他们在贸易等方面方便行事,只是不得向这些基督教信仰的敌人提供武器和战争用品。同时,教宗继续允许葡萄牙人在新发现的土地上修建教堂、修道院以及其他的宗教设施。罗马教宗还通过给里斯本的大主教、西尔维斯和休达的主教的信件,指示他们每逢主日和其他的节日人们大批去教堂参加礼拜和祈祷的时间,在教堂里公布通谕的内容以及通谕中规定的革除教籍以及其他惩罚的禁令。教宗还决定"革除教籍及其他惩罚从本通谕的原件,或者载有本通谕的内容的教宗的信和羊皮纸贴在里斯本教堂大门口之日起两个月之后"即被认为是下达给所有违反者了。通谕最后郑重告诫,如果有人触犯禁令,"他将会触怒万能的天主和勇猛无畏的使徒圣彼得和圣保罗"。葡萄牙帝国政府对于这份通谕极为重视,国王阿方索五世下令于1455年10月5日在里斯本主教座堂中由教会的神职人员向公众宣布这个通谕。神父们特别庄严地用拉丁文和葡萄牙文强调了通谕最后的这个表述,当时在场的有驻里斯本的外国使节的一些代表,其中有法国人、英国人、加泰罗尼亚人和巴斯克人,葡萄牙政府特别将他们招来聆听教宗的训谕。

1456年3月13日,罗马教宗卡利斯图斯三世(Pope Calixtus III,1455—1458年在位)又颁布了名为《在其他人中间》(Inter Cartera)的第三份通谕,授予葡萄牙国王阿方索五世以及亨利王子领导的基督骑士团在葡萄牙人现在和将来的征服地在精神上(即宗教事务上)的管辖权(spiritual Jurisdiction),这些地区包括博哈多尔角、奴恩角以及几内亚以外直至印度的广大地区。基督骑士团的大统领有权在这些地方指派领有圣俸的教区神父以及修会神父,也可以对信徒施行宗教上的处罚,他可以像法官一样在这些地区行事。通谕还声明由葡萄牙王室新发现的这些地方不属于教区管辖,因此罗马教会不会为派遣传教士而对这些地方供应粮食。随着地理大发现范围的日益扩大，天主教传教士也跟着两国的船只去往被发现的地区。因此，在教宗公布的一系列的通谕中，除了对两国占有土地的认可之外，还增加了宗教方面的内容。这使得保教权的范畴日益明确了。

教宗儒略二世（Julius II，1503—1513年在位）在1508年7月28日发布的《普世教会》（Universalis Ecclesiae）通谕中，授予葡王一些永久特权，包括修筑教堂、由王室决定对葡萄牙、教会、修会、修道院及其他宗教组织的人事任免。1514年6月15日，教宗宣布在马德拉群岛中的丰沙尔建立主教区，该主教区是葡萄牙天主教会第一个设立在海外的主教区，它后来曾经一度管理葡萄牙人在印度的传教事业。博克塞指出："（罗马教宗的）这些通谕是观察地理大发现时代的一面镜子，它们为后来的欧洲人在热带世界的行为（或者说是错误的行为）建立了一个指针。这些通谕积累起来的效果就是给了葡萄牙人以及后来接踵而至的欧洲人一种宗教上的认可与批准，让他们在对待所有基督教世界以外的民族和国家时采取一种居高临下的主人似的态度……这些通谕还反映了葡萄牙国王、亨利王子以及其他阿维兹王室成员在指挥探险、征服、殖民以及剥削后面的动机。"

从那时到以后近100年历代教宗的训谕中，可以看到"保教权"实际上是罗马教会与葡萄牙、西班牙殖民帝国政教联盟的一种方式。葡萄牙帝国政府需要罗马教廷对于它的海外扩张事业的合法性的承认，正如雅依梅·科尔特桑（J. Cortesão）在《葡萄牙的发现》中指出的："在宫廷中，宗教是朝着罗马化的方向演变的，以便同教会的最高层保持密切的关系，以适应扩张政策的需要。还必须把教宗抬高到在已经发现的土地或即将发现的土地的主权冲突中的最高裁判的地位，并通过教宗的许可，向信徒证明，他们同穆斯林进行的正常的贸易是正确的，因为这是扩张事业必不可少的经济基础。"罗马教宗则以宗教的名义承认葡萄牙与西班牙两国对所发现的殖民地拥有"合法"的主权和治权。教廷公布这些通谕的目的不外乎是促进天主教的远播。但是由此，它在殖民国家之间的仲裁者地位的奠定以及由殖民国家提供保证教会事业扩张的物质基础这两个目标也就自然而然地达成了。而葡萄牙、西班牙两国政府则在传教事业上拥有如下的义务和权利：一是在保教权涉及的地区范围之内建立大小教堂、修道院、传教站及其他宗教建筑设施；二是葡萄牙、西班牙两国为殖民地的传教事业提供经费，包括维持、修建上述宗教建筑设施的经费，神职人员的薪俸及培养的经费；三是从欧洲出发前往亚洲的传教士搭乘葡萄牙的船只，葡萄牙国王为传教士们提供一定的旅费；四是葡萄牙、西班牙两国王室有权决定殖民地大主教、主教及其他高级神职人员的任命，包括了解这些候选人的名单；五是参与掌管教会的税收；六是否决那些未经国王和议会批准的敕书，包括由教廷发布或者由教宗鉴准的敕书；七是由欧洲取道里斯本或由马德里出发的传教士们，不仅要向天主和教宗宣誓效忠，还要向葡萄牙、西班牙两国国王宣誓效忠。到了16世纪中叶，葡萄牙保教权已经覆盖了从巴西直到印度以及远东的广大地区，没有葡萄牙国王的同意，任何现有的教区不能够任命主教；没有葡萄牙国王的同意，不能向这些地区派遣任何传教士，除非他们乘坐葡萄牙的船只从里斯本出发前往那些地区。

博克塞对葡萄牙保教权的起源和内容作出了一番概括性的总结："如果以不太确切的定义来说，保教权就是罗马教宗给予作为非洲、亚洲和巴西广大地区传教事业庇护者和赞助者的葡萄牙国王以一些特权和义务。这些特权和义务可以追溯到一系列的通谕和简谕。最早是《在其他人中间》通谕，由教宗卡利斯图斯三世于1456年发布，直至1514年的《崇高的奉献》(Praecelsae devotionis)通谕。实际上，葡萄牙在非洲和欧洲地区的王家保教权的历史很长，而且与1493—1512年教宗向西班牙卡斯蒂尔国王们发布的一系列通谕所规定的内容和权利是一致或相似的。博尔吉亚和其他文艺复兴时代的教宗们，他们关心的是欧洲大陆的政治、新教的崛起以及土耳其人对于地中海周边的威胁，并全神贯注地加以应对。这些教宗们不太关注葡萄牙人和西班牙人在海外新世界的征服和发现。以后的历任教宗们看到伊比利亚半岛的君主们愿意负担修建大小教堂的费用，也愿意维持教阶制，并派送传教士去往'异教的'地区，于是他们便愿意赋予这些统治者以广泛的特权作为交换，这些特权包括提出在新建立的殖民地教区任命主教的名单，征收什一税以及以某种方式征收宗教上的税收。一些保教权的追随者甚至认为并主张，葡萄牙国王实际上就是宗座使节，他所公布的宗教事务上的法律条文实际上具有天主教会法典的效力。根据蓬巴尔的极端的君主教谕权理论 (ultra-regalism)，他于1774年对新任命的果阿总主教说："由于葡萄牙国王的美德，他是基督骑士团的最高首长，他对东方所有的教会以及传教区的首长拥有管辖权和领导权。的确，历代葡萄牙国王或多或少地将海外的主教和神职人员视同为国家的公务员，在许多方面，就当他们是总督或是将军一样。国王不通过罗马就直接向他们发号施令，控制他们的行动，有时甚至在宗教事务上制定法令；对于葡萄牙保教权管辖地区的各大修会的省会长，甚至对个别的传教士以及教区司铎，也同样地不通过罗马就发号施令。葡萄牙王室征收的什一税说起来是为了支持教会在海外的传教业和传教设施的，但事实上这笔钱并不够用，需要王家金库里出补助金来补充，尽管王家的补助金有些总是迟迟支付或者根本不予支付。另一方面，有时王室反过来还将什一税中的大笔金钱用于弥补行政管理上的赤字。"①

罗马教会在最初的100年中，确曾利用了葡萄牙和西班牙两国的国王和王室成员的虔诚的宗教信仰、经济财力以及地理大发现的成果，将天主教传教士输送到那些前所未知的新大陆，因而也将天主教教义带到了非洲、拉丁美洲和亚洲。正是在这一时期，罗马天主教第一次从本来是环绕地中海周边国家和地区的"普世的"宗教成为"全球的"宗教。然而，这种政教合作也使教会付出了相当的代价，葡萄牙和西班牙两国的王室和殖民地政府渗入教会的内部事务，甚至干预了教会的内部事务，其中最主要的就是殖民地教会的主教以及高级神职人员的任命须听命于葡萄牙和西班牙两国王室。主教及其他神职人员因而也就受制于世俗的君主。此种复杂的政教关系对于后来葡萄牙在东方的传教事业产生了深远的影响。

作者点评：

在葡萄牙人从事海外发现事业以及进行海外扩张的时候，到底是"时势造英雄"，还是"英雄造时势"？这个问题是十分辩证的。自中世纪晚期至近代早期，葡萄牙社会的教士阶层和贵族阶层的地位是在拥有商业经济实力的商人阶级之上的，商人阶级自然对于商业贸易活动有极大的兴趣和热忱。在1497年以后，许多犹太人改宗成为新基督徒，他们中的许多人都居住在里斯本和波尔图等港口从事贸易活动。虽然每个阶层与个人都有自己的行为方式和价值观念，不过他们都对于海外的扩张有浓厚的兴趣。这是由15世纪葡萄牙海洋帝国建立之初的深厚的历史、社会、宗教和文化背景决定的。综合的力量使得这股殖民扩张运动具有强大的内在动力。正如历史学家萨拉依瓦（José Hermano Saraiva）分析的那样：虽然葡萄牙社会充满着矛盾，但是扩张符合社会各阶级的利益。对人民来说，扩张是一种移民的形式，与移民的意义相同，他们要追求更好的生活和摆脱压迫的制度，这种国内压迫在当时葡萄牙国内

---

① C. R. Boxer, *The Portuguese Seaborne Empire, 1415–1825*, pp.229–230.

是非常沉重的，老百姓特别是农民要逃避这种压迫，寻找新的土地和财富；对教士和贵族来说，扩张意味着传播基督教和占领土地，这意味着为天主和国王效劳，也是赢得相应的报酬和俸禄、封地和升官的机会；对商人来说，扩张意味着生意前景兴隆，他们可以在海外的产地购买原料并高价转卖，获取更大的财富；对于国王来说，扩张是提升王室和国家威望的机会，使贵族们有事可干，更重要的是可以开辟新的财源，特别是在国王财政收入大幅度下降的时刻更是如此。因此，正如萨拉依瓦所说："扩张是解决国家集体生活的主要矛盾的一种办法。在中世纪，国王与教会的矛盾、贵族与人民的矛盾、富豪与平民的矛盾，都产生于同一个原因：财富增加缓慢与需求增加过快，两者之间比例失调，一些人生产太少而另外一些人消费太快，两者之间不成比例。随着新的领土的发现，葡萄牙人开始消费葡萄牙领土以外的生产资料，或者说消费通过生产得到的财富。这就是为什么大规模航海事业开始以后，国内战争时期就告结束。从那时开始，扩张成了一项全国的大事，每个人都想从扩张中得到好处。这也是为什么葡萄牙的海外扩张政策对于葡萄牙生活的各个方面能够产生如此深刻的影响，以及为什么在一个各项工作计划都不过昙花一现、过眼云烟、持续时间不超过一代人的国家中，唯独扩张成了一种持久的活动，并通过历史条件所许可的各种形式，列入国家计划长达500年之久。"不过，在这个过程中，我们也不能忽略王室与个人的意志。从若奥一世至亨利王子坚持不懈的努力使得葡萄牙海外扩张成为彻头彻尾的由王室而非商人领导的民族事业（这使得葡萄牙海洋扩张的"现代性"受到质疑），王室成为全民族意志的代表，并从中得到了最大的利益，同时也不能无视教会的作用，直到中世纪晚期，一切的科学、艺术以及哲学几乎都是在教会的监护下发展的，人们是听命于宗教的奴仆，葡萄牙人从事海外发现事业的所有科学、哲学乃至政治因素都带有宗教的色彩，因为中世纪晚期基督教国家的社会、政治和道德混乱以及穆斯林对于基督教世界边界的威胁，都以不同的方式告诫教会中的最杰出之士，必须挺身而出在国内进行社会和道德的变革，实现国内的绥靖与和平，同时在欧洲以外实施保护或者扩张的政策。

第三章
曼奴埃尔的黄金时代

一、"幸运儿"曼奴埃尔

1495年，若奥二世将整个朝廷移驻阿尔卡索瓦斯。不久，若奥就病倒了。御医诊断是水肿病，但是无法医治。他与王后莱昂诺尔讨论王位的继承问题。若奥育有两子，即王子阿方索（Dom Afonso，1475—1490）和私生子若热（Dom Jorge）。早在1490年，王子阿方索坠马而死，这个悲剧夺去了国王家族世袭延续的希望，对于他是很大的打击。若奥二世希望他的私生子若热成为继承人，而莱昂诺尔却坚决认为她的兄弟贝雅的公爵曼奴埃尔应该成为继承人。10月，国王在弥留之际向王后妥协，同意让曼奴埃尔成为王位的继承人。

1495年，曼奴埃尔一世（Manuel I，1495—1521年在位）继承王位，于是葡萄牙王位就由贝雅的王族接替了阿维兹王室的系统。曼奴埃尔继承王位没有遇到很大的困难，因为事情都由若奥二世与莱昂诺尔完全安排好了。朝廷的大事也事先安排好了。曼奴埃尔的主要任务是收获已经去世的若奥播种下来的地理发现、财富积累和帝国缔造的丰硕成果。葡萄牙人一向称他为"幸运儿"，他是一个幸运的人，他恰好在这个可以从别人的劳

曼奴埃尔一世与其主保圣徒杰罗姆的石刻
里斯本圣杰罗姆修道院东门一侧的雕像，由法国艺术家香特伦（Nicolau Chanterene，约1485—1551）制作。

动努力中得到利益的时候登上了王位。曼奴埃尔虽然没有若奥那样的果敢和才干,但是表现出组织能力,他在确定去往印度航海探险以及行政官吏的人选时就表现出这些才能(这在本章第二节中将会谈到)。曼奴埃尔一世的宫廷生活十分奢华,王室消耗大量来自域外的奢侈品。国王还经常慷慨地赏赐自己的臣仆。他重视贵族阶层在国家政治生活中的作用,将以前若奥二世流放的贵族都召回首都里斯本以及周围地区,归还布拉干萨家族50处房产。他还将贵族阶层引入宫廷,承认72个贵族家族,并把他们的族徽挂在辛特拉的宫殿里。科特会议的地位进一步降低了。在曼奴埃尔一世统治的26年中,他只召开了4次科特会议。国家大事似乎完全由国王一人决定。曼奴埃尔一世的显著变化就是先前若奥二世的小朝廷的日益扩大,靠国家薪俸养活的官吏和贵族成倍增加,贵族的人数及其挥霍消耗的程度也同样增加。但是这都不能危及国王的权力,因为这些贵族是宫廷的贵族,他们有官爵并依附于国王。随着军事技术的发展,私人已经没有力量发动战争,军事实力储藏在国王的军火库里。从前一般粗陋的"武夫",都想通过战争成为"军官"。即便是上等贵族,如果骄横无羁,也会受到王权的制裁。有人对于宫廷无限制的膨胀,对于领取国王的薪俸人员无止境地增加感到吃惊。有一位剧作家在一部名叫《骡子》的剧作中以讽刺的口吻写道:一个驮夫的骡子也列入了领取国王俸禄的名册。宫廷的扩大是炫耀国王权威和尊严的手段,也是集权的一种表现。葡萄牙中世纪以来国家和政府的规模都发生了很大的改变。

曼奴埃尔一世于1512—1521年陆续颁布的一系列法令,后来被编成《曼奴埃尔律令汇编》(*Ordenações Manuelinas*),最后一版在1521年也就是国王去世的那年编定而成。这部律令汇编是在以前的《阿方索法律汇编》的基础上完成的,曼奴埃尔委托3位当时出色的法律学家首席掌玺大臣博图(Rui Boto)、格拉(Rui da Grã)以及科特林(João

《曼奴埃尔律令汇编》内页
为该律令汇编第二书中的木刻画,里斯本,1514年。

Cotrim）进行编撰。这部律令汇编是有关国家权力以及个人权利的根本大法。该律令汇编共分为五个部分：一是关于司法、地方行政和财政；二是关于王室以及两个特权阶级；三是办事惯例；四是关于继承法与合同；五是关于犯罪以及惩处的法律。该律令汇编体现了几个特点：法律的范围扩大了，许多地方引用了罗马法的先例，行政的管理权交给了专业的阶层，传统的科特会议制定新的立法的职能缩小了。律令汇编还大大压缩了有关犹太人以及摩尔人的法律条规，因为犹太人以及摩尔人在曼奴埃尔时期已经被驱逐出国了。法令还对国库的管理作了独立的规定。法制改革的后果之一是取消了各个地方市镇行政法规中规定的以前的租佃权，国王颁布的许多法令都是限制地方租佃权的。新的法令不再是地方自治的保证，而是国王征税的条例或是王权至上的宣示，反映了葡萄牙王国中央集权的进一步加强。

在国家与教会的关系方面，曼奴埃尔进一步巩固自葡萄牙立国以来即已建立的良好的政教关系，极力支持基督骑士团在葡萄牙国家宗教、政治及海外扩张事业中的主导作用。在曼奴埃尔一世统治时期，王室进一步巩固了这种政教联盟，国王不仅亲自出任基督骑士团的统领，还在新征服区设立了30名指挥官。1514年，教宗利奥十世（Pope Leo X，1513—1521年在位）发布通谕，确认基督骑士团有权向所有海外主教区履行其圣职推荐权。曼奴埃尔则下令从葡萄牙国家的财政中拨出两万克鲁扎多支援基督骑士团，该骑士团指挥官的人数在1521年也从70名增至454名。在曼奴埃尔一世的时代，由王室家族的人出任基督骑士团的统领已成为一种定制。虽然葡萄牙国家及天主教会联盟的全盛时代是在曼奴埃尔以后的若奥三世时代，但这个联盟在曼奴埃尔时代已建立了牢固的基础。葡萄牙驻教廷的大使维特博（Egidio de Viterbo，1469—1532）在给教宗儒略二世的陈情书中，欢呼葡萄牙国王曼奴埃尔一世开辟了一个政教关系的"黄金时代"。他将国王描绘成圣经《以赛亚书》中的"曼奴埃尔"（Emmanuel 希伯来语：天主与我们同在）或者称其为大卫王、所罗门王、恺撒大帝或是君士坦丁大帝。1514年，葡萄牙新任驻教廷大使库尼亚（Tristão da Cunha，1460—1540）在罗马搭建了一座临时性的建筑牌楼，曼奴埃尔国王的像被雕刻成了《圣经》中列代先贤君王的形象。

随着曼奴埃尔王朝中央集权的加剧，国家慢慢地取代了商人的角色。从事商业活动的大多数是国家的公务人员。商业具备了新的特性，小商人已经无法插手。因为当时经商活动主要是远洋贸易，要求具备粮仓、兵工厂和军队；只有国家才能拿出财力并拥有经商的特权。从前，小商小贩赶着小毛驴走乡串村，一升一斗地收购葡萄酒和橄榄油，然后卖给里斯本经营出口贸易的商人。现在，这种生意改由国王的官吏和管家、各岛屿的受赠者和要塞的舰长经营了。要塞变成了储存非洲和亚洲货物的货栈。除非国王批准，否则商人是不允许参加竞争的。经济上的集权带来严重的后果。城市的商人阶层迅速地萎缩，他们在看到从海外带回来的财富时也曾跃跃欲试，然

曼奴埃尔一世在里斯本特茹河畔的王宫（蓝色瓷砖画）

而他们在看到政府对于犹太人的迫害之后，就心灰意冷了。因为许多富人都是犹太人。贵族迅速地恢复了自己的经济力量，随之也恢复了自己的经济地位。他们成为国家的首富，经常出入王宫，从国王那里轻而易举地得到俸禄、地租、官职和合伙经营海外贸易的便利条件。15世纪末至16世纪初，第一批贵族的豪华宫殿出现了，如吉马良斯宫、阿尔维多宫、永远新娘宫、鱼水宫等，出现了许多贵族的纹章，这种时髦的装饰品是从外国传入葡萄牙并开始流行起来的。1498年，也就是葡萄牙舰队到达印度的那一年，王室废除了贵族的津贴制度，因为这种制度已经陈腐了，贵族已经足够富裕，不再需要用这笔钱来维持生活了。

当时，葡萄牙王室设立了几个机构来协助它管理海外的事务。它们中最重要的是"国务会议"（the Council of State，Conselho do Estado）以及"海外事务会议"（Overseas Council，Conselho Ultramarino）。前者更重要，但它不像后者那样经常开会，后者则一星期要开6次会，其中3次是处理印度事务。自1591年开始，"财务和税收会议"（Treasure and Revenue Council，Conselho da Fazenda）则负责装备派往印度的舰队，它与"海外事务会议"的工作经常重叠。"国务会议"的成员往往没有去海外旅行的经验，但"海外事务会议"的成员则大多在各个殖民地担任过不同阶位的官职。这些机构互相合作，辅助王室处理殖民地的政治、民事和通商等各种事务。

曼奴埃尔一世建立新朝代以后做的第一件事就遭到了严重的非难。他决定以西班牙独裁君主斐迪南和伊莎贝拉为榜样，驱逐犹太人出境。

在光复以后很长的一段时间里，葡萄牙王室并没有刻意执行严厉的迫害

犹太人的政策。不过,歧视犹太人的社会现象是一直存在的。1446年的《阿方索法律汇编》规定了在葡萄牙的犹太人有一套生活的准则。他们必须居住在城市里固定的"犹太区",有专门的法庭和法官处理犹太人内部的问题,王家法庭则作出最后的裁决。犹太人必须穿特殊的服装,正如在欧洲的许多城市里一样。每天晚上,犹太人必须回到犹太区。严格的法规限制他们与基督徒交往,严禁他们进入未婚的基督徒妇女的住所。

当时的葡萄牙基督教会对于犹太人没有官方的立场,教会反对激烈的迫害措施,同时尽其努力以各种方式劝说犹太人改变自己的宗教信仰。许多犹太人改信了基督教,被称为"新基督徒"(Christo-Novo, New Christian),以区别于"老基督徒"(Christão-Velho, Old Christian)。然而,在改变信仰以后,"新基督徒"的身份仍然会一连好几代缠住他们的家族,使得他们在基督徒的社会里得不到完全的承认。只有在极少数的情况之下犹太人才会自愿地皈依基督教,或者毫无困难地被吸收进入基督徒团体。在葡萄牙的中下层社会里,存在着大量的反犹思想,这种思想根源,不完全在于宗教。许多信奉基督教的葡萄牙人在他们一生的某一个时候,在与犹太人的交易中吃过亏,或者自认为受到他们的重利盘剥。一些不负责任的传教士以及托钵僧侣则一有机会就会煽动反犹情绪,这种情绪有时还会以暴力的方式表现出来。因此,每逢反犹运动发生,总有一些人随声附和,起而响应。

尽管如此,犹太人还是兴旺起来,他们的勤奋是有口皆碑的。他们既然不能担任高级的官职,也就不需要在华丽的服装和排场上花钱。而且,为了避免引起嫉妒,还把自己打扮得越穷越好。在阿维兹王朝时期,葡萄牙国王不顾科特会议的反对,经常任命犹太人担任医生、占星家、收税的小官吏以及手艺人。有时一小部分犹太人贵族在葡萄牙朝廷还发挥着重要的作用,国王杜亚尔特就曾经在犹太医生和占星家的劝告之下推迟加冕典礼。航海家亨利王子曾经雇佣皈依基督教的犹太人宇宙学家和制图师、马略卡岛人雅依梅(Jaimé or Jácome, 1360—1410)为他服务。在这以后,葡萄牙还有3位最早期的出版家也是犹太人,他们是埃利泽(Rabbi Eliezer of Lisbon, 1489—1492年从事出版),阿布拉昂(Abraão Samuel d'Ortas at Leiria, 1492—1494年从事出版)以及加斯康(Samuel Gascon at Faro, 1487—1494年从事出版),有11部葡萄牙早期的古籍图书是以希伯来文印刷的。虽然犹太富人是少数,但是他们在手工业界的地位非常重要,里斯本的金匠以及珠宝行业的领袖由6名原本是犹太人后来皈依基督教的"新基督徒"以及6名"老基督徒"组成。在若奥二世时期，王室像雇佣基督徒一样随意雇佣犹太人从事科学和贸易方面的工作，并没有像同时期的西班牙人一样将犹太人驱逐出境。当西班牙人大举驱逐犹太人的时候，若奥二世看出这是一个使王室和国家从中获利的机会，他下令开放边境，允许一些犹太人在交纳了过境费及8个克鲁扎多后居留下来，当然也有一些贫穷的犹太人被卖为奴隶。不过，确有相当数量的犹太人在葡萄牙境内定居下来，使葡萄牙的犹太人有了显著的增长。15世纪末期以后，葡萄牙的大部分流动资产要么在犹太人手里，要么在新基督徒的控制之下。当权者感到不安，因为他们即便连新基督徒也不能完全信赖。

就在此时，曼奴埃尔一世登上了葡萄牙的王位。开始的时候，他对于犹太人是相当宽容的。他释放了被奴役的犹太人，以至于葡萄牙的犹太人和那些来自卡斯蒂尔的有钱的犹太人，自愿为王家财库奉献大量的捐款。曼奴埃尔则谢绝了这笔礼物，说犹太人只要按常规付款就可以使他满意了。但是不久，曼奴埃尔与阿拉贡的伊莎贝拉公主（Isabella, Princess of Aragon, 1470—1498）谈判结婚的事情，形势就发生了变化。公主曾经宣布嫁给若奥二世原来的继承人阿方索王子，后因王子于1490年突然死亡成为寡妇。伊莎贝拉像她的父母一样，仇恨和迫害犹太人。她同意当葡萄牙国王曼奴埃尔的王后，但她表示在她进入葡萄牙以前，犹太人都必须离开这个国家。

曼奴埃尔将此事放在御前会议中加以讨论。有人提出反对意见，指出欧洲大多数国家是宽容犹太人的，甚至在教宗国的罗马也有犹太人居住，将犹太人流放会给葡萄牙带来很大的损失，犹太人垄断的事业对于国家是必不可少的。而且，大多数流亡者会到摩尔人居住的欧洲去，他们到了那里，就再也没有机会使他们皈依成基督徒了。然而，曼奴埃尔考虑到与伊莎贝拉的联姻早晚会使他得到斐迪南以及伊莎贝拉的王位。而且，在别的国家，特别是英格兰和卡斯蒂尔王国，还是有驱逐犹太人的现象。曼奴埃尔认为葡萄牙也可以这么做。因此，在1496年年底以前，国王签署了一条敕令，限令一切没有受过基督教洗礼的犹太人在10个月内离境。此外，他还把留在葡萄牙的少数摩尔人也包括在敕令范围之内，不过，葡萄牙王室很少注意执行这条敕令。几个月以后，在规定的10个月期满以前，曼奴埃尔下令把所有14岁的犹太孩子统统抓起来，好让他们接受基督教洗礼。接着葡萄牙发生大量的拘捕和强迫受洗。诺埃尔指出："在他所有可恶的敕令中，这一项是最可恶的。这出毫无意义的滑稽剧增加了几千个名义上改信基督教的人，而付出的代价却是说不尽的苦难和无数家庭的离散。"葡萄牙近代伟大的历史学家埃尔库拉诺则将曼奴埃尔一世的暴行形容为"食人者的狂欢"。

　　成年的犹太人大规模撤离的场景出现了。原来计划犹太人要在3个港口上船，但是最后全部让他们到里斯本集中，暂时住在一幢大房子里以及它的周围，人数约达2万人。实际上没有多少人最后离开，他们中许多人在这里被迫接受基督教的洗礼。也有一些人进行反抗，并挣扎到最后的时刻。还有少数人愿意接受流放的判决，选择去国外。他们最后得到了许可，于是被送到了非洲。据称在1496年至1497年，葡萄牙政府和教会推行的强迫性洗礼中，有20万犹太人被迫受洗；大约有5万名不愿接受洗礼的犹太人已经离开伊比利亚半岛。在此之前的1492年，还有7万多名被剥夺了财富并不堪忍受逼迫的犹太人离开葡萄牙前往近东地区。摩尔人则受苦较少，比较平安地离开了葡萄牙。他们当然多半到与自己宗教信仰相同的国家去了。在那里，他们尽量煽动当地人对葡萄牙人的仇恨。

　　伊莎贝拉对于葡萄牙国王表现出来的基督教正统观念表示满意。1497年10月，她越过国境，与曼奴埃尔结婚。

　　全国性的肃清犹太人运动到此结束。这时，葡萄牙国内还有数以千计的暗中怀着怨恨的新基督徒。显然国王对于整个事件感到内疚。他承诺在二十年内不再调查和追究他们的宗教信仰，也不再设立特别的法庭针对这些犹太人以及他们的后代。1512年，国王将免于追究犹太人的期限放宽至1534年，他认为在比较宽容的形势之下这些犹太人会自然地改奉基督教。在1507年和1524年，国王又发布两道谕旨禁止任何形式的对于犹太人的歧视。当然，犹太人的拉比已经不能公开活动，也没有希伯来文的经书在外面流传，从那时起的两至三代所谓的"新基督徒"中，大部分的人可能是真心信奉基督教的，在外在的行为上是履行罗马教会礼仪的。也有小部分人秘密地保持原来的犹太教信仰，他们也略微懂得犹太教徒应该遵守和履行的仪式与规矩，例如在星期六要换上干净的亚麻布，避免吃猪肉和贝类。

　　1506年，里斯本发生了瘟疫和干旱，每天约有120名居民死亡，人们期盼神迹的发生以解救危难。这一年的复活节，在里斯本的圣多明我教堂举行弥撒的时候，据说有人看到祭坛后面有一道白光射出，还有基督面容的显现，人们都说这是神迹。但是有一位新基督徒则大声说这是偶然的自然现象，只是太阳的光芒而已。这时，愤怒的人们将这位他们认为亵渎了神明的人拖出教堂打死在院子里，并把他的遗体烧掉。还有两名多明我会士在街道上散布谣言，挑动暴民屠杀犹太人。虽然有许多犹太人逃到亲戚朋友家里避难，但在第一天就有300人被烧死,接着的两天里有2 000余名犹太人遇害。有4 000名"新基督徒"的房屋被暴民掳掠。许多犹太人逃到北部山区一个名叫贝尔蒙迪(Belmonte)的小镇。早在1290年的时候,那里就已经有犹太人居住,他们建立了一座小小的用于崇拜的犹太人会堂。由于地处山区,那里当时非常荒僻,后来当地的犹太人名义上皈依了基督教,但是暗中仍然履行犹太教的信条。国王曼奴埃尔一世对于里斯本发生的大屠杀感到震惊,他下令逮捕了100多人,其中许多人受到审判和处刑,有两名挑起事端的多明我会士被判处死刑,其他的多明我会士被驱逐出里斯本,多明我会的修道院被交给教区神父管理。国王还处死了里斯本行会里一些特别残暴的杀人犯,每一个参与暴动的人家产都被充公。

二、葡萄牙人在亚洲

早在若奥二世去世以前,就已经定下了探索印度的计划。当时决定挑选埃斯特旺·达·伽马(老伽马)当指挥官主持此次航行。老伽马在船队准备好以前去世了,于是曼奴埃尔国王选拔他30多岁的儿子瓦斯科·达·伽马(Vasco da Gama,1460—1524)率领远征队。船只在老练的航海家迪亚斯监督下准备起航。

1497年7月8日,瓦斯科·达·伽马率领4艘船舰以及170名船员离开里斯本踏上前往印度的航程。迪亚斯则乘一艘葡萄牙轻快帆船,准备陪同他们到佛得角群岛,然后向东航行,运送给养到米纳的要塞去。启程以前,达·伽马和全体船员在贝伦附近的一个由亨利王子创建的奉献给圣母马利亚的小教堂举行了弥撒和祈祷,许多葡萄牙人民聚集在那里看着他们出发,似乎他们本能地知道世界历史上重要的一页正在他们的眼前展开。

船队驶出特茹河,过了一个星期才到加纳利群岛,并再往前行,在非洲沿海捕鱼并储备食物。因为能见度低,船只分开了。但是他们还是按照计划在佛得角相会,然后与迪亚斯分手了。船队在刚果河以南航行的时候,他们发现有一股流向北方的海流使他们航行的速度大大减慢。达·伽马决定放弃一切与大陆的联系,大胆地深入南大西洋。从8月3日至11月8日,他们没有见到任何陆地。他们在南大西洋绕了一个大圈,往南行驶,直到西风把他们吹到东面的好望角,他们看到了飞鸟向着特里斯坦-达库尼亚群岛飞去。最后,11月8日在好望角以北圣赫勒拿湾找到了陆地,并在圣赫勒拿岛停留了几天,于11月22日绕过好望角。船队越过迪亚斯竖立的最后一个标柱,沿着东非海岸向北

达·伽马船队抵达印度
由葡萄牙画家加梅罗（Alfredo Roque Gameiro, 1864—1935）于1900年左右绘制。

前进。1498年3月2—29日，船队已经抵达莫桑比克沿海，阿拉伯的船队正在那里的港口运货。4月7—13日，达·伽马的船队抵达蒙巴萨（Mombasa）①，与当地穆斯林发生冲突，14日抵达马林迪（Malindi），当地的统治者则优待了葡萄牙人。船队在港口待了10天以后，冒险横渡印度洋前往印度的西海岸。

据说葡萄牙人得到一位懂得季风规律的阿拉伯领航员的带领，穿越印度洋前往印度西海岸。关于这位领航员的身份在历史上有不同的说法，有人说是一名基督徒，有人说是一名穆斯林，还有人说是一名古吉拉特人；另一个传说是著名的阿拉伯航海家伊本·马吉德，但是关于伊本·马吉德的传说是在此次航行

---

① 蒙巴萨，今非洲东岸肯尼亚重要的港口城市，也是印度洋西岸的重要商业港口。11世纪时由来自阿拉伯的商人建立，主要的出口货物是象牙和椰子。1333年，阿拉伯人伊本·白图泰访问过这里并在他的游记里提到过这个城市，称当地居民信奉伊斯兰教，"虔诚、可靠并富于正义感，其清真寺以木头建成"。1415年，郑和的舰队到达过这里。《郑和航海图》（《自宝船厂开船从龙江关出水直抵外国诸番图》）称该港口为慢八撒。马林迪（Malindi），印度洋西岸肯尼亚沿海港口城市，在蒙巴萨东北120公里的加拉纳河（Galana River）的河口，14世纪时成为信奉伊斯兰教的阿拉伯人与非洲土著后裔斯瓦希里人的居留地。中国人很早就知道这个地方，汪大渊《岛夷志略》中作麻那里，疑为马林迪之音译。1414年，郑和的舰队访问过该港口，《郑和航海图》中称之为麻林地，其国主向中国赠送长颈鹿为礼物。

结束半个世纪以后才有的,有历史学家认为并不可信。5月20日,达·伽马率领的葡萄牙船队终于到达了印度西南海岸的卡利卡特,他确切的登陆地点是在卡利卡特稍北的卡帕卡达维(Kappakadavu),此次航行标志着葡萄牙人与印度建立历史性的贸易联系的开始。一个很著名的故事就是当达·伽马的船员离开海岸线在内陆遇到两名会说卡斯蒂尔语的突尼斯人,他们问船员:"是什么样的魔鬼把你们带到这里的?"船员们回答说:"我们来寻找基督徒以及香料。"那时有许多阿拉伯的商人来到卡利卡特购买香料,他们控制着印度洋的贸易,绝不愿意与葡萄牙人分享。但是葡萄牙人与他们展开了竞争,虽然并不顺利,可还是购买到了香料。8月下旬,他们满载着香料离开了卡利卡特。在回国途中,许多船员患热病和白血病而死。由于缺乏人手,他们在莫桑比克海岸烧掉了一艘小船。1499年3月20日,船队绕过好望角。其中较小的那艘船先于7月回到里斯本,达·伽马则去亚速尔群岛抢救他的弟弟保罗,希望那里的气候能够使他恢复健康,但是无效。9月,达·伽马的船队终于回到里斯本。国王曼奴埃尔一世非常高兴,迎接归来的航海家,赏赐给他各种荣誉和奖赏,封达·伽马为印度海军上将和维迪格拉伯爵。诺埃尔写道:"这次伟大的航行历时两年以上,出发时170人,回来时不到1/3。但是葡萄牙与东方建立了联系,那是真正的东方。而西班牙在大西洋彼岸所发现的不毛之地,未免相形见绌。虽然达·伽马带回的东西数量不多,但是前途却非常光明。"

当达·伽马的第一艘船回到里斯本的时候,曼奴埃尔一世就写了一封喜气洋洋的信给阿拉贡-卡斯蒂尔的斐迪南和伊莎贝拉,告诉他们葡萄牙人已经到达目的地,找到大量的肉桂、丁香和其他香料,此外还有"红宝石以及其他各种宝石"。国王的陈述还带有明显的夸张,"他们还找到了一片有金矿的土地"。他在信中还提到他将用武力打破印度洋上由阿拉伯人垄断的香料贸易,新发现的印度的"基督徒"将为葡萄牙人提供帮助。正是以这种方式,原来威尼斯人与阿拉伯人对地中海东岸地区香料贸易的垄断才被葡萄牙人绕过好望角的航行所打破。几个星期之后,国王又向葡萄

科钦的香料市场

牙驻罗马的枢机主教写信，敦促他从教宗那里获得通谕，肯定和确认葡萄牙对这些新发现土地具有"宗主国并享有统治权"的地位。曼奴埃尔给卡斯蒂尔国王以及罗马教宗的信以及他想成为印度洋的绝对主人的企图，清楚地表明两点：一是葡萄牙人决心以武力来控制亚洲的贸易，二是葡萄牙国王想依靠所谓友好的"印度的基督徒"来做到这一点。在这封信中，曼奴埃尔还给自己加了一个称号，即"几内亚、埃塞俄比亚、阿拉伯、波斯和印度的征服者、航海以及通商的主人"。

1500年3月9日，曼奴埃尔一世派遣的卡布拉尔（Pedro Álvres Cabral，1467—1520）率舰队去印度，中途因为偏离航线，该舰队抵达巴西（详见下一节）。9月13日，卡布拉尔抵达卡利卡特。他与萨莫林王达成协议，在当地建立葡萄牙人的商站以及仓库。但是同年12月16—17日，葡萄牙人的商站与仓库受到大批阿拉伯人以及印度教徒的攻击，有50名葡萄牙人被杀。卡布拉尔决定报复，他下令扣押停在卡利卡特港口的阿拉伯商船，并杀死了600名当地船员，他还下令向港口开炮。此举彻底破坏了葡萄牙人与萨莫林王之间的关系。卡布拉尔结束军事行动以后将舰队驶向科钦，这是一个与萨莫林敌对的土著国家。12月24日，葡萄牙人抵达科钦，并与当地的印度统治者结成同盟，还获得了当地大量的香料。1501年1月16日，葡萄牙人起程回国。科钦是印度西海岸另一个十分重要的出产胡椒及其他香料的商业港口，自中世纪以来一直是东西方贸易的中转站。在16世纪初年，葡萄牙王室对于科钦极感兴趣，因为王室认为科钦是获取马拉巴海岸胡椒的主要渠道。当时的科钦还出产硬木并建有船坞，建造许多船只在印度西海岸至好望角之间的印度洋上航行。不过，科钦的重要性主要还是体现在它作为从古吉拉特直到科摩林角、马六甲、缅甸北方以及苏门答腊群岛各港口的贸易中转站的地位上。在葡萄牙人初来此地的后来几十年中，他们曾经将科钦作为印度西海岸的贸易基地以及葡属印度首府，直到果阿崛起。即便在

科钦的圣方济各教堂
该教堂建于1503年，是葡萄牙人在南亚次大陆最早建立的教堂。1524年，达·伽马第三次航行到印度时在当地去世，埋葬在此教堂，14年以后其遗体被迁回国内。

葡萄牙人将首府迁到果阿以后，葡萄牙人在科钦仍然有强大的势力。

1502年2月12日，达·伽马受国王委托，第二次率领由14艘船只组成的舰队来到印度西海岸，同年10月抵达印度，在科钦与坎纳诺尔收购香料。他们于1503年年初回到葡萄牙。

在葡萄牙人抵达科钦以后几年中，葡萄牙每年都有船队去印度西海岸。1505年左右，葡萄牙人在夺取印度制海权和贸易权方面已经取得了优势。

1505年3月25日，被葡萄牙国王曼奴埃尔一世任命为葡属印度第一任总督的阿尔梅达（Dom Francisco d'Almeida，1505—1509年在任）率领一支由22艘战舰组成的庞大的舰队离开里斯本前往印度。同年10月13日，舰队抵达科钦，只剩下8艘军舰。阿尔梅达在听说奎隆①（Quilon，位于印度南端西海岸马拉巴沿海的重要商港，为东西海路必经之地）有葡萄牙商人被杀的消息以后，派他的儿子罗伦佐（Lorenço de Almeida）前往报复，罗伦佐在奎隆击毁了22艘卡利卡特的船只。而阿尔梅达本人则驻扎在科钦，并修筑科钦堡的防御工事。1506年，葡萄牙舰队击败了坎纳诺尔港口外由200艘舰船组成的卡利卡特舰队，这支舰队中的士兵有印度人、阿拉伯人以及奥斯曼土耳其帝国参战的士兵。同年，葡萄牙人第一次来到锡兰（今斯里兰卡）②，由此控制了从锡兰到科隆坡的广大海域。1507年4—8月，坎纳诺尔的军队在萨莫林王的支持下，围困在天使堡（St. Angelo Fort）的葡萄牙军队，后因葡萄牙援军赶到而解围。1508年1月，罗伦佐指挥的舰队在曹尔（Chaul）的外海与埃及、马木路克苏丹国和古吉拉特的联合舰队相遇，罗伦佐在保护货船离开以后，力战不支而阵亡。阿尔梅达决心报复。他在年底集结19艘战舰以及1 600

---

① 阿拉伯人称之为Kalam, Kaulam，《马可·波罗游记》作Coilam。《宋史·天竺传》作柯兰。汪大渊《岛夷志略》作小具喃。《明实录》卷八三作小柯兰，马欢《瀛涯胜览》、费信《星槎胜览》作小葛兰。见陆峻岭：《古代南海地名汇释》，载何高济、陆峻岭著《域外集》，中华书局，2013年，第410页。
② 锡兰（Ceylon），今斯里兰卡，位于南亚次大陆东南方外海的岛国。梵语作Simhala，《佛国记》、《宋书》《梁书》作师子国。《大唐西域记》译为僧伽罗，为梵语Simhalauipa（驯狮人）的音译。汪大渊《岛夷志略》作僧加剌，同书"北溜条"作僧伽剌。阿拉伯旅行家称此岛为Silan。公元前5世纪时，僧伽罗人从印度迁来。公元前247年，孔雀王朝的阿育王派佛教子弟来此地，将佛教带入锡兰。311年，佛牙从印度传入锡兰。在此前的公元前2世纪，泰米尔人也来到锡兰，由此与僧伽罗人发生长期冲突。1505年葡萄牙人初次来到该岛以后，一直有过往。1592年，葡萄牙人在今天的科伦坡（Colombo）建立要塞，并逐渐扩大其统治区域。当时的锡兰统治者维马拉哈马苏里亚一世（Vimaladharmasuriya I，1590—1604年在位）与葡萄牙人数度冲突之后，将首都迁往内陆的Kandy，并于1594年和1602年两次击退葡萄牙人的进攻。

葡萄牙人从海上进攻第乌
由无名氏1574年绘制于里斯本。

名士兵准备寻找敌人决战。1509年2月2日,在第乌①(Diu,今印度西海岸卡提阿瓦岛[Katihiawar]半岛上的港口)的外海,葡萄牙舰队与联合舰队遭遇并激战,大获全胜,俘获了马木路克苏丹的3面王旗,后送回托马尔的基督骑士团大本营。此次战役标志着原先在地中海周围地区的基督教世界与伊斯兰国家的战争延伸到了印度洋。葡萄牙人由此奠定了长达一个世纪的印度洋海上霸权。阿尔梅达还建立了"路牌"制度,即给非葡萄牙船只发放通行证。葡萄牙的舰队如遇那些没有"路牌"的船只即行攻击,并充公没收其货物。

葡萄牙人在印度洋建立霸权是在葡属印度第二任总督阿方索·阿尔伯奎克(Afonso de Albuquerque,1453—1515)手中完成的。阿尔伯奎克人称"伟大的阿方索(Afonso the Great)",是葡属印度殖民地真正的奠基者。

阿尔伯奎克出生于里斯本附近的小城阿良德拉(Alhandra)。他的父亲贡萨罗·德·阿尔伯奎克(Gonçalo de Albuquerque)拥有贵族头衔,在宫中身居要职并且与国王有远亲关系;他的母亲多娜·勒奥诺·德·梅内塞斯(Dona Leonor de Menezes)也出身贵族。阿尔伯奎克年轻时在阿方索五世宫中接受数学以及拉丁文教育,与若奥王子也即后来成为国王的若奥二世一同学习并成为好朋友。以后,他参加由阿方索五世率领的远征北非丹吉尔以及阿济拉尔的战役。1476年,他跟随若奥王子与卡斯蒂尔打仗;1480年,他参加抵抗奥斯曼土耳其入侵意大利奥特朗多(Otranto)的战役;1481年回国以后成为当时已经即位的若奥二世的宫廷长官以及侍卫长;1489年,他又重返北非战场,指挥保卫葡萄牙人在今摩洛哥境内的拉腊什(Larache)的格拉希奥萨(Graciosa)要塞,屡建战功。

1503年4月6日,葡萄牙国王曼奴埃尔一世任命阿尔伯奎克第一次远征印

---

① 《郑和航海图》作刁元,并将它画在坎贝湾(Cambay)附近。见陆峻岭:《古代南海地名汇释》,载何高济、陆峻岭著《域外集》,中华书局,2013年,第330页。

度，阿尔伯奎克与他的侄子弗朗西斯科（Francisco Albuquerque）来到印度以后，在卡利卡特与萨莫林王发生冲突，转而前往科钦，并与科钦王结盟，还在当地建立了要塞。

1506年4月18日，葡萄牙国王第二次派阿尔伯奎克前往印度。这支由15艘战舰组成的舰队由库尼亚（Tristâo da Cunha，1460—1540）率领，他是葡萄牙探险家、航海家和海军指挥官。

阿尔伯奎克像
该画像由无名氏作于1545年以后。

葡萄牙国王曼奴埃尔一世本来有意任命他为第一任驻印度的总督，但是因为他突然失明而作罢。1506年远征印度之后，他回到葡萄牙，1514年他被葡萄牙国王曼奴埃尔一世派往罗马觐见教宗利奥十世，报告葡萄牙地理大发现的成就。葡萄牙国王命他将一头来自印度的大象作为礼物赠送给教宗。阿尔伯奎克是舰队中一名重要的舰长，指挥其中的6艘战舰和400名士兵，此次远征的目标之一是征服索科特拉岛（Socotra）①，并在那里建立要塞，控制红海岛贸易。葡萄牙国王还给阿尔伯奎克一个密令，即当他完成第一个任务以后，他将接替任期届满的阿尔梅达成为葡属印度的第二任总督。4月6日，他们的舰队离开里斯本。1507年年初，葡萄牙军队抵达波斯湾，并攻占一系列也门港口城市，9月25日，葡萄牙军队攻击隶属波斯的由摄政王阿塔尔（Coge Atar）统治的霍尔木兹②，迫使阿塔尔求和纳贡。10月24日，葡萄牙人在霍尔木兹海岸外的岛上开始建立要塞，次年1月，要塞建成。而库尼亚则率领一部分舰队前

---

① 索科特拉岛（Socotra Island），在非洲东北角阿拉伯海也门东南方向约340公里处，面积3 600平方公里，内陆多山，出产植物有没药、乳香和龙血树等。该岛长期受到也门东南部马赫里苏丹国统治，1507—1511年为葡萄牙人占领。在《伊本·白图泰游记》以及《马可·波罗游记》中作Scoira，《郑和航海图》作须多大屿，番名速古答剌。中世纪时为海盗的出没之地，去马拉巴沿海劫掠印度与中国船只的海盗常常驻扎于此。

② 霍尔木兹岛（Hormuz Island）亦作Hormus, Ormus，位于波斯湾霍尔木兹海峡中，离对面的海岸8公里，面积约40平方公里。希腊人称此地为奥尔加那（Organa），在伊斯兰教兴盛时代称为贾鲁（Jarun），它得名于对岸的同名的港口城市，8世纪的时候极为繁荣。该城曾经为蒙古伊尔罕国（Ikhanate，1265—1335）的属国，是其海上贸易税收的重要来源。1300年左右，当伊尔罕国发生内乱时，当地统治者一度将居所迁至岛上。《元史西北地附录》作忽里模子，《明史》作忽鲁模斯。马欢《瀛涯胜览》作忽鲁模斯。

往支援在印度的阿尔梅达。

1509年1月,阿尔伯奎克来到科钦,阿尔梅达为给儿子报仇欲寻求与敌人决战而不肯交权,同年3月,他甚至将阿尔伯奎克囚禁在坎纳诺尔的要塞里。直到10月,科迪尼奥(Fernando Coutinho)元帅率领12艘战舰组成的舰队来到坎纳诺尔,才立即释放了阿尔伯奎克,并带了国王的任命书一起前往科钦面见阿尔梅达。后者于11月4日才将权力真正交给阿尔伯奎克。

阿尔伯奎克在大权在握之后,便改变上任总督的决策,他想在印度西海岸找到一个城市作为葡属东方帝国的首府、堡垒和支柱。阿尔伯奎克认为,葡萄牙人难以驾驭印度季风所具有的单向便利的条件,人们不可能在半年之内交替从两个相反的方向去控制印度洋,因此仅仅拥有强大的舰队和少量的要塞还是不够的。葡萄牙人应该在东方建立一个强大的持久的陆上基地,而科钦并不具备这样的条件。正如后来1512年4月1日阿尔伯奎克在写给葡王曼奴埃尔一世的信中所说:"陛下不应将印度的安全寄托在一支巡游海面的舰队上,因为这样付出得太少,得到的回报也太少……陛下应当占领一块陆地以获得坚强的立足点,只有这样才能让阿拉伯人闻风丧胆。"

1510年2月10日,阿尔伯奎克聚集了23艘舰船的庞大舰队从科钦起程,他当时声称是去红海南端的霍尔木兹,其目的是要寻找马木路克苏丹王的舰队决战。如果找不到这支舰队,葡萄牙人就准备进攻苏伊士地区,以切断埃及与印度之间阿拉伯人的贸易路线,最后再进攻霍尔木兹。当中途抵达奥诺港口补给食品和淡水时,阿尔伯奎克与海盗提摩贾(Timojia)发生联系,他是当时印度西海岸的一个海盗,曾为毗奢耶那伽罗王朝服务。他声称自己出生于果阿,1496年阿迪勒·沙阿攻占果阿的时候,他从城里逃出。当时毗奢耶那伽罗王朝与巴赫曼尼苏丹国之间不断战争,需要大量的马匹从波斯湾以及阿拉伯的海路进口到印度内陆。提摩贾既在印度西海岸劫掠马帮商人,将马匹卖给印度各地的王公,也攻击马拉巴沿海商人运往古吉拉特的胡椒商船。当时提摩贾告诉阿尔伯奎克,果阿是一个理想的港口,它由阿拉伯人比贾布尔国王阿迪勒·沙阿(Adil Sha Khan, 1459—1511)统治。阿迪勒·沙阿,葡萄牙人称之为Adil Khan,他最初是德干高原上的巴赫曼尼苏丹国(Bahmani Sultanate, 1347—1527)的一名贵族,原籍可能是波斯,全名为Sultan Yusuf' Adil Shah Sawa。作为巴赫曼尼苏丹国的宠臣,他被指定为驻比贾布尔(Bijapur)的总督。1489年,他利用巴赫曼尼王朝的衰落与内战,建立独立的比贾布尔苏丹国(Sultanate of Bijapur),其中心位于今印度卡纳塔克邦（Karnataka）的比贾布尔县（Bijapur district）。当时的果阿是该苏丹国一个重要的港口。阿迪勒·沙阿热爱文化，他从波斯以及土耳其延请诗人、工匠来到他的朝廷，对于南亚次大陆上各个宗教派别也十分宽容。该国长期与巴赫曼尼苏丹国以及毗奢耶那伽罗王朝处于战争状态。阿迪勒·沙阿本人在果阿第二次失守以后去世。比贾布尔苏丹国则于17世纪后半叶并入莫卧儿帝国。当时果阿共有4 000名士兵驻守，而此时阿迪勒·沙阿正与北方德干王国作战，无暇回军救援，他将城市交给将军尤素夫·古齐（Yusuf Gurgi）统率，士兵不足千人，防务空虚。提摩贾还告诉阿尔伯奎克，果阿是一个优良的港湾和商业中心，是当时印度重要的马匹交易枢纽，在第乌战役以后，许多原来的马木路克舰队的残部躲藏在果阿，他们都是优秀的造船工人，同时，在果阿还有大量来自不同地方的木匠、造船匠以及为船只填补缝隙的工人，一旦拥有这座港口，他们可以为葡萄牙人制造大量的船只，而且当时果阿城里的形势有利于葡萄牙人的进攻，因为阿迪勒·沙阿的穆斯林政权的压制引发原先信奉印度教的老百姓的不满。

阿尔伯奎克认为果阿才是葡萄牙人最理想的加以占领的地点，它适合作为葡萄牙船只给养的港口，葡萄牙人还可以借此控制印度内陆诸王国的贸易以及保护其在印度洋的航线，并进一步将它打造成为葡萄牙人的造船中心。于是，他迅速改变原计划。1510年2月28日，他聚集了舰船以及登陆部队，兵临果阿城下。3月4日，葡萄牙军队向这座城市发起进攻，第一次就轻易地攻占了果阿，当地的守军基本上是不战而降，城防官将城门的钥匙交给了阿尔伯奎克。葡萄牙人获得大量的辎重并占领两座炮台。阿尔伯奎克对当地的居民甚为宽大，明令禁止士兵杀伤平民，保护当地人的财产及贵族特权，宣布对于长期受压迫的印度教徒实行减税。

果阿原来的主人比贾布尔国王阿迪勒·沙阿则极力想要夺回城池。5月17日，他指挥数万军队猛攻果阿，葡萄牙军队一时难以抵挡，被迫弃城。但阿尔伯奎克决不甘心，他重新整军，定要重占果阿。从8月开始，他即着手准备夺回果阿的战役，9月，塞凯拉舰长（Gonçalo de Sequeira）从坎纳诺尔带来7艘战舰。但提摩贾也送来情报，说阿迪勒·沙阿为抵御德干王国来犯之敌，已经离开果阿，且此时科钦发生叛乱，阿尔伯奎克只得回科钦平叛。直到10月17日，他召开军事会议，决定进攻果阿。同一天，他再度致信葡萄牙国王曼奴埃尔一世，陈述果阿对于整个葡属印度的重要性，他指出：果阿有足够的造船工人和大量的船只，一旦落到阿拉伯人的手中，将会对葡萄牙人造成很大的威胁，而反之，他们则可以帮助葡萄牙人建设强大的舰队，果阿以及周围的岛屿拥有良港，无论何种风向，都可以供葡萄牙船只停靠，一旦拥有果阿，德干王国的统治将陷于混乱，葡萄牙人对于果阿的占领会加剧印度人族群本身的不和，利用他们的不和可达到自己的目的。

此时，阿尔伯奎克已经集合了28艘舰船及2 000名士兵，他的同盟者提摩贾也命4 000余名印度人助战。11月25日即拉丁教会的圣女卡特琳娜（St. Catherine of Alexandria，约282—305）的主保节日，葡萄牙人经过激烈的战斗终于第二次攻占了果阿。他们缴获100门大炮以及许多小炮，200匹战马以及其他许多军火。① 根据同年12月22日阿尔伯奎克给葡萄牙国王曼奴埃尔的信，葡萄牙军队在攻入果阿以后，大肆抢劫3天，他们放过了农民和婆罗门，但是对于阿拉伯人却大开杀戒，有6 000多名阿拉伯人死于屠杀。

阿尔伯奎克攻占果阿以后，极力将果阿建成葡属印度的中心。他认为：果阿将成为葡萄牙在整个东方的中心和强有力的据点。果阿可以控制从阿拉伯海到蒙巴萨的海面，相应地一直延伸到东非海岸，对亚丁也可加以控制，这样葡萄牙人就掌握了通往红海的狭窄海峡的入口。葡萄牙人还要控制波斯湾的入口霍尔木兹。果阿还可以为欧洲来东方的商人和传教士提供一个休整的中转站，并向他们开放一条陆路，以便让他们在漫长而危险的海路之外还另有选择。葡萄牙人还应该通过果阿建立与太平洋地区如中国和日本的贸易联系，并进而占领马六甲海峡。第乌也要占领，这样就控制了坎贝湾（Cambay）通向印度内陆的入口。如有需要的话，还应占领另外一些据点。

为了实施这个战略计划，阿尔伯奎克在占领果阿以后，于1511年6月中旬，率领军队抵达远东战略要地马六甲海峡上的马六甲城。当时的马六甲在苏丹王马哈穆德（Sultan Mahmud，中国史籍称之为妈末）的统治下，其城市以及邻近地区拥有10万人口。马六甲苏丹王希望与葡萄牙人达成和平协议，但

---

① 圣卡特琳娜（St. Catherine of Alexandria），约生于282年，于305年殉道。她出生于埃及亚历山大城一个贵族家庭，学识渊博，据称她目睹圣母抱圣婴显现，因而信基督教。传说她当面痛斥罗马皇帝马克西姆（Maximinus）迫害基督徒。皇帝下令用带刀的轮子将她处死。受刑时，上天震怒，将车轮击碎。最后，她被斩首处死。有两位天使飞来收尸，将她运往西奈山安葬。自527年始，东罗马皇帝即在西奈山建有圣卡特琳娜修道院。中世纪时，人们对于这位圣女的崇拜渐渐多了起来，在十字军时代的法国更是如此。圣卡特琳娜的象征物是一个带着尖铁刺的轮子。她被视为年轻女子、律师和学者的主保圣人，其主保节日是11月25日。葡萄牙人将卡特琳娜定为果阿的主保圣人，并将最早建立的主教座堂奉献给这位圣女。以后每年这一天都要举行盛大的宗教游行。果阿的许多宗教艺术作品也与她有很大的关系。

果阿的阿瓜达要塞（Fort Aguada）
它建成于1612年，位于曼多维河的入海口，主要是为防范荷兰人以及马拉底人的攻击，也是欧洲的船只驶入果阿的航标。

是阿尔伯奎克却执意要攻陷它。7月25日，葡萄牙军队兵分两路，一路由若奥（Dom João）舰长率领，一路则由阿尔伯奎克亲自率领。经过激战，该城市的外围被攻陷了。葡萄牙军队杀死了他们所遇到的所有的穆斯林，缴获了3 000件火器，其中有2 000件是青铜制造的。8月24日，葡萄牙军队最后占领了该城市的其余部分。入城之后，葡萄牙人没有抢劫，阿尔伯奎克致力于恢复城市的平静。马六甲末代苏丹马哈穆德逃亡，并遣使向宗主国大明王朝求援。葡萄牙人使用在周边地区征集的1 000名奴隶在马六甲修建要塞，其大部分的石料取自以前历代马六甲国王的陵墓以及被拆毁的清真寺。阿尔伯奎克将这座强大的要塞命名为"声名远扬的要塞"（a famosa，or The famous）。他还建立了一座奉献给"领报圣母"（Our Lady of the Annunciation）的教堂。葡萄牙人认为马六甲的港口十分安全，从未出现船只在港口中受到损毁的情况，海船也容易驶入口岸。虽然该城市的大多数食物须从外地入口，但是淡水丰沛，水果（葡萄、栗子、无花果以及榴梿）丰富。由于地处交通要道，印度东西海岸的阿拉伯人、犹太人、印度人、爪哇人、中国人、日本人都来到此地贸易。葡萄牙人在当地与印度人的关系融洽，后者教给他们许多通商的惯例，葡萄牙人则保留了原来苏丹政权的官吏盘陀诃罗，用他来管理来自外国的商人和旅行者。

1518年葡萄牙军队占领霍尔木兹,但是葡萄牙人没有占领亚丁。红海以及附近地区一直掌握在阿拉伯人手中。另外,葡萄牙人在海洋上表现颇佳,到1530年,果阿终于取代了科钦正式成为葡属印度的首都。葡萄牙人还在印度洋沿海的另一些地方建立了一系列的城堡和要塞,分布在东非沿海、柯坎和马拉巴地区,总共大约有50个要塞或建有要塞的地区;葡萄牙人在印度洋上还拥有一支约有100艘大小不等的船只的舰队。

阿尔伯奎克对于果阿苦心经营,并取得成功。他的目标是要将果阿从一个要塞建成一个永久性的殖民地,要移植充足的基督徒人口以维持葡萄牙帝国在东方这个重要的殖民地的社会结构。在他攻克果阿以后,他将充公的阿拉伯人的财产分配给葡萄牙人,鼓励他们在这块新的殖民地上培养生活能力,或者经商,或者造船,或者从事各种手工艺。同时,在驱逐阿拉伯人以后,他对于占人口绝大多数的印度教徒采取宽容的态度。他以将印度教徒从穆斯林统治下解救出来的解放者自居,减免他们1/3的税收,并在一定程度上容忍他们的宗教信仰,不过,殉夫的陋习是禁止的。阿尔伯奎克还维持了以前阿拉伯人统治时期的税收制度,但是废止了原政权对于商人的种种盘剥。他任命

果阿地形图
绘制于17世纪。果阿的城市后方有着城墙环绕,前方的码头外是曼多维河,河上有从海口驶入的船只以及驶出的船只,码头上有造船厂以及搬运木头的大象。在城市外面葡萄牙人还种植了果树以及其他的树木。

提摩贾以及后来的曼德哈维拉（Madharvera）为城市的总收税官，任命雷贝罗（Rodrigo Rebello）为守卫城市的舰长，其拥有400名步兵、80名骑兵以及大量的大炮、军火以及物资储存，任命梅罗（Duarte de Mello）为负责海上巡航的舰长，拥有4艘大船以及3艘单层甲板的帆船，用以清剿海盗，保护果阿的海上通道。阿尔伯奎克还任命科尔维内（Francisco Corvinel）为商馆的馆长，负责海路与陆路的贸易。与此同时，阿尔伯奎克还在果阿大兴土木，修筑防御工事。他委派费尔南德斯（Thomas Fernandes）负责修筑防御工程，除调动民工以外，军队也一同参与，他本人甚至不辞辛劳，亲自参加劳动。葡萄牙人不仅重修了以前的城垛，还在城墙上竖起了塔楼，开凿炮眼，重新疏浚了护城河，并以当朝葡萄牙国王曼奴埃尔的名字命名了这条新的护城河。总之，阿尔伯奎克一心一意要将果阿建成葡属印度的中心，尽管直到20年以后，葡属印度的中央政府才从科钦迁移到果阿。

由于葡萄牙本国人口甚少，因此维持其海外殖民地所需的人口是远远不够的。于是，阿尔伯奎克鼓励在果阿的葡萄牙人与当地原来信奉伊斯兰教的白种妇女结婚，当然这些妇女在结婚以前必须皈依基督教。当时与印度本地妇女结婚的葡萄牙男子称为"户主"（Casado, household），阿尔伯奎克认为这些"户主"以及他们的后代，会成为这个葡萄牙殖民地将来真正的社会基础。虽然在葡萄牙人中对这种跨族群的婚姻一直有不同的意见，但事实证明阿尔伯奎克是富有远见的。在1524年的时候，果阿有450名这样的"户主"，1529年增至800名，到16世纪40年代，果阿已有4 000名葡萄牙人，1万名印度基督徒以及许多非基督徒，城外的岛屿上则有5万居民，其中大部分是印度教徒。到1580年时，果阿城市的人口达到6万人左右，到1600年时已经达到了7.5万人，到1630年时已达到了50万人。历史学家皮尔生（M. N. Pearson）指出：当时果阿在印度（而不是欧洲）算是一个中等城市：1600年时印度三个最大的城市是德里、阿格拉以及拉合尔，而当时的欧洲城市规模很小，1629年时，里斯本只有11万人口。

果阿成为葡属印度中心的另一个原因是它逐渐发展为当时葡属印度甚至是葡萄牙本国的造船中心。随着时间的推移，里斯本和果阿当局都认为印度西海岸出产的柚木比欧洲的松木和橡木更加适合造船。1585年和1594年，王室发布谕旨命令在果阿及其周围地区而不是在欧洲建造武装商船。葡萄牙人认为在印度国建造的船只更加坚固耐用。后来的事实表明，在印度建造的船只果然十分坚固，不过并不比欧洲更加便宜。果阿是葡萄牙人在亚洲唯一拥有造船厂的地方，它的周围地区的柚木森林为造船厂提供了持久耐用的上等的梁木以及作为船只骨架的肋材。由此，葡萄牙人建造出16世纪和17世纪世界上最大和最坚固的武装商船及大帆船。

葡萄牙人还以贸易来维持果阿的繁荣以及它在东方的帝国。从一开始，葡萄牙人的商业就是王家垄断的事业。王家垄断的贸易控制着胡椒、姜、肉桂、肉豆蔻、豆蔻、虫胶、天然硼砂等香料和物品。其中胡椒是最大宗的商品，因为它小巧轻便、必需且价值不菲，由此成为最合适用来获利者，运往欧洲的每年达700吨。阿尔伯奎克一经占领果阿，就让沿海各要塞的舰长下令将所有通过这一海域的商船全部集中到果阿。他这样做有两个原因：首先，这样一来，果阿港口的税收就会增加，人口也会增加。当时，不仅在海上，就是印度内陆的商队也带着各种商品来到果阿。葡萄牙人则从波斯和阿拉伯进口马匹，用它们与印度内陆的商队进行交易。印度的商队将马匹卖往印度各土邦王公大臣。印度各邦的王公都喜欢良马，也喜欢建立骑兵部队，一个南方印度的小王每年要置换2 000匹马，果阿仅从事马匹交易即获利甚丰。其次，果阿由此取代了印度西海岸原先与霍尔木兹贸易的主要港口巴特卡尔（Bhatkal）。换言之，果阿控制了由印度西海岸去往霍尔木兹和红海其他口岸的贸易。阿尔伯奎克下令，果阿的各个商站都必须储存足够的香料以及其他各种商品，以满足来自各地的商人们的需求。他还向印度西海岸、非洲东部沿海以及红海各港口派出大量的商船展开贸易活动。

果阿是葡属"印度国"（Estado da Índia or the State of India）的首府，这个"印度国"是指葡萄牙人在东方占领的一连串的沿海地区的居留地、要塞、商站，它们散布于好望角、日本、东南非洲的莫桑比克，以及中国澳门的广大地区。在以后的一个世纪中，葡属"印度国"一直是葡萄牙王室最为珍视的海外属地。正是在曼奴埃尔时代，葡萄牙海洋帝国的财政由于从"印度国"进口的香料得以大大加强，这些香料大部分是从亚洲输入的胡椒。1506年的时候，从东方进口的香料的价值（13.5万克鲁扎多）已经超过了从非洲米纳等地运来的黄金的价值（12万克鲁扎多）。但那时这两者都低于葡萄牙政府在本国的税收（19.7万克鲁扎多，其中2.4万克鲁扎多由里斯本海关征收）。然而，随着时间的推移，香料贸易带来的利润在葡萄牙政府财政上的地位越来越重要，到1518—1519年，香料贸易带来的利润已经达到30万克鲁扎多，超过了帝国政府在本国的收入（28.5万克鲁扎多），并远远超过了黄金进口的收入。于是，葡属印度通往里斯本之间的航运带来的利润在帝国政府的财政结构中占据了至关重要的地位。

三、巴西的"发现"

1500年3月8日,一支由13艘舰船组成的葡萄牙舰队载着1 200名水手从里斯本的特茹河启程。领队的是贵族佩德罗·阿尔瓦列斯·卡布拉尔。卡布拉尔出生于葡萄牙东部靠中间地带的贝尔蒙特(Belmonte)。他的父亲费尔南·卡布拉尔(Fernão Cabral)是贵族和地主,曾经担任贝尔蒙特民事总督,也是国王阿方索五世家族的亲戚。卡布拉尔与许多当时的贵族子弟一样,在十四岁的时候就被送入国王若奥二世的宫廷,并在宫廷里接受教育。国王曼奴埃尔一世指定他为枢密会议成员并赐予他基督骑士团的袍服。后来,他与伊莎贝拉·德·卡斯特罗(Isabel de Castro)结婚,由此成为当时葡萄牙最大的显贵之一。由曼奴埃尔委任卡布拉尔组织的此次航行的目的地是印度。从船只和士兵的数量来看,这是一支以贸易为目的的大型舰队,有能力将印度的大批货物运回里斯本,而且在遇到海上攻击的时候还可以还击和战斗。曼奴埃尔国王十分重视此次航行。出发的那天,国王和朝廷的大臣们与全体舰队的成员来到雷斯特罗(Restelo)的海滩,在那里举行了由休达主教奥尔蒂斯(Diogo Ortiz)主持的隆重的弥撒。这位主教位高权重,曾经是若奥二世科学委员会的成员,就是他拒绝了哥伦布远航的请求。

由于天气的缘故,船队直到第二天才开拔。3月14日,即船队起程后的第五天,他们抵达了加纳利群岛,22日,抵达佛得角,但是没有多做停留。此时,有一艘船失踪,其余的舰队搜索了两天,但是没有结果,于是舰队只得往西航行。他们基本上是按照达·伽马的航线前进的,但是他们往西绕的圈子更大一些。1500年4月21日,即复活节那周的星期二,他们远远地看见了岛屿。23日,他们在一处河口下锚驻泊,还把远远望见的那座山命名为

1500年卡布拉尔及其船队发现圣克鲁斯地
由巴西艺术家菲格雷多(Anrêlio de Figueiredo, 1854—1916)作于1900年。

复活山，因为这也是在复活节期间发现的。由于这个地方不是一个安全的下锚口，他们的舰队还是离开了。25日，舰队找到了一处安全的港口停泊，卡布拉尔将这个地方命名为"塞古鲁港"（Porto Seguro），它的意思就是"安全的港口"。卡布拉尔决定在这里多待几天。当地土著人对葡萄牙人非常友好，送给葡萄牙人大量的食物，他们也不惧怕登上葡萄牙人的船只观看。复活节那天，葡萄牙人在海岸边举行了隆重的弥撒，他们搭起帐篷，竖立了十字架和祭坛，唱起庄严肃穆的圣歌，许多土著人在一旁观看。5月1日，葡萄牙人在离海岸不远的小山上竖立起一座纪念柱，它象征着基督教的信仰以及葡萄牙人对于这片土地的发现和拥有；在这个地方，葡萄牙人还举行了第二次弥撒。5月3日，葡萄牙人的舰队就离开了。

这是葡萄牙人第一次来到巴西并与当地的土著人发生接触。他们派出雷莫斯（Gaspar de Lemos）率领一艘补给船带着信件去向国王报告，其中有舰队书记官佩罗·瓦斯·德·卡米尼亚（Pero Vaz de Carmiha）的著名的信件，该信件后来成为葡萄牙游记文学的代表作之一。此信的写作日期是1500年5月1日，发自"您的维拉·克鲁兹岛的塞古鲁港"（Porto Seguro in Your island of Vera Cruz）。书记官卡米尼亚相信巴西是一个伟大的岛屿，他描绘说这是一片辽阔的土地，令他感到印象特别深刻的是森林面积广大，无边无际，有各种各样不同的树木，种类数不清，形状各异，"我们看到的只有树木和郁郁葱葱的陆地，树木非常多而且高大"，"那么多样子的树，多得使人数不过来"，在这片长满树木的新大陆上，还有各种不同的动物，特别是鸟类。根据近代历史学家的考证，葡萄牙人在塞古鲁港的树丛中至少发现了12种不同类型的鸟，几乎都是以前从来没有看到过的。卡米尼亚都用鹦鹉科来命名它们，其中有金刚鹦鹉、普通鹦鹉、绿鹦鹉和小鹦鹉等，它们为森林增添了色彩和喧闹，也为土著人的头饰和弓箭提供了羽毛装饰。葡萄牙人也热衷于用小物品与土著人交换，把这些鸟带到船上。在另一个人写的信中可以看到，有些鸟还被带到了葡萄牙。船员们都说这片新大陆是"鹦鹉之乡"。

卡米尼亚特别描绘了当地的土著人。他在信中提到在24日有两个土著男青年来到卡布拉尔的船上，他们与黑人不同，他们的面容呈灰白色，带点暗红色，脸型、鼻型和体型都很好，他们的头发是光滑的，特别是这两个年轻人都没有行割礼（这不是与摩尔人或犹太人相比较，而是与当时的几内亚人相比较）。卡米尼亚还认为当地的人民淳朴善良。"比亚当对于羞耻所表现出来的还要单纯，"他这样写道，"这些人对于我来说是如此纯洁和天真，如果我们能够彼此了解的话，他们将很快地成为基督徒，因为他们似乎还没有或相信任何形式的宗教。因此，这里的人民是善良的和纯洁简单的，只要我们愿意带给他们什么宗教信仰，他们就可以接受什么宗教信仰。更有甚者，我主按照善良的人类塑造了他们优美的身躯和漂亮的脸庞，我主引领我们来到这里，绝非是没有目的的……在他们中间有4个女孩，非常年轻，非常漂亮，她们有着黝黑的头发，长长的一直飘过肩膀，她们的私处是如此高耸，如此隐秘，如此没有被头发遮盖，当我们凝视她们的时候并不感到害羞……其中的一个女孩从头到脚都涂着一种带有浅蓝的黑色颜料，她的体格是如此强壮和圆润，她的那种毫不害羞又是如此富有魅力，以至于我们自己的妇女如果登上这片土地，看到她们的那种吸引力，也会自叹不如的。"

卡米尼亚还注意到土著人的物质生活。他在岛上观察到了土著人的木排，称之为"狭长的船"，"它们不像我以前见到过的那种船，仅仅是3根圆木绑在一起，上面随便乘上四五个人"，土著人使用的箭，箭头是削尖了的竹子。开始时葡萄牙人发现土著人行动极为灵活，像野生动物一样躲避，"就像小麻雀一瞬间躲避诱捕一样"，远不同于行动迟缓的非洲人，或者亚洲人习惯性的四平八稳。所以卡米尼亚想象土著人没有住房，生活在露天里，"犹如飞禽走兽"。但是，几天以后，他跟着当地人进入了村子，发现土著人不是他们想象的那样住在丛林里或者树上，而是有高大的住房，但是没有隔开的房间，房屋的立柱之间挂着网状的吊床，"他们不耕作、不饲养家畜；这里没有耕牛，没有奶牛，没有山羊，没有在人们日常生活中习惯饲养的动物；他们只吃这里长出的很多的木薯以及土里和树上自生自长的果实"。所以，尽管他们有房子居住，但是没有农业和家畜，食物的结构也与欧洲人完全不同。另外，土

卡布拉尔的船队，1500年
无名氏作于约1568年。

著人似乎也没有社会等级观念,"那里有一个人对于其他人讲话很多,叫他们躲开,但是我觉得他们不服从他,也不怕他","就在船长命令所有的葡萄牙人返回时,有几个土著人向他走来,但并不因为他是主人,因为我觉得他们不懂,也没有这方面的知识"。综上所述,葡萄牙人觉得他们遇到的是一个新的民族,既不是非洲的黑人,也不是亚洲的黄种人。事实上,当时葡萄牙人遇到的是非常原始的人类,他们不仅在身体特征上表现出与黑人不同(非洲的黑人是当时葡萄牙人所了解的最不开化的种族),而且不使用铁器,他们使用石斧,用削尖的竹片做箭和"使用由圆木绑在一起做成的狭长的船",他们的生活条件比其他人类差许多,并且他们没有等级意识,甚至没有偶像崇拜,对于农业和畜牧业一无所知,食物仅仅限于大自然的恩赐,他们几乎就是野兽的伙伴。很明显,葡萄牙人遇到的新的人类与他们已知的民族和文明都没有任何关系。

卡米尼亚称这片新发现的大陆为"维拉·克鲁兹岛",不过卡布拉尔则称它为"维拉·克鲁兹地"(Terra de Vere Cruz)。另一位领航员在信中说:"那陆地很大,我们不知道它是海岛还是陆地。不过,从它的大小来看,我们倾向后一种判断。"

至今有人还对于巴西的"发现"的性质有所争论,这次发现到底是偶然的还是刻意进行的?是卡布拉尔的船队有目的地到达巴西海岸完成他的"发现",还是由于海风把船队吹到了那里?或者是由于航海家的差错使得船队偏离航道偶然到达了那个地方?

证明这一发现是有计划的重要论据之一,就是葡萄牙的代表在订立《托尔德西里亚斯条约》时极力主张把子午线划在佛得角以东370里格的地方。把分界线向西挪动的结果,就是把巴西划在葡萄牙的势力范围以内。葡萄牙提出这个要求似乎表明他们就已经知道这个经度的范围内有大陆的存在。的确,大西洋的海风把葡萄牙人的船队吹到了巴西的海岸,但是有可能在1500年葡萄牙的舰队到达巴西之前,葡萄牙人已经知道这里有陆地的存在,只是为了避免与西班牙人争执而没有公之于世而已。还有一些葡萄牙历史学家认为卡布拉尔可能得到过王室的秘密口头指示,不过这一切都有待论证。

卡布拉尔的船队离开塞古鲁港以后向着非洲驶去。5月23日,他们接近了好望角,但是却遇到了强大的风暴,有4艘船沉没,其中有迪亚斯指挥的舰船。于是迪亚斯就在12年以前他发现的好望角附近遇难。其他船只绕过好望角向着非洲东海岸前进,7月20日抵达莫桑比克,8月23日抵达印度的卡利卡特。他在卡利卡特的贸易活动遇到了一些困难,后来他去了科钦,与当地的土王签订了贸易协定,购买到了胡椒,又在马拉巴海岸购买到了桂皮。1501年1月31日,他启程回国,穿越印度洋抵达莫桑比克与索法拉,5月21日绕过好望角,6月23日回到里斯本。

在卡布拉尔发现维拉·克鲁兹以后很长的一段时间内,葡萄牙人从此地进口的主要资源就是一种名叫巴西木的木材,这种木料树心是殷红的,能够作染料,木材本身还可以制作家具和船只。很快地,人们就用这种木材也就是巴西木来取代维拉·克鲁兹的地名,称当地为"巴西之地"(Terra de Brasil)。1511年,这个地名首次出现在地图上。对于葡萄牙人来说,巴西红木是在美洲的最为宝贵的发现。在16世纪初年的时候,葡萄牙本国缺乏木材,葡萄牙人只得到马德拉群岛以及亚速尔群岛的森林中去采伐,经过数世纪的开采以后,这些森林里的木材已经大大减少了。葡萄牙人对于巴西木材以及木制品的潜在需求是很大的。他们要利用这些木材来建造船只、房屋以及家具。同时,从巴西木中提取的染料也可以用于纺织业。

1501年,葡萄牙王室组成了一支舰队考察巴西的海岸,他们沿着巴西漫长的海岸线航行了3 600公里。在16世纪初年的时候,葡萄牙国家的人口还没有达到130万人,而国王和王室却必须在两大洋上维护贸易的垄断,维持非洲和亚洲两块大陆海岸线上的一长串要塞和城堡,并同印度洋上的阿拉伯人作战。对于如此有限的人力资源来说,要维持的事业实在是太庞大了。再从如此之少的人力资源中分出去一部分从事殖民,有时可能就是得不偿失的事情。经过权衡,国王决定用租赁的方式经营土地。刚刚开始的时候,巴西红木的贸易是由王室垄断的。1501—1513年,王室就把垄断权租赁出让给一些与王室签订合同的商人。1502年,王室首次将巴西木材的贸易委托给一个名叫费尔南·德·罗诺尼亚(Fernão de Loronha)的新基督徒经营,并与他签订了两年的合同,要求他必须每年派遣一支由6艘船只组成的船队考察巴西沿海地区,每年必须航行300里格,并在适当的地方建立商站。于是,罗诺尼亚逐步地考虑建立葡萄牙人在巴西沿海的最初的商站。1503年,葡萄牙人在塞古鲁港建立了第一座商站。后来,其他的一些私营商人也拥有砍伐巴西红木的执照,他们被要求向王室支付收入的20%作为税收。

尽管巴西的木材在今天的里约热内卢附近特别多,但是仅有伯南布哥(Pernambuco)以及帕拉伊巴(Paraíba)的巴西红木的品质特别高。沿海地区的印第安人很公平地与葡萄牙人做交易。印第安人砍倒树木,将树干削平整,将原木切割成1.5米的便于运输的长度。巴西木很高大,一般都有30米高,而且分布在不同的地方，有些生长在离海岸线20公里的森林里。早期，他们将原木扛在肩上运到葡萄牙人设在海边的商站里。后来，从非洲来的奴隶都被使用于搬运木材，有时他们把木材切割好以后运到大车或者漂流在河上的木筏中。在16世纪30年代以前，巴西红木是葡萄牙人从美洲带出的唯一的在欧洲市场上有价值的商品。在16世纪中叶，巴西红木仍然是葡萄牙向欧洲各国出口贸易中获利最高的商品。直到17世纪早期，蔗糖的出口才超过了巴西红木。17世纪早期，巴西红木的税收占葡萄牙王室税收总额的1%，一个世纪以后上升至1.5%。一般情况之下，原木都直接装船运往里斯本，然后又被运到尼德兰、波罗的海各国的港口，以及意大利和卡斯蒂尔。阿姆斯特丹是主要的从巴西红木中提取染料的中心。

在葡萄牙人来到巴西最初的30年中，葡萄牙的小商人和水手带到巴西的物品主要是铁制的工具、廉价的首饰和花里胡哨的小玩意儿，用以交换巴西木、鹦鹉、猴子以及他们待在巴西时需要的食物。现在留存了一张1511年往来于巴西和葡萄牙之间的商船所载的货物的清单，从中可以看出当时贸易活动的情况。船上装载着5 000根巴西木、几名奴隶以及许多猴子和鹦鹉；除此以外，还有3 000张豹子皮和300肯塔（1肯塔相当于60公斤）的棉花。这些贸易活动都不是与葡萄牙人在巴西的永久居留地有关的，换句话说，开始时，葡萄牙人没有想在巴西永久地居住下来。只有少数船舶失事以后的幸存者或是逃亡者留在巴西，与当地的原住民居住在一起。这种物物交换的贸易在总体上说也是平和的，葡萄牙人与当地人的关系也是比较和睦的，当然其间也有误会和冲突。

在此期间，法国人与西班牙人也来到巴西的沿海地区，与葡萄牙人展开竞争。1504年，法国的商人果尼维勒（Goneville）来到这里购买巴西木，西班牙人则希望开辟通往"南方的海"的通道，索利斯（Díaz de Solís）率领的船队于1516年来到马德普拉塔（Río de la Plata or Plata River，今阿根廷东部大西洋沿岸地区），这个河口已经有葡萄牙人的船队来过了。1520年，麦哲伦再度率领船队来到这里。

在曼奴埃尔一世统治的末期和他去世以后的一段时间，葡萄牙人开始考虑在巴西东部的沿海地区建立永久的居留地。1516年，曼奴埃尔一世颁布了一份特许状，命令"印度房"的管理人员和官员为移民去巴西的葡萄牙人提供斧头、锄头和各种劳动工具，还命令一名管理人员和官员"寻找和选出一名勤奋而有能力的人去巴西开办一座蔗糖厂，并提供蔗糖厂所需要的一切铜器和铁器以及其他有用的物品"。

四、地理大发现盛期的里斯本

里斯本位于葡萄牙海岸线的中点之上,在特茹河口的北岸,面向广阔的大海,背面是内陆的山丘和山谷。有关这座城市的起源有许多传说,据称,从公元前1200年起,腓尼基人就来到这里建立贸易基地,或者至少它是一个与腓尼基人保持密切商业联系的城市。有人说"里斯本"这个名字是腓尼基人讲的"快乐的海湾"(Alis Ubbo)。腓尼基人建立城市的模式是要塞和商业港口两者的结合(the Phoenician model of fortress and trading posts)。确实,后来的里斯本以及葡萄牙海洋帝国的许多城市都具有这种特征。

里斯本港口

这是已知最早的关于里斯本的景观画,描绘的是1500—1510年左右的里斯本。选自《阿方索·恩里克编年史》(*Crónica de Dom Afonso Henriques*),作者为杜亚尔特·加尔旺(Duarte Galvão, 1435—1517)。

早期罗马地理学家梅拉（Pomponius Mela，死于公元45年）称里斯本为尤里希波（Ulyssipo），或源于希腊语中的"奥利斯波（Olissipo）"或者"奥利斯波纳（Olissipona）"，意思是"尤里西斯的城市（City of Ulysses）"。传说尤里西斯在特洛伊战争以后逃到这里建立了一个居留地。葡萄牙文艺复兴时代伟大的人文主义学者达米昂·德·戈伊斯（Damião de Gois，1502—1574，详见本书第五章）认为，里斯本在拉丁文中的正确拼写法应该是"Olisiponem"，并且他认同里斯本城市的起源与尤里西斯的传说有关的说法。

在罗马时代，这里就是一个重要的港口，罗马人曾在这里建立了剧院以及浴堂，后面的斜山坡有罗马时代的建筑物。在西哥特人统治时期，这里已经有了城墙和民宅，以后在摩尔人统治时期人们又重建了城墙。现在人们看到的小山上面的圣若热堡（São Jorge Castle）当时是一座摩尔人的城堡，也是居住区和商业中心。在摩尔人统治期间，该城市有几个接近里斯本这一词的变体：路兹波那（Luzbona）、里克斯布纳（Lixbuna）、尤利科斯波尼（Ulixbone）和奥里西波纳（Olissibona）。一些学者认为摩尔人是在攻克罗马人的这个城堡以后命名这个城市的，但是另一些历史学家认为该名称来源于água boa（好水）。

1256年，在葡萄牙光复以后，国王阿方索三世在里斯本建立了朝廷，市区开始扩大。到国王迪尼斯时代，城市的商业进一步繁荣，除了原来摩尔人、犹太人和老城居民聚集的阿尔法玛（Alfama），新的商业区巴克萨（Baixa）也日益扩大，这两个区分别位于城市东西两边的斜山坡上面。13世纪末，里斯本已经有了一批工匠出身的富人，即靠着自己的手工劳动，而不是靠经商变成有资产阶级地位的资产阶层。这些工匠师傅领导着一大群匠人和工头、学徒和雇工。他们是城市市民中的一个重要的阶层，并且盼望着有朝一日能够在市政厅发号施令。工匠师傅组成的宗教性组织也曾经管理过一些街道，但是城市的政权一直掌握在真正的资产阶层手中，那些为外贸出口的船只安排货源、发放贷款的人被选为市政厅的成员，他们用不信任的眼光看待手工艺人的联合组织。1374年，由于里斯本人口的增加，国王费尔南多一世下令在里斯本建造一道城墙，因为城市的发展已经超过了摩尔人修建的老城墙的界限。新的城墙内的范围是老城面积的10倍。这表明里斯本作为葡萄牙最主要的港口迅速发展起来了。伦巴第人、热那亚人、米兰人、卡塔隆尼亚人、比斯开湾人的船都到特茹河上运载货物。有一位历史学家记载，在此期间里斯本港口的船只有五百多艘。繁忙的贸易带来的是大量的收益，里斯本迅速发展的基础就是商业的发展。同时,贫苦的农民从乡村流入城市寻求好的生活条件也是城市扩大的原因。过去在农村干活的年轻人纷纷拥入城市,当驭手、小商小贩、手工匠人的学徒、佣人、临时工,有的人也流落街头,成为乞丐。但是,也正因为有这些职业可以供他们选择,这些农村的青年也获得了更多的机会。

从16世纪初期开始,里斯本作为葡萄牙海外贸易中心的地位得以奠定,并开始了它震撼人心的城市发展期。当时它的人口是10万,不仅是伊比利亚半岛最大的城市,而且是欧洲最大的城市之一。不过,到了1580—1640年,由于葡萄牙被西班牙吞并,首都就不设在这里了,直到18世纪,它的城市人口都没有超过18万人。从15世纪后半叶开始,随着葡萄牙人对于马德拉群岛、亚速尔群岛、佛得角以及几内亚沿海地区的发现与征服,里斯本成为来自域外的货物的集散中心,阿拉伯和犹太商人通过热那亚、比斯开湾、塞维利亚,从非

里斯本景观
为《里斯本全景》的一部分,这是一幅制作于1700—1725年间的蓝白相间的长幅瓷砖画,宽115厘米,长2 247厘米,保存在国立瓷砖博物馆(Museu Nacional do Azulejo)。

洲地区运来了奴隶、黄金、树胶、象牙、胡椒。大西洋各群岛上的蔗糖、黑麦、染料以及牛群也被运到了里斯本。这些物品再从里斯本运往北部的欧洲地区。由此，里斯本成为地中海、大西洋以及北欧沿海地区的一个中转站和国际性都会。不过，尽管里斯本在航海技术以及造船业方面处于当时欧洲领先地位，但却缺乏资本投资于市场，因此它要依靠日耳曼、意大利以及西班牙的资本。葡萄牙帝国政府赋予外国商人特别是意大利热那亚人许多特权。14世纪以后，热那亚的商人与海员对于里斯本的商业发展十分重要。佛兰德斯、法国以及日耳曼的商船也经常在里斯本港口停泊。1478年，葡萄牙政府为这些商人减税并给予他们法律上的保护。1477年，哥伦布曾来到里斯本，他看到当时78%的蔗糖贸易控制在意大利商人的手中。巴西殖民地的建立也给里斯本带来了新的物品如鹦鹉、猴子等。

  由达·伽马发现的通往印度的海路成为里斯本城市发展的转折点。当1499年船队回到首都时，国王曼奴埃尔和王后收到许多礼物，"包括项链、珍珠、印度坎纳诺尔和马林迪国王所送的色彩绚丽的织物，一块琥珀，一块麝香和有薄荷香味的香油（即镇痛软膏），另外还有从卡利卡特买到的瓷器"。来自东印度的船每过一段时间就来到里斯本，里斯本与印度之间的航线已经建立，这些船只装满了来自东方的各种香料和货物。同时，里斯本本身的城市活动也逐渐地移向并集中于特茹河岸。这座城市成为生产和航海贸易中心，以及商业和交易的管理中心。曼奴埃尔着手在河边建立一片很大的岸堤，在上面他建立了一批实用性的建筑物，它们看上去带有最初的工业化的特征。海关大楼（专门从事进口货物的贸易，或者将货物发送到在佛兰德斯的葡萄牙贸易港口）、小麦储藏站（可以储藏小麦、称重量和簸谷）、火药房、仓库和制造大炮的兵工厂（专门为舰队配备武器和盔甲），这些房屋虽然不具有艺术上的修饰，但却为葡萄牙带来经济和财政上的动力。

  里斯本的造船业在15世纪末至16世纪一直处于领先的地位。在特茹河边有着巨大的船坞。葡萄牙人最初的船只被称为卡拉维拉船，是为了探索非洲西部沿海而制造的船只，其最重要的特征是配有三角帆（又称为拉丁帆），这些帆能够在斜桁上自由活动，驾驭来自不同方向的风，在不熟悉的海面上航行较有保障。它们的船体较小，只有80吨。随着时间的推移，由于船只航程的延长以及船员人数的增加，葡萄牙人发展出一种新型的船称为"舰队船"（Caravela Redonda），它们可以用作舰队的补给船。此类船设有四桅杆，首桅配有方形帆，其余皆为三角帆，前后甲板建有艉楼。最后，为了适应远航的商业运输的需要，葡萄牙人设计出"克拉克商船"（Carrack, nâo），或称为大船、武装的商船，后来又指战舰。早在中世纪晚期，意大利的商人已经开始使用这种船只，但是，葡萄牙人赋予它新的意义。它通常有四层甲板，一个高高的艉楼和一个艏楼，其桁梁很宽很坚固，以至于如果它装载过多的货物时会变得难以驾驭，因为它太大和太重了。这种船只开始时长度为30—40米不等，后来变长，一般配有30—40门青铜制的大炮，还有装有霰弹的枪。其载重量开始时仅200吨左右，全盛时期达到1 200至1 600吨。每支船队配有100—120名水手，加上战士和炮兵可达300人。船上的仪器设备有罗盘、海图、浑天仪、地球仪和象限仪等。它只使用纵帆，船体比那些使用横帆的船只更窄，同时它们的吃水量很大，船

葡萄牙克拉克商船
见于1565年制作的葡萄牙古地图。

舷也很高。由于它们的船帆很高，善于捕风，如要转向，帆桁则从船舷的一边转到另一边，所以航行自如。由于这些装备，葡萄牙船只在大西洋和印度洋的海面上称雄一时。直到150年以后，葡萄牙人仍然维持着船只建造技术的高水平。1640年，英国驻里斯本大使钱德勒（John Chandle）如此描绘刚刚摆脱西班牙统治复国的葡萄牙的海军力量："9艘大战舰装备精良，其中小的有800吨，3艘大的有1 000吨，罕见能与之匹敌者，所有的舰船都配备有黄铜的大炮。"15年以后，另一位在里斯本的英国人这样报告说："尽管葡萄牙海军士兵工资低下，有经验的海员人数也少，但他们的船只建造得很好。"有足够的证据表明从地理大发现时代开始到以后很长的历史时期内，里斯本和果阿的葡萄牙造船工人是当时世界上最杰出的造船师。

1505年，曼奴埃尔一世将里斯本原有的中世纪城堡式样的阿尔卡索斯瓦王宫废弃，在特茹河边建立了新的"里贝拉王宫"（Paço do Ribeira）。它是一座纪念碑式的长长的建筑群，伸展在里斯本沿着海岸的主广场西边，这个广场后来被称为"王宫广场"。曼奴埃尔将在山上的圣若热堡内的王位，迁到了特茹河岸边的新王宫，这里离商业和财政中心很近，它象征性地表明国王的政

府控制着这个国家财金、贸易以及基础设施的命脉。建筑师迪亚戈·阿茹达（Diogo de Arruda）于1508年为这座王宫建筑了一个像军事要塞的塔楼，它的上面刻有一个很大的王家徽章。王宫有着金字塔形的屋顶，这种建筑风格一度十分流行，后来甚至很多私人的建筑物也纷纷采用，成为城市天际线的标志，屋顶上则覆盖着色彩斑斓的以几何图形排列的瓦片，还有无数的彩旗高高飘扬，产生了一种辉煌的节日般的效果，而王宫的另外一些建筑则是用作政府的行政管理机构。新王宫的亭台楼阁都采用文艺复兴时代的样式，站在王宫的亭台上可以远眺特茹河上的景色。

王宫边上不远的地方，就是著名的"印度房"（Casa da Índia）。从这个机构和仓库里散发出来的香味整个王宫都能够闻到。里斯本，甚至整个葡萄牙，都成了万里飘香的国度。"印度房"是葡萄牙王室主持与亚洲贸易的最为著名的机构，它的前身是设在葡萄牙南方拉戈斯的"米纳与几内亚房"（Casa

"印度房"
1572年出版的图页的一部分。

da Mina e Guiné），该库房原先是航海家亨利王子的财产，主要负责向与非洲贸易的葡萄牙商人收税。由亨利王子派出的葡萄牙探险的船只都是从拉戈斯港口出发的，从海外运回的各种物资如象牙、棉花、蔗糖和多香果也都堆放在"米纳与几内亚房"。在葡萄牙国王若奥二世于1481年执政的时候，他将这个机构转到里斯本，成为在王室指导下管理葡萄牙整个对于非洲以及亚洲贸易的机构。它的职员由代理商、1名司库、3名书记官、一批重量检查员、卫兵、搬运工人以及其他小职员组成。在16世纪的晚期，由于从亚洲运回里斯本的货物越来越多，"印度房"的工作人员也就越来越多，增加了鉴定宝石、珍珠和药材的专家。代理商代表王室监督亚洲胡椒以及其他香料的购入规模，克拉克商船的装货与卸货，检查走私船只并向船员支付工资。职员们还要负责接收、储存、登记和清理所有从亚洲进口的货物以及向非洲和亚洲出口的货物，他们还要对所有去往亚洲的船只以及个人旅行者进行登记。葡萄牙王室还通过"印度房"垄断贸易。1530年，王室发布谕旨，规定"印度房"除了供应里斯本等城市的药房少量胡椒作为药用以外，只能出售大宗的胡椒（100磅起卖）。谕旨还规定，外国商人和葡萄牙商人一样，都只能在里斯本通过"印度房"购买胡椒，也就是说，它成为国王垄断香料特别是胡椒贸易的专门机构。

最早的从事大规模胡椒买卖的外国承包商人是出生于佛罗伦萨的商人兼银行家马尔切奥尼（Bartholomé Marchione），在若奥二世统治时期他也从事几内亚的黄金贸易。在16世纪的大部分时间里，北欧的安特卫普是来自里斯本的胡椒最大的集散地。在那里，胡椒重新被分配到西北欧洲的其他国家。而意大利和日耳曼的商人则以短期或长期和约的形式向葡萄牙王室购买胡椒。从一开始直到1549年，葡萄牙王室在安特卫普设立了它自己的经纪人机构即商站，但后来由于佛兰德斯和日耳曼的商人精明强干，葡萄牙人不能与之竞争，不得不从该商站撤退。在16世纪的最后25年，葡萄牙王室允许外国的胡椒定购商人在葡属印度的果阿以及科钦派驻他们的代表去监督香料的购买与装运，但由于海上旅行经常发生海难等原因，这些定购香料的商人很少亲自去印度，而总是直接到里斯本运货。因此，在整个16世纪，里斯本一直是欧洲最大的东方香料集散地。

为了维持通过好望角去印度的巨额贸易，葡萄牙王室在里斯本的码头边上建立了铸造大炮和其他各类武器的兵工厂，当时人称之为"印度仓库"（Armazém da Índia），一次性雇佣1 500名工人，这与威尼斯共和国兵工厂的

科钦香料市场的黑胡椒

情形非常相似。兵工厂的职员包括厂长、司库以及书记官，其余的是那些有特别技艺的手工艺人、一般工人、木匠以及造船匠，他们负责制造海军的设备以及去往印度的船只。它的库房里储存着大炮、各类轻型武器、航海设备以及木材，是专门为去往印度的航行作准备的。兵器库存量很大，一次性就可以预备4 000件步兵的服装以及3 000件骑兵的铠甲。兵工厂的官员也与私商打交道，后者向他们提供武器、饼干、葡萄酒等物品，可储存起来为去印度的航行作准备。有人记载当时的兵工厂就像是一座巨大的迷宫，它的内部建筑构造十分复杂，而外墙上则画着精美的图像。

当时，里斯本承担着世界贸易网中心的角色，它还提供着其他各种精美的奢侈品。在王宫广场以及河边广场举行各种公开集市。罗西奥区（Rossio）则在广场的北边，各种来自国内的产品则运到这里集中，它们满足了城市的需要。聚敛财富的外国人将里斯本变成了一个名副其实的巴比伦，大量的黑奴和仆人充斥其间，他们带给里斯本一种国际都市的气氛。确实，里斯本给各式各样的来访者一种奢华的印象。这里还有许多非洲人，他们大部分来自几内亚，也有来自象牙海岸、扎伊尔、刚果和莫桑比克的，他们承担着葡萄牙社会中最繁重的工作。他们还与葡萄牙社会中的犹太人混在一起，这些犹太人生活在阿尔法玛的犹太人居住区内。里斯本还有吉卜赛人和摩尔人，他们生活在城市北边的小山周围，那里是圣若热堡的所在地，这个区人们称之为"摩尔人区"。

地理大发现时代的影响随处可见。城市中的"新商人大街"上到处充满生机。特茹河边上是密集的商业区，里斯本的主大街是当时欧洲人流最为密集的大街之一，它反照出这个城市的剪影。这个城市的民居一般都有5层楼高。楼上居住着来自不同国家的富有的商人，他们都是来里斯本做生意的，有卡斯蒂尼人、卡塔隆尼亚人、巴斯克人、法国人、日耳曼人、热那亚人、佛罗伦萨人和威尼斯人；底楼和临街的则是各式各样的商店和精品店，其中的商品货物大都来自非洲和东方。里斯本成为这些商品在欧洲的最大的集散地。当地的居民可以看到各种来自异域的货品，其中最有特色的就是来自东方的香料,如胡椒(主要来自马拉巴)、肉桂(主要来自锡兰)、小豆蔻(主要来自科罗曼德尔和锡兰)、丁香(主要来自摩鹿加群岛),还有檀香木(主要来自帝汶、科罗曼德尔、暹罗以及望加锡)、樟脑(主要来自婆罗洲、苏门答腊、暹罗和中国),除香料以外,还有漆(主要来自缅甸)、蜂蜡(主要来自帝汶)、鲨鱼皮以及鹿皮(主要来自暹罗),来自澳门的货物则有中国瓷器、丝织品、黄金、绿宝石、日本漆器、树胶和安息香,还有一些来自东方的物品是药用的,如麝香(来自华北的山区以及西藏地区的东部)、土茯苓(葡萄牙人称为"中国根[pau de China]",据说它的根部可以医治性病),以及大黄和茶叶等。除了货物以外还有活物即人和动物,如来自非洲、巴西和印度的奴隶,被葡萄牙人从印度和中国带来的男孩,他们在里斯本的葡萄牙人家庭中充当仆人,还有鹦鹉、麝猫和猴子,它们是由葡萄牙的海员和商人出于好奇从异域带回祖国的。里斯本还是来自欧洲、非洲和亚洲各地的商人和旅行家聚集的地方,到处可见的是异国的人群、物品和情调。还有一些商店则称得上是名副其实的珍奇古玩博物馆。其中所展示的产品大部分是奢侈品。博克塞曾经如此描绘里斯本当时在东西方贸易上的地位:"巨额的来自亚洲的商品一部分在亚洲大陆沿海的港口以以货易货的方式进行交易,其余的则被葡萄牙人的船只运载着绕过好望角来到里斯本,在那里被重新分配运往地中海和大西洋地区,以此来交换金属、谷类、纺织品、航海用具和其他手工制品;里斯本由此成为一个海洋帝国的神经中枢。胡椒是来自东方的最大的进口商品,银条则是从里斯本运往金色的果阿的最大的出口商品。"

来自不同国籍和民族的人们,加上日益增长的令人炫目的消费趣味,再加上得到那些炫丽的物品又是如此容易,所有这一切都使里斯本给人一种具有异国风情的"奢华的"印象。佩雷拉(Paulo Pereia)在《曼奴埃尔一世时代的里斯本(1495—1521年)》一书中曾如此描绘地理大发现黄金时代的里斯本:

具有葡萄牙-非洲艺术特征的象牙制作的盐罐
曼奴埃尔一世时代制作。它有着天球仪的特征,上面刻着曼奴埃尔一世的箴言:"在天主中怀有希望。"

"确实,葡萄牙因里斯本而著名,它特别能够接受异国情调和外来影响。这种令人醉心痴迷的事物可以追溯到葡萄牙征服北非的扩张,这种扩张始于1415年;另外,数世纪以来,摩尔人的文化与葡萄牙人的文化同存于伊比利亚半岛之上,所有这一切都可以在'卢济塔尼亚—摩尔风格'的建筑中得到印证,这种建筑还是在曼奴埃尔时代开始的。这种房屋的特征就是它具有阿拉伯建筑的风格,同时它也代表着最早的和刻意的具有葡萄牙民族特征的建筑的复兴,同时它还带有王家和帝国的气息。它象征着葡萄牙已经对摩尔人的地区实现了统治。在辛特拉的王宫,有着成双成对的窗户,也有像伊斯兰教男子缠头巾式的柱头,以及广泛地使用绘画彩色瓷砖的建筑,它们形成了一种特殊的具有摩尔风格的君主式的建筑语言。廷臣们纷纷在自己私人的庄园别墅里仿效这种风格。在国王的带头下,整个朝廷在衣着时尚上都爱穿'摩尔人式样'的衣服。人们还使用阿拉伯风格的马具。在节日的庆典中也充满着一种晚期哥特式的童话仙境般的气氛,人们穿着带有外国风情的奇怪的长袍,表演着异国情调的音乐和舞蹈。这种庆典很快在欧洲闻名遐迩。里斯本社会以一种很自然的姿态欢迎每一种新奇的事物如贝宁的象牙制品,它们在西非雕刻但是根据葡萄牙的图像设计。快节奏的时尚以及普遍的消费,甚至影响到当地的烹饪。由于大量使用香料(有时甚至是滥用香料),已经使许多访问者倒胃口了。在那个时代的里斯本的经济活动中,有一个部分就是专门从事进口奢侈品的,甚至这些奢侈品是明显地过剩和不需要的。但是,这种包含着专门的中间人的贸易,却不断地刺激着市场的发展。"

有关16世纪中叶里斯本城市的记载最著名的是葡萄牙人文主义学者戈伊斯的记载。他赞成那时许多人士将里斯本描绘成"大海的王后或夫人"的说法。尽管在戈伊斯的记载中他将里斯本诸多的重要的建筑物与欧洲的其他城市作比较,但是人们还是可以看到那个时代里斯本的教堂以及公共建筑的规模以及城市扩张的迅速。根据他的描述,这座城市具有很浓厚的宗教特点,在它的南面桑托斯(Velho de Santos),过去曾经保存过许多罗马时代遇害的基督教圣徒的遗骸,当时已经耸立起许多雄伟壮丽的教堂。除此以外,该城市还拥有25座教区教堂以及诸多的属于托钵僧修会的修道院。同时,里斯本的重心已经从中世纪的山坡上逐渐地移到大海边上的沿岸地带,这个区域十分开阔,面向大西洋。城市中的建筑物从中心的广场向西部延伸,一直到贝伦(Belém)。沿着海边的郊外散布着一些"美轮美奂的和令人欣喜的"别墅,有时在沿着海岸的装饰华丽的王家游艇或驳船上的人们可以看见这些优美的房子。再远的地方就是名为圣朱利奥的教会的静修所（hermitage of São Julio）以及卡斯凯斯要塞（fort at Cascais）。

在内城，有许多果园和花园，到处可以看到泉水以及流淌着的溪水。许多建筑物还保持着摩尔人时代的风格。戈伊斯特别提到了一些"奢华的"建筑物如官仓、新的海关大楼、"印度房"以及兵工厂。官仓拥有两翼建筑群，内部则有无数的带有拱顶的回廊，它被人们称为国家的仓库和"卢济塔尼亚人的餐柜"。新的海关大楼是一座宏伟壮丽的建筑，它的右翼一直延伸到大海边上，其沿着大海的一边则装饰有石柱廊。戈伊斯指出："里斯本内城的宏伟壮丽、居民的人数、建筑的多样与美丽堪称欧洲第一，该城市的建筑物大约有2万幢之多，其中许多是属于重要人物以及市民个人的。它们是如此精美与奢华，以至于让人难以置信。房子的内部、墙壁、回廊以及所有延伸部分的建材都是从萨马提亚运来的，上面还装饰着木刻、黄金，以及各种不同颜色的绘画。在沿海的地方，有许多泉水，人们铺设了许多地下导管，将清水引向城市的各个地方，供人们取用。其中有一座国王的喷泉，建造得极为令人惊奇，它有大理石的柱子以及拱廊环绕，有6个阀门，似乎可以供应足够的水供全世界的人们饮用，其水量之大、之纯净、之甜美和明亮超过了我所记得的任何泉水。"

城市中央的大广场上则是市场，那里出售鱼类、甜食和各种水果、麦子，以及各种珍贵的香料。每天可以看到渔民、卖蔬菜的人、卖糖果糕点的人、屠夫、面包师、做油酥点心的人聚集在这里出售食品给市民。市场的周围还有食品店、酒店，在帐篷里做生意的商人、客栈老板以及卖布的人。鱼市上还放置着大量的篮子，当渔船抵达时，奴隶们就将鱼放在篮子里背到市场上供鱼贩子出卖。坐落在城市西部的市场一旁的"印度房"也像是一个豪华的商场，散发出香料的芬芳气味，充斥着每年从印度运来的珍珠、红宝石、绿宝石和黄金。戈伊斯记载，里斯本有22座城门，朝向内陆的有6座，如同要塞般的城墙上建造了77座塔楼。

还有一名与戈伊斯同时代的叫作奥利维拉（Cristovão Rodrigues de Oliverira）的人有着统计的癖好。根据他的记载，当时的里斯本拥有8万人口，432条街道、89条小巷以及62座建筑群。他还注意到城市的发展有的时候还依赖于一些特别的地主，他们将大片土地买下来，使得城市的规模变得更大了。比如一名叫作帕朗西阿诺（Guedelha Palanciano）的占星家和外科医生，他就购买了巴雷奥·奥托（Bairro Alto）的许多土地。即便是在这一片特定的区域内，也有五条街道从南至北穿过。

里斯本还以气候温和出名,人们在这里生活,常年感到既不太冷,也不太热。许多外国的移民离开自己的祖国,定居在这里。

16世纪葡萄牙地理大发现带来的变革终于改变了里斯本的中世纪欧洲城市的基本格局和风貌,使之成为一个更加开放和近代化的、与国际海洋贸易密切相关的城市。它充溢着反宗教改革运动的强烈的天主教氛围,又是葡萄牙东西印度航线的起点。作为葡萄牙的首善之地,里斯本对于这个国家后来的海外殖民地城市的建设模式产生了重要的影响——高处是要塞、王宫(后来迁往低地)和教堂,沿海则是港口、货仓、集市、商铺和民居。在当时的欧洲,人们找不到其他同类型的城市可以与之相提并论。这种城市模式成为葡萄牙文明的一部分,后来在葡属东方的印度和远东以及南美洲巴西的一些地方被不同程度和以不同的方式复制出来。

作者点评:

在亨利王子、若奥二世的不懈努力之后,葡萄牙的地理大发现终于在曼奴埃尔一世时代取得了伟大的成果。这个历史过程有阴暗与残暴的一面,也有光明与理智的一面。前者包括非洲西海岸早期葡萄牙人对于黑人奴隶的掠夺以及在亚洲的征服与杀戮,后者则是葡萄牙人向人类尤其是西方人展现了一个前所未有的新发现。人们看到了以前无法想象的树木、花草、森林、猛兽、鸟禽、天体、人群、异域的艺术与宗教等,还有那些奇怪的香料、信仰和思想。16世纪的人们,就像是儒纳·凡尔纳科幻小说中的人物,突然之间被抛到了一片广袤而陌生的新土地上,他们被深深地震撼了。当达·伽马在印度卡利卡特看到了奇特的印度教女神像时,还以为是"长老约翰王"国度里的基督教圣像——圣母马利亚,他怀着疑惑朝着圣像膜拜。这正是两种遥远的不同的文明最初相遇时的困惑。卡米尼亚也是带着同样的心情在巴西写下了描述那些原始民族的书信,从中似乎可以看到启蒙运动时代卢梭所向往的原始人类美好与和平的生活的某种痕迹。

葡萄牙人在亚、非建立的海上帝国一点也不比西班牙人在美洲建立的陆上帝国逊色,尤其当我们考虑到整个葡萄牙的人口在16世纪的时候一直没有超过125万人。葡萄牙也缺少船只,也许只有果阿才是葡萄牙人在本国以外唯一拥有船坞的地方。在武器方面,卡斯蒂尔人在墨西哥与秘鲁是与原始的只拥有石头和木头制作的武器的印第安人打仗,而葡萄牙人在亚洲的对手在武器的精良方面与他们的相差无几。那么葡萄牙人是如何取得胜利的呢?大致靠几个因素：其一，葡萄牙人在舰船的制造方面超过了行驶在印度洋上的没有武装的阿拉伯商船，同时，葡萄牙人在占领亚洲的一些地方的时候表现出坚韧不拔的意志和信念，这种意志和信念是他们的敌人大大缺乏的。其二，亚洲的许多地方的统治者认为海上的事情是不必要去争夺的，就像古吉拉特国王巴哈度沙（Bahadur Shah）所说："海上的战争是商人的事情，与国王的声誉无关。"其三，亚洲一些国家和地方抵抗葡萄牙人入侵的战争经常由于国内的纷争或者意见不统一被挫败或造成分裂。如在印度西海岸，卡利卡特与科钦不和，葡萄牙人便支持后者反对前者，从而在科钦站稳了脚跟；在马六甲，亚齐人与柔佛人是葡萄牙人的敌人，但是他们之间也有不和；中华帝国的中央政府不愿意与外国人通商，但是南方的地方官员则想利用与夷人的走私贸易从中获利。葡萄牙人没有办法制造这些不和，但是他们却有效利用了敌人之间的种种不和与纷争，以达到自己的目的。

第四章
若奥三世时代的守成与开拓

一、若奥三世在北非、巴西和印度的战略

曼奴埃尔去世以后，葡萄牙国家治理的重担就落在了若奥三世（João III，1521—1557年在位）的肩上。他在1521年继位，当时他还不满20岁，在位达36年。在若奥三世执政时期，自曼奴埃尔时代已经开始的浮华之风仍然有增无减，首都里斯本的财富吸引了许多来自乡村的农民，他们情愿离开祖祖辈辈耕种的土地来到城市里当佣人和佣工。1535年，一位在埃武拉大学教书的比利时人文主义学者说，在他居住的地方，农业都荒废了，葡萄牙人选择了过懒惰的生活。1525年和1535年，科特会议召开，议员们抱怨一些朝廷大臣都成了寄生虫，他们过着奢侈的生活，拥有许多不必要的仆人，国家机构则越来越臃肿，人们普遍地喜欢投机取巧。1538年，王室颁布一系列法令企图解决这些问题，包括禁止人们穿金戴银，要求主人按时付给仆人工资，禁止那些有能力工作的人行乞。

到1557年，里斯本的人口已经达到10万人，他们中的许多人是被首都的财富吸引过来的。其他人大部分是奴隶，几乎占人口的1/10。他们是搬运工人、送信人、送水工和洗衣妇等，而摩尔人俘虏则被分配做各种卑微的工作。令人忧虑的是，随着首都人口的增加，乡间的人口却在减少。许多葡萄牙人离开祖国，去了塞维利亚，有人有点夸张地说，塞维利亚有1/4的人口出生在葡萄牙。由于农业人口的减少，肉类、谷物、奶酪和黄油等食物都要依赖进口，甚至连鳕鱼干、衣服以及家具也要靠进口。1549年，葡萄牙人设在安特卫普的商站因为负债累累而被迫关闭。

若奥三世在后世的历史学家看来是一个有争议的君主，正是在他的任内，

葡萄牙建立了宗教裁判所，压制自由思想并迫害境内的犹太人。同时，从葡萄牙国家的历史上看，他并不是一位无所作为的国王。当时葡萄牙国家及其海外扩张事业以及国内的统治已经出现许多问题和挑战，有许多方面已经出现颓势，但是若奥三世维持帝国稳定达近40年之久，甚至还扩大了一些领土，并非一无所成。若奥三世还是一位有谋略的君主，他清楚地知道葡萄牙已经基本上结束了扩张时期，进入了维持和守成的阶段，因此"有些事可以尝试，有些事不能尝试"，他能"按照实际的情况去衡量他的每项政策和措施"，他的"守成"政策在许多方面都取得了显著的成就。

若奥三世像
由葡萄牙画家洛佩斯（Cristóvão Lopes，约1516—1594）大约在1550—1560年之间所画，保存在里斯本的圣罗克仁慈堂博物馆（São Roque/Santa Casa da Misericórdia Museu）。画中的国王短发、厚厚的胡须，穿着黑色的大衣，戴着贝雷帽。

北非 若奥三世十分担心他身后留下的帝国比他继位时变小，所以他不愿意在任何战线上撤退，他采取了坚持守成的战略，也取得了显著的成就。

但是，若奥三世还是不得不从少数地区特别是北非沿海撤退。1539年，若奥的大臣卡斯塔涅拉伯爵（Count of Castanheira）就国家的局势向国王提出报告，他坦率地指出，凡是可以开辟的财源都开辟了，凡是能够削减的开支也都削减了，但是仍然有必要减轻负担。因此，卡斯塔涅拉建议，必须放弃摩洛哥的萨菲和阿泽穆尔两个城市，这些城市除了消耗葡萄牙的财源以外，毫无用处。而正在这时，在非斯有一个强有力的阿拉伯政权出现了，它企图将葡萄牙人赶出北非的沿海地区。卡斯塔涅拉伯爵的建议是正确的，但是若奥一时接受不了。他听从了一些头脑发热的大臣的建议，他们劝告他永远不要放弃北非的任何地方。若奥向西班牙国王查理五世求援，虽然他也明白西班牙的财政状况与葡萄牙一样困难。若奥决心战斗，但是摩尔人已经先向葡萄牙人的北非据点发动了攻击，马格里布已经被摩尔人统一了，再加上财政以及人员的困难，这些地方终于保不住了。若奥首先于1542年放弃了萨菲和阿泽穆尔，然后于1549年又放弃了阿尔卡塞尔-塞格尔（Alcácer-Seguir），于1550年最后放弃了阿尔济拉。这些城市在葡萄牙人撤出以前都被破坏得差不多了。葡萄牙人在摩洛哥的领土缩小到只剩最初占领的丹吉尔和休达、桑塔克鲁斯德古儿（Santa Cruz de Guer）以及马扎冈（Mazagão）4座要塞。葡萄牙人一直有一个建立北非大帝国的梦想，现在这个梦想再也不能实现了。若奥对于北非占领地的丢失非常痛心，他有很重的负罪感，把自己看成对国家和基督教的背叛，受良心的谴责，他向罗马教宗请罪。

若奥三世意识到国家的衰退和帝国易受攻击，所以他对于欧洲采取了接近孤立的外交政策，几乎不抱有任何进取的企图。他几乎宁愿忍受屈辱，也不投入战争。他不与欧洲任何强国结盟，也不参加大陆的战争。他与西班牙的关系是友好的，部分原因是他与西班牙国王查理五世的妹妹哈布斯堡或奥地利的卡特琳娜（Catherine of Habusburg or Austria, 1507—1578）结婚。但是，葡萄牙与法国的关系就比较复杂。当时的法国国王即著名的法兰西斯一世（Francis I, 1515—1547年在位），他性喜扩张和侵略。对于葡萄牙来说，幸运的是，法兰西斯一世把查理五世看作头号敌人，他把攻击的矛头主要指向西班牙。但是在大海上，尽管法国人对于好望角更远的航行缺乏足够的航海知识，但是他们的海盗船经常给葡萄牙人造成困难。法兰西斯一世绝不认为法国在海上的行动应当受到划分葡萄牙和西班牙势力范围的《托尔德西里亚斯条约》的约束。有一次，当西班牙的公使向这位法国国王抱怨法国的船只入侵大西洋的时候，法兰西斯一世发表了一通著名的说辞："派遣我的船只到那里去，是否意味着宣战？意味着破坏我对西班牙国王陛下的友谊呢？阳光照在别人的身上，也照在我的身上。如果亚当的遗嘱有剥夺我参与分割世界权利这一条，我倒很愿意拜读。"

巴西 当法国的海盗船还没有明显地表现出想要在巴西立足以前，在数年之内，若奥三世一直耐心地忍耐着这些法国船只对于葡萄牙人的劫掠。当时，葡萄牙人还没有想到要在广袤的巴西绵亘无际的沿海地区实行殖民，也没有企图去管理它。但是若奥三世绝不愿意也不敢让巴西的港口落入法国人手里。他知道，任何外国人，只要在巴西拥有基地，他们就会有一个极好的据点，从那里出发攻击那些从印度和东方其他地方回来的满载香料、瓷器和丝绸的葡萄牙船只，而这些船只往往是设备条件较差、人手缺乏的。

1526—1528年，若奥三世派出了由克里斯多夫·雅克斯（Christopher Jacques）率领的大型舰队巡航巴西沿海地区，并于1516年建立了一个永久性商站，它的地点与其他欧洲人活动的地方保持了很长的距离。

1530年，若奥三世为了争取战略的主动性，采取了永久征服巴西的第一个步骤。他派出精明强干的马蒂姆·阿方索·德·索萨（Matim Afonso de

Sousa,1500—1564)前往巴西,要求他赶走巴西沿海的外国人,建立一个永久的居留地。从此葡萄牙有系统地开拓这块殖民地的设想正式付诸实现。阿方索·德·索萨率领5艘舰船、400名船员以及殖民者带着种子、家畜来到巴西沿海地区,他们重新勘查了自伯南布哥到拉普拉塔的海岸线,他们沿着巴西沿海稳步前进,遇到了一些法国私贩,把他们赶走。葡萄牙人的舰队还发现了卡斯蒂尔和葡萄牙的白人居民,他们定居在不同的地点,或单独居住,或与印第安人一起生活。葡萄牙的舰队一路探索,在到达拉普拉塔河以后,选定靠近现代的桑托斯的一个地方建立了圣维森特(São Vicente)殖民地,它筑有教堂、政府机构、两个要塞以及居民区。葡萄牙国王授予统治当地的舰长广泛的权力,他可以任命官员以及分配土地。葡萄牙人开始种植小麦、葡萄,并且养牛;他们还在该城市周围的沼泽地上种植了第一批甘蔗,安装了第一台榨糖机。当时该地区已经有了葡萄牙人居住,其中一个著名人物叫若奥·拉马里奥,在他的倡议之下,葡萄牙人在距离海岸大约几里格的腹地建立了一个村庄,它叫皮拉蒂尼加(Piratininga),后来它发展为今天的圣保罗市。1532年,阿方索·德·索萨让一同来的移民在那里居住下来。不久,他率领大部分的舰队回到了葡萄牙,后来他成为葡属印度的总督。

若奥三世知道这样还不能解决巴西的问题,因为用一个居留地去维持从赤道到南温带这一片广袤的沿海地区是很难奏效的,国王迫切需要扩大巴西的殖民地。当时的葡萄牙国库空虚,政府的企业是无能为力的,因此,国王只好乞灵于古老的封建思想,采用葡萄牙人历史上在大西洋诸岛屿上一直使用的"受封者制度"(donatary syetem)。若奥三世的政府把巴西沿海分成若干块封地,封赠给他信任的葡萄牙贵族,称他们为受封者或地主(donatários)。每个受封者负责从葡萄牙输送移民,开发封地内的经济资源,他可以对封地的居民课税并且统治他们;反过来对于葡萄牙国王则负有财政上以及法律上的义务。

1534年,若奥三世继续有系统地推进巴西的殖民化。他将从亚马孙河河口到圣维森特的沿海地区划分为12个世袭性质的舰长领地(hereditary captaincies)加以统治。这些领地在沿海地区的长度从30—100里格不等,但是可以无限地向内陆延伸。北方有4个舰长领地,位于北帕拉伊巴(Paraíba do Norte)和亚马孙河之间,尽管它们已经分封给受封者以及地主,但是这些地方在16世纪的时候一直没有被葡萄牙人占领。其余的8个舰长领地,只有在东北方的伯南布哥以及最南端的圣维森特,在克服了一些初创时期的困难以后，人口相对比较集中，经济也发展了起来。其他的地方不是因为印第安人的攻击就是由于偏僻荒芜都被放弃了。

这个世袭舰长领地制度在少数地区，特别是在伯南布哥和圣维森特取得了良好的成绩。当时，葡萄牙人已经在巴西沿海地区站稳了脚跟，所以他们急于发展新的出口商品。巴西红木已经由王室垄断经营，但是不能仅仅依靠红木来维持殖民地的经济。于是，甘蔗种植和蔗糖业就成为巴西殖民地经济的另一个重要支柱。伯南布哥在地理位置上距离葡萄牙最近，它的沿海地区拥有大批巴西红木和适宜种植甘蔗的优良土壤。1533年，索萨在圣维森特建立了蔗糖加工场。1545年，当地已经建立了6家制糖工场。不久以后，在伯南布哥的富有进取心的受封者杜亚尔特·科埃略（Duarte Coelho），依赖于另一名长期与印第安人居住在一起并通晓印第安语的葡萄牙人瓦斯科·卢塞纳（Vasco Lucena），依靠与印第安人合作而不是战争的办法，积极地开拓殖民地，在当地种植棉花、烟草以及甘蔗。他自豪地向国王报告说："我们有种植甘蔗的广阔的土地，这里的人们都辛勤地劳作，我尽可能为他们提供一切帮助，很快我们就能够建成又大又好的制糖厂。"到16世纪中叶的时候，每年当地50家糖厂生产的糖就足以装满开往欧洲的40—50艘船。1560年，蔗糖加工业已经在伯南布哥和巴伊亚牢固地建立起来了。到1580年，科埃略的儿子已经是巴西的首富，他本人也是葡萄牙海洋帝国境内最富有的商人之一。在伯南布哥，以获利为目的的农业殖民地获得了极大的成功。在圣维森特，制糖业也是当地繁荣的基础。伯南布哥以及圣维森特共同开发了巴西的制糖业。在近代早期，制糖业在农业加工业中是比较有技术含量的复杂的产业，需要比较充裕的资本以及专业知识。在巴西，最初的投资者都是新基督徒，意大利人和佛兰德斯人。另外，原本从意大利来到马德拉岛的种植甘蔗的农场主，又从马德拉岛将甘蔗种植以及制糖业技术带到了这里。后来，本地的商人也加入了进来，这些商人往往是参加海外贸易的人士，还有的则是通过当地的机构如仁慈堂加入的。葡萄牙人原先在马德拉群岛和圣多美已经积累了制糖业的经验，16世纪下半叶欧洲的市场需要又刺激了制糖业的发展，巴西当地的自然气候以及土壤比大西洋上的岛屿更加适合甘蔗的生长。在伯南布哥的瓦尔泽亚（Várzea）以及巴伊亚的环巴伊亚湾区的沃土上，没有大西洋岛屿上的田鼠以及甘蔗疾病的滋生，极其适合甘蔗的生长。同时，伯南布哥以及巴伊亚在巴西的红木出口贸易中也占据了很大的份额。作为近代欧洲第一批在商业贸易的基础上耕种新大陆土地者，他们的经验证明了利润丰厚的农业殖民者完全可以远离祖国，并为国王、地主、船主和商人提供丰厚的财富。在其他若干地区建立的受封者殖民地，虽然穷苦，却也能够勉强维持。还有一些居留地因为印第安人的敌视而日益缩小或变得不存在了，有少数封地基本上是徒有虚名。很明显，这些土地的占有者把这些封地看作地产投资，而不是看作需要开发的殖民地。1548年，葡萄牙政府认识到封地制度虽然对于维持葡萄牙在巴西的势力有一定的作用，但是还需要进一步加强管理，特别是要消除法国人的威胁以及取缔和镇压某些封地的违法乱纪行为。

1549年若奥三世采取进一步的措施，委任托梅·德·索萨（Tóme de Sousa）为总督，率领一批行政官吏、士兵以及1 000多名移民和第一批耶稣会神父前往巴西。这年的3月29日，由6艘舰船组成的舰队来到当地，葡萄牙人在诸圣湾（Bahia de Todos os Santos or Bay of All Saint）的东南海岸上建立了萨尔瓦多城（Cidade do Salvador or City of the Savior，即救世主城），并以此作为新近建立的舰长领地。萨尔瓦多是城市的名字，在宽泛的意义上它又被称为巴伊亚（Bahia），巴伊亚还可以用作总督驻地的名称，在葡萄牙的官方文件中也是这样使用的。从1549年建城至1763年总督府迁往里约热内卢为止，它一直是葡属巴西殖民地的首府。新的总督直接向里斯本的王室负责，他着手建立葡萄牙在巴西殖民地的中央政府，向各个辖区派去了法官和财务主管。萨尔瓦多（或称巴伊亚）是按照母国里斯本、波尔图以及葡萄牙海外殖民地城市如安哥拉的罗安达、印度的果阿以及中国的澳门等地的模式建立的。它建在一片起伏不平的山地上，自上而下延伸到海边。城市的制高点上建有教堂、修道院、公共建筑如市政厅和仁慈堂，以及贵族和绅士的楼房。在城市的下方，狭长的岸边是商业区如仓库、码头和商店等。在上城和下城之间，有一条狭窄的、曲折的和陡峭的街道或是小径连接，这并不方便于带轮子的交通工具。奴隶们用马和骡子驮着货物运输物资，贵族和商人们雇佣轿夫抬着他们行走来回于上城和下城之间，而不是使用马车作为交通工具。总而言之，这是一座典型的葡萄牙中世纪式样的港口城市，在人口急速发展的形势之下明显地缺乏有计划的设计和规划。总督索萨在萨尔瓦多建城之后，也开始对巴西的南部地区进行了长期的访问。为了加快经济的发展，他慷慨地分配赠地，从佛得角进口牛群并鼓励建造更多的糖厂。国王还委托从葡萄牙本国来到美洲的耶稣会士向印第安人传教，并努力维持殖民地的葡萄牙殖民者的道德生活，向他们不断地布道，巩固他们的天主教信仰。从那时起，巴伊亚作为葡属巴西的首府一直持续到18世纪。

1631年的巴伊亚地图

在1534年最初受封的第一批地主之后,其后继者就不再是大贵族或者富有的商人,而是一些乡绅和小贵族。他们虽然被国王授予广泛的司法和财政的特权,但是他们中的大部分人没有大的资本和财力去大规模拓展土地。王室授予他们的特权包括建立城镇,享有市镇官员的权利,还有权判处奴隶、异教徒以及低级基督徒自由民的权利,享有在地方上收税的权利。除了王室专营的商品如巴西木以外,他们有权向一些建筑物如糖厂、磨坊等颁发执照,允许他们经营,他们还有权向一些特定的产品如糖和鱼征收十一税等。受封地主的制度是封建主义和资本主义的混合体,以前就在马德拉岛和亚速尔群岛成功地实施过。

若奥三世在巴西设立世袭舰长领地制度以及在巴伊亚建立中央政府这两项措施不管最后是否获得成功,总在一定的时期,维持了葡萄牙人在巴西沿海地区的统治,数以千计的葡萄牙人来到巴西沿海地区定居。当地的状况发生了显著的改变,直到这时,葡萄牙人的定居者与美洲印第安人的关系还不算太紧张。葡萄牙去往巴西的先驱者和定居者开始的时候与美洲印第安人物物交换,后者则为他们提供食物和劳动力,就像临时来到美洲的贸易商和采伐巴西木的伐木工一样。但是随着时间的推移,葡萄牙人定居者开始在伯南布哥以及巴伊亚的土地上清理以及划分农作物特别是木薯的生长地以及规划甘蔗田的时候,他们就发现美洲印第安人的劳动力不足。这些原始的部族只是为了换取葡萄牙人带来的工具和小首饰等小玩意儿而间隙性地、短暂地干一些农活。他们的天性不愿意长期劳动,特别是一生都在农场和甘蔗园里干活。

另一方面,就是从葡萄牙来的移民,他们即便原来是拿着锄头种地的农民,在来到巴西以后,也不愿意干体力活。他们觉得自己之所以来到了一片新的应许之地,就是为了逃避干活。于是,葡萄牙人强迫美洲的印第安人从事农业劳动或是当奴仆,对待他们如同奴隶。他们从内陆的原始部族首领那里"赎回"或者购买战俘,有时他们主动地袭击印第安人的村庄,获取奴隶。1570年,王室下令禁止这种做法,除非这些战俘是在所谓"正义的"战争中以及食人生番部族中俘获的。但葡萄牙移民没有严格地执行这个王室禁令。另外一些原因也使得甘蔗种植园的劳动力下降,主要是因为欧洲人带来的疾病如天花等迅速传播,以及美洲印第安人不堪忍受苦役而大量地死亡。巴西当地气候湿热,适宜于甘蔗的生长。第一批榨糖机器安装100年以后,每年的糖产量达200万阿罗巴(1阿罗巴相当于15公斤)。糖厂的老板与非洲西海岸的几内亚建立了直接的联系,他们从那里购买了大量的黑人奴隶去巴西种植甘蔗或者从事榨糖业。这些都使葡萄牙移民不得不在16世纪下半叶转而设法从非洲的黑人奴隶贸易中获得劳动力。

当时,许多在葡萄牙受到迫害的犹太人也纷纷逃亡至巴西避难,这种迁移往往是有去无回的。大多数葡萄牙移民都是不带家属而孑然一身到巴西的,然后他们就与当地的女子结婚,从而形成一种混血人种——马麦卢科斯族。这种种族融合对于葡萄牙文化在南美洲的扩张起到了推波助澜的作用。1583年,在巴西的以葡萄牙人为主的白种人达2.5万人。

葡萄牙人在巴西的殖民事业开始的时候遇到法国人的挑战。1555年,有一批法国人在尼古拉·德·维莱盖农(Nicolas de Villegainon)的率领之下,在瓜纳巴拉海湾(Guanabara Bay)建立了一个居留地。法国人渴望在南美洲建立一个帝国,他们把这个帝国夸张地称为"南极法兰西"。但是这个法国的殖民地后来发生了分裂,因为一些新教胡格诺派带领了一些平信徒从日内瓦的加尔文大本营来到了维莱盖农的地方,他们与原来的法国天主教移民发生了神学上的争论,引起了殖民地内战。一些人回了法国,另外一些人去与印第安人住在一起。这个法国居留地的领导者最后也放弃了他们的事业。1560

年,葡萄牙驻巴西的总督梅姆·德·萨(Mem de Sá,1557—1572年在任)率领军队消灭了微弱的法国殖民残余。1565年,总督萨将里约热内卢建成为一个与法国人战斗的基地,经过长期的战斗,终于将法国人驱逐出境。此时,里约热内卢的面积扩大了,它的重要性也提升了,这里有一个优良的港湾,同时也有肥沃的土地可以种植甘蔗并发展制糖业。最初还有个别法国人居住在塔莫约,在周围的印第安人中间传播加尔文教义。最后,当葡萄牙人扩张到这个地区时,一切新教教义的影响也就自然消失了。不久以后,葡萄牙人又在里约热内卢建立了成熟的居留地。巴西的沿海地区从南到北基本上处于葡萄牙人的控制之下。葡萄牙人在巴西与法国人的矛盾没有导致葡萄牙与法国的公开宣战。若奥三世屡次通过葡萄牙驻法大使抗议法国的行动,但是抗议的措辞从来没有强硬到足以关闭和解的大门。而法国人则过于忙于处理欧洲的事务,把与葡萄牙的关系作为一个次要的问题。

印度和远东　在印度和东方,葡萄牙人虽然在经济上被帝国的沉重负担所拖累,但是仍然能够以武力取得胜利。若奥三世在统治初年,感觉到葡萄牙在东方的领土由于阿尔伯奎克的继任者力不胜任,迫切需要一个强有力的人物来接手管制。1524年4月,若奥三世派已经年老的瓦斯科·达·伽马为葡属印度总督,率领14艘舰船于这一年9月抵达印度,这是达·伽马第三次来印度。他在抵达印度以后,就想运用总督的权力扩大葡萄牙人在印度西海岸的贸易和势力。但是不久,他就罹患疟疾,于12月24日圣诞节前夕在科钦去世。达·伽马在科钦去世以后,被安葬在科钦要塞附近的圣方济各教堂(the Church of St.Francis),直到1539年他的遗体才被运回葡萄牙的家乡。1880年,据称他的遗体又被迁葬于著名的里斯本圣杰罗姆修道院教堂。他的继任者梅内塞斯(Henrique de Menezae,1524—1526年在任)的统治坚强有力,他与萨莫林王展开大规模的战斗,那时,萨莫林王用一支庞大的军队包围了由300名葡萄牙军人驻守的卡利卡特要塞,梅内塞斯带领一支葡萄牙舰队增援,与兵力超过自己25倍的敌军决战,成功登陆,取得彻底的胜利。

但是葡萄牙人在东方不能停步不前,必须继续前进。1531年,葡属印度总督库尼亚(Nuno da Cunha,1529—1538年在任)企图攻占位于果阿北方的重镇第乌。这个地方以前葡属印度第一任总督阿尔梅达曾经集结军队试图占领它,但是没有成功。库尼亚再度集结一支强大的舰队进攻第乌,但是古吉拉特人坚强抵抗,使得他遭遇严重的失败,不得不退兵。可是到1538年,葡萄牙人逐渐地达到了他们的目的。古吉拉特的统治者巴哈杜尔-沙阿(Bahadur

Shah）那时受到了莫卧儿皇帝的威胁，几乎要逃亡到麦加去。他的谋士们劝告他要与葡萄牙人和解，以便得到他们的保护。巴哈杜尔接受了这个劝告，允许葡萄牙人在第乌岛上建立一个要塞，但是税收则归古吉拉特人。库尼亚不失时机地在当地修建了要塞，该要塞由索萨（Manoul de Sousa）任长官，配有900名士兵以及60门大炮。但是不久，巴哈杜尔就感到后悔了，决定把葡萄牙人赶走。他与印度西海岸的其他一些统治者结成联盟，甚至包括与奥斯曼土耳其人。这些土耳其人从苏伊士派舰船来参战，此次围攻历时1538年的大部分时间。土耳其人的重炮远远超过葡萄牙人的小炮，但是葡萄牙人凭着坚定的决心坚持了下来。不久，奥斯曼土耳其人与古吉拉特人发生了矛盾，他们启程回国了。1539年年初，继任的果阿总督诺罗尼亚（Garcia de Noroha，1538—1540年在任）带领一支装备精良的舰队到任，迫使古吉拉特人讲和。

诺罗尼亚的继任者是瓦斯科·达·伽马的儿子埃斯特旺·达·伽马（Estevão da Gama，1540—1542年在任）。他看到了在红海出没的土耳其战舰对于葡萄牙人在印度洋的存在是一种威胁，于是采取了阿尔伯奎克的旧的方案，企图先在红海地区建立葡萄牙人的霸权。1541年，他的舰队朝着托尔和苏伊士方向驶去，很快就经过亚丁，途中，葡萄牙人洗劫了萨瓦金城。当他的军队来到托尔的时候，碰巧遇到两个从西奈山来的托钵僧朝圣者，他们为托尔请命，因此葡萄牙人没有破坏这个城市。由于天气不好，伽马的主要舰队不能抵达苏伊士，于是土耳其人攻击了他所率领的少量的舰队，他不得不撤退。像阿尔伯奎克一样，葡萄牙人威震红海，但是没有把红海地区从土耳其人手中夺过来。

印度人对于第乌的第二次围攻发生在1545—1546年间，它比第一次围攻的规模更大，那时若奥三世的印度总督是若奥·德·卡斯特罗（João de Castro，1545—1548年在任），他是葡属印度帝国建设者中的最后一位。他从各方面来说，都不愧是阿尔伯奎克的继承者。正在古吉拉特的新统治者穆罕默德打算再次消灭葡萄牙人的时候，他来到果阿就任。当时驻守第乌的统帅是马士加路也（João de Mascarenhas），他抓到了两个想要破坏葡萄牙人军火库的叛徒，知道敌人的进攻迫在眉睫，处境危急，因为他只有200名士兵，却被数千名古吉拉特人、土耳其人以及埃及人所包围。围困从1546年初开始，卡斯特罗从整个葡属印度的据点上抽调兵力，于11月率领援军抵达第乌海面，由于葡萄牙在印度的军队整体兵力非常少，所以卡斯特罗的第乌保卫战是以"整个印度为赌注"的。他冒着风险，很好地指挥了战斗，取得了全面的胜利。他不但为葡萄牙人保住了第乌，还保住了整个葡属印度。

到16世纪中下叶，葡萄牙人以果阿为中心，逐步控制了所谓"北方省"（Province of the North），除了第乌以外，还包括位于曹尔与达曼（Damâo）之间的地带，从沿海地区延伸到内地大约四五十公里。1535年10月25日，果阿总督库尼亚以葡萄牙人帮助苏丹王驱逐沿海的海盗为名，将巴辛（Baçaim）地区归葡萄牙人所有，并不失时机地在巴辛设立机构管理这块领土。巴辛是一个筑有围墙的城市，里面的葡萄牙人大部分是有贵族身份的，这个城市由此得名"堂·巴辛"（Dom Baçaim）。北方省中除了沿海的要塞以及一些城镇以外，还有一些村落，它们被称为Aldeias，这个词在葡属巴西是指"传教村"（a mission village），在葡属印度，则是指向葡萄牙地主、王室或教会缴纳租金或贡赋的村落。它们一般面积很小，只有一些棕榈树丛林或稻田，有一些种植者居住在里面，他们工作勤奋，土壤也比较肥沃，耕作也比较精细，种植的作物收入比较高；有些村民已经接受了基督教，有些则还是印度教徒。

"北方省"的村落往往由王室或由总督以王室的名义授予两三个当地的家族加以管理。这些家族的管理是世袭的，他们以每年支付免役租金的形式酬谢王室。王室和总督也经常将一些村落赠送给一些男士或者女士，有时也以嫁妆的形式赠送给一些值得奖赏的寡妇或孤儿。例如在1561年，有一名炮手的遗孀便受赠了一个村庄，"条件是她必须与另一名炮手或即将成为炮手的男士结婚"。到16世纪末叶，这些村落都经营得井井有条，收成颇丰。它们必须向王室和政府履行三个方面的义务：一是每年向王室缴纳免役租金，二是受赠人必须与其家人住在这些村落里，三是必须为果阿的防务提供阿拉伯马匹和毛瑟枪。博克塞认为这种制度与西班牙人在美洲大陆的管理模式十分接近，很可能源于伊比利亚中世纪末期基督徒从摩尔人统治下争取解放的光复战争。根据16世纪下半叶来果阿的旅行家的描述，这些村落里的葡萄牙地主生活水平较高，居室宽敞，过着体面的生活，而当时葡属印度的其他地方，甚至包括果阿在内的许多葡萄牙人，仍然生活在贫困之中。

若奥三世时期，葡萄牙人还通过和平的贸易在远东获得了发展，并扩大了影响。

1542年（一说1543年），有3名葡萄牙逃兵搭乘一艘中国福建的平底帆船来到日本九州南部外海的种子岛。早在此前几十年，该岛已经形成一个与琉球群岛贸易的港口，所有从琉球到九州鹿儿岛的贸易船只都要通过该港口。这艘中国福建的平底船被风暴吹离航线，在种子岛停泊。于是，葡萄牙人在偶然中发现了日本。以后葡萄牙人陆续来到种子岛，带来了火枪、烟草和肥皂，这些物品都是当时日本人所不了解的。在葡萄牙人带到日本的物品中,以洋枪最受日本人欢迎。因为当时日本正处在战国时期,诸大名均需要这种武器。次年,日本人就在种子岛仿制洋枪。其后,又在堺市生产出著名的"堺筒"。织田信长控制了堺市以后,加速了洋枪的生产。当时生产洋枪的工匠,都是从原先刀匠会的工匠转业来的。后来,近江的国友村也在织田信长、德川家康的庇护之下生产洋枪,称为"国友筒",国友村的工匠成为江户幕府的御用工匠。不久,葡萄牙人还从中国沿海带来日本人喜爱的中国丝绸和瓷器,而从日本运大宗的银条回本国。由于日本盛产白银,从美洲横渡太平洋来到日本的卡斯蒂尔人则称日本列岛为白银列岛。

葡萄牙商人是先于传教士抵达中华帝国的。早在16世纪20年代,卢西塔尼亚的走私商人就已经频繁地出现在中国沿海地区。他们用胡椒、苏木和象牙与中国人交换粮食、丝以及其他物品。1513年6月,葡萄牙人在马六甲商站的财务主管乔治·奥维士(Jorge Álvares)从海上登陆中国,登上葡萄牙人所称的大芒岛(Tamang island),竖立了一块刻有葡萄牙盾形徽章的柱石,试图作为他发现新地的见证。1517年,第一位葡萄牙使节托梅·皮雷斯(Tomé Pirés,1465—1524)到达中国广州,试图建立与中国的长期贸易关系。这是葡萄牙人与中国人有官方往来的开始。1537年,葡萄牙人在距澳门西南80公里的圣约翰岛即上川岛(Island of St. John or Sanchuan)上的贸易活动已经十分活跃,耶稣会士沙勿略即于1552年逝世于该岛。不过,这不是一个永久的居留地,葡萄牙人只是在每年8—11月的贸易季节在岛上搭起一些草屋,在贸易结束以后即付之一炬。不知是何原因,1554—1555年,广东地方官员允许葡萄牙人使用更东面的一个小岛——浪白滘(Island of Lampacau),作为他们的贸易基地,这是前一年葡萄牙的舰长索萨(Leonel de Sousa)与中国的地方官吏达成口头协议的结果。按此口头协议,葡萄牙人在该岛贸易必须缴纳20%的关税。直到1558年,浪白滘一直有一年一度的贸易集市。那时,葡萄牙人与日本九州的许多地方已经建立较为稳定的贸易关系,由于季风,从果阿经由马六甲出发前往日本的葡萄牙人必须在中国海岸某地作长期停泊。船只在每年4—8月间离开马六甲,航行约一个月到广州附近的岛屿。中途必须停泊,带上大批中国的丝绸,继续前往日本列岛,否则在日本就无货可以贸易了。但是,从南海吹向日本的季风是在5月底至7月底到来,所以从马六甲到日本的航行,往往无法在同一年完成。葡萄牙的船只,要在中国海岸停靠10个月左右。浪白滘是一个岛,交通不便,而且由于其水域常被淤泥堵塞,不适合海上贸易。于是约在10年以后,葡萄牙人逐渐地移往东面约50公里的一个半岛即澳门。澳门与上川岛和浪白澳是完全不同的,它是一个半岛,生活必需品的供应可以依赖于香山县的居民,还可以雇佣大批的工人来从事各种劳务。至少从1557年开始,广东官吏不再命令葡萄牙人离开这个临时居留地,于是从那时起,这个居留地就渐渐扩大了起来。澳门的主权并不属于葡萄牙人,他们每年要向中国政府缴纳租金。

二、耶稣会士去往葡萄牙及其海外殖民地①

葡萄牙天主教会是西欧最为积极贯彻罗马教廷为反宗教改革而召开的著名的特兰托大公会议(The Council of Trent)的欧洲天主教国家的教会之一。早在特兰托大公会议召开期间,葡萄牙朝廷就通过葡萄牙驻罗马的使节向教廷保证会派主教参加。虔诚的多明我会士、布拉加的总主教马蒂雷斯(Bartolomeu dos Mártires, O.P., 1514—1590)是当时葡萄牙国内积极推进罗马天主教会反宗教改革运动的人士。他出生于里斯本附近维德拉(Verdela)的一个贫寒家庭,1527年加入多明我会,在完成学业以后,一直在里斯本和巴塔利亚的多明我会修道院里教授神学和哲学。1538年,他在违背本会意愿的情形之下接受布拉加总主教的职位,于1559年正式接受祝圣。他于1561年5月18日参加了已经接近尾声的特兰托大公会议,他是作为第一个非意大利籍的主教与会的,因为其高深的神学造诣以及个人品德深受与会者的尊重。几个月以后,葡萄牙朝廷又任命高级贵族马士加路也(Fernando Martin Mascarenhas)作为使节列席特兰托大公会议。虽然葡萄牙参加大公会议的人数不多,但是他们两人在会议结束阶段发挥了重要作用。在1564年大公会议结束以后,马蒂雷斯总主教回到布拉加教区,积极推进大公会议的各项决议(马蒂雷斯于1580年辞去总主教的职务,回到多明我会在维亚纳堡[Viana do Castelo]的修道院,1590年逝世。1845年罗马教宗格利高里十六世[Gregory XVI]册封他为"可敬的人"。2001年,罗马教宗约翰·保禄二世[John Paul II, 1978—2005年在位]册封他为真福品)。当时,葡萄牙国王若奥三世的弟弟、埃武拉教区的主教以及后来的枢机主教恩里克(Cardinal Henrique,

---

① 本节叙述的耶稣会士在葡萄牙及其海外殖民地的传教活动,起自若奥三世时代耶稣会进入葡萄牙,直至17世纪初。

1512—1580；1578—1580年兼任葡萄牙的国王）也是贯彻特兰托大公会议决议最为重要的人士。1564年9月，葡萄牙宣布特兰托大公会议为国家的法律——加强罗马教会的圣统制，宣传特兰托大公会议的教义和信条，抵制任何"异端邪说"，整顿教区司铎与修会司铎的纪律，培养和深化平信徒的宗教热忱和情怀，并监督他们的生活状况和道德行为。

葡萄牙反宗教改革运动中最突出的事件就是耶稣会士来到葡萄牙。耶稣会士后来在葡萄牙本国的宗教和文化教育事业，以及在葡萄牙保教权庇护下的巴西、印度、中国和日本的基督教传播过程中所起的作用是奠基性或决定性的。

耶稣会是罗马教会在反宗教改革中产生的最重要的修会。它的创立者是西班牙人罗耀拉（Ignatius Loyola，1491—1556）。他出生于比利牛斯山脉南部的罗耀拉城堡，早年曾经从军，服务于纳格拉公爵（Duke of Nagera）麾下。1521年，他在一次与法军的战斗中右腿负伤。他在养病期间阅读了《基督生平》以及《效法基督》等书，促成其内在精神的转变。康复以后，他去了蒙特塞拉特（Monteserrat）朝觐圣母马利亚，并做了一次总的忏悔，立志要做基督的勇兵。后来他写了著名的灵修著作《神操》（Spiritual Exercise）。1524年至1537年，罗耀拉先后在萨拉曼卡大学以及巴黎大学求学，并于1533年取得文学硕士学位，时年42岁。在他身边聚集了一批志同道合者，如塞渥亚人彼得·法贝尔（Peter Faber，1506—1546）、纳瓦拉人方济各·沙勿略（Francis Xavier，1506—1552）、迭奥戈·莱纳斯（Diogo Lainez，1512—1565）、阿方索·萨尔梅隆（Alfonso Salmeron，1515—1585）、西蒙·罗德里格斯（Simâo Rodriguez，1510—1579）和尼古拉·博瓦蒂利亚（Nicholas Bobadilla，1511—1590）。1534年8月15日，他们一起在巴黎蒙马特尔山的圣但尼斯教堂的地下室（今天的蒙马特尔圣彼得教堂，Saint Pierre de Montmartre）发愿，志愿献身于去往耶路撒冷城的传教工作。1537年3月25日，他们一同来到罗马，得到当时教宗保禄三世的许可去耶路撒冷朝圣，后因各种原因未得实现，于是他们就在罗马的犹太人中从事传教活动并看护病人。1540年9月27日，教宗保禄三世（Paul III，1534—1549年在位）在"Regimini militantis ecclesiae"通谕中批准耶稣会成立。1541年4月，全体会士一致推举罗耀拉为耶稣会第一任总会长。

在那个时代，耶稣会是一个极有特点的修会：除了一般修会的修士所必须具备的绝才、绝色和绝意的三愿之外，该会还要求会士严格服从教宗的旨意。初期的耶稣会在征选会士的时候有着极为严格的标准，有异端思想者、从事教会分裂者、负债者、曾经结婚者、有不良道德记录者、无法控制自己感情者、有

教宗保禄三世批准耶稣会的创立
由18世纪的葡萄牙画家库尼亚（Domingos da Cunha）绘制，保存在里斯本圣罗克仁慈堂博物馆。

气无力者、有野心者都不在膺选之列，会士必须信仰纯正、身体健康、外表出众。在面对欧洲各国宗教改革浪潮的剧烈冲击之下，耶稣会担当了罗马教会反宗教改革突击队的角色，以及天主教海外传教事业的重任。与此同时，耶稣会也要求会士具备良好的文化和学术素养，以应对时代的挑战。耶稣会经历了文艺复兴的盛期，它的会士积极地吸收希腊和罗马的人文主义文化以及当时正在逐步发展的科学思想。耶稣会一方面要求会士盲目服从，另一方面又要具有那个时代最突出的修养，成为"行动中的默想者"以及"教室中的使徒"。1551年，罗耀拉在罗马创建了罗马学院（the Collegio Romano or Roman College），作为耶稣会总会领导下的设在中央的文化教育机构，聘请了一批优秀的数学家、物理学家、天文学家以及基督教人文主义学者从事教学。从罗马开始，耶稣会士随着他们迈向世界的步履将耶稣会的传教和教育事业推向世界各地。

与欧洲天主教会其他古老的修会不同，耶稣会自成立之初就发展迅速。1549年耶稣会已经在欧洲的21所城镇驻扎下来，但是当时只有在里斯本、果阿、科英布拉、干迪亚、罗马、帕杜瓦以及墨西纳7个城市有自己的会院。一年以后，在西班牙的一些城市出现了耶稣会的会院，不久，耶稣会士就到达了日本以及巴西。1552年年内，耶稣会就建立了11所学校，包括在阿尔卑斯山以北和维也纳。1553年，又有印度、葡萄牙、卡斯蒂尔、阿拉贡、意大利以及巴西等6个耶稣会会省已经开始独立运作。在1556年罗耀拉逝世时，耶稣会已经建立了12个会省即意大利（不包括罗马）、西西里、上日耳曼、下日耳曼、法国、阿拉贡、卡斯蒂尔、安达卢西亚、葡萄牙、巴西、印度以及埃塞俄比亚。耶稣会教育事业的发展如同该会传教事业的推进一样迅速。1556年罗耀拉去世时，耶稣会已经有35所学院，1579年有444所学校以及100所神学院，1749年有669所学校以及179所神学院。到1773年取缔耶稣会前夕，耶稣会在从中国澳门到秘鲁利马的广大的天主教世界中已经有了800所学院。1556年，耶稣会学院中的毕业生已经有1 000名，1565年有3 500名，1710年有20 000名；1749年有22 600名。耶稣会的会士比同时期欧洲其他修会的会士更多地抵达美洲和亚洲的印度、中国、日本等广大地区，对于当地的完全不同于欧洲的文明抱着研究、适应以及调和的态度，他们中的一些人致力于将天主教的教义融合到世界各个不同地方的本土文化中去。耶稣会在文化上的另一项重要工作就是在欧洲以及世界各个不同的地方兴办学校和学院，从事古典教育，丰富人们的精神生活，所以他们也被称为"基督教人文主义者"。

早在1539年8月4日，葡萄牙国王若奥三世就通过里斯本驻教廷的大使马士加路也请求罗耀拉派耶稣会士前往葡萄牙。当时耶稣会尚未得到教宗的批准，国王对于耶稣会士就十分心仪，他写信给他在罗马的大使说：他从巴黎大学的教授戈维亚（Diogo de Gouveia）那里听到了"这些学识渊博的耶稣会士……他们的布道取得了巨大的成功。他们抱有皈化异教徒的志愿，而且他们说如果教宗愿意的话，这些会士愿意去印度"。同时，若奥三世写信给他驻罗马的大使马士加路也，请求教宗允许在葡萄牙建立耶稣会并且征召会士前往葡萄牙服务。马士加路也不仅忠心耿耿地为葡萄牙国王服务，而且他的私人的忏悔神师就是耶稣会总会长罗耀拉本人，因此他特别热烈地响应和贯彻国王的指示。

1540年6月，第一批两位耶稣会士来到葡萄牙的首都里斯本，其中有耶稣会最初的两名创立者罗德里格斯以及方济各·沙

沙勿略告别若奥三世前往印度
由葡萄牙画家雷贝洛（José de Avelar Rebelo）所绘，描绘沙勿略在前往印度前夕向若奥三世辞行，国王周围都是宫廷里的高级神职人员以及贵族。此画保存在里斯本圣罗克仁慈堂博物馆。

勿略。沙勿略后来被称为"东方的传教使徒",他于1506年4月7日出身于西班牙纳瓦拉的沙勿略城堡的一个巴斯克贵族家庭,1525年10月登记注册进入巴黎圣芭芭拉学院(the College of St. Barbara)学习拉丁文、哲学和人文知识。他于1529年1月获得学士学位。同年10月,罗耀拉进入该学院。1534年8月15日,罗耀拉率领七名同道在巴黎蒙马特尔山发愿创立耶稣会,沙勿略也在其中。他1536年离开巴黎去威尼斯,1537年6月24日成为一名司铎,1538年4月来到罗马,1540年9月27日入会。在1539年至1540年,他是罗耀拉的秘书,1540年3月他被罗耀拉选定为去往葡萄牙和印度传教的人选,同年5月8日,他和罗德里格斯一同离开罗马前往里斯本。若奥三世对耶稣会士的到来十分高兴,他觉得耶稣会士在许多方面能有利于他的国家的宗教事业。

在葡萄牙,耶稣会士被人们称为"来自罗马的神父们"。他们受到王室的优待,能够以个人的身份径直觐见若奥三世以及王后即卡特琳娜。若奥三世本人以及王室的成员堂·路易斯(D. Luis,1506—1555)、枢机主教兼国王的兄弟亨利都是耶稣会士的热烈的崇拜者。在与耶稣会士交谈以及亲眼看到耶稣会士们在里斯本医院、监狱以及贫民区的忘我工作和谦虚的性格之后,国王称赞这些耶稣会士们是"使徒"。他甚至对一位贵族说,他希望将整个耶稣会搬到葡萄牙,即使为达这一目的要他割让一部分国土也在所不惜。

由于若奥三世的许多直系亲属遭遇不幸,特别是他本人的9个孩子的去世(他们中没有一个人活过20岁),使他感到特别难过,他很想从这些耶稣会士身上得到宗教和感情上的慰藉,而耶稣会士也不失时机地给了国王精神上的安慰以及信仰上的指导。若奥三世进而认为耶稣会士有助于葡萄牙王国的教会界和平信徒的道德水平的提高。在15世纪后半叶和16世纪早期,葡萄牙教会就像欧洲其他地方一样需要这样的改革。在当时的葡萄牙神职界,买卖圣职、外出游荡、纳妾、忽视灵性的责职、缺乏纪律、过度炫耀、过分关注俗务的现象是非常普遍的。一些教会的上层人物过着奢华的生活,任人唯亲,其中一些人占据高位,一些堂区的神父公开地与自己的情人住在一起。若奥三世与他的前任曼奴埃尔一世极力支持葡萄牙教会高层来推动改革,清除教会中的腐败现象。一些修会如卡普清会(Capuchins),穿鞋的加尔默罗会(Shod Carmelite)和多明我会在耶稣会士来到这里以前已经作了一些有意义的改革;但另外一些修会,特别是本笃会、奥斯定会、西多会则抵制王室以及教会最高当局发动的强化纪律的改革,也不希望有更大的宗教热情注入自己的修会中去。耶稣会正是在这个关键的时刻来到葡萄牙的，他们训练有素，有很高的道德热忱，富有经验。在国王若奥三世、国王弟弟埃武拉总主教恩里克和布拉加总主教马蒂雷斯看来，耶稣会士们便成了推动葡萄牙天主教会改革的最有力的助手。

新来的耶稣会士在葡萄牙展开的工作就像他们的同伴早先在意大利所做的事情一样。他们喜欢到广大民众中去布道，在里斯本的各大主要医院中举行弥撒，为收容院中的贫民以及监狱中的囚徒提供灵性上的以及物质上的帮助，还在公共广场上举行布道会。同时，他们也花时间与王室成员结交，他们为王室成员办告解，与大人物们练习《神操》中的灵修程序，与贵族们、政府官员们以及教会上层保持密切的联系，这些交往对于耶稣会士以后在葡萄牙国内建立自己的会院以及人脉都是至关重要的。沙勿略曾经非常高兴地写道："这个朝廷正经历着巨大的改革……它看上去更像一个宗教的会院而非朝廷，每周前来办告解，以及领圣体的人是那样多，我们如此忙于听告解，以至于有时整天甚至晚上的一部分时间都为朝廷里的人办告解。"

尽管耶稣会士的努力取得了令人满意的结果，但是罗德里格斯和沙勿略都想去印度。罗德里格斯写道："方济各（沙勿略）神父和我都有点担心国王会阻止我们去印度，似乎国王不希望我们去印度，因为他认为这里更需要我们。"最后国王作出了妥协，他同意沙勿略可以去东方，但是罗德里格斯必须留在葡萄牙。沙勿略在葡萄牙的时间只有一年，1541年1月7日，他从里斯本的特茹河口乘船去了印度，这一天是他35岁的生日。从此，沙勿略开始了他的东方传教之旅。当时沙勿略具有教宗使节和葡萄牙国王若奥三世使节双重身份。沙勿略是巴斯克人，但是他自视为葡萄牙人。葡萄牙人也认同这一点，在葡萄牙地理大发现纪念碑上雕刻有他的塑像。但沙勿略的同伴罗德里格斯留了下来，成为耶稣会葡萄牙会省的创立者。

罗德里格斯对于他没能去印度和巴西等海外地区传教深感失望，但他仍然安心耶稣会在葡萄牙的事业，开始时他担任耶稣会的教区长（1540—1546），后来又成为省会长（Provincial，1546—1552），即葡萄牙省会的领袖人物。葡萄牙省会是第一任总会长罗耀拉最初设立的12个会省之一。罗德里格斯是葡萄牙北方的某一省份的一个贵族的儿子，"他身材高大，皮肤为棕色，头发和胡子黑黑的，看上去就像是一个出身高贵门第的人"。尽管他的同伴们很佩服他的成就，但人们还是觉得他脾气火爆，十分固执，经常会有令人难堪的事情发生。罗耀拉最后不得不用机智的方法劝说他的这位老朋友将省会长的职务交给其他同事,然后回到罗马。但是,罗德里格斯为耶稣会在葡萄牙王国的事业奠定了基础,耶稣会在葡萄牙保持了两个多世纪的繁荣,为葡萄牙王国及其海外殖民地输送了许多领袖人才。

耶稣会在首都里斯本设立的第一个机构就是圣安东学院(the College of Santo Antão),它位于莫拉莱阿区的城堡山的北面。古代这里是一个马场,中世纪的时候,摩尔人在这里建立了一座清真寺。1400年,圣安东会的神父们在这里兴建了一座修道院,采用奥斯定会会规,主要关怀穷人。1515年至1539年,多明我会士使用该修道院,后来则交给了教区。1541年,若奥三世将此地交给耶稣会创立会院。1542年1月,耶稣会开始使用这所修道院,人们称之为"老安东会院"。以后10年间,一直被用作耶稣会的宿舍。1552年,耶稣会将此地改建成为一所学院,专门用于教育耶稣会士以及招待从别的地方来的修士。当时里斯本的市政厅希望耶稣会将这座学院办成一座培养贵族的学院,专门教授贵族子弟,但是耶稣会坚持学校应当向所有的民众开放。

1533年,耶稣会总会长罗耀拉的亲信西班牙籍的纳达尔神父(Jeronimo Nadal, 1507—1570)视察了葡萄牙会省,他认为正规的耶稣会士应当与见习修士分开居住。若奥三世在得到这个消息以后决定为耶稣会提供五所建筑设施,其中包括后来著名的圣罗克隐修院(São Roque)。这座会院位于里斯本旧城的西部,它的建筑在曼奴埃尔一世时代就已经有了。当时里斯本瘟疫流行,曼奴埃尔一世向威尼斯共和国派出使节,将圣徒罗克(São Roque or Saint Roch, 1295—1327)的部分遗骨从威尼斯运到里斯本,准备建立教堂加以崇拜,据说这位圣徒具有治愈瘟疫的法力。关于圣罗克的生平人们知之甚少,只知道他出生于法国南部的蒙特皮埃(Montpellier)。他去意大利的时候,罗马附近正发生瘟疫,他以画十字的方式治愈了许多人。以后,他又在锡耶纳、马图亚、莫得纳、帕尔马以及其他地方以同样的方式行了许多神迹。他后来回到自己的本城,死于狱中。据说他死了以后身上出现了神秘的十字架的印痕。1414年,罗马教会在康茨坦斯举行宗教会议时当地暴发瘟疫。人们抬着他的圣像举行宗教游行,瘟疫最后消失了。1485年,他的遗骨被移到了威尼斯。其主保节日是8月16日。1506年,人们在一个位于种植橄榄树的小山丘上建立了这个隐修院以保存圣罗克的遗骨,旁边还有埋葬着瘟疫罹难者的坟墓。若奥三世不顾会院管理者的反对,将这片土地划归耶稣会作为见习修士会院。若奥三世还建议在会院中建立一座巨大的宫殿,以便国王自己百年以后埋葬在这里。但是耶稣会的神父们婉拒了国王的建议,因为这违反了耶稣会士服务于穷人的志愿。在这座会院中，耶稣会士们建立了一座小教堂。16世纪50年代至60年代，人们大量地拥进这座教堂礼拜，人数之多，以至于许多人只能站在外面的橄榄树林里聆听布道。

1566年，耶稣会士决定在旧的小教堂的原址建立一座新教堂，这就是著名的圣罗克教堂（the Church of St. Roch）。他们请了意大利建筑师特佐（Felippe Tezo）设计了这座教堂，他引进了一种新的风格，那就是中堂是一个单一的整体，在建筑学上被称为高堂教堂（the church of high hall），两边的耳堂与中堂是一样的高度，耳堂的高处有凹进去的窗户以便光线射入，并使之充溢教堂的空间。教堂两边的中央部位则是两座高耸的布道台。这个开放式的设计在当时的葡萄牙是富有创意的，教堂里面所有的陈设都是为了在举行弥撒和布道时"更好地传播上帝的话语，不仅使人听到布道者的讲话，而且使人看到布道者本人"。该教堂中堂的两边有八座小教堂，供由耶稣会创立的由平信徒和妇女组成的善会团体在这里聚会和

里斯本的耶稣会圣罗克教堂
这是耶稣会在葡萄牙建立的第一座教堂，后来成为葡萄牙海外殖民地许多耶稣会教堂建筑的样板。

举行弥撒。在小教堂里还有一些半圆形的凹室专门给忏悔者办告解。这座教堂的外表朴素端庄，但是内部的装饰富丽堂皇，教堂内有华丽的彩色瓷砖、镀金的木刻圣像以及略带粉红色的大理石护墙板，为葡萄牙巴洛克建筑的杰作。耶稣会还在毗邻的会院里设了一个图书馆，供外来的人查阅灵修、神学、历史和地理书籍。

圣罗克教堂和会院既供教堂本身的耶稣会士使用，也供从里斯本取道海外的传教士临时居住。在16世纪和17世纪，许多在里斯本工作的耶稣会士选择在去世以后埋葬在这个地方。教堂中央部位石板铺成的地板下面还覆盖着一层厚厚的木板，下面埋葬着这些耶稣会士的遗骨。

圣罗克教堂和会院位于里斯本城市西北角的高地上，这块地方没有其他修会的会院和教堂，由此显得非常突出。一条斜巷从特茹河的岸边通向教堂

所在的高地，里斯本西部的市民都可以远远望见这座高高在上、主宰城市天际线的雄伟的耶稣会教堂和会院。

耶稣会在葡萄牙建立属于自己的文化教育事业是他们的传教工作的极其重要的一部分，其中比较重要的是科英布拉大学中的人文学院（College of Arts and Humanities）以及埃武拉大学中的圣灵学院（College of the Holy Spirit）。1547年，若奥三世在科英布拉大学中创立"人文学院"，任命从法国回到葡萄牙的学者和教育家戈维亚（André de Gouveia）任校长，他从法国邀请了一批不同背景的具有人文主义思想的学者来到科英布拉大学任教。但不久这位校长即去世了。学者中发生了一些不同思想的争论，宗教裁判所随即逮捕了著名的苏格兰人文主义学者布歇南（George Buchanan，1506—1582）和学问渊博的葡萄牙学者特维（Diogo de Teive）。虽然他们后来被释放了，但是大学中原来的从法国来的学者已经失去了影响，若奥三世下令将学院交给耶稣会。耶稣会利用这个机会清洗了学院中那些不同意他们意见的人，并使该会在教育领域的影响进一步得到王室的认同和支持。1560年，耶稣会要求学生必须宣誓效忠大学当局，这样做可以免除学费。王室在另一份谕旨中

科英布拉大学

规定，在其他地方获得学位的耶稣会士应被视为在科英布拉大学获得同等学位。最重要的是，1561年规定，学生如果没有获得由耶稣会控制的人文学院的学位，就不能够进入法学院就读法学专业。耶稣会又在大学中设立耶稣学院（the College of Jesus）。16世纪60年代晚期，人文学院与耶稣学院迁到同一幢楼房里，不久，两所学院完全融为一体。在以后的60年中，在人文学院登记注册的学生多达1 800名，许多学生毕业以后成为葡萄牙本国或海外殖民地的传教士或王室官吏。

耶稣会在埃武拉大学也获得了主导地位。从15世纪开始时，葡萄牙王室就酝酿成立第二所大学，并计划将它设在埃武拉，但因缺乏经费而夭折。后来，若奥三世的弟弟埃武拉总主教恩里克再次推动建立大学的设想。1540年，他第一次出任埃武拉的总主教，五年以后又被教廷任命为枢机主教。他在开始的时候对于耶稣会士的神学观念的正统性曾经表示过怀疑，但是后来他终于被耶稣会士说服。恩里克极力想要在葡萄牙建立宗教裁判所，而耶稣会的总会长罗耀拉则在罗马施以援手。于是，恩里克枢机主教就成为耶稣会坚定的支持者。1551年，他邀请耶稣会士去他的教区埃武拉开办一所学校，省会长西蒙·罗德里格斯和其他9名耶稣会士仿效罗耀拉及其门徒从巴黎步行到威尼斯，从里斯本步行到埃武拉创办了"圣灵学院（the College of the Holy Spirit）"。1554年，有300名学生在那里注册登记，后来有一半的人前往里斯本的圣安东耶稣会学院学习。埃武拉"圣灵学院"的第一任院长就是后来在澳门任第一任署理主教的耶稣会士贾耐劳（Melchior Carneiro Leitão，1516—1583）。1558年，恩里克枢机主教向罗马教宗申请让该学院具有大学的资格，并让它置于耶稣会的领导之下。教宗表示同意。1559年11月1日，耶稣会正式接管了这所大学。16世纪50年代晚期，耶稣会还在波尔图、布拉加、布拉干萨等地开办了3所学院。

耶稣会牢牢地掌握着科英布拉大学人文学院以及埃武拉大学的"圣灵学院"。这两个学院都从事拉丁文和神哲学的公开教学。它们是进入大学本科的预备学院。科英布拉大学人文学院设有4科即神学、教会法、民法和医学，而埃武拉大学的圣灵学院则没有民法和医学。在1759—1760年葡萄牙政府镇压和取缔耶稣会以前，科英布拉大学和埃武拉大学是葡语世界仅有的两所大学，直到1911年葡萄牙自由主义共和国建立里斯本大学以及波尔图大学为止。巴西的巴伊亚的耶稣会士和市民曾经请求葡萄牙王室将当地的耶稣会学院升格为大学，但遭到科英布拉大学及当地耶稣会士的反对，未获成功。葡萄牙王室及耶稣会士的这种对殖民地教育的吝啬与垄断的态度,与同时的西班牙王室形成鲜明的对照。在整个16世纪,西班牙君主鼓励在其所"发现"的新世界建立多所大学教育机构(1511年在圣多明各、1533年在墨西哥城、1571年在利马)。

除了拥有科英布拉大学和埃武拉大学的特权地位以外,耶稣会士们还通过在葡萄牙本国及海外殖民地广大地区的学院网络真正地垄断了高等教育。这些学院招收的都是贵族和文人的子弟,也有中产阶级的子弟,偶尔也招收那些渴望自己的孩子能接受最好的教育的劳动阶层子弟。所有这些学院的教学都是建立在由耶稣会士制定的教学法手册"Ratio Studiorum"之上的,这份手册在1599年已经定型,一直到19世纪也没有很大的改变。

耶稣会士除了在葡萄牙本国积极地展开传教和文化教育活动以外,在葡萄牙海外殖民地的传教事业中也发挥了至关重要的甚至是决定性的作用。耶稣会并非第一个到达印度的修会,但是耶稣会在印度果阿建立的传教中心成为后来葡萄牙东方天主教事业的基地。1542年5月6日,沙勿略以及两位同伴在印度果阿登陆,开启了耶稣会的东方传教事业。他到印度以后的第一件事情就是去拜访当地的主教,他向主教表示,虽然他拥有教宗使节以及葡萄牙国王若奥三世特使的双重身份,但是他不需要拥有任何公署,并视自己为主教的属下。从此两人密切合作。沙勿略立即展开他的传教活动,他探访医院里的麻风病人以及监狱里的囚犯,为当地的葡萄牙以及印度基督徒布道,辞退那些不合格的会士。他还发明了一种独特的传教方法——一边摇着铃一边高声呼唤人们聆听基督的教诲,行走在果阿的大街小巷里。不久以后,沙勿略就离开果阿前往印度西海岸的北方和南方,1548年,他第一次抵达北方的孟买。1549年,他出任耶稣会印度会省的第一任省会长。他3次访问渔夫海岸、马拉巴海岸、特拉凡哥尔沿海,从科钦到南亚次大陆顶端的科莫林角更是遍布了他的足迹。在渔夫海岸,他学习当地的泰米尔语,向当地善于潜水捕鱼和采集珍珠的帕拉瓦渔民传教和布道,并培养了数名印度本地的神职人员。他还探访了在印度东南沿海的迈拉坡尔(Mylapore)的耶稣十二门徒之一的圣多默(St. Thomas)的墓地。他曾两次访问锡兰、五次访问马六甲、一次访问安汶岛和摩鹿加群岛。

沙勿略还是果阿著名的圣保禄学院的创立者。该学院原来是由果阿教区的葡萄牙神父博尔巴(Diogo de Borba)以及科迪尼奥(Manuel Vaz Coutinho)于1541年建立的,原名为"神圣信仰学院"(Seminary of the Holy Faith)。1547年,总督和教会当局就将该学院交给耶稣会办理,改名为"圣保禄学院"(the

College of St. Paul），它是耶稣会在东方最大的和最重要的教育机构。沙勿略最后于1552年12月耗尽体力，在中国广东外海的上川岛去世。

在1556年的葡萄牙耶稣会士名录中有70名会士在东方传教，其中32名住在果阿，16名在印度的其他地方，5名在东南亚地区，还有5名在日本。1569年，整个葡属印度有37名耶稣会神父，87名修士。其中71名在果阿，27名在印度其他地方，10名在东南亚地区，8名在霍尔木兹和埃塞俄比亚。

意大利耶稣会士范礼安（Alessandro Valignano，1539—1606）被任命为耶稣会印度会省与东方的总视察员，他所拥有的权力仅次于总会长本人。从1574年他到印度开始，直至1610年他去世为止，范礼安是规划"恒河内外"耶稣会传教事务的最主要的人物之一。范礼安在出任视察员以后，立刻赴里斯本，率领从意大利、西班牙和葡萄牙各地招募的40余名传教士东渡，这批传教士中以西班牙籍人士最多，但是他们从里斯本出发，这显然不符合西班牙保教权的规定，但范礼安力排众议，促成此事。他们于1574年3月23日，从里斯本起程东来，同年9月6日抵达果阿。第二年他去印度南方的传教站进行视察。1575年，他在果阿附近的肖洛岛召开耶稣会印度省会议，决定成立一个教育中心，教传教士学习印度当地的语言。此后范礼安在省会长维森特（Ruy Vicente）的陪同下巡视了印度北方的传教站。几年后，他再度访问了北方，并于1557年向罗马耶稣会总会写了一份印度传教事务报告。范礼安指出，耶稣会面临两大任务：一是对葡属殖民地葡萄牙人以及其他欧洲基督徒的牧灵管理工作，另一个就是向印度本地人传教。尽管他觉得照顾在印度的欧洲人的灵性是教会的重要工作，但他认为更首要的是让印度本地人接受基督教信仰。由于传教的区域是如此广大，而传教士又是那样的少，范礼安认为不应不加分别地或事先没有计划地展开传教工作，耶稣会士应该集中精力，有所选择地进行传教。

范礼安主张，耶稣会士在印度主要应该从事皈化印度本地人的工作，对生活在印度的欧洲人的牧灵工作则应留给教区神父以及其他修会来做。为了赢得印度人的信任，他坚持让耶稣会士学习当地语言。范礼安组织了一个研讨班专门让传教士学习印度语言，同时也学习马来语和日语。早在1577年，这个语言学习班就在渔夫海岸的普尼卡（Punical）建立了，以后又在萨塞特和巴辛设立了相同性质的语言班。范礼安还让在语言班学习的人接受印度本地神职人员的专门训练，以便他们去圣多默基督徒和渔夫海岸的帕拉瓦人中工作。

范礼安建议罗马总会长在马六甲设立副省会长，由副省会长管理印度以东耶稣会的传教事务，尽管这位副省会长也向果阿负责，但他应有独立决定权，他的权力几乎可以与欧洲的省会长相等，副省会长的任期也必须有5年，因为巡视一遍整个远东传教站就需要4年半的时间。在印度会省各地的基督教学院的院长，由于他们离自己的"辖区"路途太远，也必须由非常能干的人担任，他们拥有的权力也须比他们在欧洲的同样级别的院长要大。范礼安还建议印度耶稣会设立专门的视察员职位，担任这个特殊职务的人必须了解整个会省的情况，这样他就可以协调会省各地的行动，这个视察员的职位是永久性的。

范礼安在亚洲的32年间，一直坚持耶稣会要在葡萄牙保教权的庇护下展开工作，要求传教士以沙勿略创立的传教方法进行传教。这种传教方法以后又被他的后继者不断加以修正。他要求所有的传教士必须学习当地语言，他也关心耶稣会的物质基础。他下令建造会院，募集基金，帮助耶稣会参与果阿、澳门和长崎之间的转运贸易。他还注意与印度、日本的统治阶级建立和睦的关系。范礼安与沙勿略一样，深知耶稣会在东方的传教工作有一天会从印度转到日本和中国，因此，他提倡尽最大的努力了解远东的传统文化，特别是当地语言。

罗马教廷对于葡萄牙保教权庇护之下的耶稣会在印度的传教事业十分推崇，1549年，教宗保禄三世发布通谕，颁给所有前往印度的耶稣会教堂以及祈祷室的信徒十年大赦。1550年是圣年，教宗儒略三世（Julius III, 1550—1555年在位）宣布，所有的耶稣会士都可以从圣年获得益处，只要连续在三十天中访问四座教堂或者访问同一座教堂三次即可。更有甚者，教宗给予耶稣会士在自己的教堂以及团体中颁布赦免的特权。1554年，罗马教廷还颁布通谕，任何去印度或巴西的耶稣会教堂访问的信徒可以获得十年完全的大赦。1563年2月2日，教宗庇护四世（Pius IV, 1559—1565年在位）发布通谕，颁给任何在圣保禄主保节日以及主受割礼日去耶稣会在印度、马六甲、巴西、利比亚、埃塞俄比亚以及中国和日本的教堂朝圣的信徒以十年完全的大赦。

除了印度和锡兰以外，耶稣会士也到了马六甲和摩鹿加群岛。1545年，沙勿略首次来到马六甲，3年以后，他派了两名同伴来到这个港口城市，果阿的主教也将一座小教堂分配给了他们。1576年，耶稣会决定在马六甲最主要的山坡上设立圣保禄学院，远处进入港口的船只在很远的地方就能够看到。1546年，沙勿略首次来到摩鹿加群岛或称香料群岛。从那时起直到1588年，那里共有38名耶稣会的传教士，其中有13名会士因为疾病或者阿拉伯人的袭击死在当地。

1549年8月15日,沙勿略与托雷斯(Cosme de Torres,1510—1570)、费尔南德斯(Juan Fernandez)以及日本基督徒池端弥次朗在日本九州南端的鹿儿岛登陆。这一天是圣母升天节,也是他在巴黎蒙马特尔山发愿创立耶稣会的十五周年纪念日——它标志着长达近百年的所谓"日本的基督教世纪"的开端。沙勿略在鹿儿岛逗留,并得到当地大名岛津贵久的允许在大街上布道。一年以后,他北上访问了京都,希望日本的统治者能够允许葡萄牙人传教,但是没有成功。不过,沙勿略已经在日本播下传教的种子,耶稣会在日本的传教事业从九州开始,在16世纪60年代的下半叶已经进本州。从1551年至1570年,日本的传教事业由托雷斯负责,其间进入日本的耶稣会神父为7人,修士6人。他建立了与平户的领主松浦隆信的良好关系,在1555年,当地的信徒发展到了500人,每年都有葡萄牙的船只来到平户。1556年,耶稣会在府内建立了第一所教会医院。在1558年,平户当局在对待传教士的态度发生改变以后,托雷斯又探测到大村纯忠的领地内的横濑浦是一个合适的港口,建立了与大村纯忠的良好关系,并最后使他改宗天主教。

"南蛮屏风"中的耶稣会士
日本艺术家狩野内膳(1570—1616)所绘制,描绘身穿黑色袍服来到日本的耶稣会士,该屏风保存在日本神户市立博物馆。

耶稣会还赢得了当时最强有力的大名织田信长(1534—1582)的好感,允许传教士在他所控制的京都传教。在托雷斯去世的时候,日本的基督徒人数已经接近3万人。1578年,在日本的耶稣会士已经有44名,次年年底,又增加了11名,基督徒的人数已经有10万之众。1571年,在大村纯忠控制下的长崎,成为葡萄牙人从果阿和澳门出发的船只抵达日本的终点站。9年以后,大村纯忠将长崎港口的管理权以及部分的收税权捐赠给了耶稣会。从1579年至1582年,耶稣会东方视察员范礼安第一次视察了日本的教务。1580年,范礼安决定在日本建立教会的教育机构,其目标是训练贵族子弟成为基督徒的绅士,以满足培养日本本地神职人员的需要,并为葡萄牙和欧洲其他国家来日本的传教士

日本"天正使团"成员
他们分别为伊东佑益、千千石、原氏和中浦以及葡萄牙耶稣会士梅斯基塔（Diogo de Mesquita, 1553—1614）。

提供语言训练。到1586年，日本已经有113名耶稣会士、20所会院、200座教堂以及大约20万信徒。1582年，日本九州的3位基督教大名大村纯忠、大友宗麟和有马晴信，在耶稣会的策划之下，派遣伊东佑益、千千石、原氏和中浦4位贵族青年在葡萄牙耶稣会士梅斯基塔（Diogo de Mesquita, 1553—1614）神父等人的陪同之下乘坐葡萄牙海船前往欧洲的葡萄牙、西班牙以及罗马教廷访问，请求教宗降福。使团于1582年2月20日从长崎出发，沿着葡萄牙人在太平洋、印度洋以及大西洋的航线向相反的方向航行，抵达欧洲以后受到西班牙-葡萄牙国王菲律甫二世的接见，并觐见了罗马教宗格里高利十三世（Gregory VIII, 1572—1585年在位）以及西克图斯五世（Sixtus V, 1585—1590年在位）。使团于1590年1月20日回到长崎，整个行程长达8年有余。由于使团访问欧洲期间正值日本"天正"年间，所以史称日本"天正使团"。到1592年的时候，日本已经有136名耶稣会士、180名传教员以及380名仆人，约有30万天主教徒。

1555年11月20日，在沙勿略于上川岛去世以后3年，第一批耶稣会士就来到了澳门，他们中有副省会长巴莱托（Melchior Nunes Barreto）、维莱拉（Gaspar Vilela）、迪亚斯（António Dias），神学家平托（Fenão Mendes Pinto）、戈伊斯（Estêvão de Góis）和4名年轻人。他们来到澳门以后，又前往广州。

1563年，耶稣会士佩雷斯（Francisco Perez）以及特谢拉（Manuel Teixeira）与另一位神学家平托（André Pinto）来到澳门，1565年12月底，他们开始建造会院，它位于圣安东尼隐修所（the hermitage of St. Anthony）。就在会院的旁边，耶稣会士建造了第一座教堂。它是用稻草搭成的。在发生火灾倒塌以后，在澳门市民的帮助下，耶稣会士建造了一座覆盖着瓦片的木结构的教堂，并称它为"天主之母"教堂（the Church of Mater Dei），它就是几十年以后建成的著名的"大三巴"教堂的前身。1568年，特谢拉神父写道："在这个中国港口，我们已经为本会建立了一座教堂和一所会院。这里有五六千名基督徒，其中一些是葡萄牙居民，还有一些是其他地方的基督徒。"到了1576年，澳门的耶稣会士向总会长报告说，澳门的耶稣会会院已经成了一个繁忙的地方，除了常住的会士以外，还有14名前往日本的会士。他们中的一些人已经被立为神父，其中的3名正在学习神学，还有两位正在学习拉丁文，另两名则是助理修士。1578年9月，耶稣会远东视察员范礼安第一次踏上澳门的土地。早在16世纪60年代，果阿总主教就对前来澳门的耶稣会士作出了三点指示：一是将澳门建成前往日本途中的中转站和休息站，二是在适当的时候澳门应该成为向中国传教的基地，三是面对日益发展的中国内地—中国澳门地区—日本三地的转运贸易，澳门应该成为东方的商埠和宗教中心。

澳门耶稣会"天主之母"教堂（大三巴）的正立面

当沙勿略开辟印度、日本和中国的耶稣会传教区的时候，另一批耶稣会士受葡萄牙国王若奥三世的委托，跟随总督索萨从葡萄牙出发，前往大西洋彼岸的巴西殖民地沿海地区建立该会的传教区。

在第一批耶稣会士中，有一位名叫曼奴埃尔·达·诺布列加（Manuel da Nóbrega，1517—1570）的神父，是耶稣会在巴西的传教事业的开创者。他是一名葡萄牙高等法官的儿子以及王室大臣的侄子，早年在科英布拉和萨拉曼卡大学学习法律和神学，不过都没有得到学位。1544年加入耶稣会。在以后的5年中，他以善于布道在本会内赢得了名声。他被派往巴西的时候，有3名神父以及2名修士一起同行。在神父中有努内斯（Leonardo Nunes）和纳瓦洛（João de Azpilcueta Navarro），后者是科英布拉大学的一名著名教授的侄子。巴西与印度、日本以及中国等具有高度文明和人口众多的国家不同，它是一个地广人稀、尚未开发的地方。在广袤的巴西大地上，大约只有150万至240万的印第安土著居民，传教士和葡萄牙的定居者与300多个部落保持联系，人数最多的是图皮（Tupí）部族，他们在欧洲人来到巴西以前约100年，替代了更加原始的以狩猎采集为生的塔普亚斯人（Tapuias）部落居住在沿海一带。在图皮部族中，在文化上与乌拉圭内陆的瓜拉尼人（Guaraní）保持渊源的是图皮纳巴人（Tupinambá）。他们定居在浓密的雨林深处，有大大小小不同的部落，有的几百人，有的几千人。

尽管巴西在文化历史、地理环境上与欧洲和东方存在着巨大的差异，诺布列加与其他5名耶稣会士同伴一起，积极地在当地人民中从事传教活动。他们看到，不仅在原始的部落居民中，而且在接受了基督教后来又离开教会的人中，都有无穷无尽的传播福音的机会。诺布列加在给葡萄牙会省的报告中写道，这是传教区的"伟大的事业"，将来一定会结出丰硕的成果。开始的时候，他们为许多土著印第安人施洗，当地人也愿意信仰新来的基督教，但是随着时间的推移，传教士们发现土著居民并不真正愿意放弃他们原来的原始宗教信仰以及与之相伴的生活习惯，诸如血腥的部落械斗、巫术、重婚以及酗酒（木薯酿的啤酒）等。另外，早期的葡萄牙殖民者还侵夺土著居民的鱼塘和土地作为定居点，将土著居民沦为奴隶，强迫他们到甘蔗种植园劳动，由此增加了耶稣会神父传教的困难。到了第三任总督萨统治期间，他积极地支持耶稣会传教士在诸圣湾周围地区以及其他沿海地区的传教活动。

诺布列加和若泽·德·安谢塔（José de Anchieta, 1534—1597）将流浪的土著人聚集到"传教村"里，耶稣会士认为，只有让他们定居下来，才能够以天主教的教义教化他们，让他们成为良好的基督徒并且在耶稣会的监管之下生活。这些教会村庄往往建在白人定居点的附近，是按照欧洲文明的模式以及天主教的教义建成的，同时也有出售印第安人生产的产品的市场，并有耶稣会士监管他们的劳动，所以也便利了殖民者对于土著人的剥削。通常，几个当地的传教员就可以管理一个村庄，监管许多印第安人，每一个村庄都以教堂为中心，教堂是由当地的信徒修建的；每一座教堂的附近都有一所学校、居民区以及仓库。每天，教堂的钟声唤醒新皈依的基督徒，召集他们做弥撒；弥撒过后，他们边走边唱赞美诗去村庄外面的田地耕作。传教员向年轻和有能力的人传授阅读、写作以及各种有用的技艺。印第安人的雕刻家、画家、石匠、木匠、面包师、铁匠和锁匠很快地就学会了各自的技艺。很多村庄达到了自给自足，大部分的村庄都将产品销往村庄外的市场。尽管本地的传教员在管理教会的时候起到了重要的作用，但是掌握教会的还是来自葡萄牙的欧洲传教士。在耶稣会士等欧洲传教士的引导之下，印第安人为葡萄牙海洋帝国作出了很大的贡献。他们像欧洲的天主教徒一样地敬拜上帝，像欧洲人一样地穿着打扮，参与欧洲的贸易活动，并效忠在里斯本的葡萄牙国王。耶稣会士在农村传教的对象既有土著印第安居民，也有新的被葡萄牙奴隶贩子从非洲运来的黑人，这些黑人奴隶在新建的许多甘蔗种植园为农场主从事重体力劳动。在16世纪80年代中期，安谢塔估计自1549年以来耶稣会已经归化了10万名土著居民。但是他又说只有1/5的信徒处于耶稣会的影响之下，许多人都生病，被天花感染，还由于殖民者的奴役逃走了。尽管如此，1601年耶稣会官方的报告说仍然有5万名巴西土著居民生活在从巴西最北方直到圣保罗高原沿海地区的150个传教村落中。

从1549年到1590年，有128名耶稣会士从葡萄牙来到巴西，他们一方面在农村从事传教工作，另一方面也在城市里从事传教事业。在巴伊亚建城之初，耶稣会就设立了巴西最古老的学院，它与果阿一样，也被称为圣保禄学院，它不仅是耶稣会在巴西最大的和最重要的学院，也是耶稣会在巴西的行政管理中心。1583年，有一位耶稣会士访问了这所学院，他发现该学院拥有巴西最先进的建筑，有两层楼房，有30间很大的卧室，可以看到窗户外美丽的港口，在学院内还有一个设有单一中堂的教堂。外面的花园中种植有葡萄、果树，还有喷泉。1567年，当耶稣会协助葡萄牙人将法国人驱逐出瓜纳巴拉湾以后，总督将里约热内卢城堡山的东北角一块地方给耶稣会建立了一座学院。就像在马六甲一样，这座在山上的学院主宰了整个城市的天际线。1568年，耶稣会在奥林达（Olinda）的学院在伯南布哥建立。从16世纪50年代至60年代，耶稣会在伊列乌斯（Iihéus）、塞古罗港、圣埃斯皮列图（Espírito Santo）、圣维森特、皮拉蒂尼加村建立了圣保罗学院，后来这个地方就被称为圣保罗皮拉蒂尼加（São Paulo de Piratininga），巴西的圣保罗市就是由此演变而来的。这是葡萄牙人除了沿海地区唯一进入的内陆地区。

从葡萄牙本国派到巴西的耶稣会传教士不是很多，但是巴西的传教站、学院以及信徒的人数一直在增加。1558年，有25名传教士；1574年增加到110名；1584年，有140名；1600年，达169名。1570年6月5日，在耶稣会士及巴西的省会长阿泽维多（Inácio de Azevedo，1527—1570）的率领之下，葡萄牙帝国的耶稣会士组织了一次最大的前往巴西的传教远征，共有73名耶稣会士参加，他们乘坐3艘船只，先在马德拉群岛登陆。当时的总督告诉他们海上有法国胡格诺教徒的巡航船只出没，但是耶稣会士们不听劝告继续前进，最后在同年7月15日，在加纳利群岛附近遇到胡格诺教徒船只的袭击，胡格诺教徒登上其中的"圣地亚哥号"，将阿泽维多以及他的39名同伴杀害并抛尸大海。

1571年9月，在大西洋上又发生同类的事件，又有12名耶稣会士遇害。

尽管发生遇袭事件，但是巴西的耶稣会会省依然存在并在以后的两个世纪中继续发展。耶稣会在巴西的发展情形与在印度和锡兰是很不一样的。耶稣会比任何别的修会更早来到这片葡萄牙在美洲的殖民地，直到18世纪50年代，在巴西没有任何别的教会机构能够在传教事业、文化教育方面挑战耶稣会的权威。

耶稣会在巴西取得的成就促使耶稣会的葡萄牙会省考虑再派遣传教士前往南大西洋对岸的非洲西部海岸的刚果和安哥拉从事传教工作。1491年，刚果的土著国王成为欧洲以外第一个接受罗马天主教的统治者，他的儿子阿方索也是基督徒，孙子恩里克是第一位非洲的本地主教。当时，方济各会和多明我会也进入了刚果，但是当地的基督教发展不是很繁荣，因为土著人对于葡萄牙人很反感，认为他们与奴隶贸易有牵连。1547年，罗德里格斯写信给葡萄牙国王若奥三世请求派遣四名耶稣会士去刚果，但是因为当地局势混乱，他们于1552年撤回。1553—1554年，第二批耶稣会士又到了那里，但是仍然没有成功地展开传教活动。

由于刚果部族之间的内战，葡萄牙人的兴趣逐渐地转向更南面的安哥拉王国。1560年，安哥拉的统治者纳戈拉（Ngola）要求葡萄牙人在那里建立传教会，就在那年，葡萄牙人派遣2名耶稣会士、2名平信徒以及士兵冒险家迪亚斯（Dias de Novais，他是航海家迪亚斯的孙子）去了安哥拉，但是他们到了当地以后就被纳戈拉的王位继承者逮捕起来了。迪亚斯被关押了5年，另一名耶稣会士果维亚（Fr. Francico de Gouveia）则被羁押了13年，但是他能够与葡萄牙国内通信，果维亚敦请葡萄牙国王征服安哥拉，在当地传播基督教并掠夺当地的矿产资源。迪亚斯被释放回国，在1575年又带领2名耶稣会士以及2名平信徒再次乘船来到安哥拉。又过了一年，他在安哥拉陆地对岸的一个低矮的小岛建立了圣保罗·德·罗安达（São Paulo de Luanda）作为殖民地以及传教活动的总部。不过，他们归化当地人的工作进展缓慢，主要的精力花在向居住在罗安达的葡萄牙居民布道。1607年，耶稣会士将当地的一座小房子建成了一所学院。这是耶稣会在非洲西部海岸线上建立的唯一的学院。与在摩鹿加群岛、莫桑比克和埃塞俄比亚一样，耶稣会士在安哥拉的传教事业非常艰难。1560—1593年，26名传教士中有9名死于疾病。1602年的时候，有12名耶稣会士在安哥拉，但是5年以后，他们都去世了。

博克塞曾经谈到耶稣会在葡萄牙本国以及海外殖民地长期享有的崇高地

位时指出:"从外表上来看,自耶稣会士进入葡萄牙直到里斯本大地震以前,他们在葡萄牙本国和海外殖民地的根基和影响没有任何其他势力可以与之匹敌。在信奉罗马天主教的国家如法国、西班牙和威尼斯共和国,耶稣会从来不乏劲敌,但就是在葡萄牙,自他们从若奥三世时代确立其领导地位以来,从来也没有遇到过在上述地方有过的反对声浪。"博克塞认为耶稣会在葡萄牙海外殖民地的影响可能更大:耶稣会在葡萄牙的影响不可避免地反映在其海外的教会中。我们可以看到耶稣会在传教区的地位很大程度上高于其他托钵僧修会和教区司铎,他们意识到自己在道德水平和知识程度上的优越,并为自己在灵性上的训练感到自豪,因此他们很容易招致较低阶层的人们的反感和不满。1639年印度的耶稣会驱逐了一名本会的平信徒,他居然自吹自擂地说即便是耶稣会会院里的一名厨子也比博学的方济各会士在神学上更有造诣。1605年,有两名来自马尼拉的西班牙多明我会士在他们回欧洲途中在果阿逗留了一段时间,他们在报告中写道:"尽管耶稣会使用了一些可疑的传教方法,但无人敢于公开批评他们,因为他们对于本国政府拥有的影响力大到可以说是危险的程度。'一个总督相信他拥有一些耶稣会士的朋友,就不需要在朝廷里再找什么代理人了;如果这些耶稣会士是他的敌人,那么整个世界都会起来反对他。'同一时期果阿市政厅和方济各会士是这样抱怨的,他们说:'耶稣会士的笔尖比阿拉伯人的剑锋更加可怕!'这句话后来成为17世纪末叶葡属印度的一句格言。耶稣会士还经常是总督和其他高层官员的忏悔神师,他们在葡语世界生活和工作的每一个领域影响之大是毋庸置疑的。"

三、葡萄牙宗教裁判所的建立

地理大发现时代葡萄牙天主教会的重要历史活动之一便是在其本国和海外殖民地设立宗教裁判所,以镇压异端和异教徒。

宗教裁判所(Inquisition),词源于拉丁文inquiro,即追究和调查的意思,它是罗马教会设立的对付异端和异教的机构。早在古代教父奥古斯丁(Aurelius Augustine,354—430)的《天主之城》等著作中即有强迫异己加入教会的主张,但宗教裁判所的出现则是在中世纪。1209,教宗英诺森三世(Innocent III,1198—1216年在位)纠合法国贵族组成的十字军消灭阿尔比派异端之后,在土鲁斯召开宗教会议,正式成立宗教裁判所。1232年,教宗格里高利九世(Gregory IX,1227—1241年在位)强调只有罗马教会才有权解释教会法规和审讯异端。1252年，教宗英诺森四世（Innocent IV，1243—1254年在位）则允许在审讯过程中使用刑罚。

在15世纪至16世纪欧洲的宗教改革时期，罗马教会以强化宗教裁判所的办法来抵御新教的扩张。同时，在伊比利亚半岛的西班牙和葡萄牙两国的合并进程及随之而来的海外扩张事业中，宗教裁判所也被用作推进这两项事业的有力工具。首先设立的是西班牙宗教裁判所。1469年西班牙的阿拉贡国王斐迪南二世与卡斯蒂尔公主伊莎贝拉结婚，开创了西班牙君主独裁的开端，为了达到由天主教会来统一国家精神生活的目的，斐迪南和伊莎贝拉下令取消天主教以外的一切宗教，并向伊比利亚半岛内信奉伊斯兰教的地区和国家发动最后的攻击，于1492年征服摩尔人在半岛内的最后据点格拉纳达。早在1478年，斐迪南即取得教宗西克斯图四世（Sixtus IV，1414—1484）的支持，在西班牙设立与王室有密切联系的宗教裁判所，以对付境内大量的犹太人和摩尔人。在西班牙军队攻入格拉纳达以后两个月，斐迪南听从了第一任宗教裁判所所长多尔奎玛达（Thomás de Torquemada，1420—1498）的建议，下令驱逐不愿改宗的犹太人。当时有许多犹太人出走北非。余下的犹太人也遭受虐待，虽然他们不得已被迫改宗，但被要求随时表白对新的信仰的忠诚。西班牙政府还借此机会榨取他们的财富，以扩充海外事业。

若奥三世继位以后，决定将宗教裁判所引入他的国家，主要为的是对付隐秘的犹太教徒，这件事情已经酝酿了许多年。前一章已经提到，国王曼奴埃尔一世在1496年颁布了驱逐犹太人的命令，然而，犹太人并没有完全离开国境，他们中的大部分人仍然留在了葡萄牙，只是被迫改变了宗教信仰。同一时期，卡斯蒂尔的宗教裁判所却严格地进行工作，许多西班牙的新基督徒为了逃避宗教迫害，越过边界来到了葡萄牙。早在1515年，曼奴埃尔一世曾经为这件事情向罗马教廷申诉，请求教宗利奥十世（Leo X，1513—1521年在位）批准建立葡萄牙宗教裁判所，但是教宗并没有批准。那时，犹太人在表面上都是基督徒，而且居住在葡萄牙比西班牙更加自由。但是这一段时期是短暂的，因为迫害的气氛如影随形。葡萄牙人习惯于把每一个地区的或是全国性的灾害，如粮食歉收或瘟疫流行，都说成是由于犹太人存在的缘故。不断地有谣言流传，说犹太人的医生与药剂师同谋，要毒害葡萄牙的基督徒。每一个城镇或地区都有各自可怕的传说，说犹太人为了达到他们的宗教目的，会毁坏基督教的圣像或者屠杀基督徒的婴儿。

若奥三世时代的葡萄牙和欧洲，还有一种情况，就是新教已经兴盛起来了。新教在葡萄牙从来也没有取得多大的进展，但是有少数人，特别是知识分子，他们受到了所谓"异端"思想的影响。根据罗马天主教的信条，这种思想必须在萌芽时就将其根除。若奥三世的王后就是宗教裁判所的狂热支持者西班牙王查理五世的妹妹卡特琳娜。当时有大批多明我会士随她一同来到里斯本。教宗对于葡萄牙宗教裁判所的设立一方面乐观其成，一方面则担心宗教裁判所的大权落入世俗政权之手。故直到1531年12月17日罗马教宗才公布任命方济各会士迪奥戈·达·席瓦尔（Diogo da Silva）为葡萄牙宗教裁判所大法官的谕令，但后因葡萄牙王室与教廷的矛盾，一直没有生效。直到1536年5月，教宗保禄三世发布通谕，任命休达、科英布拉和拉美戈3位主教出任宗教裁判所的法官，恢复宗教裁判所在葡萄牙的活动。同年10月5日，教宗的通谕由国王的大法官蒙泰罗（João Monteiro）送到休达主教席瓦尔的手中。蒙泰罗向席瓦尔解释说，通谕先是送交国王陛下处，再由他本人代表国王交给主教。交接仪式是在埃武拉的主教官邸举行的，当时葡萄牙朝廷设在埃武拉。主教双手接过教宗的通谕，虔诚地亲吻它并将它举过头顶，然后立即宣读了这份通谕。10月7日，席瓦尔主教前往埃武拉总主教阿方索（Cardinal Afonso）的官邸，他要求教区的总主教支持宗教裁判所的活动，并在总主教座堂向全体神职人员以及公众公布这份通谕。总主教答应了席瓦尔的请求。10月22日为主日，在埃武拉主教座堂，在国王、枢机主教、教堂参事员、宗教裁判所官员以及全体市民出席的情形之下，席瓦尔正式公布了教宗的这份通谕。

1536年教廷在葡萄牙宗教裁判所设立以后，第一任大法官休达的主教席瓦尔对于使用这方面的权力不太感兴趣。直到1539年，葡萄牙国王若奥三世的弟弟恩里克即后来的埃武拉总主教以及枢机主教担任宗教裁判所大法官以后，情况才有了根本的变化。恩里克也是一位宗教狂热分子，极力在葡萄牙贯彻反宗教改革的政策。其间，葡萄牙政府还与教廷为了宗教裁判所的权力问题发生了冲突。1544年9月，教宗下令推迟葡萄牙宗教裁判所所有的宣判，若奥三世极为不满，下令驱逐了在葡萄牙的教廷使节，后者则宣布绝罚宗教裁判所的官员。1548年，教廷宣布恢复宗教裁判所的条件：即宽免以前所有案件的指控，此时恩里克已经被升为枢机主教，他最后同意了教宗的条件，再次恢复了宗教裁判所在葡萄牙的活动，并再度出任宗教裁判所的大法官。

在若奥三世时代，葡萄牙先是有6座城市先后设立了宗教法庭，它们是里斯本、科英布拉、埃武拉、波尔图、拉美戈和托马尔。葡萄牙宗教裁判所总议会（General Council）的官员是在大法官与国王商量以后直接由前者任命的，王室一般不加干预。国王从不任命王室机构的官员出任宗教裁判所的法官。在16世纪有3名评议员，到17世纪的时候增加到6名，一般都是从地方宗教裁判所有经验的裁判官中选拔的，临时增加的名额总是从多明我会士中选拔，因为多明我会士有参加宗教裁判所的工作经历，特别是在检查书籍方面有丰富的经验。1570年制定的宗教裁判所规则从一开始就规定了总议会是地方宗教裁判所最后提出申诉的仲裁机构。最初教宗在通谕中提到宗教裁判所明令禁止的活动包括已经皈依基督教的犹太人继续执犹太教的礼仪、路德宗的新教的观点、伊斯兰教的见解，如否认信条和圣事、施符咒和巫术、重婚等。具体地说，将星期五（针对摩尔人）以及星期六（针对犹太人）作为安息日、在穆斯林的斋月禁食、赤脚举行祈祷、完全赤身裸体洗澡、拒绝吃烟熏猪肉和葡萄酒、拒绝承认天堂地狱的存在、拒绝参加天主教的弥撒以及神父颁的赦免、拒绝天主教的圣母童贞感孕和其他信条、重婚、施行巫术以及非法拥有葡萄牙文的《圣经》，都属于被告发之列。

1547年，有3个城市即波尔图、拉美戈以及托马尔的宗教裁判所停止了活动，其他3个宗教裁判所则紧张而有效地工作着，它们俨然成为当地法律的象征，可以不经过任何主教区及主教的干预凌驾于民事当局和教会法庭之上。它们主要审理犹太人、新教徒和其他异端，涉及巫术和魔法、重婚和鸡奸等案件，还要严格地审查所有的出版物。但1536—1773年间，宗教裁判所最主要的精力花在搜索和揭发隐秘的犹太人上面。在宗教裁判所成立的初期，此种迫害特别严酷。从1558年开始，所有的犹太人都被排除担任任何宗教的、军事的和行政的职务。担任律师和医生的有犹太人血统的基督徒也遭到普遍的歧视。

自曼奴埃尔一世统治时期开始，葡萄牙社会的阶层分为"新基督徒"和"老基督徒"。犹太人中迫于压力，或者出于无奈的利益考量而改信基督教者，被称为"新基督徒"（Christão-Novo, New Christian），以区别于"老基督徒"（Christão-Velho, Old Christian，即居住在葡萄牙的一直信奉基督教的并且没有被犹太人血统沾染的葡萄牙人）。"新基督徒"是葡萄牙社会一个非常特殊且人数不少的社会阶层。他们在改变信仰以后，"新基督徒"的身份仍然会一连好几代缠住他们的家族，使得他们的社会地位仍然得不到完全的承认。社会对于"新基督徒"的歧视长期得不到改变，人们贬称他们为"马拉诺"（marranos），即"猪"的意思。事实上，他们中的许多人仍然在暗地里信奉他们原先的宗教信仰，所以又被人称为"隐秘的犹太人"（Crypto-Jews）。当代西方学者还称呼这些人为"模糊的犹太人"（Fuzzy Jews）。"新基督徒"和"老基督徒"并存于葡萄牙社会长达近三个世纪。

在近代早期,犹太人在葡萄牙整个人口中所占的比例是很高的,从曼奴埃尔一世于16世纪初改变对于犹太人的迫害政策以后,在葡萄牙社会各阶层中,"新基督徒"与"老基督徒"之间就可以恋爱结婚,所以葡萄牙有犹太人血统的人口急剧增长,在商人、城市手工艺人以及其他专业的中产阶级中,新老基督徒混血儿的比例特别大。到16世纪末叶,据称,葡萄牙有三分之一或者一半的人口被认为不同程度地沾染了希伯来血统。但是具体有多少人数并没有系统和精确的统计。当葡萄牙宗教裁判所即将建立的消息传开以后,这些"新基督徒"非常紧张,他们花费了大量的金钱在罗马疏通关节,企图推迟在葡萄牙建立这个令他们感到恐怖的机构。从1530年至1540年,由于形势日趋紧张,大量的葡萄牙"新基督徒"移民到海外,以后这些移民与日俱增。在欧洲,佛兰德斯地区的安特卫普收容了大量的这类移民。"新基督徒"带走了大量的资金和财富,他们中不乏众多的才智之士,被称为"从葡萄牙来的被流放的绅士"(Gentlemen in Exile from Portugal)。

这一时期,葡萄牙宗教裁判所还被移植到了海外的殖民地,特别是葡属印度的果阿。最早向葡萄牙国王若奥三世建议在葡属印度建立宗教裁判所的是耶稣会士沙勿略。他于1546年5月16日向国王写信说:"如果要让生活在这里的人变成好的基督徒,那么尊贵的陛下应该建立神圣的宗教裁判所。因为在这里许多人是根据摩西的律法(指犹太教)或者是穆罕默德的律法生活的,而且他们并不畏惧天主,在别人面前也不感到羞耻。"1555年,葡萄牙国王下令在印度建立宗教裁判所,但是由于果阿主教没有到任,所以此事就被搁置了起来。不久,耶稣会远东视察员范礼安以及另一名耶稣会士贾内劳在巡视了科钦以后发现,从葡萄牙逃到印度西海岸的犹太人与印度科钦本地的古已有之的犹太教徒汇聚起来,在当地的犹太教会堂里从事宗教崇拜活动。1557年,范礼安向耶稣会印度省会长塞维拉(Gonçalo da Silveira)提出有必要建立宗教裁判所,以此清除在印度的"太多的腐败和邪恶"。1559年,省会长塞维拉与耶稣会士巴雷托(Melchior Nunes Barreto)决定在印度建立宗教裁判所。1560年,果阿第一任主教佩雷拉(Gaspari de Leão Pereira)上任,他本人就拥有宗教裁判所大法官的头衔,陪同他一起到来的还有另外两名宗教裁判所的审判员。于是,果阿的宗教裁判所就建立起来了。该机构向里斯本宗教裁判所总议会负责,以充公的犯人的财产以及王室拨款为活动经费。所有的审判官都由王室任命,再由罗马教宗确认。果阿宗教裁判所官员的权力很大,连总主教对他们也有所顾忌,所有葡萄牙在东方殖民地的宗教活动都在这个机构的监视之下,包括总督在内的高级官员都是他们监视的对象,更遑论一般平民百姓。

葡萄牙本国引入宗教裁判所是若奥三世时代葡萄牙天主教会全面贯彻特兰托大公会议决议的结果,同时,它在文化思想领域造成的后果就是终结了自15世纪地理大发现初期就已经开始的文艺复兴运动,从此很长一段时期里文化思想领域充斥着一片肃杀之气。葡萄牙海外殖民地的宗教裁判所是其本国的宗教裁判所机构的延伸,其目的是追捕那些逃亡海外的带着所谓"新基督徒"名号的隐秘的犹太人,同时它也要强迫殖民地当地的人民改宗基督教。

作者点评:

若奥三世时代葡萄牙的海外事业在某些方面还在发展,但是国内的社会氛围已经发生了很大变化。这主要是因为葡萄牙的王室和天主教会极力地贯彻1563年结束的特兰托大公会议决议的缘故,这些决议最重要的内容就是在神学思想上抵制新教的教义,重申罗马天主教会的传统,巩固已经被汹涌澎湃的宗教改革运动冲击得摇摇晃晃的堤坝。就在这个时候,耶稣会士进入了葡萄牙。在许多方面,耶稣会在葡萄牙所起的作用与它在欧洲其他国家是一样的,作为罗马教会反宗教改革运动的中流砥柱,以沙勿略为代表的耶稣会士以社会服务(如在医院、贫民区和监狱的慈善工作)赢得了葡萄牙人民的赞誉和尊敬,同时它也向王室、朝臣和精英渗透,以卓越的学术和文化知识在科英布拉大学和埃武拉大学中占有相当重要的甚至是关键的位置。我们并不能说耶稣会是有计划地和刻意地要控制葡萄牙的整个教育领域,不过耶稣会士的努力也基本上也达成了这个目标,有人文主义思想的学者大部分也被迫离开了教育界。经过长期的波折,葡萄牙宗教裁判所终于建立了起来。这个钳制葡萄牙人思想的机构使得这一时期葡萄牙的思想界和知识界陷入极度沉闷之中,葡萄牙文艺复兴的全盛时期由此结束。有迹象表明,耶稣会士与宗教裁判所关系密切。曾经有一段时期,葡萄牙宗教裁判所的官员都由耶稣会士担任。1555年,若奥三世曾经想过要把宗教裁判所交给耶稣会管理,后来因为种种原因作罢。从总体上来说,耶稣会士有三个主要的目标:一是反对新教在欧洲的宗教改革运动;二是在本会建立的学院中向贵族和精英推广和巩固天主教的信仰;三是将天主教传播到亚洲、南美洲和非洲,以夺回天主教会在欧洲失去的宗教版图。在一定程度上,耶稣会士在印度、远东以及巴西的事业就是他们在葡萄牙等欧洲国家事业的延伸,不过只是所遭遇的文化环境不同而已。沙勿略等一批耶稣会士正是在葡萄牙王家保教权的庇护之下从里斯本踏上前往东方的传教之旅。葡萄牙通过耶稣会士在远方的传教活动扩大了帝国自身的影响,耶稣会士也认为葡萄牙特别应该肩负起在异域传播天主教信仰的重责大任。正如1654年一名葡萄牙耶稣会士在致国王阿方索六世的信中所写:"陛下,对于其他基督教国家而言,它们的目标是维持自己的领地和属地,以便在这个世界上获得现世的幸福。而对于葡萄牙国王来说,除了这个大家普遍拥有的目的之外,还有一个特殊的目标,那就是在异教徒国度伸展天主教的信仰,让天主在那里升起,让当地的世人能够找到祂。葡萄牙为这个目标做得越多,就越是能够肯定地维持她拥有的一切。如果越来越背离这个目标,那她的前途就越是飘忽不定并充满危险。"

第五章
葡萄牙文艺复兴时期的文化

一、历史学和历史学家

葡萄牙中世纪晚期至近代早期的历史编纂学鼻祖是费尔南·洛佩斯（Fernão Lopes，约1380—1459年以后）。他出生于1380—1390年之间，经历了葡萄牙与卡斯蒂尔之间的冲突与战争，如阿尔儒巴洛塔战役等。他知道和认识许多那个时代的当事人和历史事件的主角，如国王若奥一世、杜亚尔特王子即后来的国王、将军阿尔瓦雷斯和大臣雷格拉斯。他在三位君主即若奥一世、杜亚尔特以及阿方索五世及佩德罗王子的摄政统治下生活。他也见证了葡萄牙海洋帝国迈入全面扩张的重要事件，如攻占休达、佩德罗王子与阿方索五世的矛盾、亨利王子远征北非以及沿着非洲西海岸的航海探险等一系列重要和伟大的事件。

洛佩斯出身贫寒，通过努力刻苦的学习成为饱学之士。1418年，洛佩斯被国王若奥一世任命为王家档案馆（Torre do Tombo or the royal archarchives）的馆长。1419年，他成为王室的书记官；1429年，他又成为后来死于北非的"圣王子"费尔南多的私人秘书；1434年，国王杜亚尔特任命他为第一任王家编年史官，委托他撰写葡萄牙历代国王史实以及重要的历史事件，他立即投身于这项使命。他被认为是三部编年史的作者：第一部是国王佩德罗一世时期的历史，第二部是国王费尔南多一世时期的历史，第三部的第一和第二卷是国王若奥一世时期的历史，第三卷在他在世的时候没有完成。人们还认为他还是一部没有署名的大将军阿尔瓦雷斯传记的作者。他一方面根据编年史的原则有条不紊地记录过往直到若奥一世时代的历史，同时他也详细地记录和追寻1380年代葡萄牙社会转型和王朝更迭的史事及其原因。1454年，他从王家编年史官的职位上退休,在1459年以后的某一时间去世。他在编写葡萄牙王国各个朝代的历史的时候,有机会读到国家的档案和历史资料,所以他的历史写作是基于历史文献之上的。不过,他也非常重视口述的历史,在许多地方都可以看见他记叙的来源于普通人民的述说。有人认为他是中世纪晚期或近代早期欧洲历史编纂学之父,或者是科学的历史编纂学的先驱。

洛佩斯的每一部编年史的开端都有一段开场白,向读者简单地描绘每一位国王的肖像。如费尔南多一世和若奥一世的编年史就是这样安排的。佩德罗一世的编年史的开场白谈到了对于正义的思考,在第一章里简单地描述了这位国王的性格。在若奥一世编年史的第二部分有一个提纲性的开场白,其中还包含一篇专题小论文,特别讨论了历史研究必须持客观公允的态度以及文献来源的重要性。洛佩斯的历史著作广泛地引用文献史料,包括各种法律文献、教宗的通谕以及公私信件。作为一位管理档案的历史学家,他可以直接地利用这些材料。不仅如此,他还广泛利用其他的历史学家的论述,将它们重新编排、演绎、缩略、扩大以及重写。例如,他对于当时葡萄牙与卡斯蒂尔长期冲突的历史是基于当时的卡斯蒂尔编年史家佩洛·洛佩斯·德·阿雅拉(Pero López de Ayala)的著作编写而成的。还有一些资料来源于现在已经失传了的由克里斯托佛罗斯(Dr. Christophorus)编写的拉丁文编年史。关于若奥一世与王后菲利帕的关系,则直接取材于他们的长子后来的杜亚尔特国王所撰写的《忠诚的御前顾问》中的叙述。洛佩斯在历史叙述中经常表现出一种公正率直的态度,善于妥帖地处理历史材料之间的相互矛盾以及前后不一致。他也了解历史事件的短期与长期之间的因果关系,懂得事先要铺陈事件的肇始、人物的个性以及周围的环境,这对于人们理解后来的结果是大有裨益的。例如他记叙若奥在没有成为国王的时候曾经做过一个梦,在梦中年轻的若奥熄灭了一场即将吞没葡萄牙国家的大火,这明显就是为1385年阿尔儒巴洛塔战役作铺陈。他还善于将编年顺序上难以表述的内容以及相互交织的复杂势力以清晰的语言表达出来,这些事件以及因果关系常常是同时发生的。在讲述阿尔儒巴洛塔战役发生前夕的事情时他这样写道:"现在卡斯蒂尔的国王踏上了去葡萄牙的征途,与此同时阿尔瓦雷斯也在他去里斯本的路上;主公(若奥)和里斯本的人民正在准备与卡斯蒂尔人作战……许多事情是同时发生的,它们容易相互混淆,也不能够按照每天发生的顺序加以叙述。"

洛佩斯的所有作品都渗透了一种思想:历史不是一个国王、一个亲王、一个社会集团或者一个阶级的纵横恣肆,它是各种矛盾的力量、各种利益之间紧张而持久的冲突。他是一位属于人民的历史学家,其作品生动地描绘了伟大的群众运动,如人们涌出大街小巷,汇集到一起,如百川归海,在人海茫茫中,发出叫喊声、呼唤声、哭泣声,表达了他们的意志、思想和感情。他不仅写出了这些运动的现象,而且还分析了激励群众思想觉悟与历史运动的关系。比如,他认为人民的意志和行动是葡萄牙人战胜卡斯蒂尔人决定性的因素。人民体现了爱国的精神如对于土地的热爱,而贵族——封建主的忠实奴仆——则被卡斯蒂尔人收买了。他还强调了某些经济因素的重要性,如"土地分配法令""保护海洋贸易法令"等。又如,朝廷牺牲中产阶级和人民的利益,强令货币贬值导致一些人破产。在写到阿尔瓦雷斯的时候,也注重他与其他贵族丑恶灵魂的对比,其爱国主义精神以及对于平民财产的尊重等。在描绘阿维兹王朝建立的时候,他要人们注意一个重要的社会现象:王国古老的贵族世家已经消亡,很多支持阿维兹家族的平民上升为贵族。从表现形式来看,洛佩斯的文风代表了那个时代口头文学和民间文学的最高峰。他能够让历史人物站在读者的面前,给他们涂上感情的色彩,令人们从他们的角逐和个人野心中分析出其内在的心理动机,个人的声音与集体的声音相交织,历史人物没有淹没在群众运动中,相反,他们从集体的人海浪潮中涌现出来。洛佩斯超过了中世纪所有的历史学家和骑士小说家。他们只能在唯一的场合以及咫尺之间表现个别英雄人物的事迹,以至于其作品成为近代葡萄牙文学以及戏剧创作的源泉。他本人评价自己的作品时说,"在每一页中都找不到华丽的词藻,唯有一目了然的事实"。同时代的人称他为通俗知识的学者。通俗就是人民大众懂得的,通俗的知识就是人民大众的知识,这是与学院式的知识相对立的。洛佩斯就是这种文化的最后的代表。在他的晚年,一种新的、脱离庶民百姓的、模仿古典作家的文风正在兴起,并在16世纪取得了彻底的胜利。以洛佩斯为代表的历史观后继无人。接替他担任编年史官的历史学家的历史观念与他大相径庭,他们的笔下主要的人物都是帝王将相和达官贵人,而不是人民大众。

戈麦斯·埃阿内斯·德·祖拉拉(Gomes Eanes de Zurara,约1410—1474),有时也被称为阿祖拉拉(Azurara)。他是继洛佩斯以后另一位重要的历史学家。他是一名神职人员的儿子,在阿方索五世的宫廷中被培养长大。他在中年时期才步入写作的生涯,很可能在国王杜亚尔特的统治时期进入王家图书馆成为洛佩斯的助手。1452年,他被委任管理王室图书馆的职务。三年以后,他完成了《几内亚发现与征服的编年史》(*Cronica do Descobrimento e Conquista da Guiné*)的初稿。这是一部记载早期葡萄牙人在亨利王子的赞助下在大西洋以及非洲西海岸从事探险与发现事业的历史著作，它包括亨利王子在世与去世以后葡萄牙人的航海活动。他还撰写了著名的《攻占休达编年史》(Crónica da Tomada de Ceuta)，将亨利王子描绘为攻占休达战役的主要推动者以及战士。1454年6月，祖拉拉在继洛佩斯之后，成为王家档案馆的主管以及王家的编年史官，阿方索五世委托他在休达第一任总督梅内塞斯(D. Duarte de Menezes, 1415—1424年在任)协助下撰写休达的历史以及葡萄牙在北非的扩张史，其时间跨度为从1415年对休达的占领到1437年为止。祖拉拉去了休达，在当地住了一年多，收集相关的史料，研究他所描述的历史事件的实况。1463年，他完成了《梅内塞斯的编年史》第一卷 (Cronica do Conde D. Pedro de Menezes)。到1468年，他又完成了《梅内塞斯编年史》第二卷。

祖拉拉在写作风格上不像洛佩斯那样直率和朴素，他喜欢广征博引，并且在叙事中展示自己的哲学见解，显示出他受到了文艺复兴的影响。他对于古典的、中世纪的基督教作家都十分熟悉，除此以外，他还拥有丰富的地理学以及占星术的知识。祖拉拉写的编年史非常详细，对于葡萄牙人的每一次战争以及航海活动都有详细的记录，以至于有些人对于他详尽叙述的真实性都表示疑惑。他在自己的历史著作中还树立了一个英雄的形象，即葡萄牙地理大发现事业的推动者亨利王子：这位王子在坚定的基督教信仰以及骑士精神的激励之下从事着新时代的神圣的航海探险事业，后世人们对于亨利王子的带有许多主观色彩的理解正是来源于祖拉拉的著作。他以极强的主观色彩在《几内亚发现与征服的编年史》的序言中称亨利王子为"我们的王子"(o nosso príncipe)。但是，出于政治的原因，他对于佩德罗王子的贡献则很少提及。祖拉拉历史著作的另一个贡献则是真实地记录了那个时代葡萄牙人与非洲的历史、商业以及文化的联系。他最早记录了在拉戈斯出现的欧洲的第一个奴隶市场。不过，与洛佩斯相比，祖拉拉明显地以英雄的传记替代了一个民族的历史，对于上层人物歌功颂德，甚至将葡萄牙整个民族的发现事业都归功于他的保护人亨利王子。当时葡萄牙国内对于王室在北非的战争多有非议，但是祖拉拉则极力为王室的行为辩护，并以宗教的观点为葡萄牙人在大西洋的岛屿和非洲捕捉和贩卖奴隶开脱，在葡萄牙诸多重要的历史学家中，他最早地将骑士精神强加于历史人物。他的作品还轻视和贬低人民的力量，文风浮夸，使用大量的寓言、拉丁语和希腊语作家的格言来装饰作品的文采，以华丽的辞藻提高英雄人物的地位。祖拉拉的著作在国际上的影响比洛佩斯更大，人文主义学者马特乌斯·皮萨诺(Mateus Pisano)曾经将他的著作翻译成拉丁文。

历史学家若奥·德·巴洛斯

葡萄牙在19世纪以前最伟大的历史学家也许是若奥·德·巴洛斯（João de Barros，1496—1570），他出生在维塞乌，是一位私生子，他的父亲是一名法官和乡绅。在孩童期间，他就被带到曼奴埃尔一世的宫廷，接受了当时宫廷流行的人文主义教育，他勤奋地学习拉丁语、希腊语、数学、自然科学和各种人文知识。在20岁时他撰写过骑士小说，据说他还是若奥王子即后来的葡萄牙国王若奥三世的侍童。在若奥三世登基以后，他在1522年被国王委任为米纳要塞的城防官，在那里住了3年的时间。1525—1528年，他成为"印度房"的司库。1530年，为了躲避里斯本的瘟疫，他去了蓬巴尔（Pombal）的乡间的房子。1532年他完成了一部道德对话录《精神的商品》（Ropica Pnefma or Spiritual Merchandise）。这是一部典型的中世纪的道德对话录，作者在书中刻意安排了"理解""意志"和"时间"三者与"理智"的对话，"理智"代表着在基督教信仰启示之下的人类的理性。此书受到伊拉斯谟思想的影响，在论述方法上也非常接近其风格。1532年，他回到里斯本，国王任命他为"印度和米纳房"的代理商，当时里斯本是欧洲与东方贸易的中心，所以这个职位是非常重要的。他是那个时代优秀的行政官员，能干而且廉洁。1539年，他被任命为去往巴西马拉尼昂的长官，但是因为途中发生船难而折回，并且负债累累。在此以后，他利用闲暇的时间继续写作历史著作，国王则给予他一些报酬。在1540年，他在撰写历史著作最繁忙的时候，还出版了一部葡萄牙语法书，名为《含有慈母圣教会诫条的葡萄牙语语法》（Gramatica da Lingua Portuguesa com os mandamentos da Santa Madre Igreja）。作为一名浪漫的人文主义者，他认为自己祖国的语言是最接近拉丁语的，并且天生地优于别的语言。他反对当时流行的葡萄牙语低于卡斯蒂尔语，而卡斯蒂尔语又低于意大利语和法语的看法。他赞美葡萄牙语是庄严的、富有音乐性的和富有力度的，而法语和意大利语只是适合于女人的语言。他以"葡萄牙语是拉丁语的长女"而自豪。

巴洛斯在历史著作的写作上怀有雄心壮志。在他生活的时代,编年史已经过时了,而规模宏大的史学著作取得了应有的地位。由于政府给了一个有薪金的职位作为资助,他就按照自己拟定的巨大的计划进行撰写,内容包括葡萄牙人在四大洲,即欧洲、非洲、亚洲和圣克鲁兹地的活动。圣克鲁兹就是巴西,也就是新大陆。除了历史以外,他还认为自己有责任写出一部包罗万象的地理学以及关于贸易的书籍。巴洛斯完成了许多写作的计划,但是仅有《亚洲旬年史》(*Décadas da Ásia or Decades of Asia*)流传了下来。第一卷出版于1552年,写的是从593年至1505年葡萄牙的古代史以及在亚洲的扩张史。他按照自己的理解,先对葡萄牙古代的历史作了一番扼要的富于想象力的叙述,约略讲述了伊比利亚半岛的历史以及葡萄牙的诞生和发展。然后,他叙述了亨利王子和若奥二世统治下所有的地理发现以及探险活动的历史,不过重点是亨利王子以后,特别是1500—1505年的历史。其中第三册是关于米纳要塞建立的情况以及葡萄牙人与非洲土著王国的关系,第四册是达·伽马的印度航行,第五册是卡布拉尔去巴西以及印度的环航,第六册是达·伽马第二次的印度之行,第七册则是印度当地的卡利卡特与科钦两个王国之间的战争,第八册讨论了香料之路以及东非的斯瓦西里海岸的情况,第九册则描述了整个东方的航路——从红海、波斯湾一直延伸到日本以及摩鹿加群岛。第二卷叙述的历史从1506—1515年,出版于1552年。其中,第一册讨论了1505—1507年葡萄牙人在红海地区的活动,谈到了埃塞俄比亚信奉一性论的雅各比基督徒,第二册叙述了1507—1508年阿尔伯奎克在霍尔木兹失败的远征,第三册主要叙述阿尔梅达在1509年击败埃及-古吉拉特联合舰队的事迹,第四册叙述科迪尼奥在卡利卡特的活动,第五册主要叙述了阿尔伯奎克两度征服果阿的历史,详细描述了果阿及其附近

巴洛斯1540年《含有慈母圣教会诫条的葡萄牙语语法》的封面

岛屿的地理和历史，第六册叙述葡萄牙人在马六甲与新加坡的活动，第七册叙述阿尔伯奎克在苏门答腊、马六甲、果阿与亚丁的活动，第八册叙述阿尔伯奎克远征红海的失败，第九册叙述葡萄牙人在马来西亚、印度尼西亚以及爪哇的事迹。第三卷则叙述了葡萄牙人在1516—1525年在亚洲的历史。其中，第一册讨论了1517年苏亚雷斯在红海的活动，第二册特别叙述了葡萄牙人在锡兰、暹罗和中国的事迹，第三册则是葡萄牙人在马六甲、东南亚以及勃固（缅甸）的历史，第四册专门叙述埃塞俄比亚的科普特基督徒情况，第五册叙述苏门答腊岛、马六甲和摩鹿加群岛，第六册叙述了葡萄牙人第一次向中国派遣使者的情况，第七册主要讲霍尔木兹和波斯湾以及印度的圣多默基督徒。这一卷于1563年出版。第四卷和最后一卷则于1615年在马德里出版，那时作者已经去世很久了。该卷第一册主要是关于印度洋、马来亚水域、摩鹿加群岛和爪哇，第二册叙述了1526年葡萄牙与印度总督之间的纷争，第三、四册是关于当时有争议的印度总督奴诺·库尼亚的事迹，第五册是关于古吉拉特王国的历史，第六册是关于库尼亚在第乌建立要塞的经过，第七册是果阿的葡萄牙人与德干王国之间的关系，后面是1538年11月土耳其人与古吉拉特人对于第乌的第一次围攻。

巴洛斯有"葡萄牙的李维"的称号。他有意识地将罗马历史学家李维的历史著作作为他《亚洲旬年史》的范本，而李维的著作给了他《亚洲旬年史》饶有爱国色彩的光辉和优雅。他在叙事的过程中，也流露出过度的民族自豪感。不过，他的人文主义修养、对待史实细致认真的态度以及叙事的简明扼要，一定程度上补偿了这个缺陷。他的笔调是高雅的，虽然有时有一点矫揉造作，但是给读者以动人而准确的感觉。巴洛斯是第一位也是最重要的一位由王室指定并赞助的官方编年史家，他的历史著作当然反映了葡萄牙官方对于该国在东方的扩张史的观点，这一点许多人都是一致认同的。巴洛斯能够利用"印度房"以及档案馆的官方档案以及个人的通信进行写作，所以在材料的运用方面有得天独厚的条件。不过，在写作历史的时候，他也经常受到自己固有的人文主义思想的影响，所以经常能够跳脱出比较狭隘的立场。有一个非常明显的特点就是他总是能够将历史事件置于社会的、历史的、经济的背景之下加以叙述。他的《亚洲旬年史》记录了大量的印度洋周边地区的政治、经济、文化、社会和风俗。在叙述历史以前，他总是十分注意对地理环境和历史背景的描述，他在这方面做得很好。尽管巴洛斯不懂得任何东方的语言，但是他可以被称为东方学家的先驱者，他有系统地收集亚洲各地的历史和地理书籍以及古老的手稿，还雇佣了一些懂得葡萄牙语的奴隶帮助他翻译这些资料。他在写作时使用了阿拉伯文、波斯文和印度文的翻译文献，其中有些是写在棕榈叶上的马拉巴当地人民的风俗、宗教和历史。他在描写中国的时候，还参考了古代和当时制图家画的地图。作为一名人文主义者，他对于词汇的内在意蕴有着特别的兴趣和热爱，以至于他的一些关于亚洲地名以及人名的解释有时会离谱。不过，对于亚洲各地的人民和风俗，他并不抱有特别的偏见（这一点有时与他所持的官方立场常会发生矛盾），他在书中特别赞扬了中国人民（这在本书的最后一章第五节还会谈到）。1567年，巴洛斯从"印度房"长官的职位上退休。国王塞巴斯蒂安封赐他贵族的头衔以及一笔钱。1570年10月他去世了，按照他的遗愿，他被安葬在自己家乡的圣安东尼小教堂。他的教子（是一位主教）在1610年把他的遗体掘出，想迁葬到阿尔科巴萨的教区教堂，但是此事进行到一半的时候，这位主教却去世了。于是巴洛斯的遗体便不知所终了，只有他留给后世的巨著成为纪念这位伟大的历史学家的丰碑。

巴洛斯去世以后，他未完成的著作由迪奥多·德·库托（Diogo do Couto，约1542—1616）继续写下去。库托出生于里斯本，在年幼的时候就进入王室宫廷成为国王若奥三世的弟弟堂·路易斯（Infante Dom Luís）王子的侍童。由于王子的宽宏大量，他不仅得以接受与王子一样的宫廷教育，还去了耶稣会圣安唐学院（College of Santo Antão）和多明我会在本费加的修道院（Convent of Bemfica）学习哲学。虽然葡萄牙文艺复兴的辉煌时日来得晚去得早，但是在这两个学院中仍然有一些比同时代其他人更为出色的教师。年轻的库托在求学期间已经表现出强烈的求知欲，他认真地学习拉丁文、意大利文、西班牙文以及这些国家的文学作品，对于数学和地理学也表现出很大的学习兴趣。他的大部分生涯是在葡萄牙文艺复兴已成过往的时代中度过的，当时葡萄牙宗教裁判所的势力与日俱增、甚嚣尘上，社会以及文化的气氛令人窒息，但是他在自己的著作中却表现出一种文艺复兴式的博雅的精神。如果说巴洛斯模仿的是李维的话，库托则以塔西陀为自己的榜样。他们之间另一个不同之处就是巴洛斯虽然是一名私生子，但是父母双方都是贵族，库托则出身于贫寒朴实的平民阶层。尽管库托在他的作品中经常炫耀自己的学识，但是他没有忘记自己是一个来自人民的人。在他的著作中时常流露出一种尖刻的批判精神，这一点是巴洛斯所缺乏的。他公开批判那种贵族出身高人一等的观念，主张德行和经验才是评判人的标准，这种见解在同时代的人中是特立独行的。他尖锐地批判当时葡萄牙人中普遍存在的那种自以为是的社会优越感,在他去世以后出版的作品中有《退伍士兵的对话》(*Diálogo do Soldado Prático*)一书,他批评了葡萄牙人在印度施行的乱政,指出葡萄牙人以谎言、欺诈以及诡计毁坏了一个美好与纯洁的印度。当然,与许多同时代的历史学家一样,他对于自己祖国的同胞在东方的探险以及军事上的成就也感到十分自豪。

库托与巴洛斯不同,后者除了到过几内亚湾以外,就没有去过葡萄牙以外的地方了,但是库托将他生命中的五十年时间奉献给了葡属印度。1559年3月,他前往印度,在以后的十年中他的大部分时间都没有离开过印度。1560年3月,他参加了葡萄牙军队远征苏拉特的战役。1563年,他来到巴罗切(Baroche)居住。至1569年,他与葡属印度的总督诺罗尼亚(António de Noronha)一同回国。1570年,他回到里斯本,当时里斯本的港口因为瘟疫而封港,国王特许他们的船只在港口靠岸。他们访问了当时设在阿尔梅里亚的朝廷,于1571年再次回到印度。从那时起,他一直生活在果阿,直到1616年去世,这一年也是莎士比亚和塞万提斯逝世的年份。库托见证了"金色的果阿"从辉煌正午到落日余晖的沧桑蜕变,当他去世的时候,荷兰人以及英国人的军舰已经在印度洋的海面出现。他生活在亚洲的漫长的半个世纪中,目睹了南印度最后一个信奉印度教的维贾亚纳加尔王国(Empire of Vijiayanagar)的衰亡、穆斯林的莫卧儿帝国的顶峰时代以及日本德川幕府军事独裁政府的建立等重大历史事件。

库托跟随诺罗尼亚回到果阿以后,先是在码头和仓库工作,不久就开始了从事历史研究的生涯。在果阿与里斯本,虽然都遇到反对的声音,他还是被任命为葡属殖民地的官方历史学家以及果阿档案馆的保管负责人,他的头衔是"印度国的东波塔档案馆的编年历史学家和主管人"(Chronista e Guarda Mor da Tombo do Estado da Índia),其任职从1595年开始,终于1604年。实际上在此以前许多年,王室已经命令历届葡属印度的总督将相关的国务文件交给他了。库托似乎很早就已经深思熟虑要继续巴洛斯的未竟之业,以展现"葡萄牙人在发现与征服东方的绿地与海洋的功业"。这集中地表现在他所著的多卷本《亚洲旬年史》(*Decadas*)中。库托开始继续写作自16世纪90年代就已经开始撰写的共十二卷的《亚洲旬年史》,在他有生之年,相继出版了第四卷、第五卷、第六卷和第七卷,其他各卷则在1564年至1788年的不同时期出版。库托的敌人没有能够成功地阻止他成为亚洲殖民地的官方历史学家,也没有能够成功地阻止他出版自己的著作,但是他们却成功地阻止他成为基督骑士团的成员。1607年11月,库托写信给一位资助人说:"我现在已经64岁了,如果他们愿意给我一些东西的话,也要等到我落葬于圣方济各教堂的时候。他们会把这些东西放在我命令烧掉的书籍、纸张和笔记的灰烬之上,以免他人在我辛劳汗水和苦工中获益。他人会得到本来应当给予我的奖赏。我不会要求大人赐给我贵族头衔,也不要求您赐给我基督骑士团的袍服,因为在这个时代持有这些东西的人太多了,以至于没有拥有它们的人才显得独特。我再向大人重复一遍,我既不要求得到荣誉,也不要求得到报偿。我将会碾碎所有的物品,使它们变成灰烬。"尽管晚年的库托不获官方的承认,带着苦恼和困惑,顶着赤道上炎热的阳光和季风来临时的暴雨满街行走,他还是孜孜不倦地继续写作《亚洲旬年史》。除了这部长卷的历史著作以外,他还写了其他一些著作,如一本与阿比尼西亚多明我会士辩论的小册子、一篇未完成的对贾梅士《卢济塔尼亚人之歌》(详见下一章)的评论、一部名为《汇编》的诗歌集以及一部讨论亚洲海洋贸易的论著。作为研究东方的历史学家的先驱者,库托与巴洛斯齐名,尽管他们两人都不了解东方的语言,但是他们都尽力找到了合格的译员。如前所述,巴洛斯曾经让一名受过教育的中国奴隶和一名懂得阿拉伯语的奴隶帮助他翻译这两种东方语言,库托则与僧伽罗王子们、有学问的婆罗门、莫卧儿帝国的使节们和埃塞俄比亚的耶稣会士们广泛交往,从交谈中去获得他从事写作的资料。晚年的库托尽管年老多病,仍然保持着一颗探索的心灵,他曾经从去过日本的著名的英国人威廉·亚当斯那里得到一个地球仪的复制品,并由此形成他对于日本地理以及欧洲制图学的独到的见识。

博卡罗(António Bocarro,1594—)也是一位生活在葡属印度的历史学家。他出生于葡萄牙的阿布朗特斯(Abrantes),他的兄弟是当时著名的医生和数学家曼奴埃尔·博卡罗·法朗兹(Manuel Bocarro Francez),他的家族属于所谓的"新基督徒"即改宗的犹太人家庭。有关他早年的生活,人们知之不详,只知道他曾经在里斯本的耶稣会圣安唐学院学习,当时这个学院中培养了许多政治家和学者。1622年他随同葡属印度总督来到印度,最先曾经在科钦居住过一段时间,这个地方在葡萄牙人占领以前就有不少犹太人居住。当葡萄牙宗教裁判所建立以后,他在科钦和果阿都曾经被宗教裁判所逮捕,并因卑微地表示悔改供出许多与他有联系的隐秘的犹太人而被释放。后来,他在葡属印度的总督诺罗尼亚(Dom Miguel de Noronha)的庇护下于1631年成为葡属印度首席编年历史学家和果阿殖民地政府历史档案的主管,他担任这个职位长达十二年之久,曾经写就许多著作,其中比较著名的则是《东印度国所有要塞、城市以及市镇蓝图书》(*Livro das Plantas de tódas as Fortalezas, Cidades, e Povoações do Estado da Índia Oriental*)。有记载说他在1643年曾经担任葡属印度在波斯湾的马斯喀特(Muscat)海关的秘书。至于他晚年生活的其他事情以及去世的年代则没有明文记载。在他去世以后,他的堂兄弟,一位方济各会编年历史学家特琳达德神父(Deodato da Trindade)则完成了《亚洲旬年史》另外一卷的编写工作。

二、文学和人文主义者

在文学方面,早在中世纪,葡萄牙人就已经创作出一批优秀的歌曲、短诗、民歌以及编年史,可以与西班牙较为著名的作品相媲美。上文曾经提到过的"友谊之歌"和"爱情之歌",盛行于国王迪尼斯时代,尤其盛行于他的宫廷。在这个时代甚至更早的葡萄牙行吟诗人中,有一些作品流传了下来。有迹象表明,葡萄牙曾经有过史诗般的创作,它是以1340年基督徒军队在萨拉多战胜摩尔人为内容的,但是这部史诗已经失传了。

葡萄牙也可能是骑士小说最早出现的欧洲国家。14世纪后期葡萄牙传奇小说家瓦斯科·德·洛贝伊拉(Vasco da Lobeira)创作了著名的《高卢的阿马迪斯》,作者很可能是在葡萄牙韵文的基础上把它改写成为散文的。另一位别具一格的作家就是杜亚尔特国王。他接受过很高的文学教育,从事过拉丁文的翻译。他的主要作品就是《忠诚的御前顾问》(*O Leal Conselheiro*)。这本书是他不同时期写的杂文的汇编,其中的一些主题是剖析感情和灵魂的。在很长的一段时间里,这本书是葡萄牙唯一的一本以基督教神学为基础进行内省的著作。它是为宫廷内部的人写的,试图为宫廷贵族制定一种道德标准,但是其中有不少内容是从个人的经验和观察中得出的结论。由于杜亚尔特国王健康欠佳,所以他对于病痛有着独特的理解,有些含有"悲伤""悲哀""不快""痛苦""渴望""烦恼"等词汇的章节,都表现出作者独特的自我反省能力。作者完全以基督教的道德观为判断事物的标准,认为政府的问题就是人的觉悟和道德修养的提高问题,唯一的裁判就是天主。当时,葡萄牙语还没有成熟到可表达这类复杂的自我反省的程度,他就区别词义,寻找拉丁词汇,有时就使用复杂的长句。它要求读者仔细地理解,而不是凭着听力就接受。这种风格,就像他写的书的内容一样,是探讨性的。后来的人文主义者更加关注的是作品的外部表象以及华丽的辞藻,而不是主观世界的描绘。

加西亚·德·雷森德（Garcia de Resende，1470—1536）是葡萄牙16世纪初年重要的诗集编纂者。他早年担任过若奥二世的宫廷侍从和私人秘书。在若奥二世去世以后，曼奴埃尔一世对他也宠信有加，他成为基督骑士团的一名成员。1514年，他曾担任曼奴埃尔一世派往罗马觐见教宗利奥十世的使团成员。1516年，他被授予贵族称号，并担任当时的若奥王子即后来的若奥三世的书记官。1516年，他编纂出版了《诗歌总集》(Cancioneiro Geral)，汇集了自阿方索五世以来的286位葡萄牙宫廷诗人的诗歌，其大部分创作于若奥二世至曼奴埃尔一世统治时期，反映了当时的宫廷的文化生活。那时的宫廷演员戴着面具表演戏剧，伴以音乐和舞蹈，并吟诵由这些诗人创作的诗歌。矫揉造作的宫廷作风以及对修辞的过分雕琢，成为这些诗歌的一大特色。同时，有一部分诗歌模仿同时代西班牙的作品，又带有明显的卡斯蒂尔特征。还有一些诗歌则带有批判性，抨击那个时代的混乱与奢侈、商业精神的蔓延以及宫廷的阴谋，表现出对于古代贵族圣贤以及田园生活的留恋。还有一些诗歌明显地受到意大利文艺复兴人文主义者彼特拉克的影响，带有彼特拉克式的爱情至上观念、自我分析和在痛苦中自我陶醉的感情色彩。雷森德还将自己的诗歌如《堂·因内斯·德·卡斯特罗之死》等编入诗集当中。其中有一部《札记》，作者以诗歌的形式记叙了他所处时代的历史事件以及自己的感悟，体现了他的思考和信心，至今读来仍有意义。

葡萄牙文艺复兴时代伟大的学者达米昂·德·戈伊斯以他丰富的阅历以及人文主义精神闻名于当时葡萄牙的文化知识界。他可能是16世纪最有教养的葡萄牙人文主义者，集学者、外交家、实业家、音乐家和艺术品收藏家于一身，也是一个生活奢侈的贵族。他出生于圣塔伦附近阿伦克尔（Alenquer）的一个服务于王室的贵族家庭，他的祖父是亨利王子的扈从。1511年仅9岁的他就来到曼奴埃尔一世的宫廷服务，担任国王的侍从。那时，他热爱音乐，特别是对于从印度等异域来的新奇事物充满好奇。他经常在里斯"印度房"外面的广场上看人们焚烧那些在航行途中毁坏的香料，他也看到从印度运来的大象以及犀牛等珍奇

葡萄牙人文主义学者达米昂·德·戈伊斯像

异兽，还有那些从印度、巴西和埃塞俄比亚来的稀奇古怪的人物。1523年他被国王若奥三世派往安特卫普担任葡萄牙驻当地商站的秘书。这个商站是从里斯本运往欧洲的货物的主要出口中转站，与欧洲各地区以及国家有着密切的联系。1529年，他被王室派往日耳曼执行任务，同年又去了英格兰与苏格兰。他回到安特卫普以后，于1531年又被国王派往丹麦执行任务。后来他去波兰的时候，路过威登堡，在圣枝主日那天，聆听了路德的布道，他还与路德和梅兰西顿一同进餐。当时葡萄牙本国政府持严厉的反对新教的立场，戈伊斯的这种温和开明的态度在一些国内保守人士看来是大逆不道的，为他以后惹来了麻烦。1532年年底，他回到安特卫普。不久，他又在一位朋友的介绍之下去了鲁汶大学，一年以后这位朋友又介绍他与当时杰出的人文主义学者伊拉斯谟认识，他们在费莱堡第一次见面。以后，他们一直保持着通信联系。伊拉斯谟在信中劝告这位葡萄牙年轻人要少一点宗教教派上的偏见，并说他自己已经是卧床的衰老的病人，他还表达了对于他的挚友托马斯·莫尔被亨利八世杀害后的无比痛心。1533年，戈伊斯回到了鲁汶。此时，葡萄牙政府任命他为"印度房"的司库，但是他拒绝了此项任命。不久，他去了西班牙著名的奉献给圣地亚哥的康坡斯戴拉圣地朝圣。之后，他又去了费莱堡访问伊拉斯谟。1534年9月，他到了意大利的帕度瓦，以后断断续续在这里居住达四年之久。其间，他也访问了罗马、威尼斯和意大利的其他城市，也与耶稣会的创立者罗耀拉有过交往。罗耀拉和一些同伴还在戈伊斯的家里住过。在那个时代，很少有人同时与路德和罗耀拉两个最大的敌对者都有交往。这种经历使得他远比一般的葡萄牙人拥有更加丰富的学识和胸怀。

戈伊斯是葡萄牙第一个研究"长老约翰王"以及报道埃塞俄比亚基督徒生活的学者，1532年，他将信奉基督教的埃塞俄比亚皇帝派驻葡萄牙和罗马教廷的使节亚美尼亚人马特乌斯（Mateus or Matthew of Armenian, d.1520）的作品从葡萄牙文翻译成拉丁文，其中包括著名的"长老约翰王"的信。1538年，他还将希伯来文的《圣经》翻译成葡萄牙语，在那个时代，罗马教会是禁止将《圣经》翻译成各地语言的。同年，他在海牙与一位荷兰贵族家庭的妇女哈根（Joanne van Hargen）结婚。1541年，他出版了《埃塞俄比亚人的信仰、宗教和风俗》（*Fidēs, religiõ, moresque, Aethiopum*）一书，在欧洲天主教界和新教界都产生了很大的影响。这本书受到许多学者的欢迎，但是葡萄牙宗教裁判所持批评的态度。此书于1541年、1544年、1561年和1574年先后在巴黎、鲁汶、莱顿和科隆出版了不同的版本。1542年他回到了鲁汶。当时法国军队包围鲁汶，他因为参与抵抗运动而被关押在法国诺曼底达9个月之久，后被押解到枫丹白露，最后被重金赎出。不过，神圣罗马帝国皇帝查理五世给了他一笔补赎。戈伊斯于1545年与妻子一同回到葡萄牙，他的船装载了许多书籍和艺术品，光运费就达6万雷亚尔。本来他有希望成为王储若奥的老师，但是有人特别是葡萄牙耶稣会省会长罗德里格斯在宗教裁判所说他是一个有异端倾向的知识分子，他最后没有得到这个职位。他于1548年被任命为王家东波塔档案馆的高级主管。戈伊斯在外国已经待了1/4世纪，在里斯本，人们称他为"佛兰德斯的绅士"。他受到北欧流行的那种喜欢宴饮交际的生活习惯的感染，与当时葡萄牙在宗教裁判所压制下的严肃和压抑的社会气氛格格不入。他在里斯本的家成为外国人特别是佛兰德斯人和日耳曼人聚会的场所，葡萄牙国王和王后的许多客人来到他的家参观他放满圣像和艺术品的图书馆。他特别喜欢收集佛兰德斯画家的绘画作品，他还将这些作品赠送给葡萄牙王室。他在里斯本的家经常举行宴会、音乐会和演唱会，家庭小教堂举行的弥撒和经文朗诵也常常以管风琴伴奏。他的那些警觉而严肃的邻居对此很不满意。冬天的寒风把他家屋顶上的瓦片刮掉了，雨水漏进了家里的小教堂。邻居们指责他把屋顶上腌鱼、腌肉的脏水漏进了小教堂，污染了耶稣蒙难的十字架。他的家里堆满了小麦、大麦、橄榄油和一筐筐的葡萄酒、一桶桶的腌肉，引发了种种流言蜚语。他对于各种事物都有广泛深入的兴趣，能够演奏乐器和谱曲，对于贸易的问题也十分关注，经常向国王写信提出各种各样的建议。

1558年，恩里克枢机主教委托戈伊斯撰写一部曼奴埃尔一世时代的历史。1566—1567年间，他历时7年完成的这部《圣君曼奴埃尔编年史》出版了，为此，他得到了一笔丰厚的报酬和一套基督骑士团骑士袍服作为奖赏。此书所记载的事情多见之于巴洛斯的著作，在风格以及笔调上也不及巴洛斯，但是在批判精神以及摆脱民族偏见方面却超过了巴洛斯。比如，他本着人文主义的宗旨，谴责屠杀犹太人事件的肇事者，甚至批评"圣君"曼奴埃尔一世强迫犹太人改宗基督教的行为，以至于该书刚刚出版就有人主张查禁它。1567年，他出版了第二部历史著作《若奥王子编年史》(*Cronica do Príncipe Dom João*)，同年，他的妻子去世了。这两部编年史都是以葡萄牙语写的。戈伊斯的著作出版以后，受到许多批评，宗教裁判所还删去了其中一部分内容。与戈伊斯同时代的许多葡萄牙人都不喜欢他，人们视他为危险分子、一个自外于葡萄牙社会的人。他多年待在外国的经历、他的外国太太、他的国际视野以及对于音乐和宴饮的热爱，增加了人们对于他的妒忌和怀疑。虽然戈伊斯的经历饶有趣味,其见解也引人深思,但是终究给他带来很大的麻烦,最终他未能逃脱迫害。1571年3月,宗教裁判所决定逮捕他。这个伟大的人文主义者1545年和1550年两次都幸免受害,但是宗教裁判所最终还是不放过他,在他年老时,第三次审问了他。这一次,他被判罪了,罪名是:阅读禁书、在斋戒的时候违反禁食的规定、说过"有些教宗是暴君而许多神职人员是伪君子"的话、与许多异端过从甚密并与他们一同吃饭(指与路德和梅兰西顿),在回国以后,他也没有表现出悔改的意思,还说过教宗的赎罪券和信徒的口头忏悔没有什么价值,还经常赞扬外国人,说外国的文化和生活方式比葡萄牙的更好,说外国人没有伊比利亚人那样狡诈等。对此,戈伊斯回答说:"我喜欢所有的外国人,因为我周游各地以后总是发现他们是杰出的伙伴,至于说到日耳曼的城市,无论是异端的或是天主教的,都要比我们的更加井井有条,这个话我已经说过许多遍了,现在我还是这样说。"从1571年4月到1572年11月,他被关押在里斯本宗教裁判所的单人牢房里。在九个月的关押以后,他抱怨说他已经年老体衰,站立不稳。他请求给恩里克枢机主教写信,希望能够与儿子见面,了解家里的情况。他还希望能够得到一本拉丁文的书阅读。最后,他的一切财产被没收,他自己则被送往巴塔利亚修道院关禁闭。1574年1月他在故乡阿伦克尔去世。戈伊斯的名声是由于他那多样化的兴趣、重要的经历和高尚的人文主义精神,而不是由于他的著作。除了诗人贾梅士以外,他可能比同时期任何一位葡萄牙文化人都更加能够引起人们研究的兴趣。

葡萄牙文学家维森特像

吉尔·维森特(Gil Vicente,1465?—1536?),他是剧作家和诗人,被称为"葡萄牙戏剧之父",也是欧洲文学史中最杰出的戏剧家之一。他出生于一个中产阶级家庭,曾经做过金匠的监工和检察员,被选为里斯本市政厅24人组成行会的代表之一。他曾经监制过著名的工艺品贝伦圣体发光金台(*The Belém Monstrance*)。他早年在西班牙萨拉曼卡大学学习法律,后来他就放弃了法律转向文学。他早年的写作以诗歌为主,有时在宫廷里还充当历史剧表演的总监和庆典的主持人,但是他最为醉心的还是剧场的事业。他为剧场写出总共44本剧本,他早期的剧本都是带有宗教色彩的，是古代教会历史事迹表演剧的延续。但是不久以后，维森特就开始写作一些完全非宗教体裁的作品，有些是历史实有的，有些是作者虚构出来的情节。有一个作品题名为《劝战》，是为曼奴埃尔国王以十字军的名义于1513年进攻非洲阿泽穆尔的尚武狂热的骑士撑腰打气的。这一作品使得维森特获得了荣誉，与其说是由于构思成功，不如说是由于这部以爱国主义为主题的壮丽的戏剧适合王室的口味。维森特的宫廷职务，迫使他不得不写一些专题文学，这与他的基本思想是相违背的。以他睿智的眼光，他十分清楚宫廷的虚伪。维森特最后时期的作品非常成功，大多是非宗教主题的剧作，他尝试进行真正的人物描写，用哲理的语言迎合有学问的观众，用较低级的喜剧手法迎合较下层的观众。他戏剧中的有些说白，译成英语以后，有一种近似莎士比亚的神韵。他的戏剧都是为宗教节日和宫廷娱乐所写的，在临时的舞台上演出，并且不拘形式，不太留意固定的标准和规则，也不注意古典的三一律。① 由于当时在葡萄牙没有专业的舞台，这些剧显然是在宫廷和贵族家里演出的。维森特所写著名的宗教剧，有暗含讽劝意味的《灵魂》(Auto da Alma)，是专门在濯足星期四演出的。他有意避开地狱和惩罚的话题，将灵魂拟人化，引导它进入一条通向一个旅店的旅途，这个旅店象征着慈母圣教会。灵魂一会儿被天使引导着前进，一会儿又被魔鬼推阻；最后灵魂以最大的毅力抵御住了魔鬼的诱惑，来到旅店的庇护之下。在那里，教会的博士以一顿丰盛的晚餐招待她，赠送给她耶稣蒙难的器具。这出戏剧融合了智慧、同情与怜悯、神学思想和乐观主义于一体。在1520年代末，维森特戏剧中原有的那种平静的气氛慢慢地消失了，出现了对于当时葡萄牙以及整个教会的神职人员懒散和懈怠的激烈批评。在《莫尼法·门德斯》(Monifa, Mendes)和《集市》(Auto da Feira)两部戏剧，这种态度表露无遗。在后一部戏剧中，罗马被拟人化为一个经常与朋友们争斗的女孩，她去圣诞市场的时候并不带任何东西与人交易，却也能得到和平、真谛和信仰。宗教的纷争则被拟人化为两个农夫，他们妻子总是对他们不满意，这集中地反映了尘世的不和谐。戏剧的最后部分描绘了一群乡村的小伙子和小女孩，他们叽叽喳喳闲聊着举起灵魂交给了天使。从天使那里，他们听到了集市及其女赞助人圣母马利亚真正的意图，最后，少男少女们为圣母唱了一首美丽的颂歌。维森特的戏剧和诗歌，有些是用葡萄牙语写的，

---

① 三一律是16和17世纪欧洲古典主义戏剧创作的规则。它规定剧本中的动作、地点、时间必须统一，即每剧以一个单一的故事情节为限，动作发生在一个地点，延续24或12小时。

有些是用西班牙语写的。它们反映了葡萄牙社会从中世纪到文艺复兴时期的过渡,作者想要在中世纪等级森严的社会制度与文艺复兴时期人的平等观念之间寻找一种平衡。他不是依靠人物来统一剧情,而是在人物之外,或者说是超越人物来进行剧情统一。在这方面,他所创作的人物还是中世纪的。

历史学家萨拉依瓦认为:维森特不仅是一位诙谐的喜剧家,而且是一位无畏的社会思想家。1533年,维森特的剧本《受害者的朝圣》(*Romagem dos Agravados*)在埃武拉上演,剧本写的是一群对于自己的生活和时代不满的人举行的一次朝圣游行。剧中的人物一对对地出场,每一对都代表了一个阶级。第一对出现的是农村无产阶级,一个农民和他的儿子,形象凄苦,农民的名字叫"死去的若奥",他说:"手扶犁耙的人像死人似的干活","我们的生命是他们的生命,而自己的生命却死了",由于大量的非洲黑人奴隶的拥入,劳动者要求提高待遇已经不可能了,农民的生活每况愈下。"死去的若奥"说:"除非倒下,我不能停止干活!""我穷得像一条狗!"于是,入教是摆脱贫困的唯一道路,"谁想发迹,谁就得信教、进宫或者迁居"。入教,服侍王室或成为与王室沾亲带故的贵族,或者漂洋过海,成为农民,改变命运。那时葡萄牙的农村分为地主、自耕农和雇农3个阶层,自耕农阿帕里西阿奈斯说"我夹在中间,生活更加困难"。因为地主收租越来越苛刻,雇农则逃离农村。一场风暴摧毁了庄稼,地主拒绝他缓交地租,修士强迫他按期交租,他拿家产作抵押,甚至连床单也得交出去。昔日田园牧歌式的生活已经不再,"贫穷和欢乐是不能睡在一张床上的"。原来老实巴交的阿帕里西阿奈斯给女儿买来了热那亚的香水,跟坏人学习堕落的门道,在里斯本操起了皮肉生意。在里斯本,有两个卖菜的女菜贩子,身边只有一名待出嫁的侄女。她们为她积攒了1 000雷亚尔,算得上是殷实人家,她们盼望婚姻能够使她们进入更高的社会阶层。但是结果是受骗上当,她们轻信了一个有着文雅外表的小伙子,把侄女嫁给了她。其实小伙子出示的贵族继承权证书和升迁证明都是伪造的。在那个时代,懒惰、吝啬、职业上见异思迁、摇尾乞怜于富家、卑躬屈膝于富贵的人比比皆是。新的国家机构是产生这种寄生思想的根源。剧中有一幕扣人心弦:出席观看游行的王室官吏都被怀疑有伪造货币罪。后来终于真相大白:原来伪造货币的正是弗列伊·帕苏本人,他是主持这次游行的人。"弗列伊"是"修士"的代名词,"帕苏"是"王宫"的代名词,教会和政府正是幕后的指使者。由于贵族懒惰奢侈、深居简出、不再打仗,这个阶级已经衰落了。教会的政治影响日渐强大,宗教权力与世俗权力融为一体。《受害的朝圣者》是那个时代的写照。维森特给予最无情的讽刺的社会阶层，就是教会的神职人员。他嘲笑的对象包括几乎所有等级的神职人员尤其是修道士。他们有不同的类型：有宫廷里供养的神父，他们熟悉一切宫廷礼仪，懂得击剑术，并想与贵妇人手挽手登上天堂之船；有依靠骗取信徒金钱的隐修士；还有一些是目不识丁的、粗俗无礼的神棍。无论是哪种类型的人，他们都生活得怡然自得。他还塑造了企图用天堂的幸福骗取人间的财富的罗马教宗的形象。他觉得，在葡萄牙面临社会变革以及海外扩张的时代，修道士最能够为社会作出贡献的地方就是去当兵，并且通过一个修道士的口说出了理由："我们修道士比沙子还多，数也数不清。"

方济各·萨·德·米兰达（Francisco de Sá de Miranda，1481—1558）是维森特的真正的继承者。他出生于名叫萨的贵族家庭，他的兄弟梅·德·萨是葡萄牙驻巴西的第三任总督。米兰达青年时代是在蒙德古河畔度过的，他阅读过许多诗人的诗歌，受到他们灵感的启迪。他在科英布拉的圣十字修道院的学院中初步学习了希腊文、拉丁文以及哲学。1505年，他到了里斯本的大学（1308年科英布拉大学迁到了里斯本）学习法律，同时他也参加葡萄牙宫廷组织的诗歌创作活动，那时的诗歌都是以中世纪的规则创作的。1521年，他前往意大利旅行，有一段时间，他一直居住在葡萄牙驻罗马教廷使节的家中。这时正是意大利文艺复兴时代文学和艺术的繁荣时期，这位年轻的葡萄牙诗人正是在合适的时间与合适的地点来到了意大利这片土地。通过学习，他掌握了意大利语、拉丁语和西班牙语，有人还说他懂得希腊语。在那里，他接触到一些人文主义者、诗人和作家，对于他的思想产生了很大的影响，有助于他未来在文学领域发展。意大利从但丁到彼特拉克的时代，产生了一种十音节的新体诗，它要比以前普罗旺斯的谣曲、十四行诗以及源于希腊-罗马文化的牧歌、哀歌及颂歌更富于表现力。这种诗歌被称为"新温柔体"（dolce estilo novo）。米兰达将这种新的诗歌体和新的观念带回葡萄牙。1526年，他在从意大利回国途中，遇到了西班牙古典作家和诗人加西拉索·德·拉·维加（Garcilaso de la Vega，1501—1536）。约在1527年，他回到了葡萄牙，成为提倡新的诗歌的第一人。他是第一个写十音节诗歌的葡萄牙人，并且立即被宫廷所接受，他成为国王若奥三世的朋友。4年以后，不知道是什么原因，他离开了朝廷，移居北方的封地米纽并在那里结婚。与许多当时的葡萄牙文学家一样，他可以用葡萄牙文和西班牙文两种文字写作。米兰达的思想具有批判性，在田园牧歌《巴斯托》（Basto）中，他借用一位牧羊人的话语表达了对于社会不公的强烈愤慨。他说："我发觉你有一群严厉的主人，他们想让我们崇拜他们……他们不会让我们关心自己。"在这首田园牧歌的最后，整个社会都集体地发疯了，发疯成为一种正常的现象。米兰达的一些书信体诗歌，包括一首献给若奥三世的诗歌，对当时葡萄牙帝国海外扩张的政策提出了批评，他看到了当时葡萄牙经济衰退、道德沦丧和人们对物质贪欲的泛滥造成的恶果。他忍受不了那些琳琅满目的新商品和有船舶停靠的熙熙攘攘的繁忙港口。他逃到古老而平静的葡萄牙乡村，可是在那里也可以看见商人和骑士们从印度带回的钱币了。他在从乡村写给朋友们的信中，抨击当时的社会人心不古，他留恋古老而严肃的风尚，赞美大自然的壮丽以及美好。他写道，人们通过冒险谋求财富而不是从事健康的田间劳动，投机取巧取代了简单而高尚的古风；像猴子一样攀爬在船舰桅杆上的水手替代了淳朴敦厚的农夫。印度的香料把人们引诱到了里斯本，地主们抛弃了田地，沉湎于享乐，挥霍着农民的血汗——他们所享用并炫耀的贵重的皮毛，其实都是被剥削的农夫的皮呀。米兰达以古葡语写出这些诗歌，寓意更加深长。虽然他是最早以葡语创作牧歌、哀歌以及十四行诗的诗人，但是他却忠于五音节和七音节的形式以及伊比利亚半岛上的传统精神。他还写过一些戏剧如悲剧《卡斯特罗》在科英布拉上演。

三、制图学家、科学家和探险家

在科学方面，葡萄牙在文艺复兴方面所作的贡献，往往同地理学、宇宙学、制图学等以及与海外殖民活动有关。早在1440年代，佩德罗王子就以当时葡萄牙国王阿方索五世的名义委托威尼斯的贵族斯特法诺·特里维萨诺（Stefano Trivisano）让当时意大利著名制图家法拉·毛罗（Fra Mauro）为葡萄牙王室制作著名的《毛罗世界地图》（*Fra Mauro World Map*），这幅地图很大，长196厘米，宽193厘米，绘在羊皮纸上，呈正方形。毛罗是生活在威尼斯潟湖中慕拉诺岛上的圣米格尔修道院的僧侣，他与威尼斯另一位制图家安德列亚·比安科（Andrea Bianco）共同完成了这幅作品，于1459年4月被带回到葡萄牙。此图基本上属于中世纪由基督教神学思想指导下的《世界舆图》，但是尽可能地吸收了当时最新的地理知识以及中世纪以来西方的旅行者去东方考察以后所作的记录。其中非洲的海岸线已经比以前的地图更加详细可辨了，有人推测他吸收了当时葡萄牙人在非洲西海岸航行探索的成果。最重要的是，他修正了托勒密的非洲是无限地向东南方向延伸的观点。毛罗将大西洋和印度洋之间画成是有海路可以相通的，他已经知道了一些新的海图所显示出来的航海成果。他说："一些作家说印度的海就像是四周有陆地环绕的湖，从大洋（大西洋）不能进入印度的海，但是我肯定从这条海路有一些船只进入和回来。"《毛罗世界地图》是中世纪与近代制图学发展过渡阶段中里程碑式的作品。由于葡萄牙人的航海活动进入大西洋，直下非洲，在亨利王子去世的时候，他们已经拥有当时欧洲最先进的航海家以及航海仪器。大约在1496年，出生于卡斯蒂尔的葡萄牙籍犹太人天文学家阿伯拉罕·扎库托（Abraham Zacuto），创造出一套用以确定纬度的赤纬表，这种表比当时任何别的表都更加优越。继扎库托的创造以后，葡萄牙人又改良了星盘，为航海活动提供了天文学方面的帮助。

15世纪的最后几十年已经出现了葡萄牙人自己绘制的地图，其中有一幅保存在莫德纳图书馆的由无名氏绘制的地图，所画的是从法国一直到非洲几内亚湾北部的沿海地区，包括大西洋上的亚速尔群岛、马德拉群岛、加纳利群岛和佛得角，其中休达被画成一座建有围墙的城市，还引人注目地画了一座教堂。1492年，"阿吉亚尔的若热"（Jorge de Aguiar）绘制了一幅地图，目前保存在耶鲁大学图书馆。若热不仅是一位制图家，而且是一名有文化教养的贵族航海家以及圣地亚哥骑士团的成员，1508年在乘船去往印度的海上遇难。该图的主要部分呈现了欧洲地区，包括波罗的海，黑海以及红海，出现了英伦三岛、亚速尔群岛、加纳利群岛和佛得角群岛，还出现了威尼斯、热那亚、里斯本以及米纳的城堡等。1500年左右由葡萄牙无名氏绘制的两幅地图，一幅保存在巴伐利亚州立图书馆，展现的是黑海、地中海、英伦三岛、西欧沿海地区以及非洲的西北部，另一幅保存在巴黎国家图书馆，主要表现的是欧洲、非洲以及刚果河以外的一些地方，还有大西洋上的岛屿。

葡萄牙的制图学是约1420年以后亨利王子雇佣了马略卡岛的犹太人雅依梅时期开始的。但是从15世纪留下来的葡萄牙地图很少，虽然有许多外国的制图员都应用葡萄牙人提供的资料。葡萄牙帝国政府不愿意外国人分享它所获得的海外的地理知识，禁止从国内出口地图。在当时，任何外国人想要知道最近的地理发现的成果，就得设法从葡萄牙偷运地图出境。15世纪末意大利北方费拉拉（Ferrara）公国的统治者埃尔科雷一世（Ercole d'Este），为了获取葡萄牙人海外探险活动的情报，派遣坎蒂诺（Alberto Cantino）为驻里斯本的外交人员，他的公开身份是一位贩马匹的商人。他用金钱贿赂了一位佚名的葡萄牙制图家，要他绘制一幅美丽的世界地图，偷偷运回意大利，1502年11月，这幅地图被送到费拉拉大公的手里。这幅精美的地图后来几经转手，到19世纪的时候，在意大利摩德纳城的一个腊肠店里被店主用来作屏风装饰。该城图书馆的一名工作人员发现了它，于是将它买下。该地图绘制在3张羊皮纸上，色彩丰富，绘有动物和植物等。它不仅展示了哥伦布远航美洲的成果，而且展示了达·伽马远航印度以及卡布拉尔远航美洲南部即今天的巴西的勘查成果。图上还画出了三个罗盘，一个放置在亚速尔群岛，第二个放置在非洲大陆的中心，还有一个放置在印度次大陆的中心，它们各自放射出互相交织的恒向线共有32条。该图第一次画出了整个非洲大陆的海岸线（以前各幅地图所呈现的非洲大陆的海岸线都是不完整的）。从直布罗陀海峡到红海的曼德海峡都被准确地描绘出来了。在葡萄牙人发现的地域都标志出葡萄牙的旗帜与十字架，它画出了大西洋上已知的所有的岛屿，还第一次展现了1494年的《托尔西德拉斯条约》规定的教宗子午线。该图虽然遵循中世纪以来海图的某些绘制传统，但是所反映的地理观念已经超越了托勒密的学说。地图上关于巴西的铭文这样写道："葡萄牙国王的贵族卡布拉尔称此地为'真十字架地'，当他作为大舰长率领14艘船舰由上述国王派遣去往卡利卡特的途中发现了这片土地。人们相信这里是大陆。"该图反映了葡萄牙对于东方的知识已经越来越丰富，南亚次大陆也被较为准确地描绘出来了。铭文记载印度北方的坎贝出产天然的紫胶、绵布、乳香、琥珀和珍珠，又记载卡利卡特出产安息香、胡椒、肉桂、丁香、檀香以及宝石，锡兰则出产珍珠和肉桂，孟加拉则出产绵布以及稻米。当时，葡萄牙人对于远东的认识还不清楚，但是对于马六甲城则有所记叙，称来自印度的香料都被运到这里，还有来自中国的货物。

在葡萄牙早期制图学的发展过程中，雷内尔家族的佩德罗·雷内尔（Pedro Reinel，约1462—1542）与若热·雷内尔（Jorge Reinel，约1502—1572）父子曾经作出过重要的贡献。有关他们早年生活的记载并不详细，只知道他们在西班牙的塞维利亚居住过一段时间，可能与麦哲伦为卡斯蒂尔王室准备环球航行有关——此次航行是违背葡萄牙王室的利益的。儿子若热曾经为麦哲伦制作过海图。但是在父亲的劝说下，他们都回到了葡萄牙。在葡萄牙国内，雷内尔父子受人尊敬。他们参加了1524年在巴达霍斯举行的西班牙和葡萄牙两国关于香料群岛的谈判，并拒绝了卡斯蒂尔人的贿赂，为自己的祖国葡萄牙提供意见。儿子若热后来还成为"几内亚房"和"印度房"的官方制图学家。佩德罗·雷内尔曾经在1483年至1485年间绘制过一幅已知的可能是葡萄牙人制作的最早的地图。绘在羊皮纸上，配有少许的色彩。它描绘的是从西西里岛开始的地中海西部至欧洲南部伊比利亚半岛、非洲大西洋沿岸,包括英伦三岛至刚果河、亚速尔群岛、马德拉群岛至几内亚湾。在15世纪末,葡萄牙出现了3幅完整的地图以及一些地图的残片,还有6幅地图绘制于1510年以前,这9幅地图中有3幅有佩德罗·雷内尔的签名。从1510年至1522年,至少出现了5幅尺幅很大的地图作品,还有几种地图集以及单页的地图。一般研究制图史的历史学家认为,它们大都是出于雷内尔父子的手笔。这些地图包括(1)1504年由父亲佩德罗绘制的大西洋地图;(2)1510年可能是由儿子若热制作的没有签名的印度洋的地图;(3)1517年可能由佩德罗制作的没有签名的印度洋的地图;(4)1519年由佩德罗以及若热参与的《米勒世界地图》;(5)1519年的无人签名的南半球投影地图;(6)1522年无人签名的南半球地图;(7)1535年无人签名的大西洋地图;(8)1540年的可能由若热所绘的大西洋地图。其中1510年可能由若热绘制的地图描绘了印度洋的海岸线。这是人们所知的由葡萄牙人所绘的关于东方的最早地图之一,它已经超越了托勒密地图的体系,是达·伽马抵达印度以后葡萄牙人根据自己的航海经验对于非洲东海岸、阿拉伯半岛地区以及印度西海岸的马拉巴地区的知识描绘的。

另一对著名的从事制图的父子是洛波·奥曼(Lope Homem,1484—1575？)父子。洛波·奥曼的早年生活人们知之不详。有的历史学家认为他是国王若奥二世的私人卫兵,也有人认为他是一位绅士,管理过一座当地的教堂。1517年,他已经是一位服务于曼奴埃尔一世宫廷的资深的制图家。1524年,国王若奥三世再度确认他的葡萄牙官方制图家的身份,他还拥有王家骑士的身份以及丰厚的薪金。他也参加过葡萄牙与西班牙之间的关于香料群岛的谈判。1565年,他出版过一本精美的地图集。1536年,在一份名叫《王家贵族骑士和葡萄牙王国海图绘制师》的文件中仍然提到洛波·奥曼是王室的钦定制图家。但是他在1548年以后逐渐贫困潦倒。到1565年时,他已经被列入里斯本城市的纳税人中间,这意味着他已不再享有免税的特权。在那个时代,有权有势的贵族是可以享有免税的特权的。尽管如此,奥曼一直是忠于王室的拥有贵族身份的经验丰富的制图家。他一直都没有离开过葡萄牙,对于以后葡萄牙的制图业产生了难以磨灭的影响。奥曼的重要作品大致有:(1)1519年与雷内尔家族合作绘制的《米勒世界地图集》;(2)约绘于1550年的《欧洲与地中海地图》,现藏罗马;(3)与无名氏合作的《北部大西洋地图》,现藏里斯本国立图书馆;(4)1554年的《天球图》,现藏佛罗伦萨,这是他最著名的作品，上面有如下签字："国王制图学家和王家骑士"。该图在葡萄牙制图史上具有重要的地位，记录了许多重要的讯息，如远东地区的情况。按照行会的规矩，奥曼将他的几个儿子都培养成为制图师，但是都流落到海外去了。其中有安德烈·奥曼（André Homem），关于他的生平，人们知之甚少，只知道他曾经去过安特卫普，1559年，安德烈绘制了一幅日本列岛的地图。1560年，他又去了巴黎。另一个儿子是迪奥戈·奥曼（Diogo Homem，约1530—1576），他少年时即随父亲绘制地图，1544年卷入一宗谋杀案，被判流放到摩洛哥的要塞中服役一年，后又被捕入狱，由父亲出钱赎回。1547年离开里斯本去英国，后又去威尼斯，直到1576年，他一直为雇主制作海图集。他一共绘制过12本海图集，还有一些单幅的海图，至今尚存。他绘制过《印度、东南亚和东亚地图》（1558年），记录了葡萄牙人半个世纪以来在好望角以东的广大地区的探险成果，不仅在印度以及东方的沿海地区标示出了许多地名，也指出了内陆的一些地名，还标志出"中国"的名称。

现存于法国国家图书馆的《米勒地图集》（*The Miller Atlas*）的绘制者是当时葡萄牙最著名的3位制图家，即洛波·奥曼、佩德罗·雷内尔以及若热·雷内尔。该地图集绘制于1519年，被画在羊皮纸上，它们分别是《阿拉伯与印度地图》《大西洋图》《巴西图》《东印度图》《欧洲地图》《亚速尔群岛地图》《东印度地方与摩鹿加群岛地图》。据推测，该地图集本来应该包括整个世界的，但是包括非洲在内的地图大概都已经散佚了。《阿拉伯与印度地图》较为准确地描绘了麦加朝圣地、红海、波斯湾周围的地区以及霍尔木兹等地，这些地方都是当年葡萄牙人征服印度西海岸的果阿时路过的，但是南亚次大陆的最南端以及印度东部沿海地区则没有标记，而印度东北方的恒河流域以及孟加拉湾中的岛屿则被画了出来。在《东印度地方以及摩鹿加群岛图》中，清楚地描绘了马六甲海峡以及东西方的贸易中转站马六甲城，该地图第一次向西方人展示了摩鹿加群岛地貌，这是西方人在亚洲从事寻找香料的探险的目的地。从那时起，里斯本就一直收到由在当地的葡萄牙人所绘的关于香料群岛的复杂海岸线以及岛屿的地图了。《米勒地图集》在描绘东方的地理状况时表现出几个重要的特点：（1）从阿拉伯半岛至印度西海岸的描绘都十分准确，城市都标有准确的名称，并在铭文中指出了它们的物产，这些城市有亚丁、霍尔木兹、第乌、曹尔、果阿和卡利卡特等；（2）印度东部以及东海岸的准确性就要差一点，但是画出了恒河三角洲以及缅甸的海岸线；（3）锡兰则画得非常清晰明确。该地图集问世的时候，葡萄牙人已经在印度洋活动了将近20年了，所以"印度洋北部地区图"比较全面地展示了从红海到马六甲的广大地区。印度洋上的大片海岛，就是今天的马尔代夫群岛，并且分别正确地指明了斯里兰卡岛和马尔代夫岛的准确位置。在以前的地图上，两者是经常混淆的，马六甲海峡的形状也比较准确，这是利用了葡萄牙人在印度洋航海成果以后的产物。

《米勒地图集》是一部极为重要的地图集，全面反映了葡萄牙地理大发现的成就，是文艺复兴时代欧洲制图学的杰作。该地图集完成于1519年的里斯本，原来属于近代葡萄牙被流放到法国的葡萄牙政治家和外交家圣塔伦子爵（Viscount of Santarém）所拥有。这位子爵是当时国际上研究制图学历史的先驱，也是第一位研究这本地图集的人（其个人的研究直到他去世以后才被披露）。他是在1855年6月8日从一位波斯古董书商那里购买到这部珍贵的地图集的。由于这位子爵在流放中遇到了经济上的困难，不得不将它卖给自己的朋友米勒（Bénigne-Emanuel-Clément Miller），于是该图集便由米勒的私人图书馆收藏。在米勒去世以后，他的遗孀于1897年再将它卖给法国国家图书馆珍藏（Bibliothèque nationale de France, BnF.）。所以，包括科尔特桑等研究地图史的历史学家认为应该把这部地图集称为"圣塔伦地图集"（Santarém Atlas）更为公平。

在16世纪下半叶，制图家费尔南·瓦兹·多拉多（Fernão Vaz Dourado，约1520—1580）特别有名。他的祖父是政府管理小麦的官员，父亲则是若奥二世的内侍，去了印度果阿，并与印度当地的女子结婚，生了多拉多。早年多拉多曾经回到祖国葡萄牙，进入科英布拉大学学习，后来又回到了果阿。他很可能在果阿接受了良好的教育，当时的果阿是葡萄牙在东方的文化之都，很可能他在那里接受了良好的文化知识教育。1546年，他参加了保卫第乌的战斗。1543年至1544年（一说1547年），他参加了库尼亚舰长（Vasco da Cunha）指挥的舰队，前往孟加拉湾考察，此时，他已经是一名知名的航海家、宇宙学家以及制图学家了。1571年，他回到了葡萄牙。从1568年至1580年，他一共制作了7本地图集。由于多拉多在果阿长大，所以其地图作品反映了那个时代的葡萄牙人对于印度洋周边地区较为全面的了解。他在1568年绘制的地图已经包括了从非洲东海岸至锡兰和印度的广大地区以及远东，不过并不包括日本。1571年，他绘制的《寰宇图》（Atlas Universal）完全抛弃了托勒密的亚洲地理观念，清晰地画出了印度洋及其周边地区，包括从好望角到赤道的大片区域、红海、阿拉伯海、印度以及孟加拉湾等地。该图还比较准确地画出了东南亚以及中国东南部的海岸线，还明确标出了澳门的位置。1575年他绘制的地图则显示出了太平洋地区如马六甲、爪哇、中国和摩鹿加群岛等地区。他在1580年绘制的地图则包括了呈半月形的日本列岛的地形和地貌，以至于有历史学家认为他为葡萄牙开创了一个关于日本的欧洲制图学的新时代。

路易斯·特谢拉（Luis Teixeira），生活在16世纪下半叶至17世纪上半叶，是葡萄牙16世纪最后一位重要的制图家。他出身制图世家，青年时代在里斯本度过，经常利用葡萄牙海外探险家带回来的消息从事绘图。1569年1月，他被王室指定为官方制图家并为葡萄牙舰队制作航海仪器。从1573年至1578年，他被派往巴西从事海岸线测量的工作，又在1581—1582年去亚速尔群岛测绘地图，并可能到过非洲的一些地方。特谢拉精通数学，曾经在里斯本创建了一个制图学校。他在艺术方面也很有才华，他制作的航海图以及地图精致美观，色彩丰富，常常配有插图。他的儿子若奥（João Teixeira）以及佩德罗（Pedro Teixeira）受他的影响，也是制图学家，并在17世纪为王室服务。特谢拉制作的地图在国外影响很大，尤其在佛兰德斯地区被不断地复制。他本人还担任过葡萄牙的外文官吏。

埃雷迪亚（Manuel Godinho de Erēdia）出生于1563年，在葡萄牙制图学上也占有重要的地位。他是葡萄牙人与马来亚公主所生的孩子，早年在果阿的耶稣会圣保禄学院接受教育，后来离开了耶稣会。从1601年至1622年，他出版了8部地图集，里面共有211张有关东方的地图。

15世纪至16世纪葡萄牙的制图学具有很高的成就，它使得整个欧洲人的地理学观念发生了革命性的变化，突破了中世纪的基本上是基于哲学观念的托勒密体系。这种变革的发生是因为葡萄牙人将本民族自己的地理大发现的实践成果带入了制图学中。从1419年至1517年，葡萄牙人是当时唯一在大西洋和印度洋两大洋上航行的欧洲民族，从大西洋到日本的广大地区都不同程度地反映在这些地图上了。从1500年到1600年，有28位葡萄牙制图学家的作品保留了下来，还有19位制图学家的作品有待认证。在16世纪的欧洲，没有任何其他国家能够找到如此之多的约48位制图学家。同时，他们制作的地图大部分是关于各大洋的而不是地中海的，他们的作品大部分不是平面的水文图而是立体的投影图。到1559年，葡萄牙制图学家在他们的地图上标出了6万公里的海岸线，大部分是关于南部美洲、南部亚洲以及马来半岛地区。由于葡萄牙人的制图业是与他们在各大洋的航海事业密切相关的，所以葡萄牙制图学家们一直批评那些忽略地球表面曲线以及经线排列的平面的水文图或航海图，他们制作的投影图上面许多地方都有经度表。可以说，在文艺复兴时代的初期，葡萄牙人是欧洲最具有广泛地理知识的民族。

　　自文艺复兴以后，地理学以及制图学的知识成为欧洲上流社会贵族教育的一部分。人们急切地从地图中汲取相关的知识，对于制作精美的地图尤其感兴趣，这些地图来源于地中海国家以及葡萄牙两大制图系统。其中既有15世纪至16世纪葡萄牙和地中海地区的地图，也有17世纪在佛兰德斯以及欧洲北部制作和复制的地图，由此出现了一个"为上流社会服务的制图学"（cartography for the bourgeoisie）时代。自16世纪中叶以后，由于种种原因，一些葡萄牙的制图学家流落到了海外，他们将葡萄牙人拥有的地理知识和制图经验带到了欧洲各个地方。根据学者莫塔（Teiexeira da Mota）的统计，至少有60名葡萄牙制图员服务于卡斯蒂尔王室、25名服务于法国宫廷以及6名制图员服务于英国宫廷。从数量上看，在15世纪至16世纪，葡萄牙人制作的地图数量也相当多，这说明这些地图有广大的市场与相当数量的阅读人群。欧洲的外交界、商界以及政界为了各种不同的目的订购这些地图。于是，由葡萄牙人制作的地图流传到世界各地，丰富了人们对于世界特别是从大西洋上诸岛屿到非洲西海岸直至印度洋周边以及远东地区的地理、人文、社会、宗教、植物、动物、矿产等各方面的知识。

　　从16世纪早期至中期，葡萄牙人在制图学上体现出来的对于欧洲以外的特别是东方的广泛的知识还被其他书籍所传播。早期的图书如1508年出版于意大利维琴察的一些图书中，已经有了葡萄牙人在大西洋以及非洲西部海岸探险的成果的展示和标识，这本书还被译成拉丁语、日耳曼语和法语。还有于1532年在巴塞尔出版的一些书中也包含了葡萄牙人关于东方和异域土地和人民的知识。虽然托勒密时代的地理学观念直到17世纪初仍然没有完全被消除，但是，由葡萄牙人的制图学带来的新知识已经成为知识界流行的一种时尚并逐渐形成了一种新的宇宙观。研究葡萄牙制图史的历史学家科尔特桑这样写道："葡萄牙的航海科学使得制图学的方法得到了革命性的改变，这种方法一直沿用至今。地理大发现的事业由亨利王子开启，由若奥二世和曼奴埃尔国王执行下去，使得世界地图发生了完全崭新的改观。在15和16世纪，里斯本是地理知识的来源，正是在这里而不是在别的地方，宇宙学家和制图学家汲取科学的知识。由此，整个16世纪至17世纪的一段时间中，在欧洲的制图学中反映了葡萄牙人的影响。这一点，从上世纪直到今天所有伟大的研究制图学历史的学者都是承认的。"

　　在科学方面，那个时代葡萄牙有著名的数学家佩罗·奴内斯（Pedro

佩德罗·奴内斯的画像
此像刊载于1843年葡萄牙杂志《综览全景》(Revista Panorama)

Nunes, 1502—1578)。他是一名犹太人出身的新基督徒数学家、宇宙学家和教授,被认为是那个时代最著名的数学家之一。他出生于里斯本南部的城镇萨尔堡(Alcácer do Sal),可能在1521—1522年间在萨拉曼卡大学求学,后来又回到当时设在里斯本的大学。1525年,他获得了医学学位。在16世纪的时候,医学是用于占星术的,而占星术又是与数学以及天文学有关的,由此,他精通数学。以后,他又在里斯本学习伦理学、哲学、逻辑以及形而上学。1537年,在里斯本的大学迁回到科英布拉,他就在科英布拉大学教授数学,直到1562年。当时的数学与天文学是用于航海事业的显学。1544年,数学成为独立的学科并在科英布拉大学有专门的教授职位。1531年,国王若奥三世任命奴内斯为他的两个兄弟的数学教师。数年以后,他又成为国王的孙子、后来的国王塞巴斯蒂安的数学教师。后来的著名的日耳曼耶稣会士数学家克拉维乌斯(Christopher Clavius, 1538—1612)曾经听过奴内斯的课程,受到他的著作的影响。奴内斯在数学方面的许多贡献是以实践获得的数据证明理论的知识,其成果常常被使用于航海技术。1542年,他发明了以其名字命名的星盘(Nonius Astrolabe)。1529年,他被任命为王家宇宙学家;1547年,他又被任命为王家首席宇宙学家,并担任这个职务直到1578年在科英布拉去世为止。

加西亚·达·奥尔塔(Garcia d'Orta, 1501 or 1502—1568)是一位具有西班牙血统而在葡萄牙以及果阿生活的犹太人学者。他是著名的医生以及博物学家、热带医学的创立者之一。他出生于葡萄牙的维迪堡(Castelo de Vide),父母亲都是来自西班牙巴伦西亚·德·阿尔坎塔拉(Valenceia de Alcántara)的犹太人,父亲名费茂·达·奥尔塔(Femão da Orta),母亲名雷奥诺·戈梅斯(Leonor Gomes)。他们都是因为1492年西班牙光复与统一以后当局加紧迫害犹太人而来到葡萄牙避难,后来被强迫改宗的所谓"新基督徒"。奥尔塔有3个妹妹——沃兰特(Violente)、卡特琳娜(Caterina)以及伊萨贝尔(Isabel)。他本人早年在西班牙的阿卡拉大学以及萨拉曼卡大学求学,毕业以后于1523年回到葡萄牙,先去自己的家乡行医,1526年去了里斯本。

可能是出于对葡萄牙国内日益增长的对于犹太人歧视的恐惧，1534年，奥尔塔作为葡属印度的首席医官随舰队去了印度，同船的有他的好友即后来担任葡属印度总督的索萨（Martim Afonso de Sousa，1500—1571，1542—1545年在任）。来到印度以后，他跟随索萨参加了数次战役，1538年在果阿定居下来，很快就以行医而闻名于世。他曾经为数任果阿总督以及德干苏丹国的王公贵族治病。在此期间，他迷上了印度的医学以及南亚植物的医药用途，经过长期的临床实践以及调查研究，写出了名著《关于印度草药以及药物的对话录》（Colóquios dos simples e drogas ne cousas medicinais da Índia, or Colloquies on the Simples and Drugs of India）。他还对于一些特别的疾病如"亚洲霍乱"作了研究。这些南亚的药物以及疾病都是以前的欧洲人闻所未闻、见所未见的。奥尔塔是一位博学的医生、药物学家、自然博物学家和人文主义者。在他的著作中可以看出他掌握的语言除了葡萄牙语以及西班牙语以外，还有拉丁文、希腊文、希伯来文、波斯文、马拉底语、梵语以及柯坎语。印度各地的朋友和信使都将草药以及植物的种子送给他。他在印度有自己的实验室和植物园。他还为霍乱病人进行尸体解剖。他虽然精通古典知识，但是对于古人的学问在尊重之余也持批判态度。他的对话录描绘了亲眼所见的印度草药、它们生长的地方以及与临床治疗的关系，是基于实践的杰作。该对话录体裁是典型的文艺复兴式样，采用了古希腊时代哲学作品常用的对话体。1543年，奥尔塔与一位改宗的"新基督徒"妇女索里斯（Brianda de Solis）结婚，他们的婚姻不算幸福，但是也生了两个女儿。1549年，他的母亲和两个妹妹，因为害怕里斯本宗教裁判所的迫害，逃到果阿投奔奥尔塔。1565年，果阿也成立了宗教裁判所，奥尔塔则于1568年去世。他本人在生前并没有受到宗教裁判所的逼迫，很可能是由于索萨等权贵的庇护。他的妹妹则没有逃过一劫，就在奥尔塔去世的那年，卡特琳娜被捕并被烧死在火刑柱上。1580年，奥尔塔本人的遗骨也被宗

果阿以加西亚·达·奥尔塔的名字命名的公园
坐落于今印度果阿邦首府潘那吉（Panaji）市中心，公园的对面是一家印度药房。

教裁判所挖出,在火刑中被焚毁。

虽然葡萄牙人在非洲、南亚以及远东的活动是属于官方的,有王室以及政府的支持,但是这个小国也不止产生了一个"马可·波罗"式的探险家,他们单独地冒险出国,并且写下了他们漫游的经历。游记文学早在埃及法老时代就已经出现了。但是在世界历史上,从来没有像在16—17世纪的葡萄牙人写作的那么多。有几位重要的人物如杜亚尔特·巴尔博扎(Duarte Barbosa,约1480—1521)、费尔南·门德斯·平托(Fernão Mendes Pinto,1514—1583)和本托·德·戈伊斯(Bento de Góis,1562—1607,即鄂本笃),他们对于远方世界的记叙,丰富了本国的文学,同时也丰富了世界地理知识的宝库。

杜亚尔特·巴尔博扎曾经在1500—1516年担任葡萄牙在印度的官员,也是一位作家。他在葡萄牙位于印度西海岸的科钦和坎纳诺尔的商站做书记员,他学习了印度的马拉雅拉姆语,有时也担任葡萄牙总督与印度当地统治者之间的译员。1514年,阿方索·阿尔伯奎克让他担任译员,试图归化科钦的土王。他大约在1516年写的《杜亚尔特·巴尔博扎之书》(*Livro de Duarte Barbosa* or *The Book of Duarte Barbosa: An Account of the Countries Bordering on the Indian Ocean and Their Inhabitants*)是葡萄牙早期的游记文学之一。该书于19世纪初年在里斯本出版。

费尔南·门德斯·平托,至今仍然有人认为他是一名说谎者,但是也有人说他的游记所记载的事情部分是真实的。平托于1514年出生于旧蒙特莫尔(Montemor-Velho)。他的冒险生涯在童年时代就已经开始,当时,他逃出里斯本,他所乘坐的船只被摩尔人海盗掳去。这些海盗自有打算,他们没有把他在摩洛哥卖掉,而是让他在葡萄牙登岸。1537年,平托在23岁的时候,航行去了东方,他四处流浪直至1558年,达21年之久。据他自己说,他经常以印度为旅行的出发地,游历红海、埃塞俄比亚、霍尔木兹、马六甲、苏门答腊、暹罗、中国沿海地区和蒙古,他可能是第一批到达日本的欧洲人之一。平托自称他是第一个到远东许多地方的人。在游历期间(约1553—1556年),他加入了耶稣会,但是不久就因为不适合做神职人员而离开。他于1558年9月回到葡萄牙以后,感到自己来日无多,开始凭着记忆写《远游记》,记叙他经历的许多地方和名胜。他说自己在21年的周游中,曾经有过13次被俘、16次被卖的非同寻常的历险。

平托生动地描绘了人类活生生的现实以及他所遇到的各种各样的奇特的现象。在他的作品中,人是富有激情的,并且是有深刻的内心活动的。这本书初看上去似乎是想用荒诞的经历以及对于残暴的战争的描写取悦读者,但是,它却一反骑士精神和骑士文学的风格。平托把自己描绘成为一个没有爱国主义光环的可怜鬼,有点像西班牙流浪小说里的人物,他的同伴们也被描绘得野蛮而无耻。葡萄牙人的野蛮无知与他们周围的中国人、日本人、琉球人和其他各族人民的文雅、宽厚、容忍和富于宗教的智慧形成了鲜明的对比。书中关于中国和其他东方国度的似乎大部分是幻想的描绘,属于他的思想中的理想国。这些国家中的宗教对于信徒的要求不仅是礼仪和祷告,更重要的是美好的品德。平托的手稿完成于1567年,但是此书的出版已经是他去世以后很久的事情了,1603年5月提交宗教裁判所审查,直至1613年6月才获印刷令,次年正式出版葡语版,以后又有多种欧洲文字的译本。有关他加入耶稣会的事情人们亦有不同的看法,人们对于他所叙述的故事不完全信以为真。不过,西班牙的菲利普二世似乎对于他的印象不错,在1580年统治葡萄牙以后,给了他每年两毛约(moio)小麦的年金。雅依梅·科尔特桑指出:"平托作品中最令人喜爱之处在于他叙述的人物、风俗、宗教以及人物的内心活动带有人情味。另外,我们要看到,作者为了逃避宗教裁判所的非难以及获得宗教裁判所的批准,不得不为《远游记》一书披上了一层宗教虔诚的外衣,还要看到这位深邃而谨慎的观察者仍然在书中指出了所有信仰的相对价值,提出了人类灵魂团结的概念,因而承认了其他宗教与天主教一样是公正的、高尚的和慷慨的,有些比天主教还具有优越性。平托著作中的许多章节都有一股伊斯兰教的气息。这并不是说他是一位不公开的信徒,而是因为他本人具有批判精神,这种精神在当时正处于产生这种思想的理想的环境之中。"《远游记》的中文版已经由金国平教授翻译出版(见平托著、金国平译《远游记》[上、下],葡萄牙大发现纪念澳门地区委员会、澳门基金会、澳门文化司署与葡萄牙东方学会1999年出版)。有关平托生平亦可见金国平教授所撰写"中译者序言"。译者称《远游记》在"总体上说,它被归为海外发现文学游记类,但其历史价值亦不容忽视"。

在若干年以后,葡萄牙产生了另一位可以与平托相提并论的旅行家,那就是本托·德·戈伊斯,在中国他的名字又被译为鄂本笃。鄂本笃于1562年出生于亚速尔群岛中的圣米迦勒岛,青年的时候参军入伍,耽于赌博等军中各种不良嗜好,后来去了印度,据说在马拉巴沿海的一座小教堂中见到耶稣圣婴的显现,受到感悟,做了总忏悔,并于1588年在印度加入了耶稣会。在完成了初学之后,耶稣会长要他继续专修学业,以期晋升为神父。但是鄂本笃谦辞,他以自己过去曾经有过不良行为不足以担任圣职为由,表示愿意终身做耶稣会的辅理修士。不久，果阿的耶稣会派他去北方的莫卧儿帝国，协助已经在那里的杰罗姆·德·沙勿略（Jérôme de Xavier）神父的工作。鄂本笃在莫卧儿帝国从事传教工作多年，他学会了波斯语，并成为莫卧儿帝国皇帝阿克巴的朋友。阿克巴派使节到果阿与葡萄牙人通聘的时候，鄂本笃随同使节同行。当时欧洲人还完全不知道喜马拉雅山以北亚洲的情况。马可·波罗曾经穿越亚洲大陆，最后到达了他称之为"震旦"（Cathy）的地方以及京城汗八里。阿拉伯的商人也带回印度一些模糊的奇闻逸事。在16世纪的后半叶，欧洲人对于喜马拉雅山脉更远的地方一无所知，只有很少的欧洲人知道西藏，还有许多接受了马可·波罗游记影响的人相信有一个"震旦"王国的存在。一些人认为它在中亚，还有一些人认为它在东亚，人们还认为，该王国的居民大部分信仰基督教，很可能就是"长老约翰王"的国度。16世纪的葡萄牙人是由海路到达中国的，对于中国是否就是马可·波罗所说的震旦以及汗八里与北京是否是同一个城市，产生很大的怀疑，因为他们自己得到的印象与马可·波罗游记上所记载的很不一样。震旦不见了，耶稣会士希望找到它，以便向这个地方传播基督教的福音。另外，当时从海上去往远东的海路经常发生海难，人员损失十分严重，在印度果阿的葡萄牙总督以及耶稣会当局也很想了解从陆路翻越喜马拉雅山脉进入亚洲腹地的可能性，并尝试探索出一条可行的道路。

果阿总督萨尔达尼亚（Aries de Saldanha，1600—1605年在任）、总主教梅内塞斯（Alexio de Menezes，1595—1609年在任）以及耶稣会视察员皮门塔（P. Nicolas Pimenta）考虑到鄂本笃信仰坚定、性格机智而坚毅并且懂得波斯语，决定派遣他前往探索。鄂本笃在有限的条件许可之下，仔细地进行了精心的准备。1602年10月2日，鄂本笃一行从印度北方阿格拉出发了。他自己乔装成为一名亚美尼亚商人，穿着短袍、戴着小帽、腰插弯刀、留着长发以及长须。同行者中有一名希腊籍的六品修士格里马诺（Léon Grimanos）、一名商人和一名叫伊萨克（Isasc）的亚美尼亚人。他带着莫卧儿皇帝阿克巴、果阿总督以及总主教的证明信。现代的地理学家追查出他们的路线是经拉合尔、喀布尔、撒马尔罕，越过终年积雪、荒无人烟的帕米尔高原，历经千难万险抵达喀什噶尔的叶尔羌（今莎车），再经吐鲁番，于1605年10月7日抵达哈密，再一路直达万里长城西端的肃州（今酒泉），这时已经是1605年年底了。在此之前，鄂本笃等在察里斯遇到从北京回来的商队，他们告诉他在京城的驿馆里遇到了一位欧洲神父（即利玛窦）。鄂本笃此时已经知道，其实震旦就是中国。1606年11月，在北京的耶稣会领袖利玛窦才接到信，知道鄂本笃来中国西北的消息。

他立即派中国籍修士钟鸣礼前去联系。1607年3月,他抵达肃州。此时,鄂本笃在经历一连串的艰难困苦以后,无法支持,卧病在床,由忠心耿耿的亚美尼亚人伊萨克悉心照料。当鄂本笃听到有人以葡萄牙语向他问好的时候,激动万分。他拿着钟鸣礼带来的利玛窦的信,"举向天空,他眼中含着泪,灵魂洋溢着欢乐,唱起了颂歌'荣归天主'。他觉得使命已经完成了,旅行到达了终点"。临终以前,他告诫同会的会士,不可以重复走他走过的那条陆路来中国,因为它比海路更为艰难与危险。在钟鸣礼修士抵达以后的第十一天,鄂本笃去世了。同时代人这样说:"他找到了震旦,也找到了天国。"他周围的穆斯林伙伴误解了他所做的旅行日记,企图将它销毁。但是忠实的伊萨克却将残卷带给了利玛窦。于是,这些旅行日记终于连续成篇。这些文献并非伟大的文学作品,但是确实证明了鄂本笃曾经探索过那些遥远偏僻的亚洲内陆。在马可·波罗以后,还没有欧洲人去过。近代的旅行家沿着鄂本笃的长征路线,做过部分或者全程的勘探,对于这位勇敢无畏的先驱者,无不表示钦佩。3个世纪以后,圣米迦勒岛的亚速尔人为了纪念他们本乡的这位伟大的旅行家,为他竖立了一个雕像和一座纪念碑。有人称他是"目前所知道的全世界最伟大的探险家之一"。

四、建筑与绘画

哥特式的建筑在葡萄牙盛行过一个时期,到雄伟的巴塔利亚修道院落成的时候达到了顶峰。如上文所述,该修道院由阿维兹王朝第一代国王若奥一世下令修建,作为他于1385年在阿尔儒巴洛塔击败卡斯蒂尔人的感恩献礼。若奥一世在战争结束以后的1388年下令动工,这项建筑工程在他整个统治期间一直进行着,几个工程师在不同时期负责主持建筑事务,后来的葡萄牙统治者也有所增建。

15世纪末期到16世纪初期,葡萄牙产生了一种所谓的"曼奴埃尔式样的建筑"(Manueline Style Architecture)。这种以葡萄牙国王曼奴埃尔一世的名字命名的建筑风格开始于杜亚尔特国王统治时期,结束于曼奴埃尔时代之后。杜亚尔特时期,他下令在巴塔利亚修道院中建立一座雄伟的八边形的王家陵墓与至圣所,其数座门楼由建筑师与雕刻家马特乌斯·费尔南德斯(Mateus Fernandes)于1509年设计建造,当时已经是曼奴埃尔一世执政,上面刻有繁复而华丽的曼奴埃尔式的雕刻主题。这项工程进行了许多年,到1528

年因为王室修建更大的修道院和教堂，财政拮据，被迫停工，于是巴塔利亚修道院的这座至圣所就被人们称为"未完成的小教堂"。巴塔利亚修道院主体建筑工程从1438年始建至1528年基本停工，历时90年，反映了各个时期建筑风格的变化。这就是所谓的曼奴埃尔风格的起源。

一般的建筑历史学家认为曼奴埃尔式样是葡萄牙晚期哥特式的变异，它在许多方面如建筑物的高度、肋拱的使用、花格窗的开设以及穹顶的设计上都带有明显的哥特式建筑的特征，但在装饰物的奢华与繁复方面是一般哥特式建筑难以望其项背的。同时它又具有某种东方的异国情调，特别是摩尔人式的建筑风格的渗透。就建筑物上的装饰物而言，它还受到了西班牙"银匠式风格"（Platereseque）的影响，当然这种风格本身也包含有摩尔式艺术的因素。同时，曼奴埃尔式建筑还吸收了意大利文艺复兴的建筑艺术以及佛兰德斯艺术。在艺术史的发展阶段上，曼奴埃尔式样标志着由晚期哥特式到文艺复兴式样的转变。虽然这种建筑风格并没持续很长的时间，但在葡萄牙的艺术史上却占有十分重要的地位。它的最为重要的主题就是庆祝葡萄牙海洋帝国的诞生，它的特征主要表现在建筑上（教堂、宫殿、城堡以及修道院），并延伸到其他领域如雕刻、绘画、贵金属制成的艺术品、彩陶器以及家具等。

曼奴埃尔式建筑的装饰物上有着特定的反复出现的主题或符号，易于使人们辨认。这些主题、符号多半与那个时代葡萄牙的王权、基督教信仰和海洋扩张事业有关，是独一无二的属于葡萄牙民族的建筑风格。它们是：（1）浑天仪和地球仪。这是与航海有关的仪器，也是曼奴埃尔一世个人的纹章图案。它象征着宇宙以及葡萄牙人对于地球的发现和拥有。（2）航海的主题，包括贝壳、珍珠、海带、海藻、珊瑚、浮标，象征葡萄牙人的航海与地理发现。（3）植物的主题，包括月桂树枝、橡树叶、橡实、罂粟壳、玉米的穗轴、洋蓟等。（4）基督教的象征，包括基督骑士团的十字架。这种十字架也经常刻印在葡萄牙海船的风帆上，它在巴塔利亚修道院花饰窗格上初次出现，以后又被反复运用。（5）柱子被雕刻成缠绕的绳索模样，这并非曼奴埃尔风格原创，13世纪罗马的拉特兰大教堂回廊的柱子也是被雕刻成这样的。不过此时出现的绳索显然与航海有关。最特别的是托马尔基督骑士团教堂参事室外的窗户上，它那宽阔的边框上雕刻着繁复的互相缠绕的绳索以及海藻、贝壳与珊瑚，明显地表现了大海的主题。（6）用半圆的拱门替代哥特式的尖尖的拱门，由壁龛和华盖装饰，门和窗上也用这类拱门，有时会有三道或更多的曲线。在这些拱门上往往还雕刻着葡萄牙的主保圣徒或与航海有关的人物。（7）复合型柱式和八面柱头。(8)不讲究对称性。(9)圆锥形的小尖塔。(10)斜面的雉堞。曼奴埃尔建筑风格还带有明显的阿拉伯人的异域影响,因为许多石匠师傅都到过北非为葡萄牙人占领的城市修建要塞,还有一些建筑设计师也到过北非,他们为占领的城市设计和建筑城堡和教堂,吸收了阿拉伯人的建筑思想。

到1521年曼奴埃尔一世去世前,他已经资助建造了62座建筑工程。但是,许多曼奴埃尔式样的建筑都在1755年里斯本大地震以及接踵而来的海啸中被毁坏了。不过最早的由建筑师波塔克(Diogo Boitac c.1460—1528)设计的塞图巴尔耶稣修道院教堂(The Church of Mosteiro de Jesus at Setubal)保存完好。它在1491年由国王若奥二世下令建造,由建筑师波塔克担任设计,曼奴埃尔一世执政以后继续资助该教堂的建筑工程,它采用的高堂(high hall)即耳堂与中堂一样高度的样式,被后来许多著名的同类建筑仿效。主教堂的肋拱和柱子都被雕刻成航船上缠绕的绳子的样子,这是曼奴埃尔式样建筑最重要的特征。在里斯本的贝伦地区,最重要的曼奴埃尔式样的宗教建筑物是壮丽的圣杰罗姆修道院(Hieronymites Monastery or Mosteiro dos Jeronimos)及其教堂。它由国王曼奴埃尔一世于1501年下令建造,当时达·伽马已经完成了他的历史性的去往印度的航行。该修道院先是由波塔克担任设计,后来则由西班牙人卡斯蒂奥(João de Castilho)继续建造。其建筑工程从1502年开始,用了将近50年才基本完成。其工程费用来自葡萄牙帝国政府从印度进口的香料贸易中征收的5%的税收。修道院的南门即主大门高达32米,宽12米,雕刻有基督骑士团的十字架、圣徒杰罗姆、天使长米迦勒、亨利王子等雕像,蔚为壮观。修道院的圣母马利亚教堂也采用高堂建筑的模样,穹顶的肋拱也是被雕刻成绳索缠绕的样子,还有曼奴埃尔一世特有的王家纹章——天体仪的图像。在贝伦地区的另一座重要的建筑是贝伦塔(Torre de Belém)。它由曼奴埃尔一世下令建造于1515—

里斯本的贝伦塔

1521年之间。这座要塞式样的塔楼位置就在地理大发现时代葡萄牙船只出海航行的特茹河中间靠北岸的地方，当时贝伦塔周围都是海水，19世纪以后北岸向外延伸扩大，它逐渐与陆地连接。由此它成为葡萄牙地理大发现时代的象征。它的外部设计精美而独特，拥有一座开阔的文艺复兴式的阳台，塔楼的平台上竖立着圣母和圣婴的雕像，象征对于出海航行的葡萄牙海员的庇佑，建筑物外部轮廓线雕刻成有缠绕的绳子的石条勾线。它还有摩尔式的瓜形箭楼，城垛上雕刻有基督骑士团的十字架以及盾牌。贝伦塔的内部结构则是哥特式的，它的台基下面拥有武器库、炮台和监狱。

里斯本城里的圣母无原罪始胎大教堂（the Church of Nossa Senhora da Conceição Velha）的门楣，也是里斯本大地震以后城内留下的少数曼奴埃尔式样的建筑之一。它原来是16世纪里斯本仁慈堂教堂的大门，这座仁慈堂最早是建立在一个犹太人会堂遗址上面的。它的两边有大量的曼奴埃尔式的雕刻细节，如天使、野兽、花卉、天体仪和基督骑士团的十字架，其门楣和拉梁之间的圆形鼓出部分则雕刻着圣母展开斗篷庇护当代的一些人物，其中有罗马教宗利奥十世、曼奴埃尔一世和他的姐姐若奥二世寡居的王后莱昂诺尔，她是里斯本仁慈堂也是葡萄牙第一座仁慈堂的创立者。

位于托马尔的基督骑士团修道院（the Convento de Cristo）教堂及参事室是主要的曼奴埃尔风格的纪念碑式的教堂。该修道院最初于1162年由圣殿骑士团创建，后来圣殿骑士团被取缔，改而成立基督骑士团以后，这里成为基督骑士团的总部。修道院的核心部分是建于12世纪的仿造耶路撒冷圣墓教堂的圆形教堂，但是随着时间的推移，历代葡萄牙国王一直在增加不同的附属建筑物。其中比较特别的是教堂西面外墙上的参事室的大窗户，它是由曼奴埃尔一世下令制作的，由著名的建筑师和雕刻家迪奥哥·德·阿茹达（Diogo da Arruda，1470—1531）于1510年左右创作雕刻。它的边框极大，极具装饰性，上面雕刻着许多动人心弦的曼奴埃尔式主题，自上而下有基督骑士团十字架、曼奴埃尔的王家盾徽、两边的两个天体仪、粗壮的缆绳、海中的贝壳、由珊瑚包裹着的桅杆、海藻、锚链、缠绕的绳索等，最底部的地方有一个人的胸像，一般的艺术史家认为他就是雕刻家阿茹达自己。在文艺复兴时代，艺术家在自己的作品中放入本人的形象是经常有的事情。这座窗户被认为是带有域外风情植物图案的自然主义和航海主题的有机结合，也是地理大发现时代仅次于里斯本圣杰罗姆修道院和贝伦塔的另一座重要的纪念碑。

其他的建筑如科英布拉圣十字修道院（Santa Cruz Monastery）也是重要

的代表作。民用建筑则有辛特拉的王宫（Royal Palace of Sintra）中曼奴埃尔一世增建的部分、埃武拉的王宫（Royal Palace in Evora），它于1525年由特里罗（Pedro de Trillo）和迪奥戈·德·阿茹达设计建造等。曼奴埃尔式样的建筑一度在整个葡萄牙海洋帝国以及海外殖民地流行，在亚速尔群岛，马德拉群岛，印度的果阿，在西班牙南部，加纳利群岛以及西班牙在秘鲁和墨西哥的殖民地也有少量的同类建筑物。

在绘画艺术方面，文艺复兴时期的葡萄牙从来就没有赶上意大利，但是也有若干具有独创性的艺术家值得纪念。15世纪的国王阿方索五世，虽然在政治上夸张可笑，但是却懂得欣赏艺术并且乐于对艺术家慷慨解囊。据说他的朝廷里养着13名画家，有佛兰德斯人和佛罗伦萨人。国王的财政账目上记载他曾经拨出巨款去支付这些艺术家的费用。贵族和朝臣也模仿国王，成为文学和艺术的赞助者。

这时期最重要的画家是努诺·贡萨尔维斯（Nuno Gonçalves，1450—1471年间较活跃），他是阿方索国王同时代的人，人们关于他的生平知之甚少，连他的生卒年都知之不详。根据相关的文献，人们只知道他是阿方索五世朝代中受到器重的画家，在1450—1471年间非常活跃。贡萨尔维斯的盖世之作是目前陈列在里斯本国家古物和历史博物馆中最显著位置的那一组6幅《圣维森特的崇拜》（Saint Vincent Panels）的祭坛版画。它们原来是保存在里斯本城外的圣维森特修道院（Monastery of São Vincete de Fora）的圣维森特小教堂中的祭坛木板上的油画。其创作年代以及主题，至今仍然有争议。这幅巨大的祭坛版画在1882年在上述修道院被人发现，1910年，学者菲格雷多（José de Figueiredo）根据葡萄牙宫廷画家、建筑师和历史学家奥兰达（Francisco de Holanda，1517—1585）的一段记叙认为它是贡萨尔维斯的作品。当时欧洲绘画艺术有两大流派。一是佛兰德斯画派，二是意大利画派。但是这套组画既不属于前者，也不属于后者，它的主题是崇拜和悼念。有人认为是崇拜里斯本的主保圣徒维森特的，也有人认为是崇拜或悼念死于非斯的摩尔人狱中的费尔南多王子的。但是，是谁在崇拜、谁在悼念的问题上，大家的意见是一致的，那就是葡萄牙全民族。环绕圣徒周围的有亲王、贵族、官吏、商人、主教、教士、犹太人、历史学家、农民、渔夫和城市平民，共有60个栩栩如生的人物，代表着葡萄牙的不同阶层。

这6幅祭坛版画自左至右排列为：（1）《教士图》又称《国王祭祀大臣和阿尔科巴萨修道院教士图》，表现阿尔科巴萨修道院的修道士在祈祷，他们身

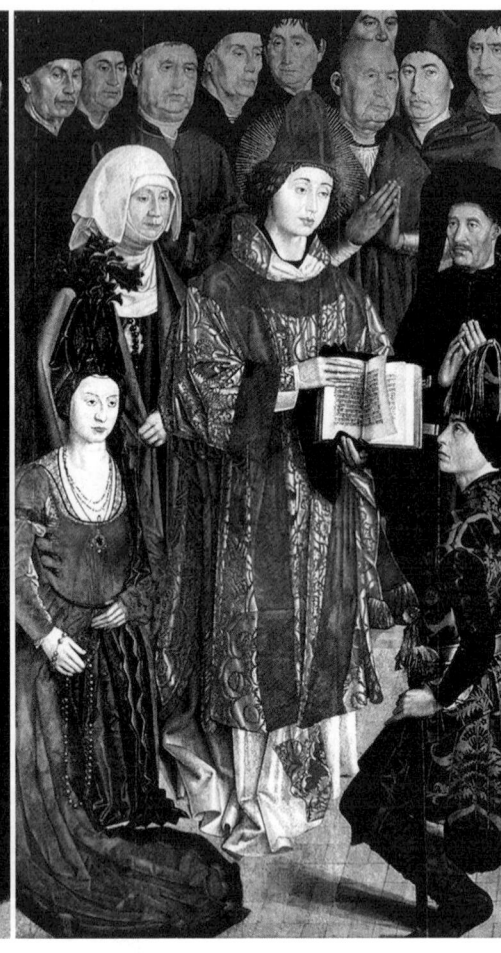

穿白袍。画中后排有一位身穿淡褐色留着长须的来自拜占庭的教士。该修道院的院长是里斯本王家小教堂的祭祀大臣。（2）《圣灵教友会图》又称《渔夫图》，据学者考证，画中的人物是远洋水手和渔夫，也是圣灵教友会的成员。当时葡萄牙沿海地区水手的善会（或行会）都是以兄弟会或教友会的形式组成的，他们捕鱼的范围远至摩洛哥和英吉利海峡。画中前排两个人，头戴蓝色披帽，身穿蓝色袍服、披着渔网，气度不凡，他们可能是从事远洋贸易的商人或者船东。这些远洋航海者和商人在当时葡萄牙国家中占有重要的地位，并与王室关系密切。（3）《王子图》又称《在圣灵弥撒中给国王授权图》，此图中心人物为戴着高帽子身穿红色袍服的圣徒，他左手托着福音书，右手翻开福音书，

努诺·贡萨尔维斯的《圣维森特的崇拜》祭坛组画

不蓄胡子,显得非常年轻。有人说这位圣徒是圣维森特,有人说是"圣王子"费尔南多。有一位戴着高帽、手握宝剑、单腿跪地的骑士,一般认为就是国王阿方索五世。画中有一很特别的地方,就是在圣徒左侧有亨利王子在作祈祷状的画像,大部分学者认为该肖像所依据的原型就是祖拉拉的《几内亚编年史》手稿封面上的那幅亨利王子的肖像。(4)《主教图》又称《给统帅王子授权图》。图中央的圣徒——圣维森特或是"圣王子"费尔南多,腋下夹着合拢的福音书,左手持一根树枝,有人考证那是去掉叶子的棕榈枝。圣徒将手中象征权力的棕榈树枝交给王子统帅,祝福他们踏上远征北非的征途。此图与前一幅图中的圣徒身穿的袍服都是红色的,这布色象征殉道的颜色。在两排骑士之后，有一位表情严肃的主教，人们认为他是在若奥二世时期流亡罗马的若热·达·科斯达主教。(5)《骑士图》。据学者考证，前排跪在地上后排站立着手握宝剑的骑士是布拉干萨家族第二和第三代公爵费尔南多一世和二世，他们在阿方索五世远征北非的战役中立下汗马功劳。后者还有一位留着长发、胡子浓密的戴尖顶头盔的摩尔人骑士。(6)《遗骨图》。图中有一位身戴黑色袍服披着红色披风的教士，他手持一块骨头，应该是圣维森特遗骨的一部分。图中还有一个戴着帽子、身披长袍的犹太人的形象，他留着胡子，睁大着圆圆的眼睛，手中拿着羊皮纸的希伯来犹太教经文。此画表明画家认同当时的犹太人或摩尔人，对于葡萄牙社会发挥着正面的作用。画中还有一位身披褡裢、头戴尖帽、手拄拐杖的老年人，他是中世纪伊比利亚半岛无数朝圣者的代表。

这幅画具有史诗般的意义：圣维森特或是"圣王子"费尔南多成为联系葡萄牙各阶层人民之间的纽带，虽然画中的人物形态各异，但是从他们的脸上都透露出一种对于远方事物共同的梦想和期盼。正如历史学家科尔特桑写道："在这些人的脸上，尽管表情各异，也透露出共同的生活目的和行动目标。旧的世纪行将结束，新的世纪已经来临。在沉思的静寂中，仿佛可以听到沙粒从世纪的沙漏中正一点点地落下。这就是这幅画的魅力所在，也是人们急需要揭开这一秘密的原因所在。"在15世纪的葡萄牙，没有任何一幅作品如此全面和完美地体现了葡萄牙全民族的感情。如同洛佩斯的编年史或是曼奴埃尔式样的建筑一样，这套组画有着极其复杂的寓意，充满了对于葡萄牙民族事业的赞颂。

在16世纪上半叶著名的葡萄牙画家还有瓦斯科·费尔南德斯（Vasco Fernandes），也被称为格朗·瓦斯科（Grão Vasco，C，1475—1541）。他曾经在里斯本生活了三年，后来回到家乡维塞乌。他的许多作品都保存在当地的博物馆。他为家乡以及科英布拉附近的教堂作画。他的一幅最主要的作品就是《圣彼得像》，画中的圣彼得戴着主教的冠冕，穿着主教的袍服，端坐在主教椅上，神情显得非常严肃和冷峻，画的背景则是葡萄牙的风景。

葡萄牙文艺复兴时代的艺术还包括雕塑。成千上万的雕像和塑像在教堂和修道院里保存至今，有些十分精美。葡萄牙的雕刻家或是雕塑家不像同时代的意大利艺术家喜欢在作品上留下名字，葡萄牙文艺复兴时期的艺术品上不署名的比较多。所以，大多数制作者的姓名永远地被埋没了。画家、金饰工、细密绘画家、灯饰师和图案画家都与国王、贵族、大教堂以及修道院签订合同。他们留下来的手工艺品证明他们有着优秀的创作才华。有一件杰出的手工艺术品却留下刻制者的名字，它保存在里斯本国家古代艺术博物馆中，它就是贝伦圣体发光金台，它由里斯本王宫委托金匠雕刻家和戏剧家吉尔·维森特于1506年制作。其材料是东非土著人进贡的第一块黄金，它的上半部分有一个水晶制作的安置圣体的小圆筒，再上面是一个三角形的华盖，小圆筒的四周是跪着的十二使徒。这件艺术品所表现的是中世纪骑士时代的神学思想，十二使徒就像是骑士——这是一个葡萄牙版的《寻找圣杯记》。在十二使徒两边更小的华盖下面，是天使状的预言家和音乐家。在水晶圆筒的上面则是长着翅膀的天使基路伯的头，再上面是象征圣灵的鸽子以及代表基督的十字架。在下方基座上支撑整个圣体盒的柄上则雕刻有6个象征葡萄牙王权的天体仪，这是曼奴埃尔艺术最大的特征。艺术史家认为这尊圣体盒具有"微型建筑"的特点，也可以说是晚期哥特式建筑风格在金匠工艺上的反映，特别是与圣杰罗姆修道院南大门的建筑具有许多相似之处。

　　用于装饰的瓷砖的制作也是葡萄牙文艺复兴时代艺术上的重要成就。从1500年至1800年，欧洲各国都有瓷砖画的制作，但是没有一个国家如同葡萄牙的艺术家那样如此广泛地以各种不同的图案制作瓷砖，并用于不同的目的。这些瓷砖，与镀金的木刻一同使用在宗教的和世俗的建筑物的外部和内部，成为一种真正的葡萄牙民族的艺术。以瓷砖来装饰墙面、地面以及天花板的概念可以追溯到摩尔人统治伊比利亚半岛时期。著名的"上光的锡釉蓝色瓷砖"（azulejo）一词就是在摩尔人统治时期产生的。这个词可能源于阿拉伯语的 azzallaja 或 azulaich，意思是"平的"（smooth），另一种说法则是源于15世纪高卢的作家在通俗的拉丁语中使用的 azurotticus 一词，其意思是"马赛克"

贝伦圣体盒

(mosaic)，它传入阿拉伯语，与azul（蓝色）无关。西班牙和葡萄牙两国都受到摩尔人瓷砖制作艺术的影响，塞维利亚是最早向葡萄牙出口瓷砖的，该地自14世纪已经成为繁荣的瓷砖制作中心。葡萄牙的瓷砖进口和制造业自曼奴埃尔一世时期开始步向繁荣，这位国王进口了大量的产自塞维利亚的瓷砖，用来装饰辛特拉的宫殿；同一时期，科英布拉的具有文艺复兴艺术趣味的主教阿尔梅达也下令使用大量的瓷砖来装饰本城古老的罗马式主教座堂。人们也用瓷砖来装饰塞图巴尔的耶稣教堂的内壁。几乎所有的瓷砖都设计成为马赛克的花样并涂以锡釉，特别是蓝色的锡釉，用不同的分割开来的程序制作并保持色泽。早期制作的瓷砖有些是雕刻以后上色或上珐琅，有些则是采用浮雕的方法制成，其图案有些是植物的叶子，有些则是鸢尾花，此时葡萄牙已经能够自己生产彩色的瓷砖了。在16世纪时，早期瓷砖技术被意大利艺术家带来的新技术所取代，它们的表面不再凹凸不平，而是光滑的平面。当时来自意大利比萨的艺术家尼库罗索（Francesco Niculoso）在1500年以前先到塞维利亚，后来又移居葡萄牙。他创制了一种平面的、光滑的和有不同色彩的瓷砖，被葡萄牙人在各地广泛使用。从那时以后的一个世纪，葡萄牙国家的装饰艺术中充满了意大利文艺复兴的主题。16世纪下半叶，佛兰德斯的风格主义艺术又渗入到葡萄牙瓷砖艺术中。1558年，在阿连特茹的维索萨镇的宫殿里，由来自安特卫普的艺术家博杰特（Jan Bogaet of Antwerp）创制了一种黄色和绿色相间的瓷砖，上面绘有水潭、瓦罐、盾牌、鸟、鹰以及纹章等。

葡萄牙瓷砖制作工艺的中心在里斯本，并从此处传播到其他重要的地方如科英布拉和波尔图，又各自形成具有地方特色的瓷砖制作业，最后传到葡萄牙海外殖民地巴西沿海地区以及印度的果阿。

与欧洲其他国家一样，葡萄牙的文艺复兴运动涵盖了文化领域所有的方面。同时，它也具有自己的特点，那就是由于葡萄牙民族特有的地理大发现事业，使得一些特别的领域如制图学、游记文学和建筑艺术等具有自身固有的特色。像以意大利为主的其他欧洲国家一样，葡萄牙的文艺复兴也与新的社会力量，特别是伴随手工业以及国际贸易的发展而兴起的商人阶层和手工艺阶层的崛起有关。他们的新的价值观使得宗教内部出现了裂痕。他们在福音书中找到了思想解放的理论以及同教规相对立的东西。人们开始不相信并且嘲讽与封建制度紧密相连的经院哲学。在文艺以及哲学上，人们表现出对于人类自身以及自然潜力的信心，表现出要恢复人类的本性，反对强加在人的能动性上的束缚。在这一时期的葡萄牙，国王对于海外的黄金、奴隶贸易以及印度的香料贸易的垄断,使得王室成为国家最大的商人,成为居住着豪华宫殿的穷奢极欲的、具有异国情调的在欧洲的东方君主,宫廷(除了科英布拉大学)以外没有别的文化中心。围绕着宫廷,产生了戏剧、抒情诗歌、小说、奢侈工艺品、绘画以及雕塑和曼奴埃尔式建筑。葡萄牙的海外贸易需要有军事政府,没有海外战略要地的占领,就不可能进行贸易垄断。所以,贵族和骑士的地位提高了,与之相适应的,鼓吹武功和征服的思想发展了。中世纪的骑士精神和骑士文学在葡萄牙这一时期的文化领域有了进一步的延伸,只不过多了一点异域色彩。海外的贸易以及战争改变了国内的社会经济状况,引起了激烈的社会动荡。中世纪的田园诗式的生活方式已经成为过去,但是人们还在缅怀它,维森特、米兰达的戏剧与诗歌中都透露出这样的信息:农民拥向城市、农村荒废、贫困阶层想轻而易举一夜暴富、过分的奢华与连年的战争导致的风俗颓败,都给有思想的作家带来思考和启迪。欧洲的人文主义运动也波及葡萄牙,葡萄牙宫廷中的一些文人喜欢伊拉斯谟的著作。在这方面,维森特和戈伊斯是两位非常典型的代表,他们一方面嘲讽腐败的神职人员,另一方面主张实行比敦风化俗更加深刻的宗教改革。他们都不止一次地反对迷信的和机械的忏悔仪式,反对盲目或随意地崇拜圣徒以及圣物。他们都认为,祈祷应当是有思想内容的,至少应该通过理性的思考。所有这些方面,他们都很像伊拉斯谟。

当然,葡萄牙文艺复兴对于本国和世界的意义是后来的人们逐渐地意识到的。当时,葡萄牙的知识界与欧洲其他国家相比,仍然不够活跃,比较保守,特别是教会的权威更是不容低估。谁要是认为葡萄牙所有的知识精英都具有维森特或者戈伊斯的思想,那就大错特错了。葡萄牙的大学教育在当时以及后来极长的一段时间内维持着中世纪的经院教育体系。

作者点评:

葡萄牙文艺复兴时代的文化基本上与葡萄牙民族从事地理大发现的活动的起始及辉煌的时代相始终,真可谓伟大的时代产生伟大的文化。在葡萄牙人地理大发现展现的文化成就面前,中世纪欧洲僵化的知识体系中最坚实的部分随之崩溃与瓦解。葡萄牙人终于认识到,亚里士多德以及托勒密学说中的教条、无知与妥协多于正确的成分,生活范围内和自然界的各种现象远比以前任何伟大的思想家所想象的更为广泛而丰富。加西亚·德·奥尔塔写道:"今天,葡萄牙人一天所学到的东西,要比过去罗马人一百年学到的东西更多。"在伟大的自然创造面前，任何的宗教教条都显得多么苍白无力。地理大发现运动在文化方面的另一个成就是它体现了人类在对于新世界的认知过程中充满着乐观向上的探索精神。这种乐观探索的精神是与文艺复兴提倡的人文主义一致的。人类新的活动天地成为衡量人的才干的新舞台。"人"这一特有观念的内涵发生了变化：人类突然认识到自身的伟大以及自然界的宏伟壮阔，从而在各个方面萌生了丰富的想象力和远大的抱负，并且付诸行动。当后世在估计发源于意大利的文艺复兴运动对于欧洲近现代精神形成的影响的时候，不应该忽略伊比利亚半岛人民在航海发现事业中推进人类认识发展史的作用，它同样也是那个时代人类思想解放以及觉醒运动的一部分。文艺复兴时代的葡萄牙人以理性和实证的科学态度认识和记录了世界各大洲那些被中世纪欧洲的宗教信条视为"异端"的域外文明，并在地图制作和文学作品中将这些域外文明真实地展现出来。同样地，葡萄牙的航海家、制图家、文学家也将他们的知识传达给了其他民族。虽然在一段时间内，葡萄牙的地理学和制图学是服务于葡萄牙民族本身地理发现事业的，然而，随着时间的推移，葡萄牙人的知识终于从民间和学者两个途径流传出去。这个客观的过程是不以个人的意志为转移的——"世界主义终于战胜了骑士精神"，这是伟大的地图历史学家科尔特桑的话——不同民族和国家之间的交谈、沟通和理解"能够导致宽容、多元化和对于历史记忆的和平比照，从而增进人类共同的财富"，这正是文艺复兴精神对于现代世界的意义。随着16世纪中叶葡萄牙宗教裁判所的建立，它就开始操纵葡萄牙的文化活动，使得葡萄牙的文化界之后长期与外界隔绝，没有卷入欧洲的思想运动，这个国家的文艺复兴时代也就结束了。历史学家萨拉依瓦指出："随着人文主义时期外国文化广泛而公开地输入，尽管宗教裁判所对于它严加封锁，也采取了防范措施，一些'危险'的思想和书籍还是进入了葡萄牙。作家们心中有数，他们清楚他们和印刷机之间站立着宗教裁判所，他们的第一个读者就是检察官。风险不值得冒，事实上冒风险的作家也为数不多。这样，文学也就避开了一切可能惹麻烦的素材，文化也就变成了空洞无物的华丽辞藻的堆砌。文风反映了这些变化，它演变为一种巧妙的花边文学，思想隐藏在模棱两可之中，随时留有辩解的余地。但是，后来的主题主要是那些不冒风险的主题，如天使、圣徒传、训导和祝贺等。"

第六章
贾梅士及其《卢济塔尼亚人之歌》

一、颠沛流离的生涯

此生之中我不乏勤奋的学习，
还掺杂长久而又丰富的阅历，
更兼此刻你亲眼看见的才华，
集三者于一身世间实乃罕见。

这是16世纪葡萄牙地理大发现时代伟大的诗人贾梅士（Luís de Camões，1520 or 1524—1580）对于自己怀才不遇的生涯的真实描绘。贾梅士在中国大陆又被译为卡蒙斯。他所创作的长诗《卢济塔尼亚人之歌》(*Os Lusíadas*，又译为《葡国魂》)，以瓦斯科·达·伽马率领舰队去往印度的航行为主线，融汇了希腊和罗马的神话、15世纪欧洲反宗教改革时代的天主教信仰、葡萄牙人的民族自豪感，以及文艺复兴时代人类对于自然和地理知识的探索和发现的精神。因此它可谓葡萄牙民族的内涵丰富的杰出的史诗。

贾梅士的一生极富传奇色彩，他肯定到过果阿，据说也到过澳门。澳门至今保留着与他有关的史迹和地名。他的诗作和生命，也就是他说的"长久而丰富的阅历"是与葡

澳门原议事会花园中的贾梅士雕像

萄牙海外扩张史和地理大发现时代紧紧地联系在一起的。

正如历史上许多伟大的诗人一样,贾梅士出生的地点是有争议的。里斯本、科英布拉、阿伦克尔以及康斯坦西亚(Constância)都声称是诗人的故乡。不过,更确切的证据似乎表明,他更可能出生在里斯本。一般认为,他出生于1524年。贾梅士的家族原来姓卡马诺斯,原籍在西班牙的加利西亚,但是在14世纪末以前已经移居葡萄牙。诗人的父亲名叫西芒·瓦斯·德·贾梅士(Simão Vaz de Camõs),在葡萄牙王室主持的与东方贸易的"印度房"工作。这说明贾梅士的家族很早就与东方有点关系。他的母亲名叫安娜·德·萨·德·马塞多(Ana de Sá de Macedo)。关于他的父母的生平和事迹,人们知之甚少,只知道母亲安娜寿命很长,在儿子贾梅士56岁去世以后两年,安娜还在领取儿子为数不多的年金。

少年时代的贾梅士是在科英布拉的一所可能由多明我会办的修道院学校或是耶稣会学校里接受教育的。当时的科英布拉是一个非常适合于葡萄牙文人学士学习居住的城市。在完成小学教育以后,他进入了科英布拉大学。科英布拉大学是葡萄牙历史上第一所国立大学,最初由国王迪尼斯于1290年创立于里斯本,以后一直在里斯本与科英布拉两个城市之间搬来搬去,直到1537

科英布拉风光

年贾梅士14岁的时候,它又从里斯本搬回到科英布拉。

贾梅士20岁以前在科英布拉接受了完整的古典教育。虽然与博隆尼亚大学、巴黎大学、牛津大学以及西班牙的萨拉曼卡大学相比,科英布拉大学的学术水平较低,但是在贾梅士的青年时代,反宗教改革运动和宗教裁判所对于自由思想的压制尚未开始,葡萄牙在文化上经历了文艺复兴的极盛时期。当时的科英布拉大学充溢着人文主义的气息,贾梅士喜爱这个城市,在他后来写的诗歌里,他不止一次地回忆起在"甜美的蒙德古河边"度过的快乐的青年时期。他从不放弃"美好的大学时期"的娱乐,甚至于过着放荡的生活。但是,他却热爱书籍和学习。就他的兴趣和本性来说,他是一位古典学者,精通拉丁文,也会阅读希腊文,同时,他并不忽略近代的卡斯蒂利亚语以及意大利语和意大利文学。诺威尔说:"人们从来也没有怀疑过他的正统的天主教信仰,但是很明显他对于异教学问的兴趣比对基督教学问的兴趣更大。"他特别爱好希腊神话,直到晚年,他都能够精确地记住希腊神话的详细情节,说明他在青年时代是如何用功及彻底地掌握了这些内容。

1544年,在他20岁的时候,他移居里斯本。当时已经是若奥三世执政时期,贾梅士在父亲的监护和教育下成为一名贵族。此时,他爱上了一位少女,他称她为纳特尔西娅,她可能就是多娜·卡塔琳娜·德·阿太德(Dona Caterina de Ataíde),是国王宫廷里的一位比他大几岁的少女。据说卡塔琳娜是王后或者国王的妹妹马利亚公主(Princess Maria)的侍女,她似乎在心里没有拒绝诗人,但是考虑到家庭的关系离开了他。几年以后,她去世了。那时贾梅士已经到了印度,在听到了恋人的噩耗以后,写出了一首美丽的十四行诗,起句是:"我那温柔的人儿消失了。"不过,他继续写作诗歌和韵文。他的诗歌很快就赢得了宫廷圈子以及当时一些有名的诗人的喜爱。他还创作剧本,有些戏剧在首都的宫廷的沙龙里演出。他所创作的历史剧以叙利亚的塞琉古一世(Selecus I Nicator,约公元前358—前281)与他的儿子安提奥基斯(Antiochus)的悲剧为题材,①

---

① 塞琉古一世(约公元前358—前281)古希腊马其顿的将领,塞琉西王朝(Seleucid Dynasty,公元前312—前64)的创立者,曾经追随亚历山大大帝(Alexander the Great,公元前356—前323)东征。亚历山大大帝去世以后,他分得以叙利亚和伊朗为中心的帝国的一部分,后与安提歌那一世(Antigonus I Monophthalmus,公元前382—前301)征战,又为托勒密一世(Ptolemy I Soter,公元前367—前282)效力,于公元前312年夺回巴比伦。公元前294年,其子因爱上他的续弦而害病,于是他将妻子让给儿子,并让儿子与他联合执政。他后来在马其顿被暗杀。

他选择这部戏演出是很不谨慎的,因为其剧情被人指为暗讽当朝国王若奥三世的父亲曼奴埃尔一世不太符合人伦的第一次婚姻。① 于是,在1546年,可能因为王室不悦,贾梅士离开了首都里斯本。随后两年里,他作为一名普通士兵服务于保卫北非休达的战役。在北非摩洛哥的一次不著名的战役中,可能是因为装火燧枪火药不慎或是敌人的炮火,他失去了右眼。

贾梅士于1550年回到里斯本。此时他失去右眼,依然贫穷,开始过狂放不羁的生活。1552年的基督圣体节,他在里斯本的罗索广场的夜间街斗中打伤了宫廷贵族博尔杰斯(Gonçalo Borges),被判入狱八九个月,并罚款4 000雷亚尔。最后,国王赦免了他,条件是他去印度为王室服兵役3年。1553年3月,他登上了去印度的"圣本笃号"(São Bento),经过6个月艰苦的海上航行,终于到达果阿。以后的17年,他是在葡属东方殖民地度过的。

当贾梅士在果阿当兵的时候,曾经参加前往马拉巴沿海地区的战斗,又随同葡萄牙舰队去了印度和埃及的商路沿线打仗。1554年11月,他回到果阿。在以后的一段时间里,他居然有时间和灵感写作。他描写自己就像是"一名身处斗室里的心情平和的布道神父"。就像以前在葡萄牙一样,他仍然克制不住自己,经常发表议论,抨击时政。他对于果阿这座葡萄牙人在东方的都城没有什么好感,在一封写给朋友的信中,他将果阿称为"罪恶的人的母亲,诚实的人的继母"。1555年,新的总督巴雷托(Francisco Barreto)上任以后,达官贵人要举行狂欢活动,于是,他们要贾梅士创作一部戏剧。葡萄牙人在节日里的纵欲狂欢给了他灵感,他写了共有9节的韵文体剧作《印度的笨蛋》(*Disparates na India* or *Follies in India*),讽刺挖苦葡萄牙人在果阿的邪恶与腐败。接着,他还创作了一首十四行诗,称果阿"就是巴比伦,世界罪恶的沉沦之地",而他自己则是从如同锡安山一样的葡萄牙流放到这罪恶的如同世界末日般果阿的迁客骚人。他的这种大胆和露骨的抨击立即引发了官场的不悦甚至怀恨。1556年,据说他被委任了一个职位,去遥远的澳门担任"处理亡者以及失踪者事务的官员",这不啻是另一种变相的流放。

在去往更加遥远的东方的路上,贾梅士在科钦、马六甲和摩鹿加群岛居住过。他是否到过澳门,学术界有过不同的见解。在葡萄牙的历史学家,也是贾

---

① 曼奴埃尔第一任妻子为公主伊莎贝拉,原先由他的哥哥国王若奥二世安排嫁给王储阿方索,但因为阿方索突然意外去世而由国王安排嫁给其弟弟,即阿方索的叔父曼奴埃尔。

梅士在果阿认识的朋友库托的著名史著《亚洲旬年史》第八卷中对此有所记叙。不过，著名的研究葡萄牙海洋扩张史的历史学家博克塞于20世纪30年代撰文指出此事并不可能，因为贾梅士已经在16世纪50年代中期葡萄牙人盘踞澳门以前离开了亚洲。当代著名的葡萄牙历史学家文德泉神父（Manuel Teixerira，1912—2003）则坚持认为贾梅士的确到过澳门，其证据是在贾梅士去世以后30年出版的史诗的注释本中，贾梅士的朋友科雷亚（Manuel Correia）证实了他在中国的经历。文德泉指出：科雷亚在1613年由多明各斯·费尔南德斯（Domings Fernandes）出版的《卢济塔尼亚人之歌》中，首先证实贾梅士到过澳门。1613年离贾梅士去世只30多年。科雷亚认识贾梅士，正因为此，他才被邀请作贾梅士的史诗的注释。他在著作中说，"是贾梅士坚决要求我们这样做的"。科雷亚是学士、里斯本宗教会议的督察以及圣塞巴斯蒂安教堂的神父，为人可靠诚信。关于贾梅士遇到海难以及在中国的经历，科雷亚写道："通过这几句诗，诗人描写了他踏上那片土地（今柬埔寨）的艰辛。他从中国出发，并且在那里停留了一段时间，整装待发。因为前往中国的旅行使他经历各种风险，虽然侥幸生存下来，但在大海上航行，各种灾难接踵而至，这使他没有按计划到达某些目的地。"文德泉还指出：1578年，一位几乎与贾梅士同时代的诗人波尔杰斯（Cristóvão Borges）写过一篇韵诗《贾梅士迷失在中国》，讲述的是同时代的事情。

博克塞认为贾梅士来过澳门的可能性并不很大，他的主要观点可以归纳如下：（1）第一次提到贾梅士与澳门之间关系的文献是在贾梅士去世以后1/4世纪，并且没有任何实证。（2）从17世纪早期开始，大部分的贾梅士的传记作者都重复地声称葡属印度的总督巴拉多（Francisco Barreto，1555—1558年在任）将他流放东方，担任一个小官，他在澳门的一个现在以他的名字命名的山洞里写作了其伟大的史诗的一部分。关于他在澳门服役了若干年以及在海上的沉船事故，大家的说法都是一致的。（3）没有任何当时的书籍、文献或是记录直接或间接地提到贾梅士曾经在澳门。（4）在贾梅士已知的作品中，他从来也没有提到过他在澳门居住。（5）在1613年，葡萄牙第一次出现贾梅士到过澳门的说法，然后这个说法就被广泛接受，没有任何批判性的考量以及保留意见，这种说法逐渐成为一种传统，并被澳门所接受。在澳门有此记载是在一个世纪以后的事情。（6）当时的澳门只是一个很小的、荒芜的葡萄牙人居留地，一个葡萄牙人不大可能脱离他的同胞的保护，来到这个山洞里居住，特别是他还拥有官职，他应当居住在港口里或者待在船上。（7）贾梅士的史诗充满了古典时代的文学典故，显示出他是具有渊博的古典知识的学者，他所需要的写作条件应当远远高于这个"充满岩石的山洞"，这是16世纪这个荒芜的葡萄牙人居留地不能提供的。在那个时代，在葡萄牙以外的地方，只有果阿才具备这个条件。不过，根据文德泉考证，当时的澳门尚没有一个专门处理亡者以及失踪人士事务的职位。

文德泉神父还指出，根据传说，贾梅士是在澳门的一个叫沙梨头的地方从事他的写作的，这里后来被耶稣会圣保禄学院院长卡丁神父（António Francisco Cardim，1632—1636年任院长）买下。① 那里有一个叫作贾梅士洞的地方，从17世纪就有传说讲贾梅士在那里写作《卢济塔尼亚人之歌》，18世纪时，这个传说已经流传甚广。"这个小山洞就在圣安东尼修道院附近……那是一个既浪漫又令人心旷神怡的地方。那里视野广阔，可以眺望一望无际的大海和隐约可见的Lintáo及其他岛屿的轮廓。它的西面是当年葡萄牙人船只抛锚的地方，而北面则是这个葡萄牙殖民地与本国的分界点。假如真的好像贾梅士在诗中第181节所提到的，他向往一个与世无争的地方，在那丛林茂密的野外，埋藏在巨石下的生命可以无拘无束地得到解脱，积压已久的内心的忧郁得以尽情发泄，假如诗人一直向往的就是这么一个地方的话，那么他笔下的那个石窟应该是他最理想的居所吧。"传说中贾梅士居住并写作长诗的这个地方汉语叫作"白鸽巢"，该地原为葡萄牙商人马葵士（Lourenço Marques）所有，他年老无嗣，1787年临终时，将它捐给澳门议事会，辟为"贾梅士花园"（Jardim de Luis Camoês）。那山洞下竖立着贾梅士的铜像。马戈尔尼（Lord Macartney）出使中国时于1794年到过铜像处，后来被毁坏。现在的铜像是1866年由里斯本雕塑家皮涅伊罗（Manuel Boralo Pinheiro）设计。在贾梅士铜像的对面长满青苔的花岗石石条上，刻着两首诗歌，一首以英文写成，一首以拉丁文写成，作者分别为戴维斯爵士（Sir John Davis，1759—1890）和鲍令爵士（Sir John Bawring，1792—1872），他们是两位早期香港的总督。他们于19世纪30年代在澳门的英国商馆（British Board of Trade）服务，他们深爱着澳门，在澳门流连忘返多年。1893年英国的一本旅游书写道："贾梅士花园是每一个到澳门的旅行者必须要去的地方，甚至没有到过澳门的人也知道它。

---

① 文德泉（Manuel Teixeira）:《贾梅士来过澳门》,《文化杂志》2005年总54期,第10—13页。
C.R.Boxer,"Was Camoes Ever in Macao?", in *T'ien Hsia Monthly*,X,1940,pp.324-333.
Lindsay and May Ride,*The Voices of Macao Stone*,Hong Kong University Press,1999,p.126.

它的入口处毗邻一个英国小教堂,穿过一个小花园,一条小道将人们引到长满了印度榕树、榴梿树或其他植物的灌木林的厚厚的树荫之下,小路引导人们穿过树荫,来到贾梅士山洞。这是一块巨大的花岗石,由于暴雨的倾泻而裂成两半,还有一块巨石叠加在上面形成一条拱道。传说在这个退隐之地贾梅士写作他的史诗《卢济塔尼亚人之歌》,在此长诗中他讴歌他的祖国的光荣和征服。"还有传说,当贾梅士居住在澳门的时候,有一位中国的情人陪伴着他。

在贾梅士的游历中,大约在1558年,他在一次回果阿的途中在湄公河河口遇到船难,他差一点被吞没在汹涌的激流中,"这里有一个关于贾梅士的相当可信的故事,说诗人怎样游到了安全的地方,紧紧地握着他那不朽的诗稿,把它高举在水面上,至少《卢济塔尼亚人之歌》总算保存了下来,贾梅士也得救了"。在他的长诗中他这样写道:

> 这片静谧而安详的土地呵,将把浸湿的诗章迎入怀抱,
> 诗人遭受不幸的悲惨海难,侥幸从浅滩的飓风中逃命。

贾梅士西行回到马六甲,最后于1561年6月回到了果阿。根据科雷亚的说法,果阿总督巴拉多下令将他囚禁,是由于有人诽谤他在澳门担任死者以及失踪者事务专员期间,从中牟利。又有人说,他曾经因为债务在监狱中待了很短一段时间。以后,情况变得好了起来。新的总督科蒂尼奥(Franciso Coutinho,1561—1564年在任)在里斯本的时候就认识贾梅士,并且欣赏他作为一名作家和文化人的才华,授给他一个在政府中担任文书员的职位。在这段时间,贾梅士生活得很愉快。在果阿,他结识了著名的历史学家以及果阿历史档案的管理者库托,还与著名的医生和自然博物学家奥尔塔建立了密切的交往。可能是因为他与奥尔塔都是人文主义者的原因,两位"天涯沦落人"特别投契。贾梅士曾经与奥尔塔讨论其著作《关于印度草药以及药物的对话录》的内容,他为奥尔塔的书写了一篇诗歌作为颂词,这是贾梅士第一篇发表的诗作。这触动了总督,他最后决定于1563年出版此书。在以后的5年中,他在果阿的生活相对轻松和平静,有时间和精力去构思和写作《卢济塔尼亚人之歌》这部史诗巨作。有这样一件著名的逸事,他在邀请一些文人赴宴的时候,客人们在餐桌旁就餐,出乎意料地发现他们的盘子里不是丰盛的菜肴,而是新颖的诗句。但是好菜还是立即端了上来,他只是利用这个机会开了一个文艺性的玩笑而已。

不过，当1567年他离开果阿时，似乎又陷入了贫穷。他用借来的钱走了第一段路程，到了莫桑比克。他住了下来，身无分文。直到1569年，有一艘回里斯本的船到达莫桑比克，船上有他的老朋友历史学家库托等人。他们为贾梅士凑足了旅费一起回国。1570年4月7日，他们终于回到久别的里斯本特茹河口，此时贾梅士在东方已经度过了17年的光阴。他带回的是在东方冒险旅行的唯一成果《卢济塔尼亚人之歌》的手稿。两年多以后，这部巨著在默默无闻中出版了。

贾梅士回到里斯本的时候不过52岁，但由于长期的颠沛流离，他已经显得衰老。在大多数不能赏识他的才华的人看来，他不过是一个从印度回国的退伍军人，虽然贫穷，但是生活还讲究排场。就这样，他消磨着他的余生。有些历史学家说他晚年已经沦落到快要乞讨的程度，但实际情况并非如此。他有一个从东方带回葡萄牙的马来仆人安东尼奥一直忠心耿耿地陪伴在侧，直到他生命的最后一刻。葡萄牙国王塞巴斯蒂安赏予他15 000雷亚尔的年金，不至于使他落到挨饿的窘境。在诗人一生最后几年，他还在希望国王能够再赏给他更多的恩赐。但是，1578年8月，塞巴斯蒂安国王率领军队远征北非，最终在摩洛哥阵亡。

1580年6月，贾梅士逝世了。当时正是葡萄牙丧失独立，被西班牙吞并的前夕。据说他对一名叫拉梅戈的舰长（Captian General of Lamego）说："看到我如此钟爱的国家沦陷了，我不仅想死在这个国家里，而且想与她一起去死。"贾梅士的生命与祖国的生命是如此紧密地联系在一起。

在贾梅士逝世后300年的1880年，葡萄牙政府将他的遗体安葬在曼奴埃尔国王建造的圣杰罗姆修道院的教堂里，这是葡萄牙的国家教堂。当时，人们已经忘记了他的坟墓在哪里，只能够根据猜测从他原先安葬的地方挖出一具尸体，用隆重的国家的葬礼将其改葬在该教堂。同时，贾梅士颂扬的对象达·伽马的那具被假设的遗体也在其家乡维迪格拉被挖出来，安葬在同一地点。圣杰罗姆修道院及其教堂在葡萄牙人的心目中，就像是英国人心目中的威斯敏斯特教堂、法国人心目中的先贤祠一样神圣。

二、《卢济塔尼亚人之歌》

《卢济塔尼亚人之歌》的标题的原文是"卢西阿德斯（Lusiades or Os Lusíadas）"，它的主题是歌颂葡萄牙民族的成就，尤其是葡萄牙人在东方从事地理大发现的历史性的成就。通篇史诗充溢着作者对于葡萄牙民族的自豪感和真挚的热爱。

　　史诗原来的标题的意思就是"卢苏斯的儿子们"（the sons of Lusus），或者就可以译为"葡萄牙人"（the Portuguese）。卢苏斯是希腊神祇巴库斯或狄奥尼苏斯（Bacchus or Dionysius）的朋友，也是神话传说中第一位来到葡萄牙的定居者。在贾梅士的眼中，巴库斯或狄奥尼苏斯在古典希腊诸神中是十分重要的，是唯一了解亚洲的神祇，曾经远足去过印度并在那里居住过好几年。奥古斯都时代古罗马诗人维吉尔（Vergil 公元前71—前19）曾经创作了《埃涅阿斯纪》（Aeneis or Aeneid），被认为是拉丁文学最伟大的成就。其主角埃涅阿斯（Aeneas）本是特洛伊人，在特洛伊战争以后带领着家园已毁的特洛伊人远渡重洋，在意大利重新延续他们的民族。贾梅士的《卢济塔尼亚人之歌》很明显是以《埃涅阿斯纪》为模本创作的。《卢济塔尼亚人之歌》的主人公瓦斯科·达·伽马就像埃涅阿斯，是经历和战胜了大海上的狂风骤雨的海员。埃涅阿斯是罗马人的象征，而达·伽马则代表着葡萄牙民族。这两位英雄人物都被刻画成道德上的模范而非受制于人类弱点的凡夫俗子。他们的命运，就像他们所属的民族的命运一样。

　　但是贾梅士绝不是一个简单的模仿者，他在史诗的结构以及内容上都超越了《埃涅阿斯纪》。贾梅士的主题是与他生活的时代密切相关的，那就是葡萄

澳门达·伽马纪念碑浮雕（局部）

浮雕所刻画的贾梅士史诗中的场景，海中巨人"阿达马斯托"试图阻止葡萄牙人的舰队，天上的维纳斯被雕刻成基督教中的有翼天使，引导着舰队奋力前行。此碑建于1898年，以纪念达·伽马抵达印度航行400周年。

牙国家和葡萄牙民族的历史,在他看来,葡萄牙民族的成就由于发现了印度而达到了最高峰。贾梅士在叙事时,尽管使用了许多古典时代的隐喻,但是却清晰地和直接地表达了他对于当代的关怀。他的史诗的标题就是关于葡萄牙民族的而不是颂扬某一个人的功绩,他所描绘的葡萄牙国家的历史的篇幅远远多于维吉尔对于罗马人历史的叙述,因此,《卢济塔尼亚人之歌》是一部刻意描绘葡萄牙民族过去的光荣历史以及当代伟大的地理发现的史诗。它有一种对于大海以及遥远的东方的亲密感和熟悉的关怀,没有葡萄牙人的海外扩张以及东方世界对于他的想象力的刺激和启迪,诗人是不可能完成这样的作品的。史诗的3/4的篇幅是关于海外世界尤其是东方世界的。同时,没有贾梅士个人的海外的历险和探索,他也不可能完成这部巨著。在史诗中,他一再生动地描绘了大海之上的狂风暴雨以及汹涌波涛,这种生动的航海现象能被真实再现是因为他亲身经历了这一切。

在贾梅士笔下,古希腊的神话是为当代的历史叙事服务的。就像古希腊神话中诸神的性格一样,贾梅士笔下的希腊诸神同样也具有凡人的弱点。不过他们的喜怒哀乐又与葡萄牙人的事业联系在一起。在史诗的第一篇里,达·伽马船队绕过了好望角,沿着非洲东岸北上,快到莫桑比克时,奥林匹斯山上的诸神注意到了葡萄牙人的航海事业,他们召开了一个会议,由主神朱庇特主持,讨论这件事。巴库斯因为嫉妒达·伽马对于印度的发现,想方设法地拦阻葡萄牙人的船队,而埃涅阿斯的保护神、美爱之神维纳斯同样也站在葡萄牙人一边,帮助他们。她喜欢葡萄牙人,因为葡萄牙人与古老的罗马民族相似,甚至葡萄牙人的语言也使她想起罗马民族可爱的拉丁语。于是,她袒护达·伽马和他的同胞,并得到战神马尔斯的支持,因为马尔斯喜爱葡萄牙人勇敢善战的品格。他们决心挫败巴库斯的计谋。在以后的旅程中,葡萄牙人继续受到巴库斯的阻拦,他化装来到人间,煽动摩尔人打击葡萄牙人,但是达·伽马和伙伴们得到维纳斯的营救。贾梅士巧妙地将奥林匹斯山上诸神放到了葡萄牙人与他们的敌人摩尔人之间的斗争中去,用神的干预去解释葡萄牙人在东方航海事业中变化无定的命运。最后,主神朱庇特派传令神默丘里引导葡萄牙人抵达他们在非洲的友邦马林底。

叙事到此,贾梅士借这位友好的马林底国王之口,向达·伽马问到欧洲和葡萄牙。于是史诗以达·伽马的口吻,以好几个篇章的篇幅以及倒叙的手法,叙述了欧洲和葡萄牙国家的起源。他称伊比利亚半岛为"欧洲之首","陆地终于斯,海洋始于斯……公正的上天要这个民族,发祥于与摩尔人的战争中"。

然后，他从葡萄牙第一位国王恩里克的建国时代起，一个个朝代地往下讲，如阿尔儒巴洛塔的战斗以及阿维兹王朝的建立。描述亨利王子的发现事业的笔墨并不多，贾梅士着重叙述的是葡萄牙民族的故事而不是王子的。他迅速地转入阿方索五世以及若奥二世的时代，在略微叙述了若奥二世发现印度的准备工作以后，终于讲到曼奴埃尔国王的即位，以及达·伽马自告奋勇指挥伟大的远征。作者生动地描绘了他们的船队从特茹河出发的情景。有一个代表葡萄牙保守精神的老人从围观的人群中站出来，向即将出发的海员致辞，预言达·伽马的航海必将给人民带来无限的痛苦和不幸。但是探险者并不理会，他们在波涛起伏的大海中勇往直前，绕过了风暴角也即好望角，在那里，他们遇见了守望海角的巨神阿达马斯托（Adamastor），①这是贾梅士根据希腊神话中的身形雄伟、力大无比的巨人葵干忒斯（Gigantes or Giants）的形象创造出来的。这个面目丑陋的恐怖怪物被美女海神忒提斯（Thetis）戏弄和遗弃，他满腹怨言，以狂风暴雨的化身阻止葡萄牙人的前进。它代表着葡萄牙人在地理大发现的航程中遭遇的和必须克服的自然力量，出现在史诗第五章第三十九节以后。它"面容丑陋""身躯巨大""面色阴沉、气势凶狠，胡须脏乱、两眼浑陷如山洞，卷曲的头发上沾满了泥污，黑色的嘴唇露出一口黄牙"，能"掀起万顷波涛"，"骨骼化成了块块岩石，肌肉变成黑色的泥土，身躯化成一座高山，深深地插入茫茫大海，我那庞大的身体，被众神变成了荒僻的海角"。它出现在达·迦马船队绕过好望角的时候，但是最终被船队征服。葡萄牙人以非凡的勇气以及虔诚的祈祷战胜了他，绕过了好望角，到达非洲东岸，史诗最初就是从这里开始的。

史诗的第七至第十章全部叙述的是葡萄牙人在亚洲的故事。第七章始于达·伽马抵达印度"这片丰饶之地"。葡萄牙人的船只在一名友好的阿拉伯人领航员蒙萨德（Moncaide）的引导之下，穿过了深不可测的印度洋。即便在这里，酒神巴库斯仍然捣乱，他煽动海洋诸神兴风作浪，不过葡萄牙人最终安

---

① 阿达马斯托（Adamastor），是由贾梅士在史诗中创造出来的一个古希腊式的巨神形象，它的形象后来一直出现在许多文学作品中，如葡萄牙著名文学家、1998年诺贝尔文学奖得主萨拉马戈（José de Sousa Saramago，1922—2010）的《里卡多之死》（*The Year of the Death of Ricardo Reis*）、南非小说家布林克（André Phillippus Brink，1935—2015）的《阿达马斯托最初的生命》（*The First Life of Aamastor*，1993）等。1927年，葡萄牙雕塑家儒里奥（Jlio Vaz Júnior）在首都里斯本圣卡特琳娜（Santa Caterina）塑造了一座阿达马斯托的石像。在葡萄牙殖民地如果阿与澳门也都有类似的艺术品。

然通过，抵达印度西海岸的卡利卡特。贾梅士精确地描绘了印度的地貌和地形，"大片的陆地像一只长长的犀角，几乎就像一座巍峨的金字塔"。①

蒙萨德既是葡萄牙人的向导，又是译员，并为他们讲解马拉巴的历史和风俗。葡萄牙人一登上陆地，就受到萨莫林王的欢迎，他们将葡萄牙人迎入王宫。当葡萄牙人列队走过街道的时候，人们用惊奇的眼光打量着他们，好奇地向这些外国人提着问题。葡萄牙人还被带进了神庙，看到了这个国家用木头和石头制作的神像，他们还看到了王宫里面的壁画，而壁画的内容是贾梅士杜撰的庆祝古代的希腊罗马人征服印度的故事。贾梅士以此预言葡萄牙人是新的征服者。达·伽马向萨莫林表示愿意达成一个对于双方有益的协议，而马拉巴的官员也登上了葡萄牙人的船只一看究竟。

第八章开始时有很长的篇幅是葡萄牙人向马拉巴人讲述他们的历史传说和英雄事迹，而当地的一位预言家则预言与葡萄牙人的合作只会使人民蒙受外来的奴役。巴库斯穿着阿拉伯人的服装鼓动当地的阿拉伯人解除与葡萄牙人达成的协议。达·伽马则发表了长篇演说，谴责了阿拉伯人，阐述了葡萄牙人早期征服的历史直到遥远的印度的最后的地界。萨莫林为了商业的利益，终于与葡萄牙人达成了协议，但是萨莫林王的总管、城防官卡图阿尔（Catual）接受了阿拉伯人的贿赂，为通商设置了种种障碍。

第九章讲述了两位葡萄牙人的代理商人与当地商人的贸易。阿拉伯人极力阻止他们贸易，想等到每年从麦加来到卡利卡特的船只，再由阿拉伯人与本地人贸易，以此来损害葡萄牙人的利益。蒙萨德向葡萄牙人透露了他们的图谋，于是达·伽马准备将两个代理商人召回到船上。但是，这两个人被扣押在岸上，当地人不想让他们上船，他们想报复达·伽马扣押了几名印度的珠宝商人作为人质这件事。不过，由于人质的家属大肆鼓噪，萨莫林王下令释放了这两个葡萄牙人，达·伽马也将人质送回到岸上。而那位向导蒙萨德因为受到了神启，皈依了基督教。于是，达·伽马和海员们带着他们获取的香料起航驶回祖国。维纳斯一如既往地保护他们，她甚至为葡萄牙的船队提供了一个幽美的爱之岛（an Island of Love），②海神忒提斯又出现了，她是珀琉斯

---

① 卡蒙斯著、张维民译：《卢济塔尼亚人之歌》，中国文联出版公司，1998年，第287页。
② 很可能这个岛是寓指现实中的大西洋上的圣海伦娜岛（Island of St. Helena），它由葡萄牙人卡斯特拉（João da Nova Casttella）于1502年5月21日发现，那一天为圣海伦娜节（the feast of St. Helena），故名。该岛气候良好，盛产橙子、无花果、柠檬和石榴等水果，淡水丰沛，是长途航行中理想的中途停留地。

(Peleus)的妻子、英雄阿基利斯(Achilles)的母亲。当她看到卢济塔尼亚人的时候,就看出来他们也是英雄。忒提斯与众仙女热诚欢迎葡萄牙的勇士们,"丛林里,多么饥渴的亲吻,多么娇羞而急促的抽泣声,温存的抚摸,害羞的嗔怪,转眼间又化成了欢声笑语"。

第十章十分特别,被称为"总督的篇章"(Canto of Viceroy)。海神忒提斯以歌唱的方式预言了达·伽马在发现印度以后当地的统治者将会臣服于葡萄牙人的历史。她提到了许多葡萄牙舰长以及总督的名字和他们的功业,如佩雷拉、阿尔梅达、库尼亚、阿尔伯奎克、苏亚雷斯、塞凯拉、桑帕约以及索萨等。

最后,宁芙们①带着达·伽马来到这个神秘之岛的高山之巅,他们看到在天空中高悬着一个象征着天体的巨大的晶莹透明的球体。此时,海神对达·伽马说,"这是缩小的宇宙之模型,它没有开始,也没有终结,环抱着这浑圆的球体及其光洁的表面的就是上帝……归根结底由上帝操纵一切,通过第二因支配世界的运转"。女神还指出在地球上所有葡萄牙军队将获得胜利的地方,对于印度以东的地方,她也知道得十分详细,她指出了佩古(缅甸)、暹罗、苏门答腊以及中国等,她说道:"你可以看到,那里有大片土地,星罗棋布,有你从未听说过的千余个不同民族:有老挝,国土广大,人民众多,有阿瓦(Ava)人,他们在伟大的山脉中建立自己的家园,还有克伦人(Karen),他们是凶残的部落,居住在更加遥远的山里……""他们的风俗习惯残酷吓人,食人生番,烧红烙铁文身。"女神谈到了中华帝国:"她有难以想象的土地财富,从北回归线到寒冷的北极,全部属于她那辽阔的幅员;你看那座难以置信的长城,就修筑在帝国和邻国之间……"她还预言"盛产精美白银的日本,神圣的宗教为它传播福音"。在史诗的结尾,达·伽马率领船队离开这个神秘的爱之岛,行驶在风平浪静的海面之上,终于回到祖国首都里斯本港口外亲切而美丽的特茹河口。

三、地理大发现时代的镜子

历史学家拉赫(Donald F. Lach)指出,不管贾梅士从古典的遗产中继承了多少精神财富,他的史诗最要关怀和讴歌的是当时葡萄牙民族对于印度和东方的探索和发现,这部史诗3/4的篇幅是关于葡萄牙以外的海外世界的,没有他本人亲自长期在印度和东方的游历,就不可能写出这部史诗。

---

① 宁芙(nymph),希腊罗马神话中居住在山林和水泽中的美丽的女神。

从史诗的内容可以看到地理大发现时代葡萄牙民族对于东方丰富的人类学、地理学以及宗教方面的知识。史诗中关于亚洲的丰富的地理学知识有来源于托勒密的古典时代的知识,而更多的则来源于当时的历史学家库托、博物和药物学家奥尔塔以及他本人丰富的阅历。正是由于葡萄牙人的海外扩张活动,欧洲人在地理学方面的知识由此突破了托勒密体系,地理学和制图学由此进入了近代早期的领域。贾梅士的史诗从一个侧面反映了这种地理学知识的进步。史诗显示出作者对于亚洲各国的地方、水路以及城市非常熟悉。[1] 虽然他的知识还不够完备,但是比起当时那些没有到过东方的宇宙学家显然要更加广泛和具有权威性。他的描述一点也不空洞,显示出他亲身的经历或者从别人那里得来的确切信息。例如"迂回曲折的科钦河的咸水","那浩浩荡荡的恒河一泻千里,流过富饶而强盛的那尔加辛,浇灌盛产棉花的奥里萨(Orisa)原野,汇入海湾那苦涩深广的大海","看到新加坡狭窄的航道,海岸从这里折向小熊星座(北方)"、湄公河"每年夏天襄陵,百川汇入,河水泛滥成灾,淹没田园"以及"凹状的喜马拉雅山脉"等。他甚至注意到地理和出产之间的关系,例如,他提到"蒂多岛(Tidor)和特尔纳特岛(Ternate)上的丁香""班达岛(Banda)上的肉豆蔻""帝汶岛上名贵的紫檀木""奥里萨繁忙的织布机""日本以精美的银而著名"以及马拉巴沿海富饶的"从中国到尼罗河的物产"等。他对于热带植物的描绘也十分生动具体,很可能他的知识来源于奥尔塔。他提到了许多香料和数十种植物,其描述精炼而准确,如"他咀嚼槟榔叶""芳香的芦荟""多姿多彩的肉豆蔻花""从树上流下的如同眼泪般的树脂,被人称为樟脑""(马尔代夫岛)的可可椰子树在水下生长"等。有学者做过统计,在贾梅士的《卢济塔尼亚人之歌》中描述的不同地区和国家的动物有44种,他谈到了南亚人民使用大象来打仗和拖拉原木,还注意到马拉巴的人民从来不杀害动物的事实。[2] 由于史诗所透露出的丰富的地理信息,著名

---

[1] 拉赫指出在 A. C. Borges de Figueiredo, *A geografia dos Lusiádas*,(Lisbon, 1883)一书中列出了贾梅士提到的所有的地名。
[2] 在历史学家拉赫(Donalde F. Lach)的著作中列出了关于贾梅士史诗中有关植物和动物的学者考据的书目为:(1)A. C. Borges de Figueiredo, *A geografia dos Lusiáds*, Lisbon, 1883, pp.26-29; pp.55-61.(2)Conde de Ficalho, *Flora dos Lusiádas*, Lisbon, 1880, chap. iii.(3)A. F. S. Ventura, "Subsidios para o estudo da flora Caoniana," Bi, IX, 1933, pp.128-139; XI, 1935, pp.72-84; XII, 1936, pp.212-222.(4)E. Sequeira, "Fuuna dos Lusiádas," *Boletim da sociedade de geographia de Lisboa*, VII, 1887, pp.65-68。见 Donalde F. Lach, *Asia in the Making of Europe*, *A Century of Wonder*, Vol II, p.156。

的荷兰旅行家和作家林斯霍顿（Jan Huyghen van Linschoten，1563—1611）在撰写自己的著作时，将它作为重要的参考素材（很可能是1580年贾梅士史诗的版本），由此贾梅士名扬北欧。

贾梅士的史诗中还蕴含有丰富的民族志和人种志的信息，有学者认为史诗的约1/3的诗句可以看出历史学家巴洛斯的影响。例如，他几乎逐字逐句地重复了巴洛斯讲过的故事：在达·伽马还没有踏上印度的土地的时候，蒙萨德在他面前发表演说，将卡利卡特的居民分为两种类型，即偶像崇拜者（印度教徒）以及摩尔人，他还谈到了印度的种姓阶层，"人们的种姓永远不可改变，种姓之间绝对不可以混居，子孙万代要永远继承祖业，从出生到死亡永不改变"。贾梅士还讲到了耶稣的门徒圣多默来到南印度传教以及与婆罗门发生的冲突及殉道的事迹。关于印度以外的地方和人民，他特别提到了那里的人（今柬埔寨）信仰"小乘佛教，相信世间的生灵不分人畜，死后受轮回因果的报应"，他还提到锡兰那座著名的山峰，"山石上印着人的足迹"，提到当地人民对于它的崇拜。①

《卢济塔尼亚人之歌》是那个时代葡萄牙语文学中最为成功的作品。1572年初次出版以后同年即被里斯本的一位印刷商盗版印刷。1580年，在贾梅士去世即西班牙兼并葡萄牙的那一年，就出现了两个西班牙文的译本：由葡萄牙人卡尔代拉（Bento Caldeira）在埃纳雷斯堡出版了一个西班牙文译本，以及由另一个塞维利亚人塔皮亚（Gómez de Tapia）在萨拉曼卡出版了另一个西班牙文译本。11年以后的1591年，葡萄牙人卡塞斯（Henrique Carces）在马德里又出版了一个西班牙文译本。从那时起，《卢济塔尼亚人之歌》被译成包括拉丁文和希伯来文在内的12种文字。在贾梅士去世以后的1/4世纪里，估计该书印了1.2万册，在16世纪，这是一个相当大的数字，到1624年，据说达到2万册。它受到西班牙大文学家塞万提斯（Miguel de Cervantes，1647—1616）、西班牙诗人贡戈拉（Luis de Gongora，1561—1627）、意大利诗人塔索（Torquato Tasso，1544—1595）的称道和钟爱，16世纪西班牙重要的编年史学家维加（Garciaso de la Vaga，1539—1616）将该史诗与《埃涅阿斯纪》和《伊利亚德》相提并论。

---

① 亚当峰（Adam's Peak），锡兰即今斯里兰卡中南部的山峰，海拔2 243米，由于峰顶有一类似人类足迹的凹坑，长1.5米，该山被佛教徒、穆斯林以及印度教徒视为圣山和圣地。他们分别认为那是佛陀、亚当或者湿婆的足迹，从很早的时候起，就有众多信徒前来朝圣。

《卢济塔尼亚人之歌》最主要的成就就是反映了15世纪晚期以来葡萄牙人的民族梦想。在16世纪,有许多葡萄牙人想以史诗的形式来表现这段波澜壮阔的历史,据说出现过46种相关葡语史诗,与贾梅士同时代的历史学家库托也有过将葡萄牙人远航印度的事迹以浪漫主义的诗歌加以展现的想法。但是在所有这些人士中,贾梅士是最成功的,他综合了葡萄牙帝国东方海洋扩张历史中的现实以及神话的各种因素,抓住了那个时代葡萄牙海洋帝国事业中的英雄主义和苦难困厄,光荣的梦想以及理想的破灭,慷慨大度以及贪婪纵欲的矛盾纠结。作者本人就是一个在亚洲亲身参与波澜壮阔的航海、严酷血腥的战争以及艰难困苦的生活的伟大的诗人。他的史诗成功地将他个人的经历与民族国家命运结合起来,直接或间接地以他个人的富于智慧及才华的表达方式,将葡萄牙民族的梦想和命运展示在时代的面前。

博克塞曾经说,葡萄牙人可能是那个时代最富有天主教的宗教感情的欧洲民族。在贾梅士的身上也体现出这一点。在他看来,葡萄牙人虽然是天主教世界"弱小的一群","腹背都有刻骨的死敌",但"任何危险也阻挡不了他们……更不违背体现天意的教廷……为上帝去传播天国的信仰"。此种天命观念在史诗中一再出现,贯穿始终。当然,与此种天命观相联系的,无疑就是葡萄牙人或者是那个时代欧洲人中普遍存在的"欧洲中心主义"。正如姚风先生指出的:"他(贾梅士)以欧洲为中心,或者更确切地说以葡萄牙为中心,把葡萄牙人的航海发现看成是铲除异教、征服蛮族、传播基督教的十字军远征,把葡萄牙人塑造成不怕流血牺牲、没有私心杂念、誓死为上帝效力的英雄。"就此方面来说,贾梅士没有摆脱他所处的时代的局限,因此有人也说《卢济塔尼亚人》之歌是巴洛斯的《亚洲旬年史》的史诗版,它们都是以颂扬葡萄牙王国海洋扩张事业的官方思想为宗旨的。不过,值得注意的是,诗人对于别的民族的描绘也是相当恰如其分,民族和宗教的对抗在贾梅士的身上没有发展到不可理喻的地步。他称土耳其人是"非常好战而且坚强的",在描写波斯的时候:"看吧,那是伟大的波斯,高贵的帝国,她的人民永远骑马征战,他们藐视使用火炮等武器,为刀把把手磨出老茧而自豪……"

这部史诗又充溢着人文主义的思想。学者威里斯(Clive Willis)在分析贾梅士文学作品时指出,文艺复兴时代的文化人士都是通才,他们能够看到事物潜在的相互关系以及不同层面的解释,宗教的、哲学的和神话的因素在他们的思想中融为一体,由此产生一个创造性的艺术世界:在宗教层面,表现圣灵、圣母和天使;在哲学层面,可以呈现柏拉图的理念世界,如绝对的美、绝对的真、绝对的爱，它们都是从第一因或者创物主辐射出来的；在诗歌和神话层面，它们则是由朱庇特掌管的宁芙来表现或展示的。这些不同层面的相互交融正是文艺复兴时代文学的本质和特征——这正是贾梅士在描绘达·伽马的舰队抵达"爱之岛"上所遇见的场景及背后的意义。达·伽马舰队的成员完成了发现印度的航路，他们也得到了这个美好的回报。贾梅士对于文艺复兴时代在意大利佛罗伦萨出现的新柏拉图主义思想并不陌生，在他的抒情诗中一再表现出这样的观念。他与许多人文主义者一样，相信灵魂是对于天堂的记忆，肉体是灵魂的桎梏，死亡的挽歌恰恰是人类的解放以及与天主的共融。因此，灵魂是高于肉体的，它渴望着捕获天主的恩宠与完美。同时，贾梅士没有表现出毫无条件地崇拜他笔下的英雄。他常常批评他们，尤其批评他们野蛮，对文化缺乏兴趣。在一段一语双关的描写中，他把达·伽马及其同伴的动机归结为"权力和光荣"以及"贪婪和虚伪"。在这段情节里，贾梅士总结了人文主义的一些普遍的价值观，并对于英雄的业绩做出了独立的见解和保留的意见。在其他的段落里，他也提出了同样的思想，认为文化是胜于武器的。另外，"作者主要通过（希腊的）神祇来表现人文主义对于前途充满信心的主题。在健美的（希腊的）神的身上，贾梅士表现了米开朗基罗在画布和大理石上所推崇的超人理想。超人的充满爱情和自由的生活，超越了贾梅士与之斗争的那些局限"，葡萄牙人在大海上勇往直前，连海神都感到敬畏，海神承认自己的恐惧，因为人类战胜了海洋以后，"人类就将成为神，而我们就会变成凡人了。贾梅士用这两句格言一般的话语表达了人类必将战胜物质的信心"。纵观史诗，可以看到贾梅士深厚的人文知识，他对于希腊和罗马神话典故的运用几乎没有任何的错误。而希腊的神祇在史诗中占有很大的篇幅。在史诗出版的时候，葡萄牙宗教裁判所已经相当活跃，与作者青年时代相比，此时的葡萄牙文化界弥漫着天主教正统思想压抑的气氛，所以神父们在审查这部书稿时，显得犹豫不决。一般认为，史诗第十章第八十二节中，海神忒提斯在向达·伽马介绍完毕天界以后说道，天界"唯有真正的圣徒才能居住"，她本人以及希腊诸神"不过是人们臆造的盲目的谎言"，是作者为了便利出版，后来才加上去的。在该书第二版出版时，宗教裁判所的官员已经删掉了大量篇幅。

实际生活中的贾梅士，是一位富于正义感和桀骜不驯的诗人。正如他在史诗中表白的，他不会将荣誉献给"将私利置于国家人民之上、醉心获取高官厚利的小人"，也不会去歌颂那些"迎合临朝君王欢心，不惜盘剥穷苦人民的神父"，以及"那些不学无术、自命不凡与巧言令色之徒"。他一生清贫、寥落、孤独、被放逐以及死于默默无闻之中的命运，正是他的自我表白的最好注解。在史诗结尾的部分，贾梅士向"君王"吐露出深深的怀才不遇的忧伤："为你效忠我生就孔武的膂力，为你歌唱我禀赋缪斯的才气，我所缺乏的仅仅是你的赏识，美德与才智理应受到你的表彰。"正如他的朋友科雷亚神父说："诗人才华横溢，却时运不济，虽然他如此伟大，但在世的时候，却没有得到应有的关注和热爱。"不过，像许多卓越的诗人一样，他终于获得了身后的哀荣。贾梅士死于1580年，正是在这一年，葡萄牙被西班牙吞并，开始了它长达60年的沦亡的历史。具有民族思想的葡萄牙人称这一时期为"巴比伦之囚式的奴役"。葡萄牙民众在贾梅士歌颂的英雄主义时代以及光辉的荣誉一去不返以后，才认识到他所留下的思想遗产的价值及其不朽。正是在西班牙统治葡萄牙的这60年中，贾梅士的著作才获得了民族史诗的地位。从1581年到1640年这部史诗被印了11次，受到人民的普遍关注和欢迎。

诚如诺埃尔指出的那样：但丁对于意大利、莎士比亚对于英国、塞万提斯对于西班牙都具有重要的意义。但是在这3个伟大的文学家中，没有一个在他们本国的历史中所占据的地位，和贾梅士在葡萄牙历史中所占据的地位完全相同。部分原因也许是由于意大利、英国和西班牙还产生过其他文学天才，这些天才虽然不能与最伟大的文学家并驾齐驱，但也接近于他们的高度。而葡萄牙却不是这样，在为伟大的文学家修建的庙堂里，仅仅有这么一位文学大师在史诗上占有一席之地。贾梅士的魅力还在于他是一位民族诗人，他的杰作从头到尾都专门叙述他本国的史话。他依靠一个人的力量，给葡萄牙史诗文学以一种近代的语言，所以，他在任何说葡语的地方，至今仍然具有一股生命力。

作者点评：

贾梅士在中国大陆又被译为卡蒙斯，他当然属于葡萄牙文艺复兴时代的人物，但是本书将他的生平事迹和文化成就单独辟为一章，是因为他的个人经历与文学志业是与葡萄牙国家和民族最重要的基业即地理大发现紧密相连的。在某种意义上，他是葡萄牙民族与国家的代表与标志。贾梅士以他深厚而广博的西方古典文化素养，加之以在葡属印度无畏的冒险经历而成就了这部史诗，成为那个时代葡萄牙文明不可替代的象征。《卢济塔尼亚人之歌》不是古典的希腊-拉丁诗歌的翻版，也不是简单的欧洲文艺复兴时代的长诗，它所包含的丰富的跨民族、跨文化的信息使之成为一个新的时代开始的寓示，是作者在经历世界各大洲和各大洋以后的经验、苦难和思想的高度总结,这部作品还展现了高度的人道主义或人文主义的精神。这样的"人"不再是坐在书斋里面缅怀希腊罗马古人的那种文人墨客,也不是剧作家的剧本里展示的戴着项链、穿着华丽长袍的自负而又自相矛盾的人。"贾梅士笔下的葡萄牙人就是狂风中、大海上磨炼出来的人,能够从其他所有人那里获得知识、能从天上的繁星获得光明。这种葡萄牙人,像半人半神的海神一样,永远与海浪和大海中的苦难融为一体,像一艘船,如同船帆一般,随着永无止境吹来的信风的吹动而具有生命力。这是有心的葡萄牙人,他在各民族中打下根基。对于这样的葡萄牙人来说,冒险是人生的乐趣;对于他来说,世界上所有的人都是朋友。而祖国,用诗人自己的话说,祖国就是整个大地……这是一首把人类与宇宙融合在一起的诗歌。"

第七章
"巴比伦之囚式的奴役"与"光荣复国"

一、塞巴斯蒂安远征的覆灭

塞巴斯蒂安（Sebastião, 1557—1578年在位）为葡萄牙阿维兹王朝第十六代也是末代国王。他的祖父即为著名的葡萄牙国王若奥三世，祖母为哈布斯堡的卡特琳娜，父亲为若奥三世的第八个儿子若奥亲王（Prince of João of Protugal, 1537—1554），母亲则为来自西班牙的若阿娜（Joana of Spain, 1535—1573）。

塞巴斯蒂安出生于1554年1月20日早上8点钟，此日正是天主教圣徒塞巴斯蒂安的主保节日（Saint Sebastian Day），因此他取名为塞巴斯蒂安。

具有极端强烈的天主教信仰的若奥三世的家庭生活十分不幸。他与王后育有9个孩子，但是没有一个存活到他本人去世之时。此事也可以看出当时葡萄牙王室成员体质的衰弱。塞巴斯蒂安的父亲若奥亲王为若奥三世的第八个儿子，他在塞巴斯蒂安出生前的两周病逝。作为遗腹子的塞巴斯蒂安出生后不久，生母西班牙的若阿娜即抛下他回到西班牙为其父亲查理五世及其兄长菲律甫二世摄政。从此以后她一直居住在卡斯蒂尔，再也没有见过她的亲生儿子。塞巴斯蒂安3岁时，祖父国王若奥三世患中风去世，他继承大统，成为葡萄牙国王。当塞巴斯蒂安尚在母亲腹中的时候，已经有"被渴望者"之称，葡萄牙人渴望这个男孩的降生，视其为将葡萄牙从邻国卡斯蒂尔的觊觎以及吞并企图中解救出来的唯一希望。当时尚在宫廷，后来成为著名历史学家的库托17年以后在果阿回忆当时的情形时这样写道：塞巴斯蒂安是一位"人们用多少眼泪、朝圣、游行以及施舍才从天主那边求来的国王"。他是在广大民众的欢呼雀跃中出生的。

由于塞巴斯蒂安继位时尚在冲龄，生母亦已离去，于是国务先由其祖母哈布斯堡的卡特琳娜摄政。这个问题提交科特会议讨论的时候，有民众代表表示反对，他们的理由是卡特琳娜是西班牙人。1562年，卡特琳娜放弃摄政退隐到一所修道院里，由若奥三世唯一活着的弟弟枢机主教恩里克担任摄政王。在此期间，葡萄牙的海外殖民地继续扩张，1557年，葡萄牙人占据了澳门。在1568年1月20日塞巴斯蒂安亲政以后，也有迹象表明他想成为一位有作为的明君：他通过外交努力与奥地利、日耳曼、英格兰和法国发展了良好的关系，他也重建了葡萄牙的行政、司法和军事体制。1568年，他创立了奖学金制度，资助在科英布拉大学从事医学和药物学学习的学生，同年，他宣布支持在巴西反抗法国人的当地印第安人。1569年，他命莱昂（Duarte Nunes de Leão）完成被后世称为《塞巴斯蒂安法典》（*Código Sebastiânico*）的编纂工作。在1569年里斯本大瘟疫暴发期间，他从西班牙的塞维利亚请了医生来葡萄牙帮助医治和照顾病人，他在里斯本创建了圣玛尔塔贫民救济院（Recolhimento de Santa Marta）以及孩童救济院（Recolhimento dos Menoinos），雇用奶妈来照顾婴儿，他还创建了军队规条。1572年葡萄牙著名诗人贾梅士将他的不朽名著《卢济塔尼亚人之歌》呈献给了塞巴斯蒂安国王，由此获得王家颁发的养老金。1575年，塞巴斯蒂安建立了度量衡制度（Carta de Lei de Almeirim），次年在全国范围内颁行。1576年，他建立了全国性的公共谷仓，专门帮助歉收时陷于贫困的农民，为他们提供信贷、种子，以及其他物品，他还任命了数学家和宇宙学家奴内斯任领航员以及海员的教师。正是在他统治时期，葡萄牙航海事业中沉船的数目大大减少，大部分船只都安全回到了本国的港湾。不过，在塞巴斯蒂安统治时期，葡萄牙国内外的矛盾和困难依

国王塞巴斯蒂安像
18世纪无名氏作，由印度果阿拉肖尔神学院收藏于校长办公室。

然日益增多，帝国的维持十分困难。卡特琳娜在辞去摄政王的时候，对科特会议发表演说指出，葡萄牙在印度的统治的维持只有依靠神迹才行。在16世纪的最初25年里，东方和印度的香料源源不断地流入葡萄牙，对于该国一向传统和平稳的生活造成突然的冲击。人们从农村流向城市，不愿意从事生产劳动，追求享乐和寄生的生活。这种现象很早就已经开始，佩德罗王子在他的书信中已经谈到了这些问题，并提出解决之道。鉴于葡萄牙国家过去长期处于穷困的状态，能够供养的仆役有限，在香料贸易开始的几年中，农民流入城市的现象还能够控制。但是随着时间的推移，财富的流入使得里斯本王室的生活变得越来越奢华，宫廷雇佣的人员越来越多。贵族们也开始依靠炫耀自己的豪华生活来显示其社会地位。在乡间的大贵族也千方百计地要维持他们的小宫廷，结果是入不敷出。为了制止这种互相攀比的不良社会风气，王室也曾经颁布过许多法令，禁止人们在衣着上过分奢侈，限制使用贵重的布匹、首饰、黄金和白银饰物以及雇佣仆役。

虽然国家的消费在增加，但是收入却在渐渐地降低。16世纪30年代以后，在东方购买的运往里斯本的货物数量在减少，转卖获得的利润也越来越小，贸易的逆差越来越大。国家收入减少的原因很多，虽然直到16世纪末年经由好望角通往东方的航线一直垄断在葡萄牙人的手中，但是原先的经过地中海东岸的小亚细亚的与东方通商的古道又重新活跃了起来，运费也在逐年上升，海上的沉船数量以及船只遭到大西洋上海盗袭击的机会也在增加，运载香料等货物的船只从亚速尔群岛到里斯本的这段航程需要由军舰护航，由此，民用的和军用的开支也在上升。在葡属印度，总督府以及其他的政府机构非常臃肿，许多的职务形同虚设，只是领取薪俸而已。葡萄牙的舰船控制了印度洋上的海上活动，但是陆地上要塞与商站的维持越来越困难：一方面，葡萄牙的海军经常以少胜多取得惊人的战绩，但是另一方面，葡萄牙在各地的驻军则不断地受到攻击和杀害，货栈和商行受到摧毁。

这种情形造成许多人感觉"印度的烟幕"已经在逐渐地飘散，因为在远方地域维持一个6个月的航程所需要的花费太大，局面难以持久。1570年，葡萄牙王室放弃了原来一直拥有的对于东方贸易的垄断，开始将东方的贸易出租给一些商人。这样做的主要原因，就是国家在东方贸易中的收入日益减少，每年拿不出足够的款项组织舰队。一些人想在非洲加强经营以替代遥远的印度，当时有人就主张在从安哥拉到莫桑比克的非洲海岸建立一个包括整个南部非洲在内的东方帝国，那里有莫诺莫塔帕的富饶的矿产地区（现在的罗得西亚）。这种意见并非无人支持。但是，在当时许多葡萄牙国内的人们看来，最能够接受的意见则是占领非洲北部的计划。自1415年葡萄牙人占领休达以来，北非一直是葡萄牙人关注的地方。虽然若奥三世因为各种原因放弃了北非的一些传统的殖民地，但是许多葡萄牙人是不甘心的。现在，在印度的形势每况愈下的情况之下，许多人又想到重新征服非洲的议题。1562年，科特会议召开时，各市镇的人民代表中许多人想要保持以及扩大北非的殖民地，建议国家增加军费开支，甚至极为短视地认为兴建科英布拉大学是"危害"了王国，他们认为想要学习的学生可以去西班牙的萨拉曼卡大学学习，兴办科英布拉大学的钱应该节省下来用于远征北非的军费开支。

葡萄牙国内这些人的思想情绪得到了年轻的国王塞巴斯蒂安的共鸣。塞巴斯蒂安留给后世最为深刻的印象乃是他的骑士精神和宗教情怀。在1568年14岁亲政以前，他的少年时代的教育主要是由耶稣会士负责的。塞巴斯蒂安即位之初由祖母卡特琳娜监管，这位寡妇个性倔强，盛气凌人；到了国王8岁的时候，她隐退了。塞巴斯蒂安的叔公恩里克枢机主教出任摄政王，看护其侄孙直至其亲政为止。历史学家一般认为，无论是其祖母或叔公都没有为这位幼主作好充分准备去继承大统，倒是耶稣会士给予这位年轻的国王许多精神和灵性上的指导。自若奥三世以来，耶稣会士即在葡萄牙宫廷中扮演着国王和权贵精神导师的角色。据说耶稣会士梅内塞斯（Aleixo de Menese）对少年国王影响很大，这位军人出身、声誉良好的耶稣会士曾经是塞巴斯蒂安的父亲若奥亲王的家庭教师，现又被其祖母任命为塞巴斯蒂安本人的家庭教师。此外，尚有其他的耶稣会士如来自波尔图的雷贝罗（Amador Rebēlo, 1539—1622）以及卡马拉（Luis Goncalves da Câmara）等人，而卡马拉则是塞巴斯蒂安父亲及其本人的忏悔神师。耶稣会士的宗教教育使得塞巴斯蒂安在信仰上极其虔诚。据传这位少年君主经常将托马斯·阿奎那神学著作的抄本悬挂在腰带上，有时宫廷里的人还会看到两名西埃廷会的会士伴随其左右，形影不离，当有人来访问这位少年国王时，塞巴斯蒂安会害羞地躲到两位僧侣的背后，直到来访者离开为止。萨拉依瓦指出："他（塞巴斯蒂安）从小被灌输的思想就是军事上的英雄主义和国王神圣。葡萄牙是受到威胁的基督教会的救星，他本人就是拯救基督教的工具。这种自信心很早就在他身上扎下了根。随着年龄的增长，这种思想日益膨胀。在他执政的十年当中，他朝思暮想的便是如何对付异教徒。"

博克塞曾如此描绘青年国王的性情："这位年轻的君主有热烈的和高

贵的性情，当他阅读到葡萄牙海外的丰功伟业时，忍不住激动万分，心潮澎湃；当他读到他祖父在1549—1550年下令撤离摩洛哥沿海的那些要塞和堡垒时，他又禁不住心烦意乱、悲痛不已。在孩提时代，他就梦想征服摩洛哥，在耶稣会士导师给他的一本弥撒用的祈祷书的扉页上他这样写道：'神父们，向天主祈祷，祂会让我变得非常贞洁，非常热忱，我会将信仰扩展到世界所有的地方。'他的最大的愿望是成为'一个基督的舰长'（a Captain of Christ）；在他给果阿的总督和总主教的指令中渗透着一种强烈的十字军圣战的精神。他在两岁的时候就得了一些身体上的疾病，这些病痛折磨着他直到他去世，这种病一直没有得到确切的诊断，他的生殖器官也受到影响，这使他不喜欢女人，也使人们对他是否有生育孩子的能力产生很大的怀疑。人们费尽心机安排他与西班牙的或法国的公主结婚，但没有任何结果，只有一次人们提议他与苏格兰女王玛丽成亲，这件事迎合了他中世纪式的游侠骑士式的性情，不过这只是一个短暂的插曲。西班牙驻里斯本的大使报告说：'跟他谈婚姻就像跟他谈死亡一般。'他不断地回避各种严肃的婚姻讨论和协商，引起臣民极大的不安。他身体上的残缺并没有妨碍他追求体力上的健康，他在各种天气条件下进行长时间的严酷的锻炼——打猎，用鹰行猎，长枪比武，斗牛等，在暴风雨中他还驾一叶小船出海。长大以后，他不听祖母、叔父以及任何年长的人的劝告，只与他同年的那些贵族交往，而这些人则百般奉承他。他很少去里斯本，他从心里面不喜欢这个城市。大部分的时间他总是骑着马穿行于阿连特茹省和阿尔加维之间，沉湎于体育锻炼和越野运动中，有时一连几天都不睡觉。大部分的臣民都不喜欢他的这种奇特行为……"

虽然自若奥二世以及曼奴埃尔一世以来，向印度和巴西的扩张已成为葡萄牙帝国政府的国策，但塞巴斯蒂安却力图扭转这种成策，重提更早前的航海家亨利时代的远征非洲的梦想。这不能不说是这位青年君主强烈的十字军精神和宗教情怀的表现。有迹象表明他与祖父若奥三世一样，对于异教徒极不宽容。1575年，他曾经亲临埃武拉宗教裁判所举行的火刑仪式，当时有17人被烧死。随后，他访问了南方的阿尔加维，隔着地中海遥望北非，远征北非的愿望激励着他。不久，他还跨越地中海访问了葡萄牙在北非的军事据点休达和丹吉尔，试探大举远征北非的可能性。

1576年，北非的苏丹国内发生政变，国王加力布（Abdallah al-Ghalib）去世，传位给其长子，称为穆罕默德二世（Abu Abdallah Mahammed II, 1574—

1576年在位),他的叔父马立克(Ab Marwan Abd al-Malik)意图篡位不成,逃亡到阿尔及利亚,在那里联合了正在向西扩张的奥斯曼土耳其帝国的军队进攻摩洛哥。穆罕默德二世在非斯失守后逃往葡萄牙求援。塞巴斯蒂安认为这正是征服北非的契机。当时葡萄牙国内在远征北非的问题上一直有分歧。葡萄牙科特会议中有人主张远征北非,阻止奥斯曼帝国的扩张,但也有一些议员认为国王应该尽早成婚,使王储早日诞生以确立王位继承的大事。国王的祖母卡特琳娜于1578年2月去世,其叔公恩里克枢机主教对塞巴斯蒂安的远征也不太认同。但在商人阶级中有人支持远征,因为北非有他们的商业利益,如黄金、牲口、小麦和蔗糖贸易;贵族阶级也有人十分热心,因为他们想立军功。但总的来说葡萄牙人想在北非展开的军事行动只是小规模的,因为葡萄牙已在巴西和印度建立了海洋帝国。塞巴斯蒂安的决策无疑改变了整个国家的战略。

1578年3月,塞巴斯蒂安开始组织他的远征军。葡萄牙军队共有1.7万人。全国贵族中的许多家族都派人参加了远征。葡萄牙军队中还有一部分雇佣军,如一名日耳曼商人罗泰(Conrad Roth)率领由2 800名日耳曼和尼德兰人组成的队伍来到里斯本,还有一名叫斯图克莱(Sir Thomas Stukeley)的英格兰亡命之徒从教宗那里弄到了一些船只和人员,他向教宗提出的借口是帮助爱尔兰人反抗信奉新教的英格兰女王。西班牙国王菲律甫二世一开始就对这个远征计划不甚热心,但他还是派了一名叫阿尔德那(Francisco de Aldana)的军事顾问,他没有派西班牙军队参加军事行动,不过仍有1 000名安达鲁西亚人不顾禁令前来报效。塞巴斯蒂安将葡萄牙军队按里斯本、埃斯特雷马杜拉、阿连特茹和阿尔加维4个城市组成4个军团。6月,塞巴斯蒂安的大军从里斯本起程,浩浩荡荡越过地中海前往丹吉尔和阿尔济拉。塞巴斯蒂安在阿尔济拉搭建了2 000顶帐篷,但没有设置任何堡垒或挖掘壕沟作为护卫。7月29日,他的军队离开阿尔济拉,当时葡军有1.5万名骑兵、1 500匹马,还有1 000辆车以及几千名随军人员,其中有仆人、随军司铎以及妇女,他们与穆罕默德二世的6 000名摩尔人联军会合。当时有消息说敌方即马立克和奥斯曼联军共有1.7万名骑兵、7 000名火绳枪兵及几千名步兵,还带着大炮。但塞巴斯蒂安仍置若罔闻,孤军深入内陆。8月4日,粮草不继、疲惫不堪的葡萄牙军队到达了卡萨-阿尔-卡比(Ksar-el-Kebir),遭遇了强大的敌军,战斗从早上开始持续了4个小时,葡萄牙和穆罕默德二世联军的中央部队为摩尔人士兵,但他们大多

1578年8月4日卡萨-阿尔-卡比战役

是被卡斯蒂尔从伊比利亚赶回北非的,因此对基督徒怀有隐恨,作战不力,开始时防线即被敌军突破,两翼的葡萄牙骑兵作战勇敢,突击骑士冒着炮火几乎要冲到马立克的近旁,这位酋长因惊恐万状心脏病突发死于轿中。但葡军两翼终于没有挡住奥斯曼土耳其军队的强大炮火,欧洲人最为惧怕的奥斯曼帝国的禁卫军和摩尔人骑兵在火炮的掩护之下勇猛冲锋,迫使葡萄牙军队两翼动摇,最后中央部分的军队也溃不成军。葡军约有9 000人阵亡,参战的贵族几乎都死于乱军之中,还有1.6万人被俘。许多葡萄牙军官死于炮火和乱枪的射击,雇佣军的主要军官也死于阵中,有人看见塞巴斯蒂安国王骑着战马勇敢地冲入敌阵,消失于乱军之中。也有人说在战役次日,人们找到他伤痕累累并且裸露着的尸体。由于尸体的辨认工作做得很马虎,国王贵重的甲胄和武器也未被找到,所以也没有任何人确认他已经阵亡了。博克塞称,"这是有文字记录的历史上组织得最差的战役之一"。

二、"巴比伦之囚式的奴役"

塞巴斯蒂安国王的远征军在北非覆灭以后,葡萄牙既丧失了国王,又丧失了军队,还丧失了国内的许多动产,因为好几百名贵族被摩尔人俘虏,为了赎回这些人,许多葡萄牙贵族卖掉华丽的衣服、宝石和贵重的餐具,筹款送到摩洛哥去。葡萄牙共付出了近1.6万克鲁扎多,许多贵族的家庭因而变得贫困了。

塞巴斯蒂安离开葡萄牙时,留下了摄政团作为看守政府,但其中并不包括恩里克枢机主教。塞巴斯蒂安没有兄弟,只有若奥三世的弟弟恩里克枢机主教有资格继承王位,但恩里克此时已64岁高龄,体弱多病,而且没有子女。他理所当然地继承了王位,所以他成为枢机主教兼任国王。但是葡萄牙人都知道,他年事已高,他担任国王的职位只是权宜之计,王位继承问题要到这位国王兼枢机主教死后才能真正解决。

当时葡萄牙国内还有两个人选可以提出王位继承的要求。第一位是布拉干萨公爵夫人,她是曼奴埃尔一世的孙女,但是人们对于她没有兴趣,因为她的丈夫是令公众讨厌的人物。第二位是克拉托修道院院长安东尼奥(Antōnio, Prior of Crato, 1531—1595),他是若奥三世的兄弟刘易斯亲王(Louis, Duke of Beja, 1506—1555)的私生子。他早年担任修道院的院长并非出于本意,也并不掩饰自己对于宗教职业的厌恶。如果年迈的恩里克承认安东尼奥是自己的继承者,情况就有所不同。但是恩里克枢机主教兼国王憎恶这个私生子出身的亲属,没有作出安东尼奥可以继承王位的声明。

当时的西班牙国王菲律甫二世(Philip II,1556—1598年在位,1581—

恩里克枢机主教兼国王

1598年兼任葡萄牙国王）由于血缘关系在实际上对于葡萄牙王位的继承也具有优先的权利，因为他的母亲伊莎贝拉（Isabella of Portugal, 1503—1539）是葡萄牙国王曼奴埃尔一世的第二个孩子，也是最长的女儿。她于1526年3月10日与查理五世在塞维利亚结婚。婚后生下的孩子即为后来的菲律甫二世。菲律甫二世的臣民们看到葡萄牙国内的混乱，就忙着为他张罗，制造舆论、收买人心。当时葡萄牙的上层阶级如贵族和商人倾向由西班牙的菲律甫二世兼任葡萄牙国王，因为这样他们的既得利益可以得到维护。那时的贵族阶级因为支付摩洛哥的赎金，经济地位已经大大地降低，选择西班牙的国王可以使他们维持原有的地位，并且保住他们的职务、财产以及官衔，对于商人阶级来说，与西班牙的合并可以使得两国的边界开放，葡萄牙与印度和巴西的海上贸易可以受到当时世界上最强大的西班牙舰队的保护，还有一些人指望合并以后葡萄牙人可以到西班牙人统治的中美洲盛产白银的地方去从事贸易。上层阶级认为，一个强有力的国王和政府的统治还可以镇压国内的人民起义，有不少人认为人民起义有可能即刻爆发，首当其冲的就是社会上的特权阶级。民众则更希望维持祖国的独立，他们意识到葡萄牙将会以变相的形式归并西班牙了。但是此时的葡萄牙已经与阿尔儒巴洛塔时代不可同日而语。在阿维兹王朝创建的时代，人民有自尊的思想，觉得自己是国家的主人。16世纪的君主专制已经损害了葡萄牙人民的民族自尊心，像雷格拉斯、阿尔瓦雷斯这样的人物不再出现了，即便他们再出现，遇到这样冷漠的人民，也将一事无成。

  起初，人们还怀着希望，以为国王兼枢机主教恩里克也许会得到教宗的恩准，娶一位年轻的妻子，传宗接代。但是教宗没有做出行动。同时，年迈的恩里克健康快速衰退。恩里克曾经想到以法律的手段解决王位继承问题。他邀请一些想要继承王位的人宣誓服从他将来选择的解决办法，但是菲律甫二世认为他的地位是无可争议的，因而拒绝宣誓。1579年，科特会议开会，决定教会、贵族和平民各派10名代表申述各自的意见。平民不接受这个比例，他们选派了40名代表。但是这只不过是避免国内争执的一种表面上的解决办法。其实恩里克与西班牙国王之间已经有了秘密谈判。就在开会期间，1580年1月30日，恩里克去世了，他的遗嘱没有提出王位继承人的人选。

  安东尼奥准备要求继承王位，但是西班牙的菲律甫不让他的追随者组织起来。同年6月，2万名西班牙的精兵在阿尔瓦公爵指挥下越过边境，进入葡萄牙。虽然安东尼奥勇敢迎战，但是不善指挥，他临时组织起来的军队在阿尔坎塔拉一败涂地。阿尔瓦公爵的军队进入了里斯本。安东尼奥逃到国外,在访问了英国与法国之后,到达了亚速尔群岛。在那里,他得到了来自法国的母后卡特琳·德·梅迪西的一点帮助,建立了一个短命的流亡政府。菲律甫二世的军队越过国境以后,葡萄牙事实上已经被吞并,由此开始了从1580年至1640年长达60年之久的两国合并时期。当时,葡萄牙的上层贵族均接受菲律甫为新的统治者,而下层的民众以及具有民族意识的葡萄牙人则称合并为"巴比伦之囚式的奴役"(Babylonian Captivity)。

菲律甫二世在取得军事胜利以后来到葡萄牙,并于1581年4月在托马尔召开的会议上被推选为葡萄牙国王。在这次会议上,新的国王确立了关于葡萄牙与西班牙合并以后两个主体之间的关系的原则。这是菲律甫二世与葡萄牙总督主教在密谈中确立的原则,称为《托马尔纲领》。它包括如下一些原则:(1)国王应尊重以前葡萄牙君主制赋予贵族的自由、特权以及传统的风俗习惯,葡萄牙一切旧的地方固有法权、自由与法律不予改变;(2)科特会议制定有关葡萄牙事务的法律时必须在葡萄牙召开会议,葡萄牙现行的法律继续有效,所有涉及葡萄牙行政管理的决定亦应该在葡萄牙作出;(3)葡萄牙副王或总督之职务应委派葡萄牙人或者原葡萄牙王室的成员担任;(4)宫廷、行政、司法、财政以及军队应循旧的编制,所有这些机构中的职务均应由葡萄牙人担任,同时,葡萄牙的主教以及教会中的其他职务均应从葡萄牙人中挑选;(5)葡萄牙人可以受命在西班牙人中担任公职;(6)所有涉及葡萄牙臣民以及利益的法律案件都不应转离葡萄牙本土去审判;(7)在印度和几内亚的贸易只能由葡萄牙人进行,原葡萄牙以及西班牙两国海外的殖民地仍然各自分开管理,由各自原来的官员统治;(8)西班牙和葡萄牙两国原有的边境上的各种赋税将被取消,妨碍两国商品流通的种种限制应予排除;(9)为排除来自印度的舰队受海盗的袭击,菲律甫二世所辖的其他国家的

托马尔城镇

海军在必要时应提供援助；（10）葡萄牙城市或者乡镇官员之任命、现有的封号以及王室权利之分配，只能给予葡萄牙人，国王将保证不将这些市镇收入归为王室的财产，而应交给新受封的葡萄牙人；（11）贵族凡年满12岁者即可享有补贴金，即由国家支付俸禄，每年发放的补贴名额为200名，王后的侍从只能从葡萄牙贵族侍女中挑选；（12）当国王不在葡萄牙居住时，应成立一个由6名葡萄牙人组成的专门机构跟随国王，国王通过该机构处理有关葡萄牙的事务；（13）官方行文中使用的语言仍然是葡萄牙文；（14）货币仍然保持葡萄牙的纹章图案，即仍然保留两种币制。《托马尔纲领》旨在解决几个根本的问题：（1）满足原葡萄牙上层阶级的要求，保护他们在这场改朝换代的严重危机中不受损害；（2）保证葡萄牙在行政事务上的相对自治，使得君权的统一同国家政务分开，不致相互抵触；（3）保证原葡萄牙和西班牙在海外殖民地的通商和传教事务仍然延续两国合并以前的管理方式，由此，各自的殖民地的利益，特别是原葡萄牙海外殖民地的利益在合并以后仍然维持下去，不受影响。从表面上看，葡萄牙与西班牙的关系不过是两个国家共一个国王而已。但是，在菲律甫保证的条款中有两项重要的内容没有列入：第一，菲律甫没有保证，禁止使用葡萄牙的税收支付纯属西班牙的费用；第二，菲律甫没有保证不抽调葡萄牙的陆军和海军为他的帝国服务。

在语言的使用方面，西班牙统治者仍然给予葡萄牙人以相当的尊重。同时，葡萄牙人出于本能的爱国或是乡土情怀，仍然乐意保留葡萄牙语。虽然有许多人讲西班牙语，并且用西班牙语写作，但是在葡萄牙的土地上，葡萄牙语的官方语言地位并没有动摇。结果是，两种语言同时使用，即便是在里斯本也是如此。因此，人们有一种印象，葡萄牙语作为一种文化财富受到了保护。葡萄牙语的研究也没有受到限制，一些作者相继发表了语法手册。这一时期还有一个奇怪的现象，就是民间的口语受到了重视，民间的语言补充到了葡萄牙语的书面语言中，民间的谚语的使用成为一种时髦，这就使得书面的语言获得了新鲜的血液。第一部葡萄牙语的词典就是在这一时期编辑而成的。本托·佩雷拉神父编辑的《口语表达集锦与葡萄牙语言》就是在这一时期问世的。另一本有关语言的书就是罗德里各斯·罗博的《乡间王室》。由于当时的里斯本已经没有王室，王公贵族纷纷移居乡下，在那里修建宅邸。他们常常怀念过去，或是怀念葡萄牙独立的时候的生活。他们在乡间的宅邸里不断地提高语言的修养，他们聊天、讨论、演说和接待客人。于是，他们的文化生活也促进了葡萄牙语的发展。

菲律甫二世在葡萄牙被称为菲律甫一世，在他统治葡萄牙的整个时期，《托马尔纲领》中的这些规定都得到了尊重。贵族、教士、商人、船主以及一切有产阶级都基本上感到满意。上层阶级的态度决定了当时葡萄牙的政治走向。从表面上看，葡萄牙被并入西班牙，标志着16世纪西班牙海洋的霸权达到了顶峰。当时有一位文人以修辞的说法指出：海洋是西班牙国王鞋履上的绿宝石，太阳则是他王冠上的黄玉。国王指定了他的侄子奥地利的枢机主教兼大公阿尔伯特（Cardinal-Archduke Albert of Austria）为葡萄牙的总督。有3位葡萄牙人被指定为他的顾问：里斯本的总主教、顽固的保守派人士卡内罗（Pedro de Alcáçova Carneiro）和莫拉（Miguel de Moura）。1583年2月，菲律甫结束了他在葡萄牙的长期逗留，回到了西班牙。

不过，反西班牙的情绪以及对于故国的怀念在知识界以及底层民众中间仍然存在。这种默默的怀念表现为在塞巴斯蒂安国王死后到菲律甫二世统治葡萄牙期间，葡萄牙民间兴起一种被称为"塞巴斯蒂安主义"的思潮。它在葡萄牙后来的历史中一直存在，还与犹太教和基督教中的弥赛亚的精神融合起来，成为一种非常流行的社会思潮以及民族精神。博克塞回溯所谓"塞巴斯蒂安主义"的源起时说："最初对于塞巴斯蒂安国王远征北非本身，绝大部分的民众心里是持不认同和不欢迎的态度的，在1578年2—6月间，塞巴斯蒂安国王使用了许多残暴的手段征募军队。战役结束以后的第二天晚上，随着一些逃亡者来到阿尔济拉镇上，就有谣言流传说塞巴斯蒂安国王还活着，尽管葡萄牙政府竭力地打消或者否认它，但这些谣言广为人民所相信并且很快从海上传到里斯本。然而，这次远征的可耻失败以及灾难性的毁灭并没有导致人民指责国王的刚愎自用及其军事上的无知，也丝毫没有导致人们咒骂他。相反，现在他成了一位广为人知的史诗般的悲剧英雄。人们普遍相信，他的消失只是暂时的，总有一天，他会返回，领导这个民族雪洗耻辱，并走向新的征服和荣耀的顶点。这种信念后来和亚瑟王的传说以及各种各样的弥赛亚及先知的信念混合在一起，以惊人的速度在葡萄牙广为流传，并有各种各样的版本。诸如塞巴斯蒂安国王藏身于大西洋一个云雾缭绕的岛上的山洞里，有一些故事说，他假扮成一个四处流浪的朝圣香客在做补赎苦修，一直要等到他补偿了因北非战役失败所负的责任为止，还有的则传说他已沦为摩尔人或者西班牙人的囚徒，被关押在地下的土牢里。在1584—1603年，有几位冒险家以此为借口或机会，将自己假扮成国王塞巴斯蒂安，最后他们都遭围捕，并被送上绞架或者大帆船。"

在塞巴斯蒂安国王远征北非战役以后的17年中，出现了数位冒充或自称塞巴斯蒂安国王的人。1584年，一个从阿尔科巴萨来的烧陶工人的儿子冒充塞巴斯蒂安国王，他故作深沉，寡言少语，虽然他20多岁的相貌完全不像国王，但其名声却像野火般传开，1588年他被当局逮捕，判罚到西班牙的"无敌舰队"中去与英国作战，从此再也没有回来。几乎在同时，有一位叫阿尔瓦雷斯（Mateus Alvares）的亚速尔群岛的青年修道士在北方的乡村里聚集信徒，他经常高声祈祷，并为自己选了一个王后，从附近教堂中的圣母像上取下一个王冠为她加冕。他在埃以塞伊拉以及托雷斯德拉斯煽动大批农民起义，最后此人在1585年被带到里斯本处以绞刑。10年以后，一个名叫埃斯皮诺萨（Gabriel de Espinosa）的开糕点铺的退伍士兵，在一位爱国的葡萄牙修道士的鼓励下自称为塞巴斯蒂安国王，他们要掀起一场反对菲律甫二世的人民起义，结果两人都被西班牙政府逮捕并于1595年被处死。最后一位自称是塞巴斯蒂安的"冒险家"是一位意大利人，他于1598年出现在威尼斯，他的谎言感动了当时流亡在威尼斯的许多葡萄牙人，但他最后被佛罗伦萨的美第奇大公逮捕并移交给马德里的西班牙政府，于1603年被肢解处死。

塞巴斯蒂安主义在葡萄牙民间流行有其深厚的社会基础，这种怀旧的思潮起源于塞巴斯蒂安国王时代以前。早在1530年，国王若奥三世最小的弟弟费尔南多亲王结婚，国王将特兰科索镇（Trancoso）赏赐给他，结果引起当地的农民和手工业者的不满。他们觉得国王的收税官吏比较宽厚，亲王的家臣收税比较严厉，因为亲王是依靠地租收入为生的大领主。于是，他们就起来反抗，国王与民众进行了谈判。国王认为随着时间的流逝，事情是会得到解决的。果然，1534年，费尔南多亲王去世，特兰科索镇又回到了国王之手。

在特兰科索镇的人民反对费尔南多亲王占据该镇的岁月里，镇上有出身鞋匠的打油诗人贡萨洛·阿奈斯（Gonçalo Annes Bandarra or António Gonçalve de Bandarra，1500—1556），他写过一些类似预言的歌谣，这个被称为"胡乱涂写者"的诗人是个大老粗，但是他潜心攻读《圣经》中的一些段落，不懂的地方便求教于刚刚改宗的犹太人出身的新基督徒，他们之间过从甚密。他把《圣经》的某些段落、流传在民间的预言、西班牙和葡萄牙古代的神话、社会上人们对于达官贵人腐败生活的抨击拼凑在一起，写成了一些预言性的诗歌，反对国王将特兰科索镇交给费尔南多亲王。这些诗歌中蕴含着源自《旧约》的弥赛亚即将来临的信念，还糅合着公众记忆中残存的亚瑟王传说。这些诗歌还表现了一个有关灵性上的"黄金时代"即将来临的天启信念。据博克塞认为，这种信念较早是由中世纪的西多会总修院院长约金（Joachim of Fiore, 1135—1202）提出来，并由方济各会僧侣广为宣传，曾经对哥伦布产生很大的影响。后来的文学家和历史学家中还有人指出这些歌谣中的亚瑟王传说和弥赛亚传说的成分，还分别吸收了克尔特和犹太民族性格中的一些因素。这些歌谣的另一个特点是它们像德尔斐神庙里的神谕一样，写得非常模糊而且含有隐喻的性质，很可能这位鞋匠诗人本身都不知道他所写的诗句的确切含义。这些小诗可以任人随便解释，每个人都可以从中读到他想要的东西。不过还有一点是明显的，便是这些诗歌对时政是持批判态度的，并预言将来某一天有一位救世的君主将会来到（或回来），他将建立一个正义的世界帝国，正像《但以理书》所预言第五个世界君主将伴随着已经失落的以色列部落重新出现，并将所有不信上帝的人都皈化成为上帝的信徒。在大多数打油诗的版本中，这位救世主君王的绰号叫作"隐秘者"（encoberto, the secret, hidden, disguised），这个绰号很可能来源于1532年发生在巴伦西亚的一次反叛中的一位领导者的称号。这些打油诗以手抄本的形式广为流传，尽管宗教裁判所加以禁止，但是屡禁不绝。宗教裁判所的官员曾经将鞋匠诗人贡萨洛当作犹太教信徒逮捕，但是审讯结果得知他根本不知道那些隐秘的犹太人会将他的诗歌与救世主弥赛亚联系起来，最后将他释放，同时警告他不得再写那些诗歌和阅读世俗的读物。1541年宗教裁判所还强迫那些在民间游荡的假先知们公开地弃绝打油诗，不过效果不彰，它们不仅在底层阶级中流传，而且在所有阶层中都赢得了读者。

国王塞巴斯蒂安在北非阵亡以后，有关"隐秘者"的诗歌更加深入人心，格外地刺激了它们在大众中的流传。国王是在战斗中死去的，但是没有人目睹他丧命，尽管有人看到他的尸体。按照骑士的伦理观念，凡是承认看见国王遇难，而又没有为他埋葬的人是非常可耻的。这实际上已经说明了国王之死的谜团。从这时起，人们就用另外一种眼光来阅读鞋匠诗人贡萨洛的诗歌。人们说，那位就要回来的救世主就是国王塞巴斯蒂安。打油诗的读者不仅有新基督徒，还有一些怀念国王塞巴斯蒂安或者已经沦亡的贵族。鞋匠诗人贡萨洛此时已经被视为葡萄牙民族的预言家，被当作圣徒供奉。"国王会在一个大雾弥漫的清晨骑着马回来"成为当时人们的口头禅。在1580—1640年这60年的"西班牙之囚"的沦亡时代的深深痛苦之中，正是这些诗歌给了葡萄牙人民以生活的希望和力量。

历史学家潘纳认为：最初和最强烈的塞巴斯蒂安主义思潮出现在1580—

1600年，它受到了数种因素的影响：一是丧失独立以后葡萄牙民众中弥漫着的失落和沮丧的情绪。二是中下层阶级中那些由犹太教皈信天主教、被称为"新基督徒"的人士，他们非常害怕西班牙的菲律甫二世会加强在葡萄牙原本已经十分严厉的宗教裁判所来对付他们（事实上菲律甫二世并没有这样做），由此激活了生活在葡萄牙的犹太人群众中本来即有的对弥赛亚的盼望。三是当时的农民在通货膨胀以及贵族领主的压迫之下深感痛苦，他们对于能否从爵爷领主那边减轻自己的痛苦已经不抱什么希望，这种存在于农民中的痛苦情绪，在16世纪末叶的伊比利亚半岛、地中海周围地区以及东欧的广大土地上非常普遍。四是归根结底，塞巴斯蒂安主义的出现是与当时葡萄牙民众的文化状况相适应的。葡萄牙的农民正如伊比利亚半岛其他地方的农民一样，都是愚昧无知的文盲，他们极少从帝国海外扩张获得的财富中分得什么好处。直到20世纪初年，他们仍然十分迷信和无知。况且在16世纪和17世纪的葡萄牙，人们认为神对日常生活的直接干预是很正常的，每天都有可能发生奇迹，一个虚构出来的热忱爱国、狂放不羁的年轻的骑士国王的形象正好表达了这些苦难不堪的人民所怀有的悲伤、渴望、怀旧和乡愁等情绪。葡萄牙的底层人民曾经创造了伟大的业绩，但他们所处的文化、社会结构以及自然资源阻碍了他们转向一种更为现代的生活方式，塞巴斯蒂安主义和弥赛亚主义的产生正是他们所处的文化和历史环境决定的。

随着时间的推移，西班牙称霸欧洲大陆以及海洋的行径受到了挑战，也使得葡萄牙人慢慢地体会到，同意将葡萄牙合并到西班牙，会使自己付出多么大的代价。他们的第一个教训就是来自欧洲大陆其他国家的敌意。自从葡萄牙开始海外探险和远征以来，他们一直就避免卷入欧洲其他国家的事务，专心致志于海外的开疆辟土。但是西班牙则采取不同的方针，虽然菲律甫二世没有继承他的父亲查理五世的神圣罗马帝国，但是在欧洲的其他许多地方，西班牙仍然拥有不少领土。菲律甫二世参与了欧洲许多重要的战争。当他占领葡萄牙的时候，正在同时处理尼德兰北方发生的政治、宗教叛乱，并且处于与英国作战的边缘。他还参加了在法国的几次有关宗教问题的内战。在亨利四世（Henry IV，1589—1618年在位）统治下的波旁王朝理所当然地将西班牙当作自己的敌人。在合并以前，葡萄牙与以上3个国家中的任何一个国家都没有严重的冲突和争执。虽然葡萄牙海上的商业活动受到了法国和英国海盗的骚扰，但是所有的纠纷并没到导致战争的程度。随着葡萄牙被合并到西班牙，西班牙的仇敌也就变成了葡萄牙的仇敌了。当菲律甫二世想利用葡萄牙来实现他的计划时,那些敌对国家都认为反击葡萄牙比反击西班牙更加轻而易举。

当时,西班牙最大的海上劲敌就是实力不断增长的英国海军。西班牙在大西洋以及太平洋上的舰队不断地受到英国海盗的袭击,其中弗郎西克·德雷克(Frank Drake,1540—1596)的战绩尤为显著。1580年,德雷克环绕地球一周回到英国,带回大量劫掠来的珍宝。英国女王一方面接受了西班牙愤怒的抗议,同时也接受了德雷克从掠夺来的珍宝中奉献给她的一部分。虽然在英国人们称海盗为商业冒险家,但是他们的海上劫掠活动以及战争却得到英国王室的支持。宗教问题加剧了英国和西班牙之间的对立。菲律甫二世是欧洲天主教国家的政治领袖,他支持在英国旨在扶植马利亚·斯图亚特复辟的阴谋。但是英国女王伊丽莎白则全力支持新教以及西班牙的敌人(它们几乎都是新教国家)。英国处决马利亚·斯图亚特是两国公开交战的直接原因。菲律甫二世决定直接征服英国。1588年,西班牙准备了一支由200艘战舰组成的庞大的"无敌舰队",就集结在里斯本的特茹河河口,菲律甫派驻葡萄牙的总督枢机主教阿尔伯特极为热忱地再组建了一支由31艘葡萄牙战舰组成的分舰队加入讨伐英国人的海上战争。但是,众所周知,这支无敌舰队在芒什海峡几乎以全军覆没而告终,只有53艘船舰得以回航。葡萄牙的分舰队也和全军一同覆灭了。次年,英国的德雷克与诺里斯就带领舰队攻击里斯本作为报复。这是西班牙给葡萄牙带来的第一次灾难,在葡萄牙人民中引起巨大的反响。

1594年,在镇压尼德兰北方7省的大规模叛乱中,菲律甫二世又对荷兰人施加经济的压力,葡萄牙人又一次成为受害者。此前,虽然西班牙与葡萄牙处于战争状态,但是荷兰人一直被允许通过里斯本进行贸易。这年,菲律甫下令将停泊在特茹河河口的50艘荷兰船只全部没收,并严禁葡萄牙人与荷兰人再有任何商业上的往来。结果,葡萄牙人失去了与荷兰人有价值的贸易以及通过北欧安特卫普等地销售葡萄牙商品的有效渠道,而这条贸易路线是葡萄牙传统上通往欧洲的最主要的贸易路线。从那时起,荷兰人开始甩开葡萄牙人,自己寻找去往东方贸易的商机,这个问题在下一章中还要加以讨论。

菲律甫二世即葡萄牙的菲律甫一世,在统治西班牙42年以及葡萄牙17年以后,在1598年去世。从他对于葡萄牙的国内统治来说,可以分为两个方面,一方面,国内政治相对稳定,因为当时的国家决策中心在马德里而不是里斯本。葡萄牙的管理机构和经济状况一度也有所好转。经济状况的好转对于贵族和商人极为有利。过去葡萄牙王室相当奢侈,王室的支出以及公主婚嫁的馈赠,还有各种特别的支出,是造成收支不平衡的直接原因。现在,这些开支大大减少了。马德里多次负担了军费的开支,特别是在东方贸易中海军护航的费用。在这种情况之下,葡萄牙新建或重建了一些重要的教堂,其中有著名的里斯本的圣罗克教堂、圣文森特教堂,科英布拉的塞诺瓦教堂、主教宫殿、圣本托教堂和圣方济各教堂,波尔图的皮拉尔山修道院等。另一方面,平民阶级的处境却没有得到改善,农村贫困的迹象更加严重。从17世纪初期开始,许多贵族相继到农村定居,他们在乡间修建了许多别墅,这就是所谓的"乡间宫廷"时代。那时,农村地主的收入猛增,但是农民的生活却越来越艰难了。美洲玉米的引进,为靠锄头开垦小片土地的耕种者提供了方便,使得贫穷的农民有了生计。但是与此同时,人口外流的现象特别严重,尤其是许多人向巴西和西班牙移民。

在菲律甫二世的晚年,有人把西班牙-葡萄牙世界帝国比喻为一个古生物齿乳象,它身躯笨重,行动蹒跚,容易受到较小而强有力的敌人的攻击。由于帝国内外部的种种危机,在即将到来的外敌进攻面前,整个庞大的国家机构不能保持团结一致。葡萄牙国库空虚,海军和商船队的规模在缩小。在里斯本和果阿之间航行的船只数量,已经不到它的全盛时期的一半。航海的危险变得比过去任何时候更大,船只设备陈旧,货物超重,且外国海盗的拦截和袭击日趋严重,海难或者被击沉的现象时有发生。

如果一个能干的统治者,能够注意到这些危机,采取一些措施来补救,可能情况会变得好一些。但是,1598年即位的西班牙的菲律甫三世(Felipe III,1598—1621年在位)即葡萄牙的菲律甫二世,与其已故的父王相比,却是懒惰成性、贪图享乐。父王固然有许多缺点,但却有伟大之处,他有着坚定的天主教信仰,并且勤勉不倦,个人生活也是严肃节俭。菲律甫三世为了享乐,将国事交给他的一些宠臣,特别是雷玛尔公爵(Francisco Gómez de Sandoval, Duke of Lerma, 1553—1625),这位公爵懂得维持恩宠的诀窍就是讨国王的欢心。结果是西班牙和葡萄牙的行政机构变得既松弛又奢侈,这是两个国家都难以负担的。这时,前朝的经济上的相对繁荣的局面也停滞了。西班牙的经济形势首先开始恶化,美洲的银矿已经开始枯竭,长期的战争已经消耗了国家大部分的财力。1605年,西班牙政府再度驱逐摩尔人的后裔,使得它失去了几乎所有的手工艺匠人以及小农业主。

在菲律甫三世统治的23年中,他没有召开过科特会议。他还多次违反西班牙哈布斯堡王室与葡萄牙原来签订的协定,不顾父亲生前庄严的承诺,在葡萄牙的行政机构里,安插西班牙的官员。1602年,他任命西班牙人出任葡萄牙人设在马德里的议会官员,还任命西班牙人担任在里斯本的葡萄牙国库以及"印度房"的审计员。1615年,他试图任命西班牙人萨里那斯伯爵(Count of Salinas)出任葡萄牙的总督,遭到了普遍的反对。国王作了让步,任命了里斯本的总主教。但是两年以后,他还是授予这位伯爵以葡萄牙贵族阿伦卡侯爵的头衔。1617年,国王终于指派这个西班牙人充任葡萄牙的总督。他有一次还派一个西班牙的军官去指挥葡萄牙的陆军,遭到葡萄牙陆军的抵制,这个人后来也被迫退职了。还有一次,一支葡萄牙的印度舰队在到达里斯本以前,西班牙的舰队企图将它占有,遭到葡萄牙舰队的坚决抵制。

早在1609年,里斯本的市政厅首先写信给国王,希望他来访问葡萄牙。国王推脱说,他缺乏旅行的经费,并指出里斯本的行宫(即以前的王宫)需要修理。因此,他要求里斯本的市政厅负责行宫的修缮。里斯本市政厅向其他城市的市政厅征集现金捐款,不久就收到了答复。有一个城市说它的居民中只有犹太人有钱,而所有这些人都在宗教裁判所的掌握之中,另一个城市说近来发生的瘟疫已经将城市的规模缩小到一个村庄了,农业和商业活动停止了,每个人都负有重债,还有一个城市说困苦的生活已经使得许多人背井离乡,离开了葡萄牙。尽管如此,这笔款项还是筹集到了。可是菲律甫三世推迟了10年才来到葡萄牙,他的态度显示出他对于葡萄牙是漠不关心的。1619年,在统治的末期,他终于来到了葡萄牙,逗留了3个月,除了享受葡萄牙人为了希望将来有一个好的政府而给予他的费用浩大的招待之外,他并没有为葡萄牙做什么事情。除了他空洞的诺言以外,葡萄牙人什么也没有得到。

那时,西班牙在美洲的银矿急剧地减产,国家财政窘迫。尽管在理论上西班牙不能够从葡萄牙攫取财政收入,但是雷玛尔公爵却想出一些特殊的办法捞取钱财。西班牙人针对的对象是葡萄牙的犹太人出身的新基督徒,他们宣布,只要这些新基督徒支付17万克鲁扎多就可以让他们出国,这个条件人们很愿意接受。以后,西班牙人又说这些新基督徒可以留下,可以普遍地获得宽免,还可以出任葡萄牙的官职,不过他们要出双倍的价钱。葡萄牙人激烈地反对这个措施,他们的官员极力向西班牙当局表达不满,还有3位总主教前往西班牙陈述他们的反对意见,他们说愿意支付80万克鲁扎多换取西班牙人撤回这个决定。但是,葡萄牙各市镇的人民不同意支付这笔钱。最后,西班牙人与新基督徒重开谈判。西班牙人没有再提让新基督徒担任官职这件事情,但是要求他们支付170万克鲁扎多的金钱换取宽免。这实际上是一种强征与敲诈勒索。到1610年，宗教裁判所又收回了所有给新基督徒的特权。1621年，菲律甫三世在接管葡萄牙20多年以后去世，那时两国的关系已经非常恶化，葡萄牙人比任何时候都更加坚决地要摆脱西班牙人的统治。

在菲律甫三世去世的1621年，年仅16岁的菲律甫四世即葡萄牙的菲律甫三世即位。他有两个可以效仿的榜样：治国勤勉的祖父和懒惰享乐的父亲。他选择了父亲，于是西班牙又出了一个懒惰的君主。不过，他任用了一位极富权势与才能的大臣即西班牙的奥利瓦雷斯公爵-伯爵（Gaspar de Guzmán, Count-duke of Olivares, 1587—1645）管理朝政。与雷玛尔公爵不同，奥利瓦雷斯极力要维护西班牙君主制度的权威以及西班牙的中央集权，所以他极力伸张和加强西班牙在葡萄牙的权力。因此，在葡萄牙，奥利瓦雷斯遭到人民普遍的痛恨，他在整个伊比利亚半岛实行西班牙化的政策，极力去除任何包括葡萄牙在内的地方性制度的残余。他在卡塔罗尼亚也采取了类似的政策，也激起了当地民众的愤恨。这两个地方民众的共同的愤恨，终于使得葡萄牙有了一个争取独立和赢得独立的机会。

1624年，里斯本的市政厅向国王报告说，如果本市受到外国舰队的攻击，就没有能力自卫，因为它既没有武器，也没有坚固的防御工事。不仅荷兰人，还有阿尔及尔的摩尔人海盗也在里斯本的外海和地中海劫掠葡萄牙的船只，甚至在大西洋上，葡萄牙的船只也受到威胁。有一个时期来自纽芬兰浅滩的鳕鱼供应也被切断了。西班牙还加重葡萄牙的税收，提出要葡萄牙支付援救巴伊亚海军舰队的费用，葡萄牙人以不堪负担加以拒绝。1631年，马德里提出不能再支付葡萄牙贵族的俸禄，要求葡萄牙人从自己的税收中支付，里斯本市政厅表示反对，拒绝承担这些开支，并建议增加房地产转让税，由全国民众分摊这笔开支。这当然增加了人民的负担。1635—1636年，葡萄牙小麦歉收，几乎要发生饥馑，它不顾曾经与荷兰的对抗，与荷兰人展开贸易，允许装载并以高价出售谷物的荷兰舰队进入特茹河。这种做法是违背西班牙国策的。由于葡萄牙本身政治、经济的诸多危机，许多葡萄牙人离开了自己的祖国外出谋生，有些人去了巴西，还有不少人索性就近去了西班牙。1640年，据称塞维利亚有1/4的人口是葡萄牙人。在一些较远的城市如马德里，经常在街上可以听到有人在讲葡萄牙语。

奥利瓦雷斯主持的西班牙政府站在天主教联盟的一边，让西班牙投入了三十年战争。因此，西班牙需要人手，更加需要金钱。虽然葡萄牙人一点也不想被拖入战争，但是西班牙统治者却想让他们分摊战争的大部分费用并提供兵源。葡萄牙国家的税收已经枯竭，它不但无法征集到西班牙时时勒索的税款，就是它所规定的国家税收也不能按时征收。于是，西班牙政府就采取非常手段，横征暴敛以增加收入。例如征收第一年薪俸的半数，即规定所有担任重要公职的官员都应该将他们第一年任职所得的收入的半数上交国库。于是，政府官员的任命就落到那些愿意出钱最多的人的手里，而不再按照他们的才干委任其职位。这些人上任以后，再加重盘剥人民，从公众的身上搜刮钱财，收回他们的损失。换句话说，政府自愿和充当赃官的人做交易。同时，西班牙政府在葡萄牙内地招兵买马，让葡萄牙的青年为西班牙在欧洲的战争充当炮灰。

奥利瓦雷斯需要他自己的走卒去执行他的政策。于是，他便剥下了他的一切伪装，不再信守以前所保证的由葡萄牙人管理葡萄牙人的诺言。1635年，他任命了西班牙曼图亚的女公爵玛加雷特（Margaret, Duchess of Mantua, 1589—1655）出任西班牙在葡萄牙的最后一任总督，由于她出生于哈布斯堡家族，所以由她出任总督在表面上是合乎规定的。但是，实际上她对于葡萄牙十分蔑视。西班牙政府还任命瓦斯康塞洛斯（Miguel de Vasconcelos, 1590—1640）作为这位女总督的秘书，此人实际上是奥利瓦雷斯统治葡萄牙的工具。在前几年，里斯本曾经抵制西班牙在葡萄牙强迫征税。1637年，玛加雷特再次以武力强迫征税，结果在埃武拉引发人民起义。1638年，奥利瓦雷斯召集葡萄牙的一些显贵去马德里，希望他们能够帮助西班牙政府在葡萄牙征税，同时还想在葡萄牙征兵去前线为西班牙人打仗。玛加雷特以及瓦斯康塞洛斯沆瀣一气，极力地任用意大利人以及西班牙人来塞满整个葡萄牙的行政机构，打算将遗留下来的一切葡萄牙制度一扫而尽，为将葡萄牙彻底并入西班牙完成最后一个步骤。以前，西班牙贵族中有不少人抱有这样的想法，但是一直有所顾忌；现在，他们已经肆无忌惮了。

三、"光荣的复国"

早在1629年，波尔图也发生了针对西班牙横征暴敛的民众骚乱事件，起因是谣传将对麻纺织业征税。不久以后，里斯本也发生了人民反抗向渔民强行征收新的苛捐杂税的斗争。1637年，埃武拉发生了大规模的骚乱。当时，里斯本市政厅提出要增加新的房地产转让税来支付贵族的俸禄以及拖欠的津贴。大家都知道此事是西班牙政府的主意。一名代表西班牙王室的法官来到埃武拉想劝说市政厅的议员们支持此项建议。该市的人民法官坚决反对,王室法官则扬言要派人砍掉他的脑袋。双方争执的时候,群众已经聚集起来。人民法官从市政厅的窗户上呼救,于是一场声势浩大的人民起义迅速遍及全城。王室法官下榻的宫殿遭到洗劫。有人这样描述:"所有王室的税收登记账册都被付之一炬,用以征收肉类新税的磅秤也被砸毁。群众冲进了监狱,释放了犯人,以便得到他们的支持;他们还抢劫了档案室,销毁了文件和司法档案。"王公贵族担心事态进一步发展,他们聚集在圣安东教堂商讨调解的可能性,但是起义者拒绝贵族干预此事。他们说:"埃武拉的权贵们之所以对于自己祖国的人民惨遭杀害无动于衷,那是因为他们已经不再是人民的一部分。"这场动乱从埃武拉开始,蔓延到许多城市,如锡图巴尔、圣塔伦、波尔图等。在维索沙镇,布拉干萨公爵的住宅遭到石块的袭击。据说还有一名叫作"曼奴埃里诺"的16岁神秘少年身披斗篷和灰色披肩,在埃武拉的绞刑柱上贴了一张檄文。该檄文的文字极为考究,很可能是教会人士所写的,或许是出于耶稣会士的手笔。里斯本的上层阶级也是一片惊慌,担心爆发大规模民众暴动。葡萄牙的贵族们一方面不满西班牙政府的压迫,另一方面又害怕民众起义危及他们的切身利益。但由于这场运动缺乏强有力的组织领导,数月之后便自

《光荣的复国》蓝色瓷砖画
1940年由葡萄牙艺术家若热·科拉索制作,以纪念葡萄牙摆脱西班牙统治复国400周年。

行消亡了。不久，两支西班牙的军队开进葡萄牙的阿连特茹和阿尔加维地区，有几位起义者被处以绞刑。

1640年6月，在卡塔隆尼亚，收割稻谷的农民按照传统的习惯在基督圣体节那一天拥向巴塞罗那举行起义，他们在那里烧毁了档案馆，杀死了西班牙的官员。整个地区都爆发了人民起义，起义者还请求法国国王路易十三的支持。

马德里政府决定镇压这次起义，于是下令动员葡萄牙的贵族跟随西班牙的国王进行卡塔隆尼亚的战争。这个命令成为激发葡萄牙人谋求独立的导火索。一些贵族和知识分子开始策划推翻西班牙的统治。其中最为活跃的是若奥·平托·里贝罗（Dr. João Pinto Ribeiro，1590—1649）。他是一位重要的葡萄牙官方学者，早在1632年，他就写过一篇文章，题名为《论葡萄牙士兵和贵族不应为不属于葡萄牙王室征服的地方而战斗》(*Discuiso sobre os fidagos Portuguese não militarem em conquistas alheas desta Coroa*, Lisboa, 1632)，他认为葡萄牙人在印度输给荷兰人和英国人的原因就是葡萄牙的贵族和士兵在海外服务的人数太少，而葡萄牙人待在佛兰德斯和意大利的人又太多。他认为，在葡属印度国，商业和战争从来就是联系在一起的，商业的利润可以用来支持战争。他认为在这个问题上荷兰人比西班牙人与葡萄牙人更加务实。他认为葡萄牙人在亚洲、非洲和欧洲有太多的敌人要对付，而自己国家的人数又太少，因此不能与西班牙人为敌。同时，他也坚定地认为，葡萄牙应该与西班牙分开治理。葡萄牙人不应该卷入西班牙人在佛兰德斯与荷兰人的战争，而应该将人力抽调出来去保卫自己在印度以及东方的商业和宗教利益，尤其重要的是要在海上与荷兰人争雄。这篇文章理所当然地引起马德里的不满，但是奇怪的是里贝罗并没有受到太大的处罚。他是当时策动政变的主要谋划者之一。

这些政变的策划者主张恢复葡萄牙王室的世袭程序，他们认为1581年菲律甫二世上台是被扶持上去的，因为，按照法律王位应该属于布拉干萨女公爵卡塔琳娜，她的后继者就是当时住在维索沙镇的布拉干萨公爵若奥（Dom João，1604—1656）。若奥在那时被视为最有资格继承葡萄牙王位的人，他是葡萄牙贵族中的显要人物，也是全国最大的地主，拥有8万民众。他的宫殿位于阿连特茹的维索沙镇，并拥有巨大的地产。但是他的性格并不勇敢果断，面对如此突出的地位，与其说他感到高兴，不如说他感到为难。奥利瓦雷斯公爵没有忽视他的重要性，准备任命他为全国军事总督，下一步就准备命令他将军队开拔到外国打仗，并乘他们不在国内的时候，采取最后吞并葡萄牙的计划。

里贝罗与布拉干萨公爵若奥的关系非常密切,与里斯本的商界关系也很密切,他辞去法官的职务以后,一直住在里斯本担任若奥的代理人。

1640年,卡塔隆尼亚人反叛,布拉干萨公爵收到国王的命令,派他带领军队去镇压卡塔隆尼亚人的叛乱,还有几个葡萄牙贵族接到同样的命令。这些人召开了一系列紧急会议,他们觉得这是一个千载难逢的机会去争取独立。西班牙此时面临两线作战,每一个西班牙士兵都要参加战争,无法分身镇压葡萄牙的独立运动。布拉干萨公爵还在犹豫不决,策划者要他作出抉择,要么维持以他为首的君主制度,要么就成立贵族共和国。公爵逐渐地被说服了,他的妻子路易莎·德·古斯曼(Luisa de Guzman)起了作用,她虽然是西班牙人,但是她想成为王后,所以给予犹豫不决的丈夫以鼓励。

1640年12月1日,有40位王公贵族带领军队突然冲进里斯本的王宫,控制了防卫薄弱的宫廷卫队,逮捕了国务大臣瓦斯康塞洛斯并处死了他。起义者之一卡洛斯德·诺罗尼亚告诉总督曼图亚女公爵玛加雷特要么离开王宫的房间,要么就从窗口被扔出去。玛加雷特没有殉职的勇气,她被迫命令里斯本山上圣若热堡以及特茹河要塞的西班牙军队缴械投降。一位名叫米迦勒·德·阿尔梅达(Miguel de Almeida)的贵族推开窗户,对外面的群众大声喊道:"自由!自由!若奥四世国王万岁!布拉干萨公爵是我们合法的国王!天主赐予他王冠,复兴王国!基督对于恩里克的诺言要兑现了!"接着,贵族们驰骋于里斯本全城,向群众大声传播这个消息,人民兴奋地挤满了街道,欢呼新的国王若奥四世万岁。里斯本市政厅十分高兴地接受了独立运动。里斯本很快地成立了一个委员会,等候布拉干萨公爵的到来(他没有与政变者同来)。整个国家的人民在听到独立的消息以后沸腾了,没有人以西班牙国王的名义公开反抗。在萨拉曼卡大学就读的几百名葡萄牙学生听到消息以后立刻返回葡萄牙参加独立运动。不过,在马德里任职的葡萄牙贵族几乎都选择留下为菲律甫四世效力。11日,新的葡萄牙政府就宣布加强防务措施,创建"边疆会议"(Junta of the Frontiers),提升所有乡村里的堡垒和边界上的要塞的防守级别,还改进这些要塞的设施。

12月15日,在宣布独立以后的15天,布拉干萨公爵若奥正式加冕为葡萄牙国王,号称若奥四世(Dom João IV,1640—1656年在位)。加冕典礼谨慎地按照葡萄牙王室传统礼仪进行。葡萄牙在被西班牙统治60年以后,终于再次赢得独立,史称"光复"。

若奥四世声明,一切原来的法律依然有效,全体菲律甫四世时期的行政官吏的职位仍然保持不变。若奥四世任命先朝遗老佛朗西斯科·卢塞纳（Francesco Lucena）为国务大臣，处理国家政务。葡萄牙的独立及其能够维持多久，是当时人们心中普遍存在的一个问题。政变之所以能够取得成功，毕竟不是由于葡萄牙的强大，而是由于西班牙的衰落。葡萄牙也许不久就会受到西班牙强大的兵力袭击，若奥四世的新王朝仍然生活在重新被征服的阴影之下。事实上，这个威胁是客观存在的，西班牙人在内心真正放弃重新占领葡萄牙，是很久以后的事情。

即便在葡萄牙国内，政局也不稳定。尽管全国一致接受葡萄牙的新王朝，但是仍然有西班牙的党羽存在。光复运动结束以后不到几个月，有一批亲西班牙的神职人员以及贵族开始策划颠覆若奥四世的阴谋。布拉加的总主教诺罗尼亚（Sebastião de Martos de Noronha）一贯是亲西班牙的，若奥四世登基以后，他失去了权力和威望。于是，他悄悄地策划暗杀若奥四世的阴谋。他认为西班牙不久一定会重新征服葡萄牙，如果杀掉若奥，西班牙的菲律甫四世就会对他永世感激不尽。维拉列亚尔的侯爵、卡米尼亚公爵、阿玛马尔伯爵、布拉加的主教、里斯本宗教裁判所的总裁判官都卷入这场阴谋。但是后来有一位同谋供出了这个计划，阴谋败露。阴谋策划者除了神职人员以外都被处决了。里斯本宗教裁判所的总裁判官或许因为地位崇高，或许因为证据不足，在蹲了两年牢狱以后又被释放了。

若奥四世即位以后的1641年1月，国王在里斯本召开了科特会议，所有的三个等级都按照葡萄牙的传统派代表参加了。许多事情百废待兴，国家防御工事多年失修，必须立即修建，海军舰队要恢复，海岸防御要加强，日益缩减的陆军则要扩大并纳入战时体制。科特会议的全体代表完全理解国家的需要，大家本着爱国的热忱和慷慨的心情来开这次会议。科特会议同意拨出一笔巨额款项来落实这些措施，即宣布征收180万克鲁扎多的赋税作为军费开支，第二年又增加到240万克鲁扎多。这笔税收远远超过了西班牙菲律甫时期的任何税收的数额，但是举国上下没有任何异议。科特会议还通过了一项法律，禁止今后任何外国的王子继承葡萄牙王位，不论他与葡萄牙国王有什么亲戚关系。

若奥四世复国的时候，科特会议以及贵族拥有很大的权力。若奥四世建立的葡萄牙王国，有别于以前的崇尚绝对君主专制的阿维兹王朝。在阿维兹王朝时代，从若奥一世至若奥二世，再到曼奴埃尔一世，君主专制的权力越来越强大，到塞巴斯蒂安时期，国王已经是全国至高无上的权力的代表。但是，在葡萄牙被西班牙吞并以后,君主专制的权力事实上已经被取缔或者受到压制。菲律甫二世在托马尔会议上与葡萄牙各阶层的代表订立了《托马尔纲领》,规定了葡萄牙在行政以及财政上各项自治的权利,它一定程度上限制了国王处理葡萄牙事务的各种权力。在以后的数十年中,西班牙-葡萄牙的国王一直信守诺言。直到菲律甫四世统治期间,西班牙政府遇到了巨大的财政困难,于是开始违背1581年在托马尔会议上所作的许诺,结果引起了葡萄牙人的强烈反对,并导致了1640年的复国运动。这种王权受到抑制的倾向在复国以后仍然继续存在。新建立的布拉干萨王朝的国王并非原先的阿维兹王室成员,也就是说,若奥四世并非王族出身,他也是一名贵族,其他的贵族也把他看成自己阶级中的一员。如上文所述,开始时,若奥四世也不愿意接受王位,起义者们威胁他说,如果他不接受王位,他们就要建立一个贵族的共和国。同时,新的国王面对外部的干涉以及威胁,在人力以及财政上也不得不有赖于全国各阶层的合作,唯有如此,才能够保持国家的独立。这种登基的理论与君主专制主义是不相容的。当时人们普遍奉行的思想是:选择国王的权力属于人民,如果国王实行暴政,人民就可以罢免他——菲律甫四世就被人民指责为暴君,这是光复运动的理论依据。

　　从理论上说,这些特殊的条件似乎可以导致建立一个特殊的以各阶层在科特会议中各占一定比例为基础的政体。但是,当时的葡萄牙没有实现这种政治制度所必要的社会力量。在1640年的时候,经济和政治的实力主要集中在贵族和教会的手中,他们对于改变政治和社会体制毫无兴趣。那时,拥有财富的商人阶层中的许多人,也都是有犹太人背景的所谓新基督徒,他们受到宗教裁判所的怀疑,被剥夺了参加政治生活的可能性。甚至有几位向若奥四世提供经济帮助的新基督徒商人还受到宗教裁判所的逮捕,有人还指责国王勾结有犹太人背景的商人。第三等级的代表所起的作用微不足道,他们中的许多人也是贵族和教士,城市平民以及商人难以在科特会议中表达自己的观点。在此情形之下,在葡萄牙复国以后王室想要极力恢复的君主政体只能是传统的君主政体。若奥四世在位的16年中,曾经召开过4次科特会议,每次会议都是要批准国家新的税收政策,但是其结果都是讨论了一般的政治事务,科特会议只起到了咨询的作用,对于已经表决的提案,国王拥有最后的决定权。三个等级的代表分别要在三个不同的地方开会。若奥四世执政时期,隔海相望的英国发生了国王查理一世与国会的激烈冲突,最后查理一世被处死。这个先例使得若奥四世对科特会议的态度倍加谨慎。

葡萄牙复国的时机选得很好，当时西班牙已经处在三十年战争的最后阶段。西班牙和法国为了争夺欧洲的霸权从1635年开始的战争已经接近尾声。1643年，西班牙军队在法国北部的罗克鲁瓦被法国孔代亲王领导的军队打得一败涂地，在整个17世纪再也没有重振雄风。西班牙的名字差不多失去了它的震慑作用。1659年，《比利牛斯条约》签订，战争结束，法国大获全胜。

在葡萄牙独立以后，西班牙也试图进攻葡萄牙，但是已经力不从心，两国的战事只是局限在边界地区，双方各有胜负。在战争中，葡萄牙人民表现出极大的爱国热忱，他们英勇战斗，为国牺牲。1641年，西班牙军队越过后山地区的边界线，向维尼亚伊斯镇发起进攻，有70名居民拼死抵抗，他们躲进了教堂，并以教堂为据点继续战斗，后来终于失败并被砍头。除了一名老年妇女以外，没有一个人要求怜悯或者高呼西班牙国王万岁。次年，西班牙军队进入埃尔瓦什附近的圣鲁西亚要塞。西班牙方面的报告写道："葡萄牙士兵力量虚弱，也不机警，但是反抗精神十分顽强，在被捕以后，没有一个人愿意呼喊'菲律甫国王万岁'的口号，因此所有的人都被处死。"但是另一篇西班牙方面的报告说："葡萄牙的贵族则耍两面派，他们一方面应付若奥国王，同时也作出某种姿态，希望得到菲律甫国王的谅解。他们脚踏两只船，左右逢源。"另外还有一些葡萄牙的叛徒则被西班牙雇佣来破坏这场战争，"就是说，通过他们使船只误点，船工逃亡，使船队或者舰队受挫，使资金消耗，他们不仅不秣马厉兵，还克扣军饷，不给粮草，使得士兵在紧要关头不能投入战斗，不加固城防"。尽管如此，边界上的大部分城镇都防守住了。1643年，若奥四世来到埃武拉，此地离葡萄牙的主力部队很近。当时的葡萄牙军队由奥比多伯爵（Count of Óbidos）指挥。可是他的军队在进攻巴达霍斯（Badajoz）的时候因为指挥不利而失败，结果他被国王解职。1644年年初，一支拥有2 500名骑兵和8 000名步兵的较强大的西班牙军队渡过瓜迪亚纳河入侵，但是葡萄牙老练的军事将领马蒂亚斯·德·阿尔伯奎克（Martias de Albuquerque）指挥军队在蒙蒂诺（Montijo）击败了西班牙人，并把他们赶出了国境。

若奥四世即位以后还有一个重要的任务就是要赢得国际的承认。国王首先就向罗马教廷派出以拉梅戈主教为首的使节。他们必须避免经过西班牙以及西班牙在意大利南部的属地，于是就取道法国，在获得安全通行证后他们从马赛航海到契维塔-韦基亚。当他们到达罗马，教宗乌尔班八世（Pope Urban VIII，1623—1644年在位）处于两难的地位。因为当时西班牙在罗马教廷有很大的影响力。先前，西班牙驻教廷的大使就已经敦促教宗颁发谕旨谴责葡萄牙的叛变，并惩戒那些参与政变的葡萄牙籍的神职人员。乌尔班八世拒绝这样做，因为他不愿意被人认为是西班牙扩张主义的代言人。但是教宗明显地也不愿意得罪西班牙人，所以葡萄牙的使节来到罗马以后，教宗在7个月里一直没有接见他。葡萄牙的立场受到了法国大使的支持，枢机主教黎塞留（Cardinal Richelius，1585—1642）控制下的法国政府渴望葡萄牙保持独立。葡萄牙使节在罗马的时候，西班牙人想尽一切办法加以干扰，一直有人盯梢，有一两次还遭到武装暴徒的袭击。教宗乌尔班八世对葡萄牙使节表示了个人友好，但是推迟了对于葡萄牙的承认。1642年12月，拉梅戈主教没有完成任务就回国了。这意味着葡萄牙以及葡萄牙殖民地任命的新的主教都不能得到教廷的批准。在新教宗英诺森十世（Pope Innocent X，1644—1655年在位）即位以后，葡萄牙再次派使节尼科劳·蒙特罗（Nicolau Mentero）去罗马谋求教廷的承认，当时法国黎塞留枢机主教的继任者马扎兰枢机主教（Cardinal Mazarin，1602—1661）大力支持这件事情，但是新教宗仍然不肯冒犯西班牙。罗马教宗的基本立场，就是拒绝在西班牙承认葡萄牙之前承认葡萄牙的独立。

1641年，若奥四世派遣使节到达巴黎，葡萄牙的使节提出了一个很大的计划，建议建立由葡萄牙、法国与荷兰结成的同盟反对西班牙，并提议从几个方向入侵西班牙，并援助卡塔隆尼亚的反叛者，由此对西班牙发动一次全面的战争。葡萄牙人当时认为，自1580年葡萄牙被西班牙吞并以后，它成为哈布斯堡王朝的一部分，而哈布斯堡王朝在欧洲最大的对手就是法国。整个西欧在三十年战争中都陷入战火之中，葡萄牙的光复运动就是在此过程中发生的。独立以后葡萄牙的外交方针是：退出以哈布斯堡为首的西班牙集团，加入其对立面法国集团。但是，法国人对此避而不提，甚至对于葡萄牙提出的"形式上的联盟"的最低要求，即西班牙如果不同葡萄牙和解，法国就不同西班牙和解的承诺，法国也不予理睬。此时三十年战争已经到了最后的阶段，作为与西班牙的交战国，葡萄牙要求在和平谈判中占有一席之地。这就意味着国际社会全面地承认葡萄牙的独立，也就意味着战争的结束。但是，葡萄牙没有被接纳进入谈判，被排除在《威斯特法利亚和约》以外。另外，法国与荷兰已经有合作的协定，荷兰与葡萄牙在欧洲以外的地区都有利益的冲突。法国的枢机主教黎塞留虽然重视葡萄牙的立场，但是同时也考虑到荷兰是一个更有价值的盟国，所以他不愿意做疏远荷兰的事情。1641年1月，葡萄牙与法国签订了条约，葡萄牙得到了法国的承认，但是没有实现它的全部计划。

1642年，若奥四世派往英国的使团在伦敦与英王查理一世（Charles I，

1600—1649）签订了一项条约，从而得到了英国的承认。该条约规定双方保证不参加针对任何一方的战争，英国的商人可以自由地在葡萄牙的海外领地经商，享有与葡萄牙人同样的权利。但那时查理一世与国会已经发生尖锐的矛盾，几乎要闹到决裂的地步，英国的内战迫在眉睫，所以葡萄牙在后来许多年中一直不能指望从它的老同盟国那里得到实际的帮助。查理一世被处决以后，英国成立了共和政体，接着便是克伦威尔的独裁统治。在此期间，葡萄牙的王室想在英国的内战中保持中立，但是有一支忠于英国国王的舰队在里斯本的特茹河河口避难，并以此为基地攻击英国的共和军。这引发了英国国会的不满。所以，与英国结盟的问题直到20年以后才最后获得解决。

在哥本哈根，葡萄牙的使节只在丹麦国王克里斯琴四世（Christian IV，1588—1648年在位）那里得到敷衍了事的答复，因为国王有自己的个人原因，不愿意得罪西班牙国王菲律甫四世。但是在瑞典，该国当时由年轻的女王克里斯蒂娜（Christina, Queen of Sweden，1632—1654年在位）统治，实权由首相阿克塞尔·奥克森（Axel Oxenstierna，1583—1645）掌握。瑞典和西班牙的关系是敌对的，因此葡萄牙很顺利地与瑞典缔结了一个和平、友好与自由贸易的条约。

对于当时大多数的葡萄牙人来说，似乎西班牙的敌人就应该是葡萄牙人的同盟者，因为葡萄牙正在与西班牙打仗。但是这些欧洲国家并不这样看，他们要根据当时当地的自身利益才能作出决定。葡萄牙在欧洲的地位是无足轻重的，但是葡萄牙在海外的领地在许多欧洲国家看来却是十分重要的战略要地。结果是，葡萄牙脱离了哈布斯堡王朝集团，但是它却没有加入另外一个集团。葡萄牙要求的国际援助没有得到兑现，欧洲其他国家却在觊觎葡萄牙的海外殖民地。

当葡萄牙国家恢复独立的消息传到在海外仍然由葡萄牙占领的殖民地的时候，这些地方的人们都欢欣鼓舞，表示效忠国王若奥领导下的新的政府。离葡萄牙最近的马德拉群岛以及亚速尔群岛首先声明效忠葡萄牙。其次，在葡属巴西的殖民地，以巴伊亚市政厅为首先声明拥护若奥，其他的葡萄牙殖民地纷纷拥护，南方的葡萄牙封地也相继效法。不久，莫桑比克也拥护若奥的复国，尔后就是以果阿为首的葡属印度。庆祝祖国光复最为热烈的殖民地，是远在中国的澳门。长期以来，以马尼拉为中心的西班牙殖民地与教会当局一直试图以两国合并为理由将澳门置于马尼拉的管辖之下，澳门则由于处在原先的葡萄牙保教权庇护之下，并以《托马尔纲领》为原则抵制马尼拉的控制，维持它与中国内地和日本两地的传统贸易以及宗教联系，澳门成功地做到了这一点。所以，当葡萄牙复国的消息传到澳门以后，全城庆祝。1642年7—8月，澳门市民举行了一系列盛大的宗教祈祷仪式以及节日游行，参加者有贵族、军人、教士和他们不同种族的仆人以及在澳门的各国侨民和商人，情况极为热烈。若奥四世后来为了表彰澳门的忠诚，特别赐予澳门市享有"天主圣名之城，无比忠贞"的称号。

若奥四世在复国以后，就向欧洲各国开放市场，想恢复里斯本以前曾经拥有的欧洲贸易中转站的地位。1641年，若奥四世向欧洲所有国家的商人开放葡萄牙的港口，允许他们来到葡萄牙各港口从事贸易和经商活动。这项措施吸引了许多欧洲其他地方的商人来到葡萄牙，他们带来了武器以及其他的各种各样的物资，其中包括葡萄牙人主要的食品鱼干和小麦。这些商人从葡萄牙带走的则有蔗糖、食盐和波特酒。然而，葡萄牙的王室还需要资本家和银行家投资发展海外的贸易。当时葡萄牙国内有钱人中唯有带着犹太人血统的所谓"新基督徒"有这样的经济实力和从商经验，但是他们在宗教裁判所的压迫下抬不起头来。在西班牙-葡萄牙王国时期，当时权势很大的奥利瓦雷斯公爵曾经与葡萄牙当局谈判，希望将这些"新基督徒"转到西班牙去。1643年，葡萄牙国内有人向若奥四世建议，应当停止宗教裁判所对于犹太人的迫害，认为这样的政策是愚蠢的，不利于葡萄牙经济的复苏与发展。直到1649年，若奥四世才下令归还给犹太人被宗教裁判所充公的资产，附加的条件是这些财产将用于新成立的"巴西公司"（the Brazil Company），这个公司是按照荷兰以及西班牙的模式建立的，宗旨是发展葡萄牙本国与巴西之间的贸易。葡萄牙王室向这个公司提供两支舰队，每支舰队有18艘战舰组成，每艘战舰配备有20门大炮，专门用于防守巴西沿海地区以及担任大西洋上的护航任务。公司还享有相当大的特权：它拥有自己的辖区以及法官，还拥有巴西红木的专营权，葡萄牙本国要向它提供船只和给养。但是不久公司在聚集资本方面就遇到了困难，原因是一些"新基督徒"家族如博特略家族（Botelho）、卡瓦略家族（Carvalho）、塞朗家族（Serrão）等不像人们想象的那么富裕，或是他们还心存疑虑，不肯拿出钱来，王室还必须从别的途径去寻找资本。在此情形之下，公司只得集中精力发展巴西的蔗糖生产与贸易，但是此时英国的市场在萎缩，因为英国在吞并牙买加以后蔗糖的需求有所下降。到1658年，公司的专营权停止了。1664年，葡萄牙政府以支付烟草专营获得的税收接管了这个公司。

葡萄牙的复国还影响到国内的经济状况。在西班牙-葡萄牙王国时期,葡萄牙还能够从安达鲁西亚进口小麦以弥补国内粮食的不足。在17世纪初期,从杜罗河到米纽的农民广种葡萄以发展波特酒的产业,将波特酒出口到巴西和英国等地,由此种植小麦的耕地面积大大缩小了。葡萄牙复国以后,政府需要征集人力补充军队的战斗力,缺少粮食是非常危险的事情,所以需要发展小麦的种植业。以前葡萄牙种植小麦的地区在阿连特茹,现在这个地区暴露在西班牙人进攻的前沿地带。因此葡萄牙王室要求每一个省份都要自己备战并储存粮食。1641年,科特会议开会,重申要执行从前国王迪尼斯时期古老的法律——那些荒废土地不耕作的人将被剥夺财产驱逐出境。当然,在战争时期要执行这条法律是不可能的,其结果是葡萄牙只得免税从国外进口小麦。但是在和平恢复以后,人们还是要求必须强制各地的劳动力去耕种田地以弥补小麦供应的不足。

1565年,若奥四世去世了。虽然他不是一位非常杰出的国王,但是他有理由博得人民的好感。他领导葡萄牙经历了一个艰难的时期。他重新建立的葡萄牙国家在欧洲要面对西班牙的强势压力,在海外要面对荷兰的步步进逼。虽然他没有能力保持住葡萄牙在海外的所有领地,但是他保全的超过了任何人所期望的。在欧洲列强中,若奥四世不得不处于一种低人一等的地位,葡萄牙必须求得罗马教廷与欧洲各国的承认。他自己的生命也不比王位更加安全,西班牙一直借着家族之间的世仇来谋害他。1647年,西班牙再次策动谋杀若奥四世的阴谋,但是刺客在最后一刻失去了勇气。若奥尽了一切的可能维持了葡萄牙的独立,并让海外的殖民地重新归于葡萄牙手中。

作者点评:

当1580年西班牙菲律甫二世大军压境,试图吞并葡萄牙的时候,葡萄牙人民并没有像阿维兹王朝创建的时候那样,同仇敌忾,抵御异族的侵略。那是因为葡萄牙民族处在16世纪君主专制统治下,由于若奥三世的专断与强势、宗教裁判所对于自由思想的压制,国家和民族不再有积极向上的朝气,失去了活力与热情。塞巴斯蒂安国王违背时代潮流、脱离实际、极为夸张的远征狂想最终将国家和民族拖入了灾难之中。国家有理由要求人民保卫自己的家园,但是前提是统治阶级应当善待人民,使得人民从内心感觉到自己是国家的主人,祖国就是自己的家园。然而,在1580年的葡萄牙,情况不是这样。

如果西班牙的统治者特别是继承菲律甫二世王位的菲律甫三世和四世是

明智的、谨慎的，而不是愚蠢的、自大的和穷兵黩武的，如果后两位西班牙的国王能够学习和效法其父亲和祖父勤勉治国，而不是穷奢极欲、贪图享受，并且能够自始至终地维持《托马尔纲领》所规定的葡萄牙享有的权利，表现出对于葡萄牙贵族和人民应有的尊重和宽容，对于葡萄牙人的忠诚和顺从表现出爱惜的姿态，而不是相反，情况可能会有所不同。可是历史是不能假设的。

1640年葡萄牙的光复是民族意志的胜利。早在光复以前，民众就已经以人民起义的方式表达了他们对于西班牙人的"巴比伦之囚式"的统治的极度不满。葡萄牙贵族阶级出于自身利益的考虑，虽然对于西班牙人也不满意，但是他们更加关心的是葡萄牙王朝原有的光荣以及他们自身的权益。他们漠不关心人民的疾苦，在人民反抗西班牙的起义爆发的时候，他们默不作声，更遑论参与。当贵族阶级策划让布拉干萨公爵若奥复辟的时候，他们完全将普通的民众撇在一边。在若奥四世登基以后，是普通的人民在维护国家独立的事业中作出了最大的牺牲，他们不仅响应政府的号召，缴纳了甚至比西班牙统治下更多的赋税——因为他们知道这是在保卫自己的国家；更有甚者，他们抛头颅、洒热血，不惜以最宝贵的生命捍卫祖国。光复的成功当然离不开富有民族意识的贵族和知识分子的策划，但是没有普通人民的牺牲，国家的独立仍然是难以维持的。

第八章
荷兰与葡萄牙的世界性战争

一、荷兰的崛起以及扩张

16世纪的荷兰又指尼德兰（Netherland）历史地区，大约是在现代荷兰的西北部，比利时、卢森堡以及法国北方的一部分。该地区历经罗马时代、日耳曼诸帝国和大小诸侯国林立的时期，最后在12世纪时它成为神圣罗马帝国的采邑。1299年与埃诺地区（Hainaut）合并，直至1433年为止，一直由维特尔斯巴赫家族（Wittelsbach）统治，此后则由勃艮第公爵腓力三世即良善者腓力（Philip III or Philip the Good，1396—1467，1419—1467年在位）接管。良善者腓力为勃艮第朝廷中最负盛名的一位公爵，他通过继承、买卖、扩张和征讨扩大势力。良善者腓力之子为勇者查理（Chales the Bold，1433—1477，1467—1477年在位），他在1477年战死于南希。勇者查理没有男嗣，其女儿玛丽（Mary of Burgundy，1457—1482，1477—1482年任勃艮第公爵）继承了包括尼德兰在内的勃艮第的全部领土，但是当时尼德兰的联省议会要求她颁布《大特权宪章》，该宪章明确规定玛丽的婚姻必须得到联省议会的同意方可以成立。玛丽在其父勇者查理在世时已经许配给奥地利的哈布斯堡王朝的马克西米连一世（Maximilian I of Austria-Habsburg，1459—1519，1508—1519年在位），联省议会一直担心法国对于勃艮第的企图，因此很快地批准玛丽与哈布斯堡王朝的联姻，于是，哈布斯堡家族的势力就进入了尼德兰地区。1482年，玛丽意外地坠马死亡，联省议会立即通过决议，让玛丽未成年的儿子美男腓力（Philip the Fair or Handsome，1475—1506，1582—1506年在位）成为勃艮第–尼德兰的继承者，并拒绝了马克西米连提出的摄政要求。美男腓力长大以后，处事谨慎，他不再重申《大特权宪章》，但是也听取联省议会的意见；在外交方面，采取既不亲法也不亲英的中间立场。他于1496年与西班牙公主阿拉贡的若安（Joanna of Aragon, 1479—1555）结婚，在若安的父亲斐迪南以及母亲伊莎贝拉去世以后，美男腓力从妻子那里得到西班牙王位的继承权，历史上称为菲律甫一世，于是，尼德兰地区就被并入西班牙哈布斯堡王朝的势力范围。

　　1500年，美男腓力与若安的儿子查理（Charles, 1500—1558）在根特出生，又称根特的查理（Charles the Ghent）。由于父亲早逝，查理在6岁的时候就成为勃艮第-尼德兰的主人。1516年，他又继承祖父斐迪南的王位，成为西班牙的国王，被称为查理一世（Charles I, 1516—1555年在位）。1519年，他与法国国王法兰西斯一世激烈竞争以后成为神圣罗马帝国的皇帝，史称查理五世（Charles V, 1519—1556）。自此，尼德兰与西班牙的关系已经变得非常密切了。查理五世完成了勃艮第历代公爵未完成的心愿，将整个尼德兰地区收归到西班牙哈布斯堡王朝的版图之下。1515年，他买下了佛利斯兰（Friesland）的领主权；1521年，他征服了图尔内主教区；1528年，他成为乌得勒支（Utrecht）主教区的世俗领主。这位出生于根特的大帝，虽然在政治上实行中央集权，但是对于尼德兰境内的自治传统，大体上能够尊重。他知道尼德兰地方的财政收入对于维持帝国境内和平稳定的重要性。尼德兰作为欧洲的十字路口以及商业中心，也必须以广大的消费市场以及安定的政治环境来保障和引领。1549年，查理五世颁布《国事诏书》（*Pragmatic Sanction*），将尼德兰地区组成一个"大勃艮第圈"（Burgundian Kreis），正式命名为"尼德兰十七联省"。这十七联省由荷兰（Holland）、泽兰（Zeeland）、布拉班特（Brabant）、乌得勒支（Utrecht）、佛利斯兰（Friesland）、埃诺（Hainaut）、上艾瑟尔（Overijssel）、法兰德斯（Flanders）、瓦隆法兰德斯（Walloon Flanders）、阿图瓦（Artois）、卢森堡（Luxembourg）、梅赫伦（Mechelen）、纳莫尔（Namur）、格罗宁根（Groningen）、格尔德斯（Guelders）、林堡（Limbourg）、聚特芬（Zutphen）组成。诏书强调了神圣罗马帝国的皇帝为尼德兰地区的宗主，查理五世更是亲自巡视了十七联省，以表示自己为神圣的合法君主。查理五世非常重视中央政府的权威，他统一了不同省份的行政与法律，选定布鲁塞尔为统治中心，订立了《普遍法》，它成为后来"尼德兰十七联省"民法的基础，也建立了最高司法审判法庭，这个最高法庭成为重要的促进中央集权的机构。另一方面，查理五世也顾及尼德兰各省要求享有一定自治权的感受，所以，他也保留了以前一直存在的联省议会以及地方的三级会议。在中央政府征收新税的时候,首先必须经过联省议会的同意。查理五世在一些贵族中委任人选,担任"执政官",这些人都是西班牙人。尼德兰人当然感到不安。不过,尼德兰的商人也感到伊比利亚半岛存在着庞大的商机。

1555年10月,查理五世虽然才55岁,但是身心疲惫,体弱多病。他决定退位。那天,在联省议会中,他斜倚在最钟爱的尼德兰贵族威廉·奥伦治即"沉默者威廉"(William I of Orange Count of Nassau-Dillenburg, William the Silent, 1533—1584)的肩上,他的儿子即后来的菲律甫二世也在场。查理五世发表了诚恳的演说,他诉说了自己的一生以及对于天主的信念,他解释自己并没有野心,但是基于一种责任感,他还是做了许多事情。他知道自己的限度,所以将重任托付给已经成年的菲律甫二世。当时的气氛庄重而伤感,许多人为之动容。查理退位以后还是居住在尼德兰,直到1558年才回到西班牙,在修道院中终其一生。

威廉·奥伦治即"沉默者威廉"在历史上被视为荷兰联省共和国的创建者。他出生于日耳曼的迪伦堡(Dillenburg),是信仰路德派的奥伦治拿骚伯爵的儿子。他的父亲有"富有的老威廉"之称,其家族拥有万贯家财以及日耳曼、尼德兰的部分领地,还有许多人为哈布斯堡王朝服务。威廉·奥伦治为人沉默寡言、谨言慎行且处变不惊,故有"沉默者"之称。他到了布鲁塞尔以后,受到查理五世的赏识,并在青少年时期接受了勃艮第式的贵族教育,并接受查理五世的劝导,改信天主教。查理五世退位时,他才22岁,风华正茂,仪表堂堂。查理五世将他提升为联省议会的主要议员,他还是荷兰以及泽兰省的执政官,位高权重。

不过随着时间的推移,"沉默者威廉"以及联省议会与即位的西班牙国王菲律甫二世的矛盾越来越深。菲律甫二世是一位严肃的虔诚信仰天主教的君主,他希望尼德兰的统治是在西班牙人以及天主教会的光环之下实现的。他在1559年离开尼德兰回国时,先是安排自己的异母妹妹玛格丽特(Margaret of Parma)担任摄政,不久就任命格兰维尔为枢机主教(Antoine Perrenot

"沉默者威廉"肖像
由佛兰德斯画家Adriaen Thmasz Key(约1544—约1599)约于1579年绘制,目前保存在阿姆斯特丹国立博物馆。

Granvelle, 1517—1586）来到尼德兰，要求联省议会让这位枢机主教监国。1566年4月，当地400多名贵族向玛格丽特请愿，他们还要求马德里方面撤销宗教裁判所，但是都未能如愿。这一年的8月，南部尼德兰爆发了规模巨大的群众性的破坏圣像运动，并一直往北方蔓延至大城市安特卫普，在这场运动中约有400多座教堂遭到破坏，导致整个尼德兰社会的严重不安。1567年，菲律甫二世派遣阿尔巴公爵（the Duke of Alba, 1507—1582）率领1.4万名士兵前来镇压，这一年，西班牙军队仅在安特卫普就屠杀了7 000名平民。在此期间，西班牙政府一度对于尼德兰的反抗者软硬兼施与分化瓦解。1579年，尼德兰南方七省组成了阿拉斯同盟（Unie van Arras），宣布效忠于西班牙国王，北方七省组成乌得勒支同盟（Unie van Utrecht）以对抗西班牙。这七个省政治、经济、军事诸方面达成统一行动，并推动宗教信仰自由和地方自治，各省之间不得单独与西班牙媾和。1581年，乌得勒支同盟通过了《断绝法案》（Act of Abjuration）宣布北方七省正式脱离西班牙独立，南方信奉新教的尼德兰人，大规模地迁移到北方，他们带来的财富与技术，使得北方诸省受益良多。菲律甫二世随即宣布"沉默者威廉"为叛国者。1584年7月，一位忠诚于菲律甫二世的天主教狂热分子在特尔夫特谋杀了正在当地巡视的"沉默者威廉"。他的临终遗言"祈求上帝怜悯这个国家以及我的灵魂"不仅使他个人成为荷兰历史上伟大的"殉国烈士"，而且也激励着尼德兰人民不屈不挠地坚持反抗西班牙人。他们的奋斗终于在1648年获得最后的成功。自1648年至1795年，这个国家被称为荷兰共和国（Dutch Republic, Republiek der Zeven Verenigde Nederlanden/Provincien）。

历史上荷兰反抗西班牙-葡萄牙王国的过程，至少具有三种意义。

第一，在政治上，是反抗西班牙的中央集权。荷兰的建国，一开始就具有强烈的地方主义与反中央集权的精神。在勃艮第诸公爵统治下的尼德兰，一向享有传统上的自治，不易于接受统一的政治与经济体制。早在良善者腓力时代，他就曾经试图达成中央化的管理，努力整合行政机构。他在第戎、里尔、布鲁塞尔以及海牙设立4个代表中央的财政机构，又于1433年设立中央发行的统一币制以及最高法院，但是各地方仍然保留传统的簿记制度，较难达成统一的总额以作为中央的税收，也不容易统计实质上的开销。在官僚体制和司法方面，虽然在迈赫伦设有最高法院，但是地方上仍然保留自己的法庭，必要时也要依靠地方上的习惯法以及自然法来执法。在王室朝廷以外，还有重要的"联省议会"，在联省议会中的议员都来自各个省份，并根据各自省份的利益在议会中发表自己的见解。尼德兰的各个城市，很早以前就有自己深厚的自治传统，不容易被整合在一起。如南方布鲁日在1436—1438年，曾经发生过叛乱，后来勃艮第公爵在征收盐税的时候，他的提案在根特市的议会中遭到以手工业者为主的行会代表的否决。在地方官吏的任命方面，各地方与勃艮第公爵也会发生严重的冲突，在根特市这类事情还特别多。虽然勃艮第王朝在尼德兰的统治还是渐渐地迈向中央集权，但是在许多方面，中央政府要顾及各地方和各城镇市民的感受，历代公爵曾经向市民颁布宪章，保证尼德兰地区城镇市民拥有选择使用语言以及公平的法律的自由，在没有咨询的情况下不可以任意征税，并以书面的形式记录了领主与市民之间的权利和义务。查理五世出生于根特而非西班牙，对于尼德兰当地的文化与社会环境相当了解。在他统治期间，除了必须住在西班牙宫廷的时间，他经常亲自访问尼德兰，他最喜爱的地方也是尼德兰。在他退位以后，还在尼德兰居住了一段时间，直到去世前才回到西班牙的一所修道院。他对于尼德兰地方精英的思想和自治传统非常了解，也大体上保持尊重。但是菲律甫二世不是在尼德兰出生的，他所统治的西班牙帝国更是处在欧洲的动荡漩涡中，他坚持中央集权制度，不愿意与尼德兰联省议会协商。他所派到尼德兰地方的专横独断甚至残暴不仁的大员如格兰维尔枢机主教以及阿尔巴公爵，在尼德兰人民心目中就是暴君的爪牙。在菲律甫二世统治期间，马德里是尼德兰问题的决策中心，而查理五世时代的首府布鲁塞尔已经被忽视。

第二，与政治独立相关的是在经济上尼德兰各城镇都要求自主，反对西班牙中央政府的苛捐杂税和各种管制。荷兰共和国从一个现代国家政治层面而言，其政治结构和属性尚不完全成熟，但就经济层面来看，当时的荷兰已经具有近代形式的经济体系。历史上尼德兰的各个省份均具有较多的自治权，各大城市也享有自主地位，容易与欧洲和世界各地自行进行自由的贸易。尼德兰城市的兴起，本来就与商业贸易有着密切的关系。开始的时候，这些地方都是在河流交汇处、沿海地区或是交通要道，先是逐步形成商站，随着时间的推移，形成筑有城墙和城门的城市。这些城市都有与海外地区发展海上贸易的长久的历史，意大利、西班牙、葡萄牙、英国、法国和日耳曼等外国的商人也来到这些城市居住，欧洲各国也在一些重要的城市如布鲁日和安特卫普设立商站即代理商据点。在16世纪中叶至反抗西班牙的战争公开爆发之前，荷兰省和泽兰省在从西欧至波罗的海沿海地区的海上贸易中扮演着举足轻重的地位。尼德兰独特的地理位置使得这些城镇非常容易融入北欧从波罗的海至大西洋的贸易体系中去。在此情形之下，整个尼德兰地区各城镇的市民在经济的层面上更希望独立自主。原先由封建领主统治的城镇，虽然在名义上分别属于法兰西王国或是神圣罗马帝国，但是活跃于城镇中的社会精英，如大贸易商人，无不希望谋求政治和经济上的权力。还有一些城镇则是由世家贵族掌权或是由他们与大商人阶级共同联手统治。在14世纪的后期，商人新贵们因为拥有巨大的财富以及广泛的人脉，颇有取代封建贵族的趋向，并且逐渐地控制了市政厅的权力。商人阶级拥有经商得来的财富，加上因为交游甚广而产生的见解，使得他们的社会地位迅速上升，成为社会中的精英分子，并有机会左右城镇中的政治与法律。他们为了在贸易上与外国人竞争并保护自己的利益不受别的城市和中央政府的侵犯，谋求通过制定法律来保障自己的权益。一般的市民也因为城镇有特许状为保护而拥有法律上的自治，他们拥护由富裕的市民即商人阶级而非封建贵族建立的新的政治经济体系。他们所要求的"政治自由"，并非是空洞的名词，而是要求以保证自由贸易为前提的自治。在商人阶级的率领之下，荷兰人组成了高度灵活的海上贸易合作组织，他们自行联合起来，合作购买、建造或者承租运输船只，形成自己的经济利益共同体。在此过程中，由各界手工业者组成的互助团体"行会"也扮演着重要的角色，尼德兰城镇的市民，借由行会组织，时而请愿，时而示威，表达自己的声音和不同的意见，迫使当权者让步，以至于有些历史学家认为"行会"是近代民主的先声。

第三，也是被一些历史学家认为是最重要的原因，是荷兰要争取宗教的自由。16世纪早期欧洲的宗教改革运动，对于尼德兰地区造成巨大的冲击和影响。1517年，马丁·路德（Martin Luther，1483—1546）发表《九十五条论纲》，揭开了宗教改革的序幕。1518—1519年，路德的著作借由印刷术的普及，已经在尼德兰地区流传开来。1535年，加尔文（John Calvin，1509—1564）流亡到瑞士日内瓦，发表《基督教原理》，不久即成为当地的宗教领袖。加尔文派在法国被称为胡格诺派（Huguenots），在尼德兰则被称为"荷兰改革教会"（Dutch Reformed Church）。1520年以后，路德派、再洗礼派、加尔文派和慈温利派等各种新教流派和思想都流入尼德兰地区，这些教派的信徒增长的速度都很快，其中路德派的追随者多居住于与日耳曼有贸易往来的城镇，如安特卫普、根特、海牙以及乌得勒支主教区。从1520年至1530年间，安特卫普成为整个欧洲印刷发行马丁·路德著作的中心，并出现了除荷兰文以外的其他各种不同的版本。再洗礼派是16世纪最激烈的宗教派别,他们不承认幼年受洗礼仪,主张在成年以后再次接受洗礼。该派的信徒从《圣经》中摄取有关千禧年的说法,希望实现社会正义,甚至有人还主张财产公有,激烈地反对贵族、地主以及教会的土地占有制。再洗礼派的思想在传入尼德兰以后,很快受到社会底层人民的拥戴。有一位名叫约翰(John of Leyden)的生活在莱顿的领导者在荷兰以及佛利斯兰宣讲基督的末世论,他宣布成立"新耶路撒冷"的新政权,自行称王,并实行财产公有制和多妻制。他还率领许多荷兰省的信徒去日耳曼宣扬他的思想,并遭逮捕。1543年,荷兰法庭开始镇压阿姆斯特丹的再洗礼派,引发该派信徒的骚动。加尔文派则是在1540年左右进入图尔内和安特卫普,在今天的比利时所在地传播开来。尼德兰南方的以纺织业为主的大城市也吸引了许多法国的加尔文派信徒的到来。但是在后来,北部尼德兰受到加尔文派的影响很大,得到中产阶级和贵族的支持,取代了路德派与门诺派的影响。成为尼德兰地区最大的新教派别。新教徒与天主教徒在尼德兰地区的冲突在近代荷兰独立的历史上非常突出。自查理五世时代,尼德兰地区已经开始镇压新教徒。1521年,查理五世正式禁止尼德兰地区的人民阅读路德的著作。1523年,沃斯(H. Voes)以及范埃森(van Essen)因为信仰路德教义而被处以火刑,成为尼德兰地区最早的新教殉道者。

到了菲律甫二世统治期间,由于他本人为虔诚而固执的天主教徒,所以在宗教的政策上更加强硬,他任命格兰维尔枢机主教为总督,进而将尼德兰所有的教区都置于他的管辖之下,取代了以前属于阿夫利赫姆(Affigem)修道院院长的职权,引发尼德兰地区高级教士的不满。他对于新教徒的严厉镇压更是激起了普遍的反抗。在以"沉默者威廉"为代表的荷兰开明人士看来,人类可以具有选择宗教信仰的自由,他本人先是路德派,后又变成天主教徒,再改变为加尔文派。在他看来,尼德兰地区信奉各个不同教派的人们应当相互宽容,和谐共处。1568年,他在联省议会发表的演说中阐明"尼德兰人民为了保卫自由的思想和权利,将提供给后代基于正义与合法基础上的不可改变的自由与价值"。由此,因宗教改革而产生的加尔文主义,在荷兰建国的过程中,成为荷兰人民反天主教的西班牙统治的最主要的精神动力,而奥兰治亲王家族,也与加尔文派的利益密切结合。宗教的因素渗入到荷兰人反抗西班牙人的斗争中,使得他们之间的战争变得更加激烈与不可调和。信奉罗马天主教的葡萄牙人和信奉加尔文教的荷兰人都认为他们自己是各自的宗教信仰的最杰出的代表,他们都认为是在为上帝而战。荷兰人认为自己所信奉的是由1618—

1619年多特宗教会议（Synod of Dort）①规定的"真正的基督教归正宗"，罗马天主教会是"巴比伦的大淫妇"，教宗则是"敌基督"，而葡萄牙人则认为由16世纪中叶召开的特兰托大公会议规定的罗马天主教正统信条才是最后得救的真理。1624年，一位葡萄牙编年历史学家写道："荷兰人虽然是精良的炮手，但全都是裂教的异端，应当被推到火刑柱上烧死。"他的话代表了当时许多葡萄牙人的心声。

虽然西班牙和荷兰之间的冲突发生在欧洲，但由于西班牙在海外有着辽阔的殖民地，而且这一时期又是葡萄牙和西班牙两国合并时期，因而荷兰与西班牙的冲突也就波及原先葡萄牙在三大洲的殖民地。

西班牙-葡萄牙王国的国王菲律甫二世一开始即对尼德兰人的反抗予以严厉惩罚，除了向尼德兰本土开战以外，在经济方面，还禁止荷兰人在葡萄牙进行贸易，而以前荷兰一直是从葡萄牙获得其所需的包括香料在内的东方商品的。葡萄牙与荷兰及佛兰德斯地区曾经有过非常活跃的贸易，现在衰落了下去，这就导致了荷兰人想直接与非洲、南亚、东亚以及美洲通商，并试图以武力打破伊比利亚人在海外贸易上的垄断。

当荷兰在16世纪末叶经历摆脱西班牙人统治的80年战争的时候，西班牙-葡萄牙王国尤其是葡萄牙的海外殖民地遭受荷兰人最为严峻的攻击。即便在1640年葡萄牙人摆脱西班牙人的统治重新复国以后，荷兰人一刻也没有放松对于葡萄牙海外殖民地的攻击。由于伊比利亚人的殖民地遍布世界各地，荷兰人与他们的战斗也遍布世界各地。有历史学家认为，是17世纪荷兰与伊比利亚的冲突，而非1914—1918年"欧洲的大屠杀"可称为第一次世界大战。当然，荷兰与伊比利亚冲突造成的伤亡要少得多，但当时世界上的人口以及这两个交战国的人口也少得多（仅就葡萄牙和荷兰交战双方各自国家的人口而言都没有超过150万人）。不过，他们之间的战斗无疑是世界规模的：除了佛兰德斯和北海地区以外，战争波及的地方还包括亚马孙河口、安哥拉内陆、印度西海岸、锡兰、澳门、帝汶岛和智利沿海这些相距遥远的地方。他们争

---

① 多特宗教会议（Synord of Dort，1618—1619）由荷兰加尔文归正宗教会以及联省议会在多特（Dort or Dordrecht）主持召开，主要处理当时新教中关于阿明尼乌派思想的争论，该派最不赞同加尔文提倡的预定论的思想。此次会议还得到奥兰治亲王莫里斯（Prince Maurice of Orange）的支持。会议由荷兰的新教神学家主持，但是也有瑞士、日耳曼的帕拉丁、英格兰以及其他地方的代表参加。在会议中，加尔文派的神学家与牧师取得完全的胜利，有200名阿明尼乌派牧师被逐出教会。

夺的目标包括摩鹿加群岛的丁香和肉豆蔻、锡兰的肉桂、马拉巴的胡椒、墨西哥和日本的银矿、几内亚的黄金、巴西的蔗糖和西非的奴隶。更有甚者,葡萄牙人与荷兰人的全球性斗争还在不同的时间和地方将第三方拖入其中,他们中有英国人、丹麦人、刚果人、波斯人、印度人、印度尼西亚人、中国人和日本人等。

荷兰人很早就想与东方建立联系。1594年以后的若干年,他们试图找到一条取道北冰洋前往中国和日本的航线,以免遭其宿敌的拦路抢劫。但是,他们的尝试失败了,于是只得转向旧航线,这条航线也正是由里斯本到果阿再到澳门和马六甲的一直由葡萄牙人经营的传统航线。1595年4月2日,霍特曼(Cornelis de Houtman)率领一支有4艘船只的舰队出塞特尔(Texel)启程前往东方,这支舰队共有240名水手,64门大炮,他们于次年抵达爪哇的万丹(Banten)。再继续东行时他们与葡萄牙人和爪哇人发生冲突,损失惨重。荷兰舰队回航时又有一舰沉没。尽管如此,这却是荷兰人真正第一次向亚洲探险。以后,荷兰人再接再厉,继续东行。在1599年的5次航行中,共有22艘武装商船前往南亚和东亚。与此同时,荷兰人对于东方的知识也在渐渐积累之中。在这方面作出杰出贡献者为出生于哈勒姆市、会西班牙语和葡萄牙语的荷兰人林斯霍顿,他曾经担任葡萄牙殖民地果阿教区主教秘书,其间利用职务之便记录了被葡萄牙人视为最高机密的由里斯本前往果阿的航线资料,他还长期在葡萄牙东方殖民地旅行,在结束了13年的东方漫游以后于1593年回到荷兰。他撰写了《葡萄牙航海东方旅行纪事》(*Reys-gheschrift vande navigatien der Portugaloysers in Orienten*)以及《巡游:东方和葡萄牙、印地斯及其对于土地和海洋的叙述》(*Itinerario: Voyage ofte schipvaert near Oost ofte Portugaels Indien inhoudende een corte beschryvinghe der selver landen ende zeecusten*),两书于1595年出版,书中描绘了作者在漫长的旅行中的种种见闻,也记录了葡萄牙人从本国前往印度的航线和航海技术,提供了实用的地图以及对于相关水域特性、群岛和港口的描绘。这些实用知识,强化了荷兰人对于印度和远东的香料群岛加以占有的企图。

1602年3月,荷兰共和国政府有鉴于从事自由贸易的商人各自为政,无法形成竞争力,所以力促他们组成一个单一的商业组织,由此产生荷兰"东印度公司"(Verenigde Oosindische Compagine,简称V.O.C)。"VOCA"则代表阿姆斯特丹总部,"VOCR"则代表鹿特丹分公司。公司董事会由76人组成,但一般事务由拥有实权的17人组成的理事会处理,他们被称为"十七绅士"

（Heeren XVII），其中8人来自荷兰省，4人来自泽兰省，反映了这两个省地位的重要性。公司特许状由荷兰联省议会颁发，赋予公司领袖"十七绅士"以领导权，公司拥有从好望角到麦哲伦海峡的贸易垄断权，还有在海外设置法官、缔结条约、宣战、修筑要塞、建立贸易据点、装备武装舰队和铸造硬币的重大权利达21年。除荷兰国家的货币以外，唯有该公司可以发行属于自己的货币。这个所谓的公司其实就是"国中之国"。在该公司鼎盛时期，在荷兰本国和海外的工作人员大约3.5万人。公司资本最初为650万弗洛林斯。1610年，鉴于海外属地距离遥远，联系不易，故公司设立总督一职。从1618年开始，由科恩（Jan Pieterszoon Coen，1587—1629）担任此职务。[1] 在1614年科恩给公司理事会"十七绅士"的报告中，他这样写道："绅士阁下们必须从经验中很好地了解到，在亚洲的贸易必须在我们自己的武器的保护之下才能够得以展开和维持，武器只有在获取商业利益之下才能更好地发挥作用，商业的维持不能够没有战争，而战争也不能够没有商业。"荷兰联合东印度公司被称为"全世界第一个大型股份公司，是今日主宰全球经济的大型企业取法的典范"。该公司对于推动荷兰成为强大的海洋国家起到了巨大的作用：在公司成立的头10年间，即17世纪的最初10年，约有8 500余名男子搭乘该公司的船前往海外，而在1595—1795年的两百年间，有近200万人从荷兰走海路去亚洲，亚洲已经成为他们心中的希望和梦想。

  1612年，科恩率领两艘战舰前往摩鹿加群岛，又于1613年抵达万丹。他凭借着武力，夺取葡萄牙人在东印度的权力，开发并占据盛产豆蔻的班达、盛产丁香的摩鹿加群岛以及胡椒产地爪哇。1619年，他指挥的荷兰舰队夺取了雅加达，并易其名为巴达维亚（Batavia）。科恩为荷属东印度公司权势最大的首长，曾经于1619—1623年以及1627—1629年两度出任荷属东印度公司的总督。在他的领导之下，巴达维亚成为荷属东印度公司在海外的根据地，荷兰人以巴达维亚为中心建立了庞大的海外殖民地，在17世纪中叶已经扩张至摩鹿

---

[1] 科恩（Jan Pieterszoon Coen，1587—1629），出生于荷兰的霍伦（Hoorn），其家族信奉严格的加尔文信条。1601年去意大利罗马的荷兰人机构学习簿记。1607年加入荷属东印度公司并参加远航万丹岛的航行。1610年回到荷兰以后，他向东印度公司提出了关于如何展开东南亚贸易的报告。1613年被再度派往东方，同年10月被任命为东印度公司首席会计师以及荷兰人在万丹以及雅加达的商站的站长。1614年11月，被任命为荷属东印度公司的评议员以及总管，其地位仅次于总督。1618年4月，他接到前一年公司总部任命他为第四任东印度公司总督的决议。

加群岛的大部分、马来西亚和锡兰,并重创葡萄牙人在印度西海岸的殖民地。由此,荷兰人成功地控制了摩鹿加群岛的丁香、豆蔻和肉豆蔻贸易,锡兰沿海的肉桂和马拉巴的胡椒贸易。① 荷属东印度公司的船队,从东方运回的货物包罗万象,包括各种香料、咖啡、茶、糖、鸦片、瓷器、生丝、金银、铜锡等贵重金属。

1621年,荷兰又组建了"西印度公司"(West Indische Compagnie),简称"W.I.C."。荷兰联省议会授予它的特许状是模仿"东印度公司"的。它设立的首要目标就是从事反对伊比利亚西班牙-葡萄牙国家在大西洋上的海洋霸权,并垄断在非洲西部沿海地区以及美洲的航海与贸易活动。它同样被授权可以与各地方的土著政权媾和或者向它们宣战、维持公司拥有的海陆军队,并在海外地区履行司法以及行政管理的职能。它由5个地区选出的官员组成,它们是阿姆斯特丹、泽兰、鹿特丹、北区、格罗宁根。它与东印度公司一样,有一个中央管理机构,不过不是17名,而是"十九名绅士(Heeren XIX)"。在集结资本的时候,西印度公司比东印度公司所花的时间更长,但是最后集结到的资本比前者更大,达700万弗洛林斯。事实上,荷兰人早就想在16世纪的时候组建西印度公司,但是因为1609年西班牙与荷兰签订的《十二年和约》而推迟了,不过这个协议在海外没有得到很好的执行,1621年,双方的政府又开始备战了。西印度公司与东印度公司在海外事业上是有分工的,它主要关注的是夺取西属美洲以及墨西哥与秘鲁的银矿。由于葡萄牙与西班牙合并,因此在1640年以前的西属美洲也包括南美洲的巴西,由此巴西的蔗糖也是荷兰人掠夺的对象。除此之外,西印度公司还要夺取葡属非洲西海岸的黄金、象牙和奴隶。

二、荷兰人进攻非洲、巴西以及葡属"印度国"

从地理上看,荷兰人自西向东攻击伊比利亚的海外殖民地。实际上,荷兰人进攻葡属非洲殖民地是与他们自己在巴西的战略,特别是荷兰人需要从非洲引进黑人奴隶劳动力有关。现分别叙述之。

在东非,荷兰人于1607年和1608年两次进攻葡萄牙人占据的莫桑比克,但是都没有成功。荷兰人在那里的失败导致他们后来于1652年在好望角建立自己的殖民地。同时,荷兰人也花费了很长的时间渗入到非洲内陆即今天

---

① C.R.Boxer, *The Portuguese Seaborne Empire*, 1415-1825, p.111.

的南罗得西亚地区。在非洲的西部，早在1598年，荷兰的商人已经来到黄金海岸进行贸易，尽管葡萄牙人早已在这里定居和从事黄金与奴隶贸易了。葡萄牙人对于荷兰人的到来当然是愤怒不已。1609年，西班牙-葡萄牙王国与荷兰订立《十二年和约》，葡萄牙人自认为有理由维护他们在黄金海岸的贸易垄断权，于是开始攻击荷兰人设在那里的商站。1601年，荷兰人在穆里（Mouri）的商站被葡萄牙人焚毁。于是，荷兰的商人请求荷兰政府在当地建立要塞。1612年，荷兰人建立了坚固的拿骚要塞（Fort Nassau），从那时起一直到1637年，拿骚要塞是荷兰在非洲西部沿海地区的贸易中心，荷兰人决意要最大限度地分享葡萄牙人在黄金贸易中的利润。1625年10月，他们第一次对葡萄牙人长期占据的战略据点米纳要塞发动攻击，荷兰西印度公司下辖的13艘战舰和1 200名士兵在米纳外港登陆并向要塞开炮企图攻占它，但是一时不能攻克。葡萄牙守军在总督索托马约尔（Francisco Soutomaior）的指挥下埋伏在附近的树林里，总督许诺他的黑人士兵如果他们能够割下荷兰士兵的首级将会得到重赏。日落时分，葡萄牙人和黑人士兵发起攻击，当时许多荷兰士兵在海滩上休息纳凉，猝不及防，几乎全军覆没。到夜晚的时候，海滩上留下了442具无头的尸体。但是12年以后的1637年8月，荷兰西印度公司下辖的军队从巴西横渡大西洋，再度进攻米纳要塞。此次远征军由荷兰士兵以及巴西的印第安人组成，葡萄牙人的黑人士兵先是向荷兰远征军发起了猛烈的进攻，开始荷兰军队几乎不支，但最后还是坚守住了自己的阵地，击退了葡萄牙人的攻击并使得对方损失惨重。荷兰人先攻克了米纳要塞外的圣若热城堡，葡萄牙人两次想夺回城堡都没有成功。8月28日，荷兰人再向要塞本身进行了两天的猛烈炮击，葡萄牙守军终于向荷兰人投降。荷兰人允许葡萄牙人不带武器乘船离开要塞前往圣多美岛，但是他们必须留下黄金、白银和奴隶。荷兰人攻占米纳要塞的主要目的之一就是要向他们已经占领的巴西输送黑人奴隶劳动力。1636年，荷兰人从几内亚向伯南布哥地区输送1 000名奴隶；在1637年攻下了米纳要塞以后，输送人数激增至1 580名。此后，荷兰人进一步向非洲西海岸的其他地区渗透。

　　1640年，荷兰人已经得知葡萄牙人脱离西班牙获得独立的消息，从那时起，两国关系变得复杂起来，若奥四世复位的消息传到荷兰，社会各阶层都感到无比高兴，视为对西班牙世仇的沉重打击。西印度公司的股票从105点上升到128点。1641年2月，联省议会发布命令，禁止荷兰的臣民在欧洲向葡萄牙人宣战，也禁止抓捕和攻击葡萄牙人的船只。

同年4月,葡萄牙的使节抵达海牙,想要与荷兰签订和平协议。6月12日,双方达成和平协议,规定双方在欧洲本土,巴西、非洲以及东印度实行停战,另一些条款还规定荷兰向葡萄牙提供海军和陆军的援助以抵抗西班牙,并促进双方的贸易和交流。但是若奥四世和联省议会都因为各自的原因拖延了批准事宜,于是荷兰的东西印度公司就有了借口在大西洋和印度洋继续保持对葡萄牙人的敌对状态。在巴西的荷兰人也利用和平协议尚未达成的机会,准备跨越大西洋远征非洲西海岸的原葡萄牙的殖民地。

1641年4月,在巴西的荷兰人集结了一支强大的远征军企图征服由葡萄牙人占据的安哥拉沿海地区的罗安达、圣多美以及本格拉。当时,荷兰人发现米纳要塞附近的奴隶市场并不太理想,征服罗安达不仅能够使得荷兰人获得进入这个庞大的人口众多的奴隶市场的阀口,而且可以夺取西班牙人在当地拥有的奴隶资源,当时西班牙人每年要从这里输送1.5万名奴隶前往墨西哥的金矿从事苦力劳动。8月23日,荷兰的舰队已经抵达罗安达,3天以后,当地的葡萄牙守军稍作抵抗就逃往北方,接着,荷兰军队又占领了本格拉。10月,占领了圣多美,不过在圣多美遇到了激烈的抵抗。1642年2月,荷兰人攻下了葡萄牙人在几内亚的最后一个据点阿克辛姆。在入侵非洲的过程中,信奉加尔文派的荷兰人极为奇怪地与信奉天主教的刚果国王加尔西亚二世(Garcia II of the Congo,1641—1661年在位)以及纳辛加女王(Nzinga of Naongoand Matamba,1583—1663)建立了友好关系。荷兰人还与纳辛加女王达成协议,后者帮助荷兰人征召新的土著人补充荷兰的兵源。从1641年8月起,荷兰人一直统治罗安达以及沿海地区。但是,葡萄牙人从来也没有放弃过夺回这座城市。在1647年的时候,葡萄牙著名的军人政治家萨尔瓦多·科雷亚·德·萨(Salvador Correia de Sá,1602—1688)率领大军从巴西的里约热内卢远征非洲西海岸,葡萄牙军队先是攻占了圣多美岛,并于次年8月从荷兰人的手中夺回了罗安达。当时葡萄牙人在宽扎河谷(Kuanza)只留下了3个据点即穆希马(Muxima)、马桑加诺(Massangano)以及坎班贝坝(Cambambe),他们在荷兰人与土著人结成的同盟军的进攻下岌岌可危,只是因为从里约热内卢而来的葡萄牙-巴西的军队重新攻占罗安达的消息传来,荷兰人的企图才没有达成。1663年,葡萄牙与荷兰达成和平协议,荷兰继续占领葡萄牙人以前在黄金海岸拥有的据点,葡萄牙人则保留他们对于罗安达、本格拉以及圣多美和普林西比的统治。

荷兰人与巴西人在贸易上的联系可以追溯至16世纪上半叶,但是在1619

年至1621年期间，尽管西班牙-葡萄牙王国严格并且反复申禁止殖民地贸易，荷兰在巴西的贸易还是大大地扩张了。自1594年西班牙-葡萄牙王国政府颁布第一次禁令以后，一些荷兰商人就以葡萄牙维亚纳（Viana）以及波尔图两个港口的商人为中介进行贸易。一些葡萄牙人出于对西班牙人的反感和利润的考虑，暗中支持和鼓励荷兰人这样做，这些葡萄牙人中还有许多是犹太人出身的"新基督徒"。在16世纪末和17世纪初年，荷兰的商人估计他们可以掌握一半或者2/3的巴西与欧洲之间的转口贸易。在1621年，荷兰每年要制造13艘船只专门从事跨越大西洋的巴西与欧洲之间的贸易，除了运输大量的巴西红木、棉花和兽皮以外，还有5万箱蔗糖。大部分的商品都是要通过葡萄牙的维亚纳和波尔图港口转运的，因为这两个港口所征收的税收比里斯本要低。荷兰人再从阿姆斯特丹将这些货物出口到法国、英国和波罗的海沿岸诸国。巴西还出产荷兰人极为有利可图的亚麻布和纺织品。那时，荷兰的商人已经对于巴西沿海地区的地貌和水文非常熟悉，在17世纪20年代，他们已经不需要葡萄牙方面的那些变节的犹太人当向导，尽管他们仍然需要本地的新基督徒的合作。

  1624年5月，西印度公司辖下的荷兰军队在雅各布·威勒根斯（Jacob Willekens）的率领之下调遣26艘战舰、450门大炮以及3 300名士兵横渡大西洋，直接进攻葡属巴西的首府巴伊亚。巴伊亚的总督富尔塔多（Diogo de Mendonça Furtado）事先已经得到马德里的通知——荷兰舰队将要进攻巴西，他判断荷兰人即将进攻巴伊亚。但是，巴伊亚的主教特谢拉（Dom Marcos Texeira）和附近的甘蔗种植园主却认为总督大惊小怪。结果，当荷兰的舰队出现在诸圣湾港口并以大炮轰击城市的时候，葡萄牙军队惊慌失措，老百姓也四处逃窜，形成不可遏制的出逃的洪流，整个城市里只剩下了新基督徒。总督也无法制止，最后只得投降。由于巴伊亚在巴西举足轻重的地位，它的失守让伊比利亚举国震惊。西班牙人认为，荷兰人不仅关注巴西的蔗糖，而且还要染指秘鲁的白银。葡萄牙人更加担心，因为他们知道，一旦巴伊亚不能夺回，失去巴西则是早晚的事情。于是整个伊比利亚半岛各阶层都动员起来，他们同仇敌忾，誓死要远征巴伊亚，夺回城池。当时的西班牙-葡萄牙国王菲律甫四世下令集结一支以52艘战舰、12 566名士兵以及1 185门大炮的庞大兵力组成的西班牙-葡萄牙联合舰队远征军（其中有葡萄牙海军的22艘战舰以及4 000名士兵），以门多萨（Fadrique Álvares de Toledo y Mendoza）为统帅，横跨大西洋，于1625年4月1日复活节兵临巴伊亚城下的外港。守卫城市的

1625年巴伊亚的光复

由西班牙画家胡安·包蒂斯塔·马伊诺（Juan Bautista Maíno, 1581—1649）绘制于1635年，保存在马德里普拉多美术馆（Prado Museum）。

荷兰军官是一名不称职的军人，他无法安抚城里的居民，另外有11艘战舰在上一年7月驶回荷兰，由此大大削弱了守卫的兵力。这一次，城里的葡萄牙人也克服了上年5月的恐惧，举行了人民起义，先是在主教（后来他死了），然后是在一名出生在巴西的贵族莫拉（Dom Francisco de Moura）的领导下，有效地阻止了荷兰卫戍部队在要塞上开炮，最后迫使荷兰人投降。西班牙人与葡萄牙人终于联手重新夺回了这座葡萄牙巴西殖民地最重要的城市。

1629年，荷兰组织了第二次远征，目标是当时世界上最大最富庶的蔗糖产地——葡属巴西的伯南布哥。此次荷兰人的远征军非常强大，拥有65艘战舰。他们于1630年2月入侵伯南布哥地区，占领了奥林达；3月，他们又占领了伯南布哥的首府累西腓和附近的安东尼奥瓦兹岛。荷兰的军队还企图进攻其他地方，但是没有取得成功，只是保住了海上交通线的通畅，并在次年占据了沿海的一些要塞。荷兰人将他们占领的巴西地区称为"新荷兰"

（New Holland）。1637年，荷兰西印度公司任命了莫里斯（Johan Maurits van Nassau-Siegen or John Maurice of Nassau, 1604—1679）为总督，他是奥兰治亲王"沉默者威廉"的大侄孙，也是荷兰派驻巴西的一位开明并且成功的统治者。这年，他的军队占领了巴西东北地区的塞阿拉（Ceara）省，还派遣远征军横跨大西洋进攻并占领了非洲西海岸葡萄牙人自若奥二世以来就长期占据的重要的战略要地米纳要塞，使之成为荷属黄金海岸的首府。1641年，荷兰人又占据了马拉尼昂，这就意味着荷兰人控制了从亚马孙河至圣弗朗西斯科河沿海的广大地区。

莫里斯在巴西实行了比较开明的统治，他完全明白以宽容的态度对待当地的葡萄牙人（尤其是种植园主以及定居的葡萄牙人）对于维持荷兰人在巴西的统治的重要性，至少在表面上应该这样做。在当时那种天主教徒和加尔文派信徒彼此都认为对方应该下地狱的时代，他却在巴西当地提倡宗教宽容精神，让天主教徒和加尔文派以及其他宗派的新教徒能够和平共处，各自履行自己的宗教信条。唯有耶稣会士除外，因为他们特别激烈地反对加尔文派。由此，在三十年战争宗教冲突特别激烈的时代，在巴西人口中占绝大部分的天主教徒在荷兰人的统治之下居然能够自由地信奉天主教，在以前非常活跃的葡萄牙天主教方济各会、加尔默罗会和本笃会依然可以维持各自修会的宗教活动。莫里斯在城市组成的代议制地方政府的市政厅以及农村的乡村会议里吸收了荷兰人和巴西-葡萄牙人，尽管这两部分人总是存在分歧与争论，要他们全心全意地合作共事并非易事，但是这样的统治机构毕竟具有较为广泛的代表性。为了避免单一作物的栽培经济，使殖民地在食物供应方面能够自给自足，他提倡除了甘蔗以外还要种植木薯以及其他的作物。他减轻了税收并允许自由赊贷给种植园主，让他们重建已经毁坏的蔗糖磨坊和购买从安哥拉运来的黑人奴隶。莫里斯还一心一意地关注累西腓新的城市建设，他鼓励葡萄牙在当地的户主建造房屋，他本人亲自为城市街道的拓展设计方案，希望城市的街道和建筑物更加美观实用，他还让人在城市的中心建造堤坝、水沟与河道，将附近河里的清水引入城市，城里人可以驾驶独木舟、小船以及驳船驶入这些河道，各条河道上还架有木桥。这种城市景象看上去就像荷兰本国一样。这样一来，累西腓就变成了一个四面环水的岛屿。他还在一个贫瘠荒芜的沙地上建立了一个政府所在地，命人用驳船从其他地方运来许多肥沃的泥土以及大量的肥料建立了一座花园，种植了许多巴西当地的和从别的地方引进的果树，还让本地的户主在花园里种植2 000多棵椰子树并建成林荫大道。在安东尼奥瓦兹岛上,他创建了莫里斯塔德镇(Mauritsstad,今天的累西腓的一部分),在那里新建了天文台和气象观测站。从那时起,累西腓逐步地发展成为荷属巴西的首府。对于早先因为惧怕葡萄牙宗教裁判所的迫害而流亡到巴西的葡萄牙以及其他地方的犹太人,他采取了保护和宽容的政策——允许那些被迫改宗基督教的犹太人回归到自己原来信奉的犹太教。在以后的15年中,荷兰人将葡属巴西这块东北沿海地区建设成为南美洲最大的和最富庶的蔗糖产区。由莫里斯赞助的荷兰黄金时代的画家埃科豪特(Albert Eckhot, c. 1610—1665)以他优美的画风,描绘了那个时代荷兰人统治下巴西不同民族的风情、美丽的自然风光、平静的乡村生活以及种种当地的静物。莫里斯还资助莱顿大学的毕业生皮索(Willem Piso)研究巴西的自然科学诸如医学、植物学、动物学和天文学。皮索的研究反映在1648年在莱顿出版的《巴西的自然历史》(Historia Naturalis Brasiliae)等著作中,这些著作都是最初的对于巴西自然科学的研究成果。它们描绘了伯南布哥地区的地理和气象情况,包括每天的风向、降雨,南半球的天文观测以及美洲印第安人的人种志。该书包括了数百幅动物、鸟类、昆虫和鱼类的木刻画,这些物种都是以前欧洲人闻所未闻的。直到1850年以前,该书都是这一领域的最权威的著作,作者将自己的作品献给了莫里斯。

那时,在荷兰统治下的巴西,荷兰的定居者分为两种类型:第一种被称为"公务员",他们是官员、士兵和加尔文派的牧师;第二种为"自由人",是不同于上述类型的荷兰人,他们中的大多数人是来巴西寻找新的生活的,往往与贸易和其他经济活动有比较密切的关系。

1640年,葡萄牙摆脱西班牙人的统治取得了独立,荷兰人与葡萄牙人达成了短暂的停战。但是荷兰人仍然占据了荷属巴西殖民地。虽然莫里斯在巴西的统治是成功的,但是他没有或者说无法解决荷兰人向巴西大规模移民的问题。在巴西当地占人口大多数的是葡萄牙移民、在巴西出生的土生葡人、非洲运来的黑人奴隶以及美洲的印第安人。而大部分在西印度公司军队服役的荷兰军人都想在军旅生涯结束以后回到尼德兰,他们不想在巴西定居。巴西的蔗糖种植园主大部分都是富有的葡萄牙人,并且使用从美洲运来的黑人奴隶作为劳动力。维持蔗糖的生产是需要资本的,这在许多荷兰人看来得不偿失。1644年,西印度公司将莫里斯召回荷兰。1645年6月,伯南布哥周围地区的当地居民以及甘蔗种植园主就奋起反抗信奉"异端"的荷兰人。长期以来,他们在内心深处从来也没有真正地接受荷兰人的统治,那些种植园主对于荷兰的贷款人以高额利息借款给他们一直心怀不满。8月，当地居民组成的军队就已经在累西腓周围地区战胜了荷兰军队，不久甚至攻下了莫里斯塔德要塞。1646年，荷兰军队只留下包括累西腓在内的4个据点。荷兰紧急派出一支包括20艘战舰的援军至累西腓，暂时使该城市免于陷落。在欧洲，荷兰人在巴西的失利使得荷兰决意要结束长期与西班牙的战争。1648年1月，荷兰与西班牙达成《明斯特协议》，结束了两国自1568年开始的"八十年战争"。几乎在同时，1647年12月，荷兰派出有41艘战舰与6 000名士兵的强大舰队前往巴西，企图挽回颓势，但是到了累西腓以后，许多士兵不是病倒就是因为缺军饷而开了小差。

　　对于巴西殖民地脱离荷兰人统治的反抗斗争，葡萄牙国王若奥四世开始时有些犹豫，因为葡萄牙刚刚复国，根基未稳，但是国王和政府后来还是决定为巴西人民持续地提供非官方的但是充裕的物资、人力以及船只上的帮助，让当地人摆脱荷兰人的统治，重新回到葡萄牙的怀抱。不久，葡萄牙政府的暗中支持就变得公开化了。1648年，葡萄牙国王选择由巴雷托（Francisco Barreto de Meneses，1616—1688）为葡萄牙军队的总指挥官，率领军队前往巴西伯南布哥地区攻击在那里的荷兰人，支持当地的葡萄牙-巴西人的战斗。巴雷托出生在秘鲁，父亲是葡萄牙人，母亲是西班牙人与美洲土著人的混血儿，他被若奥四世选中担任指挥官的时候，还是一名在阿连特茹骑兵军团中服役的司令官。他为何被选为葡萄牙巴西远征军总指挥官的原因不详，但是后来的事实证明国王的选择是明智的。3月26日，巴雷托率领的葡萄牙舰队离开里斯本跨越大西洋前往巴伊亚。舰队由5艘大战舰和两艘快艇组成，除了士兵以外，船上还有金钱、军械和弹药，士兵中有一个分遣队是由波尔图的新兵组成的。同年4月17—18日，葡萄牙军队与荷兰军队打响了第一次瓜拉拉佩斯（Guararapes）战役，瓜拉拉佩斯是一座位于累西腓附近的山丘，双方的军队在山上展开了艰苦卓绝的战斗，都表现得非常英勇——葡萄牙军队24小时都顾不上吃饭，而荷兰的军队则在不习惯热带雨林的气候条件下苦撑。战斗的结果，荷兰人失利，死亡500名将士，其中有48名军官，荷兰的战旗以及联省议会的纹章也不知所终。葡萄牙方面只死亡80名士兵，近400人受伤。不久，葡萄牙军队进攻奥林达，虽然荷兰士兵人数较多，但是士气低落，不战而逃，葡萄牙人收复了这座城市。1648年底，累西腓的荷兰当局急于打破葡萄牙人对于该城围攻的态势，集结了3 000余名白人士兵、250名海员以及200名印第安土著士兵，于1649年2月17日抵达瓜拉拉佩斯山区与葡萄牙人展开在该地的第二

1648年第一次瓜拉拉佩斯战役
由无名氏绘制于1758年，保存在里约热内卢国立历史博物馆（Museu Histórico Nacional）。

次战役。巴雷托指挥的士兵只有2 600人。19日，荷兰人先发制人，向葡萄牙军队开炮。但是巴雷托沉着应战，他将部队埋伏在山谷阴影笼罩之下的灌木丛中。而在山顶的荷兰士兵在热带阳光的照射下饥渴难当，他们想撤退到累西腓附近的一个乳牛场去。就在荷兰军队进入狭窄的山道的时候，葡萄牙军队不失时机，发动进攻。开始时荷兰军队还能够抵挡，但是后来就变成了在斜山坡上的四散奔逃，结果大败。荷兰士兵有957人死亡，被捕89人，伤亡者中包括100名军官；葡萄牙人只伤亡250人，而且大部分只是负伤。早在1624年荷兰人入侵巴西的时候，他们基于一个判断就是与西班牙人相比，葡萄牙人的战斗力是非常弱的，荷兰人长期以来一直认为葡萄牙人在训练有素的欧洲军队面前是不堪一击的，但是事实证明并非如此。

荷兰人在巴西的处境日益恶化，但是他们还是与葡萄牙人对峙并重新占领了塞拉，不过这个地区经过多年的战争已经没有人烟了。当时荷兰人在巴西各个据点和要塞最困难的事情就是缺乏补给，葡萄牙人则不断地骚扰和攻击这些地方的守军。累西腓的状况也在日益恶化，据一名荷兰法官写的报告，当地卫戍部队的士兵"没有食物果腹，衣不遮体，就像蚯蚓一样，惨不忍睹，我相信就是割掉他们的耳朵，也不会有血渗出"。其间，荷兰人曾经派出使团前往里斯本求和，企图与葡萄牙谈判如何划分荷兰占领下的巴西，但是谈判没有取得成果。葡萄牙海上的舰队一直不断地包围累西腓，切断荷兰人的补给线。虽然有一些荷兰的补给船只冲破包围进入城市，但是担任卫戍的荷兰军队服役期过长，军饷也被长期拖欠，所以士气低落，不愿再战；再加上指挥官生病，终于不能够抵挡葡萄牙海军的包围以及陆军的不断进攻，最后决定投降。

1654年1月26日，巴雷托与荷兰人谈判达成了一个对于投降者来说比较体面的协定：（1）协定的适用范围包括累西腓和所有荷兰人占领的巴西地区，荷兰人必须放下武器，葡萄牙人则提供足够的船只让所有愿意离开的荷兰人回国；（2）葡萄牙人允许荷兰人从容地不受干扰地卖掉或者处理好他们的货物和财产以后再离开；（3）允许愿意留在巴西的荷兰人继续生活下去，他们会受到与葡萄牙臣民一样的对待；（4）信奉新教的荷兰人在公共事务上必须遵守如同生活在葡萄牙本国的外国新教徒遵守的限制；（5）即便是正统的犹太人也可以留下（尽管后来没有一个犹太人选择留下）；（6）大赦所有在战争期间与葡萄牙人作战的荷兰人，葡萄牙人答应不会对这些人在言语或者行动上进行报复；（7）所有愿意离开巴西的荷兰臣民可以在3个月内处理好自己的事务，在此期间荷兰人之间法律上的纠纷案件仍然由当地的荷兰法庭处理；（8）对于荷兰的船只以及要塞做出妥善的处理，绝大部分的武器和军械将交给葡萄牙人，但是荷兰的指挥官可以带20门不同类型的青铜大炮以及充足的铁炮弹回国，以便途中遇到海盗时自卫。1月28日，巴雷托指挥的葡萄牙军队举行了凯旋入城仪式。

直到8年以后，葡萄牙与荷兰在巴西的战争遗留的问题才得以妥善解决。经过双方反复的谈判，1662年5月4日，葡萄牙王室批准了与荷兰的另一项和平协议，6个月以后，荷兰联省议会也批准了该项协议。其主要的条款如下：（1）葡萄牙在未来16年中向荷兰支付400万克鲁扎多，作为荷兰失去巴西属地的赔偿；（2）葡萄牙则接收荷兰人留在巴西的全部的武器装备，恢复并重建在那里的所有的炮兵部队；（3）葡萄牙人允许荷兰人在葡萄牙本国以及海外殖民地居住和从事贸易活动；（4）以前曾经居住在巴西的荷兰人的诉求将由一个联合委员会协调解决，该委员会将选出一名仲裁者，如果发生争执，他具有仲裁以及决定的权力。1663年4月，该协定正式公布。

荷兰人在巴西的统治始于1630年2月，终于1654年1月。从一开始，当地的葡萄牙-巴西起义者提出的口号是夺回"蔗糖"的利益，但是实际上更重要的因素还有罗马天主教徒与信奉新教的加尔文派之间的对立。在这场战争中，荷兰人和葡萄牙人都拥有各自的当地同盟军，塔普亚族加入荷兰的军队中，而大部分图皮族保持了对葡萄牙人的忠诚。在与荷兰人的持续战争中，葡萄牙-巴西军队是由穆拉托族、黑人以及不同民族的混血儿组成的，而许多纯种的美洲印第安人以及黑人成为杰出的军团指挥官。起义的领导者之一若奥·费尔南德斯·维埃拉（João Fernandes Vieira）就是一位出生于马德拉群岛的葡萄牙贵族与土著妓女所生的孩子。他从战争爆发的第一天一直坚持到最后一天。从此，巴西的蔗糖生产和贸易又重新回到了葡萄牙人的控制下。但是在荷兰人占据伯南布哥时期，巴西的甘蔗种植以及蔗糖生产方法有了很大的改进，并传入英属和法属西印度群岛，很可能葡萄牙-巴西的犹太人是这种种植与生产技术外流的中介人。

虽然荷兰人对于非洲西海岸以及巴西的进攻屡遭挫折，但是他们对于东方的葡属"印度国"的攻击大获成功，由此对葡萄牙海洋帝国的东方领地造成致命的打击。

从1595年至1605年，荷兰派遣了100多艘战舰来到东方的印度，他们直接进攻以果阿为中心的葡属"印度国"，以及印度尼西亚岛上葡萄牙人军事防御和航海力量较为薄弱的地方，有系统地劫掠从波斯湾到日本的葡萄牙人在亚洲的贸易港口，将葡萄牙漫长的殖民地链条上的据点一个又一个地攻陷。在1635年英国人与葡萄牙人达成谋求和平的《果阿协定》以后，荷兰人加紧进攻印度洋上的葡萄牙人。荷兰人与莫卧儿朝廷经过一番外交上的密谋以后，开始每年在果阿港口外面封锁从里斯本至果阿的航线，在船只抵达或离开果阿港口时袭击它们。这种常规的封锁有效地阻断和瓦解了以果阿为中心的贸易活动。从1641年至1644年，没有一艘武装商船能够离开果阿前往葡萄牙。葡萄牙船只的运货和卸货不得不转到果阿以北的港口如巴辛、曹尔和孟买。将货物从果阿运往北方的港口必须增加许多额外的费用。在1636—1644年荷兰有计划地封锁果阿，以及1636—1641年季节性地封锁马六甲期间，历任果阿的总督都极力想打破荷兰人的海上优势。但是他们不间断地向本国政府（在1580—1640年为统治葡萄牙与西班牙两国的哈布斯堡王朝，在1640年以后则为复国以后的若奥四世政府）发出的支援请求，总没有得到充分的满足。葡萄牙或者说整个伊比利亚半岛在船只、人员以及金钱方面都极不充裕，大部分葡萄牙以及卡斯蒂尔的资源都要转而投入到应付荷兰西印度公司在1625年以后对于巴西的进攻中去。西班牙的菲律甫四世以及独立以后的葡萄牙的若奥四世的国策顾问一致认为巴西的白种人口更多，由制糖业带来的财富也更多，因此，保卫巴西要比保卫财政窘迫的"印度国"更为重要。

如上文所述，1641年荷兰人与葡萄牙人在海牙达成的《十年和平协定》在海外并未执行，荷兰人的目的之一就是巩固他们对马六甲的占领。同时，荷兰人继续对果阿的港口进行封锁，并加紧对锡兰展开攻击，对那些即将入口的猎物，荷兰人显然并不想马上因停战协定而松手。到1645年6月，在巴西东北部爆发葡萄牙人反抗荷兰人的战斗，荷兰人以此为借口中止了本来一直要到1652年才中止的海牙停战协定。荷兰人的这种做法，不仅是因为荷兰在国际政治中的需要，而且是由于荷兰东印度公司理事会"十七绅士"出于经济利益的考量。

在香料群岛，葡萄牙人也赢得望加锡统治者们的信任以抵消荷兰人的影响。但不久荷兰人再度发动攻势，1658年，他们攻下了锡兰沿海所有的葡萄牙人殖民地。1663年他们终于完成了对科钦和马拉巴沿海其他葡萄牙军事据点的攻占。1661年8月6日，葡萄牙与荷兰再度签订了《海牙协定》，该协定规定荷兰共和国承认葡萄牙王国对于巴西的主权，葡萄牙则支付荷兰400万雷亚尔的补偿金，在16年中付清。该协定使葡荷双方的冲突告一段落，葡萄牙人满足于他们在巴西的地位的确立，甚至在1665—1667年和1672—1674年英荷之间发生战争时，葡萄牙人再也不想利用这个良好的时机去夺回它在亚洲的损失了。

葡萄牙与荷兰之间持久的冲突，使葡萄牙人在亚洲蒙受了毁灭性的灾难。在冲突期间，葡属印度耗尽了钱财和人力；到冲突结束的时候，葡属印度的繁荣已成为光荣的过去。早在1603年，果阿总主教梅内塞斯已经预感到荷兰人的威胁，他在给朋友的信中写道："因为荷兰人夺取我们的商业港口，抢劫我们停靠在那些海域的船只，我们这个国家，特别是最南部的边远地带，目前已处于非常危险的困境之中。"为了应对荷兰人的威胁，从1624年至1625年，葡萄牙人花费50万克鲁扎多建造舰队与荷兰人及其英国盟友周旋，但是并不成功。从17世纪30年代开始，荷兰人将注意力集中到印度洋和东亚。他们从1638年到1644年第一次封锁果阿，又于1644年封锁葡萄牙人在巴西的殖民地伯南布哥，但是，荷兰人在巴西的西北方被葡萄牙人打败，于是又将主要的精力集中到印度洋上的果阿，于1656—1663年第二次封锁果阿。他们在果阿的港口外面布置舰队，拦截和攻击葡萄牙人的船只。这两次封锁给葡萄牙人造成很大的打击。在雷尼亚雷斯（1629—1635年在任）任总督期间，葡萄牙损失兵员1 500名，船只153艘，被荷兰人截获的战利品价值550万克鲁扎多。在下一任总督的3年任期内，有4 000名葡萄牙士兵阵亡。为补充兵员，葡萄牙从本国抽调500名士兵来印度。葡萄牙人在船只方面的损失也十分惊人：在整个16世纪，葡萄牙共有768艘船只从里斯本驶往东方，1579年时损失了10%，但是从1580年至1612年，只有五六成船只安全返回欧洲，仅1592年至1602年就有38%的船只在里斯本至果阿的航线上沉没。另一种统计则是：在1629—1639年间与荷兰人的冲突中，葡萄牙损失了6 000名男子，160艘船只，被荷兰缴获的战利品价值7 500 000歇拉芬（xerafins）①。在马六甲、科伦坡、加纳拉和马拉巴定居点的围城战中，葡萄牙人的损失就更为惨重。面临荷兰人的严酷打击、封锁和贸易竞争，果阿的对外贸易额急剧衰落，在17世纪前3个10年，果阿的海关收入降低了一半，从1600年的270万克鲁扎多（cruzado）②降低到1617年的180万克鲁扎多……到1635年为140万克鲁扎多，到1680年只剩下50万克鲁扎多。

在远东，荷兰人与葡萄牙人的战争则是在香料群岛开始的。林斯霍顿早在他的游记中写道：如果这个地区被荷兰人占领的话，那么别人就很难与之匹敌了。于是，荷兰人加紧在这个地区与葡萄牙人的对抗。葡萄牙在香料群岛的专横跋扈以及对本地商人的巧取豪夺使得当地人很容易转而与荷兰人结盟。在当地人的支持以及主动合作之下，荷兰人有效地限制了葡萄牙人在马六甲的影响。不仅如此，他们还在马六甲附近对在果阿和澳门之间往返的葡萄牙船只造成极大的威胁甚至打击。

澳门的葡萄牙人与荷兰人发生冲突最初是在1601年9月，当时荷兰舰队在范·内克（Jacob Cornelius van Neck，1564—1638）率领之下与澳门的葡萄牙舰队发生激战，一些荷兰人被葡军俘虏，其中一些战俘被处死。荷兰舰队司令黑姆斯凯尔克（Jacob van Heemskerck，1567—1607）盛怒之下，率部众伏击葡萄牙船只。1602年3月，两艘荷兰船只在南大西洋的圣海伦娜岛的外海，俘获葡萄牙船只"圣耶戈号"，缴获大量瓷器和香料。次年，葡萄牙人因荷兰人的袭击蒙受更大的损失。1603年2月，从澳门出发前往果阿的葡萄牙大武装商船"圣卡特琳娜号"，满载着丝绸、彩缎、漆器、家具和香料，此外还有70吨黄金矿砂和60吨瓷器（约10万件）出海。2月25日，两艘荷兰船只在舰长黑姆斯凯尔克的率领下在马六甲海域附近向停泊在港口的这艘葡萄牙船只发

---

① 原葡属果阿旧币名。
② 葡萄牙古钱币，开始的时候以黄金制作。1517年时一个克鲁扎多相当于400雷亚尔（reis，葡萄牙小铜币，价值低）。后来又以白银制作成银币，16世纪的时候，一个克鲁扎多相当于4先令。

起进攻,激战一日,船货半数遭火舌吞噬,但荷兰人仍然缴获了大量贵重的艺术品、漆器、丝绸和陶瓷,并送到阿姆斯特丹展出,其拍卖收入高达340万荷兰盾,约合3.5万公斤白银。这是一笔巨款,刚刚成立于1602年的荷兰东印度公司,总资本不到650万盾,打劫"圣卡特琳娜号"的战利品一下子为公司带入54%的股价总值。这笔战利品的价值还是成立于1600年的英国东印度公司总资本的两倍。这对荷兰人是个巨大的鼓舞,他们再接再厉,1603年7月底,由瓦尔韦伊克(Wijbrand van Waerwijck)率领的荷兰舰队在澳门附近的海面袭击了一艘驶往日本的大帆船,葡萄牙的士兵和船员不战而逃,俘获的战利品价值巨大,仅生丝就有2 800包,每包价格500盾,总价值达140万盾。1618年出任荷属东印度第四任总督的科恩,在1622年3月26日在巴达维亚所写的一封信中指出:当年荷兰人就截获伊比利亚人9艘小型战舰,其中6艘属于澳门,3艘属于马尼拉。他在信中还指出:"敌人目前境况窘迫,甚至不敢派船出海,他们在东印度穷困潦倒。众商人因此撤离马尼拉、澳门、摩鹿加(香料群岛)、马六甲,果阿等整个东印度也将失去保障。"

本来,葡萄牙的里斯本当局和卡斯蒂尔的西班牙哈布斯堡王室都认为,根据《托马尔纲领》原先两大殖民帝国在海外的殖民地在行政、军事、经济和传教事务领域都是分开的。但是荷兰的迅速崛起,迫使伊比利亚的海外殖民地认识到在防务上果阿、澳门、马尼拉以及墨西哥之间必须展开合作。在1603年葡西两方合作进攻特尔那特岛失败以后,西班牙于1606年独自攻占了该岛。1610年,果阿的大总督下令派遣一支有8艘舰船的装备精良的舰队前往澳门,与马尼拉的西班牙人联手对抗荷兰人。但是葡萄牙的指挥官瓦斯康塞罗(Dom Diogo de Vasconcellos)是一个胆怯的人,尽管菲律宾的总督愿意与他合作,但他却不敢轻举妄动。5年以后,果阿的总督和菲律宾的总督同意再度展开合作,他们计划在马六甲会师然后进攻香料群岛中万丹岛上的荷兰人。但这次计划又再受挫,因为有4艘派往马六甲的葡萄牙大帆船在新山海峡(Johor Straits)受到马来人舰队的袭击,被迫折回。西班牙人在马尼拉组织了一支最大的和最强的舰队,它包括16艘600吨至2 000吨的大帆船,300门青铜大炮,2 000名西班牙战士和3 000名亚洲士兵(其中有菲律宾人、日本人和马来人)。但舰队抵达马六甲以后,指挥官即患痢疾去世,而这支庞大的舰队因缺乏供给被迫折回,根本没有办法寻找荷兰人决战。

在以后的一段时间,荷兰人由于发现中国沿海居民愿意与其贸易,所以暂时没有袭击澳门。但随着时间的推移,他们越来越不满足对中国贸易所占的份额。同时，由于当时荷兰与英国缔结了反西班牙同盟（其时葡萄牙为西班牙的一部分），荷兰决心加紧对于葡萄牙在东方领地的进攻。1622年4月，荷兰驻巴达维亚的东印度公司总督科恩制订了一个野心勃勃的计划，想要以占领澳门来垄断对中国的贸易。要实现这个计划，首先要征服澳门，这样就可以控制与中国、马六甲、日本和马尼拉的贸易，就像1609年他们占领日本的平户一样。6月20日，在莱尔森（Cornelis Reijersen）司令官的率领之下，一支由17艘战舰组成并配备1 300名荷兰士兵的舰队驶抵澳门。24日，荷兰士兵发起攻击，虽然他们在军事素质和装备上占优势，但战事一开始即对荷兰人不利。葡萄牙人拼死抵抗，先是荷兰指挥官莱尔森被击中腹部，继而当他们进入圣保禄大炮台的射程时，一发由意大利耶稣会士罗奥（Padre Jeronimo Rho）神父指挥发射的炮弹击中了荷兰军队的火药桶，引发了大爆炸，使荷兰人死伤惨重，士气受挫。澳门的葡萄牙军官指挥士兵冲上未被荷兰人占领的高地，再居高临下向海滩上的敌人发起冲击。澳门的市民、黑人奴隶以及手无寸铁的托钵僧会士和耶稣会士同仇敌忾，一起冲入敌阵。许多荷兰士兵被淹死或被击毙在水中，荷兰的后备队也不战而逃。此役的结果是：葡萄牙人估计有300名荷兰人死亡。荷兰方面记载有136名欧洲士兵阵亡，另有126人受伤，还不包括从北大年和日本来的雇佣军。荷兰军官的损失也很大，其中有7名舰长、4名中尉和少尉阵亡，并丧失了所有的大炮。从那时起，荷兰人再也没有试图占领澳门，这次战役也是葡萄牙人维护其远东地位的最后的辉煌。博克塞曾经谈到1622年澳门之役的意义，他指出："在驱逐东方的葡萄牙人时，荷兰人只在两个地方遭遇了失败，那就是澳门和印度尼西亚的小巽他群岛。1622年，荷兰人发动强大的攻势，企图攻占澳门，但被澳门守军击败，损失惨重。于是他们转而于1660年远征中国的台湾。荷兰人试图

澳门战胜荷兰人1622年入侵纪念碑
该石碑于1871年竖立于澳门荷兰园附近一座花园里，该花园先于1864年建成，名为"胜利花园"（Jardim da Vitória, or Victory Garden）。

剥夺小巽他群岛的檀香木贸易,但究竟没有成功,因为当地居民在多明我会士的率领之下群起反对他们。"

正是在那次战役之后,荷兰人开始侵占和盘踞在中国的澎湖列岛和台湾,以此作为与中国大陆展开贸易的跳板。

由于荷兰人的封锁和拦截,自17世纪20年代后期,澳门与日本长崎的贸易一直在下降,在过去的大半个世纪里,澳门一直依赖于与长崎的贸易维持其繁荣地位。现在这种贸易越来越岌岌可危。其主要原因固然是因为日本幕府以怀疑的态度看待葡萄牙势力扶植起来的天主教会势力,另一方面也是因为在日本的荷兰人利用这一形势来削弱和破坏葡萄牙人在日本的残存利益。

早在17世纪初年,荷兰人已经致力于与日本人建立贸易关系。1598年,有22艘荷兰船只驶往远东。其中有一艘由奎克内克(Jacob Quaeckerneck)舰长率领的"仁慈号"(de Liefde, or Charity),由英国人威廉·亚当斯(William Adams)引航。1600年4月19日,该船因为被风暴吹离航线,驶抵日本九州的丰后国,虽然当地的葡萄牙人和耶稣会士极不情愿,但是荷兰人还是成功地在当地逗留了一段时间。由于船长病重,所以由亚当斯作为代表去大阪觐见了德川家康,这次觐见对于荷兰人以后在日本的立足有重要的影响。德川家康第一次知道欧洲除了"南蛮"(葡萄牙人)以外还有荷兰人与英国人,而且后者信奉不同于天主教的新教。同时,1601年,鹿特丹也知道了有关日本的情况。1605年,奎克内克再度率领"仁慈号"来到日本的平户,他得到了德川家康颁发的"朱印状",即获得允许与日本通商。1607年9月,荷兰海军上将维霍芬(Pieter Williamsz Verhoeven)率领一支由13艘舰船、1 900名官兵以及377门大炮组成的庞大舰队前往远东。出发以前,他接到荷兰政府的指令,要求他至少必须派遣一艘船只前往日本通聘。舰队到达远东以后,他派遣布罗克(Abraham van den Broeck)和普克(Nicolas Puyck)为商务使团团长,于1609年7月,率领两艘舰船"带箭的红狮号"(Roode Leeuw met Pijlen, or Red Lion with Arrow)以及"狮身鹰首兽号"(Griffoen, Griffin)前往平户,他们带了奥兰治亲王致德川家康的一封信,请求获得允许在平户建立一个永久的商站。在当地大名的引见之下,他们觐见了德川家康,呈上了亲王的信件。他们向德川幕府的官员再度解释,荷兰是从信奉天主教的西班牙人和葡萄牙人统治下获得解放的国家,幕府官员获得的印象是,荷兰似乎不是一个基督教国家,至少不是一个像葡萄牙或西班牙那样的天主教国家。这一年秋天,由雅克·斯佩科斯(Jacques Specx)担任馆长的平户荷兰商馆成立,荷兰得以与日本建立正式的通商关系。

随着时间的推移，葡萄牙人在日本的地位越发岌岌可危。事实上，葡萄牙人处境的危难还与天主教会在日本面临的教难有关。在16世纪下半叶丰臣秀吉统治后期，日本反天主教会的立场已经十分明显。1587年7月25日，丰臣秀吉颁布《伴天连追放令》，宣布天主教为"邪法"，与作为"神国"的日本格格不入，该谕令宣布外国神父在20天以后必须回国，但是日本人亦不可危害神父，同时也没有禁止与葡萄牙人通商。此外，丰臣秀吉还剥夺了天主教大名高山右近的领地。虽然这个命令并没有强迫日本天主教徒改宗，也没有正式禁止与澳门的葡萄牙人通商，但是不久，对于天主教的查禁日趋严厉，丰臣秀吉下令收缴军队中的十字架、念珠和圣物盒，没收大阪、堺、京都的传教士住院，没收长崎、浦上的教会领地，捣毁基督徒大名领地上的教堂，对于基督徒的镇压变得严酷起来。

1596年，发生了西班牙船只"圣菲利普号"（San Felipe）事件。该船在当年7月从马尼拉驶向阿卡普科，10月19日在遇到风暴以后进入土佐藩港口修理，丰臣秀吉接到报告以后派增田长盛前往处理，准备按例收缴船上价值150万佩索的货物。那位船长为避免厄运，竟然向日本官员炫耀西班牙领地广阔，并声称西班牙人扩张总是先派传教士前去归化土著，然后再派军队，里应外合，占领该地。这种说法引发了日本统治者的担忧。丰臣秀吉于同年12月8日再度发布禁教令，由于当时继耶稣会以后进入日本的方济各会非常活跃，引起日本反教人士的不满和反感。京都奉行下令逮捕以方济各会士巴蒂士塔（Pedro Bautista）为首的一批方济各会士及其信徒。在大阪和京都，当局共逮捕方济各会士7名、信徒14名（其中有3名男孩分别为14岁、13岁和12岁），还有耶稣会士3名，共计24名。12月31日，他们被投入京都的监狱。1597年1月3日，他们被带到京都的屈川通桥边削去左耳，游街示众。最后，当局决定将处决的地点选在长崎以震慑当地众多的天主教徒。其间，又有2名基督徒被捕，共计26名。这一行因犯在寒冬之中被押往长崎，2月4日，他们抵达长崎，2月5日，在长崎西坂的山丘之上，他们先被钉在十字架上，然后士兵们用长矛将他们刺死。1614年，德川幕府再度颁布禁教令；1616年9月，第二代幕府将军德川秀光再度重申1614年的禁令。在1622年的"长崎大殉教"事件中，有30名基督徒被砍头，另外有25人被烧死，其中有8名多明我会士、4名耶稣会士、3名方济各会士以及20名修士。

即便在如此严酷的迫害基督教的政策之下，出于通商之利的诱惑，丰臣秀吉以及后来的德川幕府在1638年以前，都没有完全根除与澳门的葡萄牙人的海上贸易活动。从1587年到1589年丰臣秀吉去世，每年总有1艘葡萄牙船只从澳门来到长崎。1592年，德川幕府将长崎改为直辖，派长崎奉行驻扎在长崎。第一任长崎奉行为寺泽志摩，他将官邸设在本博多町，同年制定"朱印船"制度，提倡海外贸易。当时持有"朱印状"的日本船只到达过台湾、澎湖列岛、吕宋、婆罗洲、马来半岛、安南、暹罗。这些日本商人输入的商品以生丝和丝织品为主，还有鹿皮、鲛皮、苏木和砂糖，输出品则有铜、铁、硫黄、扇子和描金画等。当时的日本统治者，还抱有将传教与贸易尽量分开处理的想法。而在日本的耶稣会士，也利用了日本统治者的这种想法，十分低调地在日本展开传教和巩固信徒信仰的活动，到了1605年，日本境内天主教徒的人数，竟然达到70万之众。这不能不再度引起幕府以及其他反天主教的社会人士的关注和警惕。

  正是在这种十分微妙艰难的情形之下，澳门葡萄牙人尽一切可能极力维持与日本的断断续续的贸易联系。面对荷兰人的海上优势，葡萄牙人只得放弃了行动缓慢的大帆船，使用小型快速的运输船使荷兰人不能完全拦截。但是荷兰人仍然在处心积虑地减损和危害葡萄牙人在日本的利益和影响。1619年，荷兰人交给日本当局一封由一名叫若热（Domingos Jorge）的葡萄牙基督徒所写的信，此人为侨居日本的葡萄牙人的首领，信中说要联合葡萄牙人共同颠覆日本帝国，还提到需要西班牙国王提供战舰和士兵，并列出了参与阴谋的日本藩主的姓名。荷兰人声称他们是在好望角附近拦截的葡船上找到这封信的。若热因此被斩首。事实上，关于此信的来历很值得怀疑，但是它肯定促使

原　城
位于日本九州的东部，"岛原之乱"于1638年4月12日最后被镇压的地方。

了日本幕府下决定禁教。17世纪30年代，幕府禁止"朱印船"以外的船只与人员航行海外，在海外侨居超过五年的日本人，禁止回国；1635年，禁止一切日本船只与人员回国，违者处死。

最后，在1637年，终于爆发了由德川幕府禁教政策以及九州大名的残酷的剥削与压迫引发的规模巨大的日本天主教徒岛原之乱（Shimabara Rebellion，1637.12.11—1638.4.12）。日本幕府和九州大名调动10余万军队，并要求荷兰人在海上用重炮轰击起义的中心原城，才将起义镇压下去。这一重要的历史事件也是引起日本德川幕府统治者深深疑虑，最终导致长达95年葡萄牙与日本贸易终结的直接原因。日本的统治者认为岛原信奉天主教的居民理所当然是受到某种外国势力（特别是葡萄牙人）的支持的。实际上当时澳门的议事会已经想尽一切办法严禁天主教的传教士搭乘葡萄牙的商船，以免给日本当局以口实，在岛原城中也没有任何外国传教士。但是在日本当局看来，与马尼拉的贸易在25年前已经被禁止，"朱印船"后来也被取缔，中国人与荷兰人是不可能与日本天主教徒合作的，那么剩下的只有长崎与澳门之间的贸易。所以，在1638年，日本的德川幕府统治者下决心最后关闭葡萄牙与日本之间的贸易，并禁止日本人民出海，驱逐所有在日本的葡萄牙人。

位于九州岛原的藩主原为有马晴信，是一位虔诚的天主教徒。因受冈本大八案牵连死难。天草的藩主则为小西行长，也虔信天主教。在关原之战中因支持石田三成，战败以后被德川家康杀害。他们的职位分别由松仓重政和寺泽坚高接替。后两者都不是天主教徒，受幕府之命，百般迫害当地的信教农民。在岛原之乱以前的1616年，德川幕府第三代将军德川家光力主锁国，下令关闭长崎与平户的对外贸易。九州大名由于失去对外贸易，转而加重对于农民的剥削。岛原藩主松仓重政于1621年建筑岛原城，重敛百姓，并镇压天主教徒，其子松仓胜家更以残暴著名。1637年12月，终于激发岛原和天草民变，起义军推举天草四郎（1621?—1638，教名热罗尼莫Jerome/Hieronemo）为领袖，屡屡击败官府军，坚守在岛原半岛南部有明海出海口丘陵之上的原城，并在城上竖起十字架和圣像，义军的旗帜上绣有一圣爵，上有一圣体，旁有两位天使。幕府派镇守京都的板仓重昌前往弹压，再派松平信纲到九州督战。1638年1月1日，官府的军队攻城再度失利，板仓阵亡。松平信纲改变战术为围城，并吁请荷兰的舰队从海上用重炮轰击原城。1634年4月12日，幕府军与九州各大名的军队共12万余人终于攻破城池，城中弹尽粮绝的守军不屈而战死。15日，官军杀害全部被俘的老人、妇女与儿童。事后，岛原藩主松仓胜家因负有引发事变的罪责被幕府以斩首的方式处死。岛原之乱并无葡萄牙人的直接指使，但是由于起义民众均为天主教徒，故使幕府最后下决心关闭与葡萄牙人的贸易。原城在起义失败之后被彻底破坏，1938年被定为日本国家遗产，发掘出铅弹、十字架与万人坑等。据博克塞统计，从1614年到1650年，日本共有2 128名基督徒殉道者，其中欧洲人共71名，这只是有文字记录的数字。根据德尔普雷斯（L.Delplace，S.J.）的统计，从1597年至1660年共有3 125名基督徒以及传教士殉难。

1638年的时候，还有葡萄牙船只来到日本，但是，在1639年，当舰长阿尔梅达（Vasco Palha de Almeida）率领两艘船只来到长崎的时候，日本政府已不再让他贸易，日本人交给他一份签署于同年7月5日谕令的抄本，指示立即永久地关闭澳门和长崎之间的贸易，如果葡萄牙人再来长崎，就要被处死。日本幕府列举的理由有3条：一是葡萄牙船只用于偷运传教士，故意违反禁教令；二是葡萄牙人的船只用来运输给传教士的给养；三是葡萄牙船只为岛原叛乱信奉天主教的农民提供人员和金钱的帮助。日本幕府命令葡萄牙船只必须在风顺的情形之下离开，在其停泊港口期间不允许任何人登岸，以等待东北季风的来临。日本人在口头上和书面上通知葡萄牙，禁止任何葡萄牙人再来日本贸易，否则处以死刑，并将通知传达到果阿和澳门。

在阿尔梅达舰长带回这个对于澳门来说是致命的消息以后，澳门当局还是极力挽回局面，因为与日本的贸易对于澳门的生存实在是太重要了。

1640年3月13日，澳门议事厅决定派使团前往日本，恳请日本当局重新开启贸易。他们知道，这是极端冒险的举动。使团的领袖是4名葡萄牙的市民即帕切科（Luis Paes Pacheco）、巴雷德斯（Rodrigo Sanchez de Paredes）、卡瓦略（Gonçalo Monteiro de Carvalho）以及派伊瓦（Simão Vaz de Paiva）。使团其他成员有船长佛郎哥（Domingos Franco）以及12名葡萄牙人、3名西班牙人以及中国人、印度马拉巴人以及孟加拉人等，共74人，这是一个庞大的使团，他们没有带任何商品，此行唯一的目的就是请求日本当局恢复与澳门的贸易。8月3日，日本幕府为宣示坚决与葡萄牙人断绝一切贸易关系的决心，将使团中61人处死。他们停泊在长崎港口的大船也被焚毁了，剩下的13人被释放，乘小船于9月1日离开长崎，一路漂流，于当月20日回到澳门，报告这一不幸的消息。当时澳门所有的教堂都敲钟为遇难的使团成员致哀。

随着德川家族出于政治和宗教的目的禁止与葡萄牙人贸易，并查禁天主教，整个欧洲与日本的贸易便逐渐被荷兰人垄断了。日本进入了所谓"锁国"时期。

日本历史学家坂本太郎指出：有关锁国的利弊，历来议论纷纷，但它确实是加强和巩固幕府封建统治的有效政策，长达200余年的江户时代，能在国内保持和平，幕府政权得以维持，锁国无疑是一个有利的因素。在经济方面，国内产业得以发展，在文化方面，日本独特的文化得以昌盛，等等，可以说都是由于锁国的影响。但是，在另一方面，它缩小了人民刚刚开始的、面向世界的眼光，扼杀了不断探索的精神，妨碍了欧洲近代合理精神（理性主义）在日本的传播与成长。这对于整个日本历史的发展来说，不能算是值得庆幸的事。然而幕府并没有认识到这一点，所以它难免要受到只是为了维护自己政权而愚弄人民，阻止文化发展等谴责。这毕竟是武家专制政治发展的必然结果，换言之，它是武力统治对于文化专制的胜利，是封建统治做到了对于自由思想的彻底压迫，进而也开辟了国粹主义压制国际主义的道路。

从那时起，日本幕府便以长崎港口外面的出岛（Dejima）为基地与荷兰人进行贸易活动。出岛是德川家光于1634年下令建造的，原本是为葡萄牙人建造的，1636年初步完工。这个人工岛北侧长达190米、南侧长达233米，东西宽约70米，面积13 698平方米，有一座桥连接长崎市区。最初幕府是想将葡萄牙人的活动限制在此区域内部，其建筑费用由长崎的有钱有势的商人（町众）出资。1637年"岛原之乱"以后，1639年幕府下令驱逐所有葡萄牙人，停止与澳门的贸易，原先出资建造出岛的町众，对于资金不能收回感到为难。1641年幕府强令原先在平户贸易的荷兰人迁往出岛。荷兰人每年向町众支付一定数量的金钱。原则上日本人除商务或其他公事以外不能进入该岛，荷兰人也不可以随意走出该岛。岛上的建筑物有商馆长住宅、商馆员住宅、仓库、炊事场、浴室、家畜小屋、菜园和日本官员住屋。驻守在荷兰商馆的荷兰方面的人员有甲比丹（Kapitan，商馆长）、次席、仓库长、书记官、医生、厨师、木匠、锻工和召使（黑人）等约15人左右。在日本方面，则有长崎奉行负责管理出岛，由出岛乙名直接与荷兰人交涉，他是在岛上的日本方面的负责人，负责监视荷兰人、商品的卸货、货款的支付、日本人的出入、荷兰人日用品的购买等事务。在乙名之下则有荷兰通译、组头、同行使、笔者、小使、船番、庭番等100余名工作人员。荷兰商馆的馆长原则上一年一任，新任馆长每年会前往江户拜访幕府的将军（后来改为4年一次）。此时出岛上的其他荷兰人也可以一起同行，乘机呼吸外面的自由空气并接触日本的风光景物。新任馆长必须在此时向幕府呈交《荷兰风说书》，幕府借此了解海外的情况。

荷兰船只通常在每年8月至9月乘着季风从巴达维亚来到长崎，到这一年

11月或者次年2月间返航离开。船只在入港口以后会接受检查，书籍和武器不允许携带，岛上禁止举行任何宗教活动。船到以后，帆被没收，直到返航时才发还。从1641年至1847年间，总共有606艘荷兰船只抵达长崎港口。早期荷兰船只抵达的次数比较频密，每年约有2—5艘船只抵港，1715年幕府限制每年只能有2艘船来到，1719年更限制为1艘，1799年又恢复为2艘。荷兰方面主要输入的商品以产自孟加拉和安南东京的丝绸为主，日本输出的主要是白银。在荷兰与日本通商的中期以后，荷兰还输入罗纱、天鹅绒、胡椒、砂糖、玻璃制品，日本输出的则有铜、樟脑、瓷器等物品。由荷兰人第一次带入日本的西洋物品有羽毛球、台球、啤酒、咖啡、钢琴、甘蓝、番茄和巧克力等。虽然荷兰与日本的贸易额一直受到限制，但与日本贸易获得的金银对于荷兰人仍然有很大的吸引力，所以两国的贸易一直持续到幕府末期。1720年，德川幕府第八代将军德川吉宗（1716—1745）放宽禁书令，除基督教以外的欧洲其他学问的书籍可以入口，出岛由此成为日本了解世界知识和国际事务的窗口。

在与长崎的贸易逐渐萎缩直到最后断绝之后，澳门只有依靠与马尼拉和马六甲的贸易维持生存，但马六甲的地位同样在荷兰人的威胁之下，情况危急。

1633年以后，葡萄牙人在马六甲的情况越来越困难，因为荷兰人对这个港口的封锁越来越紧，葡萄牙的船只有经过重重困难才能进出港口，马六甲的贸易更是陷于瘫痪。果阿的葡属印度政府虽然了解马六甲在战略地位上的重要性，可是无力援助。当时马六甲食品匮乏，给养不继。荷兰驻巴达维亚总督迪曼断定出击的时机已到。1640年6月，一支由1400人组成的远征军开抵马六甲，与一支规模相等的由柔佛王国派来的同盟军会合，他们严密地包围了马六甲。经过6个月日日夜夜的战斗，葡萄牙人虽英勇抵抗，但1641年1月14日马六甲城及要塞终于沦陷。由于葡萄牙人修筑的马六甲要塞高大而坚固，易守难攻，加以马六甲城市周围地区疟疾流行，在整个围城以及攻城的战役中，也有近千名荷兰士兵病死或者阵亡。当时，亚洲各地的葡萄牙人不相信马六甲坚固的要塞真的会被攻陷，有谣言说该地的陷落是因为葡萄牙总督科蒂尼奥（Manuel de Sousa Coutinho）接受了敌人的贿赂。他本人在要塞陷落以后不久去世。荷兰人在占领了马六甲以后，致力于与当地人修复关系并恢复与邻近地区的贸易，因此他们要求此地的葡萄牙人居民留下，参加城市的管理，只要他们宣誓效忠荷兰人即可。但是，一部分富有的葡萄牙人特别是葡萄牙的神职人员还是选择离开，他们最后大部分都去了印度果阿和南方的科罗曼德尔海岸。只有一些葡萄牙人与马来人结婚所生的混血儿后裔选择留下。

从那时起，荷兰人就以马六甲为中心，伏击和拦截往返于果阿和澳门之间的穿越海峡的葡萄牙船只，使果阿与澳门之间的贸易和军事联系变得困难重重。如1642年6月20日，一艘从果阿驶往澳门的船只在马六甲以北的海域被荷兰人截获，有价值6732荷兰盾的货物落入荷兰人手中；1643年6月，一艘由科钦驶往澳门的葡萄牙船只又在马六甲附近被荷兰人截获。随着马六甲的沦陷，东亚的要冲现在落入荷兰人手中，葡萄牙人在澳门这个孤零零的殖民地变得比以往任何时候都更加孤立无援。葡萄牙人拼命反制，1643年5月，他们也扣押了一艘驶往印度西海岸的荷兰船只，没收了价值435439余荷兰盾的波斯丝绸，由此迫使荷兰人改变了对驶入马六甲的葡萄牙船只的处理办法，葡萄牙人还利用英国人的船只运载货物，1644年，至少有3艘英国船只从苏拉特和果阿经马六甲驶往澳门和马尼拉，并从马尼拉折回，以致马六甲的荷兰总督抱怨说："利用这种走私，果阿和澳门的葡萄牙人想要什么都能够得到。"1644年11月10日，荷属印度的官员梅祖依以及葡萄牙的果阿总督梅内塞斯在果阿签订条约，规定葡萄牙人释放扣押的荷兰船只和船员，荷兰人则释放1643年2月22日以后所有的葡萄牙人俘虏并归还货物。条约于1645年1月25日在果阿公布，双方正式休战（1645—1652）。在此期间，澳门与果阿之间的航运有所恢复。

当时的澳门只剩下马尼拉航线，不过，这条航线上的贸易一直没有得到法律上的承认。同时在1642年以后，由于澳门的葡萄牙人坚持站在葡萄牙母国的立场，热烈地拥护葡萄牙的复国，导致他们与马尼拉关系的恶化，马尼拉的西班牙人也断绝了与澳门的通商关系。于是，"在不到一个世纪的时间里，澳门达到了令人羡慕的繁荣的顶点，它经历了许多动荡不安的年代，又陷入了苦难和不幸"。到17世纪下半叶，澳门城市及周边地区已经渐渐荒凉。

尽管如此，果阿和澳门两个主要的葡萄牙东方殖民地都没有毁灭。因为葡萄牙本国政府深切地认识到拼死抵抗荷兰人对于葡萄牙维护其在亚洲地位的重要性。所以葡萄牙王室不断地向以果阿为首的"印度国"下达命令，有时也提供人力和物力资源，旨在重组葡萄牙在东方的防御体系。在后来的时日里，葡萄牙人修复和重建了一些炮台和要塞，配备了新的大炮和火药，在各个海域的航道上采取种种安全措施，并为所有的航海活动配备了装备。果阿和北方的达曼和第乌顽强地生存了下来，甚至当英国统治印度的时候也没有被合并；至于澳门，它的百折不挠的居民则在夹缝中找到了新的贸易市场，他们与印度尼西亚、望加锡和帝汶岛发展了密切的贸易联系。

至于澳门与果阿之间的贸易和人员之间的联系,也没有因为荷兰的封锁而完全中断。的确,自1617年开始,果阿与澳门之间的定期贸易终止了。如上文所述,从1637年开始,荷兰人有效地封锁了葡属印度果阿与科钦。尽管如此,澳门的葡萄牙商人仍然能够去果阿,只是大大不如以前那样频繁了。澳门商人的小型带帆的快船经常能够穿越和绕过荷兰人控制下的马六甲海峡航行到科钦和果阿。在1620—1621年,还有6艘葡萄牙的快船躲过荷兰以及英国舰船的封锁,运载着大量的丝绸以及丝织品,从澳门驶抵长崎。1623年,8艘葡萄牙船只又成功地从台湾东面的太平洋而不是台湾海峡驶抵长崎,而这一年,英国人从平户的商站撤退。澳门与长崎之间的贸易还在陆陆续续地进行。从17世纪20年代到30年代,每年从澳门运出的货物总量的价值,包括黄金和宝石,不到40万克鲁扎多。果阿的商人从澳门那里得到的主要是黄金、麝香、生丝以及贵重的宝石。1635年果阿的造币厂铸造了价值65万克鲁扎多的金币,10万来自莫桑比克、15万来自马六甲、约5万来自葡萄牙本国,还有约35万来自与中国(主要是澳门)的贸易。

　　无论如何,在这段时间,澳门和远东每年至少有1—2艘船来到果阿。在同一时期里澳门至日本的航线上,每年有5—6艘船甚至更多的船从澳门去长崎。但是在澳门去日本的航线上,果阿的葡萄牙商人才是最大的获益者,正是他们投资了这些航行。例如萨莱玛(André Salema)是果阿政府司库的主管,他是负责印度、澳门和长崎贸易的最主要的投资者,有一些果阿的主要的商人资助从1632年至1634年果阿、澳门和长崎的航行,还有两位名叫卡瓦略(Tinoco de Carvalho 和 Lourenço de Carvalho)的在果阿的葡萄牙商人集资打造了从果阿至澳门航行的快速轻型帆船,极力维持两地之间的贸易。

三、葡萄牙与荷兰此消彼长的原因

　　与葡萄牙人相比,新兴的荷兰人拥有更为优越的经济资源、更多的人力资源以及更为强大的海上优势。尼德兰合省国在国内的经济基础方面就比贫穷的葡萄牙王国强。这两个国家在人口上大体相等,前者150万人,后者125万人。但是在1640年以前,葡萄牙人要为西班牙提供兵力当炮灰与欧洲其他的列强打仗,荷兰人则可以利用邻近的日耳曼以及斯堪的纳维亚半岛的人力资源为它的军队和舰队服务。在海上,葡萄牙与荷兰的悬殊就更加惊人。1649年,葡萄牙著名的耶稣会士安东尼奥·维埃拉估计荷兰拥有1.4万艘船只可以用作战舰，而葡萄牙的同类战舰不会超过13艘。维埃拉还指出，荷兰拥有25万名海员和海军士兵，而葡萄牙的海军官兵花名册上登记的军人人数只有4 000人。博克塞认为维埃拉可能有点夸大其词，不过也不会夸大得太离谱。1620年，里斯本当局统计葡萄牙整个国家可以用于舰队服务的人数也不过为6 260人。1643年11月果阿总督的顾问会议指出里斯本没有办法提供足够的合格的领航员服务于驶往印度的舰队，因为那些合格的领航员（不超过10名）都因为荷兰的封锁被滞留在果阿的港口内不得动弹。从1580年至1640年，葡萄牙还缺少服务于深海航行的水手，因为在这段时间内葡萄牙国内资深的海员都更喜欢选择去西班牙海军界服务，西班牙王室所支付给他们的薪水比葡萄牙当局更高，西班牙王室也鼓励这种趋势。因为数世纪以来，尽管有加利西亚和比斯开湾地区的海员和领航员愿意为西班牙服务，但是西班牙还是缺少能在深海航行的海员，所以王室决定启用葡萄牙的海员。因此，在与荷兰的海上竞争中，葡萄牙总是处于弱势。

另一个使得葡萄牙在亚洲的海域处于劣势的原因是在1636—1645年间，荷兰在巴达维亚的总督迪曼在指挥才能以及战略谋划上卓越超群，远胜过历任葡属印度果阿的总督，荷兰的舰队在印度洋上有力地打击了葡萄牙的海军。1609年，在印度果阿的戈维亚（António de Gouveia）神父称荷兰人在印度海域取得的胜利是"其统帅灵活指挥的结果"。另外，葡萄牙人在海军军官的选拔上过于拘泥于传统的所谓门第观念，要求有绅士的血统以及贵族门第出身的人士才可以担任海军指挥官，而荷兰海军军官的选拔标准更加注重实战的经验和操作能力，而不是家庭出身和社会地位，这也使得葡萄牙的海军在与荷兰东印度公司海军的战争中处于不利的地位。有一位聪明的葡萄牙人看出了这一点，他在1656年指出，在摩鹿加群岛和锡兰，那些出身贵族世家的葡萄牙指挥官，输给了出身低微的荷兰军官，最后丢失了这些葡萄牙的领地。另一个相关的原因是荷兰的士兵更加

1699年荷兰占据下的巴达维亚

训练有素。与经济衰落的葡萄牙果阿殖民地相比，荷兰东印度公司在商业竞争中蒸蒸日上，赢得了更多的金钱和财富。曾经撰写葡萄牙与荷兰在锡兰的战争的耶稣会士编年历史学家克伊罗支（Fernão de Queiroz, 1617—1688）曾经说："荷兰人说我们的战斗方式是一种穷人的战斗方式。"一位有经验的葡萄牙指挥官在1663年告诉果阿的总督："人所共知的事实就是我们没有人力和金钱，在战争中就不会赢得好运，这就是为什么我们看到如此多的混乱、如此多的眼泪和如此多的损失的原因，因为国王陛下的金库空空如也，他的臣民也没有资本可以帮助他。"再过一年，在马拉巴的一名葡萄牙指挥官写信给同一位果阿的总督说："任何一名荷兰的舰长都拥有全权和足够的金钱处理任何事情，只要他有需要就可以使用这些金钱。在我们方面，连最小的事情也要请示最高的权威。更有甚者，一旦我们发生问题，到哪里我们都不得不以乞求的方式行事，其实我们也不可能做成任何事情，因为巧妇难为无米之炊，特别是与那些印度的土著在一起的时候更是如此。"

在葡萄牙人与荷兰人长期的战争中，在士兵的体力以及训练方面，后者也占了优势，在亚洲的战场上更是如此。荷属东印度公司和荷属西印度公司使用的大部分都是雇佣兵，他们中有日耳曼人、法国人、斯堪的纳维亚人，在1652年以前还有英国人，尼德兰人只是在军官中占了较高的比例。在巴西和锡兰的葡萄牙人都曾经说这些北欧人在体魄上比他们更加健壮。不仅如此，葡萄牙人还抱怨自己在食物配给上供应不足。事实上，荷兰的士兵在军需和食物供应上都要远远超过葡萄牙人。1644年，在锡兰的处于半饥饿状态的瘦弱的葡萄牙士兵抱怨说："我们是如此瘦弱和饥饿以至于我们3个葡萄牙人都不能敌一个荷兰人。"1625年5月，当葡萄牙的军队重新攻占巴伊亚以后，一位资深的葡萄牙军官在描绘被打败的葡萄牙卫戍部队的士兵时这样写道："他们全都是经过挑选的年轻人，在世界上任何步兵部队中他们都是光彩照人的。"1638年，荷兰人第二次进攻巴伊亚，一位守卫巴伊亚的葡萄牙士兵在击退荷兰人最后一次攻击以后在日记中写道："我们清点了死亡者的人数，共327人，把他们交还给了荷兰人，他们都是从未见过的长得最漂亮的男人；他们看上去就像是巨人，毫无疑问是荷兰军队之花。"另一方面，在整个17世纪，由于太多的葡萄牙士兵被送往殖民地的战场充当炮灰，葡萄牙当局不得不从那些罪犯以及已经被判犯罪的人中间征集人员派往前线和战场，他们在打仗时因为缺乏训练力不从心，但是在扰乱地方秩序时不遗余力，由此增加了巴伊亚以及果阿当局不断地抱怨。葡萄牙本国当局也不是不知道这样做会带来不良的后果,埃武拉的博学的法学家法利亚(Manuel Severim de Faria)在1622年得知霍尔木兹陷落的消息以后这样写道:"没有什么比腾空葡萄牙监狱里的囚犯和暴徒,让他们去充当葡萄牙派往印度的士兵更好的选择了,因为他们不知道如何持守对于天主以及人类的信仰。因此,同样的,对于他们在海外所表现出来的与在国内一样的不良行为也大可不必感到惊讶。"

葡萄牙人在面对荷兰对手时的另一个重大的不利因素是由于长期享有和平,葡萄牙军队缺乏严格的纪律约束和军事训练,在亚洲地区两国军队对垒时尤其如此。近两个世纪以来,葡萄牙人有意地抑制组织任何永久的军事单位。除了在战场上狂吼"圣地亚哥与我们同在!"以外,他们不讲究战术。在近代欧洲,葡萄牙是最后一个进行战术、训练和军备改革的国家。奇怪的是他们的邻居西班牙人在整个16世纪一直在军事改革方面不断进取。在1580年至1640年间,葡萄牙人由于完全忽视军事训练以及强调军队纪律而成为西班牙人的笑柄。葡萄牙人的这种缺乏军事和纪律训练的情况是与他们过度的自负有关的。当1595年荷兰人进攻霍尔木兹的时候,葡萄牙士兵像往常一样在要塞外面的帐篷里呼呼大睡,没有执行站岗放哨的勤务,也拖延了通知黑奴去拿起武器的时间。1649年是休战年,但是荷兰的士兵却在印度西海岸的达曼登陆,进入达曼城市以后竟然没有遇到任何抵抗,因为整个城市的人们都在正午到下午4点钟的午睡梦乡中。葡萄牙人还没有足够的武器装备,即便拥有武器,也疏于管理,不加保养,听任其生锈腐烂。自从阿尔伯奎克以后,葡萄牙在印度的军界人士中就一直有抱怨说政府长期忽视军事装备的革新。法学家法利亚说:"那些生活在里斯本大门外面的人也令人极为讨厌地疏忽(军备的)改进),他们好像感觉自己如同生活在国内一样的安全。这导致他们经常陷入那种最骇人听闻的相反的后果,因为手无寸铁的人与装备强大的敌手战斗,要么被打败,要么逃跑,除非出现天堂的奇迹。"据记载,在17世纪初,葡萄牙人的船只很少更新大炮等作战设备,他们的船只上堆满了用来赚钱的货物,两军对垒时,葡萄牙的士兵还迷恋于中世纪时的肉搏战,而荷兰人则尽量避免近距离的战斗,宁愿相信以大炮从适当距离内进行的炮击。有一位叫阿马拉尔(Melchior Estácio do Amaral)的葡萄牙人于1604年记载说:他看见荷兰人"每艘强大的战舰都配备有30门大炮","运载大量先进的武器和战斗人员","上层甲板上不堆放任何东西,大炮由专业人员操纵",他们"都是异端的加尔文派教徒,集士兵、海员与炮手于一身"。

荷兰人通过数十年与葡萄牙人的战争,夺取了葡属亚洲殖民地的许多重要的战略要地,但是他们在进攻安哥拉以及巴西的时候却失败了。博克塞分析其中有几个原因:虽然荷兰雇佣兵在体格和体能上超过了葡萄牙人,但是葡萄牙人却更习惯于赤道地带的热带气候,这是葡萄牙人-巴西人在保卫巴西时取得胜利的原因,特别是在具有决定意义的从1648年至1649年的瓜拉拉佩斯战役中,习惯于在热带的烈日下和在茂密的丛林中作战的葡萄牙人-巴西人打败了只能在寒冷地带进行贸易活动和在正规战场上打仗的荷兰的佛兰德斯以及日耳曼雇佣军。另一方面,在同样是热带的锡兰,荷兰人则取得了最后的胜利,其中部分原因是当地的僧伽罗盟军的支援,虽然葡萄牙人也有忠于他们的僧伽罗人的后援,还有部分原因则是长期以来在锡兰岛上的葡萄牙高级指挥官软弱无能。相反,在巴西的伯南布哥,葡萄牙人则有着优秀的指挥官,一如出生于秘鲁的巴雷托等,他们成功的指挥保证了葡萄牙军队能够在上述地方抵御住荷兰人的进攻。在这些地方葡萄牙人在陆地上的战斗与他们在海上的表现形成鲜明的对比,而在南大西洋以及印度洋,荷兰人则建立了压倒性的优势。

除了或多或少的技术性的原因以外,葡萄牙人能够维持住他们风雨飘摇的海洋帝国的另一个因素就是他们已经长久地在这些殖民地深深地扎下根来,拥有深厚的基础。他们不会因为海上的或者仅仅一两次陆地的军事战斗的失败就轻易地退出历史舞台,即便是经历一系列的失败。如1630—1640年在巴西东北部、1641—1648年在安哥拉,葡萄牙人也没有失去自己的殖民地。许多荷兰人也意识到这一点,如巴达维亚的总督迪曼以及在锡兰的荷兰军中服役的荷兰军人萨(Corporal Johann Saar)都持有相同的观点。1642年,迪曼在给阿姆斯特丹的上司写报告时指出:"大部分的葡萄牙人将印度(实际上就是指亚洲)当成了自己的祖国。他们已经不再思念葡萄牙。他们很少挪动,也不再回到那里(葡萄牙)从事贸易活动,而是满足于他们自己在亚洲的通商口岸,他们就像是本地人而不是别的国家的人一样。"20年以后,在锡兰的萨也写道:"一旦他们(葡萄牙人)到了哪里,这就意味着他们在哪里安家落户,度过余生,他们不想再回到葡萄牙了。但是,当荷兰人来到亚洲以后,他就在想'只要我6年的服役期到了,我就要回欧洲了'。"在巴西的开明的荷兰总督莫里斯伯爵不断地提醒海牙和阿姆斯特丹的上司要尽快地将荷兰人、日耳曼人、斯堪的纳维亚的殖民者派往巴西,以取代或者说与巴西的当地居民混合居住和生活在一起。在他看来,巴西当地的居民总是心向着葡萄牙人,总有一天,机会一到他们就要造反。这样的事情果然在1645年6月发生了。著名的法国胡格诺派信徒、旅行家塔维尼(Jean-Baptiste Tavernier,1605—1689)曾经写道:"葡萄牙人不论到哪里，总是比在他们以后来的人将当地建设得更好，相反，荷兰人总是在他们涉足的地方破坏一切。"博克塞认为塔维尼的看法可能带有一些对于荷兰人的偏见，但是这种说法离真实的情况也不远。在锡兰与葡萄牙人打仗的荷兰军官萨指出：在荷兰人攻下科钦、科伦坡以及其他已经建设得很好的葡萄牙人居留地以后，他们就立即拆毁许多房子、城墙和要塞，只留下 1/3 的建筑物和空地供自己使用。荷兰人在攻占摩鹿加群岛的一些地方以后，大规模砍伐原住民以及葡萄牙人已经普遍种植的丁香树，以免影响他们自己对于丁香生产的垄断；相比之下，葡萄牙人从来没有做过这样的事情，尽管葡萄牙人强调他们是印度洋的"征服的、航海的和通商的主人"，并以残酷的方式对待印度人。一位荷兰人 1618 年在苏拉特写道，印度人认为自己"还是比较喜欢与葡萄牙人相处，胜于与其他欧洲基督教国家的人"。43 年以后，另一位葡萄牙人发现在今天印度泰米尔邦境内的图蒂科林（Tuticorin）沿海地区的渔夫更喜欢与葡萄牙人而不是荷兰人相处。许多在亚洲生活过的荷兰人都有类似的经历和看法。丹姆（Pieter van Dam）曾经为荷兰东印度公司的领袖们编撰一部资料翔实的百科全书，他也曾经说尽管葡萄牙人在历史上恶劣地对待过印度人，"俘获他们的船只并放火烧掉它们，破坏并且劫掠他们的港口，用暴力逼迫他们的俘虏成为基督徒，对于他们海上运输的货物课以重税，以及在他们的土地上自高自大与不可一世"，然而，印度人还是愿意与葡萄牙人而不是其他任何欧洲国家的人共处。个中的原因有多种解释，有待于更加深入的研究。

不过，从总体上看，荷兰人还是战胜了葡萄牙人，特别是在亚洲更是如此。当荷兰人来到东方的时候，葡萄牙人已经与当地的亚洲统治者交往很久，在一些地方已经产生尖锐的矛盾，荷兰人利用了这种矛盾，取而代之，在日本和马六甲就是明显的例子。

这里有一个重要的因素就是宗教信仰的问题。一方面，葡萄牙人在其所到之处成功地传播和推广天主教，使得葡萄牙人的海外事业深得益处。博克塞在全面考察了葡萄牙海洋帝国海外传教事业的基础上，特别指出葡萄牙在传播天主教方面的成功与独到主要基于三个方面的原因：第一，天主教早于新教在许多地区建立了稳固的教会；第二，天主教会的礼仪多姿多彩、教堂建筑和雕刻绘画华丽动人，远比新教严肃单调的布道以及墙壁刷得雪白、内部空空如也的教堂能够吸引更多的亚洲民众；第三，天主教会的传教士人数众多，又来自不同的国家，可谓源源不断，可是在亚洲的荷兰的新教牧师却是寥寥无几。"我们看到葡萄牙人有时在一些他们的政治权力运用不受约束的地方采取一种强制性的而不是劝导性的方法推广他们的宗教信仰,不过他们通常仍然能够将罗马天主教在当地扎下深厚的根基。(荷兰的总督)迪曼,在荷兰东印度公司中不算是一个热忱的加尔文主义的信奉者,他很遗憾地承认在宗教传播领域葡萄牙的传教士'太强过我们了,他们笃信教宗制度的神父表现出远超过我们的布道家和读经信徒的热忱和精力'。佩特·凡·丹姆在17世纪末年写道,葡萄牙人之所以能够在小巽他群岛等地保持住他们风雨飘摇的地位,主要是因为大多数的本地人站在葡萄牙神职人员的一边,因此远远地优胜于我们,由此他们能够收获到完全的益处。在锡兰和南印度,人们在天主教信仰的激励之下有力地抵抗荷兰人的统治。一名苏格兰加尔文派教徒亚历山大·汉密尔顿(Alexander Hamilton)抱怨说,在赞比西亚以及莫桑比克沿海地区的当地人除了葡萄牙人以外,不愿意与任何人贸易。在沿海住着一些葡萄牙神父,他们恐吓那些愚笨的土著人,并从他们那里得到象牙和黄金。在北京宫廷里的耶稣会士也极力阻挠与挫败荷兰人试图与中国建立官方性质的贸易的努力,尽管全体广东与福建的地方官吏在1644年满清入侵以后支持与荷兰'红毛夷'通商。"

但是,在另一方面,十字架与王冠的结合并不总是给葡萄牙人带来有利的形势。正是由于担心基督徒成为国内的"第五纵队",1639年日本德川幕府终结了与葡萄牙人长达近一个世纪的通商关系,闭关锁国,只留下荷兰人与之贸易。在17世纪的早期,英国人与荷兰人一再告诉日本人,葡萄牙人将利用天主教的传播来扩大自己的势力与影响,挑动九州信奉天主教的大名反对幕府中央政权,激发了日本幕府官员内在的恐惧与担忧。虽然幕府和长崎奉行越来越倾向将葡萄牙人一劳永逸地驱逐出日本,但是他们又贪图与葡萄牙人通商带来的商业利润,他们看到从澳门运来的大宗丝绸的价值高于荷兰人带来的,也高于一些"朱印船"带来的,所以幕府迟迟没有跨出最后的一步。在1635年,长崎的奉行派出一些间谍和探子到长崎的葡萄牙商人团体中去打探葡萄牙人的真实想法。这些探子与长崎主要的一些葡萄牙商人私下谈话以后得知:长崎的地方当局想让这些商人剃去头发和胡子,并穿上日本人的衣服,这些举动使得葡萄牙人感到非常惊讶、困惑和沮丧,但是最后他们回答说,为了维持与日本的贸易,他们可以屈从这样做。不过,当这些探子进一步问到如果将来日本人要求他们在天主教信仰和与日本人贸易之间作出选择时,他们将如何处置,这些葡萄牙人则异口同声地回答,他们宁愿放弃的是贸易而不是宗教信仰。葡萄牙人在天主教信仰上的坚定或者说固执使得幕府更感到担心。

德国学者罗德礼·泰克(Roderic Ptak)在讨论荷兰人扩张的起因以及在

南亚和东亚扩张的战略时说:"对于葡属东方殖民地伤害得最厉害的因素大概是在外部:荷兰人在1600年代由于对卡斯蒂尔的厌恶,迁怒于葡萄牙人以及其他被迫与卡斯蒂尔结盟的国家,更由于他们拥有在亚洲海上从未出现过的创业精神的驱使或在脑际萦回,开始掠夺非洲和亚洲沿海地区。新来的入侵者拥有从伊比利亚人那里学到的航海知识,并在本国发展起航行和军事技术。他们的攻击使葡萄牙人的属地受到灾难。荷兰人的攻击对准葡萄牙体制中最敏感的地方,其中马六甲海峡是最重要的咽喉。荷兰人只让很少的满载货物的葡萄牙船只通过那瓶颈,他们实际上把葡萄牙东方属地分割成印度和东亚两个部分。最后是1640—1641年马六甲的陷落。当时适值好几件别的事件发生:日本向葡萄牙人关上大门,马尼拉与澳门之间的航运断绝了好几年之久,明朝被推翻。远东发生的这些所谓17世纪中期的危机,加剧了葡萄牙东方居留地内部存在的问题。"

在荷兰人的猛烈攻击之下,葡萄牙东方帝国衰落了。在16世纪的时候,葡萄牙在非洲西海岸以及印度洋周边地区有50个要塞或者周围筑有要塞的商站,到1666年只剩下9个,3个在非洲,远东只剩下了澳门,印度只保留了果阿、第乌、巴辛、达曼和曹尔。葡萄牙人不能维持他们的海洋帝国在东方沿海线上的链条,其原因之一还在于战线过于漫长。当时就有葡萄牙人说:"从好望角到日本,我们不愿意放弃任何地方,冀望将每个地方都置于我们的控制之下。我们焦虑地想抓住从索法拉到日本的巨大和漫长的战线上的任何东西。"葡萄牙人雷戈(Sebastião do Rego,1699—1785年)哀伤地写道:信奉异端的荷兰人把我们的双臂割断了。以前,我们一只手拥抱着亚洲所有的岛屿,直至香气芬芳的摩鹿加群岛;另一只手从锡兰举起,拥抱着整片渔夫海岸,科罗曼德尔和马拉巴。当我们失去两臂的时候,阿拉伯人又从陆地上切割我们。我们只留下一只脚,一瘸一拐地走路,有时高,有时低。我们仍然满足地生活在北方省,正是这片泪谷之中,我们从应许之地中流入的奶和蜜里边获得益处;然而,即便这样,我们这只脚也被异教的马拉底人切断,他们正是我们当代的尼布甲尼撒。我们曾经拥有广大的和令人畏惧的印度国土,那里有几千里格之大;我们拥有的世界曾经从好望角的海岸一直伸展到伟大的中国海岸。现在还留下了什么呢?哦,我们只有最悲伤的回忆,我们失去了所有的一切!我们失去了双手和双脚,只留下我们在印度的头(果阿),我们在呻吟,在流泪,我们的头就是我们的一切。即便如此,它也在慢慢地变成一个头颅,它将被埋在自己的灰烬里边,它那已经倒塌的建筑物是那可悲的坟墓的墓石,也是它昔日光辉的纪念碑。

作者点评：

荷兰人是在反抗西班牙中央集权的过程中形成自己的独立的民族国家的。由于在1640年以前，葡萄牙是在西班牙统治下的，后来情况演变成了主要是葡萄牙人的海外殖民地而不是西班牙人的海外殖民地受到了荷兰人的猛烈攻击。荷兰是一个以加尔文派为主的新教国家，加尔文派的思想是荷兰人坚定不移地反抗西班牙人统治的精神力量。不过在其海外扩张事业中荷兰人没有过多地强调传教事业，大概原因之一就是这个国家牧师的人数太少。不过，当德川幕府以不传教作为条件与荷兰人谈判建立贸易联系的时候，荷兰人也就毫不犹豫地答应了日本人的要求，由此轻而易举地取代了葡萄牙人。荷兰作家房龙（Hendrik Willem van Loon，1882—1944）讲过：荷兰共和国只有共和国之名，实际上它只是商人和银行家的俱乐部，由那些有势力的家族掌管一切，那些人对于平等和博爱没有什么兴趣，只信奉法律和秩序。教派的大规模内战使得他们心有余悸，他们不喜欢宗教狂热。他说出了事情真实的一面。在世界的另一头巴西，荷兰占领下的原来葡萄牙人统治的殖民地累西腓，在具有人文主义思想的开明的荷兰统治者莫里斯总督统治期间（1637—1644），成为在宗教斗争激烈时代下的一个能够容纳各种不同的信条和思想的地方。当欧洲大陆的天主教会宗教裁判所的官员还在迫害隐秘的犹太人时，当加尔文派的信徒在清剿阿明尼乌派的时候，在遥远的巴西累西腓，不同信仰和民族的人们享受到了荷兰作家房龙笔下的那种"宽容"。

第九章
迈向绝对的君主专制时代

一、复国以后的王室和西班牙王位继承战争

1656年若奥四世去世。继承者为阿方索六世（Afonso VI，1656—1668年在位），才13岁，根据传统的法律，他还差一年亲政。他是一个不正常的男孩，幼年时就得了病，影响了他的身心。在父王去世的时候，许多人感觉他不会成长为一个健全的人。于是，他的西班牙籍的母亲古斯曼摄政。反对国王的人说，国王除了残疾以外还头脑迟钝，但是国王的追随者则说这纯粹是反对派的一种政治伎俩。母后古斯曼摄政长达6年之久，比规定的时间超出5年。

随着时间的推移，这个少年国王的身体慢慢地好了起来，但是他却没有做一个尽责的好国王的使命感，不愿意学习和锻炼。相反，他愿意与低级下流的伙伴厮混在一起，不务正业。他的母亲以及正派的朝臣都不能改变他的行为。1662年他亲政以后，情况没有好。但是，主持朝政的大臣卡斯特罗·麦略尔伯爵索萨（Luís de Vasconcelo e Sousa, Conde de Castelo Melhor，1636—1720）则是一位极为能干的权臣。他唆使国王亲自管理朝政，绝大部分贵族也支持他这样做，这实际上是一次宫廷政变，最后王太后则被流放到一所修道院里去了。麦略尔伯爵索萨以"宫廷文书大臣"（escrivão da puridade）的身份参与朝政，而实际上这个职务自塞巴斯蒂安时代起就不再使用了。

在此期间，葡萄牙致力于与英国恢复旧有的联盟。在若奥四世时期，由于英王查理一世（Charles I of England，1625—1649年在位）与国会的矛盾以及英国剧烈的内战，使得葡萄牙与英国的联盟一直无法深入地取得进展。1649年，英国国王查理一世被国会军押上了断头台，内战随着国会的胜利而结束了。接着，克伦威尔以护国公的名义执政，实行独裁统治。由于先前葡萄牙里

斯本的港口曾经给保皇党的舰队驻泊,英国共和政府曾经派舰队封锁特茹河口,并切断通往巴西的航线。在东方,英国人则支持波斯人夺取了霍尔木兹。为了恢复与英国的友好关系,葡萄牙人于1654年与英国签订了一个条约。葡萄牙人将巴西、非洲以及印度的殖民地港口向英国人开放,并规定葡萄牙进口的英国商品或产品的税率为23%,同时规定葡萄牙在需要租赁外国船只的时候,只能向英国租赁。在所有的条款中最使葡萄牙人感到为难的是允许在葡萄牙居住的英国商人进行自己的宗教活动(新教)。由于葡萄牙迟迟没有批准该协定,克伦威尔派了一支舰队在特茹河外游弋,向葡萄牙施加压力。

1658年,克伦威尔去世。1660年,查理二世(Charles II of England,1660—1685年在位)回国复辟恢复了君主制度。不过,新国王对于国会是相当尊重的。葡萄牙王室劝说新的未婚的英国国王与阿方索六世的妹妹布拉干萨家族的公主卡特琳娜(Catherine of Braganza,1638—1705)联姻。在公主出嫁英国的时候,葡萄牙政府赠予英国丰厚的嫁妆,包括两个世纪以前从北非摩尔人手中夺取的丹吉尔,还加上了在印度西海岸北部的第乌岛以及孟买。英国人可以在巴西的巴伊亚、伯南布哥、里约热内卢,印度的果阿、科钦等殖民地建立商站并享有贸易的特权,在这些地方的葡萄牙海外殖民地要向英国的船只提供给养以及驻泊的方便,英国还可以继续保留那些从荷兰人手中夺过来的原先属于葡萄牙的领地。葡萄牙还与英国达成协议,如果英国能够把锡兰岛夺回,葡萄牙人愿意与英国人平分该岛屿上的肉桂贸易。作为回报,英国方面则同意在葡萄牙受到侵略的时候给予协助和防御,英国将向葡萄牙派出两个步兵团和两个骑兵团,在葡萄牙遭遇入侵和海盗袭击的时候,英国将派出舰队予以协助,同时英国愿意出面调解葡萄牙人与荷兰人的纠纷。为了获得英国人的保护和援助,葡萄牙人付出了重大的代价,特别是让英国染指以果阿为中心的印度西海岸的贸易活动以及让英国人通过澳门与中国的大陆建立初步的贸易联系,这对于葡萄牙人在亚洲的贸易地位是有损害的。但是,由于葡萄牙人在欧洲的地位岌岌可危,所以他们认为与英国的这笔交易还是值得的。1662年,葡萄牙公主卡特琳娜到英国与查理二世成亲。卡特琳娜容貌平凡,不容易博得风流成性的查理二世的欢心。她在丈夫活着的23年中,实际上过着一种被遗弃的生活。但是,聊可宽慰的是,由于她的牺牲,葡萄牙多多少少有了一些安全感。

由于与英国的联盟,葡萄牙在抵抗西班牙的入侵方面取得了成功。也就是在1662年,根据葡萄牙与英国签订的协议,葡萄牙接受了几千名英国官兵以及几艘战舰的协助。主持葡萄牙国家政务的麦略尔伯爵极力主张抵抗西班牙的入侵。西班牙在与法国签订《比利牛斯条约》以后一直试图重新入侵葡萄牙。1663年,西班牙军队占领了埃武拉并向里斯本挺进,但是在阿梅希尔战役中被打败。葡萄牙军队包围了埃武拉,只以极小的伤亡代价重新占领了埃武拉,守城的西班牙军队全部投降。1665年6月17日,一支更为庞大的西班牙军队在蒙特斯-克拉罗斯(Montes Claros)被葡萄牙军队歼灭。这是西班牙企图重新征服葡萄牙的最后一次军事尝试,但是以失败告终。在独立战争的最为关键的时刻,麦略尔伯爵表现出非凡的指挥才能,在他执政时期,葡萄牙取得了决定性的军事胜利。同年,西班牙国王菲律甫四世去世,一个比阿方索六世更年轻和更无能的国王卡洛斯二世(Carlos II of Spain,1665—1700年在位)继承了西班牙的王位,西班牙再度占领葡萄牙的可能性已经不复存在了。

在成功地抵御了西班牙人入侵的同时,麦略尔意识到必须以和平的外交辅助葡萄牙巩固其国际地位。为了取得法国的支持,他让国王阿方索六世与一位法国的公主攀亲。经过艰苦的谈判,"太阳王"路易十四世(Sun King of Louis XIV,1647—1715年在位)同意将亲戚内穆尔公爵的女儿马利亚(Maria Francisca of of Savoy,1646—1683)嫁给葡萄牙国王。在此以前,欧洲的宫廷已经盛传阿方索六世不大可能是一个正常的丈夫,麦略尔伯爵则极力抵制这种传闻,他还散布流言,说国王已经有了一个私生女。马利亚是一个孤儿,她于1666年嫁给了阿方索六世。据传说她非常漂亮,但似乎没有引起她丈夫多大的兴趣。这是一桩政治婚姻,次年葡萄牙就与法国签订了军事协定。

那时,葡萄牙的朝廷种种积弊很深,管理混乱。麦略尔虽然很有才能,但是许多问题积重难返。他似乎感到让流言继续传播下去,才可以保持自己的权力。贵族阶级对于他长期进行战争也感到厌倦,并对于他的弄权表示不满。传说中的国王无能,似乎已经被事实所证明。人们感到国家的独立可能再度面临危险,因为王位没有继承人。阿方索六世有一位胞弟佩德罗(Dom Pedro,1648—1706),如果国王没有后裔,他理应是王位的继承人。他和周围的一批贵族对于整个局势感到非常焦虑,从而开始憎恨麦略尔。他们迫不及待地想要结束这位残废人的政权。不久,佩德罗控告麦略尔伯爵企图谋害他,虽然证据不足,但是他向阿方索施加了很大的压力,结果1667年9月,国王被迫将麦略尔伯爵罢免了。然而,国王仍然同情伯爵,打算在形势变化以后再召回他。

阿方索六世成亲以后,危机就立即爆发。在罢免麦略尔伯爵一事上,王后竟然与佩德罗串通一气。不久,王后就离开王宫,宣布自己到一座修道院避难,并要求里斯本的大主教解除她与国王的婚姻,理由是国王在生理上有缺陷。阿方索六世孤家寡人，没有人替他申辩，只好签署了一份文件，声明永远不再料理国事，把政权交给王位的合法继承人佩德罗，但是每年要提取10万克鲁扎多的俸禄。人们用一艘船将国王送到亚速尔群岛中特塞腊岛的一个要塞里。里斯本的大主教则宣布国王的婚姻无效，因为没有既成事实。1668年，原王后与阿方索的弟弟佩德罗结婚。与此同时，葡萄牙召开了科特会议，正式宣布佩德罗为王位的继承人，有些议员要求立即废除阿方索，为佩德罗举行加冕典礼。但是一部分教士和贵族认为这样做太过分了。因此，在神学家和法学家充分讨论了以后，佩德罗取得了执政的称号，阿方索在死前仍然保留国王的名义。这一历史事件被称为"法国的阴谋"，因为陪同王后从法国来到葡萄牙的谋士们起到了极为积极的作用。事件在当时引发种种猜测，但是如上所述，贵族渴望和平、厌恶麦略尔的专权以及希望葡萄牙王位继承的顺利起到了根本的作用。

1668年2月13日，在英国的斡旋之下，佩德罗执政下的葡萄牙和西班牙哈布斯堡王朝在里斯本展开了一场谈判，那些以前被麦略尔伯爵拒绝的条件，葡萄牙政府都接受了。葡萄牙与西班牙达成的协定包括如下一些条款：一是西班牙的哈布斯堡王朝最后承认了葡萄牙的独立地位。二是葡萄牙对于海外殖民地的领有权被再度确认，但是西班牙保留了对于北非著名城市休达的管辖权，新的葡萄牙布拉干萨王朝没有恢复对于休达的主权，同时，在7年以前，葡萄牙的卡特琳娜公主嫁给英国国王查理二世的时候，葡萄牙政府将原来在北非的殖民地丹吉尔作为嫁妆割给了英国。这件事情在条约中也作了规定。葡萄牙维持了这个决定。三是西班牙分批释放俘虏以及退出被西班牙军队占领的村镇，葡萄牙也释放了西班牙的战俘。但是葡萄牙没有能够恢复对于塞乌塔这座城市的管辖权，因为在1640年，该城市的执政贵族自愿归顺菲律甫四世的统治。四是两国恢复了贸易关系。在里斯本签订的葡萄牙与西班牙之间的条约对于巩固葡萄牙的独立毕竟是有益的，它结束了自1640年以来葡萄牙争取独立和光复的战争。

佩德罗进一步加强与英国的联盟以巩固他的权力。1671年，他给予居住在葡萄牙的英国人享有贸易的自由，并让英国人有权在葡萄牙建立丝织品加工场。他也很关心国家的防务，从1674年开始，他派驻军队巩固边界，修筑那些已经废弃了的要塞。他还派出舰队为往来于巴西的商船护航，并不断地加强沿海的防务。他的保护海上贸易的政策尤其得到科特会议的支持。他还致力于巩固葡萄牙在巴西的地位，1676年，葡萄牙天主教会获得了罗马教廷的同意，将巴伊亚的主教区升为总主教区，并且在奥林达和里约热内卢建立了主教区；次年，葡萄牙天主教会又在马拉尼昂建立了主教区，直属里斯本总主教区。在佩德罗统治下的1692年3月，葡萄牙政府在巴西成立了巴西造币局（Casa da Moeda do Brasil），隶属帝国的财政部，它监制了巴西的第一批在该殖民地内流通的钱币，它们是币值2 000—4 000雷亚尔的金币和币值分别为640雷亚尔、320雷亚尔、80雷亚尔、40雷亚尔和20雷亚尔的银币。这一时期巴西的经济和文化都有很大的发展，作为葡萄牙美洲殖民地总督府以及总主教府的所在地，巴伊亚在继果阿以后，成为葡萄牙海洋帝国海外殖民地第二大城市。1699年，一位名叫威廉·丹皮尔（William Dampier）的旅行者记叙说，巴伊亚城市中有2 000幢房子，从港口上看去这些房子都隐蔽在树丛中。还有许多房屋则坐落在高高隆起的山坡上，组成一道美丽的风景。总主教在城市中拥有自己精美的宫殿，总督宫殿也是由砌得非常规整的石块建筑而成的，从海上望去非常漂亮。城市中的房屋都有两层或者三层楼高，墙壁很厚而且坚固，都由石头砌成，上面覆盖着铺设简瓦的屋顶，许多建筑物都是有阳台的。城市主要的街道都很宽敞，所有街道的路面都是由小石块铺设而成。在城市的主要地区都有供人们散步的广场，也有许多花园。在城里和城外，葡萄牙人还广种果树、草本植物以及各种不同的花卉。城中还密布大大小小的教堂和修道院，这些宗教建筑恢宏壮丽，使到访的外国人士无不由衷赞叹。从1650年到1750年这一百年，以巴伊亚为中心的巴西各地葡萄牙人修建的教堂和修道院建筑，都是以葡萄牙本国的教堂建筑为原型建成，使用的是从葡萄牙本国进口的奶白色的带有玫瑰色脉纹的假大理石。1699年，一位意大利旅行家估计该城市及其近郊已经有70万人口，这种说法可能有些夸张，博克塞则估计至少有10万人口。那时的巴伊亚是葡属巴西与非洲西海岸主要的贸易港口，葡萄牙在南大西洋的捕鲸基地以及重要的造船基地。它还是葡属巴西殖民地高等法院的所在地。虽然它还没有像西班牙美洲殖民地那样拥有一所大学，但是设在该地的耶稣会学院规模很大，师资雄厚，教学优良。它一直想升格为大学，但是王室听从科英布拉大学的劝告没有同意。

  令人讶异的是阿方索居然还活了15年。只要麦略尔伯爵能够自由活动，他就想方设法恢复阿方索的王权。佩德罗政府试图逮捕伯爵，他只得过起了流亡的生活，他先后流落到西班牙、法国和意大利，最后他来到了英国。阿方索的妹妹、英国的王后卡特琳娜对他很好，他就住了下来。佩德罗最后将发狂的阿方索从特塞腊岛押回里斯本，并把他安置在戒备森严的辛特拉王宫里。他在那里度过了最后的9年，于1683年9月去世。几个月以后，他的前妻、现在的王后马利亚也去世了。麦略尔不久也从英国回到了葡萄牙。

佩德罗此时好不容易才被加冕为葡萄牙的国王,称为佩德罗二世(Pedro II, 1668年执政,1683年称王,到1706年一直在位)。佩德罗二世与马利亚只生了一个女儿,1683年马利亚病故,佩德罗年近40岁,没有男继承人,必须再娶。1687年,他与莱茵河地区帕拉丁选帝侯的女儿马利亚·索菲亚(Maria Sophiaof Neuburg, 1666—1699)结婚。这位日耳曼籍的王后很好地履行了自己的职责,先后生了6个孩子,其中5个是男孩。

佩德罗统治的后期,爆发了西班牙王位继承战争。1671年,葡萄牙与西班牙签订和平条约才3年,又有了新的战争的迹象。那时法国国王路易十四决定与荷兰开战,并想把葡萄牙包括在法国的盟国之中。葡萄牙对于荷兰在世界范围内攻略其海外殖民地的行径一直怀恨在心,希望收复其在印度洋以及太平洋上失去的殖民地。同时,葡萄牙还在用锡图巴尔的盐支付荷兰一笔相当大的战争赔款。但是,在此次法国与荷兰的冲突中,西班牙将支持荷兰。如果葡萄牙与法国结盟,就可能面临与西班牙重新开战的局面。所以,当葡萄牙王室考虑是否与法国结盟并与西班牙重新开战的时候,社会上的人们产生了强烈的反应。一个当时路过里斯本的西班牙修道士形容该城市的气氛说:"那些天,与西班牙打仗的传闻引起了一些不安。贵族希望打仗,因为据说他们就有了粮食。但是人民不同意,教会更是不赞成。许多修道院都在布道,反对那些不安分的人。在圣多明戈斯,我听国王的忏悔神父说:'天使一定不赞同我们,因为这场战争事出无因。'"

最后,葡萄牙还是选择了保持中立。因为贵族内部也出现了分歧:一派认为与强大的法国结盟才能解决葡萄牙的问题,另一派则十分留恋西班牙统治时期的太平盛世。从1679年开始,两派的对立主要集中在摄政王佩德罗的独生女儿的婚姻问题上。由于阿方索六世没有子嗣,佩德罗也还没有儿子,她就成为葡萄牙王位的继承人。贵族们在考虑,她应该与西班牙国王结婚还是与法国国王结婚? 1683年,在葡萄牙的法国大使描写葡萄牙贵族的精神状态时说:"许多贵族是西班牙的党羽,他们对于重新接受西班牙的统治并没有反感,他们期望通过这种方式得到比在葡萄牙能够谋求到的更加优越的职位。然而还有另外的一些人,他们是真正的葡萄牙人,他们不愿意重新套上那副历尽艰辛才得以摆脱的枷锁。不过西班牙君主政体的衰落,使得他们对于这种可能已经不那么担心。这种信心迅速增长,一种自然的自负感使得他们认为世界上没有任何民族比葡萄牙人更加英勇善战。"

18世纪初年,终于发生了西班牙王位继承战争。1700年,西班牙国王卡洛斯二世(Carlos II,1665—1700年在位)去世,没有留下后代。他的死是人们盼望已久的,但是同时也带来了西班牙王位的继承问题。佩德罗二世提出应该由他本人继承西班牙的王位,理由是他是天主教国王第六代后裔。但是真正的冲突发生在两个毗邻西班牙的强大的邻国中:卡洛斯二世有两个妹妹,一个与路易十四结婚,另一个与神圣罗马帝国皇帝利奥波德一世(Leopold I,1658—1705年在位)结婚。这两个君主都宣称要继承西班牙的王位。欧洲再次陷入危机。西班牙的出路不是重建哈布斯堡王朝,就是隶属法国王室。因为卡洛斯二世在遗嘱中指定路易十四的孙子安茹的菲律甫(Philip, Dake of Anjou)为王位继承人。新国王在马德里宣誓登基。但是神圣罗马帝国的皇帝利奥波德一世拒绝承认,他认为应该由他的儿子——卡洛斯大公爵(Archduke Carlos,1685—1740)继承王位。于是奥地利与法国之间的战争爆发了。

葡萄牙对于西班牙王位继承战争的态度是十分矛盾,也很难作出决定。如果王后支持哈布斯堡王朝方面,她在陆地上将面临强大的法国军队的威胁,如果她支持波旁王朝,她的分布很广并且防守薄弱的海外殖民地将受到其他欧洲海上列强的威胁。因此,保持中立似乎是上策。但是在强大的法国的劝诱之下,佩德罗二世最初选择了与路易十四统治下的波旁王朝结盟。1701年6月,葡萄牙与法国订立了同盟条约。但是几个月以后,佩德罗二世就对他所作的决定后悔了。一个包括英国、尼德兰等低地国家、奥地利神圣罗马帝国以及萨伏依王朝的反对法国的大同盟逐渐地形成了。1703年5月,在英国驻里斯本大使的劝说之下,葡萄牙决定加入这个大同盟,并签订了相关的同盟条约。这些盟国希望葡萄牙快速地加入战争,所以英国与荷兰的舰队可以不加限制地使用里斯本的港口进行在地中海上的对法国的军事行动。盟军还将波旁王朝的王位继承人驱逐出西班牙,将哈布斯堡王朝的继承人扶植起来。英国与荷兰还承诺提供给葡萄牙军队足够的金钱以及人员的支援。哈布斯堡的王位继承人卡洛斯大公勉强地同意将巴达霍斯以及边界上的一些小镇,再加上南美洲萨克拉门托附近的一些居留地割让给葡萄牙。这个外交上的转向,大大地扩大了英国在葡萄牙的影响,1703年12月葡萄牙就与英国签订了一项条约即《麦休恩-阿利格雷提条约》(Treaty of Methuen-Alegrete),葡萄牙加强了与英国的关系。根据此条约,以往葡萄牙与英国的军事同盟关系进一步得到了肯定。但是条约的主要部分还是关于贸易的,它保证了大量的英国的羊毛织品以及其他商品可以优先输入葡萄牙,这在很大程度上摧毁了葡萄牙原先的家庭式的手工作坊业。同时，英国的商品从葡萄牙本国再次出口到巴西。里斯本和波尔图两个大城市现在要依赖于国外的进口产品，同时，这两个城市也因为葡萄牙政府规定的外国船只只能够到此进行贸易的专利权而变得繁荣起来。作为回报，葡萄牙则大量地向英国出口杜罗河流域的红葡萄酒。有人认为从中获利最大的还是英国商人。有人曾经开玩笑地说，在18世纪以后的若干年，葡萄牙人将痛风病留给了英国的绅士。

二、巴西黄金的流入

在葡萄牙复国以后的几十年中，国家的经济急剧地衰落。1657年政府的财政报告说，莫桑比克、果阿以及第乌的地位岌岌可危，科钦已经被荷兰人占领，科伦坡的贸易基本已经停止，澳门因为失去与日本的贸易其前景已经非常暗淡。安哥拉是为巴西的经济提供人力资源的，但是西班牙人、英国人以及荷兰人都已经插手那个地方。葡萄牙本国与圣多美岛的贸易也已经基本停止了。佛得角作为海外贸易的中转站，极易受到攻击。王室的财政状况处于艰难的困境，完全消耗于支付利息、俸禄和年金，无力支付大宗公共款项的开支，甚至有时候官员的俸禄也已经无力支付了。已经缴纳赋税的平民也不可能再承受更重的负担了。当时王室的收入大部分来自海关的税收以及经营巴西的产品的提成。由于国际贸易需要应对荷兰人和海盗的进攻，葡萄牙必须建立舰队护送商船穿越大西洋，但是国家没有资本做这件事情。

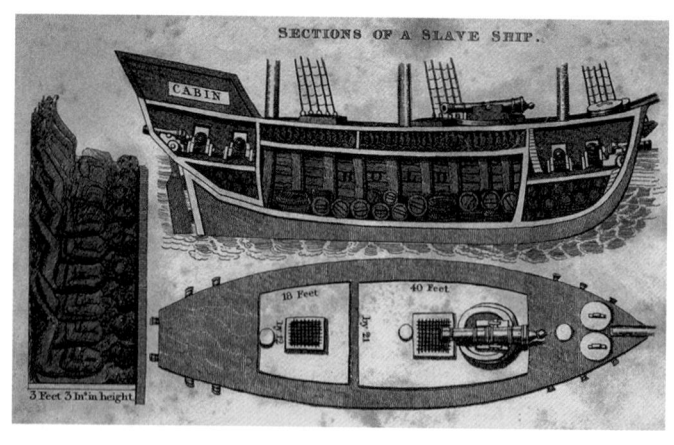

驶往巴西的奴隶船
选自爱尔兰作家沃尔什（Robert Walsh，1772—1852）的《1828—1829年巴西记事》（*The Notices of Brazil in 1828 and 1829*）。

不过，从17世纪中下叶开始，葡萄牙巴西殖民地的社会经济却在发展之中。在蔗糖和烟草生产中广泛地使用奴隶劳动是这一时期巴西社会经济最基本的特征。在巴西殖民地，奴隶劳动在家庭中、田野中以及矿业中比任何其他单一因素都发挥着更大的作用。种植园主、神职人员、军官和民政官员等所有受过教育的人都认为，没有非洲奴隶劳动力的供应，葡萄牙美洲殖民地的经济活动就维持不下去。葡萄牙人并不是黑人奴隶贸易的始作俑者，不过在这一时期他们不失时机地在运输奴隶劳动力的规模上大大超过了荷兰人与英国人。而且在种植业上大规模地使用奴隶劳动力方面，葡萄牙人可谓是先驱。在开始的时候，葡萄牙人从非洲西海岸获得的奴隶都是从几内亚沿海地区购买的，还有许多是来自西部苏丹黑人族群。后来，奴隶贸易的中心往非洲西海岸的南方移动，到了主要由班图族组成的刚果王国。在1575年葡萄牙非洲殖民地罗安达建立以后，又移到了安哥拉再向南并扩展到本格拉地区。一名热衷于奴隶贸易的葡萄牙官员曾经在1591年称，这种"黑色的象牙贸易"在非洲西海岸有着无限的市场和商机。他向葡萄牙王室保证说，在安哥拉的内陆居住着人口众多的黑人，足以供应用之不竭的黑人劳动力。然而，事实上，不到一个世纪，安哥拉的人口就由于自相残杀的战争、过度的强迫劳动、天花的流行以及大规模的奴隶贸易和掠夺大大地减少了。这个曾经的非洲最大的奴隶劳动力市场在逐渐地萎缩，但是葡萄牙人统治下的巴西殖民地还是从这个地区不断地获得大部分的奴隶劳动力。与几内亚沿海地区相比，在安哥拉西海岸，没有别的外国人与葡萄牙人竞争，所以他们能够用较为低廉的价格购买到黑人奴隶（如本书第八章所述，荷兰人已经插手几内亚地区的奴隶贸易，英国人不久也接踵而至）。对于巴西的奴隶主来说，他们认为从总体上来说班图黑人比来自几内亚与西部苏丹的奴隶更加聪明、精力充沛、在愿意工作的时候更加勤奋，但是也更具有反抗精神，不容易与他们相处；另一方面，班图族的奴隶在性格上比较开朗，爱说话，容易相处，不过他们不够强壮，不易抵抗疾病的侵袭。

在17世纪末，从安哥拉运来的班图族的黑人奴隶已经在巴西殖民地经济中占据更加重要的位置，他们都是葡萄牙人以及其他的奴隶贩子从非洲当地的统治者以及欧洲人的商站里购买来的。葡萄牙人经常还派出小分队深入非洲的内

18世纪70年代在米纳斯吉拉斯的钻石矿劳作的黑人奴隶

陆抓捕那些反叛的非洲部落族人,将他们沦为奴隶,然后运往美洲的港口,再根据他们的年龄、性别以及身体情况按照不同的价格卖掉。在收获的季节,他们在磨坊里磨榨甘蔗、在种植园里夜以继日地干活,至少也要从拂晓干到日落。在冬天或者雨季,他们的工作时间就没有那么长。在礼拜天或者天主教会的圣徒节日,他们似乎有了自由可以去听弥撒。木薯和蔬菜是他们的主要食物,肉和鱼则是奢侈品。所有的奴隶都要接受当地葡萄牙神职人员的教诲,受洗成为基督徒,他们每年都要办一次告解(忏悔),新生的孩子都要受洗。在一些种植园里,在节日的时候,黑人奴隶们被允许甚至被鼓励唱非洲的民歌和跳非洲的舞蹈。但是一些严厉的神父则禁止他们这样做,他们担心这些新的基督徒又会回到以前的偶像崇拜中去。在种植园里也有严酷的纪律,有些残暴的奴隶主则虐待和残害奴隶,"为了一点小小的冒犯就将奴隶扔到火炉里去,或者以各种极为野蛮和非人道的方式杀害他们"。还有一些更加狡诈尖刻的奴隶主,他们说"最好的办法不是用鞭子抽打他们,也不是用石头和瓦片砸他们,而是将他们拖在大车的后面走,让他们筋疲力尽,然后再用刮刀或者小刀割开他们的伤口,撒上盐、柠檬汁,或是撒上尿,然后把他们锁上铁链关上几天"。当然,不仅仅有葡萄牙人奴隶主是这样对待黑人奴隶的,1696年,一位法国的旅行者福洛戈(Froger)在巴伊亚看到当地的黑人奴隶的情况以后写道:"尽管所有地方黑人奴隶的情况是一样的黑暗,但是西班牙人和英国人似乎比葡萄牙人更加残暴。"

米纳斯吉拉斯矿区的葡萄牙-巴西居民

从17世纪末到18世纪初,葡萄牙统治下的巴西发现了黄金,情况又有了很大的改变。巴西黄金的发现在葡萄牙的历史上是一个具有重大意义的事件。经过一个多世纪探险家们的寻找和勘探,终于在17世纪末叶,在距离巴西沿海四百多公里的内陆地区,人们发现了丰富的黄金资源。发现黄金的地点在米纳斯吉拉斯(Minas Gerais)地带,大约位于离后来的里约热内卢200公里的内陆,那里有大量的金矿。这个地区以前是遥远的和人迹罕至的。具体发现金矿的时间现在已经不可考证了。葡萄牙设在巴伊亚和里约热内卢的总督在发现金矿的10年以后才渐渐知道这个地方，因为淘金者刚开始试图保密。根据现代的知识，它可能是来自圣保罗市的居民在1693—1695年之间发现的。以后人们又在与玻利维亚交界处马托格洛索（Mato Gross）以及距离今天巴西利亚不远的戈亚斯（Goiás）发现了金矿，后者的黄金储藏量比米纳斯吉拉斯要少一点。来自巴西以及葡萄牙本国的冒险家和淘金者在上述两大金矿以及卡塔夸塞斯、奥罗-普雷托、迪亚曼提等其他矿区建立居留地。这些黄金几乎是一种可以从水面上捞取的沙金，用最原始的方法就可以开采。

黄金的发现是由巴西的当地人组成的流动队伍为寻找黄金、白银、宝石、奴隶以及任何其他有价值的东西而进行的内陆探险的结果。探险者多数是来自圣保罗地区的居民，他们的探险队伍被称为"拿旗子的人"（bandeirantes），因为每一帮人出发时都准备了一面旗子。"拿旗子的人"这个词源于葡萄牙语中的"旗子"（bandeira），在中世纪的葡萄牙，一个旗队相当于一个连的士兵，有一个士兵举着旗子调遣后面的人。在当时的巴西，这些探险队有的是由葡萄牙在当地的殖民政府组织的，有些则是私人性质的，他们自己负担费用。有些"拿旗子的人"代表著名的企业，有些人则是抢劫者或者是奴役印第安人的武装掠夺者。葡萄牙人与印第安人的后代是"拿旗子的人"队伍的主力和领队，但是巴西人（包括奴隶和自由人）也参与其中。他们很适应当地的环境，习惯于内陆艰苦的生活条件，他们离开了海岸线，向着深不可测的腹地走去，寻找印第安人奴隶、逃跑的黑人奴隶、包括黄金在内的稀有金属。这些都是他们发财致富的来源。他们希望通过开拓新的领地、发现新的交通路线，并占有这些新发现的土地，获得国王的认可和晋升的机遇。一方面，他们在遥远的地方向国王表达敬意；另一方面，他们又在追求摆脱殖民地官僚主义对于他们人身自由的限制。这是他们向着巴西内陆前进的更深刻的内在动力。这些"拿旗子的人"主要依靠步行或者独木舟穿越广阔的地区，河流是很重要的路线。他们穿着宽松的棉布裤子，头戴绒线或者宽边的帽子，腰佩刀剑或者手枪赤脚前进，旅途中经常忍饥挨饿，水果、坚果、浆果以及植物的块茎常常是他们的果腹之物，他们中许多人懂得使用印第安人的弓箭。他们以坚韧的毅力战胜严酷的环境。"拿旗子的人"的探险活动积累下来的一个长期的后果，就是使葡属巴西的领土面积大大地扩展。他们完全漠视那个已经过时的《托尔德西里亚斯条约》所规定的人为的界限。正是这些"拿旗子的人"，把巴西的领土面积扩大到最初葡萄牙人占领时的3倍。18世纪20年代,冒险家们又在米纳斯吉拉斯发现了第一个重要的钻石矿。1726年,米纳斯吉拉斯的总督阿尔梅达(Dom Loureço de Almeida)就从冒险家的手中获得了一些闪闪发光的宝石,他一下子就认出这是钻石,因为他在印度果阿任行政官吏的时候已经是一名钻石鉴赏家。不过,他开始时不露声色,假装不知道这是什么,暗地里却拼命收集这些钻石。但是随着时间的推移,人们还是最终发现了这些钻石是极有价值的。于是,众多的冒险家带着他们的奴隶蜂拥而入,这些丰富的矿藏导致了黄金和钻石的狂热,无数的无法无天的淘金者蜂拥而至,他们在这里疯狂地破坏性开采,发财以后便酗酒和狂赌,杀人越货,无所不为。

然而,巴西的黄金以及钻石的发现还是产生了一些重要的历史影响。第一,在巴西的历史上,第一次出现了人口的大规模迁移,大量的移民从沿海的伯南布哥、巴伊亚和里约热内卢来到了巴西内陆的矿区。内陆新兴的市镇很快地发展起来了,后来形成了两个新的州。葡属巴西的经济中心也从沿海转入到了内地,并从北方向南方转移。由于资本都集中于开发新的财源,以往的农业和畜牧业趋于衰落。里约热内卢成为米纳斯吉拉斯黄金汇集出口的新的港口,迅速地发展起来,使得以前的首都巴伊亚大为逊色。到18世纪的下半叶,里约热内卢事实上已经成为巴西的首府。第二,大大地刺激了殖民地经济的发展,并解决了当时巴西的经济危机,大量原来在沿海地区的以蔗糖业和烟草业为中心的、在种植园里耕作的半自由或自由的劳动力被吸引到了内陆矿区,他们渴望自己被雇佣来开采金矿或是钻石矿,劳动力的缺乏也使他们的工资大大提高。第三,由于劳动力不足,巴西开始促进原先就已经存在的与非洲西部的黑人奴隶贸易,同时,葡萄牙本国及其大西洋岛屿上的人口也大量地向巴西移民。非洲的黑奴被金矿主雇佣来弥补劳动力的不足,葡萄牙本国来到巴西的移民则是为了淘金。于是,黑人的奴隶贸易在18世纪上半叶再度活跃起来了。1731年,巴西的总督写信给王室说,巴西的经济完全要依赖于西非的奴隶贸易,特别是来自贝宁南部城市维达(Whydah)的黑奴劳动力。他估计每年从维达运到巴伊亚的黑奴要有1万—1.2万人,才能满足金矿以及种植园的劳动力需要。安哥拉每年也要提供6 000—7 000名黑人奴隶,再分配给巴伊亚、里约热内卢、伯南布哥与帕拉伊巴(Paraíba)。葡萄牙人一般认为从安哥拉运来的班图族黑人奴隶在体力上不及从米纳海岸(奴隶海岸)的苏丹人黑奴,后者被运送来巴西的人数随着时间的推移明显增加。他们先是被贩卖到巴伊亚的甘蔗种植园以及烟草产地做劳力,后来又被重复地贩卖到里约热内卢和米纳斯吉拉斯开采金矿。这位总督还暗示,葡萄牙人在非洲的上几内亚、塞内加尔、冈比亚,甚至马达加斯加以及莫桑比克都有奴隶市场,他们可以选择不同的奴隶资源,但是从维达运来的奴隶被认为是最好的。7年以后,下一任总督加尔维亚斯伯爵(the Count of Galveas)也说,维达的黑人无论在质量上还是在数量都是巴西奴隶劳动力最好的来源。后来从维达运往巴西的奴隶数量有所波动,从安哥拉的本格拉要塞(the fort of Bengela)运往巴西的奴隶数量则上升至每年1万名左右。

在18世纪最初的20年里,从葡萄牙本国来到巴西的白人移民的数量也在逐年增加,每年多达5 000—6 000人。1715年,国王的顾问还说尽管最近的战争和移民导致葡萄牙人口的流失,葡萄牙本国的人力资源还是丰沛的。但是5年以后,他们完全地改变了口气,仅仅米纽一个地方流失的壮年人力就迫使王室于1720年3月下达谕旨,严禁当地人移民巴西。当然,人们并不总是严格遵守王家谕旨。无论如何,在人口过剩的地区如米纽、亚速尔群岛以及人口密集的里斯本都不断地有大量的移民前往巴西,其中大部分是青年男子,他们是用自己家庭的钱或者向亲戚朋友借来的钱去巴西淘金。后来有些议员提出王室应当有计划地资助本国人民特别是葡萄牙人整个家庭移民巴西。从1748年至1753年,有一些农民的家庭从亚速尔群岛被送往巴西南部的圣卡塔琳娜(Santa Caterina),即现代的弗洛里亚诺波里斯(Florianopolis)和南里奥格兰德(Rio Grande do Sul)。约有不到4 000个移民家庭来到巴西,他们在男女性别上人数相等,这使得圣卡塔琳娜地区有白人血统的人口比例在18世纪晚期和19世纪早期远远高于巴西的其他地方。

从葡萄牙本国、大西洋上的岛屿以及非洲西海岸流入巴西的移民以及奴隶在18世纪上半叶的总人数大约达到150万人,这不包括那些未被征服的内陆的印第安部落。尽管黄金的开采者相继开发了米纳斯吉拉斯、库亚巴(Cuiabá)、戈亚斯和马托格洛索等地,同时在马拉约岛(Marajó Island),皮奥伊(Piauí)和南里奥格兰德的畜牧业也在不断地发展,但是原先的蔗糖产地如伯南布哥、巴伊亚以及里约热内卢的人口还是占据了殖民地很大一部分。那些盛产黄金和钻石的矿区都位于偏远的西部地区,彼此之间也相隔遥远。这些地方与圣保罗、米纳斯吉拉斯以及沿海地区的交通不便,路途遥远,人烟稀少,其间丛林密布、河流湍急,有时还会有印第安部落的袭击。它们与沿海的最初的葡萄牙殖民地城市的环境是完全不同的。

黄金终于从巴西源源不断地流入葡萄牙本国。现在人们无法统计从米纳斯吉拉斯、巴伊亚以及里约热内卢等地各有多少黄金流入里斯本,但是里斯本还是留下了从巴西进口黄金的一些纪录。1699年，第一批重达725公斤的黄金就已经运到了里斯本。以后逐年增加，两年以后达到1 785公斤，1703年就已经达到4 350公斤，1712年已经达到1.45万公斤。① 到1720年时已经达到最高额2.5万公斤。由于缺乏统计资料，历史学家在估计此一时期运往葡萄牙的黄金总量的时候出入甚大，据说达1 000—3 000吨。葡萄牙近代著名的经济历史学家科迪尼奥则估计仅在1703年的时候，自米纳斯吉拉斯流入葡萄牙的黄金已经大大超过自1482年葡萄牙人在西非几内亚的米纳建立要塞以来进口到葡萄牙的全部的黄金的总量。② 黄金从巴西向葡萄牙进口持续了半个世纪。其数量之大，足以影响整个欧洲的黄金价格。在整个18世纪，葡萄牙-巴西所产的金币，特别是价值4 000以及6 400雷亚尔的被称为金币（moeda，moidore）的币种在大西洋两岸十分流行，它们在盎格鲁-萨克逊世界被称为"乔"（Joe），在英国以及美洲（包括1778年以前的英国北美殖民地）非常受欢迎，后来又在拿破仑统治时期在法属西印度殖民地广为流通。在欧洲的黄金市场上，巴西所产的黄金由里斯本运往伦敦和阿姆斯特丹以及其他地方，这些黄金往往是英国的船只运输，并由英国设在这些地方的商行出售。稍后一些时间里，从巴西流入葡萄牙本国的钻石也在逐年增加。1732年，葡萄牙的巴西舰队带回里斯本的钻石达30万克拉，价值500万克鲁扎多，次年带回的钻石数量同样之多。这些钻石的数量和价值是"来自印度的四倍"。到了18世纪末其产量已经达到200万克拉，使得欧洲的钻石价格下降了75%。葡萄牙帝国政府通过官方的商人在伦敦和阿姆斯特丹的商行出售这些钻石。从1753年至1755年，英国出口承包商布里斯托的沃德商行（Ward & Co）从葡萄牙买入了121 814克拉价值110万余英镑的钻石；从1757年至1760年，荷兰商人哥勒（John Gore）与凡·内克（Josua Van Neck）购入了115 659克拉价值100余万英镑的钻石。葡萄牙的钻石从伦敦和阿姆斯特丹被分流到欧洲各地，到了18世纪末叶，俄国以及奥斯曼土耳其帝国也是主要的买家。

在最初的时候，黄金和钻石的矿产是私人性质的。但是在1695年11月的时候，里斯本当局意识到黄金的走私可能会有可观的收入前景，里斯本海外事务委员会的委员们注意到即便禁止走私黄金，流入特茹河的黄金大部分也只会肥了私人的腰包，而不是进入王家的金库。当国王及其顾问想到要控制这

---

① ② C.R.Boxer, *The Golden Age of Brazil, 1695—1750, Growing Pains of a Colonial Society*, (Berkeley and Los Angeles,1962), pp.59-60.

片新发现的盛产黄金的地区时为时已有点晚了,他们想到了要改变对于黄金企业的政策,不再将黄金的生产置于与蔗糖和烟草行业同等的地位。开始时,王室想出的办法就是命令在里约热内卢的造币厂将一部分黄金铸造成金币运回葡萄牙,但是在18世纪最初的10年快要结束的时候,这个办法不再奏效了。于是,葡萄牙政府就加紧对米纳斯吉拉斯征税。1701—1702年,里约热内卢的总督阿图尔·德·萨(Artur de Sá)指定了一些机构在不同的地区收税,开始时规定的税收为1/5。"王家五一税"(Royal Fifth, or Quinto)这个历史名词由此而来。当时王室规定,淘金者必须缴纳1/5的税收,没有政府开具的官方收据,所有的淘金者都禁止离开矿区。1702年,政府又规定淘金者还必须缴纳地方上的1/5的税收,因为矿区要从巴伊亚进口牛群来运输金沙。但是,税收的效果并不明显,许多人都想方设法逃税。1701年是开始征税的头一年,只有31人老老实实地付税,他们是妇女、神父以及托钵僧侣。以后几年也是如此。正好在1708年,原来在圣保罗的淘金者与后来从葡萄牙以及其他地方来的淘金者发生了冲突,王室便有机会以此为借口干预巴西的事务,增强王室在当地的权力,包括税收的权力。但是,随着时间的推移,向国家缴纳的这部分税收越来越难以保证,因为采矿者有许多办法可以蒙骗监督人员,逃避纳税。于是,葡属巴西政府制定了新的税收政策:由市政厅规定新的交税金额,即每年100阿罗巴(1阿罗巴相当于15公斤),由当局在制造车间就截下部分黄金。这些企图防止走私和保证税收的强制性措施,从一开始就在巴西引起采矿者的极大愤懑,以后此种不满情绪则愈演愈烈。

当时,葡萄牙与印度殖民地之间的航运联系日趋衰落,在17世纪的下半叶,每年来回于里斯本与果阿之间的葡萄牙船只数量平均为2—4艘。但是同一时期来回于葡萄牙与巴西之间的船只则超过100艘,有时还超过了西班牙与美洲之间往返的舰队数量。在合适的风向和气候下,从里斯本到巴伊亚之间的航程一般需要两个半月至3个月,从里斯本到累西腓则更少一点,去里约热内卢则更多一点。很明显,这要比去印度时在拥挤不堪的克拉克大帆船甲板上度过6—8个月的航程舒服得多。在一般情况下,舰队去巴西时遇到的天气情况也要比去印度时更好,尽管船只在不当的季节离开会在赤道附近的海域遇到无风不能前进的险情,或者在回程中也会遇到亚速尔群岛附近的晚秋和早冬的大风。1690年,葡萄牙王室颁布谕旨,规定去往巴西的舰队必须在每年12月15日和1月20日之间离开葡萄牙的港口,从巴西回航的船只必须在5月底和7月20日之间出发离开巴西的港口。以后,王室又颁布了几道谕旨，对于这个时间表作了调整和修改。这一时期葡萄牙去往巴西的航线分为3条，分别为从里斯本到里约热内卢、到巴伊亚以及到伯南布哥。这些船只从巴西带回葡萄牙的货物主要有黄金、蔗糖、烟草、兽皮和木材。从里约热内卢回航的船只带回的货物是最丰富和最有价值的，主要就是米纳斯吉拉斯、戈亚斯、库亚巴（Cuiabá）、马托格罗索等金矿出产的黄金，还有大量的是经由萨克拉门托（Sacramento）走私出来的秘鲁的白银。一位出生在巴伊亚的编年历史学家皮塔（Rocha Pitta）在1724年自豪地写道，"我们葡萄牙人的美洲"，每年向欧洲派出100艘船只，平均每艘船只总共运输24 000箱蔗糖、18 000卷烟草、"数百万两的黄金，其中有金砂、金锭和金币"。除此以外，这些船只还运输大量的巴西木材以及其他各种货物。他是在巴西殖民地与葡萄牙本国之间的贸易黄金时代写下这番话语的。参与巴西舰队贸易活动的有各色人等。1703年，一位随舰队从里斯本去巴伊亚的意大利卡普清修会的修士写道：几乎在日光之下，所有不同的民族、信奉不同宗教、拥有不同肤色的人们都在船上。虽然他的描述带有明显的夸张。每支舰队都有1—4艘战舰护航。运往葡萄牙的黄金，不论是属于国王的还是私人的，都要装载在这些战舰上。这种航运制度直到1765年才被废除，但是到1797—1801年之间又一度恢复。

三、若奥五世的绝对君主专制

1706年12月，佩德罗二世去世了。若奥五世（João V，1706—1750年在位）即位。从1706年至1750年，若奥五世在位近50年，他是葡萄牙历史上在位时间最长的君主之一。他从小在母亲以及女性眷属中长大，同时受到耶稣会士给予的良好的宗教以及其他知识教育，可能是布拉干萨王朝中受到最好教育的王室贵族之一。他懂得西班牙语、法语、意大利语，精通数学，与祖父一样，他还热爱音乐。由于自幼就接受耶稣会士的教育，所以他对于耶稣会士宠信有加。在青年时代以及即位以后的头七年，他让耶稣会士当他的忏悔神师；自1713年以后，他则让别的修会的教士充当他的忏悔神师。除了耶稣会，他对于奥里托拉会也很钟爱。他一直让耶稣会士充当他的王位继承人以及其他孩子的忏悔神师。他在耶稣会建在里斯本的著名的圣罗克教堂中，修建了以基督教世界中最华丽繁复的装饰品装点的富丽堂皇的圣施洗约翰小教堂。若奥五世的性格并非不坚定，只是有时显得腼腆和温驯。他选择的大臣都是在外界看来令人尊敬的，不过他也不太催逼着他们去做事。由于当时的葡萄牙与哈布斯堡王朝结盟，所以若奥五世于1708年与哈布斯堡大公的妹妹奥地利的马利亚·安娜（Maria Ana，1708—1750为王后）结婚，3年以后他们生了第一个孩子，但是这个孩子2岁就死了。若奥五世发愿，如果天主赐予并护佑他的子嗣，他将会修建一座巨大而壮丽的王宫及修道院。1712年，他将这座修道院的院址选在玛夫拉（Mafra），这就是后来著名的玛夫拉王宫修道院建筑工程的起源。1714年6月，若奥五世的儿子若泽（Dom José，1714—1777）即后来的王位继承人出生了，他此时表示想到国外如西班牙、法国、意大利、日耳曼、荷兰和英国去旅行，他计划此次旅行将是微服私访，有200名随行人员以及80名卫兵陪同，预计将耗费800万克鲁扎多。朝廷里的许多大臣都反对他的旅行计划，但是他却固执己见。最后，卡达瓦尔公爵（the duke of Cadaval）提醒他，没有科特会议的同意，国王是不能够随意出访的。在葡萄牙重新光复以后，由于不少贵族出逃到西班牙，所以王室规定贵族没有王室的同意不能出国；国王出国，要由科特会议同意。若奥五世为了避免争议，这才放弃了出国游历的念头。据法国的外交人员报告，若奥五世因为没有实现自己的出访计划而闷闷不乐，退隐到葡萄牙中南部靠近西班牙边境的维索萨镇（Vila Viçosa）休养。

葡萄牙国王若奥五世像
由艺术家Alessandro Giusti（1715—1799）制作，目前保存在玛夫拉王宫。

若奥五世统治时期葡萄牙继续卷入自佩德罗二世时代就已经开始的欧洲纷争。这场战争从1704年开始，历时8年之久。奥地利王位的谋求者以葡萄牙为基地入侵西班牙，此时法国已经进入西班牙并且占领了大片领土。1706年，英国与葡萄牙的联军攻占了马德里并拥立卡洛斯三世为西班牙国王。1707年，法国与西班牙的军队挺进到阿尔曼沙，打败了葡萄牙军队。此后，葡萄牙与英国的联军又试图进攻瓦伦西亚，开始时取得胜利，但是后来又被打败了。双方打了几年消耗战，都没有取得决定性的胜利。但是法国在另外的几个战场上被打败。1715年，各方签订了《乌得勒支和约》（Treaty of Utrecht），结束了这场冲突，英国取得了胜利。和约规定英国可以得到法属美洲的大片领土，同时在西班牙殖民地的贸易权利也得到了保障。葡萄牙尽管也是战胜国，所得到的好处只是在巴西的边境地区：葡萄牙对巴西沿海北部亚马孙河流域两岸的所有权得到了承认，法国占领这一地区的企图遭到破灭；在南部，确定了与西班牙势力范围的边界线，打消了西班牙占领萨克拉门托殖民地（相当于今天的乌拉圭）的企图。

从早年的时候开始，若奥五世就对天主教会表现出极度尊敬的态度。他持续而广泛地向葡萄牙境内各处的教堂布施，赏赐给神职人员丰厚的钱财。他希望教会和罗马教廷能够体会到他的这一番良苦用心。在1709年1月，他就任命王家小教堂的主持神父奴诺·达·库尼亚·德·阿泰德（Nuno da Cunha de Ataíde）去罗马为他的这座小教堂申请一个尊贵的头衔。不久，他想将这座王家小教堂升格为宗主教的座堂，向罗马教廷申请将里斯本的一些教区划出，并将整个里斯本的西部城市划归宗主教管辖。他还想授予这位未来的宗主教以巨大的荣誉和特权，让他有权为国王加冕并祝圣以后的主教。若奥五世极力要树立自己作为一名基督教十字军式的君主的形象，并以此提高他在国际上以及罗马教廷中的地位。当时，在维也纳、巴黎和马德里的教廷使节都是枢机主教，波兰的国王也想让驻扎在华沙的教廷使节成为枢机主教，但是没有成功。若奥五世极力想让驻扎在里斯本的教廷使节成为枢机团中的一员。罗马教宗克莱门十一世、英诺森十三世和本笃十三世都拒绝了他的请求。不过，最后若奥五世得到了教廷签发的一个书面的同意书。但是，教宗拒绝若奥所中意的比奇主教（Bishop Bichi）担任这个职务，教宗想要任命他所中意的费朗（Bishop Firrao）主教，但是若奥五世也不接受。罗马教廷枢机团拒绝选举比奇为枢机主教，葡萄牙也召回了它在罗马的使团，这两位主教都离开了里斯本，若奥五世赏赐给比奇主教丰厚的礼物。直到1730年，教宗终于祝圣比奇为枢机主教，若奥五世为这位主教的升职花费了4 000克鲁扎多，还另外花费了25 000克鲁扎多资助他的华丽的当选仪式。不久以后，这位贪婪的主教终于成为里斯本的宗主教。若奥五世在某种意义上建立了一个在君主制阴影笼罩下的有点类似于葡萄牙民族教会的宗教团体，也一定程度上改变了布拉干萨王朝复国以后葡萄牙一直受到罗马教廷冷落的局面。

这一时期，巴西的黄金就像是滚滚浪潮一般涌进葡萄牙。黄金使得国王、教会和朝廷变得富裕了。若奥五世由于财源充裕，也不再召开科特会议要求贵族、教会和平民的议员为他筹款了。但是社会的变迁使平民阶层中仍然有许多人要求恢复古老的科特会议。若奥五世显然不愿意这样做，他信心满满地说："我的祖父感到害怕和亏欠，我的父亲则感到亏欠，我既不感到害怕也不感到亏欠。"国王的意愿是由在光复战争时代负责军事的将军们统治外省，城市中则仍然由市政厅以及行会作为代表机构管理。当时国家和个人收入的增加，并没有使葡萄牙的经济水平发生根本的改变，也没有使葡萄牙的社会结构发生显著变化。黄金的热浪像风一样从人们的身边吹过，但是国家和社会依然如故。若奥五世本人应该对此负责。他挥霍了来自巴西的财富，耗费了本应属于国家的来自巴西的矿产收入。他将大量的财富用于显示王室豪奢的排场以扩大王室的声望。在王子若泽（José, 1714—1777）与西班牙公主玛丽亚娜·维克多利亚（Marianna Victoria），以及他的女儿与西班牙王位继承人费尔南德（Ferdinand）结婚的时候，他不惜挥金如土，极尽挥霍之能事。巴西殖民当局不得不"自愿捐赠"700万克鲁扎多的金钱以供王室操办豪华的婚礼。那些从殖民地来到葡萄牙并留下帮助或参加操办婚礼的人士都得到隆重的招待。当时人们普遍相信，若奥五世是欧洲最富有的君主。1755年，约翰·卫斯理（John Wesley）在他所撰写的《关于里斯本大地震的严肃思考》（*Serious Thoughts Occasioned by the Great Earthquake at Lisbon*）一书中这样写道："居住在葡萄牙的商人告诉我，国王的大房子里堆满了宝石，还存放了更多的黄金，有些铸造成金币，有些还没有；这些财富多过欧洲其他国家亲王们加起来的总和。"

若奥五世集聚财富以及权力，推行他的君主专制制度以及国家集权主义。他所效法的榜样是法国的"太阳王"路易十四，包括后者的个人权威、宫廷礼仪以及凡尔赛宫殿的规模。若奥五世也想在葡萄牙建立如同法国一样的绝对君主专制，使葡萄牙在欧洲重新获得自国王曼奴埃尔一世开通去印度航线以来的国际声誉，并使里斯本成为欧洲最富有的城市之一。在西班牙的波旁王朝试图植入同样的王权至上主义，推翻以前阿拉贡的地方分权主义，并企图植入一种新的文化。在葡萄牙，并没有地方分权的存在，统治王室的布拉干萨家族也不是外来的政权，但是若奥五世却积极地仿效法国的绝对君主至上制度。其中一个重要的举措就是兴建可以与西班牙的埃斯高里亚纳王宫修道院以及法国的凡尔赛宫同样规模的宗教兼世俗的大型建筑。

1716年，若奥五世正式开始考虑修建玛夫拉王宫及修道院（Monastery-Palace Mafra），其规模之大远远超过了同时代和以前葡萄牙所有的宗教以及世俗建筑。1717年这项宏大的工程正式奠基动工，直到1750年才最后完工。

该王宫修道院的选址在距里斯本28公里的玛夫拉，离王家狩猎场很近，原先这里有一座简陋的属于方济各会的修道院。王室委托日耳曼的艺术家路德维希（Johann Fridrich Ludwig, 1673—1752）负责设计工作，他曾经在罗马学习艺术，与耶稣会的关系非常密切。11月17日，王宫、教堂以及修道院建筑举行奠基仪式，国王本人以及里斯本的总主教均有出席。13年以后的1730年，教堂建筑完工启用。那时，在葡萄牙兴建如此大规模的建筑工程是史无前例的，葡萄牙本国没有相应的技术和人力，不得不从外国招聘大批的工匠和进口大量的葡萄牙不能够制造的艺术品。该建筑群集王宫和修道院于一体，拥有巨大的王宫、教堂、可以容纳300人居住的修道院、要塞以及图书馆，共有1 300个建筑单元。整个建筑群分为两大部分，东边部分长约170米、宽约105米，中间有一个很大的正方形的庭院，这部分的建筑物是专门为僧侣建造的，包括修道院、餐厅、参事室、厨房、供280名修士居住的单人房间以及一座图书馆。该图书馆规模巨大，具有金碧辉煌的巴洛克风格，长达200英尺，所有的墙上都排列着书架，一边是宗教的书籍，另一边则是世俗的书籍。另一部分建筑物则是坐落于南边的国王宫殿以及北边的王后宫殿，横亘在两大宫殿之间的则是教堂，并有回廊通向教堂。若奥五世为了展现国王的奢华与威严，特地将象征王权的建筑物放在这个建筑群的前方，刻意展现出一种极为宏大的气势，属于僧侣的那部分建筑物则被放置在后面。位于前方中央的教堂有一个巨大的穹顶，高居于整个建筑群的其他部分之上。教堂长约60米、宽约30米，中堂就长约30米，耳堂也宽约12米，两边排列着比例合宜的摩尔人式样的半露方柱。教堂内部是由白色的和粉红色的产自辛特拉附近的大理石装饰的。教堂的两边是高耸的钟楼，拥有六座古老的风琴以及两座钟琴，共由92个大小不等的钟组成。葡萄牙王室从全国各地共征集4.5万名身强力壮的工人，在7 000名士兵的看押之下，夜以继日地强制劳动。王室还大规模地征用大车以及牛马，用以运输建筑材料和给养。玛夫拉王宫修道院的大部分石料从本国采集，松梨山的黑色大理石从此闻名遐迩，其余的建筑材料大部分是从外国进口的。大部分的石雕都是在意大利制作的，装饰板、祭祀用具、蜡烛架、钟表和乐器都来自罗马、威尼斯、米兰、法国、荷兰、热那亚以及列日，甚至工人在建造房子时使用的脚手架木料以及工棚木料都是从北欧买来的。玛夫拉工地上有一名意大利匠人名叫嘉斯蒂，他带了一大帮徒弟从事雕刻和装饰工作，其中有意大利人和葡萄牙人。宫中陈列的绘画作品大多出自意大利的名家之手，一代葡萄牙艺术家在这里受到外国巨匠的培养，其影响在后一时代中显露出来。由于

玛夫拉王宫及修道院

全国大部分的劳动力以及运输工具都被征用。1730年的时候,有一位法国在里斯本的外交官抱怨说在该城找不到一名修车匠人来修理他损坏了的马车,以至于他不得不屈尊步行。先前还有一名旅居里斯本的英国人抱怨他买不到一桶灰泥来粉刷他的房子。1720年,法国在里斯本的大使向本国国王报告说:葡萄牙国王不用完国库里所有的钱是绝不会停工的,而伊比利亚国库里所有的钱也不能够满足这项工程最后的需要。里斯本的市政厅被迫开会筹集工程所需要的钱款,以致最后不得不宣布破产。在此情形之下,国王仍然拒绝支付给艺术家和手工艺匠人一再拖欠的工资。一位瑞士出生的博物学家梅韦耶(Charles Frédéric de Merveilleux)于1726年访问了玛夫拉以后,注意到每一个人都在抱怨国王的夸张和奢侈。他说:"国王肯定要花去国库里3/4的财富,这些黄金都是巴西的舰队带回来的,现在都变成了石头。"

玛夫拉的工程拖垮了里斯本市政厅的财政,国王还强迫市政厅在每年一度的耶稣基督圣体节举办庄严华丽的宗教游行,其规模之宏大已经到了豪奢的程度,1719年该市的市政厅不得不宣布负债破产。1729年,葡萄牙王室与西班牙王室联姻,葡萄牙方面的费用是政府通过全国征税获得的,仅巴西一个殖民地就分摊了800万克鲁扎多。

在若奥五世时代,还有一批艺术家被葡萄牙政府招募到国内从事设计以及建造大型豪华的建筑工程。其中有一名叫尼古拉乌·纳索尼(Nicolau Nasoni)的意大利艺术家,他于1731年在波尔图定居,他在该城市先后设计和指导建造了许多著名的建筑,其中有塞利戈斯教堂以及塔楼、仁慈堂、埃皮斯科帕尔王宫、弗莱索宫等。他设计的建筑遍及整个米纽地区。在这一时期葡萄牙北部最漂亮的别墅在建筑结构上都受到了他的影响。这些别墅的修建也与贵族和商人阶级从波尔图的波特酒出口所获得的财富不无关系。

若奥五世时代最伟大的民用建筑是里斯本规模巨大的"自由之水的水道(The Aqueduct of Free Water)"。它由玛亚(Manuel da Maia 1677—1768)设计建造,建于1732年至1748年间,由20名葡萄牙石匠和工程师组成的公司负责施工。总长18.5公里,有109个拱门支撑这长长的水道将贝拉斯-坎内萨斯地区的自由河河水引进首都。该引水工程既不是出于王室的建议,也没有得到王室的慷慨赞助,而是出于人民自愿。最初,罗马人已经有过这样的计划,曼奴埃尔一世时代王室曾经考虑将自由河的河水引入罗西奥,尽管当时葡萄牙因为从印度进口香料获得巨大的财富,但是仍然无力实现这项计划。长期的缺水现象给里斯本带来很大的困扰。一位议员提出了修建水道的建议,国王则下令研究由全市市民集资解决经费问题的可能性。经过长期的酝酿和讨论,市民同意再对里斯本销售的生肉、酒类、橄榄油、食盐和稻草等征收附加税;然而政府对此加以干预,不允许对于食盐和稻草征收附加税。值得注意的是,当那些骄横的包括总主教在内的神职人员像惯常那样拒绝缴纳税收时,国王则坚持一定要他们交税。原计划水道只修到里斯本的东区,但是后来一直修到该市的高地势地区,因为这个地区的缺水现象尤其严重。引水

自由之水水道

这座巨大的建筑最引人注目的就是它那跨越阿尔坎塔拉(Alcantara)山谷的35个拱门,最高的一座在城市上空的拱门高达65米。1835年以前,人们可以在拱桥上行走。自从有一个强盗将遇害者从桥上推下去以后,人们在桥上参观就需要有向导陪同了。

工程被视为里斯本全体市民的光辉业绩。1748年在桑树街的街口，人民修建了一座纪念碑，上面的拉丁文铭文这样写道："1748年在仁慈的、吉星高照的、慷慨仗义的国王若奥五世在位时期，里斯本市政厅和人民，依靠该城市人民自己的力量终于将盼望了两个世纪之久的自由河水引入该市。这项工程长达九千跨步，开山凿洞，经过20年的不懈努力才最后建成。"

若奥五世还努力致力于恢复葡萄牙的海军和商船队。当时，北非沿海地区的海盗活动猖獗，他就派出护航的舰队在大西洋上护送规模日益扩大的往返于巴西的贸易船队。他认为，即便在欧洲和平时期，海军的战斗力的提高也是必要的。若奥的兄弟弗朗西斯科接受过海军的训练和造船的知识，他在一定程度上帮助当时的葡萄牙王国复兴了海上的军事力量。同时，若奥五世还坚持选拔有才能的人充当驻欧洲各国的使节。 自西班牙王位继承战争结束以来，若奥五世在位的时代大体上是承平的。1717年，葡萄牙帝国政府派出了一支舰队驶往地中海去攻打奥斯曼土耳其帝国，目的是挽救当时已经衰落的威尼斯共和国，使它免于全面崩溃。战斗力已经恢复了的葡萄牙海军在马塔潘角击溃了土耳其奥斯曼帝国的舰队，满载荣誉回到了祖国。不过，地中海的形势并没有重大的改变。在东方，葡萄牙丧失了一些地方。阿曼脱离葡萄牙独立了，还夺去了蒙巴萨以及莫桑比克以北的非洲沿海的一些城市。在印度，马拉底人从葡萄牙人手里也夺取了一些城市，并危及果阿。最后，因为印度北方的战乱才使得马拉底人退兵。葡萄牙本国的人们不大在乎这些损失，因为葡萄牙人早已承认，葡萄牙东方帝国的辉煌已经成为过去，它在巴西的收获远远抵消了在印度洋的衰落。葡萄牙在这一段时间在欧洲的国际地位有所提高，虽然葡萄牙与欧洲的大国如英国、法国和西班牙相比还是一个二等国家，但是葡萄牙在光复初年的必须采取卑躬屈膝的时代已经过去了。葡萄牙受到了普遍的尊重，外国政府已经不再把它贬低到附庸国的地位了。若奥五世努力使自己在许多方面仿效法国的"太阳王"路易十四，开创葡萄牙绝对君主专制的黄金时代，并在一定意义上取得了成功。一时间，葡萄牙获得了自曼奴埃尔一世开启去往印度航线以来还未曾享有过的国际声誉。里斯本重新成为欧洲最富裕的城市，当然也是最拥挤不堪的和最脏乱的城市。

若奥五世还有一些措施也是无可非议的：如他曾经下令建立科英布拉大学精美的巴洛克式样的图书馆，该图书馆辉煌壮丽，可以容纳30万册图书，至今里面还悬挂着若奥五世的肖像；他还建了大型的玛夫拉修道院图书馆、里斯本歌剧学院、里斯本医院，1720年建立了王家历史学院（Royal Academy of

History）。当自然科学博物学家梅韦耶为了他的研究访问葡萄牙的时候，若奥请他留下，并给了他一个高薪的名誉官职；另一名法国学者勒·基昂（Le Quien）为了要撰写葡萄牙的历史而访问里斯本的时候，国王给他颁发了奖金，并让他享有穿戴曾经是亨利王子统领的基督骑士团会衣的特权。国王还下令将数以百计的古籍图书运到罗马复制，政府明令禁止毁坏古物并命令不得在建筑民用房屋的时候破坏古物。国王还在意大利的罗马建立了葡萄牙学院（The Academy of Portugal），赞助本国的艺术家在意大利学习艺术。政府在里斯本以及各大城市中建立许多街头的喷泉，在里斯本建立兵工厂以及大炮工厂，在罗萨（Lousã）建立造纸厂，还在科维尼亚（Covilhã）扩建了羊毛工厂，专门供应葡萄牙军队的制服，对于巴西地区进行科学的地图测绘，向外国派遣留学生学习经济学、数学以及天文学。在许多年里，若奥五世每两周向穷人派发一次金币和其他钱财。

在葡萄牙的历代君主中，若奥五世是一位行动较为迟缓并且十分迷信的国王。他后期唯一表现出的积极活跃的事情就是与一些修女通奸，其中有一名出身修女的情妇名叫保拉·特蕾莎·达·席尔瓦（Paula Teresa da Silva）。她所在的修道院则从国库里得到丰厚的礼物作为国王对于她忠心侍奉的回报。当时，葡萄牙王室成员、贵族和修女交往蔚然成风，以至于教会的最高当局不得不明令禁止。同时，若奥五世在兴建教堂建筑以及提倡音乐方面又是挥霍无度，由此显得非常滑稽可笑。伏尔泰曾经以嘲讽的口吻写到若奥五世的所作所为："当他想要一个宗教节日的时候，他就举行盛大的宗教游行；当他想要修建一座新的建筑物的时候，他就兴建一所修道院；当他想要一名情妇的时候，就找一名修女。"1742年，若奥五世患了癫痫和中风以及胸积水，这在很大程度上改变了他的体力和智力。在此以前，据英国驻里斯本的大使报告，若奥五世在处理公务方面非常勤快和聪明，他签字的国务文件以及所写的私人信件都证明了这一点。自从他得了病以后，渐渐地变了一个人，经常沉湎于宗教的沉思，就像是一名虔诚的宗教人士。当时，有一些葡萄牙人以及外交人士生活在巴黎、伦敦、罗马和海牙，他们明显地受到了那时欧洲流行的启蒙运动的哲学思想的影响，却非常悲哀地看到自己的国王沉湎于繁琐的宗教礼仪和圣事，热衷于宗教节日和圣徒节日的庆典。欧洲当时其他国家的国王和王室表现出的对于启蒙思想家的兴趣和尊重，在若奥五世身上完全看不到。这位葡萄牙国王还特别积极地支持宗教裁判所的活动。可能出于延年益寿的想法，他对于神父、托钵僧侣以及所有的教区主教表现出夸张的和过度的尊敬，完全不像一个具有时代风范国家的君主。葡萄牙全国同胞一定也会感到这一点：当时在葡萄牙，一年中的宗教节日如此之多，全年只剩下122天的工作日。在若奥五世统治的18世纪上半叶，葡萄牙完全没有现代国家的气息。这个小国的人口只有300万人，神职人员却有20万之众。到1780年，全国的男修道院以及女修道院加起来达到530座。18世纪欧洲的启蒙思想家在论述理性主义观点的时候，总是将葡萄牙作为欧洲最落后的弥漫着迷信和愚昧的国家的例证。

  最重要的是，葡萄牙的社会基础和经济结构并没有发生本质上的改变。若奥五世想利用从巴西来的流动资金，发展葡萄牙的工业，改进农业，扩大商业活动。但是，他在经济方面的成就远远不及作为一名教会事业以及文化艺术保护者的成就。造成这种现象的根本原因就是葡萄牙明显地缺乏有才干的资产阶级以及现代的管理人才。巴西的黄金有1/5上缴国家。除了黄金收入，还有烟草的收入。1716年，烟草的收入占王室收入总额的20%。另外还有蔗糖、巴西木以及贩卖非洲奴隶的收入。然而这些收入大部分都在私人手里。国内的商品贸易，特别是波尔图的酒以及食盐的出口，也是重要的财源。但是，金钱本身并不能解决任何问题。若奥五世时期最突出的问题是现代经济的管理人才非常缺乏，训练有素的能够利用原有财富作为工具去创造新财富的人才更是寥寥无几。葡萄牙长期以来在文化教育上就是采用由耶稣会主导的中世纪式的以基督教神学为中心的教育体系，宗教裁判所排斥来自外国的体现时代潮流的思想，人们的知识结构普遍陈旧并具有排他性。国家不仅缺少有活力的企业家，在整个文化、艺术、政治、经济方面都缺乏有才干的人士。

  除此以外，当时的葡萄牙社会，特别是大城市中充满了消费主义以及崇洋媚外的风气，任何外国流行的东西在葡萄牙都能够得到赏识。在18世纪初年，人们甚至进口旧的衣服如外衣、床单、衬衣和假发。里斯本市政厅的议员们对此感到十分气愤，他们认为这些衣服或许来自外国的结核病或麻风病患者，对于人们的健康是有害的。市政厅的报告说：里斯本充斥着来自外国的"镶金边的镜子、碗橱、算盘、写字台、桌子、货架、镀金的刀具、家用装饰品以及其他小型制品，例如金属镶嵌的金盒子和银盒子、宝石、镶银的马鞭"等，诸如此类的东西在各种商店里出售。不仅城市里的富人购买这些物品，就是一般老百姓也趋之若鹜，整个社会的风气就是如此。1723年科特会议报告说：里斯本的街上"充满了外国人，他们使用水晶玻璃器皿，来自澳门、热那亚以及英国的瓷器,匈牙利的茉莉花油,油脂,皇后香水以及其他小制品;许多年轻人脸上抹粉,鞋上擦油,在奢侈品上花了很大的开支"。为了逃避宗教裁判所的迫害不得不离开葡萄牙的利贝罗·桑舍斯说:科英布拉大学的学生们极度热衷于"从法国和英国进口的东西。他们在这里学习到的是非外国产品不穿的习惯。大学毕业以后,他们成了医生、文学家、神父、行政官员,但是总是力求保持那种生活方式,并且那样生活下去。他们把那种奢侈的生活方式带到全国各地,使得许多人都模仿和追求异国的生活方式"。由于葡萄牙本国不能生产,这些必需品和奢侈品还要依赖进口,这种不平衡成为国家经济的隐患。

在葡萄牙黄金外流的接收国中,英国是受益最多的。在欧洲被视为原材料和硬通货的黄金市场上,由巴西装船运往里斯本的黄金又流向阿姆斯特丹、汉堡以及其他地方,通常最后都流到英国。因为英国船只在运载这些黄金时非常高效,英国在以上这些地方设立的商站提供的运输设备也非常良好。同时,葡萄牙国内的黄金也以不合法的走私形式流到英国去了。虽然葡萄牙有法律严格限制黄金的出口,法律规定偷运黄金出口将被判以死刑,但是在1706年以后,英国的战舰以及从普利茅斯开出的邮船每星期都从葡萄牙偷带黄金回国,这些英国船只是免于葡萄牙官方检查的。有一位名叫温切斯特(H.M.S. Winchester)的英国舰船上的班长在自己的日记里记载了1720年他在里斯本逗留期间的经历:他在20天的时间里一直偷偷地将葡萄牙人的黄金运到船上,没有遇到麻烦,也不感到疲劳和恐惧。他偷运出几千葡萄牙金币。有一天他竟然从一些葡萄牙商人手中得到6 000金币,这些商人在运输金币的时候特别小心和私密,他们要分好几次才将金币运到温切斯特停在港湾里的小艇上。这些人还带着滑膛枪、手枪和短刀,如果遇到"鲨鱼船"(即海关的船)的拦截就抵抗或者逃跑。但是这种情况从来也没有发生过。有一个数字可以看到:从1740年3月25日至1741年6月8日,由里斯本驶往英国法尔茅斯的邮船所载的金条价值447 347镑;1759年和1760年则分别为787 290镑以及1 085 558镑。有一位名叫赫维(Captain Augustus Hervey)的英国舰长,1748年从里斯本带回家8 000葡萄牙金币,1753年则带回英国63 533葡萄牙金币。除此以外,在1752年他还从里斯本带到直布罗陀和意大利3万葡萄牙金币。商船也被用来运载葡萄牙的金条。仅在1710—1713年的3年之内,有超过100万两的葡萄牙黄金被伦敦的造币厂铸造成为英国的钱币。比较保守的估计是在若奥五世统治时期每年流入英国的葡萄牙-巴西的黄金价值约在100万—200万英镑之间。有一位居住在里斯本的见多识广的法国人估计在

1730—1740年的10年间,每年流入英国的葡萄牙-巴西的黄金平均在1 200万克鲁扎多(价值150万英镑)。除此以外,在巴伊亚和里约热内卢也有大量的黄金直接流入英国。以上种种现象都是若奥五世统治下葡萄牙帝国经济管理不善和效率低下的后果。结果是英国的羊毛制造业的设备由于从葡萄牙及其殖民地巴西进口的大量黄金得以改善,并获得长足的发展。1706年,英国驻里斯本的领事写道:英国的羊毛加工业主的生意与日俱增,如果他们能够每年持续从里约热内卢进口这么多的黄金,就会使自己的国家越来越富。1711年,一位在里斯本的英国商人将整个英国在这一时期工商业的发展归功于"葡萄牙与巴西之间贸易的发展以及由此流入英国的大量的黄金"。4年以后,英国人再度确信地说,与葡萄牙和巴西的贸易"是整个国家贸易的基础"。英国成为葡萄牙的第一大和获益最多的贸易伙伴,1732年,英国驻里斯本的大使陶拉瓦莱勋爵(Lord Tyrawly)指出:"到目前为止,英国人在这里(葡萄牙)是人数最多的外国民族,无论是居住在这里或是乘船来做生意的,都是这样。"英国人在葡萄牙的生意兴隆使得法国以及荷兰商人满心嫉妒,有一位法国商人在1730年写道:"英国人在里斯本的贸易在所有国家中是最重要的;根据许多人的说法,它超过了所有国家加起来的总和。"到了18世纪40年代,英国设在里斯本的商馆人员的特权和所获的利润已经使许多葡萄牙人心怀不满。

若奥五世由于身体欠佳,晚年将国家事务托付给一些平庸保守的大臣和神职人员。而且这些人中,许多人的寿命还没有国王本人长。国务秘书是枢机主教莫塔(Cardinal da Mota),他对于葡萄牙国家在此时期的停滞不前甚至倒退要负很大的责任,他于1747年去世。他的侄子佩德罗·达·莫塔(Pedro da Mota)接任国务秘书,而他则是一个病人。佩雷拉(António Pereira)负责海军事务,于1747年去世。外交大臣曼多萨(Diogo de Mendonça)是称职的外交官员。负责外交和战争事务的首席大臣科迪尼奥(António de Azevedo Coutinho)于1749年去世,由恩卡尔纳桑(Fr Gaspar da Encarnação)接任,他控制葡萄牙帝国政府的所有事务。除此以外,葡萄牙的另一位枢机主教兼宗教裁判所总裁判官库尼亚(Cardinal da João Cosme Cunha,1715—1783)也是一位有影响的人物。若奥五世最信任的顾问是一位出生于那不勒斯的意大利耶稣会士卡伯尼神父(Padre Carbone),他也于1750年去世。

若奥五世在1750年7月31日去世,享年62岁。在他去世前的1748年,罗马教宗本笃十四世(Benedict XIV,1740—1758年在位)授予他"最虔诚的国王"(Most Faithful Majesty)的称号,作为罗马教廷奖赏他慷慨捐赠的报偿。

这个称号其实没有多大的价值，但这是若奥五世十分珍爱并长期希望得到的，因为罗马教宗给予葡萄牙国王与西班牙和法国国王同等的声望，后两者在以前分别获得了"最虔诚的天主教国王"（Most Catholic King）和"最虔诚的基督徒国王"（Most Christian King）的称号。

若奥五世去世的时候，他对于葡萄牙海洋帝国在大西洋另一端的殖民地巴西的状况应该感到满意，同时，无论如何，葡萄牙的国旗还在东非和亚洲的殖民地高高飘扬。但是，1706年他登基时困扰葡萄牙政府的问题，到他1750年去世时仍然存在。虽然葡萄牙海洋帝国外表辉煌，但是它内部的社会经济结构并没有实质性的改善。巴西盛产的黄金大量地流向英国，英国政府和商人们沾沾自喜。英国借助从葡萄牙流入的资金建立新的加工工业基础并壮大自己的海军，葡萄牙则还要面对法国和西班牙的严重威胁。葡萄牙想要发展自己本国新的或传统的日益衰落的手工业（丝绸、玻璃、皮革生产）的努力大多以失败告终。只有科维尼亚的羊毛加工厂还能够为军队提供制服。1749年5月，王室公布了一份国事诏令，要求全体穿制服的仆人必须穿着由葡萄牙本国生产的制服，这算是王室对于本国手工业的鼓励。总而言之，葡萄牙在它第二个黄金时代没有出现能够进行财富再生产的企业。特茹河只是成了财富流通的中转站，财富通过这里流向了经济发达的地区：这些地区就是葡萄牙人只知道消费而不会制造产品的地方。外国特别是英国的加工产品、谷物、黄油、肉类以及其他的消费品大量地进口到葡萄牙，换取从巴西流入葡萄牙的黄金。只有里斯本和波尔图两个港口城市以及邻近地区因为对外贸易而繁荣，葡萄牙其他地方的人民及其生活方式依然如故。由于恶劣的道路条件（当时葡萄牙国内大部分的道路没有达到18世纪的标准）以及缺乏河流等原因，内地的农民和手工业者倒是能够抵御住外国商品的竞争，因为舶来品无法再承受进入内地运费的负担。一位意大利的旅行家曾经略带夸张地说，从里斯本找一条船去巴西或者果阿要比从波尔图乘马车去布拉加或许更加容易一点。

四、两种不同的和对立的文化

葡萄牙的文化，从16世纪中叶若奥三世以及塞巴斯蒂安国王时期至18世纪中叶蓬巴尔改革以前的约200年间，可以视为一个整体，虽然其间经历了西班牙的吞并以及若奥四世的复国等重大的社会变故和政治事件，但是文化的气氛却在总体上没有大的改变：天主教特别是耶稣会，垄断了葡萄牙本国以及殖民地的教育和文化事业,宗教裁判所的活动特别活跃,自由思想虽然有所萌芽,但是在总体上受到严厉的压制。

16世纪葡萄牙思想文化领域的一大特征就是耶稣会士垄断了整个文化教育事业。他们在葡萄牙本国以及海外殖民地兴办各类学校,包括本会的神学院。耶稣会士兴办文化教育的目的是贯彻罗马教会的反宗教改革。在许多有耶稣会的国家,耶稣会士们以教育为己任,在兴办教育方面卓有成效,在葡萄牙更不例外。耶稣会士们在里斯本、埃武拉、布拉加、布拉干萨、安格拉、丰沙尔、法鲁、波塔莱格雷、德尔多加角、圣塔伦、波尔图、埃尔瓦什、奥尔塔、锡尔巴图、波蒂芒、贝雅、帕尔乃什、维索萨等城镇都建立了学校。在巴西、非洲和果阿、澳门以及日本等葡萄牙的殖民地以及葡萄牙人的居留地也都建立了耶稣会的学校。耶稣会如此大规模地在葡萄牙本国以及海外殖民地建立学校,在历史上是第一次,持续的时间也相当长。教科书是精心编写的,而且编得比较好。直到近代,葡萄牙中学发行的教科书还是科英布拉学校的那本厚厚的活页教材。它汇集了所有的在罗马天主教会看来是正统的知识,即在反宗教改革的前提之下那套被认为是与天主教信仰保持一致的知识。相当多的以拉丁文写成的书被当作基础的教材,一直到后来蓬巴尔执政时期才被禁止使用。在长达一个半世纪的时间里,只有耶稣会士编写的唯一的教材,成为葡萄牙在文化教育上故步自封、愚昧落后的原因之一。葡萄牙的学生直到18世纪还在阅读17世纪初期欧洲其他国家的思想家的讲义。

博克塞曾经如此评价耶稣会士在葡萄牙本国及其海外殖民地教育事业的基本特征:"尽管耶稣会士的教育在那个时代是最杰出的。然而,正如弗朗西斯·培根所说的,它仍然没有跟上17世纪人类知识的扩张和观念的发酵。由于使用拉丁语为大部分课程的主要教学媒介,耶稣会的教育显得形式化、学究式的迂腐和保守,只有少数课程是例外。耶稣会的教育特别注意语法、逻辑和修辞,其主要的目的是发展和完善学生在口头上和书写上使用拉丁语的能力,培养他们在最严格的罗马天主教正统教义的范围内进行经院式的辩论的能力。通过讨论、背诵、比赛、戏剧表演等手段,学生沉浸在文字和文艺的自大和表现狂当中。耶稣会教育中不鼓励老师和学生发展一种独立的批判性的判断,也不鼓励他们提出由未经权威认可的章句所支持的观点和意见,要摒除对于亚里士多德、托马斯·阿奎那的哲学原理和权威的任何怀疑。历史上,科英布拉大学一直拥有授予民法和医学学位的专门的特权。但在其他耶稣会办的学院里,只要有需要,就会教授历史、地理、数学等课程。强调对古典学问的研究是耶稣会人文主义教育的一个方面。但是他们对于拉丁文（相比之下他们太不关心希腊文和希伯来文）的执着、热忱的追求和培养，并没有使他们去接受不符合特兰托大公会议规定的天主教正统教义的、那些希腊罗马的哲学观念。根据年轻的国王塞巴斯蒂安的老师耶稣会士卡马拉的看法：要将学生教育成为一个好的天主教徒而非拉丁文学者，这种态度曾经在整个16世纪中是非常流行的。但无论如何耶稣会仍然培养出很多有教养的人，他们在信仰和学问方面都十分出色。他们设在果阿、澳门、巴伊亚的学院的图书馆里有西塞罗（Cicero，公元前106—前43）、萨鲁斯特（Sallust，公元前86—前35）、维吉尔、泰伦斯（Terence，公元前195—前159）、贺拉斯（Horace，公元前65—前8）的著作的标准版本，一如在科英布拉和里斯本的藏本。其他托钵僧修会也有相同的学院和学校，但是在管理和图书馆的数量上与耶稣会的学院甚难匹敌。唯有果阿的奥斯定会修道院的图书馆宏伟壮丽，不亚于耶稣会的圣保禄学院。"

学生们在这样的学校里学习拉丁文、语法、修辞、逻辑和哲学，但是对于现代的知识以及当代的语言知之甚少。1640年葡萄牙复国以后，若奥四世曾经为了派遣一名去法国的大使而感到为难，因为他周围的贵族中没有一个人能够讲法语。总之，耶稣会教育的目的不是训练人的思考能力，而是给人奠定天主教信仰的基础。这种教育产生的效果是17世纪的葡萄牙人中盲目信仰者居多，而认真思考者寥寥无几。

耶稣会一方面通过兴办教育来巩固天主教的信仰，宗教裁判所则通过钳制人民的思想来巩固天主教的信仰。从16世纪中叶至17世纪中叶，是葡萄牙宗教裁判所最为活跃的时期，也是它在思想文化的控制方面最为严厉的时期。除了隐秘的犹太教徒以及不符合正统天主教教义的社会行为以外，各类书籍是宗教裁判所严格管制的对象：1547年，葡萄牙宗教裁判所公布第一批禁书目录，这个书目以后不断补充，到1624年时，其涵盖面已经相当广泛。禁书不仅包括异端的和具有自由思想的作家的作品，甚至包括一些虔诚的基督教作家以及多明我会士神学家的作品。1550年以后，在葡萄牙不经过三道审查手续不能够出版任何书籍：这三个审查机构是高等法院（Desembargador do Paço，High Court of Justice）、教区当局和宗教裁判所。当时的书籍检查包括三个方面：一是禁止收藏和阅读禁书目录上的书籍，或者是宗教裁判所认为是异端邪说的书籍，凡有这类书籍者，必须将其交出，凡发现这类书籍者，必须将其上交。焚烧书籍是隆重的火刑仪式的一部分。二是高等法院的检察官和宗教裁判所的人员等在码头上检查从海外来到的每一艘船只，检查上面的每一本书，对书店和图书馆也要定期检查。三是葡萄牙国内的文学作品都要预先送交宗教裁判所审查，审查批准以后方才可以出版印刷，检察官有权修改内容、删去或者改动他们认为不适当的内容。16世纪90年代以后，里斯本宗教裁判所的另一个重要的任务就是严密监视和镇压新教的思想以及与新教接近的观念，还要严密监视居住在里斯本的外国人，沿海岸线搜寻那些传播"非法的"宗教以及政治思想的外国船只。从16世纪中叶至18世纪初期，宗教裁判所、高等法院和教区当局3个机构互相配合，有效和警觉地行动着，这种思想控制所形成的威慑能力，远远超过欧洲其他国家如英国、法国和荷兰。

宗教裁判所最重要的活动就是"auto-da-fé or act of faith"，可以被译为"信仰的行动或宣示"，它是通过对于罪犯特别是死刑犯处以火刑的"壮丽"的富于戏剧性的仪式来表达一种信仰和道德上的宣传，起到对于民众进行教育和警示的作用。整个过程就如同一部"戏剧"表演，罪犯是观看的对象，民众就是观众，还有一些不变的演员，他们就是宗教裁判所的官员。在反宗教改革时代，意大利以及伊比利亚国家的宗教裁判所进行此类活动时，在形式上和时间的选择上大同小异。以葡萄牙为例，宗教裁判所对于"信仰的行动"的日期的选择是这场"戏剧"的关键因素。从15世纪末期开始，葡萄牙宗教裁判所学习邻国西班牙的经验，除了罗马教宗在1536—1563年期间偶尔对于"新基督徒"宽免以外，几乎每年都要举行这样的仪式。

葡萄牙宗教裁判所还喜欢在具有神圣意义的宗教建筑物或宏大的世俗建筑物前举行宣判仪式。在贝森康特（Francisco Bethencourt）统计的342个案件中，有234个案件选择在开阔的空间如城市的主要广场举行，108个案件选择在教堂前面的广场举行。在里斯本，判处罪犯的火刑架总是设在背靠王宫和市政厅的广场即当时名为"王宫广场"的地方，它象征着宗教裁判所是由王室支持的机构，是教会和国家结合的产物，它的神职人员是由王室挑选的而非罗马教宗任命的，宗教裁判所直接对王室负责。国王可以从王宫的窗口观看或者说是"参与"火刑仪式，因为国王的窗户就在宗教裁判所总裁判官的头顶上面。在科英布拉或者埃武拉，则是在市政厅广场举行。在举行公开的宣判仪式的时候，广场上还要进行某种装饰，国王的卫兵则控制着人流的涌动。游行队伍经过的两边沿街的房屋，那里由户主按照社会阶层排列分配给不同社会阶层的人们占据，以便于他们观看。那些最好的窗户都由贵族和有身份的人占据和观看。除此以外，在火刑架的周围还搭建了许多临时性的木结构观

宗教裁判所的火刑宣判仪式以及游行
法国的蚀刻画，保存在科英布拉大学图书馆。图中可以见到被宣判有罪的人戴着帽子，穿着麻布制成的衣服，后有僧侣尾随游行，他们从宗教裁判所的大房子鱼贯而出。

众台以专门安排给显贵观看。宗教裁判所官员的位置上有华丽辉煌的金色的和红色的华盖、地毯以及天鹅绒织布，象征这是一个"高贵者"的场所。还有一些则是神圣的象征物如十字架和圣像，特别在华盖的下方有圣灵的圣像，表明法官的判决是在圣灵的感动之下作出的。相反，被宣判者的位置上悬挂的装饰物都是廉价的、简单的和黑色的。火刑架两边的看台层层向上排列，被宣判的人面向审判官，使得这种宣判的仪式性以及法官的作用得以凸显。

　　从1547年至1580年，里斯本、埃武拉和科英布拉3个宗教裁判所将34人实施火刑，释放169人，焚毁模拟像51宗，共有1 580人在压力之下表示悔改。1580年后，在菲律甫二世吞并并统治葡萄牙的十几年中，上述3个宗教裁判所共判处火刑达50宗、焚毁模拟像59宗、2 979人被迫表示悔改。1623年，葡萄牙政府再度颁布禁令，禁止"新基督徒"在所有的学校包括学院和大学担任任何教职。许多的"新基督徒"不堪忍受压迫和恐怖，纷纷逃到西班牙避难。1628年以后，葡萄牙宗教裁判所掀起又一波迫害犹太人的浪潮，在葡萄牙的"新基督徒"向王室支付了8万银币的巨款，请求允许他们离开葡萄牙前往西班牙。经历过葡萄牙和西班牙两个臭名昭著的宗教裁判所迫害的人士说，相比之下，葡萄牙的宗教裁判所更加严厉和"高效"。人们被带进宗教裁判所法庭时，审判人员从不告诉他们原告的名字，也不告诉他们被指控的罪名，而是用诱供、威胁和折磨的手段引出他们真实的或可疑的罪名，最重要的是引诱他们牵出别的人，先从他们自己的家庭开始。研究近代早期宗教裁判所在全球发展史的著名历史学家贝森康特就1536—1767年里斯本、科英布拉、埃武拉和果阿4个城市葡萄牙宗教裁判所审判的案件做过初步的统计。他将葡萄牙宗教裁判所的工作分为4个时期：一是1536—1605年，这4个城市审判的案件为10 194件。二是1606—1674年，共22 481件。三是1675—1750年，共10 551件。四是1751—1767年，共1 591件。从1536年至1767年，这4个城市总共审判的案件为44 817件，其中以里斯本宗教裁判所审判的案件最多，共9 726件，平均每年有42件，以1536—1605年频率最高，每年共48件。① 另一种统计则是从1684年至1747年，有4 672名人士受到检控，146人被判处火刑；从1750年至1759年，有1 107人受到检控，有18人被处以火刑。博克塞指出，1821年，葡萄牙宗教法庭最后趋于消灭。在它的里斯本的档案中，留下3.6万宗案卷，时间跨度在1540—1765年之间。从这份不完整的记录中可以看出约1 500人被判绞刑或在火刑柱上被处死。贝森康特则估计，从1536年至1821年，葡萄牙本国的里斯本、埃武拉、科英布拉以及果阿4个宗教裁判所正式审理的案件约5万件。与西班牙以及罗马的宗教裁判所相比，葡萄牙宗教裁判所审理案件频率最高，葡萄牙和西班牙宗教裁判所判死刑的百分比均为6%，分别是2 510和12 100个案件。② 按葡萄牙历史学家萨拉依瓦的估计，整个葡萄牙宗教裁判所存在期间的受害者人数约为4万人。

果阿宗教裁判所的火刑柱

---

① ② Francisco Bethencourt, *The Inquistion, A Global History, 1478—1483*, (Cambridge: Cambridge University Press, 1995) pp.443-444, p.342.

葡萄牙本国的宗教裁判所还向海外殖民地派遣巡视员视察工作。1591年以后，它不断向巴西派遣巡视员。巴西当地宗教裁判所逮捕的人士必须押送回里斯本受审；在葡萄牙的美洲殖民地，从不举行火刑宣判仪式。巴西的近代犹太人历史学家估计，在1591—1763年，约有400名真的或被诬陷的有犹太人血统的人士被逮捕并用船只送回里斯本，他们中的大部分人被关押，其中有18人被判死刑。在1647年12月15日，其中一名叫伊萨克（Isaac de Castro）的人被判活活烧死，其他的人则被绞死。相比巴西的宗教裁判所，果阿宗教裁判所远更严厉。据贝森康特的统计，从1536年至1601年，果阿宗教裁判所共处理1 831件案子，1602—1674年急剧上升至7 691件，1675—1750年又下降为3 347件，1751—1767年则为798件。从1536年至1767年的231年间，果阿宗教裁判所共审理了13 667件案子。

根据宗教裁判所裁判官伪善的说法，他们是被"释放"以后交由民事当局处死的。宗教裁判所造成的损害决不能仅仅从被判处死刑的人数上来判断。数以千计的人死在监狱里，或者发疯，他们甚至未经任何审判。任何人只要在宗教裁判所里待过一段时间，就不能被认为是清白无罪了。至少在众人看来他们是受到希伯来血统污染的或是有某种异端思想的。宗教判断所收集证据的办法就是给那些告密者和诽谤者发奖金。在两个多世纪里，葡萄牙社会中弥漫着一种互不信任和互相怀疑的气氛。

宗教裁判所的存在给葡萄牙社会带来极大的暴行、裂痕和互不信任。著名的葡萄牙耶稣会士布道家安东尼奥·维埃拉（António Vieira，1608—1697）神父曾经呼吁国王要限制宗教裁判所的活动，去除所谓"老基督徒"和"新基督徒"之间的差别和对新基督徒的歧视。他是葡萄牙17世纪杰出的耶稣会士布道家。他出生于里斯本，少年时代就陪同父亲去了葡萄牙的巴西殖民地巴伊亚，他的父亲后来被任命为巴伊亚高等法院的秘书。维埃拉在巴伊亚的耶稣会学院接受教育。1623年，他14岁，作为见习修士加入耶稣会。荷兰人第一次入侵巴伊亚的时候，他正在这座城市，后来被转送到奥林达的耶稣会学院。在奥林达耶稣会学院，从18岁起，他就教授修辞学，后来又教授神学，以后又回到了巴伊亚。他是一位出色的学者和富于雄辩才能的布道家，对于当时殖民地的政治形势以及社会问题敢于仗义执言。1634年他晋升为神父。1641年，他在葡萄牙复国以后回到里斯本，被指定为新国王若奥四世的王家小教堂的布道师。当时他就已经意识到，在葡萄牙光复以后，中产阶级的发展以及殖民地的贸易将是葡萄牙社会生活的基石。他主张对于改宗的犹太人即新基督徒采取宽容的政策，这样国家就可以依赖他们的能力发展经济和贸易，为维持葡萄牙的独立建立物质基础。他十分仰慕当时欧洲最先进的国家也是葡萄牙人的敌人荷兰的经济结构，主张学习荷兰殖民垄断公司的经济政策。1646年，他肩负秘密外交使命前往法国、荷兰和意大利，但是其使命都未获成功。1652年，他又被耶稣会派往马拉尼昂从事传教工作长达9年之久。他的旅行经历非常广泛并懂得印第安人的语言，他谴责伊比利亚的殖民者奴役印第安人的恶行，为印第安人的权益奔走呼号。他主张维护耶稣会士在巴拉圭土著人中建立的"耶稣会国"。他在1653年四旬节的主日布道的时候向听众指出："我们的人民、我们的国家、我们的政府没有印第安人就不能维持下去。"1654年6月，他回国游说葡萄牙王室限制殖民者将印第安人沦为奴隶，建议建立有利于维护土著人权益的法律。他后来回国时不如第一次那样风光，被卷入宫廷斗争，他的直言不讳也得罪了许多人。从1669年至1675年，他居住在罗马。其间，他一直请求罗马教廷将1570年前往巴西途中在海路上被胡格诺派杀害的阿泽维多等39名耶稣会士封为圣徒。他还为葡萄牙国内的新基督徒的诉求向罗马教廷请愿，反对葡萄牙宗教裁判所对于他们的迫害。1681年，他选择回到巴西他原来生活的城市巴伊亚，1697年逝世。他在神学思想方面基本上完全赞同犹太人的预言传统，并且以十分宽容的态度说犹太人与基督徒之间"唯一的区别"就是犹太人不承认耶稣就是弥赛亚，只要弥合这一点分歧就可以了。

在葡萄牙复国以后，国家的经济极端困难。维埃拉神父曾经提出计划，打算将欧洲各地犹太人的资金引入葡萄牙，他们中的许多人是"新基督徒"，因为害怕宗教裁判所的迫害才逃到外国去的。维埃拉神父提出，政府应该向他们保证，宗教裁判所不可以随便地没收他们的财物。但是他的建议遭到宗教裁判所的激烈反对。最后，他本人也为躲避葡萄牙宗教裁判所的处罚逃到了罗马。他写了许多文章谴责葡萄牙宗教裁判所"只会剥夺人们的财富、荣誉和生命，但是却不能分辨罪恶与无辜。它只是在名义上是神圣的，而实际上它的做法则是残暴的和非正义的"。

在很长的一段时间里，在威胁和恐惧的驱使之下，"新基督徒"只得带着自己的资本移民到海外，甚至去往葡萄牙在海外的殖民地避难，虽然葡萄牙政府严格禁止这样做。有时，他们通过在里斯本的由"新基督徒"组成的商会向王室和政府支付巨大的贿赂来达到"移民"的目的。然而，王室常常在勒索到了很大部分钱以后就变卦反悔，所以这种办法没有持续很久。尽管如此，仍然有许多"新基督徒"企业家商人想方设法带着部分和全部的存款逃往国外。

在后来与安特卫普、阿姆斯特丹以及伦敦的竞争中,葡萄牙失去了许多有犹太人背景的市民及其热忱、精力和资本,使得葡萄牙最终在与荷兰、英国的商业竞争中归于失败。在葡萄牙海外殖民地的情况同样如此。由于在巴西的宗教裁判所的活动比较温和,于是在1580—1640年间有数以千计的"新基督徒"移民到那里,他们视巴西为避难的港湾。其中还有一部分人在1630—1654年荷兰人占据巴西东北部港口城市累西腓期间移居到伯南布哥,公开地践行他们原有的犹太教信仰。但是当荷兰人离开以后,他们再度开启了移民生涯,后来他们移居北美,成为美国纽约犹太人社团的起源。在葡属印度,情形同样如此。16世纪的时候,果阿宗教裁判所还在追捕那些隐秘的犹太教徒;到了17世纪,在该机构被关押的就是那些隐秘的印度教徒了。在英国占领孟买等印度西海岸的北方地区以后,许多有印度教倾向的当地人,特别是印度的手工艺人和一些艺术家因为害怕宗教裁判所的迫害离开了果阿,迁往孟买等地区。印度历史学家波里奥卡(Anantkakba Priolkar)说:葡萄牙人在印度的宗教裁判所及其活动所带来的一个主要的历史后果就是它造成了人民对于输入印度的基督教的本质的深刻的误解。很自然的,那些受害者推论出基督徒信奉的天主是暴怒的和复仇的。

宗教裁判所的活动严重地抑制了葡萄牙文艺复兴时期活跃的思想界。从1560年至1715年,葡萄牙极端恐惧和排斥外来的所谓"异端"思想。在此以前的100年,也就是葡萄牙地理大发现的初始时期,情况完全不是这样的。1483年,当时的葡萄牙国王若奥二世授权两位法国的书商购买大量的图书,并给予免税进口的优待,国王认为"人类共同的财富在我国流通是一件好事"。一个世纪以后,葡萄牙统治阶级的这种开明态度已经荡然无存。葡萄牙人曾经是一个勇于探索外部世界和未知世界的民族,但是到了此时,他们失去了这种宝贵的精神,变得懒散和僵化。历史学家库托在1603年指出,由于我们"缺乏好奇心,至今没有任何一位总督、舰长或是别的什么人试图揭示或者探索这些奥秘,这些奥秘是完全应该知道的。外国人就不是这样,他们比我们考虑得更加周到、更加谨慎、更加聪明。不仅在重要的事情上如此,在琐碎的事情上也是如此。他们不怕探索和调查,直到完全弄懂为止"。若奥五世时期有一位葡萄牙的外交官员在描绘居住在法国的生活优裕的葡萄牙人的思想状况时这样写道:"葡萄牙没有科学,没有政治,没有教育,没有贵族,也没有王室。文学已经被弃置,教堂只知道做礼拜,谁也不会也不知道更不精通《圣经》史或者其他的圣书,神父本人(教堂里的大哲学家)以及他们的教务会议鲜为人知。人们对于历史甚至他们自己的历史都毫不了解。他们不知道自己的起源，也不了解自己的祖先在海外的业绩，不知道什么是自己的利益，也不懂得应当遵守什么准则。他们（即葡萄牙人）对于什么和平、战争、中立、奥地利王室以及法国王室都一概不闻不问。他们不研究如何做生意，不懂得这是盈亏之道。有人受过一点神学教育，却只是热衷于诡辩的理论以及毫无价值的繁文缛节。大学里学生最多学习的是民事法律，这门学科不仅此时没有大的用处，而且带来不少弊病。法官和不学无术的文人充斥各地，他们夸夸其谈，危害原告以及被告的双方利益。贵族阶级狂妄自大、自视神圣、寡言少语、轻视经商；他们总是担心陷入有损家族声誉的纠纷之中，其实他们并不那么神圣。

他们十分清贫，从不拜访王宫，不同人交往或者学习一点骑士风度，一窍不通，犹如村夫一般。没有人教给他们自由派的生财之道，他们同一般资产阶级也没有共同的语言，他们的子女既没有家庭教师，也没有人指导。如果他们之中有人试图讲一点科学或者是政治，就会有人讥笑他们，称他们是'成人学生'，是不明智的疯子。在他们的家庭里也不像一般有钱人那样奴婢成群，即便有几个仆人，也没有明确的分工，也没有那么多的规矩和礼仪。至于城市的公共经济，他们更是漠不关心。他们赚多少就花多少，从不考虑是否能发大财，或者能够生活得更好一点。"1670年，英国驻里斯本的使节注意到当时的葡萄牙人民"很少有好奇心，除了生活必需以外他们一无所知"。

葡萄牙历史学家萨拉依瓦指出：在葡萄牙海洋帝国时代的盛期，"宗教裁判所的规定在葡萄牙得到一丝不苟的执行。在我国，一切公共机构组织松散，办事效率低下，唯独宗教裁判所是一个惊人的例外。在16世纪的一段时间至17世纪，宗教裁判所操纵着葡萄牙的文化活动，使之没有卷入欧洲的思想运动。事实上，宗教裁判所是国家衰败的表现，它继承

果阿宗教裁判所使用过的十字架
它目前保存在果阿首府潘纳吉的圣塞巴斯蒂安教堂的祭坛后面。该十字架十分特别，耶稣雕像的眼睛是睁开的。

了以前各王朝不许异教存在的路线。例如，曼奴埃尔时期不许异教存在的政策。宗教裁判所之所以没有遭到国内的强烈反抗，是因为葡萄牙国内没有一个经济上和思想上独立的中产阶级。这种情况在宗教裁判所成立以前已经存在。因此，不能把宗教裁判所视为国家危机的起源，然而，正是这个机构使得不能容忍异教的思想公开化和合法化了，这是葡萄牙人气质上不好的一面。宗教裁判所组织告密活动和摧残民族文化的活动，并且为这种活动提供了精神的基础。正是由于这种关系，这种告发异端的活动和摧残民族文化的思想情绪，就像一团尚未完全熄灭的火，只要遇到一点风向的变化，就会立即死灰复燃，引起检举揭发、思想谴责以及判处火刑的烈火"。

17世纪是启蒙思想以及近代科学发展的时期。这个世纪中欧洲的其他国家出现了伽利略、笛卡尔、帕斯卡、培根和牛顿。这个时期文学艺术繁荣昌盛，许多优秀的绘画以及文艺著作都是在1600—1700年之间出现的，如伦勃朗、凡戴克的绘画以及莎士比亚、塞万提斯、高乃依、莫里哀、拉辛的戏剧。与外国文学艺术的辉煌与壮丽相比，葡萄牙则显得十分低沉和寥落，没有出现杰出的画家、作家以及思想家。这是一个思想和文化空白的时期。

不过，在欧洲的伟大的文化人物中，有几个人与葡萄牙有着血缘的关系。17世纪伟大的启蒙思想家斯宾诺莎（Baruch de Spinoza，1632—1677）就是一个葡萄牙犹太人的儿子，由于当时宗教裁判所的迫害他逃亡荷兰。斯宾诺莎的父亲出生于葡萄牙阿连特茹省贝雅附近的一个小镇，当斯宾诺莎还是孩子的时候，他的祖父伊萨克（Issac de Spinoza）就将家迁到了法国的南特。1615年，他的家族又被法国当局驱逐，迁到了荷兰的鹿特丹。1627年，伊萨克去世了。斯宾诺莎的父亲米迦勒以及叔叔曼奴埃尔又将家迁到了阿姆斯特丹。他的父亲是一位成功的商人，也是当地犹太会堂和犹太人学校的看门人。当时的阿姆斯特丹是一个国际性的都市，由于早在1579年乌得勒支同盟已经公布了宗教信仰宽容法令，所以吸引了不同的思想信仰以及社会习俗的人们来到这里。第一批葡萄牙的犹太人也在1593年来到这个城市，他们来到这个城市以后立即恢复了原先的犹太教信仰。斯宾诺莎的思想就是在17世纪荷兰共和国自由的文化氛围中形成的。后来成为西班牙大画家的委拉斯凯兹（Diego Rodriguez de Silva y Velázquez，1599—1660）的父亲是波尔图人，为谋生计才到了塞维利亚。以上情况虽属偶然，但是说明了葡萄牙衰落的两个基本原因：宗教的迫害以及由此造成的文化活动与世隔绝和停滞不前，政治与经济的危机最终使国家丧失了独立,导致国家的衰亡与消沉。在此情形之下,文学艺术的光辉是无法焕发出来的。

但是,文化并没有消失。在17世纪,葡萄牙在文化上出现过改革的倾向,并且在以后的100年中继续发展。一部分具有先见之明的葡萄牙人已经意识到葡萄牙与其他欧洲文明国家之间的差距在越来越大。特别是同英国、荷兰与法国之间的差距最为突出,这种差距明显地表现在科学研究以及经济发展方面。这些葡萄牙人主要是由两方面的人士组成的:其中一部分人是外交官员,如卡瓦莱罗·德·奥利维拉(Cavaleiro de Oliveira)、路易斯·达·库尼亚(Dom Luís de Cunha)、亚历山大·德·古斯芒(Alexandre de Gusmão)、杜阿尔特·里贝洛·德·马塞都(Duarte Ribeiro de Macedo)以及后来著名的蓬巴尔;另一部分人则是为逃避宗教裁判所的迫害而迁居外国的知识分子。人们称那些在外国受到启发并主张模仿外国思想和方法的文学流派的知识分子为"模仿外国派"(estrangeirados or foreignizers)。

在当时葡萄牙的外交人员中,路易斯·达·库尼亚是一位思想比较进步的人士,他先后担任葡萄牙驻英国、荷兰共和国、西班牙、法国以及乌得勒支和平会议的大使。他对于葡萄牙在当时国际上所处的地位以及国内的问题和弱点有着深刻的了解,也提出了许多有益的见解和解决办法。他认为葡萄牙当时的问题以及弱点在于国家太小、人口太少以及缺乏现代的企业精神(在这方面远远地落后于英国)。他还认为葡萄牙的神职人员太多、宗教裁判所的力量太大以及镇压、驱逐犹太人过于严厉,使有才干的、富有的中产阶级外流,最终在经济发展方面落后于英国与荷兰等发达国家。他认为1703年葡萄牙与英国签订的《麦休恩-阿利格雷提条约》只是对于英国有利,损害了葡萄牙的国家利益。他指出在17世纪的晚期葡萄牙在沿海的埃里塞拉(Ericeira)试图引进加工工业是一件有益的事情,他也主张模仿英国与荷兰在葡萄牙建立国家垄断的商业公司。他甚至已经预见在不久的将来巴西在经济发展上会超过葡萄牙本国,葡萄牙的王室可以迁往巴西的里约热内卢,葡萄牙国王可以采用"西部的皇帝"这样一个头衔,并指定一名总督在里斯本统治葡萄牙。库尼亚的思想在那个时代是极富前瞻性的,也是被国内大多数人完全不理解的。

杜阿尔特·里贝洛·德·马塞都也是一名葡萄牙的外交人员。他在1675年发表了《关于王国技术引进的讲话》(*Discourse sobre a introducção das artes no reino* or *Discourse on the Introduction of the Arts in the Realm*)。他尖锐地指出,对于任何国家,货币犹如人体的血液,血液的作用是向身体的各个部位提供养料，为此，就需不停地循环，在人体没有完全丧失功能之前，循环是不会停止的。货币也是这样，它使穷人产生需求，也能使富人产生欲望和虚荣。它通过技术（即工业）到达商人的手里，又通过商人转到各种作坊。原材料经过技术加工，又从这些人手里转到靠耕种土地过活的农民手里，再由农民转到农场主手中，最后以赋税的形式变成王室的财产，再以发放薪俸、年金、军饷、购买武器、开办造船厂、修建楼房、构筑工事等活动，重新从王室抛出来。只要货币在国内循环，就能向国家提供养料。但是货币一旦流到国外，国家就会有一种人体失血那样的感觉。一个国家过度依赖进口，就会造成失血的现象。为了避免这种现象，他建议要引进技术，建立自己本国的工业，特别是羊毛加工和丝纺织业。他认为过分地引进外国的产品是国家收支失调的重要原因。马塞都的见解还是得到了一部分国内有识之士的认同，当时的贵族埃里塞拉大公（Count of Ericeira）就企图按照重商主义的原则建立葡萄牙本国的工业，从法国、英国、西班牙和威尼斯聘请熟练的技术人员，从政府的基金中拨出钱赋予他们地位和特权以指导葡萄牙的民族工业，在里斯本、科维尼亚、托尼尔等地建立纺织工厂，并引进工业保护法，禁止进口奢侈品。然而，不久以后巴西黄金的流入改变了这一切，王室、教会和社会上的浮靡风气极度蔓延，从外国进口奢侈品蔚然成风。埃里塞拉所办的企业纷纷倒闭，他最后以自杀结束了自己的生命。

模仿外国派在思想上的特点就是开明、重视经验和实利主义。他们认为葡萄牙之所以落后，是由于缺少文化。为了取得进步，就必须传播近代的思想。其实进步与开明两者是难以分开的。同时，他们进一步认为，葡萄牙人在文化方面的欠缺应当归咎于葡萄牙学校现行的教育制度和教学理念。因此，模仿外国派在耶稣会士的眼中成了敌人，因为耶稣会士垄断了人文教育也就是大学的预科，并重视亚里士多德的哲学与天主教正统教义相结合的经院哲学教育。在模仿外国派看来，那是一种中世纪的教育模式，已经不适合近代的思想。模仿外国派认为，科学的进步并不是由于消极地接受了某些原则和教条，而是因为注重对于实际的观察，通过科学的实验并通过归纳提出定律。由此，培根、牛顿取代了亚里士多德的地位，实验室成为一个时髦的和思想解放的标志。1725年，一名英国的科普学者在里斯本散发了一本《现代科学教程三十讲》的教材，说他拥有望远镜、显微镜、光学仪器、温度计以及湿度计，并保证通过现代化的实验在一个小时里学习到的东西比通过几个月的理论讲解学习到的知识还要多。对于实验以及归纳法的兴趣还吸引了一些文化界的人士，在一些人文学的会议上也进行了物理实验。这个时期已经安装了避雷器。巴托洛梅·德·古斯芒神父发明的飞艇就是在这次科学发明的热潮中产生的。1776年，葡萄牙当时最大的青铜铸像——国王若泽塑像揭幕时，人们对于冶金工程师而不是雕塑家表示敬意，因为他解决了从泥塑到铜铸的工艺技术问题。技术比艺术的天才更加受到人们的尊重，发展科学的目的还是要将它运用于实践。

普罗恩萨（Martinho de Mendonça de Pina e Proença，1693—1743）是那个时期比较早的葡萄牙开明知识分子，他曾经尝试将约翰·洛克的一些理论介绍到葡萄牙。他广泛地在欧洲旅行，在萨克森与荷兰居住过，学习和研究莱布尼兹以及牛顿的思想。他与葡萄牙王家历史学院有密切的联系，后来他出任巴西的米纳斯吉拉斯的代理总督，还担任过王家图书馆的馆长以及国立档案馆的监督。他在1734年出版了《一个贵族男孩的教育笔记》（Apontamentos para a educação de um menino nobre）一书，其思想明显地受到洛克的影响。普罗恩萨认为，教师不仅应该向学生讲授拉丁文，还应该教授他们学习地理、历史和公共法律方面的各种知识。还有一位葡萄牙知识分子桑切斯（Dr. António Nunes Ribeiro Sanches，1699—1783），他是一位具有犹太人身份的"新基督徒"，他在18世纪30年代以前的时候就已经思考葡萄牙医学教育改革的问题。1726年，他为躲避宗教裁判所的迫害逃离葡萄牙，他在英国、荷兰、俄国旅行，最后在法国定居下来，从1747年到1783年去世为止，他一直居住在法国，与百科全书派的知识分子有密切的交往。他写过一些医学、教学法以及经济学的著作。1759年，他在巴黎出版了《关于青年的教育书信》（Cartas sobre a educação da mocidade）一书，宣扬他的教育改革思想。1735年，曾经在英国居住的葡萄牙犹太人医生雅各布·德·卡斯特罗·萨门托（Dr. Jacob de Castro Sarmento，1692—1762）应葡萄牙当局的请求翻译现代科学的主要著作培根的《新工具》，但是翻译工作没有最后完成。萨门托还致力于发展里斯本的王家历史学院与伦敦的王家学会之间的联系，他还建议在科英布拉大学建立一座植物园。1737年，他根据威尔士亲王的指示，将牛顿的历史论文翻译成为葡萄牙语，题为《牛顿学术年谱简编》（Cronologia Newtoniana epitomizada），献给若奥五世的王子若泽，即后来的国王若泽一世。

路易斯·安东尼奥·维尔内（Luís António Verney，1713—1792）是致力于推动葡萄牙教育制度改革的最主要代表人物。他出生于里斯本，父亲是法国人，母亲是葡萄牙人。早年接受过耶稣会的教育，毕业于埃武拉大学。1736

年,他去了罗马,后来他一生的许多时间是在意大利度过的。在那里,他阅读了伽利略、牛顿、笛卡尔、培根和洛克的著作,耳目为之一新。他还与意大利的一些具有启蒙思想的知识分子如莫拉托里(Ludovico Antonio Muratori)有很深的交往。他同时也担任了葡萄牙驻罗马教廷大使阿尔梅达(Francisco de Almada e Mendoça)的秘书。他写了神学、逻辑学和心理学方面的一些教科书,还撰写了十六篇通讯。他所写的最主要的作品就是《真正的学习方法》(*Verdadeiro Methodo de estudar* or *True Method of Studying*),其中包含了上述的通讯。这是一部带有折衷主义色彩的、具有逻辑思想的正字法书籍,但是也包含形而上学的思想方法的讨论,涉及教育领域各个学科深入改革的指导思想,完全撇开了古典和中世纪哲学家的权威。在这本著作中他全面地阐述了自己关于教育改革的理念和适应时代的新的学习方法。由于国王若奥五世没有支持此书的出版,所以在1746年该书第一次在意大利的那不勒斯出版,到1751年,该书以匿名和秘密的方式印刷了3个版本。维尔内在书中激烈地批评了当时葡萄牙国内占主导地位的耶稣会的教学方法以及流行的课程和课本,他提出在学校以及大学里思考的问题首先应该是与日常生活密切相关的具有实用性的知识,并且以实验来说明这些知识。他写道:"这些哲学家没有用望远镜来观察星球,没有用显微镜来观察肉眼看不见的物质,也没有这么多的仪器。这些仪器通过现代的方法,大大丰富了物理学。这些仪器,有的是上世纪发明的,有的是本世纪制造的;而现在每天都有新的发明。这些实验提供了多大的实用价值啊!通过这些观察我们解除了多少疑难啊!过去,自然科学家在动物身上看到的只不过是连屠夫也能看到的东西;他们在树上观察到的,木匠也能看到;对于金属他们所发现的东西并不比铸造工了解得更多。可是今天的科学家可以对这些物质进行解剖,就像解释钟表的构造那样来解释这些东西的组织结构。这种观察自然的方法打开了自然科学家的眼界,同时表明,一些不明原因的运动就是起源于各种物质的自然构造。"他指出当时葡萄牙国内高等教育的弊病,如神学系不是研究《圣经》的文献与传统,而是让学生炫耀希伯来语、希腊语以及拉丁语,终日陷入无意义的琐碎的小事情;法律系不注重法律形成的历史背景和地理环境,却限于唯心主义的思索;医学系陷于过时的和繁琐的考证,毫不通晓实验和解剖的方法,人体解剖竟然用羊来做实验品。他指出当时葡萄牙的大学中居然没有历史学、年代学以及地理学。他还主张用贴近实际生活的方法进行教育。他说:"如果我同一个人谈论物质的形式、贫困、第一行为、第二行为、教育的作用等,这只是一盘大杂烩，我相信他什么也听不懂；相反，我将这种或者那种物质做一些实验给他看，并向他讲解由此得出的结论，我相信他一定能够听得明白。"他还说："哲学就是要探知事物的原因，了解事物的真相。"他认为哲学就是科学，而不是概念的游戏，是"对于自然进行的正确反省"，"研究注射器中的水为什么上升，了解雷管中的火药为什么可以炸碎岩石的原理，就是哲学"。

维尔内特别提到葡萄牙教育改革的问题。他指出葡萄牙教育改革的基础就应该是牛顿、培根、笛卡尔和洛克的思想。在语言学和修辞学方面，维尔内反对在葡萄牙国内只教授拉丁语而不教授葡萄牙语的现象。他主张应当在葡萄牙本国推广葡萄牙语的语法教育，而不是提倡学习拉丁语。他提出学习现代的外国语言以及词汇的重要性，特别是法语以及意大利语。他力主仅仅以一种简单的名词结构来替代耶稣会士的特别复杂的拉丁文诗词中的247条语法规则，认为修辞不过是"理智的背景和陪衬"。他批评耶稣会士布道家维埃拉只是把修辞当作一种手段，断章取义地截取《圣经》的内容，为他那摒弃理性、语言学和历史背景的布道和说教服务。他主张哲学的学习应当与基督教神学完全分开。维尔内的思想受到了约翰·洛克《论教育中的思想》(*Thoughts on Education*)的极大影响，并对于洛克的思想作了适应葡萄牙文化环境的阐述。在有些方面他甚至走得更远，他提倡教育的民主化和普及化，提出要在城市中的每一条主街道建立一所小学，至少要在城市中的每一个区建立一所小学。最具有革命性的主张是他认为妇女应当与男子一样接受同等的教育，因为妇女在智力上与男子是同等的。维尔内被人称为"用取自远方的火，照亮葡萄牙民族"。他阐述自己思想的论文意义深刻，直截了当，简单明快，毫不带有巴洛克时代浮华的文风，是葡萄牙18世纪很有才华的思想家、散文家，以及新的哲学和教育理念的阐述者。

尽管没有出现大规模的文化以及教育改革，但是葡萄牙王室和政府以及教会中的一些人对于新思想的出现仍然是非常敏感的，同时也是非常矛盾的。在若奥五世时期，奥拉托利会(Oritorian Order)的修道士受到了保护，他们在新的教育方面作出了一些尝试。该会由内里(Saint Felipe de Néri, 1515—1595)创立，在1640年葡萄牙重新获得独立以后来到这个国家。他们也主张在宗教机构里面做一些教育方面的改革，他们将一些科学的实验方法介绍到教育中来。在教学法方面，该会与耶稣会有着截然不同的观点，该会的会士推崇自然科学，将培根、笛卡尔、洛克的一些观念介绍到葡萄牙。他们强调葡萄牙语言、语法以及正字法学习的重要性。该会在纳塞西达德(Necessidade)修道院开设了一个教育中心,进行了一些新的教学法的实验,那里的图书馆拥有3万册图书,该中心里面还有一个小型的物理实验室以及一批科学实验仪器。1755年,曾经访问过该会图书馆的一位贵族写道:"那里有极为丰富的藏书,包括各种不同的语言以及珍贵的手稿,还有数学仪器和一架望远镜。这个王国里所有的奥拉托利会的僧侣全都和蔼可亲、聪明绝顶,这些优秀的神父们几乎都讲法语。"上文提及的维尔内就是奥拉托利会的会士,他提倡的教学法当然不为耶稣会士所认同。在他的著作出版以后,许多耶稣会士与他争论,他们指责维尔内的著作具有杨森主义的倾向。尽管如此,里斯本的王家贵族成员有时还会将他们的子弟送到奥拉托利会的学校学习。

根据国王若奥五世的命令,在玛夫拉王宫修道院以及科英布拉大学都建立了规模巨大并且十分精美的图书馆。葡萄牙的外交人员得到指示可以购买驻在国出版的书籍并寄回葡萄牙。在王家历史学院有50名专门从事历史研究的学者,他们可以阅读不受宗教裁判所审查的从国外进口的书籍。

作者点评:

葡萄牙海洋帝国在向外扩张的过程中并没有完成自身向近现代国家的转型。其实,它遇到过并抓住了一些很好的机遇:在16世纪,以胡椒为主的印度以及印度尼西亚群岛的香料带给它源源不断的财富;在17世纪末和18世纪初,巴西的黄金也滚滚流入葡萄牙本国。可是,葡萄牙是如何消费这些财富的呢?无非就是王室和贵族将它们用于奢华的生活,营建豪华的王宫、宅邸和乡间别墅,由此引发的则是社会风气的奢华和普遍的好逸恶劳。另一个用途则是教会将这些财富用于兴建和装饰教堂和祭坛。这些壮丽的民用以及宗教建筑由此造就了一个辉煌的葡萄牙巴洛克建筑时代。老于世故的英国人一方面与葡萄牙维持着良好的同盟国关系,另一方面则借着与葡萄牙签订的通商条约,以及其他各种合法的或者非法的手段,慢慢地或隐秘或公开地将葡萄牙的黄金转入到自己的国家。英国把这些财富转化为新的生产设备和生产能力,或者用它们来装备自己的海陆军,由此英国变得越来越强大。

葡萄牙没有因为这些财富的流入产生新的中产阶级(也可以说近代意义的资产阶级),当然也就没有产生新的生产力与生产方式。17世纪末至18世纪上半叶葡萄牙的历史告诉我们,其落后的主要原因就是王权与教权过于强大,它们之间的联盟压制了葡萄牙国内新的中产阶级的产生与发展。由于宗教裁判所的存在,被迫改宗的犹太人出身的"新基督徒"(这是葡萄牙国内商人阶级的重要组成部分）始终抬不起头来，那种压抑的环境自曼奴埃尔一世时代以来已经维持了很长的时间，社会的气氛时时刻刻提醒"新基督徒"们不要忘记自己"卑下"的身份以及"被污染的血统"。其他社会各界噤若寒蝉，由此产生的是普遍的麻痹与愚昧。身在外国的少数的葡萄牙进步人士已经看到了葡萄牙的问题与悲哀，而相形之下启蒙运动的思想已经遍及欧洲其他地区和国家，但是他们势单力薄。在王权和教权的联盟之下，耶稣会士垄断了葡萄牙的教育，他们提倡的经院式教育注重的是灌输信仰而非启迪与批判，所以在当时束缚了葡萄牙人思想的活力。新的生产方式是与新的思想方式相联系的。耶稣会士曾经把域外的思想和文化带入欧洲与葡萄牙，开拓了人们的视野，但是在17世纪和18世纪上半叶，耶稣会士在葡萄牙本国的作为所起到的作用却正好相反。雅依梅·科尔特桑指出："在当时，人们认为有耶稣会开办的学校就够了，但是这些学校使得人们的思想变得贫乏。宗教裁判所从所有著作中删去了可能与教会抵触的内容。葡萄牙谴责了活跃在15—16世纪并在17世纪仍然放射光芒的科学精神，而这种精神为人类的文明史奉献了无数丰富多彩的篇章。"

第十章
蓬巴尔侯爵的改革及其余波

一、早年经历与出任首相

蓬巴尔侯爵原名塞巴斯蒂奥·若泽·德·卡瓦略·伊·梅洛（Sebastião José de Carvalho e Melo，1699—1782），人们通常以他侯爵的封地名称称呼他为蓬巴尔侯爵（Marquis of Pombal）。从1756年至1777年，他成为葡萄牙海洋帝国的实际执政者。在此期间，他推行的改革政策涉及政治、经济和文化教育诸多领域，并极大地冲击到葡萄牙原有的强大的耶稣会以及旧贵族的势力，很大程度地影响到葡萄牙近代国家的走向。

蓬巴尔出生于1699年，其生命的跨度超过3/4个18世纪。他出身于普通的农村乡绅家庭。父亲名叫阿太德（Manuel de Carvalho e Ataíde，1652—1719），母亲名叫特雷莎（Teresa Luísa de Mendonça e Melo）。他们育有12个儿女，蓬巴尔在3个男孩中排行第一。他生命的前40年是在相对默默无闻中度过的。他身材魁梧，足足有1.8米高，体格如钢铁一般坚强。他早年一直过着居有定所的生活，虽然不时

蓬巴尔肖像（18世纪无名氏所绘）

生病，但智力以及体能都没有遭受损害，直到晚年被剥夺权力以后仍然如此。他外表英俊，1733年，他与一位比他年龄更大的贵族寡妇阿尔玛达（Teresa de Mendonça e Almada，1689—1737）私奔，不过此举使他没能跻身他热衷的上流社会。葡萄牙国王若奥五世可能推测到他冷酷的性格，以他具有"令人不快的心思"（hairy heart, cabellos no coração）为由拒绝授给他高官厚禄。1738年，蓬巴尔被任命为葡萄牙驻英国圣詹姆斯朝廷（Court of St. James）的全权公使，当时他还没有外交人员应有的资历以及驻外服务的经验，于是便去了科英布拉大学学习法律。与同时代的牛津大学与剑桥大学相比，科英布拉大学的学术与知识水平是比较低的。他在伦敦居住了6年。但他从不学习英语文学，而是如饥似渴地学习从法语翻译过来的英国书籍和国务文件。

在英国期间，蓬巴尔对于英国商业的繁荣以及海军的强大留下了深刻的印象。同样地，他对于居住在里斯本和波尔图的英国人的特权地位以及到伦敦访问的葡萄牙人所得到的卑下的待遇也有很深的印象。他谴责那些为了取乐而向性情温和的葡萄牙海员投掷石块的伦敦佬，并指出英国的"上层阶级虽然不用言辞鼓励这么做，但却以沉默和默许宽恕了他们"。蓬巴尔后来根据1703年的《英葡同盟条约》第十五款要求让葡萄牙驻伦敦的公使享受英国驻里斯本的公使一样的免税特权。由于他不断地争辩，十分尊重宪法的英王乔治二世（King George II）迫使国会修订了某些规定的细节。英国政府对于蓬巴尔的固执和坚持十分恼怒，当1745年蓬巴尔要离开英国前往维也纳履行特别使命的时候，居然拒绝给他习惯上应给的礼物。

尽管蓬巴尔在奥地利没有许多外交上的重要成果，然而他在奥地利的首都维也纳住了4年。此时他的第一任太太已经去世，他与奥地利帝国皇家军队的陆军元帅道恩伯爵（Count Leopold Joseph von Daun，1705—1766，曾指挥奥地利王位继承战争以及七年战争）的侄女厄内斯蒂娜（Leonor Ernestina de Daun）结婚，此次婚姻给他带来进入维也纳上流社会的机会。新娘年轻漂亮，只有他一半的年龄，但是他们终生相爱，这位后来的无情的独裁者在私生活中是一个模范的家庭男人，他对于妻子和孩子的爱也得到了他们完全的回报。那时，葡萄牙国王若奥五世一直体弱多病，蓬巴尔在他去世以前不久回到里斯本。多亏了他那年轻的奥地利太太，他很快地赢得了出生于奥地利的葡萄牙王后的好感，她在1742—1750年若奥病重期间摄政。通过王后，蓬巴尔得以接近王位继承人唐·若泽（Dom José）。在若泽继承了父亲若奥五世的王位成为葡萄牙国王若泽一世（1750—1777年在位）以后，任命蓬巴尔为战争以及外交事务部的秘书长。蓬巴尔比任何一位部长都更加能够得到国王的信任，不管这些部长是老的或是新的。而国王本人则沉湎于游乐。1751年，奥地利驻里斯本的大使在其报告中写道："国王的大部分时间都花在了打猎、骑马、打牌、听音乐或者其他的消遣上，他对蓬巴尔十分信任，让他掌握了大权。相比之下，另一些贵族尽管具有卓越的才干且人品出众，却不能在宫廷里面谋到一官半职，更不用说外交职务了。"1759年，国王提升他为上等贵族，封号为奥埃拉斯伯爵，1770年则封他为蓬巴尔侯爵。

1755年11月1日诸圣节，里斯本发生历史上著名的大地震。英国驻里斯本公使爱德华·海（Edward Hay）在两星期以后写信给伦敦的同僚，报告当时的情形说："第一波地震发生在早上9点45分，据我的判断，持续了6至7分钟。在一刻钟内，整座城市沦为废墟。很快地，有几处地方发生了火灾，大火燃烧了五六天之久。引发地震的力量似乎就直接地来自城市的下面……人们认为它的爆发点就在码头那边，然后直冲海关大楼和王宫。王宫彻底倒塌并完全消失了。在地震的时候，特茹河里的水猛涨至20至30英尺高……这个城市靠海边的王宫、法院、"印度房"（在那里商人们可以方便地转运货物），现在完全被地震和火灾毁坏了。这里除了垃圾以外没有别的东西，许多地方的建筑垃圾堆得有几层楼高，那些没有目睹的人是不会相信的。"在这场可怕的地震中以及随之而来的海啸和火灾当中，里斯本两万栋楼房中只剩下3 000栋可以住人，其余的房屋都变成了废墟，城市的1/3被完全摧毁。刚刚才落成一个月的王家歌剧院倒塌了，城市中的40座教区教堂倒塌了35座，王宫、总主教宫殿、宗教裁判所宫殿以及在码头边上的"印度房"也被摧毁，王家图书馆以及王宫所藏的200余幅著名画家如鲁本斯以及提香的作品和7万余本珍贵书籍毁于一旦。更为悲惨的是人员的伤亡。因为这一天正好是圣日，而且地震发生时正是人们在做弥撒的时间，教堂里挤满

里斯本的嘉莫教堂（Igreja do Carmo）废墟
该教堂由加尔默罗会于14世纪晚期建于里斯本巴克萨（Baixa）区的一个斜山坡上，它是里斯本最大的几个教堂之一，在1755年大地震时被毁坏，当时人们正在举行弥撒，大量的石头掉落下来将人们压在废墟底下。现在教堂只剩下部分墙壁以及肋拱，遗址的一部分是考古博物馆。

了人。但是不少贵族幸免于难,因为他们去做弥撒的时间比较晚。国王和王室因为住在郊区的贝伦,也没有受到影响。据统计,在城市的27万人口中约5 000—15 000人死于倒塌的教堂、房屋或接踵而至的海啸与火灾当中。

蓬巴尔与其他几位高级官员以极大的勇气和决心处理这场大灾难。这也为蓬巴尔提供了显示他的才干的机会。他的第一道命令就是简化对于盗贼审判的手续——凡在废墟上抢劫以及偷盗者一经逮捕,就地枪决。在城市的许多制高点上,军队都竖立了绞刑架,一些盗匪被绞死在上面,民众远远地就能望见,由此产生震慑作用。蓬巴尔政府还一改教会传统的殡葬仪式,在获得里斯本总主教的同意以后,他命令军队将许多尸体收集起来运上驳船开到特茹河的河口外面海葬。除了调动正规的军队以外,地方的民团也被调往首都维持秩序。政府强制拥挤在城外道路上的惊慌失措的人们返回市区。房主们想要重建自己已经倒塌的房子,但是政府下令在总体规划没有公布之前不得动工,于是私自兴建的房屋都被推倒,房主们还必须承担拆除的费用。正是因为蓬巴尔,国王才从惊恐中缓过神来。蓬巴尔说服这位犹豫不决、优柔寡断的君主决定在里斯本的旧址而不是科英布拉或其他什么地方重建国家的首都。

在灾难发生以后的3个星期,英国驻里斯本的公使就在他给政府的报告中说:蓬巴尔已经开始讨论重建这座被毁坏了的城市的计划。这位公使说:"只要巴西的金矿和宝石完好无损,要重建这座城市是非常容易的。"1758年,蓬巴尔公布了新的城市设计规划,这个重建方案主要是由葡萄牙设计师以及建筑学家制定的,他们是桑托斯(Eugênio dos Santos de Carvalho, 1711—1760)、玛亚和马德尔(Carlos Mardel, 1695—1763)。不过,各种迹象表明,蓬巴尔本人的参与也起到了至关重要的作用。该城市规划规定,不论原来的房屋是否倒塌,房主都得根据新规划进行重建,5年之内不重建者将被取消建筑房屋的资格,地皮将被出售给有钱购买的人。这样,许多地产就从经济拮据的贵族手中转到了拥有财产的商人手中,因为他们付得起费用。1763年已经建起了许多房屋,但是这些房子大部分还空着,因为没有人愿意居住。当时里斯本的人还是愿意居住在简陋的房子里。后来一道新的法令规定:所有的矮平房一律拆除,政府借口说这些房子都是在禁止建房的时候建起来的。新的城市规划在建筑史以及艺术史上被称为"蓬巴尔风格"(The Bombaline Style),反映了这位政治家对于整个国家和社会的理想。从城市建筑平面图来看,所有的房屋在正立面上都采用直线几何形,所有的大楼的立面都几乎是相同的,没有宫殿,没有单体的别墅,没有任何表明楼主贵族身份的外部标志,大门也

里斯本具有"蓬巴尔风格"的新建筑区

一无例外。为了防止不统一的现象出现，甚至不许在窗户的周围建造花池或者放置石竹花的花盆。所有的建筑材料包括砖石、瓦片、木榫、瓷砖等全部是按照统一的标准事先预制的。每一座房子里都有设计巧妙的具有弹性的防震木结构支撑在建筑物的内部，以防止将来可能发生的地震。新建的房屋有卫生设备而且通风良好。所有这一切都反映了蓬巴尔的在王权庇护之下社会各阶层平等的理想。教堂等宗教建筑物也有严格的规定，其高度应当与其他的世俗建筑物相仿，建筑图也由国家的设计师设计。按照蓬巴尔的设想，主要的广场周围应该集中国家的机构，上层是政府的办公机构，下面则是政府赖以生存的支柱——商店。国王的青铜雕像就像是在阅兵一样，被塑造成紧握着权杖坐在高头大马上的形象，马蹄则踩着象征奸佞之人的毒蛇。过去的王宫已经片瓦不存，王宫广场被改建成为"商业广场"（Praça do Comércio），从广场到海边的大片土地都被填平，显得空旷平整，蔚为壮观。不过这个名称的改变不是为了反对习惯势力，而是在以前就已经定下来的。新的里斯本的街道呈现直线网格状，街道宽约18米，其中间约15米是供车辆行进的马路，两边共约3米是供人们行走的街道，如果从空中鸟瞰这座城市，葡萄牙的首都已经是新的行政和商业中心，具有启蒙时代新的欧洲都市的风貌。

二、取缔耶稣会以及镇压旧贵族

蓬巴尔执政以后一个重要的政策就是以极其严厉的方式镇压和取缔耶稣会。在里斯本大地震之前，耶稣会在世界上任何其他地方都不如在葡萄牙及其海外殖民地那样强大、拥有权力和极具影响。自若奥三世以来，耶稣会深受王室的高度信任，在神职界、教育界和文化界拥有崇高的地位。许多耶稣会士是王室、总督和高层官员的忏悔神师，他们基本上控制了大学教育。在葡萄牙海外殖民地，耶稣会士的影响可能更大。17世纪初年，有多明我会士在果阿写道，无人敢于公开批评他们，因为他们对于本国政府的影响大到危险的程度。

蓬巴尔有一个主宰他一生的信念：葡萄牙以及殖民地的不发达、贫穷落后完全是因为耶稣会恶魔般的阴谋诡计造成的。蓬巴尔对耶稣会近乎病态的仇恨的根源并不完全清楚。在1750年以前他的早年阶段，还没有露出这种迹象。但是十年以后他竟然执着于这种固执的仇恨，并一直持续到终生。他的同父异母兄弟富尔塔多（Francisco Xavier de Mendonça Furtado）曾经在巴西的马拉尼昂-帕拉地区（Maranhão- Pará）出任总督，他不断地向蓬巴尔打小报告说，在亚马孙河流域的耶稣会士不把王室放在眼里，说他们不断地嘲讽王室的权威。不管这些事情真假程度如何，富尔塔多的一再强调甚至夸大，肯定加深了蓬巴尔的反耶稣会情绪，尽管这些指控并不一定是最初激起他反耶稣会的原因。不久，蓬巴尔就坚信耶稣会士故意挑起美洲的印第安人反对1750年马德里条约中规定的对于南美洲土地的重大的划分。尽管蓬巴尔自己也并不喜欢这个条约，但是耶稣会在南美洲的传教区自行其是，甚至不将王室的权威和朝廷命官放在眼里，还是大大地激怒了他。除了在亚马孙河流域之外，葡萄牙和西班牙的殖民当局为了镇压耶稣会在巴拉圭"耶稣会国"中的瓜拉尼信徒，还组成了一支联军进入山区打过一次很大的战役。在蓬巴尔看来，耶稣会士应该对于当地的印第安人抵抗西班牙以及葡萄牙的军队负责。有人还向蓬巴尔告密，说耶稣会士在里斯本总主教府邸举行弥撒布道时对于蓬巴尔极尽讽刺之能事。

由此，蓬巴尔在葡萄牙本国以及海外殖民地遇到任何困难的时候，就视耶稣会为幕后的黑手。只有一次例外，当1767年6月法国的外交部部长舒瓦瑟尔公爵（Étenne François, duc de Choiseul, 1719—1785）告诉他英国人在耶稣会"第五纵队"的帮助之下正积极策划进攻巴西时，他没有动摇与英国结盟的信心。最后，蓬巴尔还坚信耶稣会拥有巨大的财富，他们的会院里藏满了金银财宝，只是1759—1760年蓬巴尔在下令关闭所有葡萄牙海洋帝国境内外的耶稣会会院时，人们在充公和查抄他们的财产时并没有发现他们有如此之多的财宝。耶稣会在葡萄牙海外殖民地的确拥有广大的土地，如巴伊亚的制糖农场、马拉若岛和皮奥伊的畜牧场、安哥拉和赞比西亚的由奴隶耕作的农庄，但是蓬巴尔与其他反耶稣会人士对于耶稣会拥有的糖、牛马以及奴隶的兴趣远远抵不上对于传说中他们所收藏的金银财宝的兴趣，然而事实上耶稣会并不拥有许多金银财宝。

蓬巴尔反对耶稣会还与他清除旧贵族的策略联系起来。在那个时代，葡萄牙旧贵族的势力在人数上虽然很少,但是在政治上的地位仍然举足轻重。他们之间相互通婚,很少与社会上别的阶层发生接触,可能是当时欧洲社会中最封闭的阶级。他们的封号是由王室决定的,所有的公爵都有王室血统,侯爵只有9位,伯爵则有33位,大部分在里斯本有自己的宫殿,少数居住在外省。他们担任朝廷的官员、驻外的使节以及殖民地的总督。1756年,一起企图成立包括旧的上层贵族代表在内的新政府的阴谋败露,所有的阴谋策划者以及受牵连的人都被强制流放到安哥拉。1758年9月3日夜晚,有人阴谋暗杀国王若泽未遂。蓬巴尔设法使国王相信耶稣会与旧贵族共同策划了这场阴谋。首先遭到清算的是阿维罗(Aveiro)公爵家族,他的宫殿被拆毁,花园的土地上被撒满了盐以诅咒其土地永远贫瘠。蓬巴尔认为此次谋杀出自塔沃拉家族(Tavora family)中的一些贵族,这些人对于国王与该家族中一位美丽的侯爵夫人的暧昧关系深感不满。蓬巴尔利用这个机会以极其残暴的方式对旧贵族展开血腥镇压。政府逮捕了1 000多人。法官以严刑逼供的方式获取证词,这种做法在当时是合法的,只是对原告、见证人用刑是违法的。法官还被授权使用新发明的刑讯方法对被告用刑,因为蓬巴尔认为旧有法律规定的刑法还不够严厉。结果是有些被告人的手臂或者双腿的骨骼被锤子敲碎,然后再被活活烧死。阿维罗公爵就是被这种方式处死的。1759年1月12日,塔沃拉侯爵夫人被押上断头台斩首,侯爵则以中世纪的方式被车裂而死,家族的徽章被毁坏,封号也被取消。暗杀者则被烧死。

接着,蓬巴尔就将矛头指向耶稣会,他指出,谋杀国王的阴谋也有耶稣会士的参与。1月19日,所有的耶稣会士都被集中到里斯本耶稣会学院。政府向他们宣布:耶稣会的教产将被扣押。接着,蓬巴尔请求罗马教宗允许审判耶稣会士。教宗则写信给葡萄牙国王,赞扬了耶稣会士的功绩,并请求国王不要为了一小部分人的过失惩罚大部分的耶稣会士。9月3日,葡萄牙国王公布谕旨,指出耶稣会士卷入了刺杀国王的阴谋,宣布该修会为非法并将耶稣会士永远驱逐出葡萄牙。该谕令还命令葡萄牙在巴西的当局必须关押和驱逐所有的耶稣会士。1761年3月和4月,里约热内卢和累西腓分别驱逐了119名耶稣会士,巴伊亚驱逐了117名耶稣会士。这年9月20日,蓬巴尔下令将他特别憎恨的耶稣会士马拉格里达神父(Padre Gabriel Malagrida, 1689—1761)先绞死然后处以火刑,并将骨灰撒到特茹河里。马拉格里达神父是意大利籍的耶稣会传教士和神秘主义者。他出生于意大利科莫湖的附近。1721年,他曾经去巴西马拉尼昂传教,以热忱的布道以及行神迹在当地的印第安人中赢得了名声。他努力工作，修建了修道院，重建了已经荒废的教堂，当地人视他为圣徒。1749年他回到里斯本，受到国王若奥五世的信任。国王对他极为宠信，以至于在弥留之际坚持要死在他的怀里。马拉格里达后来又回到巴西，1751年曾经短暂地回到里斯本，与王太后十分接近。但是此时人们已经怀疑他的行为，在王太后病重期间，他被禁止进入王太后的寓所。他曾经写了一本论里斯本大地震的小册子，名为《大地震的真正原因》(*Juízo da verdadeira causa do terremoto* or *The True Cause of the Earthquake*)，他将地震的原因归纳为上帝的愤怒。而蓬巴尔则认为地震纯粹是自然现象。马拉格里达神父作为一名耶稣会士被处以火刑，是葡萄牙宗教裁判所最后一次执行火刑仪式。伏尔泰将此暴行形容为"恐怖与荒谬的极致"。同时被判处火刑的是国内一名开明的贵族卡瓦雷罗·德·奥利维拉(Cavaleiro de Oliveira, 1702—1763)，他向葡萄牙国王若泽一世建议模仿英国宗教改革运动，在葡萄牙建立完全脱离罗马教廷控制的民族化的路德宗教会，他自己后来也在国外加入了路德宗教会。他的宗教思想完全与耶稣会士马拉格里达神父不同。但是他们有一个见解是相同的，那就是他也认为里斯本大地震是上帝的天谴，是天父惩罚人类的结果。蓬巴尔对于这种解释深恶痛绝。由于奥利维拉当时不在国内，于是蓬巴尔将他的模拟像烧毁。

蓬巴尔毁谤耶稣会的另一个象征性举动就是出版一部三卷本的著作《编年史的推算或演绎》(*Deducção Chronologica* or *Chronological Deduction*)，此书出版于1767—1768年间。在这部编年体的文献集里，他使用了或者说是滥用了一些历史的和国家的文献，意欲证明葡萄牙所有的经济的、政治的、社会的和宗教的弊病都是由于耶稣会士恶毒的行为导致的，耶稣会士的活动完全是按照早在1540年就已经制订好了的总体计划一步步地去实施的。尽管此书中的许多文献都是权威性的，但是对于这些文献所作的解释却是牵强附会的。更为荒谬的是蓬巴尔还要保证葡萄牙海洋帝国的全体人民都要阅读此书，此书的复制本被送到所有的政府管理机构诸如市政厅等地方，以备所有的人参考。在葡萄牙海外殖民地的教区神父也都要买这本书以及其他由蓬巴尔下令编撰的反耶稣会的苦心孤诣之作。正如1774年蓬巴尔在给果阿总主教的信中所说，他希望这些神父能够利用书中的"有益教条"来医治他们"羊群"里那些"得病的羊"。在《编年史的推算或演绎》一书出版前后，蓬巴尔还组织出版其他的小册子以及书籍用于对耶稣会的诽谤。这些出版品大多都是匿名出版的，还有一些被译成法语、意大利语和英语。蓬巴尔的反耶稣会作品产生了相当大的积累效果，后来葡萄牙人持续两百年之久的对于耶稣会的仇视都可以追溯到这些出版物上。

博克塞指出，蓬巴尔执着地反对耶稣会的最主要的动机之一是，他本人持有极端的帝王教权论或极端王权至上思想（regalism），他具有坚定的决心要将教会的每一个方面都置于王室紧紧的控制之下。任何高级神职人员胆敢惹他不快，他就可以不经罗马教廷的同意将他革职。如1768年科英布拉的主教就如此被处置。他在官方的文件中将国王称为基督骑士团、阿维兹骑士团以及圣地亚哥骑士团的大统领（Grand-Master），而根据教会法典，在任的君主只是骑士团的"总督和永久的管理者"（Governor and Perpetual Administrator）。在1757年4月颁布的王家文件中他僭称国王"有权建立任何修会、教堂以及属于修会的修道院，无须任何主教、教区神父以及其他任何教会人士的同意"。蓬巴尔镇压并驱逐耶稣会士所产生的影响，远非仅仅局限于葡萄牙本国，罗马教廷对于葡萄牙发生的事情感到震惊。教廷驻葡萄牙的大使阿尔玛达（Almada）告诉蓬巴尔说，罗马认为他已经将新教带进了葡萄牙。宗座驻马德里的使节巴利维希尼（Lazzo Opizo Pallevicini）于1760年接到训令要他转告西班牙王室说："这个王国（葡萄牙）带有隐秘的希伯来（犹太教的）以及明显的异教徒的立场。"1760年6月，蓬巴尔向罗马教宗克莱芒十三世（Clement XIII，1758—1769年在位）宣战，驱逐了驻里斯本的教宗使节。同年7月，教廷则驱逐了葡萄牙驻罗马的使节以及全部在罗马的葡萄牙人，其中包括蓬巴尔的长子恩里克（Henrique）。在以后的10年间，葡萄牙与教廷断绝了外交关系，直到教宗克莱芒十四世（Clement XIV，1769—1774年在位）在所有的问题上都作出妥协。1773年，教宗取缔了耶稣会，事先还将取缔耶稣会的通谕初稿派人送给蓬巴尔过目。教宗还亲自以相当卑微的口气向蓬巴尔写信问候，蓬巴尔才于1776年2月同意恢复双方的外交关系。英国驻里斯本的大使曾经十分吃惊，他一度认为蓬巴尔想效法英王亨利八世（Henry VIII，1509—1547年在位）和克罗威尔（Thomas Cromwell，1485—1540）企图建立一个独立的葡萄牙民族教会，但是蓬巴尔一直认为自己是一名良好的天主教徒，他的确对于新教的教义没有任何兴趣，真正从内心激励着他的信念是帝王教权论的思想。正如1774年他在给果阿总主教的命令中指出的：任何王家的谕旨或者法律一经公布，人民必须视这些谕旨和法律为"神圣的和最神圣的"、"不可冒犯的和最不可冒犯的"（Holy and most Holy, Sacred and most Sacred），因为在蓬巴尔看来，所有王室举措都是来自天主的膏油的祝圣。

长期以来，葡萄牙全国人民都深深爱戴天主教僧侣并自觉地接受他们的支配。蓬巴尔在这样一个国度中粗暴地践踏教会的特权，清楚地显示他的独裁本身就是最大权威。同时，他对于旧贵族的打击也是十分沉重的。在1759—1777年间，里斯本的监狱里充斥着被关押的囚徒，他们中有耶稣会士、其他修会和教区的神职人员、旧贵族以及社会各阶层的人士，有些人未经指控和审判就被关押在地牢里。告密者和特务四处横行，人们不能在朋友圈和私人谈话里对蓬巴尔有所非议，更遑论任何有组织的和外露的反对活动。在1777年2月蓬巴尔被解除权力之时，有800人从里斯本监狱被释放，人们估计死于监狱的至少有1 600人，根据蓬巴尔的命令加以逮捕的人数总计约4 000人，这在葡萄牙的历史上是史无前例的。1776年，奥地利驻里斯本的大使向本国政府写报告说："这个国家在蓬巴尔侯爵，这位国王的朋友、最得宠的首相暴虐的统治下已被碾碎，人们普遍相信只有当国王去世时，人民才能从这种残暴和不可容忍的枷锁之下解放出来。这个民族从未经历过如此糟糕的苦境或是更为残酷的屈从。"

三、经济和教育以及社会的改革

蓬巴尔执政以后在经济上的一个重要举措就是抑制英国的贸易扩张，提升葡萄牙本国由王室和政府管制的贸易活动。

蓬巴尔执政以后面临复杂的经济形势。当时，葡萄牙从海外殖民地巴西的贸易活动中获得的收入一直在减少。巴西的黄金产量也在降低，王室的税收也在减少，葡萄牙由此面临严峻的财政危机。更为令人担忧的是从1740年至1750年海上贸易量的下降，伴随的是走私贸易的猖獗，以及葡萄牙本国及其海外殖民地的主要出口商品，如葡萄酒、蔗糖和烟草的出口量的减少，这是蓬巴尔在经济上特别需要解决的问题。

蓬巴尔首先处理与西班牙王室的谈判，以解决葡萄牙与西班牙在美洲的利益以及势力范围的分配问题。1746年，西班牙斐迪南六世（Ferdinand VI，1746—1759年在位）登基，王后又是葡萄牙人。这是一个有利的时机来解决两国之间在南美洲的分歧。葡萄牙占据了拉普拉塔河流域的殖民地萨克拉门托，当地与西班牙的美洲殖民地之间的走私贸易十分活跃，这些走私大部分是由英国船只运载货物的。现在，葡萄牙答应将萨克拉门托归还给西班牙，葡萄牙则得到巴拉圭的部分土地作为回报。而巴拉圭的这部分土地是由耶稣会管理的，他们将当地的印第安人归化成为基督徒，并将他们组织居住在30个传教站里面。实际上耶稣会士已经在当地建立了一个神权的国度，他们理所当然地反对出让这片土地，并将这些传教的村落让给从圣保罗来的那些葡萄殖民者。英国人也反对这个协议,因为他们将失去走私的利润。葡萄牙与西班牙一直就这个协议进行谈判,但是直到若奥五世去世的时候仍然没有得到正式批准。巴拉圭的耶稣会士以及印第安人一直抵制这个协定以及葡萄牙与西班牙的势力范围的划分。

另一个与之相关的问题则是如何处理葡萄牙与英国长期存在着的密切的贸易联系和商业竞争。里斯本大地震以后,英国驻里斯本的商馆遭受很大的损失。但是,在重建里斯本城市的过程中,英国商人提供了许多建筑材料,从而获利。在大地震以后的5年中,英葡之间的贸易实际上在增加,并且出现了有利于英国人的结果。但是在18世纪60年代以后,英葡之间的贸易额急剧下降。英国向葡萄牙出口的商品为1750到1760年的每年120万镑,1766—1775年为60万镑。从表面上看,经济的不景气是因为巴西黄金产量的下降以及不断发生的食糖的危机,在奴隶贸易以及钻石开采上也遇到了困难,还可能与蓬巴尔决定参加七年战争有关。不过,里斯本英国商馆的商人们分析,最主要的原因是蓬巴尔抵制英国的企图。他们认为,蓬巴尔有意抵制英国人的商业特权,他要降低外国特别是英国加工产品以及原材料的进口。在1760年巴西的黄金产量降低以后,蓬巴尔极力限制葡萄牙黄金的出口。自中世纪以来,葡萄牙王室就有限制黄金出口的谕令,但是若奥五世的政府对于黄金走私一直监管不力,在若奥五世晚期还传出了烟草以及胡椒走私的丑闻。蓬巴尔任命了新的海关关长,他在1752年抓住了一宗属于布雷斯商行(the firm of Burrells)的金条寄售案件,并声称这是违法行为,理由是在阿方索五世时代,葡萄牙政府已经明令禁止黄金出口。英国的商人大声抗议,但是蓬巴尔政府置之不理。后来英国政府派特使出使葡萄牙解决此案件,走私贸易又一度恢复。1755年,葡萄牙人又抓住一名叫本斯特(Humphrey Bunster)的英国人,他被发现携带4口袋的葡萄牙金币,这位商人极尽全力试图通过英国设在葡萄牙的法庭解决问题,但是蓬巴尔坚持应该通过葡萄牙的普通民事法庭解决,结果这笔钱被判没收充公。

蓬巴尔有意建立了几个拥有王室特许状的专利公司以强化王室对于贸易的管制,并提高经济效益。1755年,他成立了"格朗帕拉与马拉尼昂公司"(Companhia Geral de Comércio do Grão Pará e Maranhão),负责发展并刺激巴西亚马孙河流域马拉尼昂-帕拉地区(Maranhão-Pará)的贸易经济,1759年又成立了"伯南布哥-帕拉伊巴公司"(Companhia Geral de Comércio do Pernambuco-Paraíba),垄断巴西东北部伯南布哥地区的贸易活动;还有第三家垄断公司则是1756年设在葡萄牙北方杜罗河流域（Douro River）的"上杜罗河农业与葡萄酒总公司"（Companhia Geral da Agricultura e Vinhos do Alto Douro），专门经营葡萄酒贸易，与英国的葡萄酒商人竞争。成立这些专营垄断公司的目的是将原来耶稣会以及私营商人的经营活动改由国家和王室控制，其中格朗帕拉与马拉尼昂公司拥有所有领域的商业活动以及航海活动的专利权达20年之久。蓬巴尔希望通过赋予该公司以特权使葡萄牙的国营公司获得足够的资本，有效地与英国商人在葡萄牙本国以及殖民地竞争，同时切断葡萄牙私营资本与外国特别是英国的联系。蓬巴尔的另一个目的是要通过王室控制的国营公司对于商品进出口的流量加以限制，他认为私营的商人出于利润的考量会进口大量的外国商品，由此会影响到国家经济的正常运行。这几个垄断商业机构都取得了很大的成功。当时，许多葡萄牙的私营业主并不喜欢蓬巴尔的垄断，他们中许多人都是从事巴西贸易的小本商人，他们所受的伤害比英国人更大。蓬巴尔则无情地镇压来自各方的反对和不满。里斯本的"公共利益委员会"（Mesa do Bem Comum）曾冒险批评蓬巴尔的垄断公司，但被蓬巴尔突然解散，该部中的几位官员被逮捕和关押，该部的书记官一直被流放在外达30年之久。1756年，另外一些人在政府更加严格的控制下重新组建了商务委员会（Junta do Comércio），这是在蓬巴尔直接指挥下的机构，它控制了所有与商业有关的事务，拥有自己的法庭和法官，还公布了一长串的奢侈物品表以及禁止进口的物品表。1756年，蓬巴尔说："我发现绝对有必要将这个王国及其殖民地的商业合并到公司里面来，所有的商人都必须进入到这些公司，否则就不要再做生意。他们应该知道我比他们自己更加了解他们的利益以及王国的利益所在。"1757年2月23日，波尔图的一些底层民众在喝醉酒的情形之下举行抗议示威，他们激烈地反对"上杜罗河农业与葡萄酒总公司"，因为该公司垄断了波尔图市全部的酒店，还利用特权关闭了许多小酒馆。蓬巴尔以严厉的手段镇压人民的示威，他派军队包围城市。一个法官委员会受命审理参加骚乱的人，委员会可以用"即席审判的程序，根据这个程序只考虑犯罪的事实即可，不必拘泥于民事审判的手续"。法官们忠实履行这个指令，闹事的人遭到严厉的制裁。10月14日，有13名男人和1名妇女被处以绞刑，他们的尸体向公众展示15天，有10名妇女和46名男人被流放到非洲和印度，还有大批人被关押或被押送到大帆船上服苦役。此次镇压成为蓬巴尔杀一儆百取缔民众反抗威胁的一个极好的机会。其实那时民众已经不再对王权构成实际上的威胁，但是传统的观念仍然认为对于王室的权力的限制应来自三个方面,即教会、贵族和平民。蓬巴尔认为,前两个已经被制服,最后一个也必须摧毁。从1755年至1758年,教会、贵族和平民都接受了教训,蓬巴尔在以后20年里再也没有遇到大的麻烦。

1759年,蓬巴尔的兄弟富尔塔多回到帕拉,他具有丰富的管理巴西殖民地经济以及行政的能力,他被委任处理"格朗帕拉与马拉尼昂公司"的业务。他是蓬巴尔在里斯本的内阁成员,负责海外殖民地事务。用了一个月的时间,他就依照"格朗帕拉与马拉尼昂公司"的原型在巴西组建了另一家公司,并公布了新公司的法规。蓬巴尔现在将他的重建国家对于经济控制的计划推广到葡萄牙海外主要的殖民地巴西,特别是蔗糖出口的中心伯南布哥以及帕拉伊巴。该地区一直是葡萄牙巴西殖民地的经济中心,在上个世纪,葡萄牙人与荷兰人在这里曾经发生过激烈的争夺战。蓬巴尔还要进一步控制亚马孙流域的经济,将它掌握在葡萄牙手中。该公司在伯南布哥只能经营批发贸易,而葡萄牙帝国政府设在巴西的海关则鼓励除了蔗糖以外的其他多种商品的生产与贸易,以较低的关税刺激这些商品重新出口到巴西以外的地区。蓬巴尔通过经营巴西贸易公司,打通了大西洋周边地区的海上贸易通道,并使葡萄牙政府从中获得利润。

由于劳动力的不够,蓬巴尔政府在巴西的官员鼓励从非洲进口更多的劳动力。于是,从1757年至1777年,约有25 365名黑人奴隶从葡属几内亚在非洲西海岸的港口卡谢乌(Cacheu)和比绍被运送到帕拉和马拉尼昂。这是一种在大西洋两岸规模不小的奴隶贸易。为了帮助在巴西的葡萄牙定居者有能力长期购买奴隶,葡萄牙政府还为他们提供贷款,并将利息从5%下降到3%,最后则完全取消。奴隶出售的价格是按照他们在非洲西海岸出售的价格再加上一点点运输费定的。在1755—1777年间,从巴西出口的可可豆在数量和价格上成倍增长;棉花、稻米和兽皮都成为重要的出口作物。这都是以前葡萄牙在南美洲殖民地从未有过的事情。一度停滞不前的伯南布哥-帕拉伊巴蔗糖贸易又经历了一个短暂的复兴,伯南布哥-帕拉伊巴公司在1760—1775年间从西非向巴西运入了3万名黑人奴隶。

马拉尼昂在1755年时还是葡萄牙海洋帝国中最落后和最懒散的未发展地区,但是仅仅在21年以后,这里就成为最有活力和最繁荣的地方。蓬巴尔政府强迫当地的种植园培育和种植来自卡罗来纳的白色稻米,替代原来的暗红色稻米,不服从者就要处以重罚。这种稻米种植区很快就延伸到里约热内卢一带。结果是,南美出产的稻米已经能够满足葡萄牙本国的全部需要。不仅如此,还有多余的部分再从里斯本出口到伦敦、汉堡、鹿特丹、热那亚、马赛和其他地方。葡萄牙在南美的殖民地还广种棉花。1760年,马拉尼昂的首府圣路易斯就成为棉花出口的重要城市。棉花主要出口到鹿特丹、汉堡、热那亚、鲁昂、马赛以及伦敦。那时,英国在北美十三个殖民地的独立战争方兴未艾,不得不转向葡属南美洲购买棉花,而这以前它是从北美殖民地获取的。马拉尼昂的人口成分也因为大量的黑奴进口到当地而完全改变。葡属美洲北方城市贝伦,成为出口可可豆的主要城市,可可豆的出口量以及价格不断提升。蓬巴尔政府还从欧洲进口先进的机器到巴西殖民地,在马拉尼昂建立了稻米加工厂,在帕拉建立了棉花加工厂以生产棉布,这样就地供应葡萄牙军队的制服。蓬巴尔政府非常注意在巴西建立当地的加工厂以阻止外国企业的进入,防止利润流入外国人的腰包。在10年之内,蓬巴尔政府就建立了一支庞大的包括124艘船只、4.3万吨级的商船队,它们航行于欧洲、巴西、印度洋的沿岸,专门运输欧洲的货物、亚马孙河流域的产品、几内亚比绍以及安哥拉的奴隶,葡萄牙海洋帝国再度成为活跃的海上强国。

蓬巴尔的"上杜罗河农业与葡萄酒总公司"于1756年成立。他知道通过葡萄酒贸易增加国家的利益需要提高葡萄酒的质量和限制贸易量。为了做到这一点,他将葡萄牙的生产仅限于指定的产区。但是他又将自己的远在杜罗河流域之外、土质并不相同的葡萄园列为指定的产区。为了改良品种,他要求果农只种白或红葡萄,禁止种其他品种。北方的农民被迫毁掉老的果树,改种卷心菜,肥料也被禁止使用,这就大大地降低了农民的葡萄酒产量,所以葡萄酒指定产区之外的农民非但没有惠及,反而陷于贫穷。即便在指定的产区内,当政府担心过多的产量会降低价格时,有些生产商也被迫砍掉自己的葡萄树改种橄榄树。不过,在此严厉的措施下,葡萄酒的味道改善了,葡萄酒贸易的利润也增加了。为了增加公司的竞争力,蓬巴尔让市政厅和教会的上层人士参股,但公司并没有让他们从中获益。不过,公司管理者的报酬相当高,促进了新的中产阶级的产生。

蓬巴尔政府对于英国的抵制仅仅限于经济民族主义的范畴之中,在外交、政治和军事领域,蓬巴尔不反对英国。事实上,他还非常羡慕英国资本主义发展带来的效率以及繁荣。他十分推崇英国资产阶级在该国社会中的地位,他的一个举措就是允许葡萄牙的商人阶级像贵族一样可以佩剑,希望葡萄牙的商人阶级可以与英国的资产阶级一样享有同等的社会地位。蓬巴尔努力地运用外交上的对等和互惠,引导英国政府对待葡萄牙如同对待一个有尊严的同盟国,而非卑躬屈膝的卫星国。他无意放弃英葡同盟,也不支持法国的波旁王室与西班牙结成的旨在反对英国的"家族同盟"。对于在英属北美殖民地爆发的独立战争和美国革命，蓬巴尔也不支持，他认为如果葡萄牙支持北美的独立，英国也就不会支持葡萄牙在南美洲与西班牙的抗衡与竞争。1760年10月，他在接见英国驻里斯本的大使时说："国王陛下有责任首先考虑他自己的臣民的利益，这对于其他所有的人都有好处。在商业事务上，国王陛下的看法是他喜欢与大不列颠的臣民做生意，胜于其他所有国家的臣民；当然，他还是会将自己的臣民置于首要的位置。"

这些垄断公司的另一个特权就是可以对葡萄牙殖民地的一些特定的产品如烟草收税，由此保证了王室可以在特定的时间里获得固定的税收，这也就为公共的事业和花费提供了财政支持。王室直接通过垄断公司控制了税收，私营的垄断商人阶级从中获得了大量的利益。这种迟到的葡萄牙式的重商主义使王室和一部分私营贸易商人之间的建立在利益交换基础上的同盟关系得以加固，并使双方从中得益。国家保证它们在商业上的垄断地位，从而也保证了国家的收益。这些公司在商业活动上听从国家的指导。逐渐地，商业活动在社会上被人们视为高尚的行为，过去只有贵族才享有长子继承权，现在扩大到了商人。为了培养商业职员，社会上开办了商业培训班，课程有数学入门、会计以及兑换业务。

在蓬巴尔统治的末期，葡萄牙本国和巴西的贸易再度进入活跃时期。这很大程度要归功于葡萄牙在1775—1783年的美国独立战争中保持中立。在这场战争中，英国及其北美殖民地、法国、西班牙以及荷兰都卷入了。为了维护王权至上的立场和政策，蓬巴尔劝说葡萄牙国王于1776年7月签署了一项法令，禁止所有的葡萄牙港口对北美的船只开放，并将这些船只视为海盗，理由是"因为这样的恶例会引诱一些封臣反叛他们自然的领主"。

在蓬巴尔以后的马利亚一世女王的政府继续执行蓬巴尔在经济方面的一些政策，试图刺激农产品的增加以及巴西的蔗糖、稻米以及可可豆的出口，同时遏制巴西制造业的过度发展，诸如纺织品的出口，因为这会与葡萄牙本国的出口加工产品造成竞争，因为王室也要从本国加工品出口贸易中征收大量的税收。

葡萄牙政府为了促进工业的发展，继续执行以前的政策，招募外国的技术人员并给予他们以特权，鼓励他们展开各种类型的工商业活动，由此促进了丝织品、毛织品、毡帽、象牙梳、清漆、胶、纽扣、陶瓷、钟表、镶嵌宝石以及纸牌等的生产。工厂的数量大大增加了。1788年，葡萄牙全国有425家工厂，不过大多数是简单的手工业作坊，还没有一家工厂有蒸汽机，而蒸汽机设备在英国已经非常普遍地使用在工厂里了,因此,葡萄牙的工业有所发展,但其产品还无法与英国竞争。

蓬巴尔所有的经济活动的目的就是加强葡萄牙的王权以及国家的力量。1761年,他在里斯本创立了王家司库(Érario Régio, or royal treasury),使得王家收入的管理合理化以及集中化。蓬巴尔自己担任总检察官,这个职位具有首相的地位,是最接近国王本人的。王家司库的主要职能是集中管理国家各个不同部门所有的财政事务,特别是海关的税收,将它们纳入王室垄断。这个王家司库的创立标志着蓬巴尔财政改革以及集中国家机器步骤的顶端。它掌握着国家管理的薪俸分配、财政收入的登记账目、收支平衡的一切秘密。该机构的活动效率极高,除了蓬巴尔本人以外,他还委托亲信克鲁兹(José Francisco da Cruz)为第一任司库的总管。

蓬巴尔知道巴西殖民地的经济与社会改革的重要性,也没有忽略在葡属非洲以及亚洲殖民地的改革。从1764年至1772年,蓬巴尔任命科迪尼奥(Francisco Inocêncio de Sousa Coutinho)为安哥拉的总督,极力贯彻他的改革主张。科迪尼奥不仅将安哥拉以及本格拉两个地方建成向巴西输送奴隶劳动力的基地,还促使当地经济转型:大力发展铸铁厂、皮革厂以及肥皂制造厂,对于食盐加以垄断,并发展当地的农业。此外,科迪尼奥还在罗安达创建了一所训练军事工程师的学院以及一个管理商人的议事会,并在安哥拉以及乌伊拉省高地建立了一个白人居留地。他的努力取得了成功,只是后来的继任者没有将这些改革措施继续推行下去。在非洲的东海岸,蓬巴尔将莫桑比克殖民地从果阿的管辖之下分离出来,但是葡属印度的经济并没有受到影响。在18世纪的下半叶,葡萄牙人继续控制着赞比西河谷。由于旧果阿的疾病与瘟疫流行,葡萄牙人还将果阿的首府从旧果阿迁移到了新果阿班纳吉。

蓬巴尔的教育改革对于葡萄牙国家文化和社会生活同样产生了深远的影响。它从1758年开始,持续至1772年。教育改革在驱逐耶稣会士以后变得尤为迫切,因为耶稣会长期以来垄断了葡萄牙以及海外殖民地的教育事业。耶稣会控制着葡萄牙本国34座学院,拥有17座会院,科英布拉大学以及埃武拉大学完全在耶稣会的控制之下。在巴西的耶稣会拥有25座会院,17座学院与神学院。在印度和远东,拥有著名的果阿圣保禄学院以及澳门的"天主之母"学院(圣保禄学院)等重要的教育机构。在整个葡萄牙海洋帝国,耶稣会在教育领域的作用是无可比拟的。蓬巴尔的教育改革首先从打击耶稣会开始,同时,它还拥有三个明确的目标:一是将葡萄牙以及海外殖民地的教育置于王室以及国家的监督之下。二是使各类教育机构世俗化。三是将学校的各类课程标准化。教育改革首先从葡萄牙海外殖民地巴西开始。1758年，蓬巴尔的兄弟富尔塔多首先在巴西采用督导制取代原先耶稣会士在印第安人的村庄里设立的学校。一些教育的督导来到耶稣会士居住的印第安人村落，他们在每个村落设立两个公立学校，一个是男校，一个是女校。男校中教授阅读、写作、计算以及基督教教义，女校中则教授计算、缝纫以及适合女生的课程。督导与传教士不同，他们要求学生讲葡萄牙语，禁止他们讲本地的语言。

1759年，蓬巴尔开始在葡萄牙本国大力推行教育改革。他颁布的取缔耶稣会学校的法令中明确指出："拆除学校中耶稣会的纪念标志，就像它们从来没有存在过一样。"政府明令在各乡镇重新开办拉丁文课程和修辞学课程，未经官方允许不得私自办学。尽管蓬巴尔开始时找不到足够的师资来教授拉丁文、希腊文、修辞学和哲学，他甚至没有办法找到500名合格的小学教师，然而，通过改革，葡萄牙原有的官方教育体制还是大大世俗化了。那些被充公的耶稣会的图书馆不是被废弃不用了，就是被地方政府就地卖掉换取一点蝇头小利，还有的则被并入到一些别的机构里去。蓬巴尔还任命耶稣会士的宿敌维尔内为政府的顾问，并给予他津贴补助，维尔内还成为基督骑士团的成员，他的名著《真正的学习方法》现在广受人们的关注和欢迎，从1764年至1773年，多次在里斯本印刷销售，给他带来一笔不小的收入。该书中宣扬的改革立场以及实用主义思想非常适合蓬巴尔的教育改革哲学。

在摧毁了耶稣会的教育体系以后，蓬巴尔也考虑到葡萄牙贵族的教育问题。1761年，他在里斯本创立了贵族学院（Colégio dos Nobres or the College of Nobles），制定了贵族学院的规章。该学院到1766年才正式开办。这一年，意大利实验物理学家贝拉（Giovanni Antonio dalla Bella）来到这里，专门负责采购科学仪器，其中一部分仪器从英国进口，一部分则在葡萄牙本国制造。在1768—1772年之间学院特别开办了实验物理学课程。此后部分物理实验设备移往科英布拉大学。该学院拥有100名7—13岁的男孩，学院教授他们学习拉丁文、希腊文、修辞学、诗歌、历史、法语、意大利语和英语。同时，从课程来看，对于自然科学极为重视，有数学、几何学、三角学、代数、静力学、流体静力学、水力学、光学、天文学、地理学、航海学、军事学，除此以外，还有民用建筑、绘画、体育、击剑术、骑术和舞蹈。这些科目的设置反映了蓬巴尔对于一个完美的贵族应有的教养的理解，也表明蓬巴尔对当时旧的葡萄牙贵族教育的不满。但是，该学院在1772年以后就逐步衰微，因为它的大部分教师都被转入重新组合的科英布拉大学。贵族学院在1823年被取消。

1772年葡萄牙政府公布了关于设立教授和教师职位的法律，第一次确立了近代葡萄牙总的教育方针。其基本思想是教育应当根据每一个人将来所从事的社会职能来施教。对于那些将来要当农民和工人的人则不必要求他们学历，只要神父给他们进行宗教教育就够了。对于将来要进入更高的社会阶层的人，他们则被分为两类：第一类只要求他们会阅读、书写和计算，另一类则要求他们继续深造，升入大学。大学教育就是要为国家培养栋梁之材，要进入大学的人必须要接受中学教育，课程包括拉丁语语法、希腊语、修辞学和哲学。葡萄牙全国设立526名教阅读课的教师岗位以及358名教授职位（其中236名教拉丁文、49名教修辞学、38名教希腊文以及35名教哲学）。蓬巴尔的教育思想是：小学是基础教育，中学教育是不分科的，高等教育则是培育精英的。这种教育思想作为葡萄牙全国教育机构的基本规划一直延续到现代。

蓬巴尔对于大学制度改革的成就更为突出。在蓬巴尔进行教育改革之前，葡萄牙的大学基本上延续了若奥三世时代的模样，特别是高等教育非常落后。在葡萄牙全国教育中心的科英布拉，很少有人知道牛顿、笛卡尔、莱布尼茨和洛克。蓬巴尔教育改革的第一个步骤就是将耶稣会士驱逐出科英布拉和埃武拉大学。改革科英布拉大学是高等教育改革的重点。在罗马教宗克莱芒十三世去世以后，继任的新教宗克莱芒十四世有意修复与葡萄牙的关系，他任命雷莫斯（Francisco de Lemos）为科英布拉教区的主教。1770年12月，蓬巴尔下令组成了一个"学术预备委员会"（Junta de Providência Literária），责令其研究大学教育没落的原因并对于教育改革的标准发表意见书。亲蓬巴尔的埃武拉枢机主教库尼亚（Cadinal da Dom João Cosmo da Cunha，1715—1783）成为这个委员会的主席，而雷莫斯则是改革的负责人。该委员会于次年（1771年）提交了一份题名为《科英布拉大学历史概要》的报告，毫不留情地批评了当时的大学机构的落后状况，并肯定了维尔内教学法的先进性。1772年，蓬巴尔大刀阔斧改组了科英布拉大学，他亲自担任大学的"总督"（lieutenant-general），从这年的9—10月，他亲自在科英布拉大学住了一个月，监督大学教育改革的开始。

改革的第一步就是变革大学原有的古典式的教育体系，制定了新的教学大纲。8月28日，颁布了题名为《蓬巴尔规章》的新的大学规章，确定了新的教学法以及教学编排。新的教学法受到德意志大学教学法的影响，称为"综合-展示-概括"（sintético-demonstrativo-compendiário）的方法：即必须按照循序渐进的方法，透过定义对于教材做体系化的安排，向学生展示每一个科目的具体外貌,在对于先例作出科学的辩证思考以后再以演绎的方式给出建议或者结论,以上教学法都要辅以适当的经过正式批准的教科书。而在此以前,大学教师往往不按照教学大纲授课,往往就一个问题如罗马法或教会法的一个条目讲授一个学期,对于最细微末节的问题进行解释或者注释。进行改革之后,教师必须完成教学大纲规定的内容,目的是让学生对于每一个科目都有整体的以及科学有序的印象。改革的另一个目标是要求教授编写"扼要、清楚和有系统"的教材,取代原先传统的在学生中流传的记录教师讲课内容的手抄笔记。在新的葡萄牙文教材没有出版之前,则使用外国的特别是德意志以及意大利的教材。由于葡萄牙文的教材迟迟没有问世,所以大学在很长一段时间里一直使用外国的书本。经过改组以后的科英布拉大学创立了数学系和哲学系,原有的神学系、法律系和医学系经过改组也变得现代化了。学生如果要读数学系就必须选修其他的课程。哲学系相当于今天的自然科学系,包括自然科学、实验物理以及化学。在教学大纲上规定,推理和实验是其主要的方法,禁止使用抄写讲义的习惯。科英布拉大学还组织翻译了一些外国教科书,并规定必须使用这些课本。在法律学方面,摒弃了原有的模糊不清的文本,采用了历史学研究的方法,即通过研究法律形成的历史来解释法律的制度,结果是促进了学生对于历史的学习。在医学方面,则促进医学实践,重视让学生接触大学教学医院以及公立医院的病人,以为他们治病来提高教学效果。蓬巴尔还提倡教会史以及《圣经》注释学的研究,并延请了5位外国的教授教一些完全没有人能够胜任的课程。

蓬巴尔还下令推倒了大学原来旧的要塞式的建筑,在山坡上建立了新的校舍。他聘请了英国军事建筑师埃尔斯顿(Colonel William Elsden)设计了新古典主义的建筑群,建立了一座植物园、一所自然历史博物馆、一批物理实验室、一座天文台、一个用于解剖实验用的阶梯教室、一座教学医院和大学的印刷所。物理实验室配备了最新的实验仪器。蓬巴尔本人在里斯本,但是他很关心大学的建筑设计。比如,当他发现植物园的设计过于豪华,他就提出批评,说植物园是为大学生而不是贵族亲王们建造的。

科英布拉大学在当时的葡语世界享有较高的声誉,葡萄牙殖民地巴西的许多青年学生慕名来到该大学学习,期望获得神学、法律以及医学学位。从大约1770年开始,这些学生在思想上就开始表现出某种当时欧洲流行的启蒙运动以及共济会的思想倾向,后来他们还将欧洲的启蒙思想带到了巴西,尽管这绝不是蓬巴尔的本意。蓬巴尔还试图在里斯本设立商业学院(The

Commercial College at Lisbon），将接受过良好教育的中产阶级集中起来。虽然以往耶稣会在葡萄牙注重天主教经院哲学的教育是带有贵族气息的精英教育，多年以来管理成功，行之有效，但是这毕竟是中世纪的教育制度。蓬巴尔的教育改革则带来近代的气息，旨在将超越国界的外国的近代思想引进葡萄牙的教育界，在总体上代表着进步的潮流。当然，这种教育改革处处反映出他个人的威权主义以及强调王权至上的理念。

蓬巴尔驱逐耶稣会士与一系列教育改革产生的影响在葡萄牙本国以及海外殖民地是深远的。由于耶稣会士以前在教育界拥有崇高的地位，所以在短时间里一时很难有别人可以替代，特别是在巴西。不过，在耶稣会被取缔以后，其他修会会士、教区神父以及专门为甘蔗种植园主和富有家庭提供服务的神父们慢慢地开始在教育界发挥作用。1772年，蓬巴尔颁布法令，征收一种名叫"文学补助金"（Subsídio Literario or Literary Subsidy）的税收。顾名思义，它是用来补助葡萄牙本国以及海外殖民地的小学和中学教育的。但是，合格的师资仍然远远不够。1798年，科迪尼奥主教（Bishop Azeredo Coutinho）在奥林达创立了奥林达教区神学院（the Seminary at Olinda）。这个学院并不限于培养将来成为神父的学生，它所教授的科目非常符合近代精神，包括希腊文、法文、历史学、物理学、几何、绘画和自然历史，除此以外还有传统的语法、拉丁文、修辞学和哲学。奥林达神学院很快就成为自由思想的温床，这不是它的创立者所愿意看到的，许多毕业生在后来巴西的独立运动高潮中发挥了重要的作用。

在法律改革方面，1769年，蓬巴尔政府禁止法律学家的一切"机智的诡辩、臆造的抽象理论以及狡猾的才思"，即禁止随意解释法律，同时禁止使用罗马法以及教会法。当法律条文的含义有分歧时，由国王挑选上诉法院确定其含义。这项法律改革的目的就是为了保障一切法律行为都要服从政府的意志，其结果是出现了一个重振法律的运动。其中一个最重要的成就是废除长期存在于葡萄牙社会的歧视所谓"新基督徒"的法令，并改革宗教裁判所。有着悠久历史的葡萄牙宗教裁判所在蓬巴尔侯爵统治时期实际上被取消了它以往最主要的职能，即对于"新基督徒"的迫害。1773年，蓬巴尔劝说国王若泽一世公布两份谕旨，取消以所谓"血统的纯正"为理由禁止"新基督徒"担任官职的规定，并取消所有一切"新"与"老"基督徒之间的差别，禁止使用"新基督徒"这个名词，否则予以重罚，宣布以前所有的歧视"新基督徒"的法令和谕旨是无效的，而1507年与1524年的两份庇护"新基督徒"的王室法令则得到重新承认。1774年,委任埃武拉的枢机主教库尼亚编写的新的宗教裁判所章程出版,它严词谴责以往宗教裁判所法官在没有王室同意的情况下制定的章程,并指责他们与耶稣会士串通一气,背叛王室。新的章程严禁秘密审讯,严禁以单个证人的证词判处被告死刑,证人必须提供真实的姓名和地址。蓬巴尔废除了以前属于宗教裁判所职能范围的书籍审查制度,同时他又在原地建立了属于王室的审查部(Real Mesa Censória, or Royal Board of Censorship),由枢机主教库尼亚任大法官,查禁启蒙思想家霍布斯、斯宾诺莎、卢梭和伏尔泰等人以及其他有争议的作家的著作。蓬巴尔还任命了他的另一位兄弟保罗·德·卡瓦略(Paulo de Carvalho)担任宗教裁判所的总裁判长。经此番变动,宗教裁判所昔日的威风已经不再。1771年,葡萄牙政府正式禁止举行任何形式的公共性的"信仰宣示"即火刑仪式活动,在1820年葡萄牙宗教裁判所最后被废止以前,它再也没有宣判过任何死刑决议。在葡萄牙海洋帝国的海外殖民地,蓬巴尔则同样明令禁止这些地方宗教裁判所的活动。1774年2月8日,葡萄牙政府决定强制解散果阿宗教裁判所并释放所有的犯人,在审的案件则转交葡萄牙本国的宗教裁判所处理。蓬巴尔在同年致信果阿总督,严词谴责印度的宗教裁判所官员行动迟缓,要求他们迅速落实葡萄牙政府的决定,否则以叛乱罪论处,立即押上回里斯本的海船。1775年2月22日,果阿当局写信向里斯本报告,当地宗教裁判所已经停止活动,所有在押犯人已经释放,宗教裁判所的财产已经编目、封存和充公,宗教裁判所规模巨大的宫殿也已经改作他用。葡萄牙宗教裁判所最终在1812年停止了一切活动。

蓬巴尔政府还制定了有关巴西印第安人的法律,承认印第安人的人身自由,宣布奴隶可以自由生育,可以从事各种工作,得到各种荣誉并享有个人的尊严。

在18世纪,葡萄牙的人口也有了明显的增长。在若奥五世统治的1732年,葡萄牙人口达到200万人,1758年达到250万人,到18世纪80年代达到300万人。在首都里斯本,1755年大地震时,人口为15万人,1780年时,该城市的人口没有很大的增加。全国第二大城市波尔图的情况则不是这样,从1732年的两万人增加到1787年的4万人。

四、蓬巴尔改革的历史地位

蓬巴尔的独裁和改革在葡萄牙政治历史舞台上是极其突出的事件。他推动的改革造就了以后一代开明的官员以及知识分子,他的成果只是依靠着为数很少的志同道合者以及合作者，可以说他具有非凡的勇气。对于国王若泽一世是否是蓬巴尔手中的玩偶，或是蓬巴尔在多大程度上受到国王主动或被动的支持，一直存在着争议。直到国王去世时，他从不拒绝在蓬巴尔的任何动议上签字。1776年，国王若泽一世生病了，11月，他失去了说话的能力。1777年2月24日，国王去世了。他在去世以前，也签署了一份文件嘱咐他的即将继位的女儿释放所有的犯人，还清王室所欠的债务以及善待忠心的仆人。继位的女王马利亚一世（Dona Maria I，1734—1816年，1777—1816年在位，1799年因病退隐）在她登基以后不久，就接受了蓬巴尔极不情愿的辞职申请。3月5日，蓬巴尔交出他的职务退隐到奥埃拉什的官邸。

若泽一世的青铜像
由葡萄牙著名雕塑家若阿欣·玛沙多·德·卡斯特罗（Joaquim Machado de Castro, 1731—1822）制作，于1775年建立于里斯本商业广场。

蓬巴尔被解除权力以后，许多人对他提出批评，说他作出改革构想时太匆忙、太武断和太随心所欲，充满了自相矛盾以及不切实际。许多已经颁布的命令在几个月以后即会取消或修正。事实上，尽管他不容忍反对的声音，但是他经常倾听建设性的建议，从来不怕改变自己的主张，除了他对于耶稣会士的根深蒂固的憎恨以外。蓬巴尔在立法方面经常带有琐碎和缺乏系统性的特征，特别是1765年以前公布的旨在促进葡萄牙工业发展的法律和谕旨，大部分都是为了应急所采取的快速的剧烈措施，目的是为了在1765—1775年之间的经济危机期间让葡萄牙减少对于外国商品的依赖。如上所述，蓬巴尔的经济政策在许多方面是成功的，但是也有人指出其缺失。最主要的是两点：其一，忽略了农业，其工商业政策的贯彻受到了农业滞后的拖累；其二，过度地使用了国家的干预，从而阻碍了私营经济的发展。19世纪70年代初，先是法国的重农学派学者提出批评，后来则有里斯本王家科学院（the Royal Academy of Science of Lisbon）的学者附和，而当时的王家科学院是深受启蒙思想影响的。

在蓬巴尔去职以后，他的许多改革措施流产了，有些措施则被人们认为是对葡萄牙及其海外殖民地有害的。他对于耶稣会的固执的仇恨以及极端严厉的镇压备受争议，在其他的罗马天主教国家如法国、西班牙和威尼斯共和国，耶稣会士从不乏强大的敌人；但是在葡萄牙，耶稣会在葡萄牙国王若奥三世时期确立其主导地位以来，还没有遇到过可以与蓬巴尔相比拟的强烈的抵制和镇压。蓬巴尔粉碎和摧毁耶稣会葡萄牙会省的惊人举动，成为后来法国和西班牙驱逐耶稣会士（1764—1767）以及教宗的先声。但是，蓬巴尔镇压耶稣会，改革旧的教育制度，绝非是在启蒙主义思想影响下进行的，终其一生，他一直都贯彻教宗在1737年谴责共济会的决议。在他统治时期，洛克、霍布斯、斯宾诺莎、伏尔泰、卢梭的书籍一直是被查禁的。他取缔耶稣会就是为了抑制任何挑战王权的企图，他抵制任何形式的倡导民主或是平等的思想运动。

蓬巴尔改革的许多成果被保留下来。在1761—1773年，他在葡萄牙本国废除了奴隶制度，尽管他的主要目的不是为了人道主义，而是为了防止葡萄牙家庭雇佣黑人作为仆人，并让这些黑人去田间劳动或在巴西的金矿里当矿工（蓬巴尔统治期间，葡萄牙政府还在大西洋两岸从事了规模不小的贩运奴隶的贸易活动）。蓬巴尔不仅废除了葡萄牙在亚洲殖民地的种族隔离，声称"国王陛下分辨他的臣属不是看他的肤色而是德行"，而且鼓励巴西的白人定居者与那些自石器时代就已经居住在美洲的印第安妇女通婚，从而打破了种族之间的隔阂。他激烈并彻底地改革了科英布拉大学原有的耶稣会陈旧而老化的课程体系，使得法律、数学和医学的教育变得近代化了，并使前来学习的葡萄牙本国以及海外殖民地的青年学生在一定程度上感受到某种启蒙思想的影响。他试图以在里斯本设立商学院的办法培养一代受过更好教育的中产阶级，还在葡萄牙本国、巴西和印度设立由政府补贴的学校。他横扫一切在所谓"老基督徒"和"新基督徒"之间制造差别的极不公正的传统法律以及社会措施，并制定了最严格的和令人信服的扫除反犹太人主义（anti-semitism）的法律，从而彻底清除了这个毒化葡萄牙社会长达数世纪之久的罪恶。

其实长期以来欧洲各国的人们都认为葡萄牙是一个隐秘的犹太人的国度。有一句粗俗的卡斯蒂尔谚语这样说："一个犹太人放一个屁就生了一个葡萄牙人。"伊拉斯谟在1530年写信给一个朋友说，葡萄牙人就是"一个犹太人的民族"。所有在欧洲其他国家旅行或者居住过的葡萄牙人都深知欧洲国家中人们的这种普遍的看法。葡萄牙人阿布留（Gaspar de Freitas de Abreu）在1674年说："在所有各民族中，只有葡萄牙人被烙上了犹太人或是马拉诺的印记，这真是天大的耻辱。"路易斯·德·库尼亚在1736年结束他的外交生涯

里斯本商业广场
里斯本大地震以后新建,从正大门进入即为"蓬巴尔风格"的新城区。

以后,也看出在外国人看来,葡萄牙人与犹太人是同义词。17世纪在巴拉圭的西班牙耶稣会士将巴西圣保罗的居民称为"犹太匪徒"。另外一些到伯南布哥、巴伊亚、里约热内卢访问的外国人差不多都这样看。蓬巴尔多年在维也纳和伦敦从事外交工作,他当然知道这一点。有一个著名的故事是:当宗教裁判所的大法官向国王若泽一世建议要强迫所有的"新基督徒"都戴上白色帽子作为他们犹太人血统的标记时,蓬巴尔第二天早上就出现在王室的内阁,他带了3顶白色的帽子:一顶送给国王,一顶送给宗教裁判所的大法官,另一顶则留给自己。

《葡萄牙经济思想史》的作者阿尔莫多瓦(António Almodovar)和卡多索(José Luís Cardoso)指出:蓬巴尔改革深远的历史影响有如下方面:一是他驱逐和镇压了直到18世纪中叶以前还在葡萄牙的教育、海外传教事业以及国内宗教体制中发挥着极端重要作用耶稣会;二是他反对旧贵族阶级的社会以及政治利益,在当时正是这些旧贵族阻碍了社会的流动性,使得新的阶级无法进入社会的上层;三是他建立了结构良好的和具有协调性的贸易经济保护主义;四是他重建了一个带有民族特色、近代设计思想以及具有启蒙精神的葡萄牙海洋帝国的新首都里斯本。葡萄牙学者里贝罗（Antnio Ribeiro Santos，1745—1818）曾经说："这位首相想推进一种不可思议的政策：他在奴役这个国家的时候又想使它变得文明；他在传播哲学以及科学的同时又想将王室的权力提升为一种暴政；他极大地促进了对于自然法（Law of Nature）、国际公法（Law of Nation）以及普世国际法（Universal International Law）的研究，使这些学科在大学中占有一席之地；但是他没有明白他正是以这种方式使人民群众得到了启蒙，使他们认识到建立国家主权的目的就是为了公众的福祉，而不是为了统治阶级的利益，国家的权力在它应有的范围里是有界限的。"

作者点评：

蓬巴尔是葡萄牙历史上的一个著名的人物，稍知葡萄牙历史的都知道他。无论在当时或是后世，他都是一个有争议的历史人物。葡萄牙历史学家萨拉依瓦指出此种争议包含两个矛盾，即传统与革新、专制与自由。旧式的君主独裁制度的拥护者赞成保留传统，主张自由的改革派人士则反对专制；蓬巴尔以独裁的手段推进革新，于是人们难以作出判断。

在蓬巴尔的改革以前，葡萄牙有一些人，特别是旅居国外的或是从事外交生涯的人士已经认识到葡萄牙与欧洲其他国家如英国、荷兰、法国之间在经济和思想文化上的差距，他们希望通过启蒙教育的方式渐渐地使葡萄牙人明白这些差别，从而改变自己国家落后的状况。在英国和法国的外交生涯，使蓬巴尔成为这些人士中的一员。他对于葡萄牙在商业贸易上落后于英国与荷兰的体会很深。他看到了葡萄牙的君主制度是以特权为基础的，而不是像英国或是荷兰那样以近代的贸易和工业为基础。这种认识，是与他在国外的经历有密切关系的。所以，一旦大权在握，他就对葡萄牙旧式君主制度赖以生存的基础即贵族特权阶级以及教会特别是耶稣会予以猛烈的打击，他认为旧贵族与耶稣会是国家变得更加强大的障碍。在他离开权力以后，那些从监狱里被释放出来的受害者很自然地就开始散布反蓬巴尔的言论，他们指责他是一个血腥的暴君，他的统治是一个漫长的黑夜，他的所作所为背离了以怜悯为本的葡萄牙传统，他的统治是葡萄牙历史上的一个污点。主张保留传统的葡萄牙人至今仍然以这个观念非难蓬巴尔。

随着葡萄牙近代自由主义思想的逐渐形成和发展，人们对于蓬巴尔作为葡萄牙近代历史上一位重要人物的形象和地位又有了重新认识。自由派认为蓬巴尔是葡萄牙国家近代化的奠基者，甚至有一些旧制度的维护者也开始对蓬巴尔有了好感，后者认为蓬巴尔的措施加强了葡萄牙的王权。自由派虽然绝不赞同蓬巴尔的独裁手段，但是对于他与教会特别是耶稣会的斗争却是大加赞赏。他们认为教会是影响自由思想发展的一个重要的障碍，而蓬巴尔是近代欧洲历史上第一个在实际的政治和社会生活中敢于挑战教会权力并获得胜利的政治家，这使得自由派对于蓬巴尔深感佩服。葡萄牙近代历史上的共和主义者多次利用蓬巴尔的名字进行宣传和鼓动（此时他们不再计较蓬巴尔对于王权的极端推崇）。在蓬巴尔逝世100周年的时候，一些亲共和的政治势力大搞庆祝活动，表明这位独裁君主制度的代表人物在多大的程度上被自相矛盾地推为自由思想的维护者。

评价任何历史人物都不能够离开他所处的时代。蓬巴尔生活在17世纪，他在科英布拉的时候，欧洲启蒙主义的思想由于宗教裁判所的严厉压制并不为葡萄牙国内的人们所知。卢梭的《民约论》初版于1752年，大致在同一时间，法国的《百科全书》已经开始陆续出版。此时年过50岁的蓬巴尔尚在政坛之上。亚当·斯密发表他的自由经济思想的时候，蓬巴尔已经在他的政治生涯的末期。自由主义思想的各种最重要的表现对于他来说都是陌生的东西，对于他那一代人的整个信念都是一种挑战。他把启蒙运动最主要的思想家的书籍称为"最近一段时间一些堕落哲学家们"的作品，并由王室审查部列入禁书目录。

正如葡萄牙历史学家萨拉伊瓦指出的：蓬巴尔全部的活动就是为了维护政府或者说是王室的权威，而不是人民的自由。在他成长和受教育的年代里，占主导地位的政治信条就是专制独裁，他所追求的就是实现这些信条。然而，独裁可以是进步的，也可以是反动的，它可以用于革新也可以用于保守。对于蓬巴尔所处的时代，尤其是葡萄牙当时的国际地位以及国家的走向，蓬巴尔的所作所为还是具有进步意义的。旧制度的代表者教会尤其是耶稣会以及旧贵族受到了沉重的打击，光复以后建立的新的封建制度分崩离析，近代化的新的资本主义企业慢慢地建立起来。这对于葡萄牙后来的经济发展具有重要的历史意义。教育改革尤其是高等教育的改革与代表进步思想的精神的发展脉络是相吻合的。总的来说，将旧式的以封建特权为特征的君主制度变为近代的以工商业为基础的君主制度的目标已经完成。葡萄牙在17世纪的落后状态在蓬巴尔执政的27年中得到了基本的改变。

第十一章
王室迁往美洲以及巴西的独立

一、"复旧运动"

于1777年即位的马利亚一世是国王若泽的长女,她出生于1734年,1760年与佩德罗(Dom Pedro,1717—1786)结婚。马利亚一世即位以后,名义上是与丈夫共治的,所以她的丈夫又被称为佩德罗三世(Pedro III,1777—1786年在位)。但是佩德罗从来不理朝政,只是关心打猎以及宗教事务。他们夫妇都有浓厚的教权主义思想,极其尊重教会。于是,满朝文武都知道女王不喜欢蓬巴尔。在父王若泽一世举行葬礼以后的第一天,马利亚一世就下令释放了监狱中被关押的旧贵族以及耶稣会士,那一天据说有800人走出了监狱。阿维罗公爵的儿子,被逮捕的时候还是一个孩子,但是现在已经是成人了。塔沃拉家族还活着的人拒绝出狱,他们坚持要政府宣布他们无罪以后才回家。在蓬巴尔执政时期受压制的政治势力现在全部都活跃起来了,他们在大街上举行反对"暴君"的游行,刻有商业广场雕像的特制的铜质勋章被抛弃或者被隐藏起来。被释放的犯人们要求恢复自己的名誉并惩办蓬巴尔。他们指责蓬巴尔是"暴君",还指责他有贪污行为。蓬巴尔在多次为自己的辩护中从未说明他在任职期间积累的巨额财富的

马利亚一世的肖像
可能是由艺术家 Giuseppe Troni(1739—1810)绘制于1783年。

来源。这段混乱的和怨声载道的时期被称为"复旧运动"。

但是,"复旧运动"与蓬巴尔的敌人的期望以及要求相去甚远。葡萄牙政府重新改组,增加了两名高级贵族的代表,不过他们并没有太大的作为。对于蓬巴尔大力镇压的耶稣会,马利亚一世虽然给该会中的一些人以赔偿,但是拒绝重新接纳他们或者恢复耶稣会士的活动——这与当时的国际形势有关,法国和西班牙曾经跟着蓬巴尔驱逐耶稣会士,如果葡萄牙改变政策,他们就会感到不快,甚至罗马教宗也会感到不悦,因为前任教宗在几年以前已经取缔了耶稣会。对1758—1759年所谓反对国王案件的司法调查的结果也表明,绝大多数涉案人是无辜的,除了少数人如阿威罗公爵和3个出身微贱的同谋仍然被认为有罪。蓬巴尔在生命的最后几年,受到许多政敌的攻击和控诉。有人告发他用欺诈的方法出卖财产,这特别引起他的愤怒,还有一些人对于蓬巴尔任职期间的工作横加诽谤,这些诽谤都与案件无关。这个老侯爵为自己写了一份申辩书,其中有一些对于已故国王若泽一世有损的言辞,马利亚一世将其中有关她父王的话都删除了。1779年10月,女王派了几名官员去蓬巴尔家乡的寓所审问他,他们发现老侯爵的健康和精力都在迅速衰退,卧床不起,但是他的头脑异常清晰。蓬巴尔的政敌叫嚣着要将他审判或处死,但是司法调查表明他的每一个应该负责任的举动都是经过国王的正式同意和签字的。出于对父王的尊重和怀念,1781年8月,女王宣布,说蓬巴尔本应受到严厉的惩罚,但是念他身患重病以及年老体衰,并且也表示出悔意,所以不再加以更严厉的惩罚。他的贵族头衔、大臣的俸禄以及有争议的财产都被保留,被勒令定居在蓬巴尔镇养老。这种宽大处理很可能与女王的忏悔神父卡埃塔诺有关,他是由蓬巴尔扶植起来的神职人员,在蓬巴尔倒台以后仍然有一定的影响。1782年5月8日,蓬巴尔去世。

对于绝大部分的葡萄牙人来说,蓬巴尔被解除职务以及后来去世使他们都松了一口气。但是,那些由蓬巴尔组建的拥有特许状的公司以及工业垄断企业的商人和专利垄断者却是例外。1778—1780年,蓬巴尔设立的两个垄断巴西贸易的拥有特许状的公司停止了业务,财产被清算。1780年,葡萄牙政府宣布所有的商品一律自由贸易。但是,这两个公司的受益者都成为葡萄牙最富有的新贵家族,如金特拉(Quintela)、克路兹(Cruz)、本德拉(Bendeira)等家族,他们还与葡萄牙其他商业垄断企业有着密切联系,如国家烟草专利公司和巴西的捕鲸企业。其中金特拉家族聚敛的财富据说在1817年达到1 800万克鲁扎多。"上杜罗河农业与葡萄酒总公司"则被保留了下来,只是取消了一些不得人心的特权。总的来说,蓬巴尔制定的经济管制政策被抛弃了,许多原来由国家经销的商品交给了私人集团去经营。但是,蓬巴尔发展资本主义的主张和形式被保留了下来,并产生了一些积极的效果。当时的国际形势对于葡萄牙有利,美国的独立战争是向英国和法国海上势力的挑战,切断了英国在大西洋上的贸易,有利于葡萄牙产品的销售。在后来欧洲联合反对法国的同盟中,葡萄牙作为英国的商品供应国也大获其利。在此期间,葡萄牙的红酒出口大量地增加,而从英国的进口却减少了。那些年,葡萄牙在与英国的贸易中第一次出现了顺差。

在文化和社会政策方面,新政府并没有彻底地取消和逆转蓬巴尔的所有措施。在文化方面,葡萄牙继续向着进步的方向发展。有人指责蓬巴尔要对大学中出现的自由思想以及教育改革不当负责,但是这种意见没有受到重视,无人理睬。科英布拉大学的校长一再申明他极其崇拜蓬巴尔,仍然继续留任。在18世纪末叶,由于葡萄牙国内政治形势比较稳定,货币充裕,各种国家以及私人的文化生活也有了发展的可能。1779年,葡萄牙颁布了王家科学院章程,目的是为了促进科学的研究,为葡萄牙经济发展服务。在《科学院经济回顾》以及《农业回顾》上发表有许多有关经济技术现代化的文章。科学院的这些作品,从总体上说,是该院成立初期对于国家发展所作出的极为重要的贡献。科学院享有的比较突出的特权就是其著作的出版可以不受检查。当时葡萄牙其他的文化机构还有波尔图的公立美术学校、里斯本王家美术学院、炮兵测绘学院以及王家图书馆。该图书馆于1796年建成,次年向公众开放。

虽然蓬巴尔政府的许多官员都离开了政府,但是仍然有一些要员继续留任,其中有海外事务部长卡斯特罗(Martinho de Mello e Castro)等,蓬巴尔的长子奥拉斯伯爵(Count of Oeiras)则继续担任很有影响的里斯本市政厅主席的职位。蓬巴尔政府的另一名主要官员之一马涅克(Diogo Inácia de Pina Manique,1733—1805)则被任命为警察总监和推事官。他于1780年建立了著名的里斯本慈善院(Casa Pia de Lisboa)。该机构发展很快,后来甚至在葡萄牙建立了学习中心,它的宗旨是维持治安、收容乞丐(当时里斯本的乞丐到处流浪,比比皆是)、救济并收养孤儿,以及发展文化事业如举办技术学校和职业教育中心,向贫民传授技术、初级的文化知识、语言、解剖学、药剂学以及妇产科的知识。有人说,这是一所贫民的大学。该慈善院对于葡萄牙国家的平民教育和职业教育作出了很大的贡献,最盛时它收容了4 700名平民学生,除了按照学校的标准对他们进行教育以外,还为有需要的学生提供住宿,培养他们成为身体健康的、对于社会有用的人才。葡萄牙后来历史上许多著名的人物都是由慈善院培养出来的。

当时,葡萄牙出现了一批令人瞩目的历史性建筑,是这一时期富足的贵族统治的一面镜子。漂亮的法国式的格鲁斯宫就是这一时期的代表作。里斯本大地震以后,国王一直居住在木结构的住宅里,后来木屋被烧毁了,格鲁斯宫就成了王宫(就是现在的阿茹达宫)。不过,君主专制时代大规模的建筑工程已经处于尾声,这座由意大利人设计的庞大的宫殿只建成了一小部分。18世纪末期的危机、后来的自由主义革命以及外部的入侵打断了工程的建设,使它不得不半途而废。按照女王马利亚一世的建议,为了纪念王位继承人的诞生,又修建了埃斯特列拉教堂。该教堂与玛夫拉教堂极为相似,使人联想起若奥五世时代,它有着高高耸立于城市楼群之上的钟楼与屋顶。这是蓬巴尔时代的建筑物统一高度的规定所不允许的。那个时代其他具有代表性的重要建筑物还有拉梅戈的圣列麦迪奥斯主教座堂、布拉加的圣耶稣教堂以及孔德镇的圣克拉拉修道院。在大资产阶级的倡议下,在里斯本还兴建了圣卡洛斯剧院,该剧院在建筑上是仿造那不勒斯的圣卡洛斯剧院的。在波尔图也建造了由意大利人设计的圣若奥剧院。在英国领事的建议下,由英国人设计了波尔图的圣安东尼奥医院以及圣方济各大教堂。

二、欧洲的危机与法国的入侵

1789年,持续统治了一个世纪的绝对君主制的法国爆发了大革命,路易十六被剥夺了权力,西班牙王室使尽各种办法企图营救法国国王,并且阻止革命的火焰烧过比利牛斯山脉。欧洲各国的王室都受到了震荡,他们从这场革命的风暴中看到了一种对于现行的政治和社会制度的威胁。

葡萄牙政府对于法国革命持反对的态度,它试图阻止法国革命的思想在葡萄牙传播,警察总监兼推事官马涅克一直企图阻止有关法国大革命的报纸和书籍在葡萄牙流传。葡萄牙的外交官认为必须与西班牙和英国联合起来对付法国。女王马利亚一世的身体和精神状况原来就不佳,她一直对于蓬巴尔严厉镇压旧贵族抱有良心上的极度不安与内疚,到了这个时候欧洲的动荡不安更使她感觉风雨飘摇。1786年,她对于丈夫佩德罗的去世深感悲痛,其精神状况更加不稳定。1792年,她的忧郁症终于演变为疯癫,无人敢设想她能够继续执政。她的长子若奥(Dom João,1767—1826)已经成为实际上的统治者,尽管在7年以后的1799年他才使用摄政亲王的名号。马利亚一世有时神志清醒,有时糊涂,但是已经不过问政府的工作了。

1793年,法国大革命达到了高潮,路易十六被押上了断头台。这一年,法国派了一名使节来葡萄牙,试图劝说葡萄牙保持中立。但是,他一到达边境就被葡萄牙人逮捕并驱逐出境。7月,葡萄牙与英国和西班牙之间的谈判完成了,若奥王子与西班牙以及英国订立了新的同盟条约(旧的葡萄牙-英国同盟没有规定一旦发生战争,葡萄牙必须参战)。9月,葡萄牙的6 000名士兵在一位居住在葡萄牙的苏格兰军官佛伯斯(John Forbes Skellater)的率领下开拔前往加泰罗尼亚前线,联合西班牙的军队在比利牛斯山脉与法军展开战斗。葡萄牙的舰队也由英国的旗舰指挥。战争并不顺利,伊比利亚的联军在几次初步的胜利之后,就遭受了严重的失败。西班牙军队在巴斯克的防线被法军攻破,法军抵达埃布罗河,马德里受到威胁。1795年7月,西班牙背着葡萄牙与法国在巴塞尔签订了和平协议,这样法国就转而对付英国,它的目标是要破坏英国与葡萄牙的联盟,使得英国的船只不能够在葡萄牙的港口停泊。而葡

若奥王子及摄政王检阅葡萄牙军队
由葡萄牙艺术家塞凯拉(Domingos António de Sequeira, 1768—1837)绘制于1803年。

萄牙当时还处于与法国的战争状态,并且在战争中失去了大量的军备,只得以英国作为盟友聊以自慰。此时,执掌西班牙国家大权的首相戈多伊(Manuel Godoy y Álvarez de Faria, 1767—1851年、1792—1797年、1801—1808年出任西班牙首相)要求葡萄牙与法国结盟。1796年1月,西班牙方面安排西班牙国王查理四世与葡萄牙的若奥王子在前线会面,但是没有产生具体的结果。法国一度向葡萄牙提出割让巴西部分土地以及赔款以换取和平的要求,但是被葡萄牙拒绝了。这一年8月,西班牙和法国签订了秘密的《圣伊尔德丰索条约》(Treaty of San Ildefonso),10月8日,西班牙向英国宣战。葡萄牙只得与法

国在巴黎展开谈判，试图保持中立。1797年2月14日，葡萄牙的一名间谍帮助英国海军在杰维斯（John Jervis, 1735—1823）的领导下在圣维森特角外的海面击溃了法国的舰队。4月，法国驱逐了葡萄牙的使节，并强迫西班牙入侵葡萄牙。

那时的国际形势对于葡萄牙十分不利。出路只有两条：要么被纳入法国的轨道，要么与英国结成同盟。如果选择前者，就意味着要与英国结束良好的贸易关系，进行海上的战争，巴西作为葡萄牙的经济命脉就会受到威胁。如果保持原有的与英国的盟约，就会引起法国的敌视，并招致西班牙的入侵。西班牙在欧洲的危机中一直伺机破坏葡萄牙的独立。葡萄牙进退维谷：要么被扼杀，要么被占领。

葡萄牙国内也有分歧。知识界中不少进步人士组成了"法国派"。他们赞同法国大革命提倡的价值观；在他们看来，法国的政权不是一种威胁，而是一种希望。他们怀着浪漫主义的激情希望法国的军队能够在政治上为被压迫的民族带来自由党人创造的革命成果。在新的一代人的眼中，旧制度就是愚昧的象征。早在1784年，就流传一首匿名的讽刺诗《愚蠢的王国》，这个王国就是指葡萄牙。相反，那些恪守传统的人们则留恋蓬巴尔改革以前的君主制度。在他们的眼里，法国不仅是敌人，而且是雅各宾恐怖分子和无神论者，应该毫不留情地加以拒绝和反对，只有这样才能保卫葡萄牙的独立，才能重新回到以前那种由贵族和教会执政的君主专制时代。葡萄牙政府最后选择对于新思想的镇压。1801年，科英布拉大学的学生被迫停课，一些人被关押在一所修道院里，他们的罪名是"异教徒、自然神论者、自然主义者、百科全书编撰者、主张信教自由者以及叛教者"。若奥王子在两种对立的势力中间举棋不定，艰难地摇摆。这两种势力在宫廷中都有强有力的代表人物。守旧的势力不信任摄政王，他们聚集在摄政王的妻子卡洛塔·若阿金娜（Carlota Joaquina of Spain, 1775—1830）的周围，阴谋废除摄政亲王，若阿金娜成为旧势力的代表人物。亲法国的势力则聚集在法国驻葡萄牙的大使周围。

对于必须依赖于商业贸易的商人以及许多贵族来说，他们唯一关心的就是和平。他们的观点最后赢得了胜利。从1795年至1807年，葡萄牙外交的全部努力就是为了维持和平，葡萄牙愿意为和平付出代价。最初，为了换取和平，葡萄牙甚至愿意每年向法国交付1 600万克鲁扎多的贡赋，单是这笔巨款就可以看到葡萄牙当时货币的充裕。但是，要争取和平还有很大的障碍。法国表示愿意接受葡萄牙在英法冲突中保持中立的立场，只要这种中立是实实在在的,即英国的舰队不能够使用葡萄牙的港口对法国进行海上的攻击。但是,英国人却很难接受这个条件,葡萄牙的港口对于英国人来说是至关重要的,葡萄牙甚至没有力量阻止英国人使用他们的港口,也不愿意与英国人闹翻,因为葡萄牙与英国之间有着密切的贸易关系。葡萄牙人的想法是:葡萄牙保持的中立只限于军事方面而不应该妨碍履行以前与英国签订的条约。另一方面,由戈多伊首相领导下的西班牙政府则极力促使法国相信,解决葡萄牙问题的唯一办法就是出兵占领葡萄牙。

1801年,当拿破仑自立为法兰西第一执政以后,法国和西班牙的联军开始注意葡萄牙的问题。这年,葡萄牙接到从马德里发出的最后通牒,要求它在法国和英国之间作出选择。但是,葡萄牙继续保持沉默,希望通过谈判来解决问题。4月,法国军队进逼葡萄牙,戈多伊则率领5个纵队的西班牙军队增援法国。5月20日,西班牙军队向埃尔瓦斯附近的城镇和要塞发起进攻,但是被葡萄牙人击退。不过,双方的和平谈判一直在进行,西班牙人并没有认真地看待这次战争。戈多伊在埃尔瓦斯城墙附近摘了一些长满柑橘的树枝便凯旋了,据说他将这些柑橘树枝献给西班牙王后,所以葡萄牙人称这场战争为"柑橘之战"。不过,恢复和平以后的葡萄牙付出了很高的代价:6月,葡萄牙与西班牙签订了《巴达霍斯条约》,9月又与法国签订了《马德里条约》。根据这两个条约,葡萄牙向法国支付了2 500万法郎的赔款,把巴西北部的一些领土交给了法国;奥利维萨城被割让给了西班牙,对英国舰队关闭了所有的港口。不过,最后一项条款并没有得到认真的执行。

1802年,拿破仑为了破坏葡萄牙与英国之间的同盟关系,派遣他极为信任的让·拉纳将军(Jean Lannes, Ducke of Montebello, 1769—1809)即后来著名的芒泰贝罗公爵作为大使到葡萄牙,他坚决要求葡萄牙政府辞退抵制法国革命思想在葡萄牙传播的警察总监兼推事官马涅克。拉纳要求直接面见摄政王若奥,但是一直没有能够如愿以偿。最后,拉纳决意离开里斯本,他声称如果葡萄牙政府不辞退警察总监和外交国务秘书,他就再也不会回来了。他的虚张声势起到了一定的效果。在法国的要求之下,葡萄牙政府不得不将警察总监马涅克免职,因为他极力镇压新思想并努力截获来自法国的报刊书籍,这些书籍在大城市如里斯本以及科英布拉拥有大量的读者。1803年6月,葡萄牙政府宣布中立,通知英国的战舰除非必须,否则不要停靠葡萄牙的港口。

1804年5月,拿破仑自行加冕为法兰西皇帝,称为拿破仑一世。这年10月,英国的海军在大西洋上扣押了西班牙从美洲殖民地驶回本国的运输黄金和货物的珍宝舰队,并将该舰队的船只押往普利茅斯港口。法国乘机向西班牙的戈多伊政府施压,要求西班牙向英国宣战。戈多伊则向法国人提出要求,希望将来法国将葡萄牙赏赐给他作为封邑,以此作为他与法国人合作的回报。拿破仑派朱诺将军(Jean-Andoche Junot, 1st Duke of Abrantés, 1771—1813)为使节出使里斯本,朱诺先到马德里会见了戈多伊,要求西班牙政府向葡萄牙摄政王施压,对英国采取更严厉的措施。然后,朱诺又于1805年4月到了里斯本,他向摄政的若奥王子提交了拿破仑的一封信,要求葡萄牙持"更加清晰的"保持中立的立场,葡萄牙政府则说它会保持中立。但是此时一支英国的舰队正停泊在特茹河上,法国对此极为不满。这一年10月,法国以及西班牙的联合舰队在特拉法加被英国舰队击败,法国一时难以赢得半岛战争的胜利。12月,拿破仑在奥斯特里茨打败奥地利与俄罗斯联军,第三次反法联盟瓦解。1806年,法国又在耶纳击溃了普鲁士军队,并把俄国沙皇的军队赶到曼涅河以东。由此,拿破仑成为欧洲大陆毫无疑义的主宰,他决定彻底消除英国的威胁以及抵抗力。为此,他下令"封锁大陆",关闭欧洲大陆所有可以被英国利用的港口。此时,葡萄牙还想维持中立,但是已经不可能了。葡萄牙接到了法国的命令:必须关闭所有的港口并向英国宣战。葡萄牙还是想采取不参加对英敌对行动的立场,所以表面上对于法国敷衍塞责。

1807年6月,拿破仑在巴容那集结了由朱诺将军指挥的3万陆军。他宣告,如果葡萄牙的若奥王子不接受法国的全部条件,法国军队就要入侵葡萄牙。8月,法国向里斯本提出要求,在9月1日以前必须断绝与英国的一切联系,向英国宣战,逮捕在葡萄牙的英国人,没收英国在葡萄牙的商品,彻底关闭对英国保持海上贸易的葡萄牙港口。葡萄牙政府显然不能立即做出这样的决定。此时,英国驻里斯本的大使斯特兰福德勋爵(Lord Strangford, Percy Clinton Sydeny Smythe, 1780—1855)初次向葡萄牙王室建议将朝廷迁往巴西。同年10月1日,朱诺的军队从巴容那进入西班牙,从布尔戈斯以及萨拉曼卡向着特茹河谷挺进。27日,法国与西班牙在枫丹白露订立一个秘密的协议即《枫丹白露协定》:葡萄牙将被肢解成为3个小国,南方的阿连特茹和阿尔加维将组成一个小国,由西班牙的戈多伊治理,由此报答戈多伊与法国的合作,戈多伊由此也被称为西班牙所谓的"和平王子";杜罗河以北将成立北卢济塔尼亚王国,交给西班牙国王卡洛斯四世的孙子治理,当时卡洛斯四世的孙子还是一个孩子,拿破仑授予他托斯卡纳大公的称号;葡萄牙的中部其他地方如埃斯特列马杜拉以及贝拉斯将暂时由法国的军队占领,归属待定,包括巴西在内的葡萄牙的海外殖民地将由西班牙以及法国共同瓜分。不过,拿破仑似乎没有一定要将此秘密协定贯彻实施的决心。由于《枫丹白露协定》是秘密的,葡萄牙人没有立即知道法国-西班牙同盟为他们的祖国安排的未来,但是他们知道法国迫在眉睫的威胁。就在《枫丹白露协定》签订前的几天,若奥王子与英国签订了一个协议,许诺他和葡萄牙的朝廷有可能迁往巴西,希望英国国王乔治三世为葡萄牙提供保护,并许诺保证英国人在巴西的贸易权力以补偿他们在葡萄牙可能受到的损失。

1807年11月19日,法国军队在朱诺将军的率领之下开进了葡萄牙,还有两支法军的部队进入了葡萄牙的北部和南部。11月24日,朱诺的军队已经抵达了阿布朗提什,29日,法军离里斯本已经不远了。英国大使斯特兰福德勋爵劝葡萄牙的王室赶紧迁往巴西,但是葡萄牙王室仍然认为这只是最后不得已的举措。葡萄牙外交大臣阿劳若(António de Araújo)企图与法国人最后谈判,但是实际上葡萄牙人已没有任何谈判的资本,葡萄牙的使者与朱诺将军在哲勒河附近的一棵树下见了面。当时大雨如注,葡萄牙的代表知道根本没

葡萄牙王室迁往巴西
由艺术家Henri L'Eveque(1769—1832)于1812年绘制。

有办法阻止法军前进。当时，法兰西帝国的官方报纸《规劝者》发布了消息，称葡萄牙的布拉干萨王朝已经不复存在。这份报纸先于法国的军队到达里斯本，英国的大使将报纸拿给摄政王看，这时他才知道自己已经被拿破仑废黜。

在法国军队逼近的时候，英国驻里斯本的大使斯特兰福德就扬言，如果葡萄牙王室继续拖延，英国就要把锚泊在里斯本附近海域的葡萄牙船只全部扣押，以免落入法国人之手。在葡萄牙，将王室或政府迁往海外的设想由来已久。早在1580年，就有人向克腊托的修道院院长安东尼奥提起过这件事，好像这是拯救国家的唯一方法似的。光复运动以后，葡萄牙面临国际的压力以及国内的困难，随时都处在西班牙的威胁之下。耶稣会士维埃拉神父也曾经提出过类似的方案。葡萄牙驻法国的大使路易斯·德·库尼亚也曾经提出让葡萄牙国王移居巴西的计划，用阿尔加维换取"从智利王国到麦哲伦海峡"的广大地区，国王则使用"西部的皇帝"的称号。虽然王室向巴西撤退的计划在以前就与英国基本商定了，斯特兰福德勋爵也登上了斯密斯（Sir Sidney Smith）率领的英国舰队，这支舰队在11月17日就已经停泊在特茹河河口，但是摄政王若奥还是将离开葡萄牙的决定拖到最后一刻。事实上，他没有充分地准备好将整个王室迁往巴西。结果，王室的仓皇出逃成了混乱与可笑的场面。当葡萄牙王室最后决定流亡的消息传出以后，据说三天之内玛法拉宫以及克鲁斯宫里面的贵重物品都搬空了。王室的细软被装成600个箱子搬到了里斯本的码头边上，从阿茹达宫中搬出的6万多册书籍也被集中到了那里，加上当时在葡萄牙本国流通的货币的一半也被搬到码头，准备运往巴西。11月27日清晨，摄政王若奥和妻子若阿金娜、他们的子女以及年老的女王马利亚一世急急忙忙挤进马车，还有他的朝廷、政府官员以及家臣侍从一起跟随，驰往特茹河边。患病的马利亚女王只是迷迷糊糊地知道为什么要离开。据说，当她的马车夫疯狂地策马加鞭的时候，她对着他叫喊："不要这么快！人们会以为我们是在逃跑呢！"全体王室成员一同搭乘停泊在特茹河上的15艘葡萄牙舰船以及一些商船逃往巴西。许多贵族、富有的商人、政府的高级官员、高等法院的法官以及全体王室的侍从随同王室一起迁移，总的人数将近1万人，几乎包括国家机关的全体工作人员。由于恶劣的气候，他们延迟到29日才驶离特茹河，当时还有一支英国舰队护送。就在那天晚上，朱诺的法国军队就占领了里斯本。

散文作家埃德瓦多·罗伦佐（Eduardo Lourenço）将载着葡萄牙王室流亡巴西的舰队比喻为从"旧世界驶往新世界的挪亚方舟"。那时葡萄牙的船只已经老旧，没有足够的空间供人们睡眠；由于虱子流行，人们不得不把搽上粉的假发从甲板上扔进海里；妇女们都必须剪去她们的头发。11月的严酷天气使得海上的风浪很大，大部分不谙水性的宫廷人士都得了晕船症，海上的狂风暴雨使得他们又冷又湿、狼狈不堪。人们都说葡萄牙王室是欧洲历史上第一个跨越大洋访问她的殖民地的王室，当然这不是出自他们的自愿。19世纪的历史学家奥利维拉·马丁斯（Oliveira Martins）将这个"令人尴尬的插曲"比喻为"第二次里斯本大地震"，它使得葡萄牙本国的人民在心里产生了一种像被抛弃的孤儿一样的感觉。

摄政王若奥在动身前就告诫国内的人们，要和平地迎接法国的军队，任何反抗拿破仑军队的企图都是徒劳的，法国庞大的军队已经在整个欧洲取得胜利，葡萄牙作为欧洲的小国是无力抵抗法军的入侵的。由朱诺率领的法国军队在进入葡萄牙的时候没有遇到任何自发的或是有组织的抵抗，他就像一个盟国的将军一样来到了葡萄牙。一些具有自由思想的葡萄牙人甚至将法国的军队看作救星，认为自由和革命的思想和运动会随着法国的入侵而降临到葡萄牙。对于法国入侵的不同态度成为葡萄牙国内专制主义和自由主义斗争的第一个回合。

朱诺在里斯本驻扎以后，就摆出一副社会改革家的样子。他宣布，一个自由与进步的新时代已经到来。他要修建公路和水渠，这是当时葡萄牙最落后的基础设施。同时，他宣布要对于社会进行有效的管理，监督财政、救济贫民、为老百姓兴建学校。他说，总有一天阿尔加维和贝拉斯会有自己的贾梅士。葡萄牙留下来的上层阶级都加入了外来的法国统治者的行列，但是中下层的人们还在观望。朱诺收到一封由教会的一名主教、八名大贵族以及里斯本市政厅的两名议员（平民代表）联名写给拿破仑的信，请求任命葡萄牙的国王。这些葡萄牙人组成了一个代表团前往巴容那面见朱诺将军。朱诺看到代表中有人民法官，就自认为它具有代表全民的性质。1808年，发生了一件事情，被后来的历史学家认为是葡萄牙近代宪法制度的开始。在高等法院院长方济各·杜亚尔特·科埃略（Duarte Coelho）的家里，有一群官员和贵族聚集在一起，他们认为利用法官占领葡萄牙是推进葡萄牙宪法体制的极好的机会，本来这件事情在若奥四世复国的时候就应该做了，可是因为王室的保守没有进行。于是，这个密谋集团就起草了一份宪法草案，该草案有一个极妙的前言："葡萄牙人不会忘记他们来自法兰西，是1147年第一批征服这个美丽的国家的人的后裔，他们应该把1640年以来作为一个独立国家而存在的好处，奉还给他们的祖国——法兰西。"在1807年由拿破仑扶植建立的"华沙大公国"的宪法体现的基本原则就是由乡镇来选举议员,这正是葡萄牙人的传统。该草案主张天主教和其他各宗教的信仰自由,仿效法国的做法与罗马教廷签订政教协定,公民在法律面前人人平等,全国分为8个区,殖民地的地位将提高到省一级的级别,并在科特会议中设立代表席位,设立公共教育部,实行出版自由,行政权力由部长组成的国务委员会行使,立法权力由两个议院行使,司法独立,论功提拔公务人员,压缩庞大的公务人员的编制,但是保留原来的薪俸,教会财产将还俗,按照财产的比例征收赋税,调整国家的公债,重新组织行政机构。历史学家认为高等法院院长科埃略很可能是这个宪法草案的主拟人。他本人在1821年出任财政大臣,并在1827年领导过葡萄牙银行。1808年的这个宪法草案在1822年的宪法中都被保留了下来。

但是,朱诺将军没有将这个草案送往法国,事态也没有使法国对于葡萄牙的占领演变成为自由主义派所希望的革命。1808年年初,拿破仑废除了西班牙的波旁王室,将王位授予他的兄弟约瑟夫,同时法军在西班牙施行暴行,结果引发了西班牙人民的反抗,西班牙突然从法国无条件的同盟者变为拿破仑不共戴天的仇敌,整个国家的人民都拿起武器反对法国的军事占领。在巴容那,西班牙国王和他的儿子被迫退位。这被称为"巴容那的叛变行为"。作为法国的盟军进入葡萄牙的西班牙军队也发生了起义。西班牙军队的将军在离开波尔图以前,将当地的知名人士召集起来,向他们提出这样的问题:你们是要独立还是要法国的占领?葡萄牙人当然选择独立。6月6日,波尔图的人民举行起义,逮捕了法军的总督。在布拉加、布拉干萨、维亚纳以及吉马良斯,葡萄牙人民举行了大规模的人民起义,并从这里蔓延到了整个北方乃至全国。波尔图的主教组织了一个临时政府——"最高临时议会",到6月底,葡萄牙的中部地区已经获得了解放,不久,阿尔加维也获得解放。那时,各地成群的农民也会袭击小股的法国军队,将他们缴械,纳扎列的城堡被佩德内拉的渔民占领,菲格拉达福兹的城堡被科英布拉的学生占领。但是,法国的军队还是残酷地镇压葡萄牙人民的起义。只有一条胳膊的法国将军罗逊(Loison, o Maneta)表现得尤为残酷,杀害平民无数,以致在葡萄牙人中流行一句谚语即"见独臂人去!"(ir para o Maneta,"你去死吧"之意)。有两位葡萄牙的海员勇敢地驾驶着快艇横渡大西洋将葡萄牙人民起义的消息带到了巴西,于是摄政王正式地向法国宣战。

那时法军还占领着里斯本,并拥有佩尼谢和塞图巴尔的要塞,还在特茹河谷的一些市镇驻扎军队。法军在组织上以及武器装备上占有优势,而葡萄牙的军队一部分开往巴西,还有的已经解散。波尔图的议会以及其他地方的议会召集了志愿兵以及已经遣散了的民兵,组成了一支由5 000名正规军人以及2 000名民兵的部队打击法军。同时,葡萄牙人还向英国人求助。英国多年来一直在等待时机从欧洲大陆进攻法国。1808年,英国派出威尔斯里即后来的第一代威灵顿公爵(Arthur Wellesley, 1st Duke of Wellington, 1769—1852)率领军队从海上驶向加利西亚,准备支援西班牙的起义。然后在7月,它又从这里驶向波尔图,同当地的"最高临时议会"取得了联系并在菲格拉达福兹登陆。英国的军队进展迅速,于8月1日在波尔图登陆。法国军队试图阻挡英国军队的前进,但是分别在洛里沙(17日)以及维梅罗(20日)被击溃。第二天,法国人要求停火。8月30日,法国人与英国人在辛特拉签订了协议,当时没有葡萄牙人的代表在场。英国人答应将朱诺将军部队的行李以及军械运送至法国,法国人则放弃抵抗交出里斯本。这个协议明确规定不得迫害在政治上倾向法国的人——"无论是葡萄牙人,还是法国盟国的公民或者是法国人,均不得因为参加政治活动而受到迫害"。

但是,在政治和军事形势稳定以后,葡萄牙国内就开始在政治上清算那些与法国入侵者合作的人士。许多葡萄牙人开始围攻那些亲法的人士,甚至波及过去曾经自称是自由党的人。波尔图设立了革命法庭,在里斯本,当局则鼓励人们揭发亲法派,并保证对谁是揭发者保守秘密。于是,反自由党人就成为爱国的代名词。这种情况是当时的形势造成的,但是在葡萄牙人的思想意识中仍然留下了深刻的印记。在以后很长一段时间里,爱国主义便同保守的思想混为一谈,任何进步的意识都被认为是具有反民族主义倾向的。

葡萄牙和英国都知道法国即将发动反攻。1809年3月7日,远在巴西的摄政王若奥任命英国人贝雷斯福德(William Carr Beresford, 1st Viscount of Beresford, 1768—1856)为葡萄牙的陆军元帅和总指挥。约在同时,若奥与英国签订了借款协定,用英国人防守马德拉群岛期间的岁入和巴西的各项出口货物作为担保。

法国在西班牙遭到的反抗日益激烈,形势恶化,拿破仑不得不亲临督战。朱诺将军以为事情非常简单,他认为皇帝的亲征必定以里斯本作为终点,他甚至准备好以格鲁斯宫作为皇帝下榻的地方。但是法国军队进入伊比利亚半岛以后遇到激烈的抵抗,前进困难。1809年,拿破仑将重新占领葡萄牙的任务交给了苏尔特(Jean-de-Dieu Soult, 1st Duke of Dalmatia, 1769—1851)将军。

苏尔特的部队从山后地区的边界入境，但是遇到激烈抵抗，于是便绕道米纽，长驱直入进攻波尔图。与法国第一次入侵葡萄牙不同，葡萄牙的人民以及在英国帮助下接受训练的军队誓死反抗法国的侵略者，所有葡萄牙军官作战不力或者战略撤退都被视为叛逆，有些人被处死。苏尔特的部队在进攻波尔图的时候，葡萄牙的军队、民兵以及居民在街道上设置路障。此时葡萄牙的军队战斗力很强，他们接受了英国的训练和装备，有英国的军官负责指挥，击败了苏尔特的法军。葡萄牙人还得到英国人的支持，4月21日，威尔斯里的英军再度在里斯本登陆，这支部队由1.7万名英军士兵以及7 000名葡萄牙士兵组成，威尔里斯将指挥中心设在科英布拉，兵分两路，一路准备向北方进发支援波尔图，另一路移兵拉梅戈准备切断法军的退路。英葡联军抵达杜罗河，河上的浮桥已经被毁，但是联军还是涉水过河，法军放弃了波尔图撤退。威尔斯里将司令部移到阿布朗特什，进军特茹河流域并进入西班牙，并与7月赢得了塔拉维拉战役，他因此获得威灵顿公爵的称号。不过，威尔斯里的部队因为缺乏粮草辎重没有乘胜追击。

第三次的法国入侵葡萄牙发生在1810年5月，法军由马塞纳元帅（André Masséna, 1st Duc de Rivoli, 1758—1817）指挥。他的军队共6.2万人，拥有84门大炮。法军从贝拉入境，兵分三路，攻陷了阿尔梅达要塞，守卫要塞的葡萄牙军官因为没有抵抗而被英国人枪毙。法国军队继续向里斯本进发，一直打到里斯本的北部，才被英国人设在托雷斯德拉斯的防线所阻。指挥葡萄牙军队的威尔斯里此时已经被晋升为威灵顿公爵，他知道法国军队习惯于就地取粮，于是命令葡萄牙的老百姓坚壁清野。威灵顿公爵下令从特茹河到大西洋建立三道防御工事，称为特里希-佛德拉斯防线（Line of Torres Vedras）。果然不出所料，法国军队从东北进攻里斯本。英国-葡萄牙联军在法军抵达之前，从容退到特茹河与大西洋之间的袋形阵地。法国军队因为在当地找不到粮食而忍饥挨饿，马塞纳看到英国-葡萄牙联军的防线和要塞过于坚固，无法逾越，并且法军已经远离军需供应的后方，他想在特茹河以及圣塔伦之间架设一座桥梁将阿连特茹的军需品运输过来，但是没有成功。11月14日，法军后撤至圣塔伦，到次年2月，又从圣塔伦后撤。苏尔特奉拿破仑的命令从阿连特茹进攻里斯本，但是两支法军相距遥远，无法汇合。葡萄牙-英国盟军乘胜追击。5月，法军终于全部撤出葡萄牙。战争一直持续到1813年，不过后来的战斗则是在西班牙进行的。

法国军队入侵葡萄牙引发的战争是葡萄牙历史上前所未有的，战争持续了七年的时间，造成了葡萄牙社会极大的动荡与破坏。大批农民参加战争或是逃亡，造成农村的荒芜和残破。英国人曾经强迫这些农民重新聚集在一起，使农村恢复生产力。沿海本来散布着一些富裕的城市，在以前葡萄牙的历史上，除了边界地域受战争的影响以外，沿海的城市一般都保持着相对的平静，现在这些城市也遭到了严重的破坏和灾难。所有的有价值的东西都遭到了掠夺，以满足拿破仑征收的战争赋税。有时，征税还伴随着暴力的抢掠，教堂、修道院、宫殿都被洗劫一空，许多珍贵的艺术品在这一时期都不知去向。战争中的伤亡加上报复性的杀戮使死亡的人数超过了10万人。饥荒也造成了许多人的死亡，所以，这一时期葡萄牙的人口急剧下降。在此期间，议会仍然在统治和管理着葡萄牙国家，但是困难重重。特别在财政上，国家因为连年不断的战争变得格外贫穷。里斯本原有的商业中心的地位因为王室迁到巴西以及战争而一落千丈。还有，英国人因为帮助葡萄牙人抗击法国人而在葡萄牙享有崇高的地位，贝雷斯福德现在是葡萄牙军队的统帅，掌握着军队的大权。

有意思的是，贸易仍然伴随着战争进行，两者并行不悖。即便在法国占领时期，葡萄牙向英国出口波尔图葡萄酒的贸易仍然没有停止过。这些葡萄酒由葡萄牙本地的船只运载，但是却悬挂着克尼法赞的船旗。克尼法赞是埃尔巴河口一个荒凉的小港口，当时谁也不知道它在什么地方，挂着它的旗帜的船无论对法国人还是英国人都不在禁运之列。朱诺将军以此为条件，在每一桶酒上都获得收入。英国人之所以接受葡萄牙人进口的酒是因为他们要打破禁运。葡萄牙人继续进行这项贸易是为了获利，法国人则是为了收税。在整个法国占领时期，从波尔图出口的葡萄酒总共达3万桶。但是后来波尔图的酿酒工厂遭到了破坏，酒的国内和国际贸易量大大减少，有钱的人家相继逃离农村而移居城市。

1815年，已经被流放的法兰西皇帝拿破仑从厄尔巴岛潜回法国，发动政变，统治了100天，最后在滑铁卢被打败。神圣同盟的会议在奥地利的维也纳召开了。按照安排，葡萄牙应当放弃已经被若奥王子在巴西的军队征服的法属圭亚那，同时葡萄牙应该收回在南部与西班牙接壤的城市奥里文萨（Olivenza），该城市在西班牙王位继承战争时被毁，1809年再度被西班牙人占领，西班牙人还禁止当地人使用葡萄牙语。当欧洲列强在维也纳开会的时候，葡萄牙极有才干并具有进步思想的帕尔梅拉公爵佩德罗·德·索萨（Pedro de Sousa Holstein, 1st Duke of Faial Palmela, 1781—1850）出任特命全权大使，他极力主张要收回奥里文萨。欧洲的列强不久就改变了主张，决定把这个问题交给西班牙和葡萄牙自行讨论解决。此时已经恢复王位的西班牙的波旁君主费尔南多七世不愿意交还这个城市,因此葡萄牙人不得不放弃了这个城市。维也纳会议中提出了关于奴隶贸易的问题,英国要求葡萄牙人放弃奴隶贸易,葡萄牙人则反对完全禁止奴隶贸易,因为大西洋两岸的葡萄牙殖民地安哥拉以及巴西的大宗收入有赖于此。但是,作为对英国的让步,葡萄牙同意宣布在赤道以北的殖民地内废除奴隶买卖。

三、在大西洋两岸的王室与政府

1808年1月22日,若奥王子以及王室成员来到巴西殖民地的首府巴伊亚,当地的人民兴奋而激动地欢迎王室成员的到来,街道被打扫得干干净净,居民们穿着新的服装,迫不及待地等待着巴西历史翻开新的一页。若奥耐心地听取了当地人民要求开放港口和结束以前葡萄牙王室在贸易上垄断的建议。1月28日,在巴西的葡萄牙王室颁布了一条法令,像对待葡萄牙人一样向外国船只开放所有的巴西的港口。这也等于摄政王履行了他对于英国许下的诺言,因为在1807年的葡萄牙与英国的谈判中,英国曾经向葡萄牙政府提出开放巴西港口的要求。从那时起,葡萄牙宗主国对于巴西殖民地制定的各种限制以及约束就一一被取消了。葡萄牙王室废除了不许在巴西建立加工工业的

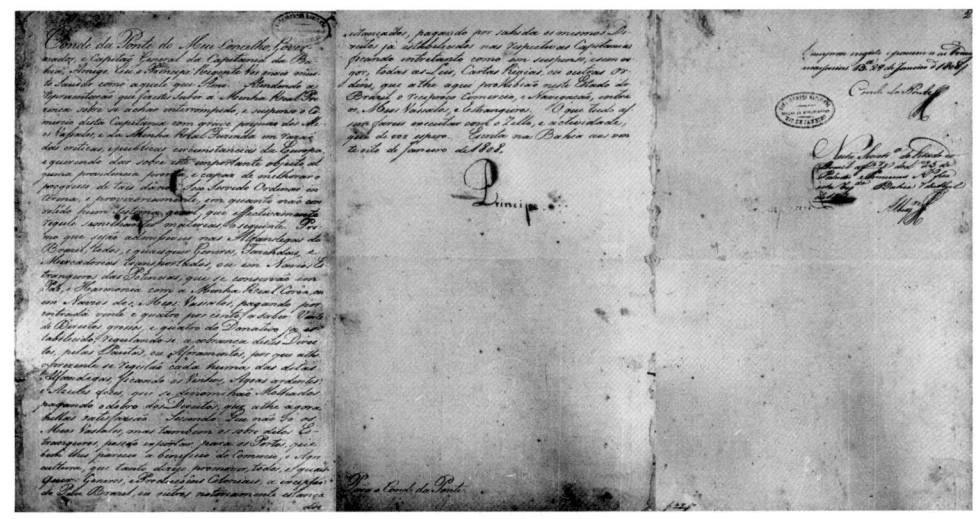

1808年1月28日的王室谕令
当时已经迁到巴西的葡萄牙王室颁布谕令向外国的船只开放巴西沿海地区所有港口。

禁令、鼓励开办工厂、进口英国的机器、成立了贸易委员会货币局。1808年，王室在里约热内卢建立了巴西银行（当时在葡萄牙本国都没有银行机构），并在巴伊亚以及圣保罗建立支行，进一步刺激经济的发展，王室还鼓励设立保险公司、船坞、计划修建公路、允许出版报纸（过去是禁止在巴西出版报纸的）。1808年，王室在巴西建立了第一所海军学院，又建立陆军军官学院，以上两所学院都开设了工程学以及测绘制图的课程，王室在此期间建立的各种包括军事学院在内的高等教育机构后来为巴西培养了许多领导人。

从那时起，巴西的经济活动进入一个迅速发展的时期。在王室迁往巴西以后的3年里，巴伊亚的出口增加了15%，进口增加了50%，5个主要港口的税收增加了20%。在里约热内卢港，1808年有90艘外国船只到来，1820年已经达到354艘，其中英国的船只是主要的。1808年年底，大约有100名英国人居住在里约热内卢。在此以后，巴西与葡萄牙本国之间的联系变得越来越少，英国在与巴西的贸易上迅速取代了在欧洲的葡萄牙本国。1810年，在巴西的葡萄牙王室与英国签订了一项条约，规定巴西的港口对于英国货物征收的最低税收为15%（对于葡萄牙本国货物的最低税收为16%，对其他外国货物的税收为20%）。由于王室允许在巴西建立加工工业，在以后的几十年中，很多小纺织厂纷纷建立，巴西出现了蒸汽机。1815年，巴西出现了第一家使用蒸汽机的制糖厂，到1834年已经有64家使用蒸汽机的制糖厂。王室还鼓励新的作物的引进。在王室迁到巴西以后的20年里，巴西的人口增加了20万人。1815年，巴西事实上已经上升到了王国的地位。从经济的观点上看，巴西已经不再是一个殖民地了。也就在这一年的12月16日，若奥将巴西提升为王国，在司法理论上，巴西与葡萄牙是平等的。那时，葡萄牙王室以里约热内卢作为驻跸的地方，这个城市事实上已经成为葡萄牙的首都。因此，葡萄牙对于巴西的政策已经完全发生了改变。蓬巴尔执政以来，巴西一直遵循旧的"殖民地盟约"的条文，即宗主国有权垄断殖民地国家的经济出口，以弥补它对于殖民地提供保护的付出。现在，这种政策已经发生了根本的改变。

随着巴西在经济上的逐步发展与独立，政治上的分离主义倾向也日渐严重了。开始，巴西人热烈地欢迎葡萄牙王室的到来，他们觉得这意味着巴西的地位的提高。不久，摄政王若奥颁布的有利于巴西殖民地的法令，使当地人的自豪感也有了增加。但是，美国独立战争的胜利给巴西殖民地的人民以及精英阶层带来了鼓舞；同时，葡萄牙王室迁往巴西不可避免地带来了社会矛盾。当近1万人随着王室迁到巴西的时候，当地的人们已经感到不满。政府的机

里约热内卢市中心广场

构以及贵族的住宅都要求立即提供现存的房屋，原有的住户被迫迁出。负责征房的官吏将他们选中的房屋写上了P. R.（即"摄政王"的缩写）作为记号，但是里约热内卢的人们却把这读成"你滚出去"。新迁到巴西的人与原来居住在这里的人之间的对立日益加剧。1817年，在累西腓就爆发了一场反对葡萄牙人的起义，巴西人民初步提出了建立共和国的理想。他们还提出要与美国建立联系并抵制葡萄牙的产品。人们主张用甘蔗酒替代葡萄牙的红酒，用木薯替代小麦。这场起义遭到了严厉的镇压。

当时，巴西是葡萄牙主要的经济支柱。葡萄牙的出口货物，除波尔图的酒以外，基本上全部运往巴西；一些热带的原材料经里斯本再向其他国家转口贸易。整个葡萄牙以及殖民地的贸易都是以这种方式进行的，葡萄牙的船队也是以这种方式生存的。因此，巴西在经济上的独立以及解放对于葡萄牙的经济生活乃至社会生活会产生严重的影响与后果。巴西作为葡萄牙以前的殖民地，在短短几年之内，由一个葡萄牙王室收入的来源变成了支出的源泉。许多居住在里约热内卢的葡萄牙贵族仍然依靠他们在葡萄牙的财产过日子。为了征服巴西东部的沿海地区，王室从葡萄牙本国调来两个师的兵力，结果引起了抗议的浪潮。

1816年3月，在布拉干萨王朝离开里斯本迁往巴西9年以后，年迈和久病的马利亚一世去世了，时年81岁。3月20日，摄政王若奥才正式加冕为国王，称为若奥六世（João VI，1816—1826年在位），其头衔的全称是"葡萄牙-巴西-阿尔加维联合王国的国王"。人们都说,与其说他是葡萄牙的国王,不如说他是巴西的国王。早在上一年的维也纳会议的时候,法国的外交家塔莱朗(Charles Maurice de Talleyrand Périgord, 1754—1838)就向帕尔梅拉公爵索萨提出了巴西的地位问题,他认为葡萄牙与巴西已经有了一种新的关系,这可以保持葡萄牙的统一,并且可以避免英国和西班牙新近丧失它们在新大陆属地的那种恶感。虽然西班牙还在美洲为保卫它的殖民地而战斗,但是塔莱朗已经觉得西班牙在美洲的殖民地已经丧失了。欧洲列强都希望若奥六世能够从巴西返回葡萄牙的首都里斯本,可是他就是不愿意离开里约热内卢。

由于王室已经迁到了巴西,在葡萄牙本国则有一个由总督组成的委员会管理政府,一切都按照里约热内卢王室的指示进行。由于没有中央的权力机关,所以政府的权威性就降低了。在国家面临全面解体的威胁之下,真正的力量就是以军队为代表的势力,而那时葡萄牙的军队又在英国人的控制之下。若奥将葡萄牙的军队委托给英国人贝雷斯福德管理,后者没有表现出英国人常有的容忍和宽大。葡萄牙的陆军军官尤其痛恨英国人的控制,好几次都密谋反对贝雷斯福德,但是他使用高压手段将密谋活动镇压了下去。1817年10月18日,贝雷斯福德将葡萄牙军人中杰出的共济会成员弗莱雷(Gomes Freire de Andrade, 1757—1817)及其同谋以极端残酷的方式处死,他们先被斩首,然后尸体被烧掉,骨灰则撒入大海。甚至在战争结束以后,英国人还让葡萄牙处于战争总动员的状态,这使将近10万人仍然留在军队里面。根据1820年葡萄牙政府递交给国王若奥六世的报告,军队消耗了3/4的公共收入。君主制度的政治结构由于在本国没有自己的办事机构变得十分脆弱,强大的军队取代了它,军队成为国家政治威慑的真正工具。在军队的内部也不稳定。军人与文职人员有矛盾,军人抱怨文官提升他们过于缓慢;英国军人与葡萄牙军人也有矛盾,葡萄牙的军人则不满英国军人的跋扈。

1820年的时候,葡萄牙社会和国家生活都潜伏着危机。各大城市中都出现了新的思潮。人们不满葡萄牙宗主国与巴西之间地位的改变,不满王室和政府的不作为,不满英国军官占据高位、专横跋扈。6月2日,葡萄牙政府给国王若奥六世的报告中指出:"谨请陛下圣察:葡萄牙是一个面积小、人口少的王国,农业也不发达。农民身上压着沉重的苛捐杂税。农业中最有利的一项收入就是葡萄酒,但是由于巴西的港口向其他国家的酒类开放,葡萄牙酒的生产已经衰落;由于英国的劳动力以其无法相比的价格自由地进入葡萄牙和巴西,致使我国的工业严重地停滞不前;贸易量在急剧地下降,这不仅是因为巴西口岸的开放,夺取了葡萄牙本国的独家贸易,而且也是由于各个国家在海上的竞争。令人担忧的是,如果长此以往,过不了多久,葡萄牙的国旗就会在海面上消失。巴西每年要耗费这个王国一笔可观的收入,单是国家房产的收入、王室以及教会的房产的收入就是一个很大的数目,而这些钱正是国内的流通所缺少的,这使得我们变得更加贫穷。"

当时葡萄牙国内已经出现了宣传启蒙思想的共济会,他们不仅反对英国人的高压统治,也反对远在大洋彼岸的若奥六世的君主专制。与葡萄牙接壤的西班牙也在酝酿动乱。西班牙的费尔南多七世无视时代的变化,企图恢复旧的君主专制。1820年,西班牙军队首先发生叛变,迫使费尔南多恢复了已经于1812年被废止的宪法。

西班牙的立宪革命也波及了葡萄牙。早在1818年1月,波尔图的一些自由的知识分子在该市的中级法院法官托马斯(Manuel Fernande Tomás)的率领之下,组成了一个名叫"代表会议"(Sinédrio)的团体,其名称来源于希腊文"Synedrion",即大会的意思。他们企图在波尔图建立立宪的政体。该会的成员包括波尔吉斯(José Ferreira Borges)等人,他们是波尔图中级法院的律师、"上杜罗河农业与葡萄酒总公司"的大会秘书等。该会规定,成员在每月22日在福斯(Foz)举行的晚餐上举行会议,会员要报告他所看见的情况并交换意见。1820年,波尔图的进步资产阶级以及知识分子发动了革命,并得到了军队的响应。8月24日,波尔图军队里一个接受自由主义思想影响的上校塞巴斯蒂安·德·布里托·卡布雷拉(Sabastian de Brito Cabrera)仿效西班牙军队的叛乱,在波尔图率领一支炮兵部队离开军营。他们先参加了露天的弥撒,接着鸣炮21响,宣布革命,呼吁议会制定宪法。这次革命的参与者是受到法国革命思想影响的知识分子以及高级军官,后者希望驱逐贝雷斯福德并迫使王室从巴西回国。革命者要求由波尔图市政厅出面建立一个全国性的议会并向在巴西的国王若奥六世发出请求,吁请回国。里斯本的摄政政府开始的时候谴责了波尔图的革命,但是接受了召开科特会议的要求,它还要求解散波尔图的议会,理由是波尔图议会的使命已经完成了。9月15日,里斯本的军人与自由主义者以被贝雷斯福德处死的共济会军官弗莱雷的名义组成了临时政府。革命掀起了巨大的浪潮,人民都觉得新的时代已经来临。10月27日,里斯本和波尔图的两个议会分别成立两个团体:一个管理国家,另一个则负责召集科特会议。就在10月,葡萄牙发生事变的消息传到了巴西,若奥六世与王室感到震惊。国王召集两位大臣以及顾问开会商讨对策。其中有8位大臣觉得国王应该立即派他的继承人回国,但是若奥六世犹豫不决,他只是以王室的名义颁布了宽免革命者的谕旨,同意召集科特会议并表示他本人或者他的儿子将不日回国。其实,他无意离开舒适的巴西,他甚至希望当时在巴西里约热内卢的贝雷斯福德回国重新恢复军队的秩序。次年10月,当贝雷斯福德回到里斯本的时候,葡萄牙人不允许他登岸。他只得回到英国。英国政府权衡利弊以后,决定不干涉葡萄牙国内的事务。

波尔图和里斯本的起义者建立的临时议会准备建立一个代议制的新政府。里斯本科学院宣布,代表三个等级的科特会议是国家唯一合法的主体,它有权改变政府的体制。而科特会议的组成不是固定的,它大体上由30名贵族、23名神职人员、150名由各地市政厅提名的平民组成。科特会议宣布,一个由外交家、商人、农业主以及大学和教育界代表组成的"宪法会议"(The Constitutuent Assembly)在1821年1月24日在里斯本召开,并起草了宪法草案。其第十八条规定"主权在民"。法官托马斯以及其他自由主义者提出一种普选的方法,它相当繁琐,即由传统上每一个负责堂区事务的家族领袖,以每600个家庭为单位按比例提名合格的选举人,他们就是各选区的地方代表。他们必须具备"科学的知识、正直的性格、纯正的宗教信仰、爱国主义思想以及正当的谋生手段"。后来该普选方法又将600个选举单位减为200个。它是一种预选,自下而上,从教区到乡区或者市区,直到各省的省会为止,最后来又由于乡村的居民没有兴趣而不获推行。具有进步思想的共济会成员在科特会议中有相当多的代表,他们做的第一件事情就是取消宗教裁判所,尽管这个旧时代的遗物已经多年不起作用了。宪法草案遭到许多教会人士的反对,里斯本的枢机主教兼总主教拒绝宣誓,结果被自由主义者剥夺公民权并驱逐出境。科特会议还以88票对1票的绝对多数剥夺了所有拒绝宣誓的人的公民权,并要把他们驱逐出境。3月9日,驻里斯本的罗马教廷使节拒绝宫殿点燃灯火庆祝宪法草案的颁布,人民打碎了宫殿的玻璃窗户。奥地利以及俄罗斯的大使提出抗议,并撤回自己的国家。葡萄牙在1820—1821年的革命与欧洲其他国家尤其是法国与英国的革命很不一样。葡萄牙没有强大的资产阶级,中层阶级主要是农业主以及部分贵族,他们对于法国革命以及启蒙思想没有兴趣,还有一部分是商人和军人贵族,他们是有文化修养的人,他们的自由主义思想不是建立在经济的基础之上,而是来自阅读外国的书籍、大学的校园以及共济会的集会上。从这个意义上说,葡萄牙的革命也可以算是资产阶级的革命,但它只是一场知识与文化上的革命。农民没有参加这场革命,他们大多数是文盲,他们遵守的传统是天主教的宗教文化，长期与农民保持接触的是天主教会。而教会在一开始就宣布这场革命是"王室和教会的敌人"。尽管如此，葡萄牙的自由主义革命仍然在当时的欧洲引人瞩目。

国王宣布尊重里斯本议会制定的宪法和提出的要求，同时英国人也劝说国王回到葡萄牙。1820年12月，经验丰富的葡萄牙外交家帕尔梅拉伯爵抵达里约热内卢，他敦促国王作出温和的让步并派王子回国。1821年1月，巴西也爆发了同样的自由主义革命，但是其原因与葡萄牙的不同。当时巴西人在王室以及葡萄牙官吏的身上感到一种令人厌烦的外来势力的存在，他们视葡萄牙的王室如同外来政权。还有许多商人则是葡萄牙人，他们认为革命可以带给他们以前的许多特权并与贵族平起平坐，没有这些特权，他们很难与1808年以后在巴西开设的外国企业竞争。于是，巴西人以及葡萄牙人联合起来支持革命。在帕拉、巴伊亚和里约热内卢都爆发了自由主义者的起义。里约热内卢的起义则是在当地军队中爆发的。国王若奥六世没有将自己完全放在起义者的对立面，他让王子佩德罗担任他与起义军之间的传话人。从那时起，佩德罗王子在巴西后来争取独立的过程中发挥了突出的作用。2月26日，巴西也组成了自由主义的内阁。所有发生的这一切，都促使若奥六世最后下决心回国，他将佩德罗王子留在了巴西。3月26日，他即将回国的消息就传到了里斯本。4月26日，若奥六世终于极不情愿地离开巴西启程回国，他于7月3日回到里斯本，居住在克鲁斯宫。没有人说要废黜他，但是隐隐约约的威胁是存在的。就在他回国以前的3天，即6月30日，葡萄牙的自由主义者提出了一份包括217条条款的宪法草案。

1822年，葡萄牙的自由主义者在西班牙拥护宪法党人的支持下，制定了自己国家的宪法。国王在佩德罗王子的劝说下，宣誓效忠宪法。但是他的小儿子米额尔和王后则拒绝宣誓。该宪法推崇的是：（1）民族至上的思想，是葡萄牙民族而非国王才是葡萄牙国家利益的最高代表。（2）表达民族共同利益的权利归于国家，民族的共同利益和愿望是通过法律的形式表现出来的。为此，国家必须选出自己的代表，只有这些代表才能制定国家的法律。（3）议会的权力高于国王的权力，议会由一个院组成，任期2年，由全国人民直选产生。文盲、妇女和僧侣不得参加选举。议会独立地行使权力，国王无权停止、解散议会或者干涉议会行使权力。（4）法律草案规定，法律的批准、公布的权力在于国王。如果法律草案被国王拒绝，草案应该退回议会进行重新讨论。如果得到2/3的议员的通过，国王就必须批准。（5）限制王权–国王在原则上只拥有国家根据宪法授予他的权力。国王是行政权力的首脑,他通过由他任命的国务大臣来行使权力。但是当国家的自由和立宪制度受到威胁的时候,议会可以任命国务大臣。国王的决定只有经过有关的大臣签字以后才能有效。(6)无论是国王或者是大臣都没有任何立法的权力。

四、巴西的独立

当1821年若奥六世从里约热内卢返回葡萄牙本国的时候,巴西的分离主义运动已经控制了整个巴西的知识界和经济界,争取巴西独立的潮流已经势不可挡。若奥六世似乎已经感到巴西的独立将是势不可挡的潮流,在动身回到葡萄牙以前,将他的儿子佩德罗留下当巴西的摄政王,并且对他说:"佩德罗,我担心巴西可能会脱离葡萄牙,如果那样的话,把王冠戴在自己的头上,不要让它落入一个冒险家的手中。"

19世纪初年,除了印第安人以外,巴西共有350万人口,以后的40年中又增加了50万人。他们几乎都是葡萄牙人,而且,大部分都出生在葡萄牙。因为在18世纪的下半叶,移民的人数急剧增加。巴西的经济形势也处在繁荣时期,与葡萄牙本国的衰落形成了鲜明的对比。那时,巴西在古老的宗主国面前有一种优越感。佩德罗曾经说过:葡萄牙是"四流国家和贫穷国家",应该并入"一流国家"巴西,而不是巴西并入葡萄牙。同时,独立的思想在知识分子阶层广泛蔓延,所谓的"知识分子"是指受过教育的社会精英:教师、医生、律师、官员、部分军官、商人和教士。他们阅读欧洲流行的著作,参加文学讨论和社团活动,逐渐地接受了来自欧洲的启蒙思想。他们的人数规模虽然不大,但是却具有很强的表达能力。与18世纪以前的知识分子不同,他们与教会的联系较少,也不同于传统的农村里的贵族阶级,他们的出身更加平民化,价值观更加世俗化,更加富于理性的思考,倾向于质疑其前辈接受并捍卫的旧制度和观念。在19世纪初年,这些城市中的知识分子以及商人阶级是巴西改革以及独立事业的倡导者和支持者,在独立运动中发挥了主导作用。

1821年年底至1822年年初,里斯本的议会一再要求佩德罗返回葡萄牙,巴西的官民一致反对这个决定。人们成立了一个特殊的委员会要求觐见摄政王。1822年1月9日,他们呈上了一个请愿书,告诉佩德罗,当地的舆论一致要求他留在巴西。佩德罗则回答说:"为了所有人的利益以及国家的普遍幸福,我准备好了,告诉人们,我会留下来。"

形势的迅速发展使佩德罗加快了改组政府的步伐。那时,巴西各派政治势力都想独立,有些社会阶层希望完全独立,与过去的宗主国脱离一切联系。但是在巴西的许多葡萄牙人以及与葡萄牙人有着密切关系的社会阶层希望两个国家结成联邦,就像英国与爱尔兰或者奥地利与匈牙利之间存在的关系一样。持这种观点的主要代表人物是若泽·博尼法西奥·德·安得拉德·伊·席尔瓦(José Bonifáçio de Andrade e Silva, 1763—1838)。这位被称为"巴西独立运动的元老"的席尔瓦被摄政王任命为"王国部长"的职务,他是第一个担任如此之高职位的巴西人。席尔瓦出生在桑托斯(即圣保罗),早年就读于科英布拉大学,1787年从该大学毕业,依靠奖学金在意大利以及德意志留学10年,并在欧洲各国广泛游历,结识了欧洲大陆众多杰出的知识分子。法国、德国和英国的一些学术机构也选他为会员。他目睹了法国大革命,完全沉浸在启蒙思想的熏陶之中,他是法国启蒙思想家卢梭的崇拜者。他曾经在里斯本的科学院做过许多有益的工作,1813年,他就已经主张采用米制计量单位,但是直到1825年葡萄牙才最后使用。他有着开明的思想,曾经说启蒙思想的引进"对于那些心胸狭窄的人也许会有伤自尊,但是真正的和有用的东西是没有祖国的"。席尔瓦于1819年回到巴西,在当时的巴西,很少有人能够拥有如此卓越和广泛的教育背景及外国知识。席尔瓦主张将自由主义和民族主义的思想融入传统的君主立宪政体之中;同时,他也主张重农主义,认为只有在一个稳定的君主政体之下,才能保证国家鼓励农业、工业以及贸易。尽管席尔瓦赞成个人自由,但是他认为归根到底个人还是要服从社会的秩序。他经历了法国大革命,不赞同极端的暴力,认为强大的君主制度能够保护个人的私有财产以及社会秩序,也能够防止过度的个人自由,主张通过科学以及道德的教育保证社会的进步与和谐。席尔瓦的计划就是利用王室的权威为巴西的政治统一服务,以免这个国家分裂成为若干个小国。他认为历次地方分裂主义运动都带有这种倾向,而且里斯本市政厅为了维护地方机构的利益曾经扬言要鼓励这种倾向。席尔瓦则宣布巴西所有的省份都受里约热内卢的节制,并召集由各省代表组成的咨询委员会。这样,葡萄牙本国科特会议在巴西的权力就下降了。但是仍有一些省份如巴伊亚保持对于科特会议的忠诚,伯南布哥则犹豫不决。

1822年5月,佩德罗王子自封为"巴西终身守护者"(Perpetual Defander and Protector)。此时,已经到处能够听到有关巴西独立的议论。席尔瓦还向各友好国家发出了一封信,在信中他严词谴责了宗主国对于殖民地的管理,并请求它们与巴西建立直接的联系。

不管葡萄牙的政治倾向如何发展，巴西必然要在王室离开以后宣布独立。不过，分裂的近因是佩德罗与葡萄牙议会之间的直接冲突。葡萄牙议会虽然是一个进步的由自由主义者控制的机构，可是，由于葡萄牙本国与巴西在地理、文化上的差异，特别是一些葡萄牙人对于巴西近几十年来在经济和社会的发展缺乏基本的常识，由此对巴西采取了错误的政策。巴西的独立运动已经日益强大，不可阻挡。但是议会的议员们却感到，如果佩德罗王子能够回国，这个殖民地的一切抵抗运动就会消失于无形。若奥六世回到里斯本以后就向议会提出报告，称他已经将巴西的权力交给了王位继承人佩德罗。议员们不承认国王有权利任命巴西的摄政王，硬是命令佩德罗返回葡萄牙接受政治教育，将殖民地政府交给由巴西各省产生的委员会共同负责，这些省是隶属于里斯本的。以后，议会又采取了一些措施：如取消了若奥六世在巴西设立的最高法庭，并组织了军事讨伐以冀结束葡萄牙中央政权在巴西遇到的越来越激烈的挑战。有一位议员在议会上竟然这样说："巴西需要一条猎狗，用以维持秩序。"还有一位葡萄牙议员在激烈的争辩中对巴西的代表大声喊道："他们要把巴西分出去。好吧，就让他们退出吧。巴西先生，再见！我们没有你，也不会感到丝毫的遗憾！"一位从巴西来到里斯本参加会议的代表在听到他的这句话以后则愤怒地说："我们的表现说明我们对于立宪的问题是多么无知！"

1822年9月7日，佩德罗王子从桑托斯带领着一支武装的警卫队骑马返回里约热内卢，在抵达伊皮兰加小河边上的时候，邮差带给他里斯本方面的命令的急件。议会的议员们指责佩德罗王子对于国家和父王不忠诚，并要求他回国，去英国、法国和西班牙接受教育，直到他能够称职地担任他的职务为止。佩德罗读了以后，觉得无法照办，于是毫不犹豫地转向他的部下，拔剑出鞘，以雄壮的语言，宣告巴西的独立和与葡萄牙彻底决裂："不独立，毋宁死！"（Independência ou Morte, Independence or Death!）史称："伊皮兰加的呼声"（Cry of Ipiranga）。当时佩德罗的周围没有军人集团或是民众的簇拥，也没有发表任何独立宣言的文告，他仅仅是在口头上宣告了巴西的独立。但是他勇敢果断的行为以及雄壮而坚定的语言反映了民众普遍的情绪，表达了当时巴西大多数人特别是精英阶层中大多数人的意志，吹响了巴西宣布独立的号角。1822年12月1日，佩德罗在里约热内卢王宫小教堂举行华丽的庆典仪式，他被加冕为"巴西皇帝以及巴西的终身守护者"。

第十一章　王室迁往美洲以及巴西的独立　413

"不独立，毋宁死！"
由巴西艺术家佩德罗·阿梅利科（Pedro Américo, 1843—1905）于1888年绘制。

随之而来的就是葡萄牙对于巴西的宣战。战争的状态一直持续到1825年。但是除了在葡萄牙军队占领的巴伊亚有过几次战斗以外，其他的地方则没有什么军事行动。然而，大西洋两岸的海上贸易活动还是受到了极大的影响。在巴西独立运动的初期，全国各地的人民反葡萄牙的情绪非常高涨，过了很长的时间才慢慢地消退。同时，在英国的斡旋之下，大西洋两岸的葡萄牙人也希望以谈判的方式解决问题，不过双方的谈判拖延了很长的时间。1825年，英国政府派遣查尔斯·斯图亚特爵士（Sir Charles Stuart）前往里斯本和里约热内卢调停。5月13日，若奥六世发布声明，说他愿意将巴西的主权让给他所"钟爱的和敬重的儿子佩德罗"。6月，斯图亚特爵士乘船前往巴西，与巴西当局达成确认巴西独立的决议，而皇帝的名义在若奥六世在世时仍然属于他本人；巴西则宣布与葡萄牙保持友好关系，同时放弃对于葡萄牙在非洲殖民地领土和治权的要求。该条约于8月29日签订，11月9日被带到里斯本。几天以后，若奥六世则宣布巴西为一个独立的国家，由他的儿子佩德罗治理。至此，葡萄牙与巴西在法理上正式分离为两个国家。

佩德罗一世登基典礼

1822年12月1日佩德罗一世在里约热内卢王宫小教堂登基成为"巴西宪法的皇帝以及巴西终身的守护者"。此画由艺术家Jean Baptista Debret所绘制。

作者点评：

巴西从葡萄牙母国的统治中获得独立有着深刻的历史根源。其实，在18世纪的时候，葡萄牙母国的改革如蓬巴尔政府的一些措施加强了葡萄牙对于巴西的控制，王室迁移到巴西更是葡萄牙母国政府君临巴西直接管理巴西的例证。这种趋向对于巴西产生了十分复杂和相互矛盾的结果。一方面，巴西的本地人感到不安，担心葡萄牙母国的官僚体制、权威以及办事效率会威胁到他们的经济利益；另一方面，葡萄牙王室在巴西驻扎期间给当地社会和经济带来的发展也增加了巴西人的自豪感。蓬巴尔将耶稣会的势力从巴西清除出去，无疑加强了葡萄牙母国政府对于巴西的控制，然而，正是在此基础上巴西至少在理论上成为一块完整的殖民地。王室在巴西统治13年，一直驻跸里约热内卢。在这段时间里，巴西人将里约热内卢视为政府所在地、权威以及权力的来源，这种情绪在若奥六世回到里斯本以后仍然继续存在，因为王子佩德罗仍然住在那里。同时，巴西的独立还受到一些外在因素的影响。在欧洲发生的启蒙运动和美国的独立战争，鼓励了对于外部世界有所了解的巴西人的民主和民族意识，他们中的许多人特别是知识分子，意识到葡萄牙人在他们身上施加的不公平的限制。但是，他们中的精英人物并不认为共和制度与君主制度是截然相抵触的,于是同情巴西本地人的佩德罗王子成为他们合乎逻辑的选择,双方的共识也促进了巴西的独立与统一。虽然葡萄牙议会的大部分议员也是倾向自由主义的,但是他们持有的高高在上的宗主国的立场以及对于巴西当地情况的漠视与无知,使他们做出了错误的判断和措施,由此加剧了巴西人的敌视与仇恨。原来具有田园风味的本土主义终于演变成为激进的近代意义的民族主义。在那个时代的美洲,美国以及大多数原来在西班牙统治下的地区都已经摆脱了宗主国的统治获得独立,巴西处于这些独立国家之间,西半球殖民地纷纷独立的历史趋势影响了巴西人的观念和行动。

巴西是葡萄牙海洋帝国继葡属印度以后面积最大和最重要的殖民地。葡属印度已经在17世纪下半叶至18世纪荷兰人的打击之下一蹶不振,处于瓦解的状态。而巴西的独立则宣告了葡萄牙海洋帝国走向最后的解体。这个曾经在近代早期第一个推动全球化进程的殖民帝国如今已是风光不再。

第十二章
葡萄牙海洋帝国的历史和文化遗产

一、全球化的贸易通商网络

当代葡萄牙学者塞尔马·德·维埃拉(Selma de Vieira Velho)在其所写的《葡萄牙航海家在东方沿海诸社会可能存在的影响》一文中指出:"在宗教信仰和英雄主义的推动下,葡萄牙通过寻找印度的'基督教国家'和大量的胡椒,把世界作为探险的舞台和范围,并把它奉献给贪婪和吝啬的欧洲。从地理位置上看,葡萄牙是伊比利亚半岛大西洋海岸上一块狭小的地域,尽管具备了得天独厚的海上扩张条件,但葡萄牙从未有过一支庞大的民众队伍,以统治和维持《托尔德西里亚斯条约》所确认的葡萄牙世界几乎望不到尽头的广阔无垠的属地。在辽阔的海洋和无垠的蓝天包围的广阔的土地上,葡萄牙人支持和推动了与他们所接触的人民之间的友好结盟,而且对不同种族之间因客观条件而存在的差别基本上是尊重的。这一点正是葡萄牙人同热带属地之间进行交流的基础和源泉,并一直影响着葡萄牙人的思想方法和宇宙观。与此同时,葡萄牙人照搬了他们的社会结构,并作了一些小的改动,将其传播到一切有伟大的人道主义价值的公共慈善机构存在的地方。无论何种人,不分种族和宗教信仰,都可以托庇于这些公共慈善机构,寻找解决他们灾难的灵丹妙药。人们注意到,葡萄牙人在东方建立了许多贸易商站和城堡,其核心部分一般都有教会管辖的教堂,并附带教会学校、王家医院和仁慈堂,有时仁慈堂的附属机构又有孤儿院和贫民医院。这些人道的公共慈善机构是靠基督教教会的骑士团(骑士团一开始就与东方传教会紧密联系在一起)的馈赠和商站获得的利润来维持的;这些商站把传教士们和世俗葡萄牙人的日常和精神活动纳入'为天主和国王效力',传播人类博爱的轨道上来。"

这段论述将葡萄牙人在东方的海洋扩张和殖民活动完全描绘为在"宗教信仰和英雄主义"支配下的"传播人类友谊和博爱"的历史过程,并试图将葡萄牙的扩张与后来欧洲其他国家的海洋扩张活动区分开来,反映了作者强烈的爱国情怀和明显的欧洲白种人的优越感,漠视了这个历史过程中黑暗的另一面,即葡萄牙人对东方民族的军事征服、暴力斗争、残酷的奴役以及强迫性的宗教改宗和商业掠夺。科尔特桑认为,葡萄牙人在两个方面胜过了东方人:其一为较强的组织性以及基督教信仰提供的精神上的团结,其二则是拥有完善的技术和物质装备。葡萄牙人在印度洋周边地区遇到的最强劲的对手就是具有阿拉伯以及波斯血统或是这两个种族与东方其他民族的土著人混血的阿拉伯人,尽管他们由共同的宗教信仰牢固地联系起来,但是他们不像葡萄牙人那样服从于同一个领导,经受不住葡萄牙人多次进攻,原因是这些阿拉伯人缺少牢固的政治上与精神上的统一。在作战工具和作战艺术方面,葡萄牙人也胜过大部分的东方人。葡萄牙人建造的船只适合远航,而其他东方民族的船只却只能顺风顺水穿越印度洋或只能在风平浪静的红海以及波斯湾上航行。葡萄牙的水手在航海技术上也比土耳其的水手更加优秀。土耳其人是葡萄牙人在印度洋上遇到的劲敌。但是,葡萄牙人在印度洋上遇到大风暴的时候能够坦然处之,而来自地中海并习惯于最容易驾驭的划桨大帆船的土耳其人,却经常连同他们的帆船一起在汹涌的红海、波斯湾和印度洋上遭遇海难。此外,葡萄牙人还坚信自己在精神、组织以及技术上的优势。

在掠夺与压迫异族的过程中,葡萄牙人所持的基本态度就是认为他们之所以来到世界各地就是为了从事"发现"的事业,他们所到达的国家和地区就是他们的"发现之物"。另外,葡萄牙人所持的基督教的信仰者的态度也加剧了他们自认为的这些行为的"合法性",他们以"天主的仆从"凌驾于亚洲与美洲的"异教徒"之上,无论以何种态度对待"异教徒",在他们看来都是正当的。具有讽刺意味的是,正是因为这种基督徒的意识,导致他们严重地违反了基督教的十诫。不过,维埃拉的那段论述也道出了一个基本的事实:那就是,尽管有着明显的民族歧视与压迫,葡萄牙人还是能够将本国的社会结构稍加变通,搬到处在遥远的东方和美洲热带殖民地的当地社会当中。当最初的军事征服和冲突过去以后,这些来自异国的社会结构便逐渐地融入当地的社会与文化中,并且在后来的历史中持续延伸和发展下去,也即作者所讲的葡萄牙人对于"不同种族之间因客观条件而存在的差别基本上是尊重的"。

葡萄牙人是历史上第一个将地球上分处不同区域的种族和文化联系起来的民族。早在12世纪的时候，蒙古人的西征曾经将东西方世界连成一片，但在短暂的蒙古帝国崩溃之后，这种主要因为战争而发生的世界性的联系也就瓦解了。然而，由葡萄牙人发起的地理大发现的航海活动所引起的全球化的浪潮却一直持续到今天，成为不可逆转的历史运动，对人类文明产生深远的影响，难怪历史上的葡萄牙人将他们从事的"发现"世界的海事活动视为天主赋予他们的光荣使命。1552年，西班牙编年历史学家高玛拉（Francisco Lopez de Gomara）在其所著献给皇帝查理五世的《印度地区（东西印度群岛）通史》一书的献辞中说：伊比利亚半岛的海员对于通往东西印度地区的海路的发现，"是自创世以来，除创造世界的救世主（基督）降生和去世以外最为伟大的历史事件"。整整两个世纪以后，苏格兰的政治经济学家亚当·斯密几乎以同样的笔调写道："美洲以及绕过好望角通往东印度的航线的发现，是自有文字记载以来人类历史上最为重要的事件。"即使在当代，包括许多非基督徒人士，也不会认为上述两位学者的结论是十分错误的。在伊比利亚半岛的海员从事地理大发现以前，人类社会历史最为显著的特征就是不同文化和社会的人群是分散和孤立地居住着的。在整个美洲大陆、非洲的大部分地区以及太平洋上彼此消长的人类社会，完全不知道还有欧洲和亚洲的人民。西欧的人民，除了一些富有进取心的和有魄力的意大利人及犹太商人以外，对于伟大的亚洲和非洲文明，只拥有极为贫乏和零碎的知识。那些比利牛斯山脉以北以及非洲苏丹以南（除斯瓦西里居留地即东非沿海地区以外）的人民对欧洲也了解甚少，甚至完全不了解。不管怎样，在16世纪，正是那些居住在基督教世界边缘的葡萄牙的先驱者以及卡斯蒂尔的征服者通过他们波澜壮阔的航海活动，将分散在各处的人类大家庭的分枝联系了起来。正是他们，最初地认识到人类的基本一致性，尽管这种意识在当时还十分模糊和朦胧，有时还掺杂着误解和偏见。

在16世纪以后长达两个半世纪的时间里，葡萄牙海洋帝国通过贸易网络建立了一个世界性贸易体系，这是人类历史上第一个真正意义上的全球化的各民族之间的联系网络。从那时起直到现在，不管人们喜欢或是厌恶，愿意或者不愿意，人类的全球化运动成为主观意志不可逆转的历史潮流。最初的时候，葡萄牙人在欧洲以外的贸易活动仅仅局限在非洲的西部、大西洋上诸岛屿、地中海和北非，部分地吸收了自中世纪以来就已经存在的热那亚人和威尼斯人的贸易体系；然而，随着去往巴西和印度的海路的开通，以及随之而来的葡萄牙航海家在远东的活动，这个贸易网络扩大到了大西洋南部、印度洋以及太平洋，由此成为全球规模的贸易活动。正如博克塞指出的："尽管'卢济塔尼亚人的和平'（pax Lusitanica）存在着缝隙，但是葡萄牙人在最初100年的最美好的光景里，主宰了（并非垄断了）亚洲的海上贸易，无疑地对于商业技术以及地球上的这个地区的繁荣作出了贡献。"除了亚洲以外，在葡萄牙人16世纪发现前往巴西的航线以后，葡萄牙和卡斯蒂尔的人民移民到美洲，而且人数越来越多。巴西殖民地的生产和消费市场就变得越来越大，运往葡萄牙本国的商品已经不局限于来自亚洲的丝绸、瓷器和香料，新的商品（如巴西木、胭脂虫和烟草）被葡萄牙人带到本国和世界市场。最重要的是大量的白银和黄金被抛售到世界市场，冲击到世界的经济。在16世纪下半叶，墨西哥的白银被运过大西洋，一方面流入欧洲，另一方面通过里斯本流入东方，在那里又与从墨西哥跨越太平洋进入马尼拉的白银汇合在一起。同时，葡萄牙人还从日本运出白银，其总量大约是从西班牙输出的白银的一半，它们一同输入亚洲的经济血液循环之中。在17世纪的早期，西班牙的白银成为世界上第一个通用的国际流通货币，在从秘鲁到中国的市场上被广泛使用。白银数量的增加，固然是通货膨胀的原因之一，但是更重要的是导致了世界市场中的生产与消费的增加和扩大。当葡萄牙人进入印度洋的时候，他们发现环绕印度洋周边地区已经存在一个由阿拉伯人和印度人主宰的贸易体系，几个世纪以来都未

17世纪果阿的市场

此画忠实地再现了葡萄牙人统治下果阿"直街"熙熙攘攘的景象：有人在出售或运送货物，有人在坐着兑换钱币，还有人在从事奴隶贸易，富人走路，官员骑马，他们都有仆人打伞，妇女在闲逛……此画现藏于荷兰海牙皇家图书馆（Royal Library of The Hague）。

曾间断过。葡萄牙人加入了或者说是以暴力介入为手段进入并主宰了原先这个贸易体系，并将它与自己在大西洋的贸易体系链接起来。在这个过程中，葡萄牙人比任何别的民族在正在形成中的世界市场方面发挥了更大的作用。历史学家波亚津（James Boyajian）指出："在所有的亚洲和欧洲的商人中，葡萄牙人在亚洲贸易的扩张以及同时发生的大西洋和非洲西部以及美洲的贸易中发挥了最直接的参与作用……他们在大西洋的经济中也起到了先锋模范作用。"

葡萄牙人在其世界性的海洋扩张中形成了一系列的海外殖民地。研究葡属印度历史的著名历史学家皮尔逊（M. N. Pearson）指出：它们都是建立在海岸线上的要塞或是由要塞包围的小块地区，它们必须利用大海作为交通手段。葡萄牙人占领的这些陆地只是一些商业的基地，其全部的财政收入主要来源于航海活动。它们的军事设施的设立是为了保护其海上贸易活动的。这不仅是一种政策，更主要的是客观形势使然。在印度的许多地方，只要葡萄牙人深入到内陆，他们就会遇到内陆的小国和土著社团的顽强抵抗；在中国也是这样，地处边陲的澳门葡萄牙人，不能与中国地方政府（不用说是中央政府）相抗衡。在日本，一旦德川幕府建立全国统一的政府，葡萄牙人就难以在日本立足了。葡萄牙人控制了大海就意味着他们有能力控制沿海地区，但深入内陆对于他们来说太困难也太冒险了。当然，一旦有机会，他们还是会深入内陆的：一个明显的例子就是在斯里兰卡。在17世纪的时候，葡萄牙人用了几十年的时间以战争的手段深入它广大的内陆。这种情况，与16世纪西班牙帝国以及葡萄牙人自己在美洲建立的殖民地的形势形成了鲜明的对比。而且，葡萄牙人在亚洲的殖民地很快地被荷兰及英国的殖民地所取代。这些由荷兰及英国建立的与葡萄牙殖民地相类似的殖民地同样将主要的精力集中在贸易方面，军事和领土占领只是用作最后的解决手段。只是到了18世纪，在亚洲的西方列强才彻底地成为领土占领型的帝国。早在20世纪20年代，罗斯（E. D. Ross）教授在谈到英国在印度的统治时不无自豪地指出：与大英帝国相比，"葡萄牙人建立的殖民地很难称为真正意义上的帝国，他们很少或是不想建立帝国。葡萄牙的舰长们在任何时候都不想向岸上发动进攻，他们也没有想到与任何强大的部族建立联系，他们只是想控制公海地区"。

葡萄牙在海外的这种非领土占领型的集要塞与港口为一体的殖民地可以视为一种网络，即海上交通线上的关键点。历史学家佩雷拉（A.B.de

Bragança Pereira)指出:"葡萄牙东方帝国,即使在它最高峰的时候,也是航海型的而非领土占领型的。从索法拉、帝汶到索洛的海岸线上伸展着一条由商站和海口组成的网络,它们由要塞和堡垒护卫。葡萄牙的舰队为这一条帝国神经中枢上的交结点提供保护,这条神经中枢始于好望角,终于太平洋上的岛屿。"托马士(L.F.Thomaz)的叙述更加具有概括性:"17世纪所谓'印度国'的概念不能用精确的地理上的观念来确定,它是由殖民地领土、机构、商品、人民和行政利益集合的总称。它包括由葡萄牙国王创立于从好望角到日本的广大海域的沿海地区的商站以及印度洋附近的海域,葡萄牙王室为这些地方提供保护。通常地,这个帝国代表着这片广大的地理空间内相关地区的政治结构。'印度国'基本上是一个网络,是一个在不同空间内相互联系和交往的系统。"列维那与马里奥特在布罗基所编的《早期近代世界中的葡萄牙殖民地城市》一书中指出:它们与所有的16—17世纪葡萄牙人在世界各地建立的殖民地一样,是葡萄牙海洋帝国的连接点,"而且也是最初的具有全球化特征的城市,它们使得贸易以及文化的网络联成一片。这些世界主义的城市拥有根深蒂固的精英阶层和训练有素的权力机构,在不同的空间用特殊的方式组织起来,对整个帝国的构筑具有决定性的作用"。散布在世界各大洲海岸线上的葡萄牙海洋帝国的殖民地城市和商站就像是这些网络上一环一环的链子。

博克塞曾经指出了葡萄牙海洋帝国的商业的本质,他在1979年出版的《17世纪中叶的葡属印度》一书中指出:葡萄牙人的历史活动可以分为"征服、通商以及航海"三个方面,曼奴埃尔一世自封的"埃塞俄比亚、阿拉伯、波斯和印度的征服、航海以及通商的国王"的头衔已经表达了这层含义。博克塞指出,虽然在国王的头衔中,"通商的"形容词放在了第三位,但是在实际上,它的重要性是占第一位的,因为就算是葡属印度的周围不断地有战事发生,不论有多么困难,贸易活动总是相伴而行。葡属"印度国"存在了300年,即便在它最困难的时刻,也有充分的证据表明它不能够仅仅依靠战争来维持。当然,在葡属印度,"征服、航海与通商"是相互交织在一起的,这三个因素在不同的时间、地点和形式下的相对的重要性也是各有不同的。这位历史学家还指出:"不管我们认为葡萄牙人的海外扩张是一种反对野蛮的异教徒的文明的十字军远征,或是概括为由天主和财神相结合的'寻找基督徒和香料'的行动,或是最初的帝国主义和殖民剥削的样板,他们的故事是最具有吸引力的。无论是好还是坏,他们是殖民者的先驱,并且树立了一种模式,后继的荷兰人、英国人以及法国人不同程度地采用和适应了这种模式。"

二、都市的制度

在葡萄牙海洋帝国的扩张事业中，葡萄牙人所建立的海外殖民地形成了一个自成一体的社会群体，并且彼此之间都有某种相似性与可比性。葡萄牙人也将母国的都市管理制度带到了殖民地，并与当地不同的文化和历史环境相结合。这种都市制度是以前东方以及南美洲国家和地区的历史和文化中从未有过的。葡属殖民地都市制度中最重要的两个机构就是"市政厅"（Senado da Camara or Municipal Council）和"仁慈堂"（Santa Casa da Misericórdia, or the Holy House of Mercy）。博克塞对葡属殖民地的都市制度进行了比较研究以后指出，由于这两个机构吸纳了殖民地社会中葡萄牙人的精英，在漫长的历史中表现出的延续性和稳定性是保证殖民地生存和发展的重要条件之一。由于这些殖民地的社会机构有着中世纪欧洲的文化源头，所以它们有着类似性与可比性；这些殖民地机构跨越了不同的文明和社会，给当地不同社会阶层的人们提供了一种代议制的参与形式，研究它们的相似点要比关注它们的缺点更加重要。

如果说要塞、堡垒、港口、教堂、修道院以及所有与葡萄牙当地风格混合的民居是葡萄牙海洋帝国殖民地城市外廓的话，那么起源于中世纪的葡萄牙都市制度则是它们的内在的灵魂。正是这样的都市制度吸纳了葡萄牙海洋帝国的社会精英，在一个漫长的历史阶段中支撑着葡萄牙殖民地的运作。在果阿、澳门、马六甲、巴伊亚、罗安达都设有市政厅，而仁慈堂则除上述城市拥有以外在长崎、桑给巴尔、霍尔木兹、科钦以及巴西的一些城市也有。葡萄牙阿连特茹省人的一句谚语说："那人不在市政厅里便在仁慈堂里"（Quem não està na Camara està na Misericórdia），以此说明这两个机构吸纳的社会精英对于葡萄牙国家及殖民地都市生活的重要性。在果阿，即便在它们的黄金时代过去很久以后，人们仍然认为：一个人要过一种高尚的、目标远大的和体面的生活，就必须成为市政厅里的议员，或是"仁慈堂"里为众人服务的弟兄，最好两者都是。

在16世纪初的时候，葡萄牙的市政厅制度已经形成，它确立于1504年所制定的规章（Regimento），直到1822年仍然没有很大的改变。市政厅的核心一般由1—6个参事（或称市议员）组成，规模的大小视这个城市的重要性而定；还有两名法官或市律师，他们在开会时都有投票权，组成了市政厅的官员。还有书记官，尽管开始的时候他们没有投票权，但是他们也算是官员。还有司库，通常这个职位是由市议员轮流担当的。城市的下级官员没有选举权，人数在各个市镇有所不同。他们通常包括市场巡查官，专门照顾寡妇及孤儿利益的监督官和掌旗官，后者有时也担任书记官的工作，有看门人和警卫，他们有时也负责保管档案，有管理监狱的狱吏和狱卒，在大的城市里边还有工头，专门负责公共工程。市议员和法官自己没有薪水，但是他们在任期内享有丰厚的额外补贴和一些特权。葡萄牙海外殖民地市政厅议员的职责与本国的非常相似。以1549年成立的葡属巴西的巴伊亚市政厅为例，该市政厅的议员每星期三、星期六两次开会。其主要职责是为王室征集基金、支出资金、为当地的卫戍部队提供食物以及衣服，还要维持市政建筑、监狱、桥梁、道路、水道、喷泉、仓库以及其他各类市政工程，市政厅还要维持城市的干净整洁，不让中介人从中牟利，监督蔗糖、烟草等当地主要产品的价格的浮动，组织节日的宗教游行活动以及王室婚庆的庆祝活动，还要提供这些活动所必需的蜡烛照明费用等。

市政厅通过一套复杂的选举程序每年选举一次，选举人则是由王室的法官每3年指定一次组成的。每年度的选举都是无记名投票，总是在每年的元旦或元旦前夜举行。人们从走过街道的人群中随意地挑出一个小男孩从选举箱中抽出名单检查和唱票。富有的和受人尊敬的户主们开会选出69名代表，让他们制定每3年举行一次的选举参加者的名单。这些人都是有一定社会地位的。但有的时候，市政厅中的部分官员是由劳苦阶层的代表组成的，而它的基础则是行会制度。主要的商人和手工业者（金匠、盔甲匠、石匠和泥水匠、修桶匠、裁缝、铜匠等）每年都从各自的行会中选出12名代表，在有些城市如里斯本、波尔图等是24名代表，在这些人中轮流任命4个人成为劳动阶层的代理人。他们可以为自己行会的利益在市政厅里讲话。这4名代表也可以参加所有市政厅会议，并且在一些涉及行会利益的事情上参加投票，这些事情往往与市政的经济生活有关。在市镇举行的宗教游行上，每一个行会的游行队伍前面都有一面以深红色的花缎织成的旗子作前导，这面旗子上有金边或银边镶着，人们还要专门抬着本行业的主保圣人的像。这4名代表中的年长资深者被推选为"仲裁官"，他们是劳动阶级在市政厅里的代表，其职责是向市政厅反映劳动阶级的利益诉求。在里斯本，他可以直接向国王表达意见。市政厅还监督城市的公共土地的分配和出租、评估和征收市政税收、确定商品的价格、为街头小贩发放执照等。它要检查货物的质量，维护道路、桥梁、喷泉、监狱和其他公共设施，还要规定公共的假期以及游行的时间，负责城市的治安、公共卫生以及下水道设施及垃圾处理。市政厅的主要收入来源于市政财产出租的费用（包括房屋和店铺出租），还来自对大量出售的食物的征税，尽管基本供应如面包、盐和酒是免税的，但其余食品的税收仍然相当可观。另一个收入来源就是对违反法律规定行为所处的罚金。

葡萄牙殖民地城市的市政机构基本上仿效其母国的市政机构组成，当然，随着时间的推移，它们也有所沿革和变化。有些城市的市政厅是在葡萄牙人刚占领这些地方时就建立的，如果阿（1510年）、巴伊亚（1549年）、罗安达（1575年），有些则是在葡萄牙人占领当地以后很久才建立的，如巴西的卡什威拉（Cachoeira，1698年），还有的则是过了数世纪之后才建立，如莫桑比克（1763年）。一些市政厅机构最初建立时得到王室的准允，所根据的是特殊的市政模式，没有得到王室准允的则迟早也都会寻求葡萄牙母国城市享有的特权或特许状。正是以此方式，果阿得到了与里斯本一样的特权，澳门获得了与埃武拉一样的特权，巴伊亚、里约热内卢以及罗安达等其他城市得到了与波尔图一样的特权。以葡属巴西为例，以巴伊亚为代表的许多殖民地城镇，都希望得到波尔图这样的特权。1646年，首府巴伊亚首先获得了这样的特权。不久以后，另一些城市如里约热内卢以及圣保罗市政厅也获得了这样的特权。当时议员们最看重的特权就是可以在司法审讯时被免除用刑（除非遇到某些特殊的情况）。由于贵族和绅士也享有这样的特权，所以议员们"就被人们认为是绅士"，他们的孩子们也被认为是绅士，可以免除在军中服役的义务，他们居住的房子，使用的仓库、马匹和大车也不可以随意地以军事以及民用的目的被征用。不知什么原因许多殖民地城市都喜欢得到类似波尔图的特权，其实1611年印行的《波尔图市特权宪章》在文本上是完全模仿里斯本市的。劳动阶层的代表在各个城市的市政厅中所占的比例各有不同：果阿与里斯本十分相似，直到18世纪下半叶，劳动阶层的代表一直十分强大，在市政厅开会的时候，代表劳动阶层的检察官享有"临时的绅士"的身份，拥有完全的选举权，澳门则与埃武拉相同，议事会中完全没有劳动阶层的代表，巴伊亚是在1641—1713年间才有劳动阶层的代表。

殖民地城市市政厅议员的组成，根据市政厅的大小以及重要性的不同，也时有差异。一般来说，殖民地城市尽量延续这一传统的都市制度。例如，当1641年荷兰人在葡萄牙人统治马六甲长达130年以后占领该市时，发现当时马六甲市政厅的组成是：3名议员、2名法官、1名检察官和1名秘书，"所有的成员都是令人尊敬的白人市民"。市政厅的主席每月换一次，由议员们轮流担任。其他的议员有的则充当司库，接受所有的捐款、收入和基金，有些钱款包括所有税收的1/3以及向亚力酒（arrack）①征收的税，他们还要负责维修炮台和要塞以及其他公共工程。市政厅还要为粮食和食物制定价格，核准度量衡，负责公共健康和卫生。司库每年从市政基金中接受500克鲁扎多的工资。其他的议员则没有工资，只是每年有50克鲁扎多的酬金让他们在圣诞节、复活节、圣体节（The Feast of Corpus Christi）购买"合宜体面的服装"。另外，检察官以及3年一任的秘书，每年也可以得到500克鲁扎多的工资。其他的下属官员包括2名市场检察官，每月从最受尊敬的市民中选举产生，他们的服务也没有任何的报酬，除此以外还有区级法官，他们也是3年一任，没有工资报酬。所有这些设置都与母国葡萄牙相同规模城市的市政厅十分相似。

博克塞曾经对葡萄牙本国及其海外殖民地的市政厅作过比较研究。他指出这些市政厅都具有下列六个方面相同的特征：

第一，它们都带有葡萄牙社会的强烈的保守和传统的特征，或早或迟享有与母国城市相同的特权以及特许状。不同的殖民地城市，劳动阶层的代表权也有所不同。至于殖民地市政厅议员的人数，是否拥有王室的大法官，也要视城市的大小和重要性而定。一般来说，所有的殖民地城市都尽量维持其母国的城市制度模式。

第二，殖民地的市政厅都不太容易被拥有贵族头衔的大总督和总督们所随意左右。如在果阿总督雷尼亚雷斯（Count of Linhares）统治期间，市政厅经常与总督发生冲突。这位总督甚至建议取消市政厅，他的理由是在没有市政厅的地方如莫桑比克和第乌，葡萄牙人的统治反而更有秩序，在澳门，相当长的时间内议事会根本就不愿意设立总督的职位。在设立总督以后双方也不断地发生冲突。1623年7月，澳门第一任总督马士加路也上任，但澳门的议事会和市民不愿意看到他拥有广泛的权力，只要他以国王的名义发布任何命令，他们就拒绝执行。最后，他不得不搬到奥斯定会的修道院里去了。在总督和市政厅发生冲突的情况下，市政厅往往利用它拥有的特权直接向王室报告他们的诉求，如果阿市政厅不仅可以直接向里斯本的王室申诉和陈情，还可以代表其他葡萄牙东方殖民地向王室申诉。有一段时间，果阿市政厅甚至派代表住在里斯本。久而久之，他们会影响到王室对政策的制定。市政厅的议员经常抱怨王室和里斯本的海外委员会不是忽略他们的请求就是迟迟不给他们答

---

① 亚力酒（arrack），用大米以及椰子汁酿制而成的烧酒，葡属亚洲殖民地人民喜爱饮用。

复。即便在全盛时期,葡萄牙官僚机器的运行也是十分缓慢的。

第三,根据记载,市政厅在每年的宗教节日以及庆祝各城市主保圣人的节日上,尤其是"圣体节"的游行上,都愿意花费很多金钱,以履行他们法定的义务。如果市政厅表示出任何不情愿或不得力的话,都要受到来自总督的严词批评,有时国王也会提出批评。因此,即便市政厅本身财政困难,也要出钱资助这些宗教活动,以至于有时会影响到市政工程的展开。例如,1719年,里斯本市政厅就因为举行规模盛大的圣体节游行而陷于破产的境地;1618年,果阿市政厅因为当时英国以及荷兰对该城贸易的封锁和重创,不得不大大削减宗教游行的规模和人数。有时候,殖民地城市的市政厅因王室长期地和不断地要求纳贡而在财政上捉襟见肘,这些贡赋包括布拉干萨王朝的卡特琳娜嫁给英王查理二世时的嫁妆以及为维持葡萄牙与荷兰七省联盟的和平而支付的款项。在这种时候,葡萄牙本国以及海外的市政厅都要向王室输送钱财。在许多情形下,市政厅还要为殖民地的海陆军军备提供资助,当印度以及巴西的殖民地城市受到荷兰攻击时,市政厅为提供军备而承受的负担格外沉重。王室及其代理人还为了其他的一些目的如支付海上或是陆地上的军事行动要求一些大的殖民地(如果阿、里约热内卢、巴伊亚)的市政厅筹集钱款。如1587年果阿市政厅为远征柔佛拉马的军队筹集过大笔资金;1606年,荷兰人围困马六甲的时候,果阿市政厅又为前往解围的舰队提供资助;1629年,亚齐人围困马六甲的时候,果阿市政厅再度资助前往解救的舰队。在世界另一头的巴西,当葡萄牙人于1648年重新夺回巴伊亚的时候,里约热内卢的市政厅为葡萄牙舰队提供了8万克鲁扎多的资助,里斯本市政厅则提供了3万克鲁扎多的金钱援助,不过后者的贷款是以海关税收为担保的。当西班牙军队在1680年和1777年两度围困和骚扰萨克拉门托的时候,巴伊亚和里约热内卢市政厅都慷慨解囊,提供资金甚至人力和物力给远征军解救这个城市。在1699—1700年,巴西的巴伊亚市政厅出资建造了一艘新的战舰并提供300名士兵去解救非洲东岸的被安曼人围困的蒙巴萨,尽管葡萄牙人在东非的军事行动与在安哥拉不同,不能给巴西殖民地带来直接的益处,但巴伊亚和里约热内卢市政厅仍然经常为此提供援助。

第四,市政厅官员还经常与当地的王室大法官发生冲突。这在澳门特别明显,虽然不像与总督那样公开,但可能更加常见。双方的冲突经常会阻碍行政管理有效地进行,对这一点王室非常了解。但王室同样了解他们之间的争执是葡萄牙行政制度中平衡和制约的表现,因此并不愿意过多地加以干预。

第五，许多市政厅如果阿、澳门等，在各自的城市里都花钱修建了女修道院。上述两个城市都以建立女修道院而博得好名声。这些女修道院接受市民的未婚女儿出家当修女，如果是市议员的女儿就更受欢迎。但这种做法也遭到了批评，有人认为这样的女孩应该嫁给葡萄牙籍的市民，如殖民者、商人、军人，这样就可以加强白种人在海外的人数和优势地位。

第六，殖民地市政厅的历史也反映了卢济塔尼亚热带社会存在的缺点和弊病，反映了这些殖民地社会各自的希望和恐惧，友谊与纷争，成就和失败。它们内部的争吵和宗派之争是葡萄牙殖民地社会的特征之一，也是缺点之一。这种同样的弊病也存在于荷兰、英国和法国的殖民地社会当中。但在葡萄牙人的性格中更强烈地表现出个人主义色彩，这种个人主义在移植到海外世界的时候一点也没有减色。然而，尽管葡萄牙海外殖民地的历史记录中常常可以看到市政厅官员们的种种缺点，但是也能够经常看到他们之间能够搁下个性上的分歧，为了公共的利益团结合作。

市政厅在维系葡属殖民地的延续性方面所起的作用可能比耶稣会更为重要，因为市政厅起源的历史比耶稣会更为久远，且在耶稣会于18世纪被取缔以后仍然存在。博克塞说："我认为葡萄牙海外殖民地市政厅最重要、最有趣的方面，也是最值得加以研究的特点就是它是一个能将相距遥远的葡萄牙帝国紧紧团结起来的一个机构，当然，教会和宗教修会也在这方面起到了至关重要的作用。正如16世纪果阿的一首韵律诗所唱的：'Wice-reiva, Vice-reivem, Padre Paulista sempre tem'（总督们来来去去，但耶稣会的神父们总和我们在一起），但在某种程度上，市政厅的官员们比耶稣会士更加无所不在。那些在欧洲出生的娶当地女子为妻的葡萄牙人普遍地生活在果阿、澳门、巴伊亚和罗安达的社会，而且他们中的一些人成为市政厅的议员。正是以这种方式，葡萄牙人通过地方的精英维系了它在殖民地的优势，并且使殖民地与母国的联系持续不断地得到恢复和加强。"博克塞还认为，葡萄牙殖民地的市政厅中并非完全是橡皮图章或唯唯诺诺者，无论对总督、法官还是主教，它都有自己的主见，它是有权力的，也是有声望的。尤其是澳门的市政厅（议事会），它的治权占有重要的地位。正是澳门的议事会而不是总督，负责与亚洲的统治者如日本的德川幕府，暹罗和安南、婆罗洲的土王，巴达维亚的荷兰总督，以及中国的广东地方官吏和中央政府打交道。议事会还通过在北京的耶稣会士们向北京朝廷陈情。亚洲各地的统治者给澳门当局写信时，总是写给议事会的"澳门的议员"。

里斯本仁慈堂中的"仁慈的圣母像"

与市政厅相对应的便是"仁慈堂"。1498年8月15日，葡萄牙国王若奥二世的遗孀莱昂诺尔（D. Leonor, 1458—1525）在里斯本主教座堂正式组建仁慈堂，其组织形式来自创立于1350年佛罗伦萨的仁慈堂。

莱昂诺尔的父亲是维塞乌的公爵费尔南多（Fernanado, Duke of Viseu），母亲名叫贝阿特里斯（Beatrice, Duchess of Viseu）。她于1470年1月与当时还是王子的若奥结婚。1481年8月，若奥王子登基，是为若奥二世，她也就成为当时葡萄牙王室中少数几个非外国籍的王后。她与夫君育有两子。1495年8月，若奥二世去世，他的兄弟曼奴埃尔一世登基，她作为前任国王的王后移居夏博雷加斯宫（Xabregas Palace）。她十分富有，乐善好施。1498年，她在里斯本创建了"仁慈堂"机构，后来这种机构普及葡萄牙的其他城市以及海外殖民地。不久，她又在里斯本创建了"王家诸圣医院"（Hispital Real de Todos os Santos, or All Saints Royal Hospital），被认为是当时欧洲最好的医院之一。1509年，她还创立了"天主之母女修道院"（the convent of Madre de Deus）。她在晚年一直居住在该修道院中，衣着打扮非常朴素，就像是一名修女。

当时葡萄牙正值海洋扩张的盛期，许多海员和战士死在去往印度的海路上，留下的孤儿寡妇亟须照顾，仁慈堂正是在此背景之下产生的。里斯本"仁慈堂"按规章服务的人分为"绅士"和"庶民"两类。"仁慈堂"只有600名成员，其中一半是绅士，一半是庶民。绅士被称为"有名望的兄弟"（Irmão de maior condição, brothers of high status in Misericórdia），庶民大多是行会的手艺人或是商人。根据时间和地点的不同，各地"仁慈堂"的规章也略有不同，不过他们只是和里斯本"仁慈堂"的章程略微有点差别而已。1618年，里斯本"仁慈堂"的章程作过一次修订，这个章程稍作修改以后，即被殖民地大多数地方接受。它规定所有的成员都必须"有良心和有好的名望，要敬畏天主，为人温和、仁慈和谦逊"。除此以外，他们还要具备如下资格：一是具有纯正的葡萄牙血统、没有沾染任何摩尔人或是犹太人血统。如果本人是已婚男人的话，这个规定还适用于他的兄弟和妻子。二是没有任何言语、行为和法律上的不良记录。三是必须已到合适的成年人的年龄，未婚男子不能低于25岁。四是不能被怀疑是为了报酬的缘故参加"仁慈堂"的工作。五是如果是手艺人或是店主，那他必须是工头、领班或是主人，他是监督别人干活而不是自己干活的。仁慈堂作为市政机构的重要组成部分不久就被普及葡萄牙海外殖民地去了。16世纪20年代，葡属亚洲有了第一个仁慈堂，半个世纪以后，多达20个，分布在从霍尔木兹到澳门的广大地区。

仁慈堂规定会员必须从事7种精神上的慈善工作以及7种身体上的慈善工作。前者是：教育无知者，向咨询者提供好的建议，以慈善的方式教导有过错的人，安慰痛苦者与悲伤者，原谅有过错者，耐心忍受别人的辱骂，为所有活着和死去的人向

澳门仁慈堂的"仁慈的圣母像"

天主祈祷。后者是：给饥饿的人以食物，给口渴的人饮水，给裸露无衣的人衣服，去医院探访并治疗病人，到监狱探访囚徒，给远游者和贫困者提供住处，赎出被掳的人，安葬死者。在许多地方"仁慈堂"有自己的医院，在殖民地他们设有王家医院的分院，接受病人和受伤的士兵。而在家庭居住的基督徒是这个机构的主要受惠人。随着人口的不断增加，它不可能一视同仁地对所有提出申请、需要帮助的人提供照顾。在大多数殖民地，"仁慈堂"的慈善工作主要限于当地的基督徒团体，有时它也会照顾别的人，甚至是奴隶。

"仁慈堂"的监护人会议主席也称为慈善院长或监督，是最重要的被选举出来的官员，里斯本的"仁慈堂"在1618年规定他们须具备如下资格："必须是有权威的贵族和绅士，要有耐心、德行、声望，还要有一定的年龄，这样其他的弟兄们就可以认他做头头，并很容易地服从他。即使他拥有以上所有的德行，如果不到40岁，仍然不可以当选。他必须很有耐心，因为他要与许多性格不合的人打交道；他必须是一位有空闲时间的绅士，他就可以履行各种各样的职责和义务了。为了保证他拥有经验，头一年被选举进入监护人会议的弟

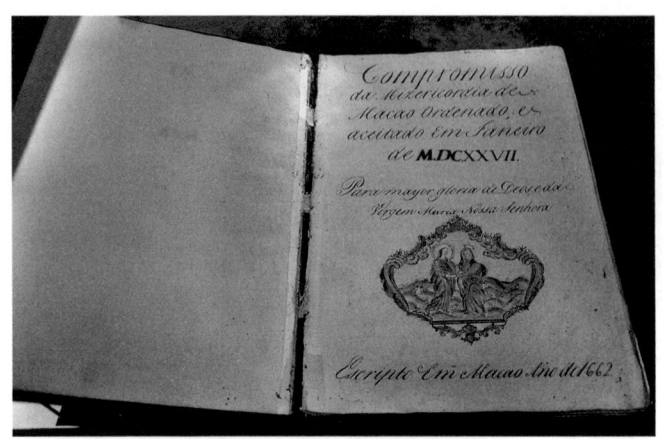

澳门的《仁慈堂规章》（1662年）

兄不得充当院长。"但纵观葡萄牙本国以及海外殖民地仁慈堂的历史，有一点可以肯定，那就是充当院长的人都不是"有空闲的绅士"。以果阿仁慈堂为例：从1552年到1910年间担任院长的人士中有14位总督、114位总主教、2位宗教裁判所检察官，还有大量的现役的地区总督、舰长、国务会议的秘书、财务查计官、高等法院的法官以及全职的王室官员。当然，其中也有少部分退役的官员。在此情形之下，他们中的许多人不可能认真地履行自己的职责。一般情况下，平时的日常工作由仁慈堂的理事会处理，然后由书记官执行，开会时院长往往缺席。但在大多数情况下，院长仍然会认真尽责地履行自己的义务。

"仁慈堂"会员的职位崇高，备受社会各界的尊敬。开始时都由葡萄牙贵族担任，到后来富有和诚实的人也可以用重金赎买这个职位。1676年，一位在葡属印度旅行的人写道："以前除了贵族以外，没有任何人可以担任这个尊贵的职位，但是最近有商人也有贵族出任这个职务，他们所有的捐款都用于救济穷人，很少有会长在年底以前不拿出两万雷亚尔的钱款的，果阿最主要的和品质高尚的市民，包括总督本人在内，都想成为这个善会的成员……"在巴伊亚，仁慈堂成立以后的数世纪中，理事会一直由本地的从事蔗糖种植业的贵族控制，它与果阿的理事会不同，更像是一个小寡头摄政客。伍德（Russell-Wood）指出：在1663—1750年，巴伊亚"仁慈堂"会长中有半数以上来自同一个社会阶层。从1700年开始，巴伊亚的仁慈堂开始接受商人成为它的兄弟，从1730年以后商人的人数又急剧增长，这个变化表明巴伊亚当地财富的再分配。原来通过种植甘蔗、养牛而积累财富的人已经逐渐被那些从事商业投机的新式企业家所取代。在18世纪40年代，有几位商人被选举成为会长，他们打破了原来当地贵族的垄断。有关仁慈堂成员的工作，以果阿仁慈堂为例，1633年的规章规定，会长必须访问所有的仁慈堂的附属机构，如妇女安老院、监狱、医院，这样可以保证基金的合理使用。理事会的成员总是两个人一同出行执行公务，就像耶稣的门徒总是两人一同结伴出行一样。他们一起走访城市里的各个街区、探访贫穷的人，调查他们的情况，询问他们的要求，以便给他们提供各种帮助。理事会的管事则负责管理小教堂和墓地，并为监狱中的人提供法律上的咨询。书记官则负责保存好仁慈堂的账目及开会的备忘录，他被授予律师的权利，在许多场合要为仁慈堂医院里弥留之际的病人写遗嘱。仁慈堂里其他的弟兄则要根据名册向穷人派发救济品，在每星期五向他们派发少量的金钱，收集在王家医院里病逝者的衣服，清洗以后发放给有需要的穷人，他们还要在每星期三和星期天去监狱里探访囚犯，帮助他们清理囚室，分发给他们需要的物品。在星期三，囚犯可以得到面包和一点葡萄酒，在星期天则可以得到一份肉和一点葡萄酒，有时他们还能得到米饭和咖喱。为死亡者提供丧葬的服务是仁慈堂重要的慈善工作，弟兄们经常将死在王家医院中的葡萄牙白人就地埋葬，还为贫穷的神职人员提供丧礼服务。1633年，仁慈堂规定要为那些被遗弃的死在城里的奴隶提供体面的葬礼。弟兄们还要照顾那些被判死刑的囚犯的后事，先要为他们安排那些最后的告解，行刑的那天，除会长以外的弟兄们还要陪伴着死囚从监狱走向刑场，唱忏悔的诗歌，念悔罪的经文，行刑以后，还要为亡者举行弥撒。在万灵节那天，仁慈堂的会员还要与城中的神职人员一同来到刑场，将亡者的遗骨挖出来，安置在仁慈堂的墓地里。仁慈堂还要作赎回战俘的工作。仁慈堂有自己的会旗，会旗上绘有仁慈圣母像。理事会中有手摇的铃以招呼会员，还有6个火把专门用于葬礼。在每个星期天仁慈堂教堂的礼拜结束以后，总有三四个弟兄在大门口收集捐款和捐物，他们收到实物财产以后立即卖掉用于周济穷人。在仁慈堂教堂的门口也设有大箱子收集人们捐赠的衣物，另有一坚固的箱子收集捐款。同样地，巴伊亚的仁慈堂也把关怀的对象主要放在孤儿寡妇、囚犯以及病人的身上。该机构特别为在监狱生病的囚犯提供食物和饮料，并在巴伊亚镇设立许多医院。

葡萄牙本国以及殖民地的仁慈堂的基金大部分来自个人以及团体的仁慈捐款，但也有例外，如罗安达的仁慈堂从出口奴隶贸易所赚取的利润获得一部分基金，带有负罪感的或是本性柔弱的人也会在临死前的病榻上立遗嘱将大笔钱财捐给仁慈堂，以期减轻在炼狱中所遭受的苦难。1557年果阿的一名多明我会修士向国王写信说：高层的官员们因为侵吞了王室的基金而向神父们办告解，而有神父居然向他们说："大人，你偷了国王的钱，你可以把它归还给慈善事业；你不是偷了国王5 000帕道吗？只需给仁慈堂1 000帕道就足够了。"两个世纪以后，有一位叫库尼亚（Dom Luís da Cunha）的人，他因从事慈善工作卓有成效被选为里斯本仁慈堂（缺席的）弟兄，他哀叹"当时的人们普遍相信,如果从彼得和保罗那里偷了钱财,只需把它们捐给仁慈堂或其他宗教慈善机构即可"。这种想法的确使得一部分不义之财回流到救济穷人的善举中去。

然而,许多遗产和基金的捐赠则完全是出于慈善的动机。在16世纪末叶,有一位叫马托斯(João de Mattos de Aguiar)的人向巴伊亚的仁慈堂捐了一笔庞大的遗产;100多年以后另一位叫梅禄普(Martha Merop)的也向澳门的仁慈堂捐了一大笔遗产。这是两个经常被人引证的例子。这两位施主都出身贫寒,通过各自的努力和奋斗成为富人,巴伊亚的仁慈堂从前者那里得到100万克鲁扎多的财产。另一位叫方济各·利马(Dom Francisco de Lima)的于1678年在圣·路卡(San Lucar)去世,他向里斯本仁慈堂捐赠了一大笔金钱,这是他于1654—1657年任莫桑比克总督期间强征勒索所得。相比之下,马托斯通过个人奋斗所得远为光明正大。有些施主在去世的时候常将自己的奴仆或者隶农留给当地的仁慈堂,条件是如果仁慈堂满意他们的劳动或工作,他们便可获得解放,得到自由人的身份。在此情形之下,有一部分奴隶从中受益。

在整个16世纪和17世纪早期,是亚洲葡萄牙殖民城市仁慈堂的黄金时期。当时澳门的仁慈堂管理着3个机构:一个专门收容葡萄牙人的医院、一座麻风病院和一个收容弃婴的孤儿院。就像其他地方的同类机构一样,澳门的仁慈堂关心葡萄牙人团体中被遗弃的那些人,也关怀当地的已受过洗的基督徒。当时的报告说,葡萄牙人很小心不让当地的最主要的医院接收中国病人,他们担心一旦有中国人死在医院,中国当局会找他们的麻烦,只有麻风病院接受中国人以及入教的中国信徒。澳门仁慈堂的理事会声称:根据传统,仁慈堂并不照顾中国人,但一旦中国人成了基督徒,他们被原先的中国社会所驱逐,只得完全依赖于基督徒的照顾,因此葡萄牙人有义务帮助他们。另外,澳门的仁慈堂也照顾与葡萄牙男子结婚后丈夫去世后留下的寡妇及其孤儿。1710年,议事会专门调查需要帮助的这类孤儿寡妇的名单,她们特殊的社会身份也使其成为照顾的对象。甚至在偏远的长崎,葡萄牙人也建立了仁慈堂。在罗马耶稣会档案馆收藏的文献中有1602年3月10日长崎的耶稣会士以及基督徒市民写给耶稣会总会长的信,请求总会长向教宗请示,准许他们在长崎建立仁慈堂,其制度将模仿葡萄牙同类仁慈堂组织。有意思的是,写这封请求信的都是日本的基督徒领袖。仁慈堂本来是属于葡萄牙王室的世俗机构,但是他们却通过耶稣会的总会长请求教宗准允建立这个机构。葡萄牙殖民地的仁慈堂还以良好的信誉充当过类似邮政局和银行的角色。有时候,葡属亚洲的仁慈堂的行为有点像银行家,又有点像经纪人或捐客,它们的诚信度得到广泛的好评。1583年，一位在亚洲旅行了18年的意大利人费利德里希（Cesare Federici）说：葡属亚洲的任何地方的商人，都可以通过仁慈堂将自己的遗产赠给欧洲基督教世界国家内的任何地方的他的子女和后代，所有的手续都安全、可靠和准时。一个世纪以后，有一位耶稣会士谈到了一个经典的例子：一位即将死于澳门的格林纳达摩尔人，通过果阿的仁慈堂将他的遗产交给葡萄牙人设在波斯湾附近的商站里，最后这笔遗产一分不少地准时交到他的摩尔人继承人手中。长久以来，殖民地的人们一直信任仁慈堂的诚信。

仁慈堂的这种类似银行和经纪人的作用直到18世纪以后才日渐衰落下去。当然，仁慈堂在葡属亚洲殖民地所起的最大的作用还是在慈善事业方面。如果说，葡萄牙殖民主义对东方的征服和掠夺是历史的一个方面，仁慈堂的工作则代表了另一方面。正如博克塞所说："仁慈堂的故事是葡萄牙在亚洲殖民主义中补偿性特征（redeeming features）之一。直到近代，其他欧洲人在亚洲殖民地中尚无类似的情形可资比拟。关心有需要的人和被压迫的人，照顾孤儿、帮助寡妇以及为失去父亲的人看守遗产，这个团体是在真正地履行慈善工作，而且做得很好。"

当然，市政厅和仁慈堂所具有的代表性和"补偿性"都是具有一定的历史局限的。

其一，葡萄牙人始终坚持白种人的优越感，坚持在这些机构中由纯葡萄牙血统的人任职。从里斯本到果阿、澳门，以及其他所有殖民地城市都是这样。不仅果阿的市政厅的议员必须是葡萄牙出生的贵族，1689年果阿总督还发布命令，规定澳门议事会议员也必须是葡萄牙出生的老基督徒，否则选举无效。如果按字面解释，在澳门出生的葡萄牙人几乎全部不能担任议事会的官职。直到1709年，王室再度确定澳门的特权时，降低要求，指出议事会的议员具有葡萄牙贵族身份即可，无须调查他的祖先。在葡属亚洲，贵族身份是一个宽泛而有弹性的概念，每个自称有葡萄牙血统的受过教育的人都可拥有这种身份和资格，不需要确认他是否在欧洲出生。在此情形之下，澳门议事会有时接纳一些澳门土生葡人充当议员。18世纪70年代，蓬巴尔改革时代下令取消葡萄牙及所属殖民地的人种和肤色的不平等，王室下令澳门议事会必须包括6名已经葡萄牙化了的本地人，让他们充当市场检察官，以此表明在信奉天主教的臣民之间没有民族和肤色之间的不平等和差异。不过澳门议事会根本拒绝这项命令，让它成为一纸空文。在民族歧视方面，仁慈堂和市政厅如出一辙。仁慈堂也是由白种人组成的宗教慈善团体，固执地执行白种人优先的阶级差别制度。葡萄牙国王若奥四世曾下令让澳门的仁慈堂接纳一些本地的中国基督徒担任下层官职,但这个谕令从来也没有付诸实施过。1720年果阿同意了第一个完全是印度血统的基督徒出任仁慈堂的官员,但直到1743年葡萄牙国王仍然没有批准。

其二,除了民族的歧视以外,尚有宗教信仰的歧视。在葡萄牙殖民城市中,长期存在着所谓排斥"新基督徒"现象。当1497年曼奴埃尔一世强迫犹太人改宗时,他曾想尽可能地将这些改宗者也即"新基督徒"吸纳到葡萄牙社会中去,并公布谕旨禁止对他们的歧视。如1512年,国王发布的谕旨规定里斯本市政厅的劳动阶层的代表中,必须有四名"新基督徒"。但是,在葡王若奥三世统治期间,葡萄牙国内的反宗教改革运动再度重振,宗教法庭对新基督徒的压制并未放松,而对他们歧视现象在殖民地城市中更是普遍存在。1519年,果阿当局发布了一项歧视性的禁令,不让所谓"新基督徒"在市政厅任职,除非在特殊情况之下才有可能。1561年果阿市政厅请求摄政的葡萄牙女王发布谕旨,严格禁止"新基督徒"出任市政厅的任何官职。

其三,在葡萄牙殖民地的市政厅以及仁慈堂中,也存在着严重的腐败现象,尤其是到了后期。一些不堪其任的人反而充斥其间。以澳门为例,在经历荷兰封锁以及日本锁国以后,随着经济的不景气,在仁慈堂中任职的人的素质也在下降,由此引发许多抱怨。 澳门的罗萨主教(Hilario de Santa Rosa)曾经声称议事会里的议员们以及仁慈堂里的管家们互相交换官职轮替任职以掩盖他们在财政和其他方面的丑行,尽管很难确定其间不良的行为已到了何种程度。1689年,澳门议事会自己要求果阿总督发布一份谕令,宣布任何面临刑事起诉的犯罪嫌疑人不得出任议事厅的议员。但是,一个世纪以后果阿的总督就声称澳门议事厅已经成了"被放逐的犯人以及不良分子的避难所"。1729年,当时的巴西总督萨布戈撒伯爵(Count of Sabugosa)向王室写信,抱怨巴伊亚的许多仁慈堂会员将资金滥借给那些并不缺钱的亲朋好友,还有一部分富人为了自己的灵魂得救,将钱不是留给当地的仁慈堂,而是送到葡萄牙本国的教堂,让那里的神父为他们的灵魂祈福。在罗安达和累西腓,也有同样情况。越到后来,有关市政厅以及仁慈堂的负面报告就越多。

尽管如此,在漫长的葡萄牙海外扩张史中,"市政厅和仁慈堂以不同的方式,分别给殖民地不同阶层的人们提供了一种代议制的形式,以及为葡属亚洲殖民地社会不同阶层的人们提供了一个庇护所。研究这两种制度所显示出来的优点,要比研究在这两种机构中服务的人身上所具有的不可避免的人性的弱点更为重要"。因为毕竟在葡属亚洲历史的初期，这两个机构吸纳了殖民地的精英，他们是维系殖民地生存的中坚力量。对于这两种制度，博克塞有两段精辟的评论："在整个葡萄牙海洋帝国的诸多机构中，没有什么比市政厅和仁慈堂更具特色和更为重要的了。如果有点夸张地说，市政厅和仁慈堂就是从马拉尼昂到澳门的广大的葡萄牙殖民地社会中的两根柱子，它们为殖民地社会提供了一种延续性。这种延续性是不断更换的总督们、主教们和法官们所不能提供的。它们的人员都来自相同和相匹配的社会阶层，他们由此组成了共同的殖民地社会精英阶层。对这两个机构作出的观察和研究可以提供一个视角，从中看到葡萄牙人是如何面对非洲、亚洲和美洲的不同的社会条件作出反应的，以及他们是如何成功地将这种都市制度和机构移植到异国环境中去的……这两种制度都适应了各种不同的文化、民族和异域环境，并与它们在欧洲中世纪的源头保持联系，这既是葡萄牙人的保守主义，也是他们在海外事业中表现出来的弹性和韧性的最好的范例。"

三、作物、动物以及货物的流通

葡萄牙人建立的诸多的海外殖民地之间的贸易联系和人员交往还促进了作物、器具及货物之间的交流。与都市制度相比，作物和用具是形而下之器，然而它们却更为广泛地存在于人们的日常起居之中。葡萄牙本国只原产一种著名的植物即金雀花，但是，葡萄牙人却将世界上许多种作物或植物运来运去，结果是，这些植物在世界上各个地方生根发芽，从而潜移默化地改变了人们的饮食习惯以及生活方式。有些植物还成为原产地以外人们的主要食物或产品。

在中世纪的晚期，葡萄牙国内就出现粮食不足的现象，以至于有些人认为去外部世界寻找粮食也是葡萄牙人推进地理大发现事业的一个原因。葡萄牙人不但以军事行动占领休达等著名的粮食产地，而且在伊比利亚半岛以外也寻找适宜粮食生产的地方。在发现马德拉群岛以后，葡萄牙人就开始在那里种植小麦。据历史学家弗鲁托索（Gaspar Frutuso，约1522—约1591）神父所说，在马德拉群岛每种下一批小麦，就会有60倍的收成。后来葡萄牙人还将小麦引种到亚速尔群岛，在那里大片生长的小麦被运送回里斯本。葡萄牙人最后将小麦的种子带到佛得角、非洲西海岸，但是没有大面积种植成功。除了小麦以外，在地理大发现时代以前，葡萄牙人已经知道亚洲等地的东方稻米，葡萄牙人统称其为"印度（不是国家概念）稻米"。15世纪末，在几内亚比绍地区,已经有人种植一年收割两次的稻米。葡萄牙人第一次到巴西时,带回的物品中就有大米和芋头。据说稻米先由葡萄牙人带到佛得角,然后又从那里传到巴西。葡萄牙人还在圣海伦娜岛种植果树,引进猪、羊等家畜,使得这个本来荒无人烟的岛屿变得有生机,因为葡萄牙人想把这个岛作为大西洋上的一个中转站和补给站,给那些从印度航行回国的海员提供食物和一切补给。

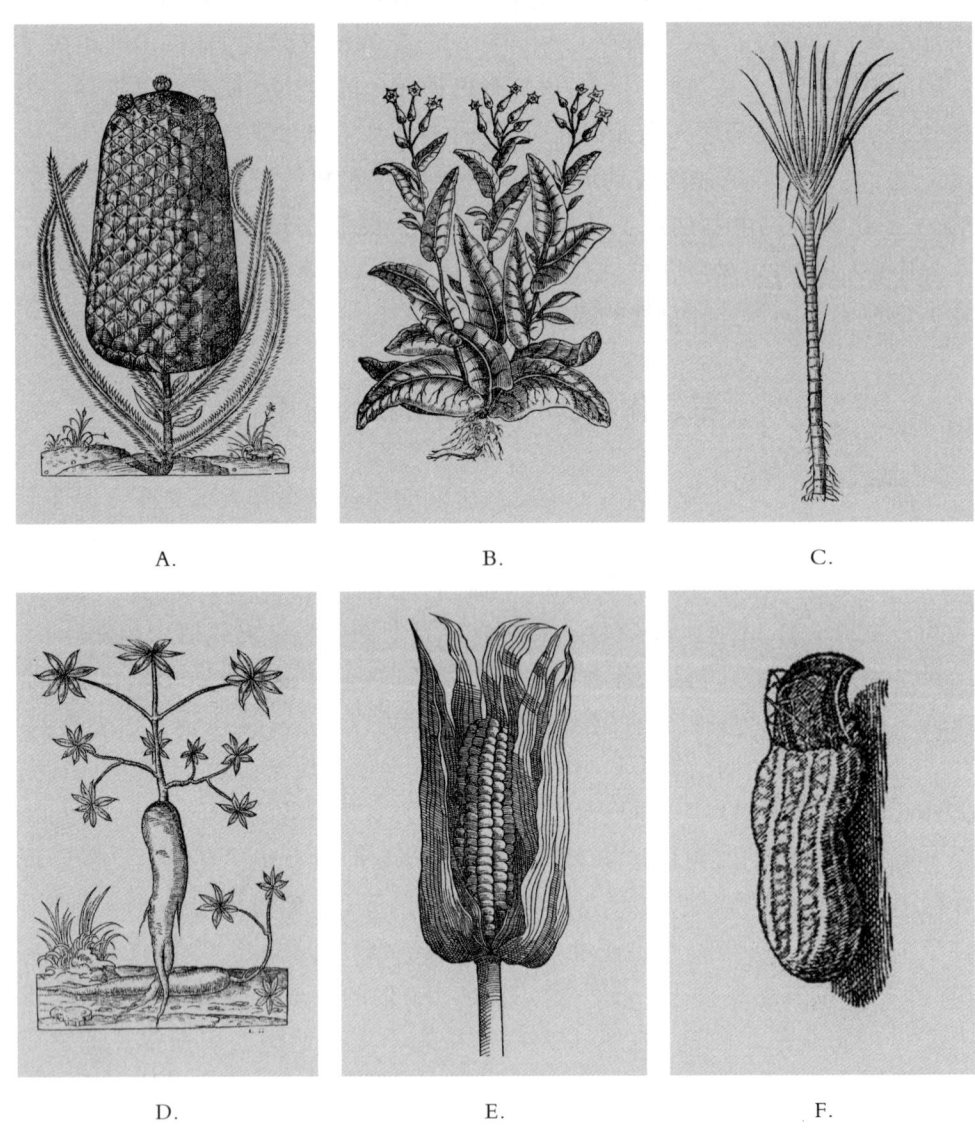

17世纪欧洲书籍(*The Portuguese Empire, 1415–1808, A World on the Move*)中的域外作物
A. 菠萝;B. 烟草;C. 甘蔗;D. 甘薯;E. 玉米;F. 花生

葡萄牙人还将东方的物产运回到该国在非洲、美洲的殖民地以及本国。最著名的就是香料,包括产于马拉巴、印度斯坦(北印度地区)以及印度尼西亚的胡椒,北印度的生姜和豆蔻,产于锡兰的肉桂和肉豆蔻以及摩鹿加群岛的丁香,等等。它们不仅用于烹饪,也用于药用。胡椒原产于东南亚的香料群岛以及印度西海岸,这是葡萄牙在地理大发现初期从东方带回的最重要的物品。生姜原产于亚洲的热带地区,很早就存在于印度和中国。当葡萄牙人抵达印度的时候,生姜已经在东方广为传播,并且有史料表明已经在非洲东岸种植了。葡萄牙人将生姜带到了圣多美以及印度,并且得以迅速推广。在17世纪的时候,生姜继续从印度被输入巴西,葡萄牙人企图在巴西重建一个已经失去的东方的香料基地。肉桂在16世纪初的时候,仅在锡兰种植。为了垄断锡兰的肉桂贸易,葡萄牙人在1556年进攻锡兰。在16世纪,有人记载因为葡萄牙耶稣会士的携带,肉桂传入巴西。在1750年,塞巴斯蒂奥·罗沙·皮塔(Sebastião Rocha e Pitta)记载,肉桂"尊王命传入巴西,巴西所产肉桂数量之巨,不亚于锡兰"。肉豆蔻原产于班达群岛,阿尔伯奎克命令安东尼奥·阿布留(António Abreu)舰长率领舰船抵达班达岛。不久,葡萄牙人就垄断了此种香料的生产。有记载说葡萄牙人开始时没有将此种香料运出,只是将它们的生产集中在易守难攻的要塞周围,但是另有记载说葡萄牙人把肉豆蔻带到了巴西。1797年,巴西人认为肉豆蔻的种植是一种"新生事物"。有人在巴西里约热内卢的圣杰罗姆修道院看到肉豆蔻树。目前,出产肉豆蔻最多的地方仍然是东南亚地区。丁香原产于摩鹿加群岛,阿尔伯奎克于1511年派兵进攻该岛,葡萄牙人发现当地丁香产量极高。皮奥·科雷亚(Pio Correia)认为当时的丁香是世界上最昂贵的香料,因为要运送它们去欧洲,"需要绕地球半圈,装卸数十次,买卖易手不易,由中国帆船装上阿拉伯船,再装上运输车队,慢慢穿过美索不达米亚平原和浩瀚的叙利亚沙漠,到达地中海沿岸"。在16世纪的时候,葡萄牙人自觉或不自觉地在摩鹿加群岛推广种植丁香树,特别还将丁香树引进到安汶岛。1770年,丁香传入毛里塔尼亚,1825年巴西独立之后又传入那里。

除了香料以外,葡萄牙人在转运美洲以及亚洲作物、植物方面,其种类要远远丰富得多。早在公元2—3世纪,欧洲人对于亚洲的作物已经略有所知。在以后的数世纪里阿拉伯人以及其他的中介人零零散散地将这些作物带到欧洲。但是,达·伽马来到印度则开创了一个新的时代。葡萄牙人发挥了主要的作用将这些植物和香料传播到世界各地。例如,菠萝原产于美洲的中部和南部,葡萄牙人和西班牙人分别发现了菠萝,他们立刻认识到这种水果的价值,因此在热带地区广泛推广。葡萄牙人在1505年就已经将菠萝带到海伦娜岛,1518年就已经带到印度。一些东方的历史学家认为在葡萄牙人来到印度以前,印度当地已经有菠萝,但是他们并不否认葡萄牙人将巴西的品质更好的菠萝引进到印度。葡萄牙人称"菠萝是水果之王,大自然用叶子为它加冕,它周身的刺仿佛是守卫在旁的弓箭手"。通过葡萄牙人在印度西海岸的殖民地果阿等地,菠萝被引进到北方的莫卧儿帝国,1700年时在孟加拉、古吉拉特和巴格拉那(Baglana)等地已经十分普遍。在莫卧儿皇帝贾汗季(1605—1627)统治期间,阿格拉的皇家花园中种植了数以千计的菠萝。在16世纪晚期,葡萄牙人将巴西所产的木瓜和腰果通过果阿引入了印度。木瓜的原产地可能是安第斯山区,并于1578—1587年间传入巴西。木瓜在热带地区生长得很快,主要是因为它可以全年结果。葡萄牙人将这种水果引入非洲和印度,但是具体的年代不详。腰果的原产地是巴西东北方的沿海地区,至今那里还有无数的腰果树,这是当地印第安人十分喜爱的一种植物,他们在树下搭建房屋,从树皮和树叶中提取药物,用树胶做木屋的防水层,用树干和树枝烧火,果仁则是富含蛋白质的食物。大约在1563—1587年间,葡萄牙人将腰果树的树种带到东方印度,最先进入的地方可能是科钦,后来

A.

B.

亚洲的植物
其中有一些来源于美洲(菠萝),另外一些则由葡萄牙人带到了巴西(如椰子、芒果、木菠萝等)。见荷兰人林斯霍顿(Jan Huygen van Linschoten)1638年的著作。

才在印度孟买等地普及开来。葡萄牙医生和自然科学家科斯塔（Cristovão da Costa，约1525—约1594）曾经画过腰果的图画并附有简单的说明。印度马拉巴沿海的人们将腰果称为"葡萄牙芒果"。腰果是从东非海岸传入非洲的，但是，它是由阿拉伯商人还是葡萄牙人带到非洲的，现在人们还不能确定。

葡萄牙人通过印度西海岸的殖民地还将美洲的土豆（马铃薯）、玉米、番石榴、番茄、木薯和烟草引入包括印度在内的东方地区和国家。土豆大概原产于安第斯山脉一带，在欧洲人来到以前，当地人已经将土豆作为主食了。在1573年左右，土豆传入西班牙，1590年，土豆被引入爱尔兰和英格兰。玉米是极为重要的作物，原产地是美洲，西班牙人将玉米带回到塞维利亚，但是西班牙人并不喜欢这种作物。据杜亚尔特·里贝罗·德·马塞多（Duarte Ribeiro de Macedo）说，在16世纪中叶，葡萄牙人将玉米从西班牙引进到科英布拉，另外有人说，在葡萄牙玉米最先是在波尔图种植的。葡萄牙人将玉米在非洲以及东方的印度等地广为推广种植，由于玉米不像番薯或者木薯那样需要较高的温度，能够在平原以及近海地区生长，所以可以推广至大陆的腹地。玉米的广泛种植引起了人类食物习惯方面的重大变革。玉米大约于16世纪三四十年代由陆路从印度和缅甸进入中国，也有学者认为是从海路进入中国的。在16世纪偏远的云南玉米已经出现，到18世纪已经成为华北以及长江流域的主食之一。番石榴原产于中美洲以及今天的南美洲的哥伦比亚和秘鲁地区。1526年，西班牙的历史学家第一次描绘了此种水果。1587年，葡萄牙人撰文认为番石榴出产于巴西，说它们"好似苹果，其花呈现白色，状如番樱桃花，气味芬芳"。葡萄牙人将番石榴带到了非洲和东方，由于它极强的适应性，很快就在当地得到推广。由于番石榴整个果实都可以食用，人们用它来制作果酱。1590年，番石榴已经传入印度的内陆，成为莫卧儿帝国皇帝餐桌上的贡品。番茄原产地是美洲，可能是在安第斯高原地区，那里至今可以看到一些野生的品种。由于番茄汁有一种异味，所以印第安人不食用它们。有记载称西班牙人于1522年将番茄传入欧洲，当时欧洲人可能是用来观赏的。后来欧洲人将番茄加以改良，使它们的果实变大，从而吸引了许多的蔬果种植者。番茄传入葡萄牙的时间不详，但是它最初不是作为蔬菜来种植的。后来，葡萄牙人又将改良以后的番茄带回到巴西作为蔬菜种植。葡萄牙人还有可能是从欧洲的本国将番茄带到非洲和印度推广种植的。木薯的原产地也是美洲，很久以前，印第安人中的瓜拉尼族就认识这种作物。欧洲人来到美洲时，印第安人已经广为种植。当时人们食用的木薯是"苦木薯"，有一定的毒性。后来葡萄牙人培植出"甜木薯"，可以制成蛋糕,味道很好。16世纪上半叶,葡萄牙人已经将木薯带到安哥拉。它在何时传入东方已经不可考。19世纪以后,东方的木薯已经供不应求,要从巴西大量进口。烟草原产地也是中美洲,1492年,哥伦布的船队中见到有当地的印第安人抽烟叶,于是将它带回欧洲。16世纪初年,烟草传到了葡萄牙,葡萄牙人认为它是具有药用价值的,所以称它为"神草"。后来,葡萄牙人用从巴西带回的烟草培养出新的品种。开始时,葡萄牙人将烟草带到了非洲的殖民地,后来,葡萄牙人与西班牙人分别从印度洋的海路和太平洋的海路将烟草带到东方。比较有意思的是,葡萄牙人自己在亚洲各地都不种植这些作物,他们只是运载和交易这些作物,引导当地人种植。比如烟草就是一个明显的例子,果阿消费的烟草都不是在印度出产的,而是从巴西进口的。

J. B. 哈里森在《印度文化史》第24章中谈到了葡萄牙人与印度人民之间贸易与作物流通之间的关系,他说:"当时的这些产品中只有少许样品保存下来,仅仅为葡萄牙人贸易所促进的商品交换和风格交流提供了线索。不过,在印度的植物志中更明确、永久地记载了同样的交流,葡萄牙人对此做出了许多显著的贡献。烟草是他们最早引进的作物之一——在1508年前带到德干高原,阿克巴大帝时代传到北印度,并且被贾汗季斥为毒草。菠萝是另一种来自南美洲的并不有害健康的礼物,1513年西班牙人把它带到欧洲,葡萄牙人又把它带到印度,同一个世纪里,它在那里充分移植生长,以满足莫卧儿皇帝每日餐桌的需要。还有一种水果今天已完全在印度安家落户,林斯霍顿在16世纪80年代对它的移入作了记载:'另一种水果来自西班牙属印度群岛,从那经菲律宾或吕宋传到马六甲,再到印度,它叫番木瓜,与甜瓜极类似。'穆斯林称腰果为'欧洲的果仁',现在移植于柯坎和吉大港山区的这种树,也是葡萄牙人引进的植物。关于玉米是否真由葡萄牙人引入印度的问题有很多争论,不过他们从非洲引入花生、木薯和白薯看来完全可靠。甚至人们熟悉的印度红胡椒,原来也是他们从伯南布哥传入的。他们还对亚洲植物在亚洲本地的传播做出了很多贡献——来自马来亚的榴梿树和山竹果树,药物'菝葜根'、荔枝和甜橙都属此列。由于他们的医生一直在寻找新的特效药物,他们还引入许多有益健康的药材,甚至许多装饰庭园的植物都随他们传来,紫茉莉便是其中一例。由于这一系列植物的引进归功于他们,17世纪在印度作广泛旅游的法国旅行家让·巴普蒂斯特·塔维尼作出了高度评价——'葡萄牙人无论来到哪里,都会使该地变得对后来者更美好',看来正恰如其分。"

英国历史学家寇特斯则谈到了葡萄牙作物,尤其是蔬菜和其他食品输入中国并对于中国人食物和烹饪的影响。他指出,在1600年的时候,这种影响已经相当大了。尽管广东人不喜欢牛奶和黄油,但是大量的外国蔬菜已经被带到澳门,其中一些在香山县种植以供澳门消费,还有一些则流入广东人和其他地方中国人的餐桌。花生和番薯是两种最重要的从美洲流入中国的食物,葡萄牙人的居间作用不可抹杀。花生原产于美洲,葡萄牙人抵达巴西的时候,当地已经有花生的种植,葡萄牙探险家和自然学家加布雷尔·苏亚雷斯·德·索萨(Gabriel Soares de Sousa, 1540—1591)到巴西以后如此记载:"花生只是在巴西才有,它们生长在地下,每株之间有一掌的距离,叶子如同西班牙菜豆,藤伏在地面上,其果实生于根部,每株可以产一大盘花生。"葡萄牙人最初将花生传入非洲,当地人称它为"黄油",因为花生的果实含油量比较高。花生被带入东方的时间不详。历史学家伍德指出,葡萄牙人肯定对于花生引入中国起过作用,尽管有迹象表明1516年以前广州已经出现了花生。1522年葡萄牙人被逐出广州以后,他们前往福建南部的港口城市如泉州、漳州,及浙江宁波等地从事走私贸易,其间葡萄牙人将花生带到了杭州湾地区。16世纪30年代,花生已经在长江下游种植。在1700年以前,南方沿海地区已经专门种植花生并榨制花生油,不过价格特别贵。番薯的原产地也在美洲,包括北至卢卡坦半岛、南至今天委内瑞拉南部靠近巴西山区的地方。在欧洲人到来以前,番薯已经在当地广泛种植,当地人用它烤或者煮食,可以替代面包果腹。1583年,葡萄牙人已经将番薯带到亚速尔群岛上种植。1552年,一位不知名的船长已经提到在圣多美,番薯已经成为当地人的主食。番薯大概是通过两种途径传入东方的:葡萄牙人经大西洋将番薯带入非洲、印度和摩鹿加群岛,又从陆路由印度传入中国和日本。16世纪60年代,云南第一次有记载出现这种作物。有人认为是从印度和缅甸引入的。番薯又被葡萄牙人单独地引进到福建沿海地区,以后又在广东沿海地区普及开来。在1800年以前,由于皇室的提倡,番薯成为中国人的主食之一。其他由葡萄牙人引入中国的蔬菜则有四季豆、豆芽、莴苣以及广东人称为"水田芥"的西洋菜(在广东人的口语中,"西洋"就是指葡萄牙),还有菠萝、番石榴、木瓜、番荔枝(又被称为番鬼荔)。由葡萄牙人引进的虾酱制作,也成为中国沿海乡村的一种副业。

耶稣会历史学家潘日明神父(P. Benjamin Antonio Videria Pires)在其名著《殊途同归——澳门的文化交融》一书中也谈到了澳门和中国大陆的种种作物,他的表述与寇特斯和伍德的记载有若干相同之处:"葡萄牙人向中国引进了新的食品品种。葡萄牙人不吃太多的大米,特别是中国人常吃的那种平淡无味的米饭。我们给中国人提供的品种有玉米、花生（如今已十分普及），油、饼干、黄油等，木薯、芋、番茄、生菜、卷心菜、水田芥（现称葡国菜或西洋菜），赭石、大薯、木瓜、荔枝、石榴、菠萝，各种豆类，橄榄油、葡萄油、咖啡、牛奶及奶制品（奶酪和黄油）和著名的'葡国鸡'。在上述物品中还应加上苹果、桂花、腰果、香蕉、辣椒、巧克力、无花果、葡萄（只在中国的中部和北部省份生产），薄荷、葱、南瓜、郁金草、烟草、西瓜等。有些物品是我们从美洲和非洲带来的。在我们的传教士给世上天国带来了诸多的品种的同时，在澳门和湾仔的花园和菜园里种植了各种观赏树木和家用草药。由于澳门需要邻近的中山县供应大量的农产品，广东农民便种植葡萄牙人所喜欢的农产品。这种做法逐步扩展到中国的其他地区。"潘日明提到的巧克力就是可可豆，原产于亚马孙河流域以及奥热诺科河流域的上游地区。西班牙在征服美洲的过程中第一次发现了可可豆并把它们带回到欧洲。1519年，西班牙征服者科尔特斯（Hernan Cortes，1485—1547）首次在墨西哥蒙提祖马二世（Montezuma II）的宫廷里喝到这种略带苦味的饮料以后，就将它传入西班牙。它加了糖以后就成为一种美味的饮料，当时只有王室以及富裕的人家才能够饮用。葡萄牙人很早就知道并且饮用这种饮料。1637年，英国旅行家彼得·蒙迪到澳门的时候，在澳门第一次喝到了这种特别的饮品，他记载说："在澳门的船上我第一次吃到巧克力，以前我只听说过这种东西。这是用一种生长在西印度的豆类做成的东西，将它们晒干以后磨成粉，加上糖和香料。也可以加上香粉和其他混合物，每天早上喝一杯热巧克力真是奇妙无比。"在澳门的巧克力饮品很可能是西班牙人通过马尼拉与澳门之间的贸易传来的。16世纪后半叶，葡萄牙人在圣多美岛推广种植可可豆。由于欧洲人需求的增长，后来葡萄牙人开始在中美洲地区种植和推广。巴西虽然也出产可可豆，但是直到蓬巴尔侯爵执政时期才将种植面积扩大。1822年，葡萄牙人又将可可豆带到普林西比岛，并从这里传到附近的岛屿以及非洲大陆，又在几内亚湾地区种植，20世纪初年传入安哥拉与东帝汶。

伍德指出，在葡萄牙东方殖民地如果阿与澳门之间也有作物的直接交流，那就是辣椒（capsicums）和番椒（chillies）。这两种作物都源于中美洲。在17世纪中叶通过印度与巴西之间的贸易从美洲流入果阿，当地人称之为"伯南布哥胡椒"（Pernambuco peppers）。在18世纪以前，北方的印度人不知道这些作物，他们是由马拉底人带到印度北方的，因为他们沉湎于吃辣椒。直到18世纪60年代，北方印度地区的人们从未将这种他们称为"胡椒"的用于食物。辣椒和番椒是印度烹饪食物时必不可少的佐料，印度人吃米饭时必备的咖喱就是由辣椒制成的,他们有时等辣椒成熟时摘下,有时在尚青的时候摘下食用。辣椒和番椒是通过果阿等印度地区与澳门的贸易流入华南沿海以及内陆,后在湖南和四川两省广为流传。①

另外,不少重要的作物从相反的方向,通过澳门等地经由葡萄牙人介绍到西方。这些作物中有大黄、芹菜、茶叶,还有美味的甜橙——它们本来生长在珠江三角洲,后来被葡萄牙人移植到葡萄牙在北非的殖民地丹吉尔,欧洲人称这种橘子为"丹吉里斯"(tangerines)。茶叶的原产地在中国的南方、日本、东南亚和印度的许多地方。作为近代早期最早来到东方的欧洲人,葡萄牙人认为无论是茶树以及饮茶的方法,都具有很大的神秘色彩。在16世纪上半叶,耶稣会士以及葡萄牙在印度的历史学家对于远东的茶都有记载。葡萄牙人可能在中国的广东一带认识了茶,并在葡语中使用广东人对于茶的叫法,但是葡萄牙人对于东方人茶叶的种植以及煮茶的方法知之不多。据说饮茶的习惯是由葡萄牙复国以后若奥四世的女儿卡特琳娜引入英国的宫廷的。在种植方面,19世纪初年茶由葡萄牙人带到巴西,但是确切的时间不详。据说若奥六世为躲避法国人的入侵来到巴西避难期间,收到了中国皇帝送给他的礼物即茶叶。茶叶后来由巴西传入亚速尔群岛以及葡萄牙本国。目前在葡萄牙辛特拉的山区,仍然有荒芜的茶园。还有一种作物经由葡萄牙人从中国传入西方,那就是荔枝。荔枝原产于中国的南部,在那里已经有悠久的种植历史,1583年,葡萄牙人在他们的著作中已经对于荔枝有所记载。后来在印度的加西亚·德·奥尔塔在其著作中简单地提到荔枝,但是当时在印度似乎没有这种作物。1637年,英国旅行家蒙迪在澳门品尝过这种美味的中国水果"荔枝",给他留下很深的印象:"在宴会中我们吃到新鲜的肉和水果。其中有一种水果叫荔枝,它像核桃一样大,外壳带有微红的棕色,外表看上去像木莓或是桑葚。"直到1810年,有人提到在巴西里约热内卢的植物园中有荔枝树的种植。后来,葡萄牙人将荔枝树引进安哥拉以及莫桑比克推广种植。

从东方传到葡萄牙的还有各种用于治病的药物。除了经常被用作药剂以及熏香的香料以外,从16世纪开始,里斯本药房的药柜里经常贮存有来自中国的大黄,有榄仁树子、罗望子、安息香、樟脑以及水晶,它们是专门用来治愈疾病的,还有来自印度的标价很高的各种亚洲的动物(比如山羊)腹中的结石,据说它们有解毒的功效。欧洲其他许多地方的人都到里斯本来购买这些

---

① A.J.R.Russell-Wood, *The Portuguese Empire, A World on the Move, 1415–1808*, p.169.

动物的结石,一则用作药物,二则在外面加以各种装饰用作避邪的护身符。科钦的国王在与葡萄牙人建立通商关系以后,专门赠送了一颗动物的结石给葡萄牙国王,后者视之为珍贵的礼物。在里斯本的药房里,还有产自印度的鸦片和大麻,被认为是极具功效的催情药以及麻醉药。开着大喇叭花的曼陀罗植物也被视为麻醉药物,被植物学家载入16世纪欧洲出版的药典中,并且配有插图。葡萄牙人还从东方带回犀牛的角,当时的欧洲人也将它们与动物结石一同视为药物,欧洲的手工艺人往往会制作一些金银器的托架来盛放这些昂贵的被认为具有解毒作用的药物。

在此期间,器具也随着作物的传播而流通于东方与西方之间。潘日明谈到葡萄牙本国以及巴西等殖民地的器具经由中国澳门流入内陆,中国内陆的器具又由澳门流向印度、欧洲和伊比利亚国家的情形:"我们从巴西运来了鼻烟。鼻烟玻璃小瓶玲珑剔透,是精巧的艺术品。至今那些收藏家仍对此赞叹不已,爱不释手(传说贾梅士曾有一红木柜,内装300多只鼻烟瓶,逝世前他已卖掉了一部分)。同样,澳门也向巴西和欧洲运去了大量的瓷器、景泰蓝、象牙件、漆、佛山丝绸和其他纺织品。在埃斯库里亚修道院的豪华私室里,在科英布拉大学图书馆里,以及在葡萄牙和巴西的几个博物馆和教堂里,尤其是在果阿总督和澳门总督以及其他贵族的家里(我记得是瓦莱·德·帕拉迪纽斯和马赛杜·德·卡瓦莱罗家)珍藏着地道的中国画、屋顶画(巴西贝洛·奥利藏特附近的萨巴拉圣母教堂)、宗教礼仪装饰、花瓶、雕像和木雕刻。东方文化对葡萄牙传统的冲击要数中国对17世纪的葡萄牙瓷器和瓷砖的影响为最大。拉托(里斯本)、维阿纳·多·卡斯特罗和卡尔达斯·达·拉伊业瓷器厂早就按照中国习惯制造瓷器,这还表现在澳门生产的有葡萄牙人物形象的白蓝瓷器花瓶、宗教礼仪装饰和其他日常生活与宗教物品上。综观分布于葡语地区的此类产品,它们给我们葡萄牙树立了可歌可泣的丰碑。轿子进入了欧洲,在西方的花园里种植百合、月季花、水仙花、牡丹花(富有的象征)、菊花(黄色十六瓣的菊花为日本天皇象征,意为升起的太阳)以及山茶花等花卉。在丹吉尔种植的薄皮柑橘至今仍用丹吉尔命名(西班牙人称之为Mandarins,意为中国官僚,这肯定和中国有关)。我们通过马六甲和马尼拉从澳门向印度和西方出口各种茶叶(Cha是根据广东话的发音而产生,而tea的发音来自福建方言)、桂皮、西米、樟脑、大黄、龟、珊瑚、琉球扇子、草席、蓝色和黄色的土布、金、银,制造精细的火炮(在里斯本圣约尔吉城堡的波卡罗火炮最为出色)、毛瑟枪、弹药、船只、日本刺绣、印度烟草、莫桑比克奴隶、生姜、沉香、斯里兰卡桂皮、东帝汶檀香木、麝香、菲律宾珍珠母（当玻璃使用）、红宝石、珍珠,等等。"

潘日明谈到"东方文化对葡萄牙传统的冲击要数中国对17世纪的葡萄牙瓷器和瓷砖的影响最大"。在地理大发现时代,葡萄牙的瓷器有三个不同的来源,但是其渊源都在东方:一是来自印度果阿的,被称为"印度的瓷器";二是来自1550年至1640年葡萄牙人与日本的贸易所获得的日本瓷器;三是来自葡萄牙人在东方的殖民地澳门的中国瓷器。1552年葡萄牙国王下令:从印度回国的船只必须携带约占总的货物量1/3的瓷器。1580年,里斯本的"新商业大街"上有6家店铺专门出售来自东方各地的不同类型的瓷器。所有这些瓷器汇合起来使得里斯本成为当时欧洲最大的日本以及中国瓷器市场。由于从东方运到葡萄牙的瓷器在海上碎掉的数量极大,所以在葡萄牙出售的瓷器价格昂贵,由此刺激了葡萄牙的制陶工人仿制中国的瓷器,里斯本"冒仿中国瓷器"成为一种风尚。1619年,里斯本市为庆祝菲律甫三世访问葡萄牙,专门设立了一座庆贺拱门,展示仿中国制造的瓷器。1767年,蓬巴尔侯爵在里斯本创立王家拉托瓷器制造厂（Real Fabrica Rato）,这是葡萄牙最著名的王家瓷器制造厂,出产各种各样的瓷器,包括鹅、人头、鸡、獐等形状的艺术品,而它所生产的蓝白色的餐具明显地受到中国瓷器风格的影响。这种瓷器制作方法后来普及葡萄牙各个省份,大部分家庭都收藏有家庭用陶器,不同的地区有不同的风格,陶瓷品包括花瓶、提灯、灯台、壶、茶具、餐具,有些作品则以极富中国韵味的釉,用蓝色、绿色以及绿松石制成的颜料以自由流动的线条绘成各种装饰图案。

除此以外,继西班牙人以后,葡萄牙人还将动物在世界各地运来运去。他们将印度和亚洲其他地方的动物和家畜带到了美洲,包括马、驴、骡、牛、羊、猪、鸡、鹅、狗和猫。葡萄牙人还第一次将这些动物和家畜带到大西洋上诸岛屿（马德里群岛,1420年;亚速尔群岛,1430年;佛得角,1460年）,还有圣多美和几内亚湾的普林西比。母牛可以用来食用和腌制,可以挤出牛奶,做奶酪,还可以产出许多副产品如牛油和牛皮。在巴西,葡萄牙人最初没有将这些动物和家畜引入,直到1549年王室在巴西建立政府以后,葡萄牙人考虑在当地定居以后才这样做。除了羊以外,所有其他的动物在巴西都找到了它们的家园,在这些动物被带到这里以前,葡萄牙人还考察了当地的气候、降雨、土壤、日照、温度等情况。除了这些动物的食用价值以外,它们还对于当地的经济产生了影响。公牛可以用来拖运装载甘蔗的板条箱,拉沉重的货车,拉动碾压甘蔗的磨子,还可以用来耕地。骡子和驴是最佳的长途交通工具。开阔的草原是养牛群的最佳牧场,在巴西的南方和北方,这样的牧场如雨后春笋般地涌现,这些牧场出产的兽皮可以出口和用来包装烟草以及其他捆扎的货物。猪肉成为巴西当地人的主食,特别是在矿区尤其如此。马匹成为快速的交通工具,像牛群一样散布在广阔的草原上,骑马的人一般是绅士,有别于跟在主人后面的奴仆。

地理大发现以及文艺复兴时代的欧洲上流社会还将一些动物视为域外珍奇而加以收藏。葡萄牙人不是最早也不是最后一个对于域外奇珍异兽感兴趣的民族。大约在葡萄牙人征服休达的时候,中国明朝郑和的远征船队就将东非、霍尔木兹和亚丁等地的域外奇兽如老虎、狮子、孔雀,特别是神奇的长颈鹿带回中国。葡萄牙人则从非洲和巴西带回猴子、蜂鸟和鹦鹉。动物也是上佳的赠礼。1505年,葡萄牙国王曼奴埃尔一世将一批身穿华丽衣服的马匹作为礼物赠送给贝宁的一位酋长。在远东,日本与葡萄牙交往盛期制作的"南蛮屏风"上曾经出现过加比丹·莫尔(葡萄牙舰长)率领葡萄牙人和日本人在长崎游行的场面,游行队伍中就有从果阿等地运来的阿拉伯良马、猎狗、孔雀、骆驼、非洲猎豹、骡子和大象。葡萄牙国王若奥二世特别喜欢域外的奇珍异兽以及花草,他命令舰队将动物和鸟类从海路带回葡萄牙,在越过大洋的漫长的旅行中,许多动物半路就已经死去,成为标本或是一捆羽毛。葡萄牙的国王们也接受远至中国和摩鹿加群岛的君主和有权有势者赠送的礼物。1510年,印度坎纳诺尔的土王向葡萄牙王室赠送了一头大象;1512年,科钦的土王向葡萄牙国王赠送了两头大象,1513年又赠送了一头,1515年竟然赠送了3头。最著名的就是1513年印度古吉拉特的统治者赠送给葡萄牙国王的一头犀牛,日耳曼著名画家丢勒曾经为这个动物画了一幅著名的素描。葡萄牙国王曼奴埃尔一世曾经专门收集来自印度的大象。他在里斯本的罗西奥区自己的府邸附近建立了一个收容象群的棚舍。其中有一批大象很可能来自1511年阿尔伯奎克征服马六甲之役的俘获物。据记载当时有7头大象在葡萄牙征服者手中。在里斯本举行各种宗教和民事仪式的时候,国王经常下令让游行的队伍从他的宫殿那边行进到主教座堂,每次游行队伍中都不少于5头大象,大象的前面都有穿着盛装以及兴高采烈的骑手作向导,他们会边走边玩各种戏法取悦于围观的民众。大象形象也被雕刻在建筑物上。在王室于1517年出版的图书绘画里还出现骑手骑大象的画。曼奴埃尔一世似乎被当时的欧洲人认为是东方的君主。以后历代葡萄牙的国王都要求亚洲的封臣属下向本国进贡大象。1514年,曼奴埃尔一世派遣特里斯唐·达·库尼亚率领使团前往罗马祝贺新教宗利奥十世即位,葡萄牙人在献给教宗的富于异国情调的礼物中就有一头来自印度的大象。葡属印度殖民地当局还将犀牛作为礼物从海上运输回

第十二章　葡萄牙海洋帝国的历史和文化遗产　447

A.

B.

C.

D.

葡萄牙人在域外所见之动物
A. 米勒地图中的巴西鹦鹉、猴子和蜥蜴；B. 从印度运往葡萄牙的大象，曼奴埃尔一世将它赠送给罗马教宗；
C. 书籍中的猫头鹰；D. 17世纪日本南蛮屏风中所绘的由果阿运往长崎的阿拉伯良马

葡萄牙赠送给国王。1514年，阿尔伯奎克从果阿派出一个使团去坎贝，请求当地的苏丹允许葡萄牙人在第乌建筑要塞，使团从当地带回一头叫干达（ganda）的奇怪的动物，据后来日耳曼画家丢勒为它所作的画来判断，是大印度独角犀牛。1515年初，从科钦出发的葡萄牙舰队载着这头动物踏上航程，于5月20日抵达里斯本。自罗马时代以来，欧洲人还是第一次看到这种动物，立即引起了很大的轰动。根据罗马时代作家的看法，大象和犀牛是天敌，所以人们很想把它们放在一起观察它们的反应。当9月3日，葡萄牙人在王宫前空地上搭起高高的围墙，让这两种动物会面的时候，大象看到犀牛，立即躲到了避护围栏的后面。由此证实了古代作家所说的话。11月，曼奴埃尔一世决定将这头犀牛赠送给罗马教宗利奥十世，国王还下令为它制作了一条由绿色天鹅绒制成、绣有金玫瑰花的披风。但不幸的是，船在次年2月热那亚附近的海上遇到了风暴，船只和犀牛都沉入了海底。另一个由葡萄牙人带到欧洲，但并不为许多人所知的动物则是中国的未阉割的公猪（boar），它们出口到欧洲以后与当地的猪杂交，后来成为西欧的猪的标准样品。葡萄牙的菲律甫二世即西班牙的菲律甫三世在这方面热忱不减，他要求印度赠送一头大象和一头雌的犀牛，他还命令从东非、波斯以及阿拉伯进口各种珍奇的动物。他希望用这些动物和鸟类装点他那华丽的宫廷。到了18世纪的时候，若奥五世也下令从巴西带各种鸟类回葡萄牙，他特别要求巴西的总督尽量要减少运输途中鸟类的死亡数量，为此目的葡萄牙人还制作了一种特别的笼子，总督则要求舰长们想尽一切办法让这些笼中物活着抵达里斯本，这正是一件吃力不讨好的活儿。在东非罗安达装船的动物和大量的鸟类在漫长的旅途中不可避免地会死去，因为从东非出发的船只必须先要将奴隶和货物送到巴西的巴伊亚和伯南布哥，然后再横越大西洋回到里斯本，途中出现动物死亡是不可避免的。

四、葡萄牙语与"克里奥尔"语言

除了作物以及器具等的交流以外，另一个与社会生活密切相关的就是语言。葡萄牙人在植物和器具的东西方传播中的作用固然重要，但是更加重要的是葡萄牙人的语言在近代早期被世界各地的人们普遍采用，并融入当地的语言中去。由于葡萄牙人是近代早期欧洲海外扩张的先驱，他们的语言（或者说他们的语言中的一些形式）成为当时世界各大洲沿海许多向欧洲人开放的港口或地区普遍使用的语言。因此，葡萄牙语是人类历史上第一个被不同民族使用的全球性的语言。葡萄牙语的最后形成是在地理大发现时代,它本身就具有某些航海的特征。雅依梅·科尔特桑指出:"如果我们接受莱布尼兹的观点,那么我们就可以认为,作为一个民族的特征,葡萄牙语最终在15世纪中期到16世纪中期形成,而当时也是因地理大发现和其他大陆的扩张使葡萄牙民族在政治上充分区别于其他民族。葡萄牙语是航海者的语言。卡斯蒂尔语的五个元音的发音是清晰的,而字母'J'的发音则像打响板那样响亮,葡萄牙语则转化成五彩缤纷的二重元音,以及像大海中的浓雾和浪涛中传出命令声那样短促的颤音。这种语言比任何其他由民间或由文人创造的语言更好地显示出葡萄牙人和卡斯蒂尔人之间的区别,这种区别是由'居住环境'和历史在长时期内形成的。"在近代早期的200年中,随着葡萄牙人来到世界各地并在各大洲的许多沿海地方建立殖民地以后,葡萄牙语以及葡萄牙语与当地语言的混合语就成为世界性的航海通用语言。

葡萄牙语很早就在印度尼西亚群岛即香料群岛上流行了。葡萄牙舰长加尔旺(António Galvão)在1536年成功地攻占了蒂多雷岛(Tidore)以后,一再提到当地的酋长们会讲葡萄牙语以及卡斯蒂尔语。1589年,葡萄牙沉船"圣多美号"的幸存者来到今天莫桑比克的伊尼亚卡(Inhaca)酋长领地,他们惊异地发现当地有人能够流利地讲葡萄牙语。20年后,荷兰人来到东方以后,他们不得不以葡萄牙语与当地的统治者沟通。1602年,荷兰的舰长斯比贝根(Joris van Spilbergen)在锡兰的拜蒂克洛(Batticaloa)看到当地的土著人带着会讲葡萄牙语的译员来到他们的舰船上。其至在一些荷兰人占领的前葡萄牙殖民地,葡萄牙语也能够抵御荷兰人强推的在当地使用荷兰语的政策而顽强地生存下来。例如,在锡兰中部的坎提王国(Kandy Kingdom),那里的土王辛那二世(Raja Sina II, 1629—1687)尽管与荷兰人联盟抵抗葡萄牙人,但他仍然拒绝说和写荷兰语,而是坚持说和写葡萄牙语。在望加锡,当地的一些统治者也会讲葡萄牙语,其中有一位土王居然能够阅读居住在葡萄牙的西班牙虔诚的多明我会士作家路易斯·德·格拉纳达(Fray Luís de Granada, 1500—1588)的原著。①1645年,荷兰

---

① 路易斯·德·格拉纳达(Luís de Granada, 1505—1588),西班牙著名神学家、作家以及布道家。出身于格拉纳达一个贫寒的家庭,19岁时加入多明我会,进入巴利亚多利亚德(Valladolid)的圣格利高里学院(The College of St. Gregory)学习并毕业。他后来成为著名的学者以及布道家。葡萄牙的亨利枢机主教邀请他去了葡萄牙,他曾经被选为维塞乌的主教以及布拉加的总主教,他坚辞不就任,终身致力于神学、教义学、《圣经》以及教会历史的研究。1555年出版了名著《罪人指引》("La Guai de Decadores" or *The Sinner's Guide*)。他坚持写作35年,出版49种书籍,他的许多著作被译为意大利文、日耳曼语、波兰语等多种语言。

驻摩鹿加群岛的总督德曼（Gerrit Demmer）在报告中指出：对于当地的安波尼斯人（Ambonese）来说，葡萄牙语，甚至是英语，都是比荷兰语更容易学的语言。最为令人震惊的是，在荷兰殖民地首府巴达维亚，葡萄牙语也胜过了荷兰语。其实，葡萄牙人除了战俘和偶尔到访的旅行者以外，从未涉足过这个地方，是来自孟加拉湾的奴隶和家庭仆人将葡萄牙语介绍到了这个地方，后来在当地土生土长的荷兰人也跟着他们讲起了葡萄牙语，虽然荷兰殖民当局屡加禁止，但却不能根除。在巴达维亚以及周围地区，荷兰人惊讶地发现，葡萄牙语是当地的奴隶、水手、手艺人以及与他们通婚的妇女唯一能够讲的语言。一位生活在18世纪并在东方活动的苏格兰加尔文教徒汉密尔顿，他对于葡萄牙人并无好感，但是对于印度洋周边地区的情况却是了如指掌。他于1727年写道，他在整个亚洲找不到一万名讲英语的人，但是却有足够多的人讲葡萄牙语："在（亚洲的）海岸线上，葡萄牙人留下了他们语言的痕迹，尽管许多地方的葡语已经走样了，但还是大部分（在亚洲的）欧洲人首选学习的语言，这是他们之间相互交流的语言，也是他们与印度不同的居民交流的语言。"荷兰人统治过整个巴西东北部24年，但是巴西当地人仍然顽固地拒绝学习信奉"异端"的荷兰统治者的语言，只有两个荷兰词汇留在了伯南布哥的当地通用语言中。荷兰人还送当地部落酋长的儿子去荷兰接受教育，他们虽然学习到了荷兰的语言以及新教的教义，然而不成气候。1656年葡萄牙人和耶稣会士回到当地以后，不费吹灰之力就去除了美洲印第安人中的荷兰文化和语言影响。在非洲，从1641年至1648年，尽管大部分的班图族人站在荷兰人这一边，但是荷兰人的黑人奴隶、助手以及盟军仍然继续使用葡萄牙语而拒绝学习荷兰语。甚至在好望角地区，葡萄牙语的影响也仍然长期存在，对于非洲本地语言的发展不无影响。

　　葡萄牙语还与许多当地的语言混合起来，形成所谓的"克里奥尔语"（Creole）。"克里奥尔"一词来自葡萄牙语crioulo，原意是指在殖民地出生并长大的欧洲人后裔，后来该词也用来指在这些地方土生土长的人，最后又用来指他们所讲的语言。葡萄牙人开辟印度洋航线来到远东的历史进程，跟葡萄牙语的扩散传播和与各地方言的混杂蜕变关系明显，这种历史语言现象涉及民族的变体和语言变体的问题。自15世纪以降，葡萄牙语随着葡萄牙人殖民地的扩张在殖民地的渗透中被各种方言"边际化"，因而出现了葡萄牙民族语言在殖民地的历史失语症现象。这就是"克里奥尔语"的由来。这种混合语的产生主要是因为操某种语言的人们，在经济或政治上对另一种语言或另外语言的使用者占有支配地位。开始时占优势的民族所用语言的一种简化或修改形式,在不同群体成员之间的交际中使用,此阶段的交际用语就是一种常用语。如果其形式经过简化,就成为一种皮钦语(pidgin)。① 葡萄牙学者白妲丽指出:这种语言融合了现代葡萄牙语中已经不再使用的陈旧词汇和亚洲语族的词汇,很可能是在葡萄牙语成为流行于东方的共同交际的混合语言时形成的。葡萄牙人在亚洲数个地方如果阿、锡兰、马六甲、澳门、印度尼西亚等地留下了他们自己的语言。作为交流的手段,他们使用"一种某种程度上来说已经是成熟的语言,有丰富的词汇量,语音、词法和句法已经稳定。这种语言在此持续了300年,直到19世纪才消失"。

以果阿为中心的印度西海岸可能是使用"克里奥尔语"最重要的地方,葡萄牙语在那里留下了许多重要的影响,直到1961年葡萄牙失去第乌、达曼和果阿为止。果阿作为葡萄牙印度国的首府,在那里葡萄牙语和当地语言混合,形成了所谓克里奥尔-柯坎语(Creole Konkani)。印度人对于葡萄牙人在语言方面留下的遗产抱有欣赏的态度。卢末(J. M. R. Lume)指出:"葡萄牙文化遗产的韵味是带有欧洲的人文主义的……它始终在果阿是活的,特别是在有葡萄牙文化渊源的知识分子家庭中间,他们已经将果阿当成了自己的家。他们在讲柯坎语的人群中占有很大的比例,他们想在葡萄牙语中将一个旧世界的文化,连同它的美丽、精致与文雅,一同保持下去。"另一部《印度文化史》的作者 A. L. 巴沙姆这样写道:"葡萄牙商人也带来自己的语言。因而他们可以有理由说,他们在印度所有海港确立了一种混合语,对其他欧洲人用处极大,这些人会发现,在许多地方没有它就难被完全理解。英国人最初在苏拉特登陆,就是通过说葡萄牙语的印度中间人做买卖,两个世纪以后,葡萄牙语仍是加尔各答的公司职员做生意最常用的语言。而且,如马什曼所记载的:'克莱夫讲一口流利的葡萄牙语,他从来不会用任何印度语言发布命令。'即使今日,当葡萄牙语作为一种语言已在除果阿之外的印度逐渐消逝时,从其中借用的词仍在使用。在拉斯卡里语即水手说的印度斯坦语里,它们自然主要是专门的航海用语,但在北印度语言的词汇中,诸如房间、桌子、水桶或钥匙这些极常用的词仍然是葡萄牙语。"

在澳门,"克里奥尔语"是由葡萄牙语和马来语的词汇加上相对简单的中国句法构成的,这种最初简单的方言由于后来被大部分澳门人不断地说讲而

---

① 皮钦语Pidgin,使用有限词汇和简单语法的语言,没有共同语言的人们用作互相交往的手段。如果该语言成为一个群体的母语,则成为混合语。

发展成为丰富的克里奥尔语。葡萄牙语是除广东话和马来语以外对澳门方言贡献最大的语言，其中的一些古旧的语言保留在澳门语中，如热酱、水果、甘蓝菜、贪婪的、腋臭、钳子、捏、蝴蝶、女用紧身衣、甜食、熨斗、地下室、小袋、玉米、滑、汤、"让我单独留下"、罐、小刀、糕、藤条、果酱以及硬币等。葡萄牙学者白妲丽著有《澳门方言生僻词词典》，共收入426个非葡萄牙语源的词，其中来自中文词源的有75个，还有一部分为印度-葡萄牙语和马来-葡萄牙语的词源，共86个，从中似可找出果阿-马六甲-澳门之间在语言上的相互影响。卢末特别提到果阿的柯坎语对于澳门方言的贡献。这些柯坎语直到近代仍然在澳门本地人中间使用，如男孩、外套、动物、水果、鱼、小巷、助产士、花、水壶、洗衣妇、泥、茉莉花、四季豆、午饭和大麻等。 这些语言只有在澳门底层社会的妇女中才得以更多地保存，因为她们很少与外界交往，而男子则由于不断与外界交流或接受教育的缘故已逐渐失去了使用这种土语的能力。在日本，葡萄牙语也渗入到日语中，产生了一些日语化的外来语。在服饰方面，有斗篷、汗衫、裙裤、线衣、纽扣等，纺织品方面有呢绒、天鹅绒、锦缎、细棉布、印花布、雨衣、背心、内衣等，器具中有玻璃、酒杯、长颈瓶和唢呐，食物中有棒棒糖、糖豆、蛋糕、泡泡糖、圆点心、面包、油豆腐、柚子、木瓜、天妇罗（油炸的蔬菜）等，其他的还有纸牌、肥皂、烟草，还有一些与基督教、与外国事物有关的名词如伴天连（神父）、切利支丹（基督徒）、基督、十字架、玫瑰经以及加比丹（舰长）、木乃伊、英格兰与荷兰等，这些都是从葡萄牙语转化过来的。

在19世纪英国人在全世界建立霸权以前甚至以后，以葡萄牙语为主体的"克里奥尔语"在大西洋的岛屿上、非洲的西海岸、马来西亚、印度果阿、斯里兰卡、澳门和印度尼西亚等地也还广泛地存在。

五、知识的流通与文化交流

葡萄牙海洋帝国在近代早期的扩张还引发了全球化的知识流通与文化交流。作为葡萄牙航海事业的副产品，葡萄牙人建立了有别于中世纪的近代最早的制图学。在此过程中，葡萄牙人借助了阿拉伯人、中国人和日本人的地理学以及制图学的知识。许多葡萄牙人制作的地图借助了他们到达地的人民提供的资讯。在葡萄牙制图学创建的初期，葡萄牙人就借助了摩尔人和犹太人的知识与贡献。葡萄牙的历史学家雅依梅·科尔特桑指出："认识纬度，对于建造水平日晷以装饰人们常去祈祷的地方和在祈祷仪式中面向麦加的活动是必不可少的——这个方向是由教长依据圣城的地理坐标和信徒所在之处的地理坐标来确定的。另一方面,天文文化就其自身而言,其发展在很大程度上出于占星术的需要,这种占星术试图预言一个人从出生起的命运如何,指明人从事各项活动的有利时机。占星术在伊比利亚半岛的穆斯林中享有极大的声望,他们又把它传给了基督徒。但是,为了预言未来以及确定行动的最佳时机,需要了解天体的运动和位置与黄道带之间的关系已经成为当务之急,从而又导致了星盘和天文表的普及。因此,星盘成为穆斯林王子和文化人士的日常用品,同时,中世纪的最后几百年中也成了基督徒的日常用品。"他又引述另一位学者的话说:犹太人于摩尔人和基督徒之间在宣扬星象学进而宣扬天文文化方面承担着中间人的重要作用。犹太人在这方面的研究使得半岛各王国在这些领域取得了进步。有不少犹太人出身的星象学家、宇宙学家和天文学家为包括葡萄牙君主在内的基督教君主服务。他进而指出:"从地中海的经验主义到采取科学的态度意味着航海家的文化有所改变,领航员必须了解有关宇宙结构学的知识,了解当时称为'世界之机械'的构造。我们已经说过,长期以来,在阿拉伯人的影响下,葡萄牙正逐步增加对于宇宙结构的了解。"博克塞在研究葡萄牙人关于南中国海的知识时,他指出葡萄牙领航员在技术方面的贡献的同时,也说"他们主要依靠当地的知识和海图,因为他们拥有的海图上没有指明任何有价值的地名"。

同时,葡萄牙人不仅利用阿拉伯人航海家和地理学家的知识,在许多地方他们也亲自依据详细的文字材料观察以及勘查港口和锚地,并且将这些知识带回欧洲。有关世界真实的形象的知识日积月累,终于在16世纪由麦卡托在葡萄牙人航海知识的基础上使用他的投影法描绘出整个世界的面貌。葡萄牙人不仅将了解到的陆地和岛屿用地图画了出来,他们还掌握了大西洋和印度洋上的风向系统。在地理大发现时代的最初阶段,葡萄牙人是欧洲民族中唯一懂得在世界范围内如何利用风向来进行全球性的航海以及贸易活动的。本书第五章第三节已经提到葡萄牙制图学如何突破中世纪以来托勒密的宇宙观。从葡萄牙帝国政府维护本国利益的角度当然不希望有关这些地图和地理的知识流入外国或者别的民族中间,但是,要长期阻止知识的流通是不可能的事情,葡萄牙人的地理和地图学的知识终于通过民间以及学者两条途径传播到别的国家。一些制图家由于别的国家愿意用高薪聘请他们或者自己的抱负不能够得到实现,便服务于外国人。曾经有许多舰长、宇宙学家、领航员以及制图学家转而为西班牙、英国和法国效劳。另外一些16世纪葡萄牙宇宙学、地理学和制图家中的伟人如杜亚尔特·帕切科、佩德罗·奴内斯、若奥·德·卡斯特罗（Dom João de Castro）等人都认为航海学和地理学的知识应当成为人类共同的精神财富,他们在自己的著作中也公开表达过这些观点。

另一方面,通过由耶稣会和葡萄牙人开创的文化交流活动,亚洲人也了解到了欧洲的地理、历史和文化。16世纪90年代以后,日本"天正使团"的青年通过从欧洲带回的世界地图集向日本人展示了一个全面的和崭新的世界形象,帮助当时的日本人了解世界的真实面貌。他们带回的地图集有奥特里乌斯（Abraham Ortelius, 1527—1598）的《世界概览》（*Theatrum Orbis Terrarum*）以及布劳（George Brau, 1541—1622）的《世界城市概览》（*Civitates Orbis Terrarum*）,①使团成员是在意大利帕度瓦（Padua）得到这些地图集的,当时日本的孩子们正在访问当地的一个古老的植物园,园子的主人维兰德（Melchior Wieland）,又名谷兰蒂努斯（Gulandinus）将这两种地图集赠送给他们。布劳地图集共有六卷,第一卷出版于1572年的科隆,第二和第三卷分别出版于1575年和1581年,其余的是日本使团离开欧洲以后出版的,最后一卷出版于1617年。因此,日本使团带回的是该书的前三卷。奥特里乌斯所编撰的地图集收录了七十幅描绘世界各地不同地区的地图,所有的地图都是以统一风格以蚀刻画制成的,它们的制作者是八十余位制图学家以及蚀刻画家。这些地图对于当时的日本人世界知识的扩充产生了很重要的影响。那时日本人虽然对于毗邻的朝鲜和中国是了解的,但至于印度,只是听闻而已,只知道佛陀居住在那里。日本的商人和浪人也去菲律宾的马尼拉等地贸易和旅行,对于台湾以及东南亚有所了解,但是他们对于世界其他地方如非洲、欧洲和美洲知之甚少。因此,日本使团带回的地图对于启发后来的日本人了解世界无疑有着重要的意义。更有甚者,日本的艺术家在他们制作的"南蛮屏风"上面模仿了《世界概览》以及《世界城市概览》等地图集上面的铜版画,在保存于神户的17世纪早期的"南蛮屏风"上,日本艺术家精细和优美地画出了欧洲一些主要

---

① 布劳（George Brau, 1541—1622）是科隆教堂的一名执事,也是地形和地图制作家。他主持的《世界城市概览》（*Civitates Orbis Terrarum*）一书包括363张蚀刻画,1572年出版第一卷,其他的在以后的50年里陆续出版完成。尽管它属于尼德兰北方制图学派的作品,具有生动的、色彩丰富的佛兰德斯艺术特色,但是实际上它是在科隆制作出版的。奥特里乌斯（Abraham Ortelius, 1527—1598）是出生于佛兰德斯城市安特卫普的地理学家和制图学家,1575年被任命为西班牙国王菲律甫二世的御用制图师。其著《世界概览》（*Theatrum Orbis Terrarum*）初版于1570年5月,有70张地图以及87种参考著作,以后不断增版,为16世纪制图学的总集之作,也被认为是第一部近代意义上的世界地图集,对于16世纪欧洲北方文艺复兴时期的地理知识的传播产生了深远的影响。

城市中的景观,如罗马的圣彼得大教堂、天使堡、斗兽场以及台伯河上面的桥梁。除了罗马以外,还有葡萄牙的里斯本、西班牙的塞维利亚以及奥斯曼帝国的首都君士坦丁堡等重要的都市。这些日本艺术家从来没有离开过本国,却制作出如此精确的景观画,完全是由于他们模仿了欧洲的景观画的缘故。

在15世纪的时候,到过非洲的葡萄牙人就已经写出了一些著作,描绘了当地的概貌。被称为"葡萄牙的阿基利斯"的杜亚尔特·帕切科·佩雷拉(生平见本书第二章第四节)是地理大发现时代早期的一位重要的舰长、探险家和宇宙学家,他写的"Esmeraldo de situ orbis"就是一部结合了地理和历史的知识、反映非洲等地各民族文化以及葡萄牙人在几内亚贸易的重要著作,虽然该著作直到19世纪末才被人发现并出版。该书第一卷第二章特别提到"国王陛下命令我们探测西部地区,那里有极大的大陆以及毗邻的很大的岛屿",以至于有些学者猜测是他而不是卡布拉尔第一个发现巴西,还有一些学者认为他的船队在1498年已经抵达北方的佛罗里达,是葡萄牙人发现了北美大陆或者尤卡坦半岛,不过这些事情都有待于进一步的确切证明。老阿尔瓦罗(Álvaro Velho)的游记,以及瓦兹·达·卡米尼亚的描绘巴西当地人民的信件都使得人们了解了葡萄牙人所遇到的新的民族的情况。杜亚尔特·巴尔博萨(Duarte Barbosa,约1480—1521)是葡萄牙驻印度殖民地的官员和作家,1500—1517年担任葡萄牙驻坎纳诺尔商站的书记官,他懂得当地的马拉雅拉姆语,所以也担任议员的工作。他在1516年写的《巴尔博萨书》(Livro de Duarte Barbosa)是葡萄牙最早的游记文学,对于印度洋周边地区的文化有详细的记录。托梅·皮雷斯(Tomé Pires,1465—1524)是葡萄牙药剂师,1512—1515年在葡萄牙人刚刚征服马六甲以后就来到马六甲当地,他后来也是葡萄牙派往中国的第一位使节。在马六甲期间,他写了《从红海到中国的东方地区的概要》(Suma Oriental que trata do Mar Roxo até aos chin),该书是欧洲人对于以马来半岛为中心的东方地区的最早的描述,对于葡萄牙人在东方的活动的记载尤为详细,它还包括了当地的历史、地理、人种、经济、商业(如币制与度量衡)。他从自己与之接近的商人与水手那里调查到非常详细的资料,是一位没有偏见的记录者和观察者。很可能此书是他离开里斯本的时候由王室委托他撰写的。此书在当时并没有出版,直到20世纪早期才被人发现。佛朗西斯科·阿尔瓦雷斯(Francisco Álvares,约1465—1536或1541),是葡萄牙传教士与探险家,王室私人教堂主持弥撒的神父。1515年,他作为葡萄牙王室的使节出访埃塞俄比亚,几经辗转,才于1520年抵达马萨瓦(Massawa),不久觐见了埃塞俄比亚的皇帝登格尔（Lebna Dengel）。他在当地逗留了6年的时间，于1526年或1527年回到里斯本。1540年，他撰写了《关于印度"长老约翰王"领地的真实的讯息》（*Verdadeira Infomação das Terra do Preste João das Índias*），这是葡萄牙人在近代早期对于非洲东部埃塞俄比亚地区的文化风俗的真实的记录。1533年，他又作为葡萄牙使团的成员之一出访罗马教廷，他将一封埃塞俄比亚皇帝的信件转交给罗马教宗克莱门七世（Pope Clement VII, 1523—1534年在位）。这些早期葡萄牙人撰写的著作除了少量的意大利文的盗版在当时都没有公开出版。不过，到了16世纪50年代，第一批由葡萄牙人印刷出版的著作已经出现，尽管这些书籍都带有传统的王家编年史的色彩，它们的人种志的记录也带有明显的欧洲中心主义的印记。许多葡萄牙人对于东方的著作都是在19世纪以后才公开出版的，但是都有助于人们理解葡萄牙海洋帝国扩张中民族的冲突与融合的过程。这些游记，与本书第五章中提及的探险家平托以及鄂本笃的著作和信件一样，开启了人们的视野和对于不同文明的认知。

这里，我们特别要提到16世纪伟大的葡萄牙历史学家巴洛斯（生平见本书第五章第一节）对于中华民族和中华文明的称颂。在《亚洲旬年史》第三卷第二册的第七和第八章中，巴洛斯以很大的篇幅特别谈到了中国明朝繁荣的文化，他提到自己拥有一些中国的书籍，并说他雇用了一名受过教育的中国奴隶来帮助他翻译这些史料，这名奴隶懂得以葡萄牙文读写以及娴熟地运用阿拉伯数字，他还使用了"印度房"的一些有关中国的书信作为史料，其中的一些书信是1534—1536年被关押在广州监狱里的葡萄牙囚犯托人偷偷带出来的。还有一些关于中国的可靠信息来自他的朋友、1517年成功地出使中国广州的葡萄牙人费尔南·佩雷斯·德·安德拉德（Fernão Peres de Andrade），他在后来成为里斯本王家码头的管事。在巴洛斯的书中，他第一次向欧洲的读者谈到了中国的长城（马可·波罗在他的游记中没有提到长城，这是后来有人怀疑他没有到过中国的理由）。巴洛斯对于中国非常推崇，并以一种比对待印度教徒和阿拉伯人更加宽容的眼光来看待"信奉异教的中国人"。他谈到中国官方的《明史》中记载葡萄牙人绑架广东的孩子并吃掉他们的故事，他认为中国人有这样的看法并不奇怪，因为葡萄牙人是唯一的新来乍到的外国人。葡萄牙人自己也相信那些遥远的地方不同的人民中发生的稀奇古怪的故事。他还指出：中国人有很深的文化优越感，"就像古希腊人一样，在将自己与别的民族比较的时候，将别的民族看作是野蛮人。中国人自己认为他们能够用双眼认出和理解任何事物,而我们欧洲人,由于与他们发生了接触,就只有一只眼能够做到,而其他的民族都是瞎子"。他还列举了中国人发明的印刷术和火药,以及其他的科学成就以及中国人经常使用的一些技术,如使用马拉的大车以及手推的带帆的独轮小车作为交通工具,使用指纹(手印)来确认个人的身份,用一种以沥青混合熟石灰以及鱼油涂过的布作为船的敞篷,这种布是防虫和防水的,他特别指出他的朋友安德拉德已经将这种布以及中国人在船尾建造船舵的方法引进葡萄牙,他还赞扬了中国的司法制度,指出明朝的司法官员不允许由当地人出任,这样可以更加公正地执法,但是高级的军官则可以由驻军的当地人出任,因为出于对当地的本能的热爱可以使他们更好地保卫乡土和国家。最后,巴洛斯认为中国人的文明比古希腊和罗马人的成就更高,这是文艺复兴盛期一位人文主义学者对于中华文明的最高的评价。

正如科尔特桑指出的那样,近代早期葡萄牙人的这些书信以及书籍"把我们提高到理解各种信仰的相对价值,在世界的那一边,生活着无数具有各种信仰的民族,他们与基督徒一样有着高尚的情操。因此,宗教不是衡量人类的唯一标准。于是,面对那些曾经深入到新大陆腹地的探险家们做出的多次观察,人们感觉到《圣经》和古人那里所描述的宇宙已经显得狭窄与空洞。有无数的欧洲人读完我们葡萄牙旅行者、自然学者和传记家绘声绘色的描绘之后都大开眼界"。

16—18世纪,葡萄牙人在向世界各地传播基督教方面发挥了重要的作用。历史上的葡萄牙人是宗教信仰非常强烈的民族,也被称为"带着信仰旅行的民族",他们以一种强烈的"天命意识"负起在反宗教改革时期在欧洲以外的地区传播基督教的重大责任。从1543年开始建立果阿教区到1659年东京教区建立为止,从东非(埃塞俄比亚和莫桑比克)到日本,葡萄牙人建立了总共10个教区。在巴西,葡萄牙人建立主教区的进程要缓慢一点,但是到了葡萄牙人统治巴西殖民地的末期,也建立了1个总主教区(其辖治的范围一直延伸到了安哥拉)以及8个主教区。在16世纪40年代耶稣会来到巴西以后,又在葡属印度建立了4个会省(果阿会省,包括东非和西藏地区;马拉巴会省,从印度西海岸一直延伸到印度尼西亚;中国大陆会省;日本会省,包括印度尼西亚到苏拉威西岛),这还不包括方济各会、多明我会和加尔默罗会的传教活动。在巴西,耶稣会在整个天主教的传教事业中也处于先锋模范作用,方济各会的传教事业主要在北方。1614年,日本和中国的信徒合计超过30万名,安南南方和北方加起来则超过20万名,锡兰达10万名,从莫桑比克直到日本的

果阿的葡萄牙奥斯定会修道院的钟楼
为当时果阿的标志性建筑,高达46米,建于1597—1602年。该修道院图书馆拥有17世纪葡属东方最大的图书收藏量。

葡萄牙人影响所及的广大地区中有120万名天主教的信徒。至于天主教的影响以及信徒接受信仰的程度,各个地方如亚洲、非洲以及美洲与各个不同时期都不尽相同。在印度,许多信徒都是农民以及沿海地区的渔民,他们对于教义在深层次上的理解也是有问题的,许多人皈依天主教也是短期行为,他们的许多原有的印度教与佛教的行为与思想方式依然保存了下来。更有甚者,葡萄牙人在传播基督教的时候还采取了大规模的强迫性的手段,特别在印度西海岸和锡兰的低地地区更是如此。从16世纪40年代开始,葡萄牙人已经大规模地摧毁印度教的神庙并设立歧视性的法律禁止印度教徒、佛教徒以及伊斯兰教徒在葡属印度的领地上进行公开的传教活动。1567年果阿的宗教会议则是一次全面落实特兰托大公会议决议的会议,从此以后的数十年间在果阿的葡属印度当局推行了一种更加严厉的强迫性的改宗运动。这种现象在葡萄牙海外殖民地具有普遍性。1563年,休达、里斯本、丹吉尔、安哥拉、拉曼戈和阿尔加维的主教们在里斯本起草了一份陈情书,分门别类地列举了葡萄牙海外传教区普遍存在的混乱局面,包括使用暴力以及对于那些没有经过训练的平民进行滑稽剧式的集体施洗和举行弥撒。尽管在16世纪葡萄牙人使用这种极富争议的方法使得许多印度人成为基督徒,虽然第一代的基督徒中可能有许多人还不能成为好的基督徒,但是他们的后代中的确有许多人成为好的基督徒。在经历了16世纪40—60年代的大规模的强迫性的改宗运动以后,基督教在果阿、巴辛、第乌、达曼等葡萄牙殖民地扎下了坚实的根基。正像欧洲的撒克逊人、条顿人和斯拉夫人一样,在许多情形之下他们也是被迫接受基督教的,但是他们的后代都成为虔诚的基督徒。果阿、巴辛、达曼、第乌居民也一样,在经过了两三代人以后,他们深深地爱上了这个曾经是强加给他们祖先的宗教。

不能否认葡萄牙传教士中的那些极端的民族主义者在推进基督教传播事

业中与殖民地强权的结合,特别是在葡萄牙殖民地政权完全能够控制的地方尤其如此。但是同样不能否认的是在海外,尤其是在远离葡萄牙殖民地政权中心的偏远地区,如巴西、日本、澳门、印度尼西亚和小巽他群岛以及非洲的东西沿海地区,"耶稣会士远离葡萄牙政府和国家的影响,经常联合土著人和当地的葡萄牙人一起做善事。当时也有许多葡萄牙人抵达遥远的土地以后,经常信奉当地的信仰和风俗,甚至丧失了爱国的情感。在大多数情况之下,如在巴西,他们抑制殖民者的残忍行为,保护土著人使其免受奴隶主的掠夺。尽管耶稣会士在许多事情上总是表现出不肯忍让,使得他们失去了许多人的同情,但是在大多数的情况之下,他们比葡萄牙的商人和士兵更有礼貌、更加文明、更加有韧性,因此他们成为葡萄牙商人或士兵与当地王公贵族及土著的调解人,多次平息了那些土著人的愤怒。正是通过传教士们的准备工作,葡萄牙人的影响得以维护和扩大。可以说,耶稣会士是葡萄牙最坚定的、有恒心而无私的外交家"。同时,在耶稣会内部,对于马拉巴礼仪以及中国人祭祖祀孔的礼仪的默认,更使得许多当地人认为天主教会是在对当地文化实行妥协而不是硬性传教。在澳门,那里的情形与果阿则完全不同,葡萄牙人不能够在澳门干涉中国的佛教庙宇、道观以及其他民间信仰如妈祖崇拜。他们不得不允许佛教徒和道教徒在街上游行以及在庙里举行仪式。在日本和中国这些不同于果阿的东方地区,天主教会都试图走本地化的路线,在此过程中,在教会的内部和外部,发生了无数的争执与冲突。在日本、中国、安南和埃塞俄比亚,天主教的传教士以及本地的信徒最后都遭到了激烈的镇压,特别是在日本,发生了许多惨烈的殉教的事件。在非洲,在19世纪以前一直有葡萄牙传教士的活动,但是他们对于本地人的归化在数量上没有取得很大的进展。不过在刚果和莫桑比克,基督教一直与本地的宗教并存,并相互混合与掺杂在一起。在非洲,葡萄牙人还利用基督教作为驯化奴隶和维护奴隶制的工具,有大量的黑人奴隶是在被装船运出非洲之前仓促之间为他们付洗的。他们对于基督教的理解是相当表面化的。葡属美洲在面积上几乎可以与中国相提并论,正是葡萄牙人将基督教带到了这个地方。至于说到当地的民众,他们对于基督教的喜爱主要是在仪式层面的,耶稣会士与其他修会的传教士对于美洲印第安人在基督教信仰的哲学以及教义方面的教育取得的成果究竟如何,这是一个值得探讨的问题。耶稣会被驱逐出美洲不仅是因为当地的土著宗教势力的反对,更应该归咎于葡萄牙人自己,即蓬巴尔执行的激烈的反耶稣会的政策。

在葡萄牙的海外殖民地,除了耶稣会以及其他修会,几乎没有别的机构兴办文化教育事业。耶稣会作为反宗教改革时期罗马教会最重要的修会，在教育理念上以"耶稣会教育大纲"为总纲，在欧洲和海外各地兴办教育事业，并吸取和融汇世界各地的文化特别是当地的语言。虽然耶稣会学校的受众在世界范围内人数很少，但是它传播的欧洲的宗教和文化并不局限于上层阶级，一般民众特别是年轻的有志于传教的信徒有机会在耶稣会的学校中接受教育。在巴西的巴伊亚，耶稣会的学院规模巨大，它设有基础的和较高级的课程，有写作（包括拉丁文、语法、修辞、诗歌和历史）、艺术人文（哲学和科学）以及神学。1694年的时候，它的图书馆拥有3 000卷来自欧洲的书本。此外，当地的耶稣会还有许多平信徒和神职人员，他们是专业的画家、雕刻家、木刻家和金属手工艺人。尽管他们的许多作品都已经不存在了，但是还是有许多杰出的绘画和木刻作品保留了下来，从中可以看到他们精湛的艺术成就。在葡属印度殖民地果阿，耶稣会士在文化教育方面的事业也有目共睹。在果阿甚至整个远东地区，果阿的耶稣会圣保禄学院是最重要的文化教育机构。它最初建于1541年，开始时由教区神父和方济各会士管理。1549年，沙勿略代表耶稣会士接管了该学院。从此，耶稣会士主持该学院的文化教育课程、学生的灵修指导以及学院教堂与宿舍管理。学院不仅接受欧洲人、欧亚混血的青年，还训练亚洲的传教员以及教区神父。课程有拉丁文、神学以及亚洲本地的语言。1552年，有300名学生；1578年，增加到900人。从1556年至1607年，有2 000名学生在这里接受教育。这是名副其实的"国际学校"，学院的学生有来自欧洲的葡萄牙人、意大利人、欧亚混血儿、果阿人、东非的班图族人、古吉拉特人、埃塞俄比亚人、亚美尼亚人、中国人、日本人。学生除了学习拉丁语、葡萄牙语和神学以外，每周还要学习各自民族语言文字，这样他们可以习得自己本民族语言文字的用法。其拉丁文的课程主要有阅读古罗马西塞罗、维吉尔和奥维德等名家的作品。哲学和神学课，主要学习亚里士多德的哲学著作和托马斯·阿奎那的神学著作。学生们还要学习辩论术、修辞学以及戏剧等。学院还根据学生将来的传教需要设计了一些课程，如如何处理良心案件、培养良好的习惯以及对于信仰的充分理解。他们还要参加弥撒、葬礼、宗教游行，陪同神父和修士远足朝圣，向信徒解释神迹，在灵修方面，每天都有默祷，或者口头念诵祷文，参加弥撒和念玫瑰经。总之，这些课程完全模仿欧洲的耶稣会学院，拉丁语和神学教育是最受注重的。果阿的圣保禄学院还开设有印刷所，沙勿略编辑的印度本地语言的《教理问答》以及加西亚·德·奥尔塔的医学书籍都是在这里印刷的。所有来自欧洲的耶稣会传教士不是在这里教书，就

第十二章　葡萄牙海洋帝国的历史和文化遗产　461

A.

B.

C.

D.

葡萄牙海外殖民地的艺术

A. 葡萄牙人在莫桑比克塞纳（Sena）城堡小教堂中的洗礼盆；B. 果阿好耶稣教堂中的救世主小耶稣像，他的左手握着一个球体，举起右手做祝福状；C. 澳门仁慈堂博物馆保存的17世纪具有中国艺术风格的圣母像；D. 日本九州岛原博物馆的一座刻画葡萄牙神父的南蛮人形烛台。

是在这里继续深造,然后去往远东各地,印度以及远东传教区的本地神职人员也是在这里培养的。在果阿,多明我会士最早兴办学校,后来他们则把学校迁到了班纳吉;奥斯定修会以及加尔莫洛修会也兴办学校,直到1835年为止。

在日本,约在1580年,耶稣会远东视察员范礼安为了培养日本本地的神职人员,决定设立3个学院,分别隶属耶稣会在日本的3个传教区。该会首先在九州南部的有马开办一个神学院,有22名学生,另一个则设在京都附近的安土,还有一所神学院则是设在丰后的见习修道院。耶稣会在日本兴办的神学院教育年轻人,受众大多是贵族、大名以及未来的见习修士。在澳门,早在1572年,耶稣会已经建立了一所教授读写的学校,几年以后,增加了拉丁文的课程。1584年,这所学校已经有200名学生,除了学习拉丁文以外,还学习葡萄牙文、数学和音乐。16世纪80年代后期,随着日本幕府禁止天主教的趋势越来越严格,到1592年,耶稣会远东视察员范礼安决定在澳门建立耶稣会学院,这年12月,他在澳门正式创立了圣保禄学院,它也是以耶稣会颁布的教育大纲作为基本准则,同时参考了科英布拉大学的章程,并作了一些适应东方人观念以及当地风俗与人文条件的修改。该学院于1597年9月开学,其课程主要是神学和人文学问(拉丁文、希腊文、修辞学和哲学),学校还教授东方的语言如日语、中文以及医学和自然历史。学院收集的绘画、书籍、地图也十分丰富,图书馆约有4 200部来自欧洲的图书。在1600年的时候,学院在澳门的西面还建立了一个花园,种植了来自世界各地的植物和药草,耶稣会士们也对此加以研究。学院还设立了一个药房和配药室,除了拥有西药以外,还收集中草药。从1540年至1759年间,耶稣会在葡萄牙及其海外殖民地共建立77所学院,其中葡萄牙本土有22所、亚速尔群岛和马德拉群岛有4所、安哥拉以及莫桑比克有3所、印度和泰国有29所、中国有3所、日本有4所、巴西有12所,另外还有2所大学以及9所印刷机构。

葡萄牙人在其世界各地的殖民地还传播欧洲的音乐,此种音乐的传播活动经常是与基督教的传教事业联系在一起的,并在教堂以及神学院中进行。葡萄牙人在这些地方教授乐器的使用、乐理以及舞蹈。他们向殖民地引进了欧洲中世纪的格里高利的单声唱法,又配以乐器的演奏,使之成为一种复调。在耶稣会的神学院中,学生要学习乐器的演奏和歌唱。在葡属印度,教区的学校和修会的学校都设立音乐训练的课程,包括唱歌以及演奏小提琴和其他的乐器。如耶稣会果阿的拉肖神学院以及萨塞特神学院的学生还要学习舞蹈、音乐和乐器演奏,每次到教区举行弥撒的时候,他们都在管风琴的伴奏下唱赞美诗，他们也能够以三部和声演唱圣母节时复杂的祈祷曲和晚祷曲。他们还用当地的柯坎语配合欧洲的音乐演唱，成为最具有印度特色的乐曲。1599年，果阿的耶稣会派使团前往莫卧儿朝廷，在拉合尔为莫卧儿帝国的皇帝演奏了文艺复兴时代的天主教音乐，他们带去的欧洲乐器中有圆鼓、铃鼓、喇叭、笛子、小号和夏拉米拉（Charamela，一种没有键的长笛）等"可爱的乐器"，这些乐器后来都流入了莫卧儿帝国的宫廷。1639年，有一位英国的旅行者在果阿耶稣会会院看到了由已经接受了天主教的印度舞蹈者表演的欧洲宗教剧和芭蕾舞，15位戴着花冠的舞者簇拥着一根以花束装饰的柱子，上有圣母抱着圣婴的雕像，还有12名男孩化装成猴子，模仿动物的姿势跳舞，演奏的音乐都是葡萄牙风格。到19世纪的时候葡萄牙人还将铜管乐器介绍到果阿。除了葡萄牙的宗教音乐以外，还有世俗的音乐如法多（Fado）传入印度，它们对于果阿的当地音乐都产生过很重要的影响。在澳门的圣保禄学院，葡萄牙的耶稣会士同样对学生进行宗教音乐教育，还将音乐教育普及到学院附属的幼稚园和小学中。1637年，英国人蒙迪在学院的教堂里看到中国的孩子以葡萄牙风格的戏剧和舞蹈来表现葡萄牙人与荷兰人之间的战斗，以及沙勿略的生平故事。所有的舞台布景都非常漂亮，表演的剧本以拉丁文写出，也是以拉丁文演出的。在日本，当1590年"天正使团"回到长崎以后，使团成员千千石向他的同胞介绍了欧洲中世纪以及文艺复兴时期的音乐和乐器如萨泰里琴（pasltery）、单弦鲁特琴（lute）、四弦齐特琴（zither）、横笛、舌簧八孔直笛、小号以及其他乐器。他还向日本人谈到了欧洲的舞蹈，日本人对于欧洲的男人与女人一同跳舞大感讶异，认为有伤风化。千千石向他们解释说，欧洲的舞蹈是严格地按照礼仪进行的，是体面的和优雅的，并且伴随着歌唱和音乐一同进行。

  在葡属美洲，葡萄牙人不仅将欧洲的乐器带到那里，而且将欧洲和非洲的音乐传统带到那里。葡萄牙人将非洲的一些少数民族音乐带到了美洲，并且与巴西殖民地的音乐融汇在一起。在一般的平信徒的生活中，在劳动中，结婚和选立教父与教母的仪式中，都会有这样的兼有欧洲以及本地风格的音乐出现，这些音乐中有非洲的班图族、苏丹人以及阿拉伯音乐的影响。本地的音乐风格不仅在世俗的音乐，而且有时在宗教音乐中也会反映出来，尽管宗教裁判所以涉及巫术为理由加以禁止，但是这种起源于非洲的音乐在葡萄牙的巴西殖民地长期存在。更明显的是，任何到巴西的旅行者，都可以看到源于非洲的舞蹈形式在当地非常普遍。在有关巴西的一些绘画作品中人们可以看到大约有20种来自非洲的乐器。在将欧洲的音乐带到葡属印度和巴西殖民地的过程中，天主教会特别是耶稣会发挥了重要的作用。由于葡萄牙殖民帝国政府和教会当局非常推崇圣体节以及与之相伴的大型公众游行，另外，在总督以及主教来到殖民地的时候也要举行庆典，人们都有机会演奏这种带有大西洋两岸不同民族特征的音乐。在世俗音乐方面，葡萄牙本国的贝雅以及米纽地方的音乐也随着葡萄牙北方的移民被带到巴西，这两个地方的音乐对于巴西的影响甚至比对于葡萄牙本国其他地方的影响更大。葡萄牙的王室来到巴西以后，开始成为巴西世俗音乐的赞助人。

除了音乐艺术，还有近代早期欧洲的视觉艺术也是葡萄牙人最早带到东方的。在葡属印度特别是果阿，经常有来自欧洲的艺术家带来当时欧洲画坊中的艺术品，包括蚀刻画以及雕刻。印度的艺术家开始接受这些新的风格。欧洲的神父和艺术家与本地的艺术家有很大的差别，欧洲人带来的圣像都是基督蒙难或是一些为信仰而受苦的圣徒像。本地的印度艺术家在复制这些圣像的时候，加入了自己的理解，他们仿制的圣像既带有浓厚的巴洛克艺术的特征，又不再完全地遵从欧洲圣像的制作原则，而是把注意力放在如何表现那种来自神的关爱以及怜悯上，在基督、马利亚、圣徒的脸上出现的不再是威严，更多的是对于人类的慈爱与关怀。在印度西海岸的葡萄牙殖民地特别是果阿的大街小巷里，充斥的是用木头和象牙雕刻的基督和马利亚的圣像，大一点的是为教堂和修道院制作的，小一点的则是为天主教连续九天的祈祷仪式制作的。在各种各样的圣像中，印度艺术家最善于制作的是圣母像和基督像。在印度人心目中对于母亲的依恋，此时完全转化到了圣母马利亚的身上。她那美丽而轮廓鲜明的脸庞，偏高的、面对天主谦恭地稍作弯曲的身影，充溢着对于永生的爱慕。她总是被印度艺术家塑造成穿着飘逸的长袍、娇美的身躯站在一轮新月之上。在另一种场合，圣母又被雕刻为怀抱蒙难的耶稣、满怀忧伤的形象。然而，对于印度艺术家来说最大的挑战就是雕刻耶稣蒙难的苦像，因为他们很少以雕刻作品描绘人类的痛苦。所以，在许多场合，他们将耶稣雕刻成俯视人类、手握地球的小孩的形象，即耶稣圣婴像。圣徒的雕刻非常普遍，经常可以看到的是手握书卷的圣保禄像、右手高举十字架的远东传教使徒圣沙勿略像、身中7箭的圣塞巴斯蒂安像、悔过的抹大拉的马利亚像（她总是被雕刻成在山洞里苦修）。在那个时代，在果阿以及印度西海岸其他葡萄牙殖民地城市，印度的、非洲的甚至是欧洲的艺术家都被称为"果阿的"艺术家。当他们用印度的或是莫卧儿的艺术风格融入自己的作品中去的时候，也会引起文化上的冲突。1545年和1567年，果阿的教会当局甚至两次发布禁令，禁止以

"印度的手法"来表现基督教的圣像。然而,这些禁令似乎都没有发生作用,具有印度风格的圣像随处可见。在果阿拉肖修道院里原先有一座印度基督教艺术博物馆,1994年,它被迁移到圣莫妮卡女修道院中,它是亚洲唯一的一座基督教艺术博物馆。它所收集的作品不仅来自印度葡属殖民地的教堂和修道院,还来自普通的基督教家庭。其中有出自欧洲艺术家的作品,也有出自印度艺术家的作品,其制作的时间为16世纪至18世纪。在16—17世纪的时候,由于果阿商业的繁荣,教会以及政府都乐意资助艺术家。在博物馆中,除了圣像,还专门陈列了一种名叫"马契拉斯"(machillas)的椅子,它有一点像中国古代的轿子,供神父旅行布道以及探望信徒之用。还有一些袖珍的祈祷书以及《圣经》,袖珍的图画、小圣像、念珠,通常是赠送给望教者以及新入教者的。也有一些欧洲的艺术家来到果阿贡献自己的才华,有一名叫做马库斯·梅赫（Markus Maech）的来自佛兰德斯布鲁日的艺术家,在果阿住了近40年,毕生致力于绘画艺术。

日本九州和中国澳门也有由葡萄牙人带动的欧洲视觉艺术进入东方的例子。沙勿略在1549年进入日本的时候,就将一幅《圣母像》和一幅《圣母抱圣婴像》赠送给萨摩的大名岛津贵久。由于天主教在日本的发展非常迅速,所以1584年葡萄牙耶稣会士弗罗伊斯写信给欧洲,说当时日本至少需要从欧洲进口5万张基督教圣像。耶稣会日本的会省认识到有必要在日本设立绘画学校。1583年,范礼安决定在现有的耶稣会学院体制下开办一所艺术学校或者说是画坊,他指示刚刚从意大利来到远东的耶稣会士尼各劳（Giovanni Niccolò,1563—1626）筹备建立这所学院。尼各劳在1590年终于组建成一个艺术学校,开始设在熊本,后来迁到浦上、胜浦、天草、有家,最后于1601年迁到长崎,以后十四年中一直设在长崎。日本的学生在欧洲老师的指导下临摹从佛兰德斯进口的蚀刻画以及意大利的油画的摹本,并加上葡萄牙的趣味。这个艺术学校中有20余名学生,他们在铜板、木板和画布上作画,在纸上作水墨画。在1992年与1993年,在长崎原耶稣会旧址旁边的街道两边出土了1601年大火以后遗址的建筑构建——一些教会建筑的瓦当,上面雕刻着日本的花卉以及十字架。1920年,人们在大阪北部高槻发现了一幅著名的《圣方济各沙勿略像》,沙勿略两手交叉在胸前,以虔诚和迷狂的目光注视着前方,手中握有一个带有苦像的十字架,有两位天使飘浮在白云上,十字架的底部有一颗燃烧的红心,沙勿略的头上有一圈单线画出的薄薄的光环。在长崎的二十六圣徒纪念馆,保存着1960年发现的另一幅精美的画作《雪地圣母》,它鲜明地融合了东方和西方的两种艺术传统，圣母的形象来自欧洲的原型，但是身后有色彩艳丽的金色背景，与桃山时代的绘画主流吻合。圣母的眉毛是高挑的，细细的眼睛，双下巴，十分接近那个时代日本妇女的肖像。整幅作品采用日本画的装裱立轴形式。1590年"天正使团"结束了欧洲之行回到长崎的时候，使团的青年们通过从欧洲带回的礼物，向日本的基督教和非基督教的大名和将军展示了文艺复兴时期欧洲的文化和艺术。比如，这些礼物中有油画，如有一幅托斯卡尼大公夫人的肖像，一幅描绘菲律甫二世的父亲查理五世的葬礼的油画，他们还向日本人展示了从罗马以及蒙特塞拉特修道院带回的有插图的16世纪欧洲的图书，其中大部分是有关天主教神学的著作。这些逼真的油画肖像以及精美的插图在日本人中间引发了很大的反响。他们带回欧洲的油画很可能成为日本耶稣会艺术学校中的学生临摹的摹本。1614年2月，德川幕府下令将所有的传教士驱逐出日本，尼各劳与他的日本学生乘船来到澳门避难，有迹象表明他们在澳门继续从事艺术绘画活动。当时澳门著名的耶稣会教堂"天主之母"教堂（大三巴）已经完工，但是正立面的装饰工程还没有完成，内部也在装修之中。日本的艺术家参与了这些装饰工作，目前保存在澳门的《天使长米迦勒像》被认为是出自日本艺术家之手，是葡萄牙与日本风格融合的作品，并且可能是被安放在该教堂的圣米迦勒祭坛上的。至于大三巴教堂正立面第三层中央的圣母升天像更是体现了日本基督徒强烈的宗教感情，因为升天圣母是在日本的葡萄牙天主教会最为推崇的。尼各劳以及他的几位学生都在澳门去世，最后安葬在澳门"天主之母"教堂。

分布在世界各地的葡萄牙殖民地的宗教建筑也构成了葡萄牙或欧洲文化与当地文化相融合的典范。这些大大小小的主教座堂、教区教堂、修会或学院的教堂、修道院，以及点缀在乡间或者山坡上的无数或小巧精致，或稳重适中的小教堂、避静所，均以独特的风格引人注目。1691年，有一位传教士这样写道："这些教堂美丽而且干净，甚至连最小的避静所也是这样。如果天主还在印度庇护我们的话，全然是因为人们将这些教堂维持得庄严辉煌、华丽光彩，以及在这些教堂里举行神圣的宗教崇拜的缘故。在这里，即便是最小的乡村教堂也让葡萄牙本国城镇中最佳的教堂汗颜不已。"1764年，有一位信奉新教的女士在巴伊亚逗留期间，对于葡萄牙人的统治多有抱怨，但是对于她所见到的教堂却赞美有加："这些教堂有些很大很美丽，排列着没有区隔的长椅，还有双排的柱子，令人印象极佳，整座唱经台面向开阔的空间，这是我们的教堂从来没有的。这些教堂被尽了最大的努力保存完好并精心装饰，特别是在祭坛上布满了雕刻、绘画和镀金；烛台和装饰物都是以金银装饰，花费巨大。"葡萄牙人在其海外殖民地的宗教建筑都带有文艺复兴、风格主义以及巴洛克艺术的特征，并融合了各个不同地方的本地艺术因素。

在印度和东方以及美洲的巴西等地方，葡萄牙传教士不仅努力地学习和使用各种土著语言，使之成为传教的有力工具，而且首先整理了这些语言的规则和词汇，并以拉丁语、葡萄牙语、当地语言相互对照编撰、排印和出版供学习当地语言使用的语法书和词典，并以当地的语言出版和宣传普及西方的宗教和科学知识。在这方面，耶稣会会士表现得最为积极，但是所有其他的修会如多明我会和方济各的会士也都作出了贡献。耶稣会士的先驱者沙勿略勤奋地学习马拉巴语言，发表了语法和词汇手册以及教理问答，令当地的神父和信徒在传教的过程中获得神益，从此他们借助于这些手册和其他著作，像学拉丁文一样容易地学习马拉巴语言。英国耶稣会会士托马斯·斯蒂芬斯（Thomas Stephens，1549—1619）以柯坎语写出的基督教的往世书，是以印度古代史诗的形式讲解基督教的教义，他也出版过有关当地语言的语法著作，后来，迪奥戈·里贝罗（Diogo Ribeiro）对它加以扩充，他也编撰过一本词典和一本关于基督教教义的小册子，这些小册子以当地的语言写成，并都用欧洲人带到印度的印刷机出版。欧洲的印刷机被带到东方是出于传教的需要。随着传教活动范围的扩大，语法家们著述的范围也扩大了。最初用泰米尔语印刷的作品（1578年的《基督教教义》）和一些作品被译为波斯文，标志传教的作品进入莫卧儿宫廷。奥斯定会士马诺尔·达·阿松桑还用罗马字母编撰了孟加拉语的语法书名作，并于1743年在里斯本付印。他作的前言写道："亲爱的读者和新来的传教士，我料想你们来到孟加拉是以使徒的博爱精神，热心于使全世界遵循耶稣基督的律法，并将迷途的居民引入教会的怀抱。为了达到这一目的，你们希望把学习孟加拉语作为你们事业的基础，我将此书献给你们。书中包括这种语言的语法规则和两部分词汇表（第一部分是孟加拉语译成的葡萄牙语，第二部分是葡萄牙语译成的孟加拉语），在词汇表里至少可以找到当地人使用的大部分词汇，如果不是全部的话。"

耶稣会士还将葡属印度的印刷机再带到远东，由此更进一步地促进了东西方文化的交流。日本"天正使团"对欧洲以及在回国途中对葡属东方殖民地果阿的访问，就促进了耶稣会在日本的印刷事业的发展。日本一直缺少传教士人手，信徒的数量又很大，因此，在信徒中普及教理问答等读物以及分发圣像的印刷品就显得十分重要。早在1579年范礼安第一次抵达日本以前，他就想向日本带一台能够移动的印刷机。到了日本以后，他更加坚定了自己的想法。当他于1584年陪同使团成员到达果阿的时候，接到总会长的命令，要他留在果阿。此时，他吩咐梅斯基塔等葡萄牙耶稣会神父到欧洲以后，设法运送一台印刷机来亚洲。使团完成了这个任务，将一台可以移动的印刷机带回到了亚洲。1597年5月，使团成员之一原氏在果阿圣保禄学院向印度与东方的神学生发表了拉丁文的演说，该演说的篇章后来就是用那台印刷机在果阿印刷出版的。当使团在澳门逗留期间，又再次印刷了天主教的图书。多拉多（Constantine Dourado）和乔治是两位陪同使团成员从欧洲回到日本的耶稣会修士，在里斯本的时候，他们就按照耶稣会的命令学习印刷术。乔治修士在回日本的途中死于澳门，但是多拉多回到了日本，并于1595年成为一名耶稣会的神父，他一直在日本从事印刷事业，当时的耶稣会印刷机有铜版印刷和油印两种。耶稣会在日本的印刷事业的全盛期是在1596—1614年，正是使团回到日本以后到德川幕府禁教的时代，耶稣会在日本的印刷品大致可以分为三类：第一类是从欧洲语言翻译成日语的作品，除了《伊索寓言》以外，绝大部分是宗教书籍，如神学著作、教理问答和教会日历之类。"天正使团"成员原氏于1599年在长崎翻译出版了《罪人指引》，1611年又在长崎翻译出版了《信仰的象征》，这两部神学作品都是生活在葡萄牙的西班牙著名神学家路易斯·德·格拉纳达的名著。第二类则是日语的原作如史诗《平家物语》等。第三类则是语言学方面的书籍，如语法书和词典，以便于耶稣会士学习日本的语言。1573年由耶稣会士阿尔瓦雷斯（Manuel Álvares）于里斯本编撰的拉丁文语法书《论语法》（De Institutione Grammatica）于1594年在日本的天草由葡萄牙人带来的印刷机印刷出版，以后许多年中一直成为日本耶稣会学校中的学生学习拉丁语的标准课本。1603年，在长崎出版了《日语-葡萄牙语词典》（Vocabulario da Lingoa de Japam com a declaração em Portugues），以后数年之中不断增订。这本词典是一部杰作，收录了不同类型的3万多个日本词汇，其中有日本佛教和日本文学的专门词汇，还包含了许多丰富的口语表达，并将各地的方言与日本中部本洲的语言作出了区别。该词典的编撰者之一就是葡萄牙著名的耶稣会士陆若汉（Padre João Rodriguez Tçuzz, 1561—1634），他曾经在耶稣会与在长崎的日本商人和丰臣秀吉之间担任译员。从1604年至1608年，陆若汉编撰的《日语艺术》（Arte da Lingoa de Iapam）在长崎印刷出版，这是以科学的方法研究日语的开端。该著作分为三个部分：第一部分是日语的基础，对于日语口语以及经典的用法都做出了解释，特别惊人的就是陆若汉还做了注解,给出了日语口语的准确发音;第二部分是关于日语的句法,它区分了各省的方言与作为首都京都的语言的不同之处;第三部分是关于日语诗词的专题论文,举出了许多的例子,包含了丰富的历史背景知识以及日本历朝历代编年史的内容,还有日本古代的度量衡、货币、商品价格的记录。1614年日本幕府颁布禁教令,驱逐传教士,耶稣会再将这台印刷机包装以后用船运到澳门,1620年,在澳门又印刷出版了修订版的陆若汉的日语语法书籍,不过印刷量很少,只有100部,但是修订版在学术上更加准确。

在美洲的巴西,出生于加纳利群岛的耶稣会士若泽·德·安谢塔编撰了《巴西海岸最常用的语言语法》(*Arte de gramática da língua mais na costa do Brasil*),此书编写于1555年,出版于1589年,是关于巴西沿海地区人民经常使用的图皮语的正字法书籍。安谢塔被称为"美洲基督教传教事业的使徒",他的语言学著作直到近现代仍然占有极为重要的地位。安谢塔除了语言学的贡献以外,还是一位戏剧家和诗人,在巴西的时候,他还创作了一些戏剧,融汇了当地的图皮语、葡萄牙语、西班牙语和拉丁语,让一些语言学习和戏剧的爱好者在戏剧舞台、乡村的小广场以及教堂的庭院里表演。还有一位生活在17世纪上半叶的葡萄牙神父佩德罗·迪亚斯(Pedro Dias),编撰出版了《安哥拉语言艺术》(*The Arte da Lingua de Angola*)一书,于1697年在里斯本出版,这是一部关于解读安哥拉西北部居民阿本都人(Ambundu)语言的书籍。

六、塞巴斯蒂安主义、弥赛亚主义和民族主义

1578年8月4日,阿维兹王朝末代国王塞巴斯蒂安率领的葡萄牙远征军在北非卡萨-阿尔-卡比被阿拉伯的军队全歼,国王塞巴斯蒂安不知所终。从那时起,葡萄牙国内各阶层民众中产生了一种盼望塞巴斯蒂安国王回来的思绪(见本书第七章第一、二节)。人们称之为"塞巴斯蒂安主义(Sebastianism)"。它是16世纪下半叶葡萄牙民族中出现的一种强烈的精神向往。在1580—1640年葡萄牙被西班牙合并期间,塞巴斯蒂安主义与发源于犹太教并与被基督教承袭的弥赛亚信仰以及葡萄牙本民族意识相糅合,在其复国运动以及后来的海外扩张事业中发挥了重要的作用。甚至在葡萄牙海洋帝国的国运衰落以后,这种运动和思潮融合以后所产生的独特的结晶,仍然沉淀于葡萄牙民族意识深处,并不时地在其本国和海外殖民地的政治、文化及宗教中顽强地表现出来,甚至有历史学家认为塞巴斯蒂安主义本身就代表着葡萄牙民族的精神。

自18世纪开始，驻里斯本的欧洲各国外交使团中就流行着一句俏皮话："这个民族（葡萄牙人）期待的是什么？无非是一半在寻找弥赛亚，另一半则在寻找那个已经死了两个世纪的堂·塞巴斯蒂安。"

由于葡萄牙民族本身怀有很深的基督教信仰，因此这种缅怀失踪的国王的情绪加之当时葡萄牙人怀有的类似"巴比伦之囚"的心境，很容易与颂扬葡萄牙民族过往的伟大历史以及盼望弥赛亚来临的思想合流。正是在葡萄牙被西班牙吞并的被称为"西班牙之囚"的60年中，贾梅士的《卢济塔尼亚人之歌》获得了民族史诗般的地位，从1581年至1640年竟然印刷了11版。在这些年中，在阿尔科巴萨修道院中有一所修道士历史学家办的学校，这些历史学家对当时以及后来葡萄牙的文化思想界都产生了很大的影响，虽然他们的历史观和职业道德各不相同，但他们都一致认为，在第一代葡萄牙国王阿方索·恩里克1139年著名的击败摩尔人的奥里克战役中，基督曾经向这位国王显灵，助佑他取得胜利，这也是后来信奉基督教的葡萄牙立国的基础。在这些历史作品中，奥里克的传说被提升至毫无疑义的葡萄牙民族信条的地位，葡萄牙人作为天主选民的角色获得了丰富的《圣经》的和历史的（或伪历史的）证明。从1580年至1640年，阿尔科巴萨修道院学校中的修道士历史学家们一再暗示，葡萄牙人总有一天会从同卡斯蒂尔人的合并之下解放出来，他们甚至将葡萄牙国王的祖先追溯到《圣经》中诺亚的子孙或是希腊诸神话中的人物，如海格里斯或巴库斯。他们还认为，由于来自北方的布拉加总主教亲自到拉曼戈为阿方索·恩里克举行加冕仪式，使葡萄牙成为一个正式的独立的王国，布拉加也超过托雷多成为伊比利亚半岛的第一个最重要的主教区。在这些历史学家看来，上述事实均有史可证，也令人鼓舞。而最重要的则是：基督已经在奥里克向阿方索·恩里克显灵，应允了葡萄牙与生俱来的自主权以及这个国家光明的未来，"基督决不会将他慈悲的眼睛从他（葡萄牙第一代国王恩里克）及其人民的身上移开，因为基督选择了他们（葡萄牙人）作为他的工人和收获者，这些人为他在世界上各个不同的地方收割庄稼"。

奇怪的是，这些历史学家居然将自己的作品呈献给统治他们的西班牙国王，而后者居然也会接受他们所书的著作。体现这种矛盾的最奇怪的例子则是马塞多博士（Dr. António de Sousa de Macedo，1606—1682），这位年轻的王家律师写的一部叫作《西班牙的兴盛，葡萄牙的卓越》（*Flores de España, Excelências de Portugal*）的书，于1631年出版，并献给当时在位的君主菲律甫四世。作者旁征博引，提出证明：西班牙人尤其是卡斯蒂尔人是除了葡萄牙人以外欧洲最为优秀的民族，而葡萄牙人则在所有的方面都超过了他们的邻居。他还称葡萄牙人是最早的和最坚定的基督教信徒，他们是信仰的传播者和捍卫者，是坚定的十字军战士，他们在信仰上正统到无以复加的地步。在历史上，葡萄牙人一直受到异教徒的攻击，有一名叫卢索（Luso, Lusio）的葡萄牙基督徒，他是罗马皇帝图拉真手下的军士长，在攻打耶路撒冷的时候，他被一群犹太人认了出来，结果遭到杀害，他是葡萄牙早期基督教殉道者中最杰出的代表。马塞多还认为：葡萄牙的地理位置和自然资源也可与西班牙相媲美，甚至更胜一筹。总之，葡萄牙的君主、诗人、征服者、女人，所有的一切都比西班牙人更强。这篇极端民族主义和爱国主义的颂文最后强调的是葡萄牙民族的神圣的起源以及对葡萄牙民族盾徽的激情和崇拜。当1631年这部著作问世时，马塞多还是一名年轻人。1640年葡萄牙复国以后，他服务于布拉干萨家族最初的两位国王，还参与政府政策的制定，并去法国、英国和尼德兰旅行。终其一生，他都怀有如此强烈的民族感情。

随着葡萄牙的光复以及若奥四世即位，人们认为应许中的救世君主应该就是他而非尚在北非未归的塞巴斯蒂安。17世纪时，对于民间盛行的盼望国王塞巴斯蒂安回国的预言和歌谣作出这样解释的最重要的鼓吹者和阐释者便是著名的葡萄牙耶稣会士安东尼奥·维埃拉（生平见本书第九章第四节），他以充满爱国主义的激情与富于雄辩技巧的布道演说闻名于世。1640年葡萄牙光复之际，巴西殖民当局宣布向新的国王效忠，当地的总督选择他陪同总督之子一同回里斯本祝贺新国王的登基。1642年元旦，他在里斯本王家小教堂向国王和朝廷大臣布道时公开称颂：无论是《圣经》中还是历代先知预言的弥赛亚，都适用于若奥四世而非塞巴斯蒂安，他论证的基础便是《圣经》中的《但以理书》以及自中世纪以来在民间流行的朦胧模糊的宗教预言以及歌谣。虽然维埃拉和其他歌谣解释者的看法不尽相同，但他们都坚定地认为特兰科索的那个鞋匠诗人贡萨洛·阿奈斯是真正的先知，与《旧约》中的先知们一样可靠。像许多17世纪的欧洲人民（不管是新教还是旧

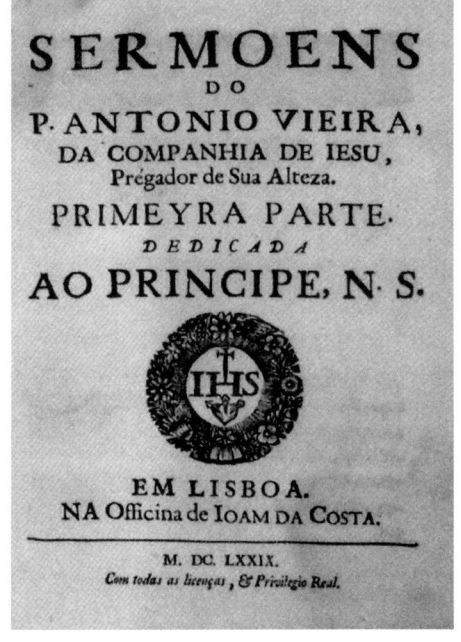

1679年出版的耶稣会士维埃拉的布道集

教)一样,维埃拉坚定地相信《旧约》中的先知书能够很大程度地解释现实中的真实人物以及即将发生的事情。他同许多同时代的布道家一样,有时注重《旧约》甚于《新约》,他对抽象的思辨没有兴趣,但对于弥赛亚的传说和《圣经》上的注解则怀有热忱。他在《将来的历史》(*Historia do Futuro*)一书中指出在这个世界上从不缺乏预言,只是因为异教徒们没有与生俱来的神启去解释这些预言。他称自己就是一个预言家。他说天主的旨意是清晰的,葡萄牙就是一个由天主召唤的国度,要去实现"让整个世界的人民都成为基督徒的使命"。他说:"世界就是天主所谱写的一部戏剧",这部戏剧可以通过天主的仁慈与人类努力诠释相结合的办法来读懂。维埃拉认为,历史和世界有两个层面,一个属于看得见的和过去的,另一个则是看不见的和未来的,人们可以从当下和现在去发现和体察天主的旨意和恩典以及世界的最后结局。他声称自己就是一名抄写员,通过他书写的意在揭示神启的历史著作就会将天主计划的光芒带给人们,因而他的历史作品对于这个世俗世界是有用的。他认为以前的那些民间预言家的预言也是有用的,他们的工作就好像把预言的启示存储在仓库里,这些来自民间和大众的看法本身对于处在官方地位的教会是一种批判,是推动和促进教会改革的力量。他认为教会应该视这些预言为宝藏,因为教会对于预言和神启的知识是逐渐累积的。他深信自己是接近世界末日的人,因此他能够做出清晰的解释。

维埃拉还将西班牙合并和统治葡萄牙的历史与他对预言所做的神学上的解释联系起来,他不认为葡萄牙被西班牙统治就意味着葡萄牙国运的衰落和国史的终结,而是视这段曲折为天主伟大计划的一部分。因为葡萄牙人经历千辛万苦终于又赢回国家和民族的独立,也夺回了在美洲一度被荷兰人占领的土地。因此,先前西班牙君主对于葡萄牙的统治意味着一个伟大的时代开始前的先声或者说是必要的步骤。作为一个爱国者,他对西班牙吞并葡萄牙的行为极为愤怒,他曾经引述一位葡萄牙外交使节的话说:"葡萄牙即便向土耳其人投降也比向卡斯蒂尔人投降要好。"当西班牙的君主想继续通过外交途径和军事手段谋求对葡萄牙的统治的时候,维埃拉明确地表示:西班牙人谋求对葡萄牙的统治是注定要失败的,因为这是由天意决定的。他写道:"卡斯蒂尔人应该知道天主已经应许了葡萄牙人……要征服欧洲、世界甚至天空或许容易,但要征服葡萄牙却是难上加难。"但是,当维埃拉站在传播基督教教义而非民族主义的立场思考时,他的言论又表现出明显的自相矛盾。例如,在1642年新年布道词结束时他这样讲道:他希望与信仰天主教的卡斯蒂尔同胞自相残杀的战争很快就会结束……葡萄牙人"将在一个帝国和一顶王冠之下征服和统治世界上所有的地方,并光荣地将它们置于圣彼得的继承人(罗马教宗)的脚下"。对于如此夸张和狂妄的语言,今天的人们可能一笑置之。但维埃拉只是同类基督教布道家中的一个,他们根本不在乎《旧约》中那些预言与现实生活不相吻合的地方。

作为一名耶稣会士和《圣经》注释学家,维埃拉用《但以理书》中第五帝国的比喻来诠释葡萄牙海洋帝国的霸权以及基督教普世大同的理想。他在整体上赞同犹太人的预言传统,并且以十分宽容的态度说犹太人"唯一的错误"就是没有接受耶稣为弥塞亚。他用《但以理书》中尼布甲尼撒大王那个心烦意乱的梦中见到的大雕像碎裂的图像①来解释"第五帝国"即将在当代出现。他说这个大雕像脚部的碎裂意味着两个罗马民族即西班牙人和葡萄牙人的分裂,当然,葡萄牙人比西班牙人更加优秀和强健。他还认为这两个民族的分裂不会导致捍卫基督教的力量衰落。维埃拉认为《圣经》上记载的新巴比伦王国对犹太民族的杀戮实际上是预示一个新的帝国的到来,而当前葡萄牙帝国经历的动荡和不安也可以作出同样的解释。他相信,尼布甲尼撒大王梦中的那座大雕像碎裂成为大山正意味着信奉基督教的民族的不断增长以及在这些民族中推广传教事业的迫切性,这个工程必须在伟大的拯救者即基督最后来临之前完成。因此,在维埃拉的思想中,这个新的即将到来的"第五帝国"既是民族的,又是超越民族的。另外,维埃拉关于在葡萄牙将出现第五位普世君主的信念,也与他本人在巴西的传教经历有关。他曾经谈到:即便在最有利的情形之下,人数如此稀少的传教士也很难归化三大洲中数以千万计的信奉异教的人民,即便要完全归化那些在亚马孙丛林深处手持毒箭不让人接近的食人番在事实上也是不可能的。因此,他认为不能指望欧洲数千名传教士去归化全世界的人民,不管这些传教士如何富于献身精神。要获得完满的结局,必须等待天主的旨意和直接干预,同时也要通过《旧约》中预言的即将出现的第五帝国即葡萄牙王国来完成。

1656年11月,国王若奥四世去世,这件事一点也没有动摇维埃拉的信念,

---

① 《旧约·但以理书》第2章第25—31节中关于尼布甲尼撒的梦是这样的:"王啊,你梦见一个大像,这像甚高,极其光耀,站在你面前,形状甚是可怕,这像头是精金的,胸膛和翅膀是银的,肚腹和腰是铜的,腿是铁的,脚是半铁半泥的。你观看,见有一块非人手凿出来的石头,打在这半铁半泥的脚上,把脚砸碎,于是金、银、铜、铁、泥都一同砸得粉碎,成如夏天禾场上的秕糠,被风吹散,无处可寻,打碎这像的石头,变成一座大山,充满天下。"

他仍然坚信应许中的弥赛亚王总有一天会领导葡萄牙人打败奥斯曼土耳其人，重新占领君士坦丁堡和耶路撒冷，由此开启第五位普世君主的统治。相反，这件事还增加了维埃拉的信念，现在他觉得打油诗中所作的预言更可信了，那个国王将起死回生，来到人民中间，而《圣经》上已有太多这样的先例可循。但许多塞巴斯蒂安的信奉者在这点上没有追随他，他们保留了或者说是回到了他们以前的信仰，因为继位的国王若奥五世既平庸又无能，很难让人相信他就是那位应许中的国王和救世主。他们仍然相信塞巴斯蒂安没有死，他会从大西洋中的某个隐秘之地回来，完成《圣经》以及打油诗中预言的天启伟业。

与维埃拉持相近看法的还有当时另一位著名耶稣会士克伊罗支（Fernão de Queyroz,1617—1688），他曾经在葡属印度耶稣会中担任很高的职务，于1677—1680年担任耶稣会印度会省的省会长，还于1671年被葡萄牙摄政王提名为埃塞俄比亚宗主教，不过实际上后来一直没有祝圣。他曾经在1687年出版了著名的《锡兰的世俗的和精神的征服》（*Conquista Temporal e espiritual de Ceylão*）。克伊罗支对《但以理书》谈到但以理在梦中看见有四个怪兽从大海中来临的奇异景象有独特的解释。根据该书的描绘，这四个怪兽第一个像狮子，第二个像熊，第三个像豹，第四个则是难以分辨的怪兽，长着大铁牙，头有十角，又有一个小角长出，将前三个角连根拔起，小角上有眼，能开口说话。① 传统的《圣经》注释学家将这4个怪兽理解成历史上相继出现的巴比伦王国、波斯帝国、亚历山大大帝统治下的马其顿帝国以及在伊斯兰教兴起及穆斯林大规模征服以后形成的伊斯兰世界。克伊罗支的理解似乎更加具体，他将《但以理书》中的"王国"（kingdom）解释为"帝国"（empire），由于"帝国"这个词是在恺撒以后的时代中被一直使用的，他所下的界定就更加具体。在他看来，这4个怪兽分别代表巴比伦王国、波斯帝国、罗马帝国和土耳其奥斯曼帝国。至于被那个小角拔起的三个角，分别指1453年君士坦丁堡陷落时与

---

① 《但以理书》第七章的原文是："但以理说：我夜里看见异象，……有四大兽从海中上来，形状各有不同：头一个像狮子，有鹰的翅膀，我正观看的时候，兽的翅膀被拔去，兽从地上得立起来，用两脚站立，像人一样，又得了人心。又有一兽如熊，就是第二兽，旁跨而坐，口齿内有三根肋骨……又有一兽如豹，背上有鸟的四根翅膀；这兽有四个头，又得了权柄……第四兽甚是可怕，极其强壮，大有力量，有大铁牙，吞噬嚼碎，所剩下的用脚践踏。这兽与前三兽大不相同，头有十角。我正观看这些角，见其中又长起一个小角；先前的角中，有三角在这角前，连根被它拔出来，这角有眼，像人的眼，有口说夸大的话。"

土耳其军队奋战阵亡的拜占庭帝国末代皇帝君士坦丁十一世（Constantine XI Paleologus，1449—1453年在位）、1444年在保加利亚东部城市瓦尔那（Varna）被土耳其军队击毙的波兰和匈牙利国王窝拉迪斯劳三世（Wladislaw III，1424—1444年在位）以及1526年在莫哈齐（Mohacs）战役中阵亡的匈牙利国王路易五世（Luis III，1516—1526年在位）。这3位国王都是在与穆斯林作战时殉国的，但克伊罗支并不感到悲观，相反，他认为光明的未来即将到来，因为在1683年葡萄牙国王佩德罗二世继精神错乱的阿方索六世以后登上王位，这预示着葡萄牙国运的转机。同年9月，波兰及神圣罗马帝国的军队又在索别斯基（John Sobieski）的率领下在奥地利维也纳的城墙下击败了土耳其军队的大举进攻，这些事件都使克伊罗支相信以葡萄牙帝国作为第五个普世基督教帝国即将来临，他估计在1702年即将发生这一伟大的历史事件，基督教世界最终会在葡萄牙的领导下击败奥斯曼土耳其帝国。克伊罗支死于1688年，他没有活着看到自己的预言是否实现。1702年，奥斯曼土耳其帝国并没有灭亡，倒是葡萄牙陷入了欧洲的战乱和纷争之中。

当时葡萄牙许多重要人士与维埃拉和克伊罗支持有一致或相近的看法，他们都深信在不远的将来会有一个光荣的命运降临到葡萄牙民族身上。无论是塞巴斯蒂安国王的回归，还是若奥四世的复国以及佩德罗二世的登基，抑或是其他什么弥赛亚式的人物出现，他们都会完成《圣经》和先知预言中的使命。这种弥赛亚式的信念也为当时所有的社会阶层所信奉，除了维埃拉和克伊罗支以外，许多重要的葡萄牙籍耶稣会士们也对此深信不疑，他们中有耶稣会在巴西的省会长科埃略（Domingo Coelho），耶稣会在巴西的编年历史学家瓦斯康塞罗斯（João de Vasconcelos），葡萄牙耶稣会在罗马的代表库尼亚（Nuno da Cunha）等。既然有关葡萄牙光荣未来的弥赛亚信仰得到当时葡萄牙海洋帝国中一些最为著名的布道家教育家的宣传，那么在葡萄牙海外从马拉尼昂到澳门的广大殖民地中一般无知平民以及有文化教养的人都相信这种传说也就毫不足怪了。这些相隔万里的海外殖民地的人都感觉得到葡萄牙人的强烈盼望，尽管他们提到这些事情的时候都带着嘲讽的口吻。

18世纪时，塞巴斯蒂安主义以及弥赛亚的信奉者在葡萄牙及其东方帝国逐渐衰落下去了，但是仍然不乏一些热烈的推崇者。果阿的总主教特雷萨（Dom Fr. Ignacio da Santa Teresa，1721—1740年在任）便是这样一个人物。这位总主教个性倔强，经常与总督和耶稣会士发生争执。他坚定地相信只需数年，葡萄牙普世君主的统治就会开始。1725年，他这样说道："葡萄牙普世君主即将出现的理由是因为在所有的民族和国家中,天主特别选中了葡萄牙人来统治和改革整个世界。因为葡萄牙人的统治和帝国遍布四方,葡萄牙人承诺会统治全球,并将全球统一成为一个单一的帝国,而葡萄牙则是这个帝国的首领。"他还这样写道:"天主让葡萄牙这个他所选定的王国来建立神的坚固的和永恒的帝国,让天主之名弘扬于那些野蛮的和异教的民族当中……因为葡萄牙人总是无所不在,他们已经并且将会用他们的武器将福音的信仰之光引领到全世界广大的地方。"这位总主教还认为维埃拉将普世君主出现的年代定为1666年是一个错误的估算,他重新计算了这位君主出现的时间为1730—1740年间。不过他本人于1740年被调离回国到阿尔加维省。正是在这段时间,葡萄牙在东方最大的基地葡属印度处于印度本土崛起的马拉底人的沉重打击之下,葡萄牙人失去了除果阿以外的整个北方省,果阿仅以向马拉底人输以重金而得幸免。从那时起,葡萄牙的塞巴斯蒂安信奉者们再也没有作任何具体的时间表上的计算。

在蓬巴尔侯爵执政时期,由于这位信奉国家和君主权力至上的执政者极其厌恶耶稣会士,在葡萄牙本国以及海外殖民地发起了严厉的取缔耶稣会的运动。历史上的耶稣会士们曾经广为传扬塞巴斯蒂安信仰,所以蓬巴尔反其道而行之,极力散布对塞巴斯蒂安信仰的怀疑情绪,甚至不惜要根除这种信仰。他指责是维埃拉等耶稣会士伪造了假先知们的歌谣。但事实上其中的某些歌谣早在16世纪40年代耶稣会诞生以前就已经广为流传了。

1808年,法国军队在拿破仑的指挥之下入侵葡萄牙,这又给了塞巴斯蒂安主义的信奉者一种新的能量以及生命力,面临亡国命运的葡萄牙人再次盼望一个能领导他们复国的弥赛亚的出现。1810年,一位在里斯本的葡萄牙作家这样写道:"里斯本人多半成了塞巴斯蒂安主义者,在我编写本书的时候,盼望塞巴斯蒂安回国的情绪十分高昂,没有丝毫减退。我认识一位塞巴斯蒂安主义者,在他家里,他拿出显微镜让我看了他绘制在一组贝壳上的画,全是近来欧洲发生的重大事件。不久前,他们这些盼望塞巴斯蒂安回国的人们从阿尔加维得到消息说,那儿隐约看到一个小岛、一支舰队和一个布置得十分隆重的码头。这支舰队无疑正护送塞巴斯蒂安式的国王回国,这个码头肯定是国王登岸的码头。在里斯本的圣保罗右街,有人在'货币大院'的门口出售这个小岛的平面图。平面图上绘有这个小岛郁郁葱葱的树林、海滨、王宫、守卫王宫的狮子以及国王穿着朝服漫步的情形。这些贝壳上还绘有两个教士看见国王,并同国王谈话,并且回到大陆后在罗马宣誓的场面。塞巴斯蒂安式的国王一定会离开这个小岛，统率一支浩浩荡荡的大军亲自迎战拿破仑，拿破仑必定会在埃武拉附近的塞尔脱里奥战场死于塞巴斯蒂安国王之手，从而建立起博卡罗在《卢济塔尼亚君主制摘要》一书中所预言的第五帝国。"19世纪初年，葡萄牙的移民又将这股思潮带到了殖民地巴西，巴西当地的奴隶以及西北部地区的人民很快地接受了这股思潮。1889年成立的巴西共和国政府在社会生活中推行非天主教化的政策，由此引发19世纪90年代到20世纪10年代巴西人民的反抗运动，其中又以"卡奴多战争"（War of Canudos, 1893—1897）最为著名和惨烈。在这个爆发于巴西东北部、由勇士安东尼奥·贡塞列伊洛（Antônio Conselhêiro）领导的人民大起义中，这位神秘主义灵修布道者声称自己是先知，反复向民众讲说塞巴斯蒂安即将回来的传说，他在巴伊亚东北方建立了卡奴多（Canudos, 意为美丽的小山, Beautiful Hill）农庄，巴西政府最后于1897年10月以极其残暴的手段镇压了这次人民起义，屠杀了当地大部分居民，由此它成为巴西内战史上最黑暗的一页，这也是塞巴斯蒂安主义在历史上的最后一幕悲剧。

历史上的塞巴斯蒂安主义和弥赛亚主义，还与葡萄牙文化传统中的另一个重要观念——"萨乌达德"（Saudade）合流。一些历史语言学家认为这个词可能最早出现在写作于13世纪最后25年的《阿茹达歌谣集》（*Concioneiro da Ajuda, or Ajuda Songbook*）中，这是最古老的加里西亚-葡萄牙语民间歌谣集。这部歌谣集保存于阿尤达国家宫（Ajuda National Palace）图书馆，是用哥特体抄写的配有插图的羊皮纸手抄本，包括310首男声唱的情歌。初版于1823年，1904年由出生于日耳曼的语言学家瓦斯康塞罗（Carolina Michaelis de Vasconcellos）再度整理出版。另有一些历史学家认为"萨乌达德"这个词出现在地理大发现时代，它既使用于欧洲的葡萄牙语中，也使用于巴西的葡萄牙语中，最初这个词是一个葡萄牙语和加里西亚语的混合词。综合学者的评述，"萨乌达德"这个词可以有如下一些意义相近的内涵：一是表达一个人在失去某种心爱的东西或人以后表现出来的强烈的怀念或是乡愁，它含有宿命论的意味以及受压抑的情绪，即认为失去的东西再也不可能回归了；二是经常描绘一种"模糊不清和持续不断地渴望一种不可能或并不存在的东西的情况，这种情绪既可能发生在回顾过去之时也可能存在于面向未来之际"，总之，"它是对某种并不存在或不可获致的东西的深深的渴望和思念"；三是有时也被形容为某人去世以后所"留下的"或"遗留的"爱，又被形容为重拾某种曾经给人带来兴奋、愉悦、安乐的地方、事件、感情或经验,而此情景又在眼前浮现,它也可能被形容为心灵的空虚,如认为某些人(如曾经拥有的恋人、孩子、双亲、兄弟姊妹、祖父母、朋友)或什么事物(地方、宠物、孩提时代的某种经历)再也不会回来了,或有感于一个特殊的(辉煌的或是悲惨的)时代一去不复返了;四是还有一些学者认为这个词与地理大发现时代有着密切的关系,它可以被用来形容对那些离乡背井去往未知的茫茫大海或死于海难以及海外战争的人的悲伤感情或思念,这种感情的承受者往往是离家或是遇难者的家人(妻子、父母与儿女)。不过,也有历史学家认为,葡萄牙人大规模的航海活动始于1415年以后,而"萨乌达德"这个词在更早的时候已经出现了。当然,大航海时代葡萄牙民族的经历肯定深化和扩大了这个词的内涵,使它含有上述的意味。这种"萨乌达德"的观念是很容易与16世纪下半叶出现的塞巴斯蒂安主义相融合的,它们不仅产生于同一民族之中,而且具有相同的互为交织的历史过程和地理环境。澳门文化学会1990年出版的由土生葡人学者官龙耀(Luís Sa Cunha)撰写的《葡萄牙图文并茂——通过55项专题和图片认识葡国及葡萄牙民族》中即有"萨乌达德"一词,并谈到了两者之间的联系:

"'萨乌达德'是一个地地道道的葡萄牙语词,很早就已出现在文学作品中,在其他语言中找不到一个同等的词,也无法将其直译出来。据考证,这是葡萄牙人创造的一个词,用来表达葡萄牙人灵魂深处的一种复杂的情感:面对缺少某种所向往的美好事物或人物而表现出的忧郁和热望。这个词出现在歌曲里,出现在葡萄牙整个文学创作中,它同葡萄牙神话中出现的几个词'遥远''距离''寻找''等待'(塞巴斯蒂安主义,即等待北非战场上消失的塞巴斯蒂安国王回归)紧密相连,从《友谊之歌》中的'啊!鲜花,绿色山岗上盛开的鲜花'到贝尔纳丁·里贝罗(Bernardin Ribeiro)的《姑娘和少女》(姑娘和少女把我从母亲家中带到遥远的……)以及以《鹰》(Aguia)杂志(1910)为代表的萨乌达德主义(Saudosismo)……伟大的浪漫主义诗人阿尔梅达·加雷特曾这样描述过:'萨乌达德,不幸者苦涩的甜果,似尖利的刺,给人以愉快的痛苦……'从这以后,可以说所有杰出的葡萄牙诗人,包括费尔南多·佩索阿(Fernando Pessoa,1888—1935)和若泽·雷吉奥(José Regio),在某种程度上都是'萨乌达德主义'文学流派诗人。从葡萄牙哲学角度看,'萨乌达德主义'是葡萄牙人冥世观的核心。由于没有看到理想中的天堂,'萨乌达德主义'同预言中的仍在地球这一上帝的王国中征战的葡萄牙王国将回来的'塞巴斯蒂安主义'和谐地相融在一起。"

萨乌达德主义、塞巴斯蒂安主义和民族主义的融合在近代葡萄牙更多地体现在文学上,并通过文学影响人民群众的思想,使世界上其他国家的文化界人士以及一般民众通过富于感情色彩的文学作品去了解葡萄牙民族精神的特质。近代葡萄牙有许多作家和诗人受萨乌达德主义及塞巴斯蒂安主义的影响,人们可以从他们的作品中明显地感受到这种传说和思想的浪漫主义的外表。其中比较著名的有容凯罗(Abílio Manuel Guerra Junqueiro,1850—1923)。他早年在科英布拉大学学习神学,后来转而学习法律,1873年结束学业,成为亚速尔群岛总督的秘书,以后又竞选成为国会议员。他早年的作品《埃泰尔诺神父的暮年》(*A Velhice do Padre Eterno*)招致葡萄牙天主教会的强烈批评,他在1910年葡萄牙共和革命中支持共和党人,他写作的大量作品广受民众欢迎,甚至有人认为这些作品催生了葡萄牙第一共和国(1910—1926)的诞生。而另一位近代葡萄牙的伟大诗人费尔南多·佩索阿则被公认为更具有广泛而重要影响的有萨乌达德主义以及塞巴斯蒂安主义倾向的诗人、作家和翻译家。他出生于里斯本,5岁时亲生父亲去世,一年以后弟弟也去世,后来他的母亲再婚并于1896年带着他移居英国在南非的殖民地城市德班,他的继父是一名军人。佩索阿早年在南非德班的一所天主教修道院学校接受教育,1905年回到里斯本学习外交,后因学潮于1907年结束学业,到了一家美国商业公司任职。这年,他的祖母去世,他接受了一笔小小的遗产,自己开了一家小出版社,因经营不成功于1910年关闭。回到里斯本后,他结束了英语教育开始系统地自学葡萄牙文化,1910年葡萄牙共和革命时代弥漫一时的爱国主义思潮对于他作为一名作家和诗人性格的形成有很大的影响,同时他也阅读14世纪葡萄牙浪漫主义诗歌与文学作品。1912年,佩索阿作为一名年轻的文艺批评家进入文学界,并在当时文艺界的杂志《鹰》上发表文章,引发文艺界的争论;1915年,他与其他一些艺术家和诗人如内格累罗(Almada Negreiros)和卡尔内罗(Mariode Sā-Carneiro)等人创办了文学杂志《俄耳甫斯》(*Orpheus*),标志着葡萄牙现代主义文学和诗歌的崛起。虽然佩索阿生前并不得志,他的多数作品均在去世以后发表,但是葡萄牙文学史的研究者和葡萄牙人民均认为"佩索阿的名字应在19世纪80年代出生的世界上最伟大的文学家之列","他的作品是葡萄牙宝贵的文学遗产的组成部分"。

最能表现佩索阿的塞巴斯蒂安主义以及弥赛亚主义思想的作品是他所写的一部极不寻常的象征主义长诗《使命启示》(*Mensagem*),它由44首短诗组成,分成三大部分。第一部分称为《纹章》(*Brasão*),讲述了葡萄牙历史上

在街头漫步的诗人佩索阿

许多重要人物的家族史、家族的纹章及族徽。其中第一首和第二首诗分别名为《城堡》(Os castelos)和《五盾国徽》(As Quinas),意图展示葡萄牙民族、国王、圣徒的英雄神话和精神生活的本质,其余每一首诗都与一位历史人物有关,最后他们都被引向伟大的地理大发现活动。第二部分称为《葡萄牙的大海》(Mar Português),从葡萄牙地理大发现时代的开端写起,终于1578年国王塞巴斯蒂安阵亡。诗人将读者带入他梦想的世界,仿佛他从过去的梦中觉醒,又掉进了一个未来的梦中:他看见塞巴斯蒂安国王归来并致力于建立一个普世帝国的梦想,就像亚瑟王一样……第三部分称为《隐秘者》(O Encoberto),这部分诗歌最令人费解和困扰,它与历史上的弥赛亚信仰和佩索阿本人关于未来世界的和平以及第五个帝国的观念有关:在经过暴力的时代以后,理性和理解将会唤醒那个隐秘者即国王塞巴斯蒂安。在佩索阿的心目中,第一帝国是古希腊,它从以前所有古老的帝国中吸收了全部的知识和经验;第二帝国则是罗马,它成功地扩张了第一帝国的文化和知识;第三帝国则为基督教会,它综合了第一和第二帝国的因素,并且吸收了某种东方文化如犹太教的成分;第四帝国则为近代的欧洲,它将以前所有的帝国扩张至全世界;第五帝国则是复兴以后的葡萄牙,它将由一个"隐秘者"所统率,并在精神和文化上整合整个世界。"隐秘者"代表了天主在以前的世代中所设定的人类命运和使命的完成以及葡萄牙民族和国家使命的最终实现。在这部长诗当中,诗人完全承袭了历史上的塞巴斯蒂安主义以及弥赛亚主义,并以极富想象力的文学语言和隐晦的表述赋予其新的具有时代意义的解释。长诗中最为脍炙人口的诗句为第二部分《葡萄牙的大海》中《王子》(O Infante)中的名句"Deus quer, o homem sonha, a obra nasce",大意为:"天主的意愿,人类的梦想,事业就成就了。"中译本又译为"天意、人望、功成",寓意"唯有天主的意愿,人类的向往,才能达成伟大的事业",表达了人类对于天主权能的服从。在《安东尼奥维埃拉》一诗中,他表达了对于塞巴斯蒂安国王的真诚盼望:"思索的太空中,真知灼见的繁星点点,仿佛月色皎洁,堂·塞巴斯蒂安国王隐现；不，那不是月华，而是晨曦，春晖灿烂，想象的天际中，特茹河两岸尽朝晖，虚无缥缈的第五帝国的朝霞金灿飞满天。"

葡萄牙是欧洲历史上第一个统一的信奉基督教的民族国家。自第一代葡萄牙基督教王国的国王阿方索·恩里克立国时代开始，葡萄牙人即已表现出强烈的民族情感，除了推翻中世纪以来的摩尔人的统治以外，葡萄牙人也一直顽强地抵制强大的邻国卡斯蒂尔的吞并企图。她很早就已经表露出一种强烈的民族感情和民族自觉意识，而基督教的精神和价值观则是葡萄牙民族精神的灵魂。这两者之间的联系和脉络，可以在葡萄牙立国以及后来海洋扩张的历史中找到。葡萄牙民族对基督教的信仰上承罗马帝国以及哥特时代，在整个中世纪并没有被摩尔人灭绝。相反，基督教的信仰还是鼓励葡萄牙人反抗摩尔人统治的精神动力，它赋予葡萄牙驱逐摩尔人的战争以一种民族及宗教感情上的合法性，葡萄牙人也视海洋扩张事业为抗击摩尔人势力的战争在海外的延续。一般的历史学家认为，在葡萄牙走向海洋帝国时代时，它尚不具备近代资本主义国家的历史条件，它的扩张事业自始即带有中世纪十字军远征的意味，在驱逐摩尔人统一国家的过程中，军事性修会如基督骑士团担当了重要的角色。当骑士时代正在欧洲大部分地区消逝的时候，葡萄牙民族的骑士热忱地为他们的统一和海外扩张蒙上了浓厚的"圣战"色彩。

至于弥赛亚主义和塞巴斯蒂安主义的合流则为葡萄牙民族中的基督教因素增加了新的历史内涵，甚至构成了有别于其他国家民族主义的一大特色。弥赛亚主义原为犹太教的核心因素，并为基督教所承袭。历史上信奉基督教的民族以及国家中出现弥赛亚主义或千禧年盼望的现象有不少。而在葡萄牙的犹太人和犹太教也有着悠久的历史，到了若奥三世时代由于宗教裁判所的正式确立，犹太人成为葡萄牙社会最主要的迫害对象，他们被迫改宗成为所谓的"新基督徒"。然而，在大部分葡萄牙人看来，他们只不过是"隐蔽的犹太人"而已。在塞巴斯蒂安主义出现以前，弥赛亚主义已经在民间甚为流行，这当然与这些"新基督徒"或"隐蔽的犹太人"的痛苦与盼望的情绪有关。到塞巴斯蒂安主义崛起以后，弥赛亚主义在盼望国王回归的民族主义合法旗号的掩护之下与前者合流，隐去了它的犹太民族或犹太教的特征，并且在葡西两国合并的"巴比伦之囚式的奴役"阶段得到强化。

另一方面，塞巴斯蒂安主义以及弥赛亚主义的合流又深化了葡萄牙民族主义思潮中宣扬和实现基督教普世主义理想的使命感。在建立和拓展葡萄牙海洋帝国的历史过程中，许多葡萄牙的政治、宗教和社会精英深信天主赋予葡萄牙民族以神圣的使命。他们不仅要在世界范围内建立传播基督教信仰的海洋帝国，并且要实现《圣经·但以理书》中预言的"第五帝国"。诚如博克塞指出的："葡萄牙人的这种信念的强烈程度也许要高于其他民族。他们确信天主是站在他们这边的，天主曾经为了他们直接地干预了历史。他们深信自己是天主的选民来扩张基督教信仰。这种基于基督教信仰的坚韧和持久的民族主义有助于解释葡萄牙人为什么能够保持他们危险而动荡的海洋帝国如此长时间，以及为什么时至今日他们还如此不情愿地交出这个海洋帝国中的任何一部分，无论是为了经济原因（安哥拉、莫桑比克）或是其他什么原因（果阿、几内亚）。"

作者点评：

葡萄牙海洋帝国最为辉煌的时代就在地理大发现时期，这是一段人类知识以及对世界认识的变革史，从13世纪至15世纪，欧洲由中世纪晚期逐渐迈向文艺复兴的伟大时代，地理大发现运动正是在这个时期发生的，这是历史的一个转折点。基督教和伊比利亚国家的势力在这一时期向着欧洲以外的地区迅速扩张，同时在欧洲内部，人类的科学、经济和社会方面也都因为长时期的各种力量的聚集而发生了巨大的改变。这个革命带来了不同国家和民族之间相互交流的可能性，促进了各民族之间的相互了解。葡萄牙人在近代科学引导下的航海事业的发展使得人类观念的传播变得更快，最后将人类从中世纪蒙昧中推向文艺复兴的灿烂辉煌以及全球化的不可逆转的浪潮之中。对于葡萄牙人在这个历史过程中所扮演的角色、地位和作用，伟大的葡萄牙地理学和地图历史学家科尔特桑有过非常客观而精辟的论述，他在《葡萄牙制图学的丰碑》第一卷的总序中这样写道："我们葡萄牙人对于自己的先辈们——航海家、宇宙学家以及制图学家有机会和有能力在这样一个大动荡的新时代中发挥主要的领导作用而感到自豪。我们感到骄傲的原因，是因为没有任何人和任何国家能够在这个方面服务于人类。尽管物质资料非常匮乏，他们仍然能够有眼光和能力去抓住这个特殊的机会促成这个新的和更高的文明的产生……葡萄牙制图学的历史反映了世界大部分地区发现的历史。小小的葡萄牙，她的人口一直没有超过一两百万人，却在一个世纪中为此事业付出了巨大的流血牺牲。在此期间，她发现了非洲、巴西以及所有的东方地区，并在这些地区建立了自己的事业。然而，尽管我们认为葡萄牙人在航海科学以及航海事业上的成就是重要的，我们还是必须要感到谦卑，因为我们必须认识到在人类历史巨大的舞台上我们所扮演的角色仍然是微小的。葡萄牙人的好运气就是在仅仅两三个世纪的时间里他们与人类进步的长长的链环链接在一起。让我们像任何科学历史学家一样完全清晰地意识到，尽管伟大的发现者都有自己的长处和功绩，但是没有一项科学的成就能够像密涅瓦（Minerva，罗马神话中司智慧、艺术、发明和武艺的女神）跳过朱庇特的头颅一样跳过前人积淀，他们的成就是许多世纪中人类知识和经验长期积累的成果。在航海科学中，制图学是一个基本的领域，我们必须承认，这是由于腓尼基人、希腊人（特别是亚历山大里亚的希腊人）、阿拉伯人、意大利人、马略卡岛人，然后是葡萄牙人，再有西班牙人、日耳曼人、法国人、英国人与荷兰人持续探索的结果。当任何人和任何国家将属于许多人的桂冠戴在自己的头上的时候，或者用自己的喇叭去吹响历史和科学成就的主旋律的时候，让我们报之以宽容的微笑；他们只是忘记了一个事实，没有先于他们许多代的和在许多别的地方的那些谦逊的被人遗忘的先驱者、研究者以及科学家的工作，任何事业都是不可能成功的。人类的进步过去不是将来也不会是单一的个人以及单一的民族所独占的：它是全人类自文明开始以来共同努力、不断积累的结果。"其实，葡萄牙的制图史应当作如是观，葡萄牙整个国家似乎也应如是观，再推而广之，全人类的文明史又何尝不是如此呢？

附录一

宗教、王权与航海的三位一体：地理大发现时代葡萄牙的曼奴埃尔式建筑（1490—1530年）

"曼奴埃尔式"（Manueline Style）建筑是指葡萄牙国王曼奴埃尔一世时代在葡萄牙发展起来的一种建筑形式，它最初的出现则远远早于曼奴埃尔国王统治时期。最早出现这种新的建筑风格的是巴塔利亚修道院的小教堂以及正立面前的大门和窗户，该修道院建于1386—1438年。曼奴埃尔风格在曼奴埃尔国王去世以后仍然存在，在葡萄牙海洋帝国的巴西以及印度殖民地也有少量的运用，不过，它盛行的时期是16世纪最初的几十年。

一、曼奴埃尔式建筑的一般特征及主要建筑师

一般的建筑史家认为曼奴埃尔式样是葡萄牙晚期哥特式（Portuguese Late Gothic Style）的变异，它在许多方面如建筑物的高度、肋拱的使用、花格窗的开设以及穹顶的设计上都带有明显的晚期哥特式建筑的特征，但在装饰物的奢华与繁复方面是一般哥特式建筑难以望其项背的，有时从远处观望这些建筑物就像是巨大的雕刻作品。研究葡萄牙艺术史的著名学者斯密斯（Robert R. Smith）认为，曼奴埃尔式样的建筑与葡萄牙后来的建筑一样，至少受到了三个方面的外来影响：一是有东方的异国情调，特别是摩尔人式样的建筑风格渗透其中，还有一些花卉的浮雕或许带有域外的自然主义的色彩；二是就建筑上的装饰物、精美花纹而言，它还受到了西班牙式的银匠式艺术风格的（Plateresque）的影响（当然银匠风格本身也包含有某种摩尔式艺术

的因素）；三是它还吸收了某些意大利文艺复兴的建筑艺术的特征以及受到北欧佛兰德斯艺术的如同火焰一般繁复的雕刻花纹的影响。在建筑艺术史的发展阶段上，曼奴埃尔式样则标志着由晚期哥特式到文艺复兴式样的转变。

斯密斯认为，从1500年至1800年，葡萄牙的建筑史按照时间的先后可以分为三个阶段：15世纪晚期至16世纪最初的30年为晚期哥特式风格，16世纪30年代以后直至整个17世纪则为文艺复兴时期，从1710年至1800年则为葡萄牙巴洛克以及洛可可风格至新古典主义开始时期。

"曼奴埃尔式样"这个词最早见之于葡萄牙海外殖民地巴西的塞古鲁港的一位贵族凡哈根（Adolfo de Varnhagen，1816—1878）于1842年写的一部书，名叫《贝伦修道院历史述略（附以哥特式为主的建筑术语表）》（*Noticia histórica e descritiva do Mosteiro de Belém, com um glossário de vários termos respectivos principalmente a arquitetura gótica*），凡哈根是近代巴西的外交家和历史学家，被称为近代巴西历史学之父。他出生于巴西的Iperó，他的父亲是出生于德国的服务于葡萄牙在巴西王室的军事工程师。他早年在里约热内卢接受教育，后来与家庭一同去了里斯本，在王家军事学院（Colégio Militar da Luz）学习。巴西独立以后，他继续学习古地理学、经济学以及语言学（法语、德语以及英语）。他的第一部历史学著作《巴西记忆》（*Notícia o Brasil*）写于1835—1838年之间，后来他作为一名军事工程师毕业于王家军事要塞学院（Academia Real de Fortificação, Artilharia e Desenho）。1840年，他回到巴西，次年参加巴西历史和地理研究所（Brazilian Historic and Geographic Institute）的研究工作。1844年，他加入巴西的国籍，并开始了他的外交生涯，去葡萄牙和西班牙工作。这时，他有机会利用塞维利亚档案馆从事巴西历史的研究。以后，他又去了南美洲等地工作。1854年和1857年，他出版了其历史学杰作《巴西通史》（*História Geral Brasil*）的第一和第二卷。1872年，巴西的皇帝授予他塞古鲁港的男爵爵位，两年以后又授予他伯爵的贵族头衔。他一生最后的外交生涯是在奥地利维也纳度过的。

凡哈根以葡萄牙国王曼奴埃尔的名字来命名这种特殊的建筑风格。作者在书中指出：虽然这种建筑风格并没持续很长的时间，但在葡萄牙的艺术史上却占有十分重要的地位；同时，它的影响也比曼奴埃尔国王生活的时代更为长久。作为一种建筑艺术形式，它的最为重要的主题是庆祝葡萄牙海洋帝国霸权的产生，其特征主要表现在建筑上（教堂、宫殿、城堡以及修道院），并延伸到其他领域如雕刻、绘画、贵金属制成的艺术品以及彩陶器和家具等。它还具有鲜明的葡萄牙民族艺术的特征。

曼奴埃尔式的建筑装饰物上有一些特定的反复出现主题或符号，易于辨认。它们是：（1）浑天仪和地球仪，这是与航海有关的仪器，也是曼奴埃尔一世个人的纹章图案。它象征宇宙以及葡萄牙人对于地球的发现与拥有。（2）与大海有关的主题，贝壳、珍珠、海带和海藻，它们的寓意是葡萄牙人从事的地理大发现与航海事业。（3）植物的主题，月桂树枝、橡树叶、橡实、罂粟壳、玉米的穗轴、洋蓟等，其可能的寓意则是在域外自然主义影响之下的葡萄牙与海外文化的交融。（4）基督教的象征物则有象征基督骑士团的十字架。基督骑士团原为圣殿骑士团，它于1320年由葡萄牙国王迪尼斯成立，旨在收容那些已经被解散了的圣殿骑士团的成员。该骑士团在曼奴埃尔一世时代达于全盛，国王此时也身兼骑士团的大统领。他将这种十字架刻印在葡萄牙海船的风帆上（红白色），同时也委托葡萄牙国内的石料市场的工匠雕刻大量的石制的十字架，安置在葡萄牙及其海外殖民地的要塞、教堂和其他民用建筑物上。由此，基督骑士团的十字架不仅成为葡萄牙王室的象征，而且成为葡萄牙海洋帝国海外发现以及征服事业的标志。（5）在某些修道院的花饰窗格的图案上，

里斯本圣杰罗姆修道院

一般认为有些像伊斯兰风格的金银丝细纹饰,是受到了印度建筑风格的影响。(6)柱子被雕刻成缠绕成绞股绳索的样子(这并非是曼奴埃尔风格的原创,13世纪罗马的拉特兰大教堂回廊的柱子也是被雕刻成这样的,但是在曼奴埃尔建筑中的大量使用则明显地与大航海的时代主题有关)。(7)用半圆的拱门替代哥特式的尖尖的拱门,门和窗上也用这类拱门,有时会有三道或更多的曲线,但是拱门仍然是哥特式样的尖形。(8)复合型的柱式。(9)八面的柱头。(10)建筑物不讲究对称性。(11)圆锥形的小尖塔。(12)斜面的雉堞。(13)有浮雕的壁龛和华盖装饰的大门。

在1521年曼奴埃尔一世去世的时候,他已经在国内资助建造了62座建筑工程。然而,葡萄牙许多最初的曼奴埃尔式样的建筑都在1755年里斯本大地震以及接踵而来的海啸中被毁坏了。在里斯本,国王曼奴埃尔居住的"里贝拉王宫"、王家诸圣医院、海关大楼还有几十座教堂和数以千计的民居,都毁于大地震。但是曼奴埃尔风格的杰作圣杰罗姆修道院以及贝伦塔因为离市区较远都得以幸存。另外,里斯本城里的旧圣母无原罪始胎教堂的大门也屹立不倒。

在里斯本以外,早期的曼奴埃尔式建筑则有塞图巴尔的耶稣修道院教堂(Mosteiro de Jesus, or Church of the Monastery of Jesus of Setúbal),这是最早的曼奴埃尔式的教堂之一,还有科英布拉圣十字修道院(Santa Cruz Monastery)等。位于托马尔的基督骑士团修道院教堂(Convento de Cristo or Convent of Christ)及参事室是主要的曼奴埃尔风格的纪念碑式的教堂,特别是它的著名的巨大参事室的大窗,上面有许多动人心弦的雕刻物及缠绕的缆绳形象。其他的曼奴埃尔式的建筑包括巴塔利亚修道院的王家回廊(Royal Cloister)上的拱廊屏设计以及未完成的小教堂等。民用建筑则有辛特拉的王宫(Royal Palace of Sintra)和埃武拉的王宫(Royal Palace

1755年以前由无名氏绘制的圣杰罗姆修道院

in Evora)等。曼奴埃尔式样的建筑一度在整个葡萄牙国内流行，并传播到亚速尔群岛、马德拉群岛、印度的果阿和中国的澳门，在西班牙南部，加纳利群岛以及西班牙在秘鲁和墨西哥的殖民地也出现少量的同类建筑物。

作品具有曼奴埃尔风格的主要建筑师和艺术家有：建筑师迪奥戈·德·波塔克（Diogo de Boitaca）、马特乌斯·费尔南得斯（Mateus Fernandes）、迪奥戈·德·阿茹达（Diogo de Arruda）、方济各·德·阿茹达（Francisco de Arruda）、若奥·德·卡斯蒂奥（João de Castilho）、迪奥戈·德·托拉瓦（Diogo de Torralva）以及罗恩（Jérôme de Rouen），雕刻家有迪奥戈·皮雷斯（Diogo Pires），画家有瓦斯科·费尔南德斯（Vasco Fernandes）、加斯帕·瓦兹（Gaspar Vaz）、若热·阿方索（Jorge Afonso）、克里斯托旺·德·费格雷多（Cristóvão de Figueiredo）、加西亚·费南德斯（Garcia Fernandes）、格里高利奥·洛佩斯（Gregório Lopes）等。

在众多的建筑师、雕刻家和艺术家当中，要数波塔克和阿茹达家族最为著名。

波塔克约出生于1460年，于1528年死于巴塔利亚，是建筑师和工程师，主要在葡萄牙本国活动，他的国籍已经无从查考，最早提到他的文献见于1498年，当时国王曼奴埃尔给他一份年金，委托他为塞图巴尔的方济各会修道院耶稣堂（Igreja de Jesus）工作。以前人们还发现在1514年的一份文献上有他的签字，后来人们又在巴塔利亚修道院的仁慈堂的档案里发现他的12份亲笔手稿，书写时间在1514—1515年之间，当时他是这个慈善团体的推事。在这些文件中他的名字总是写成Boytac，有人认为这个字源于法语，而另外一些文件则用葡萄牙语，因此有些人推测他可能是一位外国人。他的名字还出现在1515年葡萄牙军队对北非摩洛哥的远征军的名单之中。早期的塞图巴尔耶稣堂是波塔克设计的，这座建筑物至今保存完好，在诸多的曼奴埃尔式建筑中占据了独特的地位。

波塔克最著名的作品就是贝伦的圣杰罗姆修道院大教堂。从1501年开始，他就负责这座建筑物的总体设计。1507年他又负责科英布拉的圣十字修道院的装修工程，他将这座教堂内部空间缩小成为一个单一的中堂，同时将中堂和放置祭坛的至圣所抬高，像绳子缠绕一样的柱上升起来支撑着托梁。1507年，在辛特拉的一份文件中也提到过他的工作。1509年，有人记录他住在巴塔利亚。1512年他与伊莎贝拉·恩里克（Isabela Henrique）结婚，这位女子是马特乌斯·费尔南德斯的女儿。人们至今不能肯定他是否就是巴塔利亚修道院的总工程师，有文献说从1516年开始他一直住在巴塔利亚，死后埋葬在这个教堂里他岳父的墓旁。

波塔克在葡萄牙以及北非的作品数量十分惊人，但要精确地评估他在每一件作品中的作用似乎是不可能的。他拥有王家建筑设计师的头衔，用自己拥有的晚期哥特式建筑的知识去迎合葡萄牙国王的趣味。他对塞图巴尔教堂至圣所穹顶的设计产生了很大的影响，在一段时间里，这种穹顶的样式大为流行，成为在15世纪葡萄牙晚期哥特式建筑风格中绝无仅有的特征之一。波塔克还负责完成了巴塔利亚修道院回廊的花饰窗格的建筑装饰，这是一种完美的近乎自然主义的装饰表现，包括使用象征基督骑士团的十字架以及象征航海事业的浑天仪。

阿茹达家族是葡萄牙建筑大师世家。从15世纪中叶到16世纪末叶，该家族四代在葡萄牙及其海外殖民地的建筑业中拥有显赫的地位，而且这种地位通过他们家族明智的婚姻策略得以维持不衰。该家族一直与葡萄牙的王室和贵族保持密切的和良好的关系，也就一直能够接到建筑工程的订单。他们的设计对于当时的葡萄牙建筑，尤其是军事要塞建筑产生了决定性的影响。他们家族的历史代表了葡萄牙建筑从中世纪的石匠营造模式转变成为近代意义上的工程建筑的过程。

若奥·德·阿茹达是巴塔利亚和埃武拉修造院的主要建筑师。同时，他在1485年受雇于王室建造曼奴埃尔一世的行宫。他于1490年去世。他的儿子于1531年也参与营建巴塔利亚修道院的工程，后来于1538年成为该修道院的工程监督，还有迪奥戈·德·阿茹达也参与其工程。方济各·德·阿茹达和安东尼奥·德·阿茹达（António de Arruda）于1514年也在其兄弟的指挥下从事建筑工程。若奥·德·阿茹达很可能是米迦勒·德·阿茹达（Miguel de Arruda）以及佩德罗·德·阿茹达（Pedro de Arruda）的父亲，后者死于1543年，他被指定为在圣塔伦王宫的建筑师。佩德罗的儿子则很可能是迪奥尼西奥·德·阿茹达（Dionísio de Arruda, d.1576），他曾经在巴塔利亚做建筑师。还有米迦勒·费南德斯·德·阿茹达（Miguel Fernandes de Arruda）、若奥·迪亚斯·德·阿茹达（João Dias de Arruda）以及其他一些在摩洛哥工作的建筑师都有可能是该家族的男性亲属成员。

迪奥戈·德·阿茹达生于1470年，1531年死于埃武拉。他很可能在巴塔利亚城接受父亲若奥·德·阿茹达的训练。他的青年时代是在曼奴埃尔一世的宫廷里度过的，亲眼看见了宫廷中的豪华气氛以及异国事物及其情调，这一切都使得他成为曼奴埃尔风格的最重要的诠释者以及创造者。他的第一个为人所知的作品就是里斯本的新王宫，此宫始建于1508年，毁于1755年里斯本大地震。这座宫殿建在特茹河边堆积从非洲和亚洲运来的香料地旁边，他在这座位于河岸尽头的建筑物的边上增建了一座要塞。他还被国王选中去扩建托马尔的基督修道院，在1510年至1514年他增建了一个很大的有穹隆的中堂以及那个著名的华丽的曼奴埃尔式样的窗户，这个窗户是用葡萄牙地理大发现时代的航海主题为装饰的。迪奥戈还分别于1512年、1513年和1516年指挥了在摩洛哥的萨非（Safi）以及马扎高（Mazagao）和阿札莫尔（Azamor）的葡萄牙要塞兵营的建筑工程。在1525年他还被任命为埃武拉王宫的建筑师。1521年曼奴埃尔一世去世以后，他将自己的活动收缩和限制在建筑工程的仲裁和评估领域。

方济各·德·阿茹达生于1480年，1547年11月30日死于埃武拉。他是迪奥戈的兄弟，从1506年开始，他受雇从事修复在阿连特茹的波特尔（Portel）、穆拉（Moura）以及莫朗（Mourão）等地的城堡。1512年他与迪奥戈一起在托马尔工作，后来还陪同他的哥哥一起去北非。1516年，他在北非阿札莫的马尔堡（Castelo do Mar）建造了4个带有炮眼的圆形的棱堡。1514年至1521年，曼奴埃尔一世将他召回，委任他在贝伦的特茹河口建造一座防御性的塔楼，那就是著名的贝伦塔。这座纪念碑式的建筑物后来成为葡萄牙地理大发现时代的象征物。方济各·德·阿茹达于1525年在埃武拉定居，为布拉干萨公爵建造城堡，有人认为这座城堡设计中融入了达·芬奇的一些观念。在1531年，他在自己拥有地产的埃武拉山建造了城堡和棱堡。当时是人文主义研究盛行的时代，埃武拉的宫廷中鼓励人文主义的研究和兴趣，方济各·德·阿茹达在这方面展示的能力使他成为这个城市的主要的建筑师。在1531年他的哥哥迪奥戈死后，他继承了他的全部事业，国王若奥三世授予他骑士荣衔，并在1534年允准他居住在宫殿中。后来，他还成为基督骑士团的成员，1542年，他还成为城市水道管理官员。他唯一的女儿卡特琳娜（Catarina da Arruda）与迪奥戈·达·托拉瓦结婚，女婿继承了他的事业，成为国王的建筑师，他还建造了埃尔瓦什的引水道（始建于1543年，完成于17世纪）。

米迦勒·德·阿茹达（Miguel de Arruda）生于1500年，1563年1月3日死于里斯本。他是迪奥戈的侄子。在1533年，他取代了卡斯蒂奥成为巴塔利亚修道院的建筑师。当时他已有很大的名声，被委任建造里斯本宗教裁判所监狱，他还为王室制造了一个盾形徽章的支撑物。他住在埃武拉以后，很可能与方济各一同工作，他受过严格的建造建筑工程的训练，曾参与建造埃武拉的奥斯定会圣母圣宠修道院（Monastery of Nossa Senhora da Graça），其中教堂建于1532年至1540年，修道院建于1524年至1549年。这个教堂有一个很醒目的正立面——在三角楣的角上有4个张牙舞爪的巨人，这个设计是受到罗马建筑师维特鲁威（Marcus Vitruvius Pollio）思想的启发。米迦勒的家族与埃武拉的人文主义者一直有着联系，而且这种联系由于他本人与伊莎贝拉（Isabel Mendes）的婚姻而得到了巩固。伊莎贝拉是埃武拉城中富有家庭的女子。

当时的历史学家索萨（Frei Luís de Sousa，1555—1632）称米迦勒为"伟大的工程师"，他为葡萄牙国王实现了葡萄牙要塞建筑的近代化。在16世纪40年代，他负责将整个意大利的棱堡建筑有系统地介绍到葡萄牙。同时，他也是一位军人，1541年4月他出发前往北非去制定一整套要塞防务政策。他还在1541年5月去了马扎高。米迦勒设计了马扎高的要塞，该要塞像一颗星星，有四个棱角，它还有一个令人印象深刻的屋顶上的水池。这座城堡完成于1542—1545年。而在1543年，他还负责建造了一堵跨越休达地峡的墙。他还为葡萄牙在海外的殖民地如丹吉尔、莫桑比克、第乌和巴西的巴伊亚设计要塞和城堡，它们是第一批在欧洲以外出现的带有棱堡的要塞城堡。

米迦勒在朝廷中地位甚高。1543年，他继兄弟佩德罗之后成为圣塔伦等地王宫的总建筑师，还设计了其他一些重要的宗教建筑。他于1548年画了埃武拉圣安东尼教堂的图纸，还有里斯本圣安纳修道院（Convent of Santana）的建筑图纸。从1540年至1555年，他还修建了在奥毕多斯（Obidos）附近的圣杰罗姆修道院（Hieronymite monastery）以及在圣塔伦的仁慈堂（1559年）。他还在1555年至1559年负责监督了里斯本的王宫建筑，不过这幢建筑并未完成，并且毁于1755年的大地震。

米迦勒最后的作品也是最具有探索性的，那就是1553—1575年建于里斯本附近的特茹河口上的圣朱利奥要塞（S. Julião da Barra），这是一个对称的五边形堡垒，正像佛罗伦萨的巴索要塞（Fortezza da Basso）。它有圆形的棱堡以及巨大的门道，中央核心部位是一个巨大的贮水池，它的三面是巨大的托斯卡那式的回廊，并且三面侧廊刻进山体岩石当中，还有平平的带有肋拱的房顶，具有"巨大的"和"平实的"的风格，既具有军事性建筑的简朴，也具有数学上的精准，是16世纪葡萄牙军事建筑中的精华。

二、曼奴埃尔式样的代表性建筑物

曼奴埃尔一世时代葡萄牙人共建造了60余座具有典型曼奴埃尔式风格的教堂，但大部分均毁于1755年里斯本的大地震当中。不过，也有一些代表性的建筑保存下来，如塞图巴尔耶稣修道院教堂、贝伦塔、圣杰罗姆修道院以及托马尔的基督骑士团城堡及教堂便是其中的杰作，它们分别是城堡、教堂与修道院的结合体以及要塞、教堂及修道院的结合体，是地理大发现初期葡萄牙曼奴埃尔式建筑的典范。

1491—1495年，由葡萄牙国王若奥二世下令建造的塞图巴尔耶稣修道院教堂是目前人们所知的较早的曼奴埃尔式样的宗教建筑，它由波塔克设计建造，始建于若奥二世时代，在若奥二世去世以后，国王曼奴埃尔继续资助该教堂的建筑工程，最后到1510年完工。教堂的中堂以及耳堂的建筑高度是一样的，是曼奴埃尔式样普遍采用的高堂形式。波塔克在这座修道院的设计中，引进了一种整体统一的观念，它的耳堂与中堂具有一样的高度，并且形成了在后来葡萄牙建筑中的一些格式化的规范装饰因素，如在中堂中有一种像绳子缠绕式的柱子，一种宽宽的门楣上面有着壁龛的拱门，还有在穹隆上的复杂的肋拱系统以及拱门上有各类花草纹饰。中堂的和教堂前部的半圆形穹顶由许多

第一座曼奴埃尔式教堂
由若奥二世于1491—1495年兴建的塞图巴尔耶稣修道院教堂。

条肋拱支撑，每一根肋拱柱子都支撑着一个尖尖的拱顶，形成由相互缠绕的粗花岗石柱子组成的空间。这种像绳索一样缠绕的柱式也是曼奴埃尔式建筑最普遍采用的柱式。中堂的内部呈方形结构，顶上覆盖着的是晚期哥特式流行的星形肋拱，并以饰球作为装饰，有些肋拱也是像绳子般缠绕的式样。目前教堂中保留的主祭坛以及唱诗台是18世纪建造的。教堂采用的石料是一种在附近的山区里采集的黑色的角砾石，而不是当时大多数葡萄牙教堂采用的白色的大理石，它的巨大的教堂前部的半圆形穹顶是以一块整体的石料砌成的，耳堂的墙壁上有著名的17世纪葡萄牙蓝色瓷砖作为装饰。

贝伦塔是葡萄牙地理大发现时代的曼奴埃尔式纪念碑式的代表性建筑。贝伦地区

贝伦塔上具有摩尔人建筑风格的瓜形城垛

（Belém）位于现在里斯本市区以西6公里，该地名就是葡萄牙语中的伯利恒的意思。1497年达·迦马就是从这里出发开始了他前往印度的航程。贝伦塔是一座像要塞一样的塔楼，建于16世纪早期，其建筑风格为晚期哥特式的曼奴埃尔式样，它为庆祝和纪念达·加马的印度航行而建造。这座防御性的，也是十分精致的建筑物成为地理大发现时代葡萄牙海洋帝国以及里斯本城市的象征。1840年在浪漫主义作家、诗人和政治家加雷特（Almeida Garret, 1799—1854）的推动之下，葡萄牙国王斐迪南二世（Ferdinand II, 1836—1853年在位）下令修复这座塔楼。在修复的时候，人们增加了许多新曼奴埃尔式样的装饰图案。1910年，葡萄牙政府宣布它为国家纪念碑。1983年，它与邻近的圣杰罗姆修道院一起被评为联合国教科文组织所宣布的世界文化遗产。

贝伦塔既是通往里斯本大门的一个标志性的建筑物，也是特茹河防御体系的一部分。在若奥二世时期，人们开始构筑位于里斯本河口外的要塞防御体系，他们兴建了卡萨斯要塞（Fortress of Cascais）和卡普拉卡（Caparica）的圣塞巴蒂安（São Sebastião）要塞。当时贝伦的河岸边由一艘大船担任防卫。但在曼奴埃尔一世统治的最后5年，人们开始建造贝伦塔来代替这艘船的护卫，这座塔建成后奉献给里斯本的主保圣人圣维森特。它建造于1515—1521

年，由方济各·德·阿茹达设计和建造，要塞的精致的纹饰上面可以很明显地看到摩尔人建筑风格的影响，比如说带有拱门的窗户、阳台以及瞭望塔上带有肋骨的像瓜形一样的棱堡穹顶。波塔克作为设计圣杰罗姆修道院的建筑师，参与了贝伦塔的装饰工程，它的堞口和城垛上雕刻着极为丰富的曼奴埃尔式样的饰物如浑天仪（这是曼奴埃尔一世的象征纹章）、基督骑士团的十字架、缠绕的缆绳雕刻、精致的镶嵌有肋拱的拱顶。然而，其中有一些装饰物是19世纪40年代修复时加上去的，如刻有基督骑士团十字架的盾牌，它们被装饰在城墙的雉堞、回廊和棱堡上，面对河岸的塔楼的立面装饰尤为繁复。

贝伦塔整体建筑可以分为两部分：一是棱堡，它是一座不规则的六边形建筑物。二是五层楼的塔身，该塔身位于棱堡的北端，从总体上看，这座建筑物像是一个帆船的船头。棱堡上有17个有拱顶的炮膛，这些炮膛开在3.5米厚的塔墙之上，可以安置17门大口径的后膛炮。在炮膛上半部分是中空的，这样可以让火药的硝烟尽可能快地散去。在棱堡的前台上也可以安放大口径的炮。贝伦塔是葡萄牙历史上第一座两层楼的炮台要塞，它标志着当时葡萄牙军事建筑的里程碑。这个平台的角上都有摩尔风格穹顶的角塔，在角塔的基座上面雕刻着动物的图像，这些动物中竟然有犀牛，有些艺术史学家认为这

贝伦塔平台上圣母抱圣婴的雕刻，寓意庇护航海者平安

是欧洲艺术史第一次出现的犀牛雕刻图像，很可能刻绘的是曼奴埃尔一世在1515年赠送给罗马教宗的一头犀牛。在塔身前方的平面上，站立着一尊抱着圣婴的贝伦圣母像，在她的左手还捧着一束葡萄，在圣母和圣婴的上方还有一座雕刻华丽的曼奴埃尔风格的石砌的祭坛华盖。圣母和圣婴寓示着庇佑出发远航的水手。在塔身上还有一座典型的精致的文艺复兴式样的阳台，它被建造得非常轻、薄，阳台的护墙是一排廊柱，每一个廊柱中间的正方形的间隔部分则是镂刻一个基督骑士团的十字架，在阳台的上面还覆盖着一个斜的石制的屋顶，在这个屋顶的上层是两个拱形的窗户，两个窗户的中间则是一个巨大的代表曼奴埃尔一世的王家纹章。在角边的柱子上则刻有地球仪或天体仪，这些

都具有十分重要的象征意义。

在塔身主大门的上面也有许多曼奴埃尔风格的雕刻,其中有国王曼奴埃尔一世的纹章(地球仪或天体仪),整座塔身上都有石刻的缠绕的绳索加以装饰,在北边的正立面上还有一些石刻的绳结。在塔楼上层的角落里则有圣维森特和圣米迦勒的雕像。塔上的凉廊则是以文艺复兴式样建成,塔身南边的第一层全部是长长的凉廊,其栏杆及柱子的雕刻工艺极为精致,具有威尼斯文艺复兴时代的风格特征。城垛的正立面上则是由盾牌装饰,上面刻有基督骑士团的十字架,其风格则是新曼奴埃尔式样的。塔身有35米高,共5层楼,在它的露台上可以看到四周壮美的景色。它的弹药库则是建在平面上,有一道很窄的旋梯可以通向下面一层,这一层是指挥官的房间。最有趣的则是小教堂在4楼之上,有一个非常美丽的由曼奴埃尔式样的肋拱支撑的穹顶,里面装饰着浑天仪以及基督骑士团的十字架。而祈祷室即小教堂则在塔的顶楼。对于贝伦塔的建筑风格建筑史家佩雷拉(Paulo Pereira)有一段颇为概括的描述:"贝伦塔是按照中世纪宫殿和城堡的样式建造的,充满着一种新式的骑士风格的建筑趣味。然而它与中世纪的城堡也有一个很重要的区别,那就是在它的正立面上有着精致的阳台,这使人觉得这里更像是一个让人居住生活的地方,不过,这并没有妨碍它仍然是一个有军事目的的建筑物。相反,方济各·德·阿茹达在这里设计了葡萄牙建筑史上最早的五边形棱堡,专门用来发射火器。在15世纪的时候,意大利建筑师马蒂尼(Francesco di Giorgio Martini)对如何建造军事性的要塞有专门的叙述,贝伦塔的设计明显地受到这些论著的启发。贝伦塔的位置是突出在海面的地方,这种设计是史无前例的,也是独具创意的,它还在墙上开了窗户,构筑了角塔。角塔上的瓜形的圆顶使人想起了马拉喀什(Marrakech,今摩洛哥境内一皇城)的典型的摩尔人建筑风格。在贝伦的所有边角上面都设有这种圆形的角塔,使人感到一种强烈的暗寓作用。同时,这种壮丽的建筑结构在纹章学上具有一种纪念碑式的意义,这种形象在后来的历史上被作为权力和权威的标志一再被复制。"

贝伦塔入口处的回廊底下是一座阴森森的地牢,当时被用作储存军火的弹药库,在后来的历史中曾经被用作关押犯人的监狱,直到19世纪以后才改作他用。地牢还开有炮口,安置有大炮朝向外海,可见在当时它还是一座炮台。在一幅绘于1811年的油画上,可以看到19世纪早期的贝伦塔位于大海的中央,一艘在远处的大帆船和一艘在近处的小船在狂风卷起的海浪中奋力地艰难前行,海中的贝伦塔也像是一艘大船。只是到了后来,北面的海岸逐渐往外推移,河岸变狭窄了,贝伦塔靠近了岸边。目前,在涨潮的时候,仍然可以看见塔身在河水的包围之中,但是退潮以后,北岸的陆地就显露出来。从岸上搭建的平桥上可以走向贝伦塔的大门。

圣杰罗姆修道院位于葡萄牙里斯本的贝伦区,距离贝伦塔不远。它是一座壮丽的修道院,同时也是曼奴埃尔风格的最为杰出的和辉煌的代表作,1983年,它与贝伦塔同列为联合国教科文组织宣布的世界文化遗产。

约在1450年,航海家亨利王子在这个地方请圣杰罗姆修道会的僧侣建造了一个小小的避静所,当时这个地方称为"偏远的油橄榄地小教堂"(Ermida do Resteloor Hermitage of Restelo)。1497年7月7日,达·迦马启程前往印度西海岸的前夜曾经在这个小小的避静所与船员们举行虔诚的晚祷。曼奴埃尔一世后来就在这片土地上建立了圣杰罗姆修道院。后来,国王将这座用于避静的小教堂赠送给了圣杰罗姆修道会的僧侣。

由葡萄牙国王曼奴埃尔一世下令兴建的著名的圣杰罗姆修道院,专以庆祝和纪念达·伽马去往印度的成功航行。开始时,修道院的教堂专门用作阿维兹王朝的王室成员死后埋葬的地方,后来则变成了远航的海员们离港和进港时祈祷之用的教堂。

建筑工程从1502年开始,用了50年的时间才完成。它的建筑材料采用里斯本出产的金色的石灰岩,名为"pedra lioz"。修道院的建筑费用来自对印度等地的香料征收的5%的税收。但这些香料不包括胡椒、丁香和肉桂,因为这三种香料的税收是直接归于王室的。由于这些税收颇丰,建筑师们便尽量将修道院以及教堂的规模营建得更大一些。然而,由于这座修道院建筑所需的建筑经费过于庞大,王室不得不下令停止了巴塔利亚修道院中阿维兹王室家族圣殿的工程。

这座修道院由建筑师波塔克按曼奴埃尔风格设计。他建造了教堂、修道院、圣器室以及修道院食堂。他的后继者是西班牙人卡斯蒂奥(João de Castilho),约在1517年,他接手该建筑工程,逐渐地把原来的曼奴埃尔风格改为文艺复兴的风格。1521年曼奴埃尔一世去世后,修道院的工程便停滞不前了。过了一段时间以后,王家建筑工程师迪奥戈·德·托拉瓦重新开始了修道院的建筑工程,增加了主小教堂、唱经台、并完成了两层楼的修道院,并以许多文艺复兴式的雕刻作装饰,1571年,建筑师罗恩继续了他的工程,又增加了许多古典的雕刻装饰。1580年,建筑工程又一次停顿了下来,当时葡萄牙被西班牙合并,建筑经费被拆建用到菲律甫二世的埃斯库里亚皇宫教堂和修道院工程上面去了。

1755年里斯本大地震时，圣杰罗姆修道院由于远离市区而没有受到太多的损害，屹立不倒。但在1833年葡萄牙全国驱逐宗教修会成员时，修道院便无人居住了，建筑受到严重的损毁，几乎倒塌。西南塔楼上的穹顶是后来增加上去的。

修道院的主大门即南门是由建筑师及雕刻家若奥·德·卡斯蒂奥设计的，它被认为是那个时代最为辉煌壮丽的大门。它犹如一座神龛，高32米，宽12米，装饰极为华丽，门楼的周围有许多山墙，由小尖塔以及雕刻着的人物所环绕，在精致的神龛和华盖的下面是航海家亨利亲王的雕像，它站立在最底层的两扇大门中间的台座之上。在山墙的三角壁部分，有两幅浅浮雕表现圣杰罗姆的生平故事，左面一幅描绘圣杰罗姆移去狮子的脚爪，以象征从那以后狮子成为他最好的朋友，右面的一幅则表现圣人在沙漠中的故事。三角壁的拱侧则有国王曼奴埃尔一世专用的地球仪纹章。门楼中间的支柱上站立着的佩剑的人像则是亨利王子，他被刻画得凝神注视着远方，这个人物看上去就像三角墙上的拱门饰。两边的窗户上有着精致的矮护墙。所有的这些雕刻的细节都是曼奴埃尔的风格。在山墙的柱顶最高处站立着的则是贝伦圣母。在圣母的上面则是天使长米迦勒的雕像，在山门的最顶端则是基督骑士团的十字架。在这座大门的两边排列着的边窗十分巨大，与大门并列在一起显得十分和谐，边框上面也有丰富的装饰。

西大门则是晚期哥特式风格在文艺复兴风格式样中转变的典型之作。它由雕刻家香特伦奈（Nicolau Chanterene，约1485—1551）于1517年雕刻和建筑。香特伦奈是法国雕刻家和建筑师，主要在葡萄牙和西班牙从事艺术创作。他可能出生在诺曼底，早年可能在法国或是意大利接受艺术训练。一份写于1511年的文献提到他在西班牙的康波斯戴拉雕刻了16座真人大小的雕像。1517年他与一名助手为里斯本圣杰罗姆修道院教堂的西门做雕刻，这可能是他在葡萄牙从事的第一件艺术方面的工作。后来，香特伦奈还为科英布拉方济各会圣克拉拉修女院（the Franciscan nunnery of Santa Clara in Coimbra）雕刻过一座带盾牌的天使像，在这座哥特式的教堂里，这件作品很不寻常。这座雕刻现在安置在科英布拉博物馆，旁边则有一尊跪着的圣母像，圣母的脚上的衣服被雕刻成令人感觉飘逸的涡卷形，非常像贝伦的圣杰罗姆修道院南门门楼上的那尊圣母像。尽管这两尊像不是属于一组的，但是它们被安放在一起，使人感到一种精神上的一致的美感。1533—1540年，他居住在埃武拉。

1535年,他被授予王家建筑师的称号。两年以后,他为埃武拉大主教阿方索(the Archbishop of Évora Dom Afonso de Potugal)制作了一座由雪花石膏大理石建成的墓室。

很可能这西大门是他在葡萄牙接受委托制作的第一件作品,现在它的前面的门廊是19世纪的时候加上去的。西大门的三角楣上雕刻着天使报喜、圣诞以及显现节(Epiphany)的场景。有两位天使捧着葡萄牙王室的刻有五个盾牌的纹章,天使和纹章的形象正好占据了全部拱饰的面积。大门两边展开的部分满是雕刻人像,他们中有曼奴埃尔一世以及第二位妻子阿拉贡的马利亚(Maria of Aragon,1482—1517),他们跪在一个壁龛中间,上面有一顶精致的华盖,在他们的两旁则是他们各自的主保圣徒圣杰罗姆以及施洗约翰。在支撑的托臂上面都有雕刻的小天使作为装饰,这些小天使都握着葡萄牙国王的纹章;在国王的一边则雕刻着地球仪,在王后的一边则是3枝盛开着的花枝。在这座大门上刻有圣诞的场景是十分恰当的,因为圣杰罗姆修道院坐落的位置在贝伦,也就是葡萄牙语中的伯利恒。

建筑师波塔克修建的修道院教堂即圣马利亚教堂(the Church of Santa Maria)内部有3座带有侧廊的教堂,在同一个穹顶之下形成五块区隔空间,这种区划非常清晰,但耳堂以及高耸的唱经台并没有造好。由于侧廊和中堂的高度是完全一致的,这种风格被称为"高堂教堂",为后来葡属亚洲以及美洲殖民地许多地方的教堂所仿效。波塔克还建筑了教堂的墙壁和飞檐,并着手建筑毗邻的修道院。

卡斯蒂奥是西班牙的建筑师和雕刻家,他于1517年接手建筑工程。他完成了教堂延伸的墙壁以及独特的单跨度的有肋拱的穹顶,穹顶上有着星状以及窗花格的雕刻,穹顶的宽度为19米,穹顶的每条肋拱上面的连接部分都有凸出的浮雕作为装饰。这个大胆的设计是1522年创作出来的。而波塔克原来的设计则是安置了3个耳堂的空间,没有支撑的耳堂给人的印象似乎是浮在空中的。这位雕刻家还设计了25米高的修长的、铰链式的八角形柱子,以支撑中堂的空间,这些柱子上都浅雕着怪诞的图案以及植物花草,具有文艺复兴的风格。在北边的最接近耳堂的那根柱子上有一个纹章,上面雕刻的肖像很可能就是建筑设计师波塔克或者卡斯蒂奥。该具有晚期哥特式风格的中堂是在建筑工程最后阶段完成的,在美学上和建筑史上堪称杰作,它给人以气势恢宏的感觉。在主教堂两旁都是阿维兹王朝历代国王之墓,每一个石棺下面都有两头大象支撑。关于教堂的中堂和耳堂,佩雷拉有如此的描绘:

"中堂和耳堂是卡斯蒂奥负责设计建筑的。他使用8根极为高大的柱子来支撑天花板,从这些柱子上分散出一系列的肋拱天顶,耳堂侧廊的高度与中堂一样,意味着这看上去非常像日耳曼风格的'高堂教堂'。卡斯蒂奥使教堂天花板布满肋拱结构,它们都是横向的、纵向的、阶梯式的肋拱或枝肋,它们都连接在柱子上,组成了弯度不太大的弧形结构,形成了一个布满着纵横交错的肋拱和枝肋的大拱顶。在耳堂的上面,他用一个单一的拱顶覆盖,没有任何的直接的支柱来支撑。因此,圣杰罗姆修道院教堂的天花板是伊比利亚半岛晚期哥特式建筑中最为宽阔的天顶之一。它的拱心石的形式是星辰式样,它的柱子与肋拱连接以后的拱门是半圆形的。这种设计形式是为了回应当时的神职界所提出的一个新的建议,神职人员认为应该将这座修道院的教堂建成阿维兹王朝的万神庙,以庆祝葡萄牙君主制的胜利,在这方面,圣杰罗姆修道院教堂与埃斯库里亚王宫及修道院的性质是一样的。"

葡萄牙国王若奥三世的王后哈布斯堡的卡特琳娜(Queen Catherine of Habsburg)下令将这座修道院的至圣所作为葡萄牙王室成员最后的安眠之地。建筑师罗恩将其建成文艺复兴时代的古典风格。国王的陵墓安置在大理石做成的大象上面,陵墓之间隔着爱奥尼亚式的柱子,陵墓的顶上则是科林斯式的柱子。在唱经台的左边则是国王曼奴埃尔一世和他的妻子阿拉贡的马利亚,右边的陵墓则是若奥三世和他的王后哈布斯堡的卡特琳娜。

在教堂里边接近西大门的地方,是瓦斯科·达·迦马的石墓以及伟大的诗人贾梅士名义上的石墓。这两个石棺都是19世纪的雕刻家科斯达·莫塔(Costa Mota)以与整体建筑十分和谐的新曼奴埃尔式风格雕刻而成。

巨大的正方形修道院回廊(长与宽均为55米)从波塔克时代即已开始建造,他设计了十分宽阔的穹隆,带有很宽的拱窗。卡斯蒂奥则完成了下一层的建筑以及覆盖式的两层楼。这种两层式的回廊在当时算是非常新式的。卡斯蒂奥将原来由波塔克设计的圆形柱改为长方形柱,并在这些长方形的柱子上雕刻上了银匠风格的纹饰。修道院回廊的每一边都有6个窗花格间隔,里面的四大块间隔则由巨大的扶壁支撑,形成宽阔的拱廊。在角上那块间隔空间是与对角线上的拱廊结构连接在一起的,角柱上布满了丰富的纹饰。在回廊的内壁上面也有丰富的曼奴埃尔式雕刻,上面布满了与大海有关的装饰物,还有欧洲的、摩尔式的和东方的纹饰,外墙和内院的装饰是由卡斯蒂奥按银匠式的风格雕刻而成,这种装饰使得拱门和拱廊结构呈现出一种金银丝细工饰品的似花边的效果。修道院圆形的穿门以及水平的结构清楚地显示出这座建筑物的文艺复兴风格，同时显示它也与西班牙建筑有着密切的关系。

在圣杰罗姆修道院的西侧有一条很长的长廊，它主宰了贝伦地区的天际线，虽然这排长廊是后来建造的，与修道院的主体建筑不太协调，风格也属新哥特式，但就建筑的材料和质量而言，仍然给人以深刻的印象。同时，由于它与修道院教堂和会院联成一体，又给人以气势宏伟的感觉。按照建筑历史学家的说法，"它也具有纪念碑式建筑的规模"。这条很长的建筑物里的长廊十分低矮，建筑者们声称这是为了举行宗教仪式需要。据说，在1551年，当人们把曼奴埃尔国王的遗体从旧教堂（至今尚存）迁移到这里的时候，长长的丧礼队伍庄严地在这条长廊中行进，队伍占据了整个中厅的长度，当时的情形是"整个长廊和前厅都被烛光照亮了，从旧教堂直到长廊的底部都是如此，举行丧礼的宗教游行队伍自远而近，沿着长廊慢慢地行进，然后又走到长廊和修道院之间的一块空地上，再从修道院的主门进入修道院的内部"。

在修道院回廊的内墙上，排列着一排类似大奖章的石块，上面刻着耶稣蒙难时致命的器具以及曼奴埃尔式样的纹章，浅浮雕上还刻有耶稣以及圣杰罗姆生平的场景，于是两排浅浮雕又向一点汇聚，一排是宗教的，另一排则是世俗的内容。

修道院回廊上的宗教的象征图形，从艺术上集中地反映了"基督的人性"，这从修道院回廊一角的外有框架上那组浅浮雕可以看出来。还有另一个同样重要的主题就是"十字架的道路"，这在大奖章似的石块上以一种更为抽象的艺术形象表现出来。它们集中反映了整个地理大发现初期的时代精神和风貌，那就是在宗教上人们强调以一种深刻的和神秘的方式去体验耶稣蒙难，这种体验可以通过对视觉图像的默想去获得。这种宗教的象征物不仅有关耶稣蒙难，也与基督论的观念有关（如基督教的地球观和神圣的"五伤"等）。这些象征物从视觉上给了人们想象的空间，这种空间既可以为人在"身体上的"朝圣提供原动力，又能够满足人们在内心的更为重要的心灵上的默想和朝圣。

关于耶稣蒙难的器具的数字，反映了地理大发现时代图像学上已经发生转变的一种特征。修道院建筑的时代，正是由中世纪到文艺复兴转折的重要历史时期。从13世纪以后，为表现耶稣基督的殉道以及战胜死亡，人们经常在教堂里雕刻6件耶稣致命的器具，而贝伦修道院的回廊中则雕刻了10件之多。因为在15世纪时，欧洲各地教堂中表现耶稣蒙难器具的题材扩大了，贝伦修道院正好呼应了这种变化，尤其显著的是增加了公鸡（暗寓彼得三次否认主）还有榔头、钉子和钳子（寓意耶稣蒙难以及战胜死亡）。这些雕刻也有"耶稣的纹章"的意思，即它们是耶稣基督特有的标记。在饰有纹章的盾形雕刻以及螺旋形装饰的石块上还刻有铭文，无形中增加和强调了这些石刻的宗教含意。在反宗教改革时代的天主教神学中，对于耶稣蒙难及其战胜死亡的意义非常强调；葡萄牙教会以及世俗界受到此种神学思想的影响极大。

在回廊上一层楼上的图像解读起来就更加困难。其中有些图像与国王曼奴埃尔一世有关，有先知以赛亚等人物，有些人物和图像有其各自特殊的含意：曼奴埃尔国王的名字，使人记起先知以赛亚的预言"以马内利"（"神与我们同在"）。事见《圣经》中《旧约》的《以赛亚书》第七章第十四节。以赛亚的出身人们多有推测，犹太人的传统说他是王族之后代，还是一位诗人。他大约生于公元前740年，在耶路撒冷中看见异象，蒙上帝的召唤做先知侍奉。他经历南方犹太王国4位国王的统治，服务40年。基督教认为以赛亚的预言后来应验在耶稣基督的身上。《以赛亚书》第七章第十四节："因此，主要给你们一个兆头，必有童女怀孕生子，给他起名叫'以马内利'"。国王的地球仪在编年史和纹章学中经常代表一种用图像表示的谜语或者双关语，即意指"世界的球体或地球"以及"世界的希望"。在北墙上的人物很可能都是殉道的圣人：圣露西亚（St. Lucia）、圣卡特琳娜（St. Catherine）、圣玛格里特（St. Margaret），有一位可能是圣马德琳纳（St. Madeleine），还有一位则无从辨认，在东边的墙上则有圣乌尔苏拉（St. Ursula），在西墙上则有另一名无从辨认的圣人，南墙上则有但以理及圣地亚哥，他们的形象加深了人们的理解，但以理曾预言"第五个帝国"的将临，在历史上，葡萄牙人深信他们的祖国负有上帝赐予的特殊使命，即复兴基督教的事业。许多葡萄牙人正是视自己的祖国为即将来临的"第五个帝国"。还有圣地亚哥则为耶稣十二门徒之一，公元44年被希律·亚基帕（Herod Agrippa）杀害，据传他的遗体被运到西班牙圣地亚哥-德康彼斯特拉。他也是当时该城的主保圣徒，葡萄牙国王曾经亲自去那里朝圣。西班牙和葡萄牙两国都视圣地亚哥为庇护他们击败摩尔人的主保圣徒。最后，绝大部分图像上的特征都与表达一种德行有关：与教会相伴的信仰、博爱和耐心刻在西面，力量、慷慨和节制刻在南面，希望和正义则刻在东面。在那个时代，这种对于德行的表达方式是极富创造性的。这种方法在后来科英布拉的圣十字教堂中被再次使用。教堂中还有一些王室成员的墓，这些暗寓和典故又是与某些特定的王室成员特别是国王曼奴埃尔一世联系在一起。

修道院的一座拱廊里以及参事室附近有一些近代葡萄牙历史名人的墓，他们是：（1）加雷特（João Baptista da Silva Leitão de Almeida Garret, 1799—1854），葡萄牙诗人、剧作家、小说家和政治家，是葡萄牙近代浪漫主义文学的开创者和人文主义者。他出生在波尔图的贵族家庭，在法国军队入侵时举家流亡特塞伊拉岛（Terceira Island）以及亚速尔群岛。1818年进入科英布拉大学求学，他当时发表的文学作品被保守人士指责为具有"唯物论、无神论以及不道德"的倾向。他的作品激发了那个时代自由主义以及共和主义的思想。他在1825年流亡去法国，1827年回国。在米迦勒一世（Miguel I，1828—1834年在位）君主专制时期流亡英国。他的作品同时受到莎士比亚和雨果的影响。（2）埃尔库拉诺（Alexandre Herculano de Carvalho e Araújo, 1810—1877），葡萄牙近代伟大的文学家和历史学家。他出身贫寒，其祖辈为王室雇佣的石匠。他早年在天主教修道院（Necessidade Monastery）接受良好的人文主义教育，学习拉丁语、逻辑和修辞。他曾经在王家海事学院学习了一年的数学，希望为以后的经商打好基础。1828年米迦勒一世建立君主专制，他持反对的态度。1831年，他卷入自由主义者的政治活动，被迫流亡外国。次年，他又加入自由党人的志愿军占领波尔图。在1831—1832年波尔图被保王党军队围困期间他参加了该城市的保卫战。1834年，自由主义者取得了胜利。1836年，他出版了诗集《先知的声音》（*A Voz de Propheta*），次年，又主编了《全景》（*O Panorama*）杂志，后来还撰写了许多种历史小说。他的主要历史著作有：A.《葡萄牙史》（*História de Portugal I, a época, desde a origem da monarquia até D. Afonso III, or History of Portugal from the beginning of the Monarchy to the end of reign of Afonso III, 1846—1853*）。B.《葡萄牙宗教裁判所的建立》（*História da Origem e Estabelecimento da Inquisição em Portugal, or History of Origin and Establishment of the Inquisition in Portugal, 1854—1859*）。C.《葡萄牙历史的丰碑》（*Portugaliae Monumenta, or Historical Monuments of Portugal, 1856—1873*）。该书分为四大部分：《作家》（*Scriptores*）、《法律和风俗》（*Leges et Consuetudine*）、《文献与规章》（*Diplomate et Chartae*），最后一部分在他去世以后出版。（3）布拉加（Joaquim Teófilo Fernandes Braga, 1843—1924），葡萄牙文学家和政治家。他出生于亚速尔群岛，早年即对文学产生兴趣，1861年到科英布拉大学求学。1878年成为自由主义者。在曼奴埃尔二世（Manuel II, 1908—1910）退位以后他成为葡萄牙共和政府的领袖人物，后来又当选为葡萄牙第一共和国的第二届总统（1910年10月—1911年9月）。晚年醉心于文学、诗歌以及历史的研究。著有A.《葡萄牙通俗诗歌史》(História de Poesia Popular Portuguesa, 1869), B.《葡萄牙戏剧史》(História do Teatro Português, 1870—1971), C.《葡萄牙浪漫主义文学史》(História do Romantismo em Portugal, 1880), D.《科英布拉大学史》(História da Universidade de Coimbra, 1909—1918)等。(4)卡尔莫纳(António Óscar Fragosa Carmona, 1869—1951),葡萄牙近现代共和主义者和共济会成员,1926—1951年担任葡萄牙共和国第11届总统。(5)佩索阿(Fernando Pessoa, 1888—1935),葡萄牙现代最伟大的诗人、作家以及翻译家。他出生于里斯本,5岁时父亲去世,母亲再婚,继父则是一名军人。母亲后来带着他移居英国在南非的殖民地德班。他早年在南非的一所天主教修道院接受教育,对于英国的文学以及本国的文学都怀有浓厚的兴趣。1905年回到里斯本,他开始系统地学习葡萄牙的文化。1912年,他在文学杂志《鹰》(Águia)上发表文章,以活跃的姿态参加葡萄牙现代文艺运动,他的作品也引起文艺界的争论。1915年,他与其他艺术家和诗人创办文学杂志《俄耳普斯》(Orpheus),标志着葡萄牙现代主义文学以及诗歌的崛起。他在生前只出版了《使命-启示》(又译为"音讯",Mensagem)一部极不寻常的象征主义长诗,但是他在去世以后极具哀荣,其作品被人们广泛地认为是葡萄牙文学中最宝贵的遗产之一。

里斯本城里的圣母无原罪始胎大教堂(the Church of Nossa Senhora da Conceição Velha)的门楣,也是里斯本大地震以后城内留下的少数曼奴埃尔式建筑之一。它原来是16世纪里斯本仁慈堂教堂(the Church of Nossa Senhora da Misericódia)的大门,这座仁慈堂最早是建立在一个犹太人会堂遗址上面的。1755年里斯本大地震的时候,它并没有倒塌,是这个区域中极少数保存下来的建筑物之一。它的两边有大量的曼奴埃尔式的雕刻,如天使、野兽、花卉、天体仪和基督骑士团的十字架,其门楣和拉梁之间的圆形鼓出部分则雕刻着圣母展开斗篷庇护当时的一些人物,其中有罗马教宗利奥十世、曼奴埃尔一世和他的姐姐——若奥二世的寡居的王后莱昂诺尔,她是里斯本仁慈堂也是葡萄牙第一座仁慈堂的创立者。

托马尔基督骑士团修道院中的部分建筑物是曼奴埃尔式建筑艺术的代表作品。

托马尔城位于葡萄牙北方基督教军队与摩尔人军队对峙的要冲地带,也是葡萄牙中世纪的圣殿骑士团以及后来的基督骑士团团部所在地。托马尔城堡是托马尔基督骑士团修道院的前身,由葡萄牙圣殿骑士团团长帕伊斯

（Gualdim Pais）于1160年左右建成，是圣殿骑士团建在当时刚刚创立不久的葡萄牙基督教王国边界的防御系统，专以抵抗摩尔人。在12世纪中叶的时候，葡萄牙王国南方的边界大约正好到里斯本附近的特茹河流域。根据基督教编年历史学家的记载，托马尔修道院城堡于1190年抵抗住了哈里发的进攻，在此以前这位哈里发攻占了葡萄牙人在南方的许多城堡。在教堂大门口的一块匾额上面记载了圣殿骑士团的功业。在修道院的最外部，至今还保留着已经沦为废墟的要塞城墙。1312年，全欧洲几乎所有的国家都镇压和取缔圣殿骑士团，但在葡萄牙，国王迪尼斯由此保留和庇护了该骑士团。他于1319年创立了基督骑士团，将圣殿骑士团的人员和财产几乎全部转入这个骑士团。1357年，基督骑士团移师托马尔，托马尔也就成为基督骑士团的总部。基督骑士团的最重要的大统领之一即为若奥一世第三个儿子著名的航海家亨利王子，他从1417年到1460年去世为止，一直领导着总部设在托马尔的基督骑士团。在这所修道院，航海家亨利下令建筑了一批建筑物。他还出钱资助在托马尔城镇周围建设了很多设施。另一位与基督骑士团有着重要关系的人物是国王曼努埃尔一世，他于1484年成为基督骑士团的大统领，1492年成为葡萄牙国王。在他的治理之下，修道院的建筑有了很大的改进，特别是圆形教堂增加了新的中堂，并以绘画和雕刻装饰了它的内部结构。曼努埃尔的继承者若奥三世废除了基督骑士团的军事装备，将它转变成一个更加宗教化的修会，并聘请了建筑师若奥·德·卡斯蒂奥以及迪奥戈·德·阿茹达设计扩大工程，这一时期增加了许多附属的建筑物。16世纪50年代，可能是由建筑师迪奥戈·德·托拉瓦建成了修道院的大回廊，为典型的意大利文艺复兴式样的建筑，迎合了若奥三世对于意大利建筑风格的偏爱，由此成为葡萄牙文艺复兴时代的建筑杰作。

1581年，经历了一系列危机之后，葡萄牙的贵族们聚集于托马尔基督骑士团修道院，公开推举西班牙的菲律甫二世成为葡萄牙的国王，从此以后的60年里，西班牙和葡萄牙合并为一个国家。原来托马尔修道院就有一座古老的引水渠，将东北方向的水引到修道院里来。在菲律甫二世统治时期，他决定扩建和重修这座引水渠。建筑工程于1593年动工，最初由西班牙建筑师特兹（Fillipe Terzi）负责，历经数任建筑师的监督，最后于1613年完工。

托马尔要塞的前半部分是一座底部较大向上部收缩的圆锥形的堡垒，而它的内壁里边则是一座圆形教堂又称祈祷室，这座罗马式的圆形教堂由圣殿骑士团于12世纪下半叶建成。从外面来看，这座教堂是一个16面的多边形结构,有坚固的扶壁支撑,还有圆形的窗户和钟楼。在里面,它有一个中央的圆形教堂,八角形结构,有一个环形的拱廊连接。教堂的总体形状与耶路撒冷的宗教建筑非常相似:就像圣殿骑士团在欧洲其他地方的教堂一样,是模仿耶路撒冷的岩石圆顶教堂建成的(Dome of the Rock),耶路撒冷的这座圆顶教堂被十字军认为所罗门王圣殿的遗迹,很可能耶路撒冷的圣墓教堂(Holy Sepulchre of Jerusalem)也是仿造这所教堂建成的。

该修道院的核心建筑是中央的圆形教堂(the Charola),它原来是12世纪圣殿骑士团的祈祷室。像许多骑士团教堂的设计一样,它是仿造耶路撒冷的圆形圣墓教堂建成的。人们称它为圆形的房子"楼东达(Rotunda)",从外观上看,就像一个有着16条边的铜鼓。教堂内部的中央有一个八边形的高祭坛。所有的柱头都是12世纪末的古典的罗马式样,上面雕满了花果蔬菜、动物的纹饰以及但以理在狮穴里的场景。这些柱头的雕刻风格表现出艺术家受到了科英布拉主教座堂建筑风格的影响,该主教座堂与托马尔的圆形教堂是同时建造的。1357年,基督骑士团接管这个教堂以后,以其雄厚的财力将圆形教堂的内部装饰得辉煌壮丽,布满晚期哥特式以及曼奴埃尔式的雕刻与绘画。这些装饰物大部分是在曼奴埃尔一世资助之下于1499年开始动工的。在圆形教堂中央的八角形结构以及四周环形的墙壁之上都是以多种色彩描绘的圣人和天使像,在他们的上面都覆盖着美丽和繁复的华盖,而在回廊的墙壁以及天花板上则以哥特式的图案描绘了基督的生平和《圣经故事》。这些图画都出自曼奴埃尔的宫廷画家若热·阿方索之手,而雕刻作品则出自佛兰德斯雕刻家奥立弗·德·冈特(Olivier de Gand)以及西班牙雕刻家赫南·莫奴兹(Hernan Munoz)之手。还有一块壮丽的祭坛板上则描绘着塞巴斯蒂安的殉道,它由葡萄牙著名画家格里高利奥·洛佩斯所画,这幅为圆形教堂所作的名画现在悬挂在里斯本国立美术馆中。关于这座圆形教堂,葡萄牙建筑史家科埃略(M. Da. C. P. Coelho)有如此的描绘:"城堡教堂的建筑时间可以追溯到12世纪末年,它具有罗马式的外观,形状是圆的,像一个底部大、上部小的圆锥体。外观上看就像一个坚固的城堡,而里面则是圣殿骑士团一个很古老的祈祷室。这座小教堂的建筑结构非常奇特,它像一个八角形的棱柱,有一系列的拱柱分开,其柱头都是罗马-拜占庭式样,它的旁边则是一个16边的圆形大厅环绕着。这座由圣殿骑士团建造的小教堂具有明显的东方风格,它的墙面上有繁复华丽的装饰物,其雕像、绘画以及湿壁画都带有摩尔人的风格,其中的一些湿壁画的年代可以追溯到16世纪初年(1510—1515年)。圆形教堂外墙西立面上的雕刻作品属于明显的曼奴埃尔式样,一般建筑史家以及艺术史家都认为是由阿茹达创作的。由于这块西立面上重要的雕刻作品,使这原本只是一个小教堂的圆形建筑物成为这座新的圣殿的主教座堂。"

在15世纪上半叶航海家亨利治理基督骑士团的时候,在圆形教堂之外又增加了一个哥特式和曼奴埃尔式的中堂。1510年以后,曼奴埃尔一世又下令以当时的风格重建这个中堂,它混合了晚期哥特式以及文艺复兴的式样,历史学家称之为曼奴埃尔式样。其建筑师则是承担著名的贝伦塔和圣杰罗姆修道院工程的阿茹达以及卡斯蒂奥。

从外表来看,这个长方形的中堂上面覆盖满了丰富的曼奴埃尔式样的雕刻题材,包括怪兽的滴水嘴、哥特式的小尖塔、人像以及缠绕着的绳索,还有基督骑士团的十字架以及曼奴埃尔国王的纹章浑天仪,使人回想起地理大发现时代。还有一个极为著名的教堂参事室的窗户(Window of the Chapter

托马尔教堂参事室的外观

House, Janela do Capítulo)及其环绕窗户的石雕,这扇巨大的窗户位于中堂西侧立面,从圣巴巴拉回廊(Saint Barbara Cloister)上可以看到它的全景。它是由国王曼奴埃尔一世委托建筑师和雕刻家迪奥戈·德·阿茹达制作的,这扇窗户有着极为宽阔的边框雕刻装饰,完全是曼奴埃尔式样。上面雕刻着具有自然主义风格的海洋植物以及航海主题的细节,如缠绕的绳索等。最上部分是基督骑士团的十字架,十字架下则是象征葡萄牙王室的盾形纹章,两边则竖立着曼奴埃尔一世的象征物浑天仪,还有极为迷人的以及用史无前例的精致手法雕刻的绳索、珊瑚以及植物花草图案。在窗户的底部雕刻有一个人像,一般艺术史学家认为很可能就是建筑设计师阿茹达或者是大海老人。这个修道院的窗户是曼奴埃尔式样建筑和雕刻的杰作。在这个方形窗户的上端则有圆形窗户以及扶栏。在圆形的突出部分则是一个巨大的嘉德勋章雕刻(garters),暗寓葡王曼奴埃尔被英王亨利七世授予嘉德勋章。

研究葡萄牙艺术史的英国艺术史家史密斯指出:"托马尔的这扇伟大的窗户,很可能是葡萄牙艺术最为著名的单一象征,它是带有域外风格的自然主义的曼奴埃尔式的最令人瞩目的杰出样本。在此种装饰风尚中它被用于一种戏剧化的宣示目的,并预示着17世纪意大利巴洛克艺术的出现,还折射出一种精神,赋予除主大门以外整个建筑物以生命力。"

另一位建筑史家吉尔(Jalio Gil)则如此描绘这扇象征葡萄牙地理大发现时代精神的窗户:"这扇窗户的形制非常特别,它的两边是气势宏大的几何形的扶壁,它的底部是非常程式化的树形的雕刻。建筑史家豪普特(Albrecht Haupt)认为,这扇窗户是自古迄今最为惊人和巨大的建筑设计之一,它的铁窗格栅的周围被具有特殊风格的花卉以及珊瑚形状的雕刻环绕,在这个巨大的窗户的底部则有一个人形雕刻像,有一根打着巨大的结的绳索拴住了一条船,还有一条拴木筏的绳子以及一排程式化的鸢尾花环绕着窗户。从南立面的顶层水平线到玫瑰窗前被绳子缠绕的形状的雕刻环绕的,它的顶上则是浑天仪和基督骑士团的十字架。如果人们正面面对窗户,可以看到扶壁上的明晰的装饰性雕刻。在其左边,可以看到有两个天使紧握着国王曼奴埃尔一世的纹章以及象征金羊毛骑士团的锁链,而它的右边则是葡萄牙国王迪尼斯和曼奴埃尔的雕像。这位国王身披14世纪的盔甲,在其刻有自己纹章的盾牌上还可以看到基督骑士团的十字架;曼奴埃尔的装束则像一个罗马士兵,他戴着一顶有边翼的头盔,在他所握的盾牌上则刻有浑天仪的图像。还有若奥二世,也穿得像一名罗马士兵,也戴着一顶像曼奴埃尔一世一样的有边翼的帽子，而他所握的盾牌上有1485年制定的新的王家纹章，这个纹章的边翼上有着5个小盾牌，去掉了他的曾祖父那个时代那种小十字架的形制，再加上了7座小城堡，它已经具有曼奴埃尔一世时代所制定的王家纹章的雏形。这里还有一个嘉德勋章的扣形装饰物。这座巨大的窗户上的绳结以及缠绕着的绳子、基督骑士团十字架、曼奴埃尔纹章的浑天仪以及诸多的海洋植物，使人想起地理大发现时代的特征。这扇窗户在曼奴埃尔建筑史上有着重要的地位，是葡萄牙大航海时代国家精神的象征。教堂的入口是一座由花岗石砌成的壮丽宏伟的大门，上面刻有丰富的曼奴埃尔式的雕刻，另有一尊圣母和圣婴像以及《旧约》中的先知的形象。这座大门是由另一位曼奴埃尔雕刻大师卡斯蒂奥于1530年制作的。"

托马尔修道院参事室窗户上的天球仪雕刻

在教堂的内部则有一个很大的拱门将曼奴埃尔式的中堂和圆形的罗马式教堂连接起来，中堂上面是精美的肋拱组成的穹顶，有一座高高的唱经台，上面排列着曼奴埃尔式的扶栏。在高高的唱经台下面有一间房间被用作圣器室。但唱经台和圣器室在19世纪拿破仑军队入侵葡萄牙的时候遭到过破坏。而它的窗户则是上文提及的著名的参事室大窗。

托马尔基督修道院共有8座回廊，均建于15—16世纪。其中有：洗衣回廊（Claustro da Lavagem），是一个两层楼的哥特式回廊，在航海家亨利王子治理基督骑士团时代建成，因为当时的僧侣经常在这里洗他们的长袍，故称洗衣回廊。墓地回廊（Claustro do Cemiterio, Cloister of the Cemetery），也是在亨利王子时代建成，因为基督骑士团的骑士经常死后就埋葬在墓地里，双排的精美的拱柱上有着雕刻细致的柱头。柱头上有花草的纹饰。在墓地的一个曼奴埃尔式的坟墓中埋着迪奥戈·达·迦马（Diogo da Gama），他是瓦斯科·达·迦马的兄弟。这个墓约建于1523年。圣巴巴拉回廊（Claustro de Santa Barbar），建于16世纪，从这里还可以望见教堂参事室的那扇著名的大窗以及曼奴埃尔式中堂的西立面。

在营建贝伦和托马尔两地建筑的同时，曼奴埃尔一世还将注意力转向另一个地方——他想要在里斯本以北160多公里的著名的巴塔利亚修道院中修建一座王家的教堂和至圣所。他还想在这里修建自己的墓园。该修道院是曼奴埃尔的祖先阿维兹王朝的创建者若奥一世（Dom João I, 1385—1433年在位）为纪念1388年著名的打败卡斯蒂尔人入侵的阿尔儒巴洛塔战役的胜利而建立的。其主体建筑由阿方索·多明戈斯（Afonso Domingos）负责建造，后来又由奥古特（Ouguete）于1426—1434年继续建造了一个很大的横向的教堂。若奥一世、他的王后英国人菲利帕、航海家亨利王子以及阿维兹家族其他几位王子和亲王都将墓地设在这座修道院教堂中。若奥一世的长子国王杜亚尔特雇佣奥古特在修道院教堂的耳堂边上修建了一座宽敞的八角形的建筑物，其中包括七座小教堂。国王自己想要选择其中一座小教堂作为墓地。但是，国王去世时，建筑工程远远没有完工。曼奴埃尔一世开始想要完成这座建筑，但是后来因为财力等问题他放弃了这个想法，所以这座教堂最终没有完成。葡萄牙人称它为"未完成的小教堂（Capelas Imperfeitas）"。

有一条宽阔的通道将人们引入这座未完成的小教堂。它有十三四米高，有8座拱门，每一座拱门上都有典型的曼奴埃尔式样的繁复交叉的如同火焰般的花纹装饰，令人想起北部欧洲的哥特式建筑。它的内部从侧面看特别像英国布里斯托（Bristol）的雷德克利夫圣母马利亚教堂（the Church of St. Mary's Redcliffe）。该教堂的拱门装饰是由著名的曼奴埃尔式建筑师马特乌斯·费尔南德斯于1509年雕刻的。从1490年到1515年，费尔南德斯一直活跃于巴塔利亚一带，他与当时在北欧的一些艺术家和建筑师可能有联系，在建筑设计上受到北欧的晚期哥特式建筑风格的影响。整个巴塔利亚的未完成的小教堂都是用一种类似象牙乳白色的石灰岩砌成的。该小教堂为多边形立面，并拥有由细长的柱子装饰的回廊，这种设计在贝伦等地的许多重要的曼奴埃尔式样的建筑中都可以见到。教堂的外墙上可以明显地看到设计者摒弃了繁复的装饰物，但是在建筑物的内部则充斥着曼奴埃尔式样的雕刻以及摩尔人风格的装饰，尤其是细长的回廊柱上布满了装饰，重复出现的是珍珠、贝壳以及缠绕的绳索，在柱子的上部则是尖形的哥特式的拱门。这部分拱门是由软质的石灰石做成的，所以艺术家将它镂空，形成有复杂图案的屏风，上面布满域外植物，使人想起葡萄牙海外殖民地印度的风情。然而隐隐约约之间仍然可以看到最典型的曼奴埃尔式的图案如基督骑士团的十字架以及天体仪出现。

三、曼奴埃尔式建筑风格的内涵

曼奴埃尔建筑风格在葡萄牙的艺术史上占有独特的地位，在它之前及之后均无同类建筑风格可以比拟。它在外观上十分奇特，既不像欧洲式的建筑，也不像东方式的建筑，它与在此以前和以后的建筑风格之间的传承及关系，也十分复杂及模糊不清。历史学家诺埃尔（Charles E. Nowell）指出曼奴埃尔建筑的式样"杂乱无章，因为它既不是中世纪的，也不是古典的，而是折衷的，建筑师们往往把毫无意义的各种各样的题材硬堆在一起"。这是一种独一无二葡萄牙民族风格的建筑，完全没有受到外来的影响。不过，从上述列举的曼奴埃尔式样的主要代表性建筑来看，所有的细节并非"毫无意义的"，而是具有一定意义的；也并非完全与域外没有联系，只是比较难以解释而已。

关于曼奴埃尔建筑是否受到印度、中国等东方国家或地区艺术的影响以及与哥特式、风格主义以及巴洛克之间的关系，曾经引发了很多讨论乃至争议。

历史学家以及建筑史家基本上都认为所谓曼奴埃尔风格是一种奢华与炫耀的葡萄牙晚期哥特式建筑风格。由于它大量甚至是过度地采用了欧洲的以及外国的装饰原型，常常给人们的感觉就像是巨大的雕塑，由此具有鲜明的个性。此种风格仅仅为葡萄牙民族所独自拥有。最近一个世纪以来，人们对于这种建筑风格多加讨论，追寻它的背后是否有来自域外的影响。有些建筑史家认为，它根本就不是一种"真正的"风格，因为它不是一种真正的建筑形式，而是不成熟地吸收了许多本地的和域外的装饰题材。另有一些学者认为，16世纪在葡萄牙流行的曼奴埃尔式样的建筑借鉴了印度教神庙的题材和风格，但是，这些题材和风格仅仅限于建筑物的表面装饰。所谓的曼奴埃尔式样的正立面和大门上的印度风格的象征物实际上只是一些航海的主题如绳子、贝壳、水里的动物等。他们认为曼奴埃尔式样在本质上是属于欧洲的建筑式样，但是在形式和装饰上采用和吸收许多印度建筑的因素。即使对于那些能够看到这种建筑上印度影响的人来说，对于这种印度式的影响到底有多大程度的判断也不尽相同。在那批最早认为印度艺术与哥特式建筑有联系的人中，有德国浪漫主义哲学家谢林（Friedrich W. J. von Schelling, 1775—1854）以及德国建筑师豪普特（Albrecht Haupt, 1852—1932），他们认为曼奴埃尔建筑并没有受到西班牙的或意大利的建筑风格的影响，豪普特首次指出从托马尔和巴塔利亚的曼奴埃尔式附属建筑物奇异的域外特征上可以看到有模仿印度阿哈马达巴德（Ahmadabad）的耆那教神庙建筑的痕迹。托马尔基督修道院模仿印度建筑的成分多一点，巴塔利亚修道院则少一点，但是或多或少都受到了印度艺术的影响。然而，豪普特在葡萄牙以及印度建筑细节上面所作的这种比拟很快地受到沃森（W. C. Watson）和其他人士的挑战。沃森并不否认通往印度航路的发现对于葡萄牙本国建筑风格产生的影响，特别是葡萄牙与印度通商以后产生的财富使得好大喜功的葡萄牙国王们拥有财力去兴建大量的具有奇异趣味的建筑物。但是，要接受豪普特的观点，就必须要更加理性地考察葡萄牙国内的曼奴埃尔式建筑的起源以及建筑师们是否真正接受了印度艺术的影响。沃森认为，仅仅将巴塔利亚修道院回廊的窗户上某些雕刻的细节与印度的阿哈马达巴德的神庙上的图案作比较，是能够看到它们之间有相似之处的，同时，的确有一两位葡萄牙人如托马斯·费尔南德斯（Thomas Fernandes）曾经在1506年被派到印度担任军事工程师以及建筑师，帮助建筑印度西海岸葡萄牙殖民地的要塞，还有一位出生在贝雅的葡萄牙人迪奥戈·费尔南德斯（Diogo Fernandes）也在巴塔利亚修道院建筑师的名单上。但是很难将这些孤立的事实连串起来得出结论，说他们一定就是曼奴埃尔风格的建筑师，因为同名同姓的人很多，至于他们将印度神庙建筑风格带回葡萄牙的确切记录更是难以找到。学者中还有一种很特别的创造式的解释，他们认为耶稣会在创造巴洛克风格的时候，将中国和印度的趣味融入16世纪40—80年代的葡萄牙建筑中去了，并通过在罗马的耶稣会总堂的建筑开启了意大利的巴洛克时代。不过，真正接受这种解释的人也不多。

葡萄牙有数以百计的曼奴埃尔式建筑艺术可以辨认出域外的特征，但没有一个例子可以清晰地找出它们与印度同时代建筑之间的直接联系。甚至在科英布拉圣十字架教堂的唱诗台神父座位的木刻，被认为是表现达·迦马以及卡布拉尔去印度航行的场景，从中可以看到那些从事木刻的艺术家对于印度的城镇以及热带植物并没有十分清晰和明确的概念，尽管艺术家可以在自己的家里描绘印度的生活，也可以由喜欢印度式样的欧洲业余艺术家来做这件事情。有一幅现存的作于1540年的关于印度的画作，画的是一座印度的庙宇，但看上去却更像欧洲乡村的一座贫寒的小教堂而不像是印度的建筑。萨塞蒂（Filippo Sassetti，1540—1588）是意大利佛罗伦萨的商人与旅行家，1578—1582年曾经居住在里斯本，1583年抵达葡属印度的科钦和果阿。

以后一直居住在印度西海岸,直至去世。他向佛罗伦萨的朋友写过许多书信,直到身后才被披露。他于1585年写信给佛罗伦萨的卡尼佳尼(Lorenzo Canigiani),描绘了科钦的神庙建筑和民居建筑,并将他们的设计与佛罗伦萨的克罗斯(Santa Croce)建筑作了比较。曼奴埃尔·皮涅埃罗神父(Manuel Pinheiro)在1595年在印度阿哈马达巴德写信,向人们描绘了当地的土王舍尔科极(Sirkej)美丽的陵墓,他得出的结论是:"这些野蛮人的作品根本上就是不野蛮的。"在16世纪下半叶,有一些很能干的艺术家去了印度,但他们是否回到国内却无人知晓。即使他们回国,曼奴埃尔风格在那时也已经衰落,意大利建筑风格已经开始影响到葡萄牙了。

尽管葡萄牙人如被驱逐的犹太商人、海员、学生、耶稣会士去往欧洲和海外各地,将葡萄牙的文化带到欧洲以外的地方,但他们并没有将曼奴埃尔式的建筑大规模地带到国外。在葡萄牙东方殖民地首府果阿,只有方济各会的阿西西的圣方济各教堂(the Church of St. Francis of Assisi at Goa)的大门是典型的曼奴埃尔式样。葡萄牙方济各会是最早抵达印度果阿的修会,方济各会士在1517年来到当地以后,就开始建立修道院。1542年,沙勿略在他写给欧洲会士的信中说,该会在果阿的修道院的规模已经巨大。果阿方济各教堂最初建于1521年,是修道院的附属建筑物,但是因为简陋而被推倒重新建造。目前的教堂是后来建造的,但是保留了曼奴埃尔式样的大门,可以清楚地看到葡萄牙晚期哥特式建筑的遗风,门楣为复合的缆绳形状,最顶尖的地方则是基督骑士团的十字架,下方中间为葡萄牙国王的盾徽,两边则雕刻有两个地球仪。后来该教堂被果阿总主教梅内塞斯(Frei Dom Aleixo de Menezes)奉献给圣灵。

西班牙的银匠风格虽然在同时期发展了起来,不过,它是在没有受到曼奴埃尔风格影响的情况下独立地成长起来的。这两种艺术风格都属于伊比利亚的民族艺术,都共同受到摩尔人文化的影响,但两者之间却没有太多的相互影响。曼奴埃尔建筑风格与法国文艺复兴式样之间有某些相似之处,但这纯然出于巧合,并且它们之间的共同之处并没有比它们共同的哥特式的建筑更多。并且,在16世纪中叶,意大利和低地国家的建筑技术在突然之间被引进到葡萄牙,由此打断了这种独特的葡萄牙民族风格建筑,然后便出现了具有普遍特性的巴洛克风格的艺术。

有些艺术史学家特别是托雷斯(Raúl da Costa-Torres)认为巴洛克艺术受到了海外的影响,他认为,在葡属印度兴起的以巴洛克为特征的新古典主义艺术与其说受到了印度艺术的影响，不如说在更大程度上受到了中国艺术的影响。中国艺术在结构以及构造上与葡属印度新古典主义有着亲缘性和一致性。他断言，葡萄牙的建筑师从中国的瓷器、漆器、纺织品以及书籍上学习到了某种建筑学上的特征与风格。在此基础上，他们建筑了一些楼阁、凉亭、阳台以及门廊。许多亭子与楼阁现已不存，但房子却保留了下来。这些房子都有倾斜的屋顶、向外延伸的屋檐，在装饰物细节上有些也是来自中国的。这些中国艺术的特征都被葡萄牙本地的民居所吸收，被称为"antiga portuguesa"，这种风格也被称为"耶稣会风格"（Jesuit Style），或被用为"巴洛克"的同义词。托雷斯认为从粗略的关系上可以这样说：葡萄牙中世纪的建筑装饰借鉴于印度艺术的风格，而后来的建筑则受到了中国艺术的影响。他进而认为：在罗马耶稣会总堂建成之前，在葡萄牙的耶稣会新式建筑已经出现了凹形的拱门、弯曲的线条以及在有柱子装饰的教堂正立面上开设东方式样的窗户。他认为在葡萄牙的建筑中可以明显地看到亚洲的影响。他将地理大发现时代的葡萄牙建筑大致上分为三个时期：（1）前曼奴埃尔时期或称哥特式莫格比里诺时期（Pre Manueline of the Gothic-Morgebrino），即从1415年至1495年；（2）曼奴埃尔式或称哥特式-印度巴洛克时期（Gothic-Hindu Baroque, or Manueline），从1495年至1540年；（3）耶稣会或称古典中国式时期（Joannine-Jesuit or the Classic Chinese），从1540至1580年。根据这样的联系，托雷斯以及奥斯（Eugênio d'Ors）声称在曼奴埃尔式的建筑中找到了巴洛克艺术的起源，他们也视曼奴埃尔式的风格以及巴洛克的风格为古代欧洲的罗马式风格的延伸，他们也看到了曼奴埃尔式的自然主义的幻想因素与洛可可的诙谐与嬉乐的趣味之间的联系。在16世纪晚期佛兰德斯以及德意志出现了同类型的建筑物，其建筑师都声称受到了葡萄牙建筑以及东方的影响。

托雷斯关于耶稣会-巴洛克风格中的葡萄牙元素-东方的源头的理论在逻辑上和表面上看似乎是能够成立的：因为耶稣会士对于葡萄牙和东方都怀有强烈的兴趣，他们可以直接地从曼奴埃尔式样以及远东艺术式样中得到灵感，然后再在自己的宗教建筑上加上传教的内容和因素。在早期耶稣会士的书信中，他们对于亚洲和东方建筑的壮美赞叹不已，甚至详细地描绘了它们的数目和细节。但是，这种解释落实到曼奴埃尔建筑中却得不到具体例证作为支持，托雷斯没有证明罗马耶稣会总堂（the Church of Gesú）的设计师维诺拉（Giacomo Barozzi da Vignola，1507—1573）以及波塔（Giacomo della Porta，

1533—1602）曾对葡萄牙或是亚洲艺术及建筑有什么了解。事实上，耶稣会士对于罗马耶稣会总堂的设计者在建筑风格上并没有任何明确的指示。该教堂的赞助人枢机主教法内塞（Cardinal Alessandro Farnese, 1520—1589）于1568年雇佣建筑师以及画家装饰耶稣会总堂的时候，根本没有与耶稣会商量有关艺术装饰的内容，也没有征求他们的意见和建议。1589年，法内塞去世，罗马耶稣会总堂的建筑工程停工了，耶稣会士由于缺乏资金，被迫放弃了教堂内部的装修，只将他们的工程局限于边堂。整个建筑工程没有任何迹象可以表明耶稣会士想要表现出对于他们工作和生活的印度或者东方其他地方的回忆。事实上，耶稣会在亚洲的果阿与澳门的许多宗教建筑物如教堂和修道院基本上也是欧洲式样的，只是在个别的细节上表现出东方的色彩，这些欧洲式样的建筑树立在完全是亚洲的社会及文化环境当中。

　　托雷斯的理论没有任何文献上的证据，其他的理论同样也没有证据可以证明曼奴埃尔式建筑与东方印度或中国的建筑有什么直接的联系。罗马耶稣会总堂的艺术史上的文献也无法证明设计者对于葡萄牙或是中国的建筑有所了解。只有些微的证据可以表明所谓亚洲的影响，但这不足以证明亚洲式的建筑对于当时欧洲的建筑在整体和模式上产生过影响。这个例子就是：1599年，从葡属印度运来一扇木制的门，它被安装在罗马耶稣会总堂的一个入口处。当时在意大利的圣杰罗姆会和其他几个修会，他们中有许多葡萄牙人，对于东方也有传教的志向，即使如此，他们也很少有兴趣将亚洲的知识传到罗马来。耶稣会在葡萄牙有好几所会院，但这些建筑物上看不到任何曼奴埃尔式的有关航海的主题的灵感与特征，在16世纪葡萄牙同类的耶稣会建筑上，也看不到东方风格的直接影响。除非将来有进一步的文献或实物例证可以证明东方艺术曾对巴洛克艺术产生过影响，否则现有传统的解释将仍然存在。然而，有些严肃的学者仍然认为，曼奴埃尔式的建筑很可能对于如谜一般的巴洛克建筑式的起源和发展有一定的贡献，特别是在建筑物的装饰方面尤其如此。

　　在文献记载中关于这些建筑师以及他们所营建的建筑物的记录非常稀少，但在事实中曼奴埃尔式的装饰是如此普遍和丰富多彩。特别缺乏的是有关建筑师从印度的建筑术中找到自己的创作灵感的具体资料。1502年，人们为圣杰罗姆教堂奠下了第一块基石，在1521年曼奴埃尔国王去世时它实际上已经完工了。但有关第一位建筑师波塔克、他的后继者以及相关建筑的细节记载少之又少，没有文字记录可以表明这座建筑物的东方特征受到了印度或者其他亚洲文明的影响。

有人说贝伦塔、巴塔利亚修道院以及托马尔修道院的附属建筑曼奴埃尔式样受到印度的影响。原因是阿茹达是一位军事建筑家,他曾经在北非住过一段时间,修建了托马尔修道院的附属建筑,以庆祝葡萄牙海外发现事业的功绩,这种特征在曼奴埃尔建筑的石头上的狂风巨浪中的航船、珊瑚以及海藻的装饰,在修道院的参事室以及教堂中都可以找到。那扇著名的教士会议室的大窗布满着缠绕成团的绳子雕刻。托马尔修道院的装饰和雕刻清楚地反映了当时的葡萄牙对于海洋扩张的兴趣,但却没有任何图画上的或文字上的记载表明阿茹达的自然主义作品直接地受到印度艺术原型或者是间接地受到"印度审美情趣或法则"的影响。

费尔南得斯则是巴塔利亚那座未完成的壮丽的小教堂大门的创作者,后人除了讨论他所取得的建筑成就以外,也没有涉及别的东西。如上文所述,学者们曾经将他与另一个托马斯·费尔南德斯联系起来,这是一个服役于印度的军事建筑家,阿尔伯奎克在书信中对他赞赏不已,或者人们将他与贝雅的费尔南得斯联系起来,此人曾作为葡萄牙使团的成员于1513年出使古吉拉特邦。但没有证据表明他们之间有什么直接的联系,所以后世的艺术史家对于巴塔利亚的修道院建筑与印度教神庙在设计、建筑技术以及内在的精神方面有什么联系总是语焉不详。有一些艺术史家如沃森则认为巴塔利亚修道院的大门在型制上更加接近英格兰布里斯托的14世纪雷德克利夫圣母马利亚教堂北边的门廊。

无论属于何种风格,有一点可以肯定的是,曼奴埃尔式的建筑在总体上展示了葡萄牙地理大发现的成就,是葡萄牙民族在此一特殊时期的自信心在建筑学上的反映,同时它也具有鲜明的王权与宗教合一的特征,王室的、宗教的和航海的主题始终结合在一起,在这种特定的艺术形式中反复地出现,此种现象从艺术史的侧面有助于说明15—16世纪的葡萄牙海洋帝国的基本特征——正同英国历史学家博克塞所言,它是"一个浇铸在宗教模型中的军事体制和航海事业结合的实体"。

现代葡萄牙历史学家萨拉依瓦在其著作《葡萄牙简史》中对所谓曼奴埃尔式建筑的特征作了一番概括:他指出"曼奴埃尔式样"是一个产生于19世纪的新词汇,在此以前,有人认为这种建筑艺术是从中世纪的哥特式艺术直接过渡到16世纪的古典复兴式,也有人并不这么认为,但两者之间肯定存在着某种联系。它既不属于前一时期,也不能归入后一时期的巴洛克艺术。它拥有一些具有杰出价值的纪念性的建筑物：如圣杰罗姆修道院、巴塔利亚修道院的未完成的小教堂、托马尔圣殿骑士团教堂以及后来加盖的中堂和那个著名的大窗户、贝伦塔，还有全国各地的数十座小型门楼和别致的窗户。它们既不属于哥特式，也不属于古典式，而是按照另外一种独特的格调兴建的。从国王杜亚尔特时代开始到曼奴埃尔时代，这种建筑式样流行了将近一个世纪，它取名曼奴埃尔式样完全是"因为这位国王的运气"，因为他只不过是继承了这种艺术风格并将它发扬光大，在他的王朝开始时这种艺术已经处于末期，这种艺术后来又绵延持续了数十年。关于这种建筑艺术风格的具体内涵，萨拉依瓦指出："曼奴埃尔式建筑是非常复杂的，是由许多成分组成的，是与众不同的地理大发现时期在艺术上的突出表现，这个阶段也可能是唯一的完全是葡萄牙式样的阶段，这就是大西洋时期的艺术或者海上扩张初期的艺术。在这个时期的第一批建筑物上有摩洛哥的影响，这是石匠师傅去北非为葡萄牙占领的城市修筑堡垒时带回来的。装饰的题材是与航海有关的用品。缆绳、绳结、浮标、珊瑚代替了哥特式的装饰，这些石匠师傅最大胆的创举可能要数托马尔中殿展示的情景，几根帆绳把鼓满风的船帆紧紧勒住，等等。"

有关曼奴埃尔式建筑的一般特征，历史学家拉赫（Donald F. Lach）这样写道：

"最伟大的曼奴埃尔式样的建筑物都是在中世纪建成的，有时人们称这类建筑物为'真正的'曼奴埃尔式样。一般来说，它们的门和窗都是圆形的，从未出现过尖形，总有三个或更多的凸出的弧线构成它的拱门的外形。总的来说，无论是最为简洁的还是最为繁复精致的拱门都有波动起伏的节奏感。还有一个令人印象深刻的地方就是它们广泛地使用窗间的支柱，它们看上去都像缠绕着的绳子，或是棕榈树式的柱子，还有八面的柱头上都有树叶和树枝的装饰线条，这种缠绕的形状产生出一种螺旋形的效果。不过，最令人印象深刻的则是富于装饰性的正门上的中央的装饰题材，它们在所有伟大的曼奴埃尔式的教堂以及修道院都出现过。

"许多曼奴埃尔式的建筑物上都可以看到以前中世纪的哥特式建筑的特征，不过，曼奴埃尔式样在总体上来说看上去完全是独特的，即使是除去那些外加在哥特式结构上的古怪的、航海题材的装饰和镶嵌物，对于许多观者来说，曼奴埃尔式的建筑仍然具有鲜明的异国情调，它们看上去既非欧洲的，也非东方的。这种建筑物由于其外观的装饰因素占了主导地位，使它们看上去就像一个巨大的雕刻，其最佳的例子就是巴塔利亚修道院的未完成的小教堂，它显示出一种对于不对称的建筑与雕刻合一的偏爱和崇拜。建筑师有意识地以一种弯曲的、摇摆的、不稳定的和反常的线条和平面,以及奇异的和富于自然主义灵感的装饰物来取代哥特式建筑的程式化的线条和装饰。这些富于自然主义色彩的装饰物包括大量的富于异国情调的水果、植物、动物以及航海和船舶的主题。在有些例子中,如托马尔修道院的大窗户,雕刻家和建筑师都将这些装饰主题安排到了抽象的几何构图当中,以此表现曼奴埃尔时代葡萄牙的繁复和奢华的精神。"

附录二

博克塞及其葡萄牙海洋帝国史的研究

英国历史学家博克塞（Charles Ralph Boxer, 1904—2000）被国际史学界公认为20世纪以全球史观研究葡萄牙海洋帝国历史、荷兰东印度公司历史以及耶稣会在欧洲以外传教史的最为卓越的历史学家之一。他的一生，经历丰富，著述等身，富有传奇色彩。美国当代历史学家阿尔登（Dauril Alden）在博克塞逝世以后仅一年，即2001年就在里斯本由东方基金会（Fundação Oriente）出版了关于这位历史学家的生平传记，题名为《博克塞，非同寻常的生命：士兵、历史学家、教师、收藏家和旅行家》（*Charles R. Boxer: An Uncommon Life: Soldier, Historian, Teacher, Collector and Traveller*）。（阿尔登是美国当代历史学家，早年在加利福尼亚大学求学，后来成为华盛顿大学的历史学教授，主要著作有《博克塞，非同寻常的生命：士兵、历史学家、教师、收藏家和旅行家》和《造就伟业：葡萄牙耶稣会士在其帝国及海外的作用，1540—1750年》（*Making of Enterprise: The Role of the Jesuits in Portugal, Its Empire, and Beyond, 1540—1750*, 1996）；他以研究葡萄牙、巴西、印度和拉丁美洲早期的殖民历史而蜚声史坛。1999年美国历史学会[American Historical Association]授予他杰出服务奖[Distinguished Service Award]，葡萄牙国家委员会[Portuguese National Committee]则授予他若奥·德·卡斯特罗奖[João de Castro Prize]。)

博克塞肖像

博克塞的著作，涵盖的内容包括葡萄牙海洋帝国在非洲、美洲、南亚、远东以及大西洋和太平洋海域诸多殖民地的历史。他的许多作品，都涉及本书讨论的葡萄牙海洋扩张的起源以及其他相关领域，本节就博克塞的简要生平及重要著述作一概括的叙述，特别介绍他的有关16—18世纪葡属印度以及葡萄牙远东殖民地的历史研究以及晚年以全球史观点写就的一些史著，以期中国读者了解这位卓越的历史学家。

一

1904年3月8日，博克塞出生于英国朴茨茅斯附近的怀特岛（the Isle of Wight）的桑当（Sandown），桑当是怀特岛东南海岸的一个颇具维多利亚时代风格的城市。博克塞的家族为当地的名门望族。自法国大革命以来，他的祖先几乎都服役于英国的每次对外战争。他的家族很可能还有胡格诺（Huguenot）教徒的宗教信仰背景。博克塞的父亲修·爱德华·理查德·博克塞（Hugh Edward Richard Boxer，1871—1915）是一位职业军人，于第一次世界大战中在佛兰德斯阵亡。他的兄长迈列斯（Myles）在第一次和第二次世界大战中都负过伤。他的母亲杰尼·奈·帕特森（Jane née Patterson）则是爱尔兰人。从19世纪下半叶开始，其家族已经在澳大利亚东南方的塔斯马尼亚岛和澳大利亚本土从事开拓，成为成功的牧场主。

在博克塞漫长而富有传奇色彩的生涯中，有三个互相重叠的阶段：首先，他是英国军队的士兵和军官，专门从事对远东特别是日本的情报分析；其次，从1926年至20世纪90年代，他也是一个多产的历史研究学者，关注于记录葡萄牙海洋帝国以及荷兰共和国自它们创建直至19世纪早期的海外扩张历史；最后，从1947年直至1979年，他还是一名在大西洋两岸备受学术界尊敬的学者和教授。

博克塞有着颇长的英国优秀军官以及海军军官的经历，早年起他就立志继承父辈的志向，献身于军人职业。博克塞于1918年即14岁的时候就在威灵顿学院（Wellington College）接受教育，这是一个专门接纳军人遗孤的优秀学校。在他班上的43名同学中，有16名后来参军。1922年，18岁的博克塞以优异的成绩考入桑德赫斯特皇家军事学院（the Royal Military Academy of Sandhurst）。当时他学习的课程有战略和战术、要塞防卫和建筑、制图学、军事管理学、数学、科学、历史和法律。在完成教育之后，1924年1月31日，在他

20岁生日之前，他参加了英军林肯郡军团（Lincolnshire Regiment），不久即晋升为少尉。6年以后即1930年，他被派往日本，当时他还不到30岁。他到远东以后在第38那拉步兵军团（the 38th Nara Infantry Regiment）接受军事训练，又去过日本名古屋的士官学校（an NCO's school）学习数月，学习关于日本的各种知识以及接受日语的口语训练。以后，他一直在远东作广泛的旅行。1933年，他被吸收加入英国陆军部情报局（the Intelligence Division of the British War Office）专门负责观察日本军事单位的活动。1937年，他正式成为情报官兼英军驻香港的总指挥官（General Officer Commanding, GOC）的日语口译员。他常常往来于澳门和香港两地工作。

1930年，博克塞首度访问了澳门。由此结识了他一生中长期的朋友——葡萄牙著名历史学家文德泉神父（Manuel Teixeira, 1912—2003）。文德泉是澳门教区神父，葡萄牙著名的历史学家。1912年4月15日出生于葡萄牙山后地区（Trás-os-Montes）的弗雷舒小镇（Freixo de Espada à Cinta）。1924年10月27日来到澳门，当时他才12岁，进入澳门圣若瑟修院学习神学和哲学，是修院中最年轻的修生。入学以后不久，他在法国籍教师热尔韦（Padre Régis Gervaix）的影响之下对于历史研究产生了热爱。1934年10月由澳门主教努内斯（Bispo D. José da Costa Nunes）升为神父。同年11月，他在多明我会教堂主持了第一次弥撒。1934—1947年成为圣劳伦佐本堂神父以及公教女青年会的神恩神父，并主编《澳门教区月刊》（Boletim Eclesiástico da Diocese de Macau）以及《号角》（O Clarim）月刊。1946年，他回到葡萄牙，两年以后，他去往新加坡，出任新加坡、马六甲葡萄牙天主教教区的代牧主教（Superior e Vigário Geral），直至1962年。其间，他开始研究葡萄牙天主教会在新加坡传教区的历史。1962年，他返回澳门，分别执教于圣若瑟修道院、诺拉斯商科学校以及殷皇子公立中学。他还出任《澳门档案》（1976—1980）以及《贾梅士学院院刊》（1976—1980）的主编。他对于澳门以及远东的历史有着特别的热爱，著有《澳门及其主教区的历史》（Macau e a sua Diocese, Vol.16, 1940—1979）共16卷、《澳门医学史》（A Medicina em Macau, Vol.3, 1975—1976）、《16世纪的澳门》（Macau no Séc. XVI, Direcção dos Serviços de Educação e Cultura, 1981）、《17世纪的澳门》（Macau no Século XVII, Direcção dos Serviços Educação e Cultura, 1982）、《18世纪的澳门》（Macau no Século XVIII, Imprensa Nacional Macau, 1984）等极为重要的历史著作。生前出版著述130种，论文300余篇。1952年，葡萄牙政府授予他殖民帝国勋章（Oficialato da Ordem do Império Colonial）；1981年和1983年，古本江基金会为他的历史著作《澳门的军人》（Os Militares em Macau）以及《澳门地名录》（Toponímia de Macau）颁发了史学奖；1984年，罗马教廷在他担任神职50周年之际，授予他"蒙席"（Monsenhor）称号；1989年又当选为葡萄牙历史学院院士。他曾经说过："个人如尘土，声名如烟云，最后都归于灰尘，唯有书籍能够长存。"

博克塞很可能通过文德泉神父的教会机构接触到有关这个葡萄牙远东殖民地丰富的档案资料。为查阅这些资料，他于1936年在香港近处找到了居所。从1937年至1941年，他经常从香港去澳门旅行做研究，以与澳门总督讨论有关英国、葡萄牙与日本的日益增长的重要关系，还与当地的学者交换意见。在澳门，他的朋友除了文德泉以外，还有杰克·M.布拉加（Jack M. Braga）。布拉加是一位兴趣广泛的人，既是教师，又是新闻记者、商人和历史学家，并且在第二次世界大战中为英国组织过一个秘密的谍报网络。他从20世纪30年代至60年代一直居住在香港。他本人对于远东史和澳门史也有深刻的研究，著有《早期西方先驱者对于澳门的发现》（The Western Pioneer and their Discovery of Macao, in Boletim do Instituto

1984年9月博克塞与文德泉在澳门

Português de Hong Kong, Vol. II, Macao.）、《耶稣会士范礼安颂》（The Panegyric of Alexander Valignano S. J., Reproduce from Old Portuguese Codex, Monumenta Nipponica, Vol. V. 1942）。布拉加的图书现在保存在澳大利亚堪培拉国立图书馆（National Library of Australia in Canberra），这些资料为研究博克塞20世纪30—40年代的活动提供了至关重要的素材。

博克塞除了日常的情报工作以及经常去澳门访问之外，还经常去中国内地、日本和新加坡旅行。此外，他在香港还有非常活跃的社交生活。1937年底，博克塞前往上海，观察日本军队在外围进攻上海的情况，当时太平洋战争尚未爆发，日本军队尚未占领上海的英美公共租界和法租界。他在此时认识了美国自由撰稿女作家艾米丽·韩（中文名字为项美丽，Emily Hahn，1905—1997）。艾米丽·韩出生于美国密苏里州的圣路易斯，她在父母的8个孩子中

青年时代的艾米丽·韩（项美丽）

排行第七。她的祖先是德国犹太人，以经营小商小贩为生。1920 年，她的家庭从欧洲移民到美国芝加哥，她的父亲继续承袭祖业，当一名流动推销员，后来成为商店的经理；她的母亲则是一名职业打字员。17 岁的艾米丽在芝加哥高中毕业以后，在威斯康星大学注册入学，她克服了当时大学中对女性的偏见，获准进入矿业学院（the School of Mines），1924 年她成为该校第一个女毕业生。不过在求学期间她就表现出对于工程学不感兴趣，深深地热爱文学和艺术。在威斯康星求学期间，她广交朋友，并养成抽雪茄和舞文弄墨的习性。她通过写文章和书籍成名，并以赚来的钱资助家庭。1928 年她去纽约哥伦比亚大学工作，在亨特女子学院（Hunter College for Women）的一个地质班上教课，同时继续从事自由写作。同年夏天，她访问了欧洲的英国、法国、意大利和葡萄牙，结识了当时著名的女权主义者吕贝卡（Rebecca West）并成为终身的朋友。从 1928 年开始到以后的几十年，她的许多作品都发表在《纽约客》（New Yorker）杂志。1929 年，她完成了两本书，其中一本是她的半自传。两年以后，她靠着步行和小舟壮游非洲中部，最后乘火车到达达累斯萨拉姆（Dares Salaam），于 1933 年 1 月底回到伦敦，又过两年，她出版了她的游记《刚果独奏曲》（Congo Solo: Misadventure Tow Degrees North）。1935 年 5 月，她与姐姐做环球旅行，先从美国到日本的横滨，再来到远东的上海，她对这座被当时西方人称为"东方的巴黎"的城市极其着迷，决定与姐姐分手，单独留在上海，并以上海为题材进行写作。她在上海的时候，认识了著名的中国知识分子和作家、新月派诗人和出版家邵洵美（Sinmay Zau，1906—1968），两人相爱并同居，"项美丽"即为邵洵美为她取的中文名字。通过邵洵美，她与当时许多能说英语的文人学士如吴经熊、林语堂、钱锺书、全增嘏有了交往。1938 年 9 月，邵洵美借用项美丽外国人的名义，在租界创办抗日月刊《自由谭》，又另行出版英文的《直言评论》（Candid Comment）。她此时还通过邵洵美结识了宋庆龄，并开始写作《宋氏三姐妹》（The Soong Sisters）。当 1937 年底博克塞第一次访问上海的时候，他们只是相互认识产生好感。1938 年，她造访香港，彼此的了解更深了。然后，她又离开香港前往重庆，当时她正在写作《宋氏三姐妹》。1940年，当她再度访问香港的时候，她与博克塞已经深深相爱。1941年10月17日，她与博克塞的第一个女儿出生，名叫Carola Militia Boxer。此事导致博克塞与妻子乌苏拉（Ursula Norah Anstice）婚姻的破裂。乌苏拉于1909年出生于英国，在10岁以前失去双亲，成为孤儿，她与兄弟由在苏格兰的叔叔抚养长大。成年时，她渴望旅行但是没有钱。最后，她被培养成为幼稚园的老师，并被派往新加坡，后来她来到香港定居。她与博克塞于1939年6月8日在香港主教座堂举行结婚仪式。

1941年11月8日，日本进攻香港，英军的抵抗彻底失败了。12月24日圣诞夜，香港英军向日本投降。战争爆发时，博克塞正在香港，他受了重伤，人们以为他已经死去，以至于有人将他放到陈尸间里去了，但是他却活了过来，并在一个殖民地军医医院经历了长期康复的过程，随后他被送进设在九龙的战俘集中营监禁。从那时起直到以后3年半的时间里，博克塞一直被关押在监牢里。项美丽与博克塞一同被关押在战俘集中营，直到1943年12月美国与日本交换侨民时，项美丽和孩子被遣返美国，定居纽约。博克塞则继续被关押，正是在那个地方，他居然出版了一份打印的专栏杂志，并将其命名为《大墙以内》（Within），这份杂志于1943年8月发表了博克塞根据回忆写成的《"天主之母"（Madre de Deus）号事件：在日本的葡萄牙人的历史的一章》。"天主之母号"是葡萄牙船长安德烈·佩索阿（André Pessoa, 1560—1610）于1609年7月率领的从澳门来到长崎的船只。佩索阿的使命是要解决澳门的葡萄牙商人与日本人之间的贸易纠纷，但是没有获得和平解决。在次年1月6日，他的船只在海上被由3 000名日本士兵组成的舰队包围和攻击，他与船上少数士兵英勇抵抗，在船的后桅起火并燃烧蔓延的情况之下，"佩索阿以无畏的精神放下他的剑和盾，一言不发，一手拿着十字架、另一手拿着火把，来到底舱、点燃了火药库。船在一连串的爆炸中沉没"。被日本人关押在牢中的博克塞，故意选择写这个题目，借此提醒读者，"以佩索阿为代表的那群无奈的人们是值得被人们记住的，因为他们在知道不可能战胜的时候，表现出他们至少知道如何视死如归"。在这篇文章发表后一个月，《大墙之内》被禁止出版。博克塞被认为是被日本军队逮捕的英国军官之一，军事法庭指控他们卷入了建立非法广播接收器，秘密收听有关战争的消息并加以散播。在余下的被日本人监禁的时日里，博克塞先在香港后在广州的监狱里度过。

1945年9月15日，即日本正式投降以后一个月，在香港的日本军队向英国投降。博克塞被释放,同年10月23日他乘船去美国,这艘船本来应去旧金山,中途改变航向,3周以后抵达洛杉矶。然后,他乘飞机去了纽约。在那里他与女儿以及他的母亲久别重逢,这时他已能够与艾米丽·韩(即项美丽)完婚,因为他的妻子已同意离婚。

1946年,博克塞去了英国。1947年他正式从英军退役,结束了他长达22年的军旅生涯。他退役的原因之一是由于他的左手在香港抵抗日军时负伤,部分地瘫痪,军医认为他不再适合在远东的军队中长期服役。同年,他被授予伦敦大学国王学院研究葡萄牙历史之"贾梅士教授"职衔(Camoens Professor of Portuguese at King's College, London University),这个头衔是因为他缺乏习惯上所谓的学位而授予的。这年10月31日,他在伦敦大学国王学院发表就任演说,其讲题是《葡属亚洲的三位历史学家:巴洛斯、库托和博卡罗》(Three Historians in Portuguese Asia: Barros, Couto and Boccaro)。1951年6月,他又被授予伦敦东方与非洲研究学院(School of Oriental and African Studies, SOAS)的远东历史讲座教授(The Chair of the History of the Far East at School of Oriental and African Studies)。他一直保留贾梅士教授职衔直到1967年。1965年,位于美国布鲁明顿(Bloomington)的印第安纳大学利莱图书馆(Lilly Library in University of Indiana)接受了博克塞捐赠的他所收藏的全部的图书和手稿。同时,他也获得了在该大学担任访问研究教授(visiting research professor)的身份。于是,在以后的12年中,布鲁明顿就成为他学术事业和活动的中心。其间,1967—1972年,他又任耶鲁大学欧洲海外扩张史教授(Professor of the History of Expansion of Europe Overseas at Yale University)。博克塞于1979年正式退休。

博克塞是一位极其热爱旅行的学者。从1949年开始,他就决心去葡萄牙海外殖民地从事研究考察。他获得了洛克菲勒人文学部基金会的财政支持,去葡萄牙和巴西两个国家旅行。在那里,他搜集了许多有用的史料,与葡萄牙和巴西的历史学家接触和讨论。这两个国家当地的档案馆对他非常友好,开放许多档案供他查阅。其中包括里约热内卢国家图书馆珍本部、巴伊亚的公立图书馆、累西腓以及伯南布哥的历史地理研究会等部门。这次旅行成为他后来写作几部葡属巴西历史著作的契机。1950年他去了印度果阿,在位于果阿首府的班杰姆历史档案馆从事史料收集和研究工作。50年代末期至60年代早期他又去了原来的葡属非洲,70年代又去了亚速尔群岛以及马达拉斯群岛。这些旅行大多与他的研究有关,或者是去当地收集资料,或者是去参加学术会议，或接受邀请做关于他所研究的专题讲座。不管在何时何地，他都会在档案馆里工作一段时间。他拥有一种异乎寻常的能力去寻找、研究以及抄录那些精选的手稿素材，然后在最近出版的著作中引用它们。他也利用这样的机会来考察葡萄牙海洋帝国遗留下来的历史建筑——教堂、学院、城堡和宫殿。他也探访当地重要的学者，同他们交换讯息以及出版品。他还曾经去海牙收集荷属西印度公司的档案材料，在伦敦坎宁房的葡萄牙-巴西学会（Luso-Brazilian Council at Canning House）的图书馆管理员也为他的研究提供帮助。同时，他对于赴英国学习和进修的世界各地的学者以及学生们不断提供帮助，并邀请他们访问俱乐部，在那里进餐，并访问他的图书馆和家。

晚年的博克塞虽然年事已高，但是仍然喜欢旅行。他于1979年再度访问葡萄牙。此前两年即1977年，他的《葡萄牙海洋帝国：1415—1825》以及《葡萄牙海洋帝国中的民族》两书的葡文版已经问世，受到广大葡萄牙读者的欢迎。1980年，他访问了日本、香港地区、斯里兰卡和果阿；同年9月，他又访问了安曼。1981年9月，他在阔别多年以后再度访问了澳门。次年，他应中国社会科学院的邀请，偕夫人访问了北京、西安和广州。

1986年，"联合国教科文组织"会同澳门政府委托博克塞写一本书，其主题是他知之甚详的，即《16—18世纪澳门与海上丝绸贸易》（*Macao and the Maritime Silk Trade, 16—18th Centuries*）。人们期望他在1990年年底完成书稿，并允诺他在后来几年里邀他去澳门旅行并参加该书的首发式。当时博克塞受日本天理大学的邀请去做一个讲座（他曾于1932年访问该校），然而，他还是准备接受这个委托。遗憾的是，尽管他于1991年要去澳门接受一个荣誉学位以前，曾在日本天理大学讲座发表过书中若干片段，但他仍然没有写完这本书（后来他写了一篇关于这个主题的论文）。

1990年，已经接近90岁的博克塞仍然继续他的学术旅行。他前往阿拉伯湾考察，又去了葡萄牙的里斯本。在他晚年最后的时刻，他仍然对于澳门早期的历史怀有强烈的兴趣。1991年，他最后一次来到他深深热爱的城市澳门，参加第六届国际葡属印度历史研讨会，澳门大学利用他参加此次学术会议的机会，授予他荣誉博士学位。1992年，他作了人生中最后一次旅行，去了佛罗伦萨大学的瓦斯科·达·伽马讲座做了一次学术讲演。

2000年4月27日，在博克塞刚过96岁的时候，他在伦敦西北部离家不远的一所医院里平静地逝世。他的骨灰按照其遗愿被他的女儿们撒在他以前老家附近的树林里。

二

早在青年时代从军时,博克塞已经是一位受人尊敬的年轻历史学家了。他对于东方历史的兴趣从孩提时代已经萌发。幼年的博克塞长期与祖母待在一起,他沉迷于收集上面刻有雕花图案的日本悬锤(netsuke),他还收集有关长崎的历史图片,这种兴趣持续了很长的时间。他在祖母的小型图书馆里找到了历史学家英奈斯(Arthur Innes)所写的《世界历史》(*The Harmsworth History of the World*, 7 Vol. London, 1909),他惊讶地发现原来最早到日本列岛的西方人是葡萄牙人,于是他开始学习葡萄牙以及伊比利亚半岛的历史,并在1924年,也就是他参军的那年,开始学习葡萄牙语。

在从军的同时,博克塞已经开始历史研究以及写作。当时他的主要兴趣是欧洲人尤其是葡萄牙人和荷兰人16—18世纪在远东的活动。从1924年开始,他学习了葡萄牙语,不久他就能够阅读原始的历史文献。从20世纪20年代中期开始,他来到日本并学习日语。1926—1934年间,他发表了20余篇文章及一部著作。其中大部分都是关于这个主题的。例如:《"天主之母"(Madre de Deus)号事件:在日本的葡萄牙人的历史的一章》(*The Affairs of the Madre de Deus, A Chapter in the History of the Portuguese in Japan*)、《扬·坎帕杰尼在日本:1672—1674,英国人与荷兰人在日本与台湾的竞争与对抗》(*Jan Compagine in Japan, 1672—1674, Anglo-Dutch Rivalry in Japan and Formosa*)、《论早期欧洲对于日本军事上的影响:1543—1835》(*Notes on Early European Military Influence in Japan, 1543—1835*)、《葡萄牙人对于日本影响面面观:1542—1640》(*Some Aspects of Portuguese Influence in Japan, 1542—1640*)、《葡萄牙人的航海日志:1500—1700》(*Portuguese Roteiros, 1500—1700*)、《葡萄牙人军事远征协助明朝抗击满清入侵:1621—1647》(*Portuguese Military Expeditions in Aid of the Ming against the Manchus, 1621—1647*)等。他的那篇研究"天主之母"号的文章,是有关这艘从澳门装运丝绸的葡萄牙大帆船于1610年1月在长崎的经历。后来,博克塞重新研究了这个课题。

正是布拉加资助博克塞出版他在20世纪30年代晚期以及40年代早期的研究成果。在后来的岁月里,他也提供给博克塞研究资料,不过他所提供的最重要的帮助之一,就是安排出版《博克塞收藏书目》(*Bibliotheca Boxeriana*)。在1925—1937年间,博克塞开始营建一个小型的专业图书馆,收藏有手稿、珍本以及有关荷兰和葡萄牙帝国早期历史的参考书,并称其为"工作图书馆"。他在他常带到香港去的一张档案卡上列举了他的全部收藏品,并对此感到十分自豪。这个图书馆收藏约 1 000 个品种的图书,特别偏重于几个专题:其一是关于船的历史,有航海指令、海难沉船记录、欧洲人在 16—18 世纪之间前来远东的游记;其二是有关地理大发现时代日本和中国的历史;其三是有关荷兰与葡萄牙和英国在远东、欧洲冲突的题目。在该图书馆的珍本中有博克塞最钟爱的两位葡萄牙编年历史学家巴洛斯和库托的历史著作。博克塞的收藏激发了不少学者的研究热忱,其中有人为此移居到葡萄牙和日本。1937 年 3 月,在博克塞抵达香港以后才 3 个月,布拉加便将他的档案卡片目录成功地以书册的形式在澳门出版了。这就是上面提到的《博克塞收藏书目》。该书提高了博克塞在东亚日益增长的学术声望,同时,他的一系列出版物也起到了同样的作用:在 1937—1941 年间,他写出了 40 篇论文,其中一半是有关 17 世纪澳门地区与印度、日本、东南亚以及马尼拉的历史联系的。

　　博克塞经常做的一件事就是发现新增加的资料来充实他的著述。在这些年里,博克塞著作中最吸引人的就是一部重新研究的作品,它有关 1647 年葡萄牙舰长索萨(Gonçalo de Siqueira de Souza)从澳门去日本的失败的外交使命。这部书于 1938 年在澳门出版,该书利用澳门、葡萄牙和英国的档案及出版资料写作,还包括博克塞自己图书馆中的手稿资料。他的资料来源有荷兰文、英文、日文和葡萄牙文。在那个时代,很少有历史学家能够掌握范围如此之广的语言。博克塞用一种生动的叙事风格解释了这位葡萄牙使节是怎样试图恢复澳门地区与日本之间的贸易的,并通过耶稣会日本会省的会督安东尼·方济各·卡丁(Antoniô Francisco Cardim)神父的主动帮助达成这样的结果。他检视在关键的 4 年中葡萄牙人的远征探险的变迁,并揭示了日本幕府当局坚定地排拒这位使节的原因,是因为日本当局坚信随着丝绸商人回到日本以后,那些基督教传教士必将接踵而至,并由此引发激烈的社会动荡。博克塞提供了一个广泛的书目介绍、图片资料以及 12 页文献附录。这本书由澳门主教写序,他对于一位外国人会对葡萄牙帝国的历史怀有如此热切而强烈的兴趣,并能将研究工作做得如此娴熟和精到啧啧称奇、赞赏不已。

　　在博克塞忠诚的朋友布拉加的帮助下,甚至在他被日本人囚禁期间,他的论文和书还继续在澳门出版。1942 年,澳门官印局(Imprensa Nacional de Macau)出版了由博克塞编撰和翻译的史料汇编《三百年以前的澳门》(*Macau na Época da Restauração*, or *Macao Three Hundred Years Ago*),这是一部有关澳门历史的史料汇编,它包括四个部分:一是葡属印度官方历史学家博卡罗(Antônio Bocarro, 1594—?)所写的《1635年关于澳门的描绘》(Description of Macau in 1635)。博卡罗出身于所谓"新基督徒"即改宗的犹太人家庭。早年在里斯本的耶稣会学院学习。1622年随同葡属印度总督来到果阿。曾经被宗教裁判所逮捕,因表示悔改而被释放。在总督诺罗尼亚(Dom Miguel de Noronha)的庇护下于1631年成为葡属印度首席编年历史学家和果阿殖民地政府历史档案的主管。他本人没有到过澳门,但是他有机会接触到关于澳门的公私文献。该文叙述了澳门城市的起源、城市的模式和风貌、要塞和建筑以及澳门与果阿和日本以及东南亚的贸易。二是《彼得·蒙迪1637年对于澳门的描绘》(Peter Mundy's Description of Macao in 1637)。蒙迪是一位英国旅行家,他随着英国第一次派往中国的舰队来到澳门。当时,澳门与日本长崎的贸易已经接近尾声,但是,澳门本身处于十分繁荣的状态。蒙迪的记述,成为这个时代最好的见证。在他的游记中,有关于澳门的社会生活,如葡萄牙人与马来、日本和中国妇女通婚的情况,澳门当地人的服饰、民居、食物、要塞以及城市风貌等,作者还记叙了他访问澳门耶稣会会院的情况。三是《阿瓦罗于1638年关于澳门的描述》(Marco D' Avalo's Description of Macao in 1638),这是博克塞从一份初版于1645年的荷兰文游记与航海日志中辑出的关于澳门的记述(该游记荷兰文名为 Begin ende Voortgangh van de Vreenighde Nederlantsche geochtroyeerde Oost-Indische Compagnie, Amsterdan, 1645, 2 volumes)。四是《若奥四世复国以后当时文献中记叙的澳门,1641—1644》(A Restoration of King Dom João IV in Macau in the light of Contemporary Documents, 1641—1644)。众所周知,从1580年到1640年,葡萄牙处于被西班牙吞并的特殊时期。1640年,出身布拉干萨家族的若奥四世复国,消息传到澳门,澳门葡萄牙人倾城欢腾。澳门殖民地终于抵制住了西班牙统治下菲律宾在贸易和传教方面分享利益的企图。该文献记录了澳门的葡萄牙人以及其他族群的人们欢庆的宗教和世俗游行的场面。该书以葡语和英语并列排版,编者还加了导论,至今仍然有很高的研究价值。

从1926年9月到1941年11月间,博克塞发表了85篇学术著作和论文,几乎两个月就有一篇论文发表。所有的论文都与葡萄牙以及荷兰的海外扩张史有关,大部分是期刊论文,也有一些独立的著作,都利用了以前没有刊布过的历史档案文献,其中许多文献都是博克塞自己出资购买收集的。

在第二次世界大战结束以后,博克塞从香港先到美国,又回到英国,他很快就重新恢复了学术写作。1948年，他在海牙出版了《葡萄牙贵族在远东，1550—1770年：澳门历史中的事实与幻想》(Fidalgos in the Far East, 1550—1770: Fact and Fancy in the History of Macao)。这本书的内容包括有关澳门城市的创建、果阿—澳门—长崎的丝绸与白银贸易、加比丹·莫尔（Capitâo-Mor）制度、澳门与马尼拉以及东南亚地区和国家的航线、欧洲旅行家蒙迪对于全盛时期澳门的记叙、澳门于1622年成功地击退荷兰入侵者、澳门贸易的衰落、澳门土生葡人社会的初步出现，以及耶稣会士在远东的传教与贸易活动。尽管博克塞希望《葡萄牙贵族在远东，1550—1770年：澳门历史中的事实与幻想》一书能吸引美国的商业出版商，艾米丽·韩（即项美丽）的文学经纪人（他经常向纽约的几个出版商人出售手稿）却报告说这些出版商认为他的文章虽具有"学术性"和"可读性"，但不认为这些文章适合美国市场。博克塞终于找到他的老朋友荷兰出版商马丁纳斯·尼杰霍夫（Martinus Nijhoff），于1948年出版了这部书稿。20年以后牛津大学出版社重新出版了这部著作。

1951年美国加利福尼亚大学伯克莱分校出版社出版了博克塞的《日本的基督教世纪：1549—1650年》(The Christian Century in Japan, 1549—1650)。这本书他原计划在20年代完成，但后来因为生活的动荡而中断，直到1947年，他没能投入全部精力写作此专题。但是，在以后两年不到的时间里，他胸有成竹地迅速投入写作，完成了这部535页的著作。该书实际上是一部早期日本的基督教会历史。他在序言中写道："1549年8月，沙勿略（Francis Xavier，1556—1552）在九州鹿儿岛登陆，标志着基督教进入日本，时至今日已四百周年，它为本书在此时问世提供了一个理由。这段时间的历史（即基督教进入日本以后的一百年）被称为是日本的基督教世纪，它对于日本与西方的关系具有决定性的意义。"在此以前，历史学家莫多克（James Murdoch）已经于1903年在神户出版了著名的日本历史，其中第二卷为《早期对外交往世纪中的日本史：1542—1651》(History of Japan during the Century of Early Foreign Intercourse, 1542—1651)，它所涵盖的时间大致与博克塞论述的时段相同。但是，博克塞指出他自己的独特贡献之一在于发掘了新的史料。该书使用日

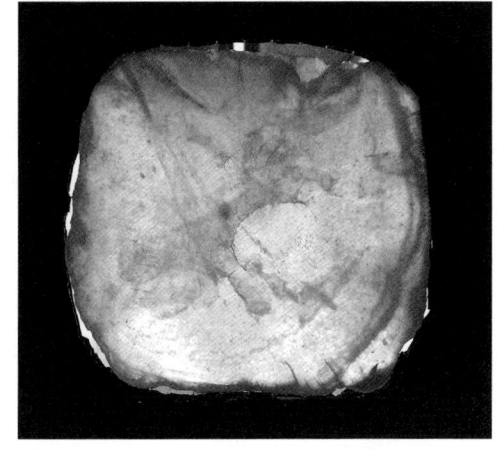

"天主之母"号船上用于制作窗户的一片贝壳
它由博克塞捐赠，保存在日本长崎二十六殉道者博物馆。

文、六种欧洲语言以及精选的原始手稿材料写成。手稿材料主要来源于大英博物馆的相关手稿以及里斯本阿茹达王宫档案馆（Ajuda Palace Archives）的耶稣会在亚洲档案。该书讨论了近代以前西方人如马可·波罗以及葡萄牙旅行家平托的《远游记》中关于日本的记述，耶稣会士进入日本九州以及耶稣会士书籍中关于日本文化和习俗的记述、果阿和澳门与长崎的贸易和耶稣会士参与其贸易活动以及长崎城市的形成、耶稣会士内部在培养日本本地神职人员以及是否应当从事贸易活动方面的分歧、耶稣会士与从马尼拉来到日本的托钵僧会士（方济各会士和多明我会士）在日本传教事业上的竞争以及丰臣秀吉和德川家康对于基督教的态度、日本基督徒的文化与宗教生活以及耶稣会士的文化活动、荷兰人对于葡萄牙人在日本贸易和传教活动的打击、日本关于丰臣秀吉以及后来的德川幕府的禁教政策的形成及其原因、西方天主教传教士以及日本基督徒中的殉道者、岛原之乱与锁国的最后形成。该书叙事章节清晰，构思巧妙，配有讯息性很强的附录、翔实的注解、令人印象深刻的书目、实用的术语以及详尽的索引。这本书在美国受到很多重要学者的好评，他们认为该书对于研究亚洲早期与西方的关系史是一大贡献，尽管有些人就像博克塞自己一样，并不完全同意这本书的书名。作者写作此书时主要关注的是日本与西方接触初期的文化、政治以及宗教的互动和相互影响，作者认为"这一时期日本的历史被人们熟知为基督教的世纪，在日本与西方的关系中发挥了决定性的作用"。虽然该书部分地被后来学术界的研究成果所取代，《日本的基督教世纪：1549—1650年》至今仍然是博克塞所写的最受人尊敬的著作，里斯本"东方基金会"于1993年再度出版了这本书。

在博克塞漫长的生涯中，他还出版了许多重要的文献，这些文献都是他以前定期购买的。《亚洲汉学》（Asia Sinica）就是一个例子。但是他更加广泛仔细地编纂史料的例子则是他的《来自阿妈港的大帆船：澳门与日本旧时代贸易年报，1550—1640年》（The Great Ship from Amacon: Annals of Macao and the Old Japan Trade, 1550—1640）。尽管该书在早几年已经完成，但到1963年才在里斯本首次出版，以后又重版了几次。作者在序言中指出，该书是在他20年前写的一本葡萄牙文小册子《加比丹·莫尔的日本航行：1550—1640》（As viagen de Japão eos seu Capitães-Mores, 1550—1640）的基础上写成的，这本小册子于1941年7—11月在《澳门教区报》（Boletim Eclesiástico da diocese de Macau）上连载，战时又由Salesian Press出版，不过发行量很小。为了满足读者的需要，作者在1955年庆祝澳门建城五百周年的时候决定增补重写，除了利用博克塞图书馆的资料以外，作者特别增补了果阿以及里斯本档案馆里收集的资料。该书分为两部分：第一部分是一篇扩充的论文，主题是有关从果阿出发去澳门，又从澳门到广州再到长崎的年度运丝的葡萄牙克拉克帆船的记录，其中包括每年去日本长崎的船只的数目、所运输的货物的种类和在各地的差价，葡萄牙人与荷兰人之间的竞争和斗争，荷兰人对于葡萄牙人在海上的封锁、拦截和打击。第二部分则包括一些关键性的原始文献，它们说明了在澳门与长崎的海上贸易中耶稣会士作为通译以及商业谈判者的至关重要的作用，同时也说明了教会卷入葡萄牙人在远东贸易的程度。正如作者自己在序言中指出，《来自阿妈港的大帆船：澳门与日本旧时代贸易年报，1550—1640年》与他前两部书《葡萄牙贵族在远东：1550—1770年》以及《日本的基督教世纪：1549—1650年》相比，有了若干超越，并且在侧重面上有所不同，前两者讨论的是地理大发现时代东方和西方之间政治的、宗教的和文化的问题，后者是对于前两者的补充，主要的侧重面在于商品贸易以及海洋史的方面。该书详细讨论了澳门与日本之间贸易消长以及货品价格差异之不同方面，因而对于前两卷书又有很大的互补性。

当1947年博克塞成为"贾梅士教授"以后，他已经不再是一个地域主义者而是逐渐地成为全球历史的研究专家。他认为，葡萄牙人在远东的历史是与他们祖国的历史息息相关的，或者说，是葡萄牙历史在海外的延伸。从那时起，他开始关注葡萄牙海洋帝国史的总体研究，并深入探讨葡萄牙海洋帝国生成、扩张以及衰落的内在原因。

博克塞在20世纪60年代出版的著作开始出现了对葡萄牙海洋帝国的总体性研究。如1961年出版的《持续四个世纪的葡萄牙的扩张，1415—1825年》(*Four Centuries of Portuguese Expansion: 1415—1825*)，其内容都是他以前几年在南非的讲座上发表的。它大致上包括下面几个方面：一是1415—1521年葡萄牙早期的海外发现；二是葡萄牙海洋帝国在种族、种性以及宗教信仰上的冲突与融合；三是葡萄牙人"对于香料、蔗糖、奴隶以及灵魂（指传教）的猎取"。作者深刻地分析了贸易和宗教之间错综复杂的互动关系，还讨论了18世纪葡萄牙在与巴西贸易的黄金时代的海外活动。

1963年，博克塞在英国出版了一部在当时引起争议的著作《葡萄牙殖民帝国的民族关系：1415—1825》，这是他应理查德讲座委员会（Richard Lectures）的邀请于1962年11月在弗吉尼亚大学所做的讲演稿，经整理、加了文献注释以后出版。他将所论述的葡萄牙海外殖民地范围分为三大块，第一块是摩洛哥与西部非洲；第二块是莫桑比克与印度；第三块是巴西和马拉尼昂。时间跨度从1415年葡萄牙人占领休达开始，终于1825年巴西的独立。这虽然是一部只有135页的小册子，但是却比较全面地论述了葡萄牙海洋帝国殖民地中错综复杂的民族关系，包括葡萄牙人在这些殖民地的奴隶贸易、与当地人通婚以后产生的混血儿社会阶层、强迫当地民族的改宗基督教、在培养本地神职人员时的民族歧视等一系列尖锐的问题。最后他在结论部分指出：葡萄牙当代的某些历史学家所宣扬的"所谓葡萄牙人在民族和肤色上不带有成见并以一种基督徒的博爱对待所有的白人、黑人、黝黑的人以及黄种人"的看法是远非真实的。真实的情况要远远复杂得多。他指出："葡萄牙人不是天使，也不是魔鬼，他们具有人性的光明面，同时也有人性中的阴暗面。他们的行为是根据时间、地点和情况的不同而做调整的。"

1965年，博克塞出版了《荷兰海洋帝国，1600—1800年》(*The Dutch Seaborne Empire, 1600—1800*) 一书，可以视为他的全球史研究的初步探索成果之一。众所周知，荷兰海洋帝国的崛起是葡萄牙海洋帝国衰落的原因之一。荷兰人与葡萄牙人的战争是世界性的。但是，此书的重点却在于分析荷兰海洋帝国崛起的原因，它的重点不在于叙述荷兰海洋帝国全部的历史，而在于描述"八十年战争"的历史影响与最初的尼德兰7个省是如何组成荷兰近代国家的。它展示了荷兰17世纪黄金时代的辉煌灿烂和波澜壮阔，而只用了一个章节叙述了荷兰的衰落与沦亡。博克塞并不忽略荷兰帝国的经济、宗教以及航海层面的研究，但是他更加注重荷兰各阶层人民如上层的寡头、中层的商人以及底层的工人和水手的社会生活，他甚至将荷兰本国工人以及海外水手的生活做了比对。他认为这是荷兰内部的原因，这才是荷兰崛起并能够与葡萄牙人争雄的真正的动力。他甚至在书末列出了一些非常特别的讯息如1645—1700年间荷兰从事航海业者的工资幅度表以及当时货币的重量以及单位。该书虽然有一些篇幅谈到荷兰在美洲和东方的活动，但是初看上去却有一点像欧洲史著作。

博克塞的名著《葡萄牙海洋帝国：1415—1825年》(*Portuguese Seaborne Empire, 1415—1825*) 出版于1969年，它反映了此前40年来博克塞对葡萄牙帝国强盛和衰落的认真思考，被公认为葡萄牙海洋帝国研究的里程碑式的著作。该书分为两个部分：一是"帝国的兴衰"(Vicissitudes of Empire)，以编年史的方式记述了其地理环境和民族性格，以及葡萄牙人从1415年攻占北非休达至1825年葡萄牙王国承认巴西独立为止的历史。二是"帝国的特征或性格"

（Characteristics of Empire），作者讨论了葡萄牙帝国本部与巴西和印度（包括东南亚和远东）的贸易与航海活动、王室与教廷和本国天主教会的关系、耶稣会在葡萄牙、葡萄牙海外保教权的起源、葡萄牙海外殖民地的民族关系，特别讨论了葡萄牙人在非洲的奴隶贸易以及在葡属印度推广的强迫性宗教改宗运动、葡萄牙本国以及海外殖民地的市政厅以及仁慈堂这两种基本的市政制度的运作及其历史作用、服务于葡萄牙海洋帝国的社会群体（士兵、殖民者和定居者、流浪汉和商人）、文艺复兴时期葡萄牙及其海外殖民地的文化以及探索精神，其中讨论了地理大发现时代葡萄牙科英布拉大学和埃武拉大学、耶稣会的教育模式及其在海外殖民地的推广。最后，作者从宗教信仰的层面讨论了葡萄牙人海洋扩张的精神动力——塞巴斯蒂安主义、弥赛亚主义和民族主义。在这本书的末尾，还附有葡萄牙海洋扩张史的词汇表。作者在此书中精辟地分析了葡萄牙海外扩张的内在动因，他指出："在'发现的世纪'背后的动力明显地来自宗教的、经济的、战略的和政治的因素。这些因素绝不是以相同的比例混合在一起的。即使由玛门（Mammom）所激起的动机也经常与国王和天主（Caesar and God）的事业纠缠在一起。正如中世纪意大利帕拉多（Prato）的一个商人在自己账本开头的地方所写的祈祷的话：'以天主和利益的名义（in the name of God and Profit）。'如果冒着过于简单化的危险，我们大致可以说有四个主要的动机对于葡萄牙人的领导者（国王、亲王、贵族和商人）产生过激励和推动，这四个动机可以按时间顺序排列但是又不同程度地相互交叉和重叠：它们是抗击摩尔人的十字军式的热忱、对于几内亚黄金的渴求、寻找'长老约翰王'、寻找东方的香料。"在该书的最后一章，作者讨论了葡萄牙人海外扩张的宗教信仰以及精神层面的原因，即塞巴斯蒂安主义、弥赛亚主义以及民族主义的融合。这是以往研究葡萄牙海外扩张史的历史学家很少加以关注和特别讨论的。塞巴斯蒂安（Dom Sebastian，1554—1578）为葡萄牙阿维兹王朝第十六代也是最后一代国王，他于1578年8月24日率领葡萄牙军队远征北非，在卡萨-阿尔-卡比遭遇北非苏丹国与奥斯曼土耳其联军的伏击阵亡。当时葡萄牙国内的人民并不相信国王已经死亡，相反他们期盼国王的归来。这种思潮逐渐地与源于犹太教并流播于基督教的弥赛亚思想融合，成为一种期待复兴的民族心理，并在1580—1640年葡萄牙与西班牙合并时期发扬滋长，又在葡萄牙海外扩张的过程中被葡萄牙人带往他们在世界各地的殖民地，成为葡萄牙民族海外扩张的精神动力。博克塞指出："葡萄牙人的这种信念的强烈程度也许要高于其他民族。他们确信天主是站在他们这一边的,天主为他们直接干预了历史。他们深信自己是天主的选民来扩张基督教的信仰。这种基于基督教信仰的坚韧和持久的民族主义有助于解释葡萄牙人为什么能够保持他们危险而动荡的海洋帝国如此之久,以及为什么时至今日他们还如此不情愿地交出这个海洋帝国中的任何一部分,无论是为了经济原因(安哥拉、莫桑比克)或是其他什么原因(果阿、几内亚)。"该书在出版以后,被国际史学界公认为是关于葡萄牙海洋帝国历史的经典之作。

博克塞于1964年将他在美国威斯康星大学所作的系列讲座整理出版,题名为《热带地区的葡萄牙社会:1510—1800年果阿、澳门、巴伊亚、罗安达的市政厅》(*Portuguese Society in the Tropics: the Municipal Councils of Goa, Macao, Bahia, and Luanda: 1510—1800*)。这是博克塞另一部贯彻其全球史观的重要著作。他以全面以及联系的观点选择研究葡萄牙殖民地亚洲、非洲和美洲四个地方的市政厅的起源、发展、与总督及教会和商业贸易的关系,以及它们是如何与当地的社会与文化相适应的。在该书的结论部分,博克塞总结了葡萄牙海外殖民地市政厅6个共同的基本特征:它们都具有葡萄牙社会强烈的保守的和传统的特征,它们与母国的市政厅享有相同或相似的特权和特许状;它们都不太愿意被总督所左右,甚至经常发生冲突,有些市政厅曾经派驻代表驻里斯本,国王常常是市政厅和总督权力之间的平衡者;市政厅与教会(教区和修会)密切合作,他们在组织宗教节日游行上舍得花钱,为宗教事务花钱有时甚至影响到市政厅的财政;市政厅的官员有时还会与王室大法官发生冲突;许多市政厅都资助建立女修道院;市政厅官员们虽然在个性上面有种种缺点,但纵观市政厅漫长的历史,这些官员们也常常能够克服个性上的弱点,为葡萄牙海洋帝国的总体利益团结合作。书中有一篇是关于澳门地方政府即议事会(市政厅)的,它研究了议事会与殖民地总督、该城市的地方上层社会、各大宗教团体、葡萄牙王权以及中华帝国政府当局的关系,追溯了议事会从1586年创建直至它结束的历史。他特别指出澳门议事会比葡萄牙海洋帝国其他殖民地城市市政厅拥有更大的权力,并长期排斥总督权威的历史。他还指出澳门议事会与海上贸易以及耶稣会的密切关系。他最后的结论是:"我们加以考察的3个世纪中,澳门的议事会是最重要的,并由此影响到所有葡萄牙殖民地的市政厅建制。"博克塞在结论部分指出葡萄牙海外殖民地的市政厅所发挥的作用比一般历史学家想象的要更大。"王室在一边,殖民地总督在另一边,为了各种不同的目的如维持海军和军事设施,都要依靠市政厅来筹集和管理基金,其他的帝国则不能依靠这样的民事机构来执行这样的职责。市政厅还活跃地参与葡萄牙海洋帝国的经济活动,诸如果阿的转口贸易、澳门的白银和檀香木贸易、巴伊亚的蔗糖贸易以及罗安达的奴隶贸易等。"

尽管此时博克塞不再像以前那样强调东亚研究,他仍然从事长期以来他所感兴趣的地区性的课题,尤其是传教士和商人的关系。如在1960年他出版了《澳门的传教士和商人,1557—1687年》(Missionaries and Merchants of Macao, 1557—1687)。他开始观察葡萄牙人在远东的事业,是受到宗教灵性上的以及非宗教因素的混合的目的所激励:"有时候人们竭力而为,但也有的不是这样;有时候人们融洽地在一起工作,有时候则会发生冲突,在更多的情形之下人们会互相妥协。但是,天主和财神在人们的思想和行为中是很少分开的,对于长崎和澳门的商人们来说是如此,对于北京和东京朝廷里的传教士们来说也是如此。"他注意到最初的欧洲人来远东时,遇到了一个有利的时机,当时中国的明朝政府统治者在有关对外关系以及与日本贸易问题上,正奉行并加强闭关自守的政策,因为他们担心部分民众的海盗式的反抗。然而,明朝需要日本的白银,日本需要中国的丝绸,这就使得葡萄牙人,无论是商人还是传教士,成为两个互怀敌意的亚洲国家政府之间的至关重要的中介人。在诸多传教士中最惹人注目的是耶稣会士,因为他们在语言上有很高的造诣,并与这两个国家的上层权贵有着密切的关系。假使在1614年以前荷兰人在日本充分利用了葡萄牙资助的传教士们,那么北京朝廷里的耶稣会士们也会在17世纪下半叶促使负有商业任务的荷兰和英国外交使臣的使命落空。博克塞强调,在整个16世纪晚期和17世纪早期,澳门对于传教士和商人在亚洲两大强国的贸易和对峙中,发挥着至关重要的作用。他最后得出结论,正是玛门直接或间接地提供了天主教会在东方传教活动的物质基础。但是,在另一篇发表于1979年的论文中(该文曾在前芝加哥大学的一个讲座上发表),博克塞则指出:耶稣会在中国的活动,尤其是在关于中国礼仪以及按立中国籍神父方面的工作,遇到了严重的障碍,因为耶稣会内部及其竞争者多明我会士和方济各会士中都有反对者。

1975年,博克塞出版了一本很特别的著作《圣母马利亚与厌女症:伊比利亚海外扩张中的妇女:1415—1815,事实、想象与个案》(Mary and Misogyny, Women in Iberian Expansion Overseas, 1415—1815, Some Facts, Fancies and Personalities)。该书讨论的是15—17世纪葡萄牙与西班牙海外殖民地的妇女问题。该书分为数章,内容涉及摩洛哥、西非以及大西洋上诸岛,西班牙和葡萄牙统治下的美洲,葡属亚洲以及西班牙统治下的菲律宾,伊比利亚海外殖民地社会中对于圣母马利亚的极端崇拜,以及殖民地现实生活中那些持有种族偏见的白人以及神职人员对于妇女的鄙视。博克塞分析了这种矛盾现象的根源及其宗教和文化背景。在有关葡属亚洲的论述中,博克塞分析了殖民地葡萄牙白人与当地妇女通婚的情况、欧亚混血儿的社会生活,特别探讨了历史上的王室孤女(System of Orphans of the King, or Royal Orphans)。所谓王室孤女,就是由葡萄牙王室抚养长大的军人遗孤(女儿),她们被送到印度等殖民地,冀望与当地的葡萄牙白种男人结婚,从而维持当地葡萄牙统治者血统的纯洁性,其中一部分女孩后来则进入了修道院。他还饶有兴趣地从全球史以及宗教人类学的角度讨论了澳门的妈祖信仰、美洲阿兹特克人的玉米女神崇拜是如何与天主教的圣母马利亚崇拜相互融合、渗透与角色替换的。

1979年,博克塞在约翰·霍普金斯大学作了一系列关于"教会好战分子"(the Church Militant)的讲座,后来,它们被整理出版,题名为《教会好战分子与伊比利亚的扩张:1440—1770年》(*The Church Militant and Iberian Expansion, 1440—1770*)。该书同样以全球史观写成,着重讨论的是16世纪罗马教会在特兰托大公会议以后形成的,以欧洲为中心的全球传教战略,以及天主教作为一种外来文化如何在非洲、亚洲以及美洲的历史和文化社会中移植和生成。该书共分为四章:一是伊比利亚征服背景下不同地区、种族和文化的本地神职人员的培养和教育。二是罗马天主教传教士在对于欧洲文化完全不了解的海外殖民地区和人民中间是如何传播教义的,即不同的文化之间的冲突和融合。三是四个关键性的教会组织问题:殖民地教区司铎与修会司铎的关系,在墨西哥和菲律宾等边远地区的传教会,葡萄牙和西班牙的王家保教权(padroado and patronato),以及罗马天主教会在海外的宗教裁判所。四是与第三章有关的三个问题:天主教会传教士在非洲、亚洲和美洲发展的信徒的数量与质量;一些本地基督徒坚持偶像崇拜的例子;传教活动的热忱的消长以及16—18世纪天主教传教士的精神征服的动机。最后,作者指出:"大部分的葡萄牙和西班牙传教士都很愿意成为教会好战分子的先锋,他们的信念和动机并不需要被其他欧洲同伴所分享,尽管在许多情形之下他们又是一致的。但不管是好是坏,这些伊比利亚的精神的征服者在早期欧洲的扩张中发挥了重要的作用,而这种扩张则是近代世界形成的开始。"

20世纪50—60年代,博克塞完成了3部关于葡萄牙与荷兰在巴西殖民地历史的主要著作,以及另外一些有关葡萄牙在非洲的活动研究。他的3部关于巴西的著作是:《萨尔瓦多·科雷亚·德·萨为了巴西与安哥拉的斗争:

1602—1686年》(*Salvador Correia de Sá and the Struggle for Brazil and Angola, 1602—1686*)，萨尔瓦多·科雷亚·德·萨（Salvador Correia de Sá,1602—1688）是一位富有传奇色彩的葡萄牙军人及政治家，他在1647年从巴西的里约热内卢率领军队跨越大西洋远征非洲西海岸。当时西非沿海的原葡萄牙殖民地在荷兰人的进攻之下摇摇欲坠，葡萄牙的军队克复圣多美岛，并于次年夺回葡萄牙在非洲西海岸最重要的殖民地罗安达。该书集中讨论了这位军人政治家的波澜壮阔的生平事迹。《荷兰人在巴西：1624—1654年》(*The Dutch in Brazil, 1624—1654*)，该书讨论的是从1624年至1654年荷兰人对于葡属巴西的进攻、占领及其最后被葡萄牙人驱逐出巴西的经过，包括荷兰西印度公司进攻伊比利亚在美洲殖民地的动机，荷兰人与葡萄牙人在伯南布哥的战争，特别是重点讨论了荷兰西印度公司派遣的开明的总督莫里斯（Johan Maurits, 1604—1679年），在巴西的成功的治理政策（1637—1644年）。他在巴西当地提倡宗教宽容的精神，尽力让原先在葡萄牙人统治下的占人口绝大多数的天主教徒仍然能够维持自己的宗教信仰，让加尔文派以及其他新教徒也能履行自己的宗教信条，并在市政厅和乡村议会中使他们合作共事。他还改变原先的单一经济模式，提倡多种经济作物的栽种；他还关注累西腓的新城市的规划和建设，按荷兰的方式建筑堤坝、水沟与河道，开展气象和植物研究，鼓励对于巴西的自然历史研究；还允许被迫改宗基督教的犹太人回到自己原来的宗教信仰。书中最后还讨论了伊比利亚人重新夺回巴西的战争及其胜利。《巴西的黄金时代：1695—1750年》(*The Golden Age of Brazil, 1695—1750*)，该书是博克塞应巴西驻英国大使沙特乌布兰德（Assis Charteubriand）的邀请和安排于1959年春天再度访问了巴西以后撰写的。博克塞讨论了1695年至1750年长达半个世纪中葡属巴西殖民地在经济上与非洲西部奴隶市场之间的互相依存的关系。他指出，来自非洲的黑人奴隶劳动力是巴西的蔗糖和烟草生产工业的主要劳力来源，也是这两种殖民地经济产业的基础。在家庭中，田野里和矿场从事劳动的黑人奴隶，比任何一种单一的因素更广泛而深刻地影响着巴西的经济和社会生活。作者叙述了从1695年至1750年之间葡属巴西殖民地在经济及文化上的"黄金时代"，特别是巴西内陆金矿以及钻石矿被发现的经过、葡萄牙殖民者以及他们利用非洲西海岸的奴隶劳动力对于金矿和钻石矿的开采，展现由此造成的结果：一是在巴西历史上第一次出现了人口大规模地向内陆迁移，人们从伯南布哥、巴伊亚以及里约热内卢来到内陆，葡属巴西的经济中心也由此内移；二是大大刺激了殖民经济的发展，大量原先在沿海从事蔗糖业和烟草业的人被吸引到矿区,他们的工资也大大地提高了;三是由于劳动力的不足,金矿主和钻石矿主从非洲西海岸运输大量的黑人劳动力来到巴西,由此刺激了原先即已存在的巴西与非洲西海岸的奴隶贸易;四是在18世纪最初的二十年,葡萄牙本国特别是北方的米纽地区以及大西洋上的亚速尔群岛都有大量的葡萄牙青年男子移民来到巴西。作者还分析了黄金从巴西大量流入葡萄牙的经过、数量及其产生的社会后果,王室对于矿区的税收以及葡萄牙本国舰队在大西洋两岸的葡属巴西以及葡属非洲西海岸若干殖民地之间的跨越大洋的航线,及其运载货物的种类等。该著作是关于葡萄牙人在整个巴西殖民地半个世纪的历史,作者认为巴西殖民地的自然的、经济的和人口的资源都远远要大于葡萄牙母国,正是在这半个世纪中,巴西奠定了后来它争取独立的物质基础。巴西当地人感到他们不同于葡萄牙人的自我意识正是在这个时期开始萌发的,欧洲人、非洲人和美洲印第安人在这个相对说来比较和平的融合中成为巴西本地民族的主体。该书每个章节都以地理区域划分为主加以讨论,展现半个世纪中这片广大的葡萄牙海外殖民地如何从分散的沿海殖民地逐渐地演变成为更大的和更互为连贯的政治和经济实体。

20世纪50年代至60年代末,博克塞还翻译和编撰了3部史料集,并为它们撰写了非常扎实的学术性导言。这3部史料集是《16世纪中国南部行记》(*South China in the Sixteenth Century*),该书包括3篇葡萄牙人和西班牙人在1550—1575年访问中国南部地区以后所写的报道,它们是葡萄牙多明我会修士伯莱拉(Galeote Pereira)的《中国报道》、克路士(Gaspar da Cruz)的《中国志》(*Tractado em que secõtam muito por estéso as cousa da China, 1569—1570*)以及西班牙奥斯定会修士拉达(Mardin de Rada)的《记大明的中国事情》(*Relación de las cosas de China que propriamente se Ilama Taylin*)。1957年,博克塞编撰、翻译并注释出版了《海上悲剧的历史》(*The Tragic History of the Sea*)一书,该著作包括三部记叙了被当时人们称为"史无前例的最伟大与最艰辛的航线"——从里斯本出发绕过好望角到果阿的来回航线即"印度之路"(The Carreira da India)——上的葡萄牙船只遭遇海难的作品。第一部是迪奥戈·德·库托编写的"圣多美号"(São Thomé)沉船的记录,该船1589年从科钦出发,在今莫桑比克的伊尼亚卡岛附近的富莫斯(Fumos)沉没,此书于1611年出版;第二部是葡萄牙王家宇宙学家若奥·巴蒂斯塔·拉万尼亚(João Baptista Lavanha)撰写的"圣阿尔贝托号"(Santo Alberto)的沉船记录,该船于1593年在今南非东海岸的纳塔尔省的玛帕卡河出海口附近的海域沉没;第三部是方济各·瓦兹·德·阿尔玛达（Francisco Vaz d'Almada）撰写的"圣若奥巴蒂斯塔号"（São João Baptista）的沉船记录，该船是在好望角沿海地区的海域中沉没的，该书出版于1625年。这三部沉船记录反映了葡萄牙人在波涛汹涌的"印度之路"航线上无比艰辛的探索与冒险，它们最初由乔治·麦克卡尔·泰尔（George McCall Theal）在19世纪末叶翻译出版，但是没有加导言和注释。博克塞将它们重新翻译，加上了导言，其中叙述了这三位沉船记录的作者的简单经历以及三部记录的主要内容，还加上了许多详细的注释。在导言的最前面，他从宏观历史的角度论述了葡萄牙大帆船（Náo or Great Ship）的起源以及在大西洋和印度洋航行的历史，包括船的吨位、载客量、航线、使用的仪器、军事装备以及根据季风的运行而制定的航线行程等，以俾读者了解当时整体的历史背景。在导言中博克塞根据当事人或当时人的叙述，讨论了这些巨大的海船（许多人称这些船为海上的"木山"和"浮动的巴比伦"）之所以沉没的原因。他还自认为他自己的译本比泰尔的更加贴近原文，是逐字逐句直译的而不是意译的，有时即便在表达上显得笨拙，他也不愿意牺牲原文的准确性。10年以后，博克塞又出版了同类著作《海上悲剧历史的再选编：1559—1565》（Further Selections from the Tragic History of the Sea, 1559—1656）一书。

20世纪70年代以后，博克塞又回到了他早年有关葡萄牙人在亚洲的兴趣上。这种兴趣反映在他续购有关东方的珍本以及手稿，并体现在他较近的名为《17世纪中叶的葡属印度》（Portuguese India in the Mid-17th Century）的讲座中。该讲座是1979年为孟买耶稣会的赫拉斯研究所（The Jesuits Heras Institute in Bombay）而作。该书的主题分为"征服、航海与通商"三个方面。作者受到葡萄牙国王曼奴埃尔一世自封的头衔即"埃塞俄比亚、阿拉伯、波斯和印度等地征服、航海和通商的国王"启发，他认为，虽然在国王的头衔中，"通商的"只占第三位，但是在事实上，它的重要性是占第一位的，因为就算葡属印度的周围不断有战事发生，但不论有多么困难，贸易也总是伴随而行。葡萄牙的印度国存在了300年，即便在它最困难的时刻，也有充分的证据表明它不是也不能仅仅依靠战争来维持。当然，在葡属印度，"征服""航海"与"通商"是相互交织在一起的，而且又与宗教密切相关，即十字架与王冠、王座与祭坛、信仰与帝国、天主与财神互不可分。正如一位耶稣会士1637年在果阿的一封信里所写的："天主鼓励葡萄牙人与印度贸易的最终目标是为了增进灵魂的收获。"作者最后指出，"征服""航海""通商"与"传教"在不同的时期、地点和形势下的相对重要性是各有不同的。

1981年，印度果阿耶稣会沙勿略历史研究所（Xavier Centre of Historical Research）出版了博克塞的《若奥·德·巴洛斯，葡萄牙的人文主义者和研究亚洲的历史学家》(*João de Barros, Portuguese Humanist and Historian of Asia*)一书。这是博克塞将他在大英学会（British Academy）的资助之下于1974年在里斯本完成的一项研究报告集结成书的作品。博克塞在序言中指出，巴洛斯（João de Barros，大约1476—1570）的历史著作在葡萄牙本国以及海外都享有盛誉，其最重要的作品就是他作为半官方的历史学家撰写的《亚洲旬年史》(*Decades of Asia*)。在16世纪地理大发现时代，有四位重要的葡萄牙历史学家，他们是加斯帕·科雷亚（Gaspar Correa，约1490—约1560）、迪奥戈·德·库托（Diogo do Couto，大约1542—1616），还有不太为人所知的费尔南·洛佩斯·德·卡斯塔涅达（Fernão Lopes de Castanheda，约1490—1559）以及巴洛斯。关于前两位历史学家，已经有学者在半个世纪以前为他们写过小传了。巴洛斯则没有英文版的传记，而且他在四人中，影响是最大的，有鉴于此，博克塞就为这位人文主义历史学家写了传记。出于对葡萄牙海洋帝国扩张历史研究的兴趣，博克塞主要陈述了巴洛斯作为一名研究葡萄牙扩张史的历史学家的贡献。同时，他也关注了巴洛斯作为一名人文主义者、道德家和博学的教师的角色，尽管他自认为只是巴洛斯的传记作者和评注者而非文学批评家。

1981年，博克塞发表了《研究16—18世纪葡属印度历史的一些可行的领域》(*Some Possible Fields of Research in the History of Portuguese India in 16th-18th Centuries*)一文，他提出了如下一些研究方向：(1)果阿的市政厅，即研究果阿市政厅的组成、结构以及人物，并将它与葡萄牙其他海外殖民地的市政厅进行比较研究。(2)葡属印度的高等法院法官（The High Court Judges）的研究，要关注这些法官与葡属印度北方省的达曼和第乌的女性继承人的通婚问题，直到1739年这一地区被马拉底人攻占为止。事实上，王室法令禁止这样做，但是这些法官知法犯法。(3)果阿仁慈堂的研究。(4)葡属印度的妇女和社会，即包括所谓"王室孤儿"以及圣莫妮卡修道院的修女、印度西海岸其他地区葡萄牙人与欧亚混血妇女通婚的历史。(5)果阿宗教裁判所的研究，他特别指出需要利用保存在里斯本东波塔历史档案馆的16 172份详细的卷宗和个案，以及有关1561—1774年的果阿旧征服地区大规模基督教改宗以后原来的印度教徒是如何持守自己的宗教信仰和礼仪的史料。(6)葡属印度传教历史的研究，作者指出果阿历史档案馆中保留了大量各个宗教修会的史料。(7)作为边疆社会的葡属印度的研究。作者指出,所谓边疆社会是指两个既互相分开,又互相渗透以及有所区别的文化。葡属印度就是这样的社会。在这里,民事机构和传教机构都如同边疆机构那样运作与活动。(8)葡属印度的朋友和敌人的研究。作者指出,葡属印度就像任何殖民地社会一样,都要依赖于当地人的合作、支持至少是默认才能维持下去。在葡萄牙人的统治下,印度教徒、阿拉伯人、犹太人和拜火教徒中的许多人都皈依了基督教,但是还是有许多人没有皈化,他们仍然对于葡萄牙王室报以忠诚的服务,甚至几代人都是如此,他们都是历史学家研究的对象。(9)人物传记研究。作者建议关注一些葡萄牙总督以及他们的秘书(往往是婆罗门)的活动,特别是后者,他们是葡属印度官僚体系延续性的历史见证人。(10)历史文献的批判性编撰工作,等等。

博克塞以后的两本书是他早期有关澳门著作的重版。1984年,亚洲研究分会出版了一个漂亮的版本,取名为《同时代文献和解释中的17世纪的澳门》(*Seventeenth Century Macau in Contemporary Document and Illustrations*)。这是一部文献汇编,其中有些是博克塞翻译的,最初发表于他在1942年出版的《三百年前的澳门》一书中。第二部书与前一部一样,是双语对照版本,由一组论文组成,题名为 *Estudos para a Historia de Macau: Ceculos XVI a XVII*,这些论文最初于20世纪20—40年代发表于葡萄牙、澳门的杂志上。这部文集由东方基金会出版,当时,该基金会有一雄心勃勃的计划,想重版博克塞的全部著作,而该书则是第一卷。他最后的一篇论文发表于1996年,题目为《关于16世纪晚期和17世纪早期澳门、长崎海上丝绸贸易的一些反思》(*Some Reflection on Macau, Nagasaki and the Maritime Silk Trade in the Late 16th and Early 17th Centuries*)。

博克塞为后人还留下一个极富研究价值的图书馆,这些他以毕生精力所收藏的图书和文稿现在保留在印第安纳大学利莱图书馆,其图书和文稿以及他所编撰的书目,是那些想要研究葡萄牙海洋帝国扩张史与荷兰东印度公司在东方的历史、耶稣会在东方成功和苦难的经历以及许多其他相关题目的学者的基本指南。

三

博克塞的葡萄牙海洋扩张历史研究,有几个重要的特点。首先,博克塞很难被归类为所谓"职业的"或是"科班出身"的历史学家,他从来没有念过大学的历史系,也没有得过正式的学位,但是毫无疑问,他又是一位被学术界公认的卓越的20世纪早期全球史研究的开拓性的历史学家。他早期的许多研究,完全是在流动性极大的职业军人生涯中完成的。他是一位多产的历史学家,在1996年,也就是自他第一篇论文发表以后的70年,他总共发表了350种学术作品,其中有著作、论文以及带有导读的文献编撰集。从他极富传奇色彩的人生中,不仅能够看到他的充沛和旺盛的精力,还可以看到在他孩提时代即已萌发和形成的兴趣在历史研究中扮演着何等重要的角色。正是这种经历和兴趣决定了他的独立思考和观察问题的角度。博克塞的传记的作者历史学家阿尔登写道:"最重要的是,博克塞是一位与众不同的历史学家,他从来不按照别人的建议去决定他应该如何写作。确实,他如其他作家那样写作,部分是满足他的好奇心。他还将他的希望写出来告诉读者以便他们分享他对于自己研究的题目的热忱。"其次,博克塞的研究,总是将他研究的对象与相对应的地方的旅行结合起来。这些旅行活动,无论是早期在远东如香港和澳门的军人经历,还是后来的在世界各大洲行走于原葡萄牙海外殖民地的学术旅行,都在他的历史研究中留下深刻的印记。博克塞的许多历史著作中都流露出一种特别的让人融入当时当地的情景的感染力,读者都可以体会到他本人以及他所引用的对于葡萄牙海外记载的生动性和准确性。他的作品具有明显的叙事性特征,这种叙事性的描绘使其作品栩栩如生,完全可以与现在的地貌和风貌作比对,给人以身临其境的感受。虽然他的历史著作完全基于客观的史料写就,但却具有强烈的文学色彩和可读性,有人曾经批评博克塞的作品只有描述和叙事,缺乏分析,但是阿尔登指出,博克塞主要是一位叙事性的历史学家(a narrative historian),他崇尚斯蒂勒(Henry Steele Commanger)的名言:"历史就是一个故事",历史学家如果"忘记或忽略了讲故事,将不可避免地丧失它的感染力和权威性"。再次,博克塞在其历史研究中表现出极为宽阔的视野以及渊博的知识。除了他能够使用六种欧洲语言以外他还能借助字典阅读日语作为采集和引用史料的手段,仅这一点就使他超越先前和同时代的许多历史学家。同时,他还拥有其他许多专业知识。当今研究巴西历史和全球史的权威伍德教授(A. J. R. Russell-Wood)在1961年时还是一名年轻的学生,他回忆第一次去拜见博克塞时,博克塞向他谈到考古学、军事学、航海史、艺术、要塞设计与钱币学以及纹章学的重要性。伍德后来成长为著名的研究葡萄牙海洋帝国扩张史尤其是葡萄牙在巴西的殖民地史的历史学家。另外,博克塞在论述葡萄牙海洋帝国在世界的扩张时,常常将其扩张活动与其欧洲的起源和历史联系起来,展现出他对于欧洲历史和文化的深刻理解。如在论述葡萄牙海洋帝国在其殖民地的都市制度如市政厅和仁慈堂的时候,他将殖民地的市政厅和仁慈堂与母国的作了细致的比对,指出两者之间的渊源与异同;又如在论述葡萄牙海外殖民地的宗教裁判所的历史时,他又与葡萄牙本国的宗教裁判所、西班牙和葡萄牙迫害犹太人问题以及欧洲罗马天主教反宗教改革的历史相联系;在论述远东的葡萄牙殖民地澳门以及西班牙殖民地马尼拉之间的贸易与宗教联系时,他谈到了在欧洲的葡萄牙与西班牙两国之间的错综复杂的关系,特别是1580—1640年葡西两国合并及其对于原先两国在海外殖民地的影响;在论述荷兰人与葡萄牙人之间的战争时,博克塞指出,由于伊比利亚人的殖民地遍布世界各地,于是荷兰人与伊比利亚人的战争也遍布四大洲与七大洋,是荷兰人与伊比利亚人的战争而非1914—1918年欧洲的大屠杀才可称之为真正意义上的第一次世界大战,虽然荷兰人与葡萄牙人战争的规模要小得多,但当时世界上的人口也少得多(仅荷兰与葡萄牙两国各自的人口就没有超过150万人),不过,他们之间的战斗无疑是世界规模的,除了欧洲的佛兰德斯和北海地区以外,战争波及的地方有亚马孙河口、安哥拉内陆、印度洋西海岸、锡兰、澳门、帝汶和智利沿海等相距遥远的地方。以上所有这些论述,显示出博克塞无疑是全球史研究的先驱。

最后,博克塞在他的历史研究中显示出明显的对于"欧洲中心论"的批判的态度。这种态度,在今天西方历史学家中已经处处可见,可是在博克塞生活的早期,当大英帝国殖民地体系尚未解体的时代,实属罕见。博克塞指出了西方人在向东方扩张过程中表现出的高高在上的民族优越感和掠夺、剥削。例如他指出,在葡萄牙海洋帝国扩张一开始,罗马教廷的一系列通谕对于其扩张活动的肯定,给了葡萄牙人以一种宗教上的认可和批准,使他们在对待基督教世界以外的民族和国家时采取了一种居高临下的态度。多年以后,当英国人与荷兰人来到东方的时候,他们对于东方人民的态度也是如出一辙。在博克塞的历史著作中,大量地讨论了欧洲白种人对于东方各民族人民的种族歧视,包括在市政制度中设置的种族障碍以及民族通婚中的种族限制,对于非洲以及东方各民族和国家的战争征服以及经济剥削和奴隶贸易等。当然,博克塞在排除"欧洲中心论"的时候,也排除了任何其他的所谓"中心论"。正如他的一位年轻的学生写道:"他(研究历史)的态度是超然的,这使他成为最无偏见的历史学家。他远远地超越了60年代和70年代盛行的关于欧洲中心论、亚洲或非洲中心论的争论,他给我们展示的是,历史学家唯一的中心就是历史的真实,其余的都要服从于这一点。"

在他的历史著作中,大量地讨论了有关天主教会特别是耶稣会士的问题。对于教会的历史活动,他同样也持批判的态度。他一方面深刻而详细地分析了教会与殖民运动的关系,如葡萄牙海外保教权的缘起和发展,耶稣会士和其他修会会士在印度、澳门、长崎和巴西参与贸易活动以及原因,宗教裁判所在印度和巴西的活动以及耶稣会士参与其间的程度和原因,葡萄牙天主教会在印度对于当地印度教徒以及阿拉伯人的强迫改宗,天主教会在非洲、印度、中国和日本提拔本地神职人员问题上表现出来的犹疑不决甚至绝不情愿等。他经常将天主教会中的那些抱有白种人优越感并狂热从事"精神征服"的人士称为"教会好战分子"(Church Militants)。他第一次使用这个词是在《葡萄牙贵族在远东》一书当中。在这些论述中读者可以看到博克塞对于教会的直率的批判,但其重点更在于对原因的分析。然而,在另一方面,他分析葡萄牙人在宗教信仰上的虔敬(他曾经说葡萄牙人是"带着信仰旅行的民族",并认为葡萄牙人从事海外扩张除了出于对物质利益的追求以外,传播宗教无疑也是另一种重要的动机)、耶稣会士在美洲和东方的传教活动,在这些教会历史人物身上表现出来的勇气、智慧、学识,以及对于西方文化以外的人类不同文明的理解则表示出由衷的崇敬。用博克塞的传记作者阿尔登教授的话说:"他并非是一个没有批判精神的崇拜者。"(He is not an uncritical admirer)至于宗教信仰本身,在博克塞的历史著作中很少涉及,即便有所涉猎,他也是以尊重的态度论述包括基督教在内的所有的人类宗教信仰。他自己并不是一名天主教徒。他曾经说过:"我曾经是一名圣公会信徒……但是随着年龄的增长,变成了一个不可知论者。"不过,他也没有阻止两个女儿受洗加入教会,他还参加了一个女儿的坚振仪式,尽管他从未融入他所研究的教会历史人物信奉的宗教。在晚年,博克塞的许多朋友都希望他加入教会,但直到最后躺在病榻之上,他也没有拥抱任何教会。他的葬礼是由英国人文主义者学会(Humanist Society)举办的。

博克塞的生命与史学观念影响了许多东西方的历史学家。他们中的许多人视他为良师益友。其中有著名的锡兰历史学家阿贝雅辛赫(Tikiri Abeyasinghe)、在洛杉矶的加利福尼亚大学历史系主任兼非洲史专家阿尔贝斯(E. A. Ned Alpers)、马来西亚大学历史系主任阿拉拉沙拉坦姆(Sinnappah Ararasaratanam)、加利福尼亚大学和剑桥大学及耶鲁大学教授兼著名的研究墨西哥历史的学者布拉丁(David Brading)、研究早期耶稣会士在日本的杰出的历史学家并长期担任著名的"Monumenta Nippnica"杂志主编的库伯（Michael Cooper）、伦敦大学西班牙和拉丁美洲文学系主任库明斯（James C. Cummins）教授、宾夕法尼亚大学杰出的研究拉丁美洲殖民地历史的教授法里斯（Nancy Farris）、曾经担任英国埃塞特大学（University of Exeter）伦敦大学国王学院"博克塞教授"（Boxer Professor）的著名的非洲历史学家内维特（Malyn Newitt）、生活在果阿的著名的耶稣会士历史学家索萨（Teotónio de Sousa）等。

约翰·艾略特爵士（Sir John Huxtable Elliot，1930—）是一位研究近代早期欧洲史和西班牙史的相当重要的英国历史学家，是英国牛津大学钦定荣誉教授（Regius Professor Emeritus），主要研究近代早期西班牙海洋帝国的历史，其主要著作有：《加泰罗尼亚人的反叛》（The Revolt of the Catalans，1963）、《旧世界与新世界：1492—1650年》（The Old World and the New, 1492—1650, 1970）、《大西洋世界的帝国：不列颠与西班牙在美洲：1492—1830年》（Empires of the Atlantic World: Britain and Span in America, 1492—1830, Yale University Press, 2007）、《西班牙与它的世界：1500—1700年》（Spain and Its World, 1500—1700, Yale University Press, 1999）、《西班牙、欧洲与更广阔的世界：1500—1800年》（Spain, Europe and the Wider World, Yale University Press, 2009）。他这样写道："很难相信将来还会有另外一个像博克塞那样的人，他拥有百科全书式的学术知识，去地球上每一个角落搜集第一手资料的经历，他还有强迫自己著述的偏执狂，他还是一个优秀的健谈者以及令人愉快的伙伴。"葡萄牙历史学家菲格雷多（António de Figueiredo）在为英国《卫报》（The Guardian）撰写的文章中指出博克塞远非是一个"活着的存在"，而是一个"具有巨大的敏锐性的人物"；斯卡梅尔（Geoffrey Scammell）则称博克塞为世界学术史上最伟大的、最具有创见性的、最杰出的历史学家之一；库明斯（John Cummins）则称他具有"巨大的和从容不迫的精力"和"明晰的、敏锐的、缜密的心灵"。著名历史学家迪斯耐（Anthony Disney）在《博克塞（1904—2000）：一位史学大师的杰出生涯》（Charles Ralph Boxer, 1904—2000, The Remarkable Career of a Master Historian）一文中称"博克塞的一生几乎与20世纪相始终，他是最多产的历史学家，受到所有从事研究葡萄牙扩张史的非葡语地区历史学家的广泛尊敬"。

博克塞传记作者阿尔登教授在其著作的最后部分写到，博克塞以毕生的热忱投入到近代早期欧洲人海外扩张及其与本地文化的冲突的历史研究中，

晚年的博克塞下午在丛林中漫步（约1990年）

他的这种强烈的爱好与痴迷不仅反映在他的学术活动中，而且也反映在他的收藏中。他是一位热忱的收藏家，他的藏品不仅包括书籍和手稿，还有大量的与近代早期葡萄牙人、荷兰人航海事业有关的瓷器和钱币，有很大一部分是从海底打捞上来的珍品。20世纪80年代他从美国退休以后，经常出没在伦敦和欧洲其他都城的拍卖会上，购买他喜爱的古物。在给一位朋友的信中他写道："像许多人一样，我狂热地痴迷于哈切拍卖行（Hatcher）从1752年荷兰'海尔德马尔森号（Geldermalsen）'沉船上打捞出来的瓷器，为了在市场上购买这些物品，我差不多要破产了。我现在喝下午茶的茶壶、茶杯和碟子都是'海尔德马尔森号'上的，我傍晚喝啤酒的圆筒形大杯则是从英国市场上购买的。"但是，他为人处事低调，从不提起他青年时代的军旅生涯，特别是他在战时被囚禁在香港的经历，也很少与20世纪20年代和30年代军队中的同僚保持往来。同样地，在他结束伦敦国王学院的工作以后，他只与很少的谈得来的同事保持交往。在退休以后，除了他在耶鲁大学和印第安纳大学少数的他所尊敬的同事以外，他一般不去打扰众多的美国学术界人士。按照阿尔登教授的说法，博克塞过着一种像罗马皇帝也是斯多葛派哲学家马可·奥勒留（Marcus Aurelius）讲的"良善的生活"（a good life），他也许是20世纪英国最多产的历史学家，不过他从未被授予任何爵位。他的一生，可以用他自己在其所编撰的卡隆（François Caron）的《日本和暹罗的伟大王国的真实描绘》（*A True Description of the Mighty Kingdoms of Japan & Siam*）一书中的一位历史人物皮萨罗（Francisco Pizarro）讲的话总结："他即便不是一个伟大的人，至少也是一个非常杰出的人（That if he was not a great man, he was at least a very extraordinary one.）。"

主要参考书目

（一）中文参考书目：

卡尔·马克思著、中央编译局马列著作编译部译：《历史学笔记》，中国人民大学出版社，2005年。

J.H. 萨拉依瓦（José Hermano Saraiva）著，李均报、王权礼译：《葡萄牙简史》，澳门文化司署与花山文艺出版社，1994年。

内维斯（Orlando Neves）与桑托斯（Carlos Pinto Santos）著、范维信译：《葡萄牙》，中国商务彩色印刷有限公司与东方文萃，1995年。

雅依梅·科尔特桑（J. Cortesão）著，邓兰珍、王华峰、张敬宾、吕银春、丁文林译：《葡萄牙的发现》（第1-6卷），纪念葡萄牙发现事业澳门地区委员会、中国对外翻译出版公司，1997年。

诺埃尔（Charles E. Nowell）著、南京师范学院教育系翻译组译：《葡萄牙史》（上、下册），江苏人民出版社，1974年。

戴维·伯明翰（David Birmingham）著，周巩固、周文清译：《葡萄牙史》，商务印书馆，2012年。

官龙耀（Luís Sá Cunha）著，崔维孝、吴志良翻译：《葡萄牙图文并茂：通过55项专题和图片认识葡国和民族》，澳门文化学会，1990年。

马里奥·朱利欧·德·阿尔梅达·科斯达（Mário Júlio de Almeida Costa）著，唐晓晴译：《葡萄牙法律史》，法律出版社，2014年。

萨拉依瓦（António José Saraiva）著、张维民译：《葡萄牙文学史》，澳门文化学会，1982年。

马莉亚·布埃斯库著、姚越秀译：《葡萄牙文学史》，中国文联出版公司，1998年。

E.布拉德福德·伯恩斯（E. Bradford Burns）著、王龙晓译：《巴西史》，商务印书馆，2013年。

阿诺德（David Arnold）著、闻英译：《地理大发现》，上海译文出版社，2003年。

雷蒙德·卡尔（Raymond Carr）著、潘诚译：《西班牙史》，东方出版中心，2009年。

庞西乐（António Tengarrinha Pires）著、金宏译：《航海大发现时期的卡拉维拉船》，澳门海事博物馆，1996年。

安德拉德（Amadeu de Carvalho Andrade）著、金宏译：《发现了世界的航船》，澳门海事博物馆，1996年。

费朗（José E. Mendes Ferrão）著、张永春译：《植物的旅程与葡国航海大发现》，纪念葡萄牙发现事业澳门地区委员会、澳门基金会，1995年。

费尔南·门德斯·平托（Fernão Mendes Pinto）著、金国平译：《远游记》，葡萄牙大发现事业纪念澳门地区委员会、澳门基金会、澳门文化司署与东方葡萄牙学会，1996年。

萨拉依瓦（António José Saraiva）著、张维民译：《葡萄牙文学史》，澳门文化学会，1982年。

卡蒙斯（Luiz Vaz de Camões）即贾梅士著、张维民译：《卢济塔尼亚人之歌》，中国文联出版公司，1998年。

贾梅士著、张维民译注：《贾梅士十四行诗一百首》，澳门特别行政区文化局，2014年。

卡蒙斯著、张维民译：《卡蒙斯诗选》（中葡对照版），中国文联出版公司，1998年。

费尔南多·佩索阿（Fernando Pessoa）著、金国平译：《使命——启示》，澳门文化学会，1986年。

费尔南多·佩索阿著、杨子译：《费尔南多·佩索阿诗选》，河北教育出版社，2004年。

费尔南多·佩索阿著、闵飞雪译：《阿尔伯特·卡埃罗》，商务印书馆，2014年。

费莫·西蒙·伽士特拉（Femme S. Caastra）著、倪文君译：《荷兰东印度公司史》，东方出版中心，2011年。

罗素·修托（Russell Shorto）著、吴纬疆译：《阿姆斯特丹——一座自由主义之都》，（中国台湾地区）远足文化事业股份有限公司，2014年。

约翰·赫伊津哈（Johan Huizinga）著、何道宽译：《17世纪的荷兰文明》，花城出版社，2010年。

马尔滕·波拉（Maarten Prak）著、金海译：《黄金时代的荷兰共和国》，中国社会科学出版社,2013年。

张淑勤:《荷兰史》,(中国台湾地区)三民书局,2012年。

(二)主要西文参考书目:

Ablaster, Paul, *A History of the Low Country*, (Basingstoke: Palgrave, 2006).

Abreu, Capistrano, translated by Arthur Brakel, *Chapters of Brazil's Colonial History, 1500-1800*, (New York and Oxford: Oxford University Press, 1997).

Alden, Dauril, "Economic Aspects of the Expulsion of the Jesuits from Brazil: A Preliminary Report", in H. H. Keith and S. F. Edwards, eds., *Conflict and Continuity in Brazilian Society* (Columbia: University of South Carolina Press, 1969), pp.25-65.

Alden, Dauril, "The Undeclared War of 1773-1777: Climax of Luso- Spanish Platine Rivalry", *The Hispanic American Historical Review*, vol.41, No. 1 (Feb. 1961) pp.55-74.

Alden, Dauril, "The Marquis of Pombal and the America Revolution", *The Americas*, vol.17, No. 4 (Apr., 1961),pp.369-376.

Alden, Dauril, "The Population of Brazil in the Late Eighteenth Century: A Preliminary Survey", *The Hispanic American Historical Review*, 43:2 (May 1963), pp.173-205.

Alden, Dauril, "Yankee Sperm Whalers in Brazilian Waters, and Decline of the Portuguese Whale Fishery (1773-1801)", *The Americas*, Vol.20, No.3 (Jan., 1964), pp.267-288.

Alden, Dauril, "The Growth and Decline of Indigo-Production in Colonial Brazil: A Study in Comparative Economy History", *The Journal of Economic History*, vol. 25, No. 1(Mar. 1965), pp.35-60.

Alden, Dauril, "Changing Jesuit Perception of the Brasis during the Sixteenth Century", *Journal of World History*, vol.3, No.2(Fall, 1992) pp.205-208.

Alden, Dauril, *Royal Government in Colonial Brazil*, (Berkeley and Los Angeles: University of California Press, 1984).

Alden, Dauril, *Making of Enterprise: The Role of Jesuits in Portugal, its Empire, and Beyond, 1540-1750*, (Stanford: Stanford University Press, 1996).

Alden, Dauril, Charles R. Boxer, *An Uncommon Life: Soldier, Historian, Teacher, Collector, Traveller*, (Lisboa: Fundação Oriente, 2001).

Algàs, Maria and Mónica Miro, ed., translated by Anne Barton de Mayor, *Atlas Universal, Diogo Homen*, (Barcelona: M. Moleiro Editor, S.A., 2002).

Alden, Dauril, translated by Roopanjai Roy, *Universal Atlas of Fernão Vaz Dourado*, (Barcelona: M. Moleiro Editor, S.A., 2003).

Ames, Glen J., *Renascent Empire? The House of Braganza, and the Quest for Stability in Portuguese Monsoon Asia*, (Amsterdam, Amsterdam University, 2000).

António Almodovar and José Luís Cardoso, *A History of Portuguese Economic Thought*, (London: Routedge, 2001).

Álvares, Francisco, *The Prester John of Indies, A True Relation of the Lands of the Prester John.*, Translation of Lord Stanley of Alderley, reversed and edited by C. F. Beckingham and G. W. B. Huntingford. 2.vols. (Cambridge: Cambridge University Press, 1964).

Anand, Mulk Raj and José Pereira, *In Praise of Christian Art in Goa*, (Bombay: Marg Publications, 1974).

Arasaratnam, Sinnappah, *Merchants, Companies and Commerce on the Coromandel Coast, 1650-1740*, (Delhi: Oxford University Press, 1986).

Axelson, Eric, *Congo to Cape, Early Portuguese Explorers*, Ed. George Woodcock, (New York: Harper & Row, 1973).

Axelson, Eric, *South East Africa, 1488-1530*, (London and New York: Longmans, Green & Co., 1940).

Azurara, Gomes Eannes de, translated by Charles Raymond Beazley, *The Chronicle of the Discovery and Conquest of Guinea*, (London: The Hakluyt Society, 1899).

Bailey, Gauvin Alexander, *Art on the Jesuit Missions in Asia and Latin America, 1542-1773*, (Toronto: University of Toronto Press, 1999).

Bailey, *Between Renaissance and Baroque: Jesuit Art in Rome, 1565-1610*, (Toronto: University of Toronto Press, 2003).

Balandier, George, *Daily Life in the Kingdom of the Kongo from the Sixteenth to the Eighteenth Century*, translated by Helen Weaver, (New York: Pantheon Books, 1968).

Barreto, Mascarenhas, translated by Reginald A. Brown, *The Portuguese Columbus, Secret Agent of King John II*, (New York: St. Matins Press Ltd, 1992).

Beckingham, C.F. and G. Huntingford, *Prester John of the Indies*, 2 vols, (Cambridge: Hakluyt Society, 1961).

Bedini, Silvio A., *Christopher Columbus, and the Age of Exploration, An Encyclopedia*, (New York: Da Capo Press, First Edition, 1998).

Bethencourt, Francisco, translated by Jean Birrell, *The Inquisition, A Global History: 1478-1834*, (Cambridge and New York: Cambridge University Press, 2009).

Bethencourt, Francisco, and Diogo Ramada Curto, *Portuguese Oceanic Expansion, 1400-1800*, (Cambridge: Cambridge University Press, 2011).

Bethencourt, Francisco, Kirti Chaudhuri., eds., *História da Expansão Portuguesa*, 5 vols, (Lisboa: Tema e Debates, 1998).

Benjamin, Thomas, *The Atlantic World, Europeans, Africans, Indians and Their Shared History, 1400-1900*, (New York: Cambridge University Press, 2009).

Bethell, Leslie, ed., *The Cambridge History of Latin America*, vol.1-2, (Cambridge: Cambridge University Press, 1984).

Birminghan, David, eds., *Trade and Empire in the Atlantic, 1400-1600*, (London and New York: Routledge, 2000).

Boxer, Charles R., *The Portuguese Seaborne Empire, 1415-1825*, (New York: Alfred A. Knopf, Inc., 1969).

Boxer, Charles R., *The Dutch Seaborne Empire: 1600-1800*, (New York: Alfred A. Knof. I Inc., 1965).

Boxer, Charles R., edited., Foreword by Josiah Blackmore, *The Tragic History of the Sea,* (Minneapolis and London: University of Minnesota Press, 2001).

Boxer, Charles R., edited., *Further Selections from the Tragic History of the Sea, 1559-1565, A Narratives of the Shipwrecks of the Portuguese East Indiamen Aguia and Garça (1559), São Paulo 1561, and Misadventures of the Brazil-ship Santo Antonio,* (1565), (Farnham, UK. Ashagate Publishing Limited, 2010).

Boxer, Charles R., *Fidalgos in the Far East, 1550-1770, Facts and Fancy in the History of Macao,* (The Hague: Martinus Nijhoff, 1948).

Boxer, Charles R., *The Dutch in Brazil, 1624-1654*,（Oxford: Clarendon Press, 1957）.

Boxer, Charles R., *A Great Luso-Brazilian Figure, Padre António Vieira, S.J., 1608-1697,*（London: Hispanic and Luso-Brazilian Councils, 1957）.

Boxer, Charles R., and Azevedo, Carlos de, *Fort Jesus and the Portuguese in Mombasa, 1593-1729*,（London: Hollis & Carter, 1960）.

Boxer, Charles R., *Four Centuries of Portuguese Expansion, 1415-1825: A Succinct Survey,*（Johannesburg: Witwatersrand University Press, 1963）.

Boxer, Charles R., *Portuguese Society in the Tropics, The Municipal Councils of Goa, Macao, Bahia, and Luanda, 1510-1800,*（Madison and Milwaukee: University of Wisconsin Press, 1965）.

Boxer, Charles R., *The Christian Century in Japan, 1549-1650,*（Berkeley and Los Angeles: University of California Press, 1967）.

Boxer, Charles R., *The Golden Age of Brazil, 1695-1750,*（Berkeley and Los Angeles: University of California Press, 1969）.

Boxer, Charles R., *The Church Militant and Iberian Expansion, 1440-1770,*（Baltimore and London: The John Hopkins University Press, 1978）.

Boxer, Charles R., *From Lisbon to Goa, 1500-1700, Studies in Portuguese Maritime Enterprise,*（London: Variorum Reprints, 1984）.

Boxer, Charles R., *João de Barros, Portuguese Humanist and Historian of Asia,*（New Delhi: Concept Publishing Company, 1981）.

Boxer, Charles R., "Padre António Vieira S.J., and Institution of the Brazil Company in 1649", in *The Hispanic America Historical Review*, 29:4（November, 1948）.

Boxer, Charles R., *Macau na Época da Restauração*（*Macao Three Hundred Years Ago*）（Lisboa: Fundação Oriente, 1993）.

Brandon, William, *New Worlds for Old*,（Athens, Ohio, and London: Ohio University Press, 1986）.

Brockey, Liam Matthew, *Journey of the East: The Jesuit Mission to China, 1579-1724,*（Cambridge and Massachusetts: The Belknap Press of Harvard University Press, 2007）.

Brockey, Liam Matthew, eds., *Portuguese Colonial Cities in the Early Modern World,*

(Ashgate Publication Company, 2008).

Brockey, Liam Matthew, "Jesuit Pastoral Theater on an Urban Stage: Lisbon, 1588-1593", in *Journal of Early Modern History*, Vol.9, No.1-2, 2005.

Broeze, Frank, ed., *Bridge of the Sea, Port Cities of Asia from the 16th-20th Centuries,* (Honolulu: University of Hawaii Press, 1989).

Burke, Peter, and R. Po-Chia Hsia, eds., *Cultural Translation in Early Modern Europe,* (Cambridge: Cambridge University Press, 2007).

Caraman, Philip, *Tibet, The Jesuit Century,* (Tiverton, Halsgrove House, 1998).

Chuchiak IV, John F., edited and translated by., *The Inquisition in New Spain, 1536-1820, A Documentary History,* (Baltimore: The John Hopkins University, 2012).

Cliff, Nigel, *The Last Crusade, The Epic Voyages of Vasco da Gama,* (London: Atlantic Books).

Correia-Afonso, S.J., John., editor, annotator, and translator, *Intrepid Itinerant, Manuel Godinho and His Journey from India to Portugal in 1633,* (Bombay: Oxford University Press, 1990).

Correia Filho, João., *Lisbon in Pessoa, A Tour and Literary Guide,* (Lisboa: Publicações Dom Quixote, 2011).

Cortesão, Armando, and Avelino Teixeira da Mota, ed., *Portugaliae Monumenta Cartographica*, vol.I-vol.V, Lisboa, 1960.

Cortesão, Armando and Luís de Albuquerque, *History of Portuguese Cartography,* vol.I-vol.II, (Coimbra: Juntade Investigação do Ultramar, Lisboa).

Costa, João Cruz, *A History of Ideas in Brazil, The Development of Philosophy in Brazil and Evolution of Natural History,* translated by Suzette Macedo, (Berkeley and Los Angles: University of California Press, 1964).

Cummins, J.S., eds., *Christianity and Missions, 1450-1800,* (Hampshire: Ashgate Publishing Limited, 1997).

Diffie, Bailey W., and Winius, George D., *Foundation of the Portuguese Empire, 1415-1580,* (Minnesota: University of Minnesota Press, 1977).

Diffie, Bailey W., and Winius, George D., *Prelude to Empire, Portuguese Overseas before Prince Henry the Navigator,* (Loncoln, University of Nebraska Press, 1960).

Disney, A. R., *Twilight of the Pepper Empire, Portuguese Trade in Southwest India in the Early Seventeenth Century,* (Cambridge: Harvard University Press, 1978).

Documentos sobre os portugueses in Moçambique e na Africa central/ Documents on Portuguese in Mazambique and Central Africa, 1497-1840, Vols. 2,3,4. (National Archives of Rhodesia and Nyasaland / Centro de Estudos Históricos Ultramarinos: Lisbon,1962-1965).

Duncan, Bentley, *Atlantic Islands, Madeira, the Azores and the Cape Verdes in Seventeenth-Century Commerce and Navigation,* (Chicago and London: University of Chicago Press, 1972).

Elliot, J.H., *The Old World and New, 1492-1650,* (Cambridge and New York: Cambridge University Press, 1970).

Elliot, J.H., *Europe Divided, 1559-1598,* second edition, (Oxford: Blackwell Publishers, 1968).

Elliot, J.H., *The Old World and the New, 1492-1650,* (Cambridge: Cambridge University Press, 1970).

Elliot, J.H., *Imperial Spain, 1469-1761,* (London: Penguin Books Lit, 2002).

Elliot, J.H., *Empires of the Atlantic World, Britain and Spain in America, 1492-1830,* (New Heaven and London: Yale University Press, 2006).

Elliot, J.H., *Spain, Europe and the Wider World, 1500-1800,* (New Haven and London: Yale University Press, 2009).

Encounter of Cultures, Eight Centuries of Portuguese Mission Work, (Exhibition Supported by Government of Portugal and Portuguese Episcopal Conference, in Vatican, April to June, 1996 Catalogue Sponsored by Fundação Banco Comercial Português, 1997).

Filho, João Correia, *Lisbon in Pessoa, A Tour and Literary Guide of the Portuguese Capital,* (Publicações Dom Quixore, 2011).

Falcheta, Piero., *Fra Mauro's World, With a Commentary and Translations,* (Turnhout, Belgium: Brepols, 2006).

Flores, Jorge and Nuno Vassallo e Silva, eds., *Goa and Great Mughal,* (Lisboa and London: Calouste Gulbenkian Foundation, 2004).

Flynn, Dennis O., Arturo Giráldez and James Sobredo, *European Entry into the*

Pacific, (Aldershot: Ashgate Publishing Limited, 2001).

Fonseca, José Nicolau Da., *An Historical and Archaeological Sketch of the City of Goa,* (New Delhi: Asian Educational Services, 1986).

Garcia, João Pedro., eds., *Rachol, Museum of Christian Art,* (Lisboa: Fundação Calouste Gulbenkian, 2003).

Garça, Luís Maria Pedrosa dos Santos, *Convento de Cristo,* (Lisboa-Mafra: ELO-Publicidade, Artes Gráficas. Ld. 1994).

Giráldez, Arturo, *The Age of Trade, The Manila Galleons and the Dawn of the Global Economy,* (Lanham: Rowman & Littlefield, 2015).

Glaser, Edward, "Invitation to Intolerance: A Study of the Portuguese Sermons Preached at Autos-da-fé ", *Hebrew Union College Annual,* (Cincinnati), 27 (1956).

Godinho, Vitorino Magalhães, *O "Mediterraneo" saariano e as caravana do ouro* (São Paulo: Coleção da Revista de Historia, 1956).

Godinho, *Os descobrimentos e a economia mundial*, 2vols, (Lisbon: Editoria Arcádia, 1963, 1965).

Gschwend, Annemarie Jordan and K.J.P. Lowe, Edt., *The Global City, On the Streets of Renaissance Lisbon,* (London: Paul Holberton Publishing, 2015).

Henriques, Paulo., Introduction by., Anthology of Texts on Lisbon from the XVII Centuries, translated by Marcia de Brito, *Lisbon before the 1755 Earthquake, Panoramic View of the City,* (Lisboa: Gótica-Chandeigne, 2004).

Henriques, Paulo., and Ana Almeida, Alexandre Pais, Fátima Loureiro, translated by Richard Trewinnard, *Museu Nacional do Azulejo Guide,* (Lisboa: Instituto Português de Museus, 2006).

Herculano, Alexandre, translated by J.C. Branner, *History of the Origin and Establishment of the Inquisition in Portugal,* 1926, repr. New York, 1972.

Hsia, R. Po-Chia, *The World of Catholic Renewal, 1540-1770,* (Cambridge: Cambridge University Press, 1998).

Hyatt, Vere, and Rex Nettleford, *Discourse on the Origin Americas: A New World View of 1492,* (Washington, D.C: Smithsonian Institution Press, 1994).

Israel, Jonathan I., *The Dutch Republic, Its Rise, Greatness, and Fall, 1477-1806,* (Oxford: Clarenden Press, 1998).

Israel, Jonathan I., *The Dutch Republic and Hispanic World, 1606-1661*, (Oxford: Clarenden Press, 1998).

Israel, Jonathan I., *Conflict of Empires, Spain, the Low Countries and the Struggle for World Supremacy, 1585-1713*, (London and Rio Grande: The Hambledon Press, 1997).

Israel, Jonathan I., *European Jewry in the Age of Mercantilism, 1550-1750*, (Portland: The Littman Library of Jewish Civilization, 1998).

Israel, Jonathan I., *Empires and Entrepots, The Dutch, The Spanish Monarchy and the Jews, 1585-1713*, (The Hambledon Press, 1990).

Israel, Jonathan I. and Stuart B. Schwartz, *The Expansion of Tolerance, Religion in Dutch Brazil, 1624-1654*, (Amsterdam University Press, 2007).

Israel, Jonathan I., "The Diplomatic Career of Jeronimo Nunes da Costa: An Episode in Dutch-Portuguese Relations of the Seventeenth Century" BMGN, (1983).

Israel, Jonathan I., "The Economic Contribution of Dutch Sephardi Jewry to Holland's Golden Age, 1595-1713", Tijdschrift voor Geschiedenis, xcvi, (1983).

Israel, Jonathan I., "The Amsterdam Stock Exchange and the English Revolution of 1688", Tijdschrift voor Geschiedenis, ciii (1990).

Israel, Jonathan I., "Dutch Sephardi Jewry, Millenarian Politics and the Struggle for Brazil, 1640-1654" in Jonathan I. Israel and David Katz, eds., *Sceptics, Millenarians and Jews: Essays in Honour of Richard H. Popkin*, (Leiden,1990).

Jack, Malcolm, *Lisbon, City of the Sea, A History*, (London: I.B. Tauris & Co. Ltd, 2007).

Kamen, Henry, *The Spanish Inquisition, A Historical Review*, Fourth Edition, (New Haven and London: Yale University Press, 2014).

Levenson, Jay A., with contribution of Diogo Ramada Curto and Jack Turner., *Encompassing the Globe, Portugal and the World in the 16th and 17th Centuries*, (Washington, D.C. U.S.A.: Arthur M. Sackler Gallery, Smithsonian Institution, 2007).

Livermore, Harold, *Portugal: A Traveller's History*, (Woodbridge: Boydell & Brewer Ltd, 2004).

Livermore, H.V., *A New History of Portugal*, second edition, (Cambridge: Cambridge University Press, 1976).

Lobo, Patrick J., *Magnificent Monuments of Old Goa,* (Panaji, Goa: Broadway Book Centre, 2004).

Lower, K.J.P., ed., *Cultural Links Between Portugal and Italy in Renaissance,* (Oxford: Oxford University Press, 2000).

Lower, K.J.P., "Representing" Africa: "Ambassadors and Princes from Christian Africa to Renaissance Italy and Portugal, 1402–1608", Transactions of the *Royal Historical Society*, 17, (2007).

Marcocci, Giuseppe and Paiva, José Pedro., *História da Inquisição Portuguesa, 1536—1821*, (Lisboa: A Esfera dos Livros, 2013).

Marques, Alfredo Pinheiro, introduction by, *Portvgaliae Monvmenta Cartographica,* I–IV, (Lisboa, Imprensa Nacional–Casa da Moeda, 1987).

Marques, A. H. de Oliveira, *A Sociedade Medieval Portuguesa,* 5th edn. (Lisbon: Sá da Costa, 1987).

Marques, João Martins da Silva, *Descobrimentos Portugueses*, Volume I (Lisboa, Instituto Nacional de Investigação Científica, 1988).

Maxwell, Kenneth, *Pombal, Paradox of the Enlightenment,* (Cambridge: Cambridge University Press, 1995).

Metcalf, Alida C., *Go-Betweens and the Colonization of Brazil, 1500–1600,* (USA: University of Texas Press, 2005).

Miró, Mónica, Maria Algàs and María José Cantón, translated by Richard Trewinnard, *Atlas Miller,* (Barcelona: M. Moleiro Editor, S.A. 2006).

Mocatta, Frederic David, and Bortin, David., *Jews of Spain and Portugal and the Inquisition,* Kessinger Legacy Reprints, (New York: I J.J. Little & Ives Company, 1933).

Mottoso, José, *Asia Oceania: Portuguese Heritage Around the World, Architecture and Urbanism,* (Lisboa: Calouste Gulbenkian Foundation, 2011).

Mottoso, José, *South America: Portuguese Heritage Around the World, Architecture and Urbanism,* (Lisboa: Calouste Gulbenkian Foundation, 2011).

Nebenzahl, Kenneth., *Mapping the Silk Road and Beyond, 2000 Years of Exploring the East,* (London: Phaidon Press Limited, 2005).

Noever, Peter, eds., *Art as a Message of Asia and Europe, 1500-1700,* (Hatije Cantz Verlag, Osfildern, Deutschland, 2009).

Newitt, Malyan., *A History of Portuguese Overseas Expansion, 1400-1668,* (London and New York: Routledge, Taylor & Francis Group, 2005).

Newitt, Malyan., ed., *The First Portuguese Colonial Empire*, (Exeter, University of Exeter Press, 1986).

O'Malley, John W.S.J., *The First Jesuits,* (Cambridge, MA: Harvard University Press, 1993).

O'Malley, John W.S.J., "Mission and Early Jesuits", *The Way 79* (supp.) 1994.

O'Malley, John W.S.J., *Trent and All That: Renaming Catholicism in the Early Modern Era,* (Cambridge, MA: Harvard University Press, 2000).

O'Malley, John W.S.J., *Trent, What Happened at the Council,* (Cambridge MA: The Belknap Press of Harvard University Press, 2013).

O'Malley, John W.S.J., and Gauvin Alexander Bailey, eds., *The Jesuits and Arts, 1570-1773,* (Philadelphia: St. Joseph's University Press, 2005).

O'Malley, John W.S.J., and Gauvin Alexander Bailey, Steven J. Harris, and T. Frank Kennedy, S.J., eds., *The Jesuits: Cultures, Sciences, and Arts, 1540-1773,* 2 vols, (Toronto: University of Toronto Press, 1999-2004).

Paice, Edward., *The Wrath of God, the Great Lisbon Earthquake of 1755,* (London: Quercus, 2008).

Pannikar, K.M., *Asia and Western Dominance,* (London: George Allen & Unwin, 1959).

Parry, J.H., *The Spanish Seaborne Empire,* (Berkeley and Los Angeles: University of California Press, 1990).

Pereira, José, and Paratapaditya Pal, eds., *India and Portugal Cultural Interactions,* (Mumbai: Marg Publications, 2001).

Phillips, J.R.S., *The Medieval Expansion of Europe, OPUS,* (Oxford: OUP, 1988; repr. 1990; 2nd edition, 1998).

Pigaftta, Antonio, *The First Voyage Around the World, 1519-1522, An Account of Magellan's Expedition,* (Toronto, Buffalo, London., University of Toronto Press, 2007).

Pomplun, Trent, *Jesuit on the Roof of the World, Ippolito Desideri's Mission to*

Eighteenth Century Tibet, (Oxford and New York: Oxford University Press 2010)

Prado, Jr., Caio, *The Colonial Background of Modern Brazil,* Translated by Suzette Macedo, (Berkeley and Los Angeles: University of California Press, 1967).

Prestage, Edgar, *The Portuguese Pioneers*, (London: A. & C. Black, 1937; repr. New York: Barnes and Noble, 1967).

Prince Henry the Navigator and Portuguese Maritime Enterprise: Catalogue of an Exhibition at the British Museum, September-October, 1960, (London: Trustee of the British Museum, 1960).

Ramos, Rui., coordenador, Bernardo Vasconcelos Sousa, Nuno Gonçalo Monteiro, *História de Portugal,* (Lisboa, 8.a edição, A Esfera dos Livros, 2009).

Roberts, Sean., *Printing A Mediterranean World, Florence, Constantinople, and Renaissance of Geography*, (Cambridge, Massachusetts: Harvard University Press, 2013).

Rogers, F.E., *Travels of the Infante Dom Pedro of Portuguese,* (Cambrigde, Mass: Cambridge University Press 1961).

Russell, Peter, *Prince Henry, "the Navigator" A Life*, (New Haven and London: Yale University Press, 2001).

Russell, E. P., *Prince Henry the Navigator,* Canning House Seventh Annual Lecture, (London: The Hispanic and Luso-Brazilian Councils, 1960).

Russell, E. P., *O Infante D. Henrique e as Ilhas Canarias: uma dimensão mal compreendida da biografia henriquina,* Academia das Ciências de Lisboa, Nova Série Fasc. V (Lisbon: ACL, 1979).

Russell, E. P., *Prince Henry the Navigator: The Rise and Fall of a Culture Hero,* Taylorian Special Lecture, 10 November, 1983, (Oxford: Clarendon Press, 1984).

Russell, E. P., *Portugal, Spain and the African Atlantic: Chivalry and Crusade from John of Gaunt to Henry the Navigator* (Aldershot and Brookfield, Vermont: Variorum, 1995).

Russell-Wood, A.J.R., *The Portuguese Empire, 1415-1808, A World on the Move,* (Baltimore and London: The John Hopkins University Press, 1992).

Russell-Wood, A.J.R., *Fidalgos and Philanthropists. The Santa Casa da Misericórdia of Bahia, 1550-1755,* (Berkeley and Los Angeles: University of California Press, 1968).

Russell-Wood, A.J.R., *The Black Man in Slavery and Freedom in Colonial Brazil,* (London: The Macmillan Press, 1982).

Russell-Wood, A.J.R., "Female and Family in the Economy and Society of Colonial Brazil", in Lavrin, Asunción, ed., *Latin American Women, Historical Perspectives,* (Westport and London: Greenwood Press, 1978).

Russell-Wood, A.J.R., "Ambivalent Authorities: The African and Afro-Brazilian Contribution to Local Governance in Colonial Brazil", *The Americas,* vol.57, No.1 (Jul., 2000).

Salomon, H.P., *Portrait of a New Christian, Fernão Alvares Melo,* (*1569-1632*), (Paris: Fundação Calouste Gulbenkian, 1982).

Saraiva, António José, *Inquisição e Cristãos Novos,* (Porto: Inova, 1969); re-ed., with the Saraiva/Révah debate, (Lisboa: Estampa, 1985).

Saraiva, José Hermano, Direcção de, *História de Portugal,* I-III, (Publicações Alfa, SARL, 1983).

Saunders, A.C.de C.M., *A Social History of Black Slaves and Freedmen in Portugal, 1441-1555,* (Cambridge: Cambridge University Press, 1982).

Scammell, G.V., *The World Encompassed, The First European Maritime Empires, c. 800-1650,* (Berkeley and Los Angeles: University of California Press, 1981).

Schurz, William L., *The Manila Galleon,* (New York: E.P. Dutton & Co., 1939)

Schwartz, Stuart B., *Sovereignty and Society in Colonial Brazil, The High Court of Bahia and its Judges, 1609-1751,* (Berkeley and Los Angeles: University of California Press, 1973).

Schwartz, Stuart B., *Sugar Plantations in the Formation of Brazilian Society. Bahia, 1550-1835,* (Cambridge: Cambridge University Press, 1985).

Serrão, Joaquim Veríssimo, *História de Portugal, Formação do Estado Moderno,* (*1415-1495*), *História de Portugal, O Século de Ouro,* (*1495-1580*) *História de Portugal, Governo dos Reis Espanhóis,* (*1580-1640*), (Lisboa: Editorial VERBO, 1980, 1980, 1990.).

Shiels, W. Eugene, *King and Church, The Rise and Fall of Patronato Real,*

(Chicago: Loyola University Press, 1961).

Skidmore, Thomas E., *Brazil, Five Centuries of Change,* (New York and Oxford: Oxford University Press, 1999).

Smith, Robert C., *The Art of Portugal, 1500-1800,* (London: Weidenfeld and Nicholson, 1968).

Stratton-Prutti, Suzanne L., with Mark A. Castro., eds., *Journeys to New World, Spanish and Portuguese Colonial Art in the Roberta and Richard Huber Collection,* (New Heaven and London: Philadelphia Museum of Art in association with Yale University Press, 2013).

Souza, George Bryan, *The Survival of Empire, Portuguese Trade and Society in China and the South China Sea, 1630-1754,* (Cambridge: Cambridge University Press, 1986).

Souza, Teotonio de, ed., *Indo-Portuguese History, Old Issues, New Questions,* (New Delhi: Concept Publishing Co. 1985).

Steensgaard, Niels, *The Asia Trade Revolution of the Seventeenth Century, The East India Companies and the Decline of the Caravan Trade,* (Chicago and London: University of Chicago Press, 1974).

Talbert J.A. and Richard W. Unger, *Cartography in Antiquity and Middle Age, Fresh Perspective, New Methods,* (Leiden and Boston: Brill, 2008).

Thomas, Hugh, *World Without End, The Global Empire of Philip II,* (London: Penguin Group, 2014).

Truxillo, Charles., *The Historical Evolution of the Catholic World Monarchy in Spain and New World, 1492-1825,* (London: Greenwood Press, 2001).

Vicente, Mata V., *Clothing the Spanish Empire: Families and the Calico Trade in the Early Modern World,* (New York: Palgrave Macmillan Ltd. 2006).

Wessel, C., *Early Jesuits Travellers in Central Asia, 1603-1721,* (The Hague: Martinus Nijhoff, 1924).

Whiteway, R. S., *The Rise of Portuguese Power in India, 1497-1550,* (London: Archibald Constable & Co., 1899).

Winius, George D., *Studies on Portuguese Asia, 1495-1689,* (Vermont: Ashgate Publishing Company, 2001).

Wiznitzer, Arnold, *Jews in Colonial Brazil,* (New York: Columbia University

Press, 1960).

Zupanov, Ines G., *Missionary Tropics, The Catholic Frontier in India, 16–17th Centuries,* (Ann Arbor, The University of Michigan Press, 2005).

Zurara, Gomes Eanes de, *The Chronicle of the Discovery and Conquest of Guinea,* trans. C. Raymond Beazley and Edgar Prestage, 2 vols., Hakluyt Society, Series I, nos. 95 and 100 (London: The Hakluyt Society, 1896–1899).

后 记

在成书之际，特别感谢多年以前张广勇先生的鼓励和约稿，衷心感谢王勤责任编辑尽心尽职的编辑工作。还要感谢董少新教授以及刘耿博士在葡萄牙文译名上给予我的指教和指正。感谢澳门科技大学图书馆戴龙基馆长、杨迅凌馆长助理和地图特藏部的老师们。

顾卫民
2018年1月

补记：2023年本书进行增订，增加了葡萄牙古代及中世纪史、葡萄牙犹太人的活动以及葡萄牙文化史的若干内容。感谢编校人员认真负责的审校工作，感谢上海社会科学院出版社对于本书出版工作的支持。

顾卫民
2023年5月30日

图书在版编目(CIP)数据

葡萄牙海洋帝国史：1415—1825 / 顾卫民著 .— 上海：上海社会科学院出版社，2017
 ISBN 978-7-5520-1652-9

Ⅰ.①葡⋯ Ⅱ.①顾⋯ Ⅲ.①葡萄牙—历史—1415-1825 Ⅳ.①K552

中国版本图书馆CIP数据核字（2016）第289361号

葡萄牙海洋帝国史（1415—1825）（增订本）

著　　者：顾卫民
责任编辑：王　勤　张广勇
封面设计：陆红强
出版发行：上海社会科学院出版社
　　　　　上海顺昌路622号　邮编200025
　　　　　电话总机021-63315947　销售热线021-53063735
　　　　　http://www.sassp.cn　E-mail:sassp@sassp.cn
排　　版：南京展望文化发展有限公司
印　　刷：上海万卷印刷股份有限公司
开　　本：710毫米×1010毫米　1/16
印　　张：35.75
插　　页：1
字　　数：619千
版　　次：2018年1月第1版　2023年8月第3次印刷

ISBN 978-7-5520-1652-9/K·373　　　　　　　　　　定价：128.00元

版权所有　翻印必究